Wilhelm Schmidt · Geschichte der deutschen Sprache

7., verbesserte Auflage

W0193705

Geschichte der deutschen Sprache

Begründet von
Wilhelm Schmidt

S. Hirzel · Wissenschaftliche Verlagsgesellschaft
Stuttgart/Leipzig 1996

Wilhelm Schmidt

Geschichte der deutschen Sprache

Ein Lehrbuch
für das germanistische Studium

7., verbesserte Auflage,
erarbeitet unter der Leitung von
Helmut Langner

S. Hirzel · Wissenschaftliche Verlagsgesellschaft
Stuttgart/Leipzig 1996

Die Autoren der 7. Auflage sind:

Rudolf Bentzinger (Kap. 4.4.2.–4.5.9
Elisabeth Berner (Kap. 1.7. und 1.8.)
Brigitte Döring (Kap. 1.6.)
Hanna Harnisch (Kap. 3.)
Erwin Koller (Kap. 1.1.)
Helmut Langner (Kap. 0. und 4.1.1.–4.4.1.)
Horst Naumann (Kap. 1.2. und 2.)
Norbert Richard Wolf (Kap. 1.3.–1.5.)

Die Deutsche Bibliothek - CIP-Einheitsaufnahme
Geschichte der deutschen Sprache : ein Lehrbuch für das
germanistische Studium / Wilhelm Schmidt. - 7., verb. Aufl. /
erarb. unter Leitung von Helmut Langner. - Stuttgart ; Leipzig
: Hirzel ; Stuttgart ; Leipzig : Wiss. Verl.-Ges., 1996
    ISBN 3-7776-0720-7
NE: Schmidt, Wilhelm [Hrsg.]; Langner, Helmut [Bearb.]

ISO 9706

Jede Verwertung des Werkes außerhalb der Grenzen des Urheberrechtsgesetzes ist unzuläs-
sig und strafbar. Dies gilt insbesondere für Übersetzung, Nachdruck, Mikroverfilmung oder
vergleichbare Verfahren sowie für die Speicherung in Datenverarbeitungsanlagen.Gedruckt
auf säurefreiem, alterungsbeständigem Papier. © 1996 by S. Hirzel Verlag Stuttgart/Leipzig.
Druck: Rheinhessische Druckwerkstätte, Alzey.
Printed in Germany

Inhaltsverzeichnis*

Verzeichnis der Abbildungen und Karten 9
Vorwort zur 7. Auflage 10
Vorwort zur 6. Auflage 10
Abkürzungsverzeichnis 12

0. Einführung

0.1. Sprache als gesellschaftliche Erscheinung 15

0.2. Die territoriale und soziale Differenzierung und Integration der deutschen Sprache 18

0.3. Gegenstand, Aufgaben und Methoden der Sprachgeschichtsschreibung 22

0.4. Zur Periodisierung der deutschen Sprachgeschichte 27

1. Vorgeschichte und Geschichte der deutschen Sprache

1.1.   Vorgeschichte 32
1.1.1.   Indogermanisch 32
1.1.1.1. Indogermanische Sprachen 32
1.1.1.2. Gemeinsamkeiten indogermanischer Sprachen 35
1.1.1.3. Entstehung der indogermanischen Sprachen 36
1.1.1.4. Die "Indogermanenfrage" 38
1.1.1.5. Die hypothetische indogermanische Grundsprache 41
1.1.1.6. Zusammenfassung 43
1.1.2.   Germanisch 43
1.1.2.1. Urgermanisch (Gemeingermanisch) 44
1.1.2.2. Charakteristika des Germanischen 45
1.1.2.3. Zusammenfassung 52

1.1.3.   Germanische Stämme und Stammessprachen 52
1.1.3.1. Ostgermanen 52
1.1.3.2. Nordgermanen 55
1.1.3.3. Nordseegermanen 56
1.1.3.4. Südgermanen 56
1.1.3.5. Isoglossen 58
1.1.3.6. Lehnbeziehungen 59
1.1.3.7. Zusammenfassung 61
1.2.   Das Deutsch des Frühmittelalters (6.–11. Jahrhundert) 62
1.2.1.   Historische, soziale und kulturelle Voraussetzungen 62
1.2.2.   Das inschriftliche, vorliterarische Deutsch (6./7. Jahrhundert) 66
1.2.3.   Das handschriftliche Deutsch (8.–11. Jahrhundert) 68
1.2.4.   Wichtige sprachliche Neuerungen und Besonderheiten des Althochdeutschen 69
1.2.4.1. Lautliches 69
1.2.4.2. Formenbestand 73
1.2.4.3. Wortbildung und Wortschatz ... 74
1.2.4.4. Satzbau 79
1.2.4.5. Das Wort 'deutsch' 80

1.3.   Das Deutsch des Hochmittelalters (1050–1250) 82
1.3.1.   Die Zeit der Ottonen und Salier: Entstehen eines volkssprachlichen Selbstbewußtseins 82
1.3.2.   Staufische Klassik: Höfische Dichtersprache 84
1.3.3.   Zu weiteren Varietäten des Mittelhochdeutschen 90
1.3.4.   Zur Geschichte des Sprachsystems: Anfang und Ende des Mittelhochdeutschen 90
1.3.4.1. Die Nebensilbenabschwächung und die Folgen 92
1.3.4.2. Auf dem Weg zum (Früh-)Neuhochdeutschen: Umgestaltung des Vokalsystems 93

1.4.   Das Deutsch des Spätmittelalters (1250–1450) 95
1.4.1.   Umgestaltung der kommunikativen Verhältnisse 95

---

* Um die Übersichtlichkeit des Inhaltsverzeichnisses zu wahren, sind die Abschnitte unterster Ordnung (also diejenigen mit fünf Stellen innerhalb der dekadischen Gliederung des Buches) ausgespart worden.

1.4.2. Kommunikationsgruppen und
        Funktiolekte im späten Mittelal-
        ter und in der frühen Neuzeit ...   97

1.5.   Das Deutsch der frühen Neuzeit
        (1450–1650)   102
1.5.1. Das neue Medium: der Buch-
        druck   102
1.5.2. Die Reformation: Deutsch wird
        Heilige Sprache   104
1.5.3. Entstehen eines volkssprachlichen
        Normbewußtseins durch die
        Grammatiker   109

1.6.   Das Deutsch der mittleren Neu-
        zeit (1650–1800)   113
1.6.1. Zum Wirken der Sprachgesell-
        schaften des 17. Jahrhunderts ...   113
1.6.2. Zur Festlegung und Kodifizie-
        rung der Normen für die deutsche
        Schriftsprache   117
1.6.3. Zur sprachlichen Situation und
        zur Bedeutung der Dichter für die
        weitere Entwicklung und Festi-
        gung der deutschen Sprache im
        18. Jahrhundert   120
1.6.4. Zur Ausformung des grammati-
        schen Systems des Neuhochdeut-
        schen   125
1.6.5. Zur Entwicklung des Wortschat-
        zes und der Wortbildung   128
1.6.5.1. Zur Beeinflussung durch fremde
        Sprachen   128
1.6.5.2. Zum Wortschatz ausgewählter
        kommunikativer Teilbereiche ...   129
1.6.5.3. Zu mundartlichen Merkmalen im
        deutschen Wortschatz   130
1.6.5.4. Zur Wortbildung   131

1.7.   Das Deutsch der jüngeren Neu-
        zeit (1800–1950)   133
1.7.1. Zur Umgestaltung der kommu-
        nikativen Bedingungen   133
1.7.2. Zur Entwicklung der Germani-
        stik im 19. Jahrhundert und zu
        Beginn des 20. Jahrhunderts   135
1.7.3. Zum Einfluß von Naturwissen-
        schaft und Technik   138
1.7.4. Sprache und Politik   140
1.7.5. Zur Entwicklung der deutschen
        Orthographie und Orthoepie ...   144
1.7.6. Integration und Differenzierung
        zwischen den Varietäten   147

1.8.   Das Deutsch der jüngsten Neu-
        zeit (1950 bis zur Gegenwart) ...   152

1.8.1. Historische Situation und sprach-
        liche Problematik   152
1.8.2. Veränderungen im Gefüge der
        Existenzformen   155
1.8.3. Zum Gebrauch der deutschen
        Sprache in der DDR und in der
        BRD   157
1.8.4. Aktuelle Normierungsbestrebun-
        gen in der Orthographie und Or-
        thoepie   161
1.8.5. Entwicklungstendenzen in den
        Teilsystemen der deutschen Spra-
        che (einschließlich der Wortbil-
        dung)   163
1.8.6. Zur Sprache im Computerzeital-
        ter   169

2. Althochdeutsch

2.1.   Einleitung   171
2.1.1. Zeitliche Einordnung   171
2.1.2. Räumliche Gliederung   173
2.2.   Schreibung   173
2.2.1. Vokale   174
2.2.2. Konsonanten   175
2.3.   Lautlehre   176
2.3.1. Phonembestand (9. Jahrhundert,
        ostfränk.)   176
2.3.1.1. Vokalische Phoneme   176
2.3.1.2. Konsonantische Phoneme   177
2.3.2. Vokalismus   177
2.3.2.1. Ablaut   177
2.3.2.2. Kombinatorischer Lautwandel:
        Alternanz   179
2.3.2.3. Kombinatorischer Lautwandel: i-
        Umlaut   180
2.3.2.4. Althochdeutsche Monophthon-
        gierung   182
2.3.2.5. Althochdeutsche Diphthongie-
        rung   183
2.3.2.6. Vokaldehnung durch Nasal-
        schwund   183
2.3.2.7. Vokalismus der Nebensilben ...   183
2.3.3. Konsonantismus   185
2.3.3.1. Althochdeutsche Lautverschie-
        bung   185
2.3.3.2. Entwicklung der germanischen
        stimmlosen Frikativlaute /f þ χ/
        im Althochdeutschen   187
2.3.3.3. Grammatischer Wechsel   188
2.3.3.4. Gemination   189
2.3.3.5. Notkers Anlautgesetz   191

2.4.   Formenlehre 191
2.4.1.   Das Verb 191
2.4.1.1. Starke Verben 192
2,4.1.2. Schwache Verben 198
2.4.1.3. Präterito-Präsentien 202
2.4.1.4. Athematische Verben 202
2.4.1.5. *wellen* 'wollen' 203
2.4.2.   Das Substantiv 204
2.4.2.1. Vokalische (starke) Deklination . 204
2.4.2.2. Konsonantische (schwache)
          Deklination 207
2.4.2.3. Wurzelnomina 208
2.4.3.   Das Adjektiv 209
2.4.3.1. Starke Deklination 209
2.4.3.2. Schwache Deklination 209
2.4.3.3. Deklination der Partizipien 210
2.4.3.4. Steigerung der Adjektive 210
2.4.3.5. Bildung von Adverbien aus Ad-
          jektiven 211
2.4.4.   Das Pronomen 211
2.4.4.1. Personalpronomen 211
2.4.4.2. Possessivpronomen 211
2.4.4.3. Demonstrativpronomen 212
2.4.4.4. Interrogativpronomen 212
2.4.5.   Das Numerale 213
2.4.5.1. Kardinalzahlen 213
2.4.5.2. Ordinalzahlen 213

2.5.   Zum Satzbau 214
2.5.1.   Der einfache Satz 214
2.5.2.   Die Parataxe 215
2.5.3.   Die Hypotaxe 216
2.5.4.   Der mehrfach zusammengesetzte
          Satz 217
2.5.5.   Satztypen 218
2.5.6.   Satzglieder und Satzgliedfolge .. 218
2.5.7.   Wortgruppen im Satz 219

3. Mittelhochdeutsch

3.1.   Einleitung 221
3.1.1.   Zeitliche Einordnung 221
3.1.2.   Räumliche Gliederung 221

3.2.   Schreibung und Aussprache 222
3.2.1.   Schreibung und Aussprache der
          Vokale 223
3.2.2.   Schreibung und Aussprache der
          Konsonanten 225
3.2.3.   Betonung der Wörter 226

3.3.   Bemerkungen zur Verslehre 226

3.4.   Lautlehre 229
3.4.1.   Phonembestand 229
3.4.1.1. Vokalische Phoneme 230

3.4.1.2. Konsonantische Phoneme 231
3.4.2.   Vokalismus 232
3.4.2.1. Ablaut 232
3.4.2.2. Kombinatorischer Lautwandel:
          Alternanz 233
3.4.2.3. Kombinatorischer Lautwandel: *i*-
          Umlaut 234
3.4.2.4. Veränderungen im Vokalismus
          beim Übergang vom Mittelhoch-
          deutschen zum Frühneuhoch-
          deutschen 236
3.4.2.5. Vokalismus der Nebensilben ... 236
3.4.3.   Konsonantismus 238
3.4.3.1. Grammatischer Wechsel 238
3.4.3.2. Gemination 238
3.4.3.3. Konsonantenschwund und Kon-
          traktion 238
3.4.3.4. Auslautverhärtung 239
3.4.3.5. Assimilation 239
3.4.3.6. Dissimilation 240

3.5.   Formenlehre 241
3.5.1.   Das Verb 241
3.5.1.1. Starke Verben 242
3.5.1.2. Schwache Verben 246
3.5.1.3. Mischung starker und schwacher
          Konjugation 248
3.5.1.4. Präterito-Präsentien 248
3.5.1.5. Athematische Verben 249
3.5.1.6. Kontrahierte Verben 250
3.5.1.7. Mhd. *wellen* 'wollen' 251
3.5.1.8. Konjugationstypen in synchroner
          Sicht 251
3.5.1.9. Zur Verwendung einfacher und
          zusammengesetzter Verbformen . 253
3.5.2.   Das Substantiv 255
3.5.2.1. Starke (vokalische) Deklination . 256
3.5.2.2. Schwache (konsonantische)
          Deklination 259
3.5.2.3. Besondere Formen der Deklina-
          tion 260
3.5.2.4. Flexionsklassen in synchroner
          Sicht 261
3.5.3.   Das Adjektiv 263
3.5.3.1. Deklination 263
3.5.3.2. Komparation 265
3.5.3.3. Adjektivadverbien 265
3.5.3.4. Zum Gebrauch der Adjektivfor-
          men 266
3.5.4.   Das Pronomen 266
3.5.4.1. Personalpronomen 267
3.5.4.2. Reflexivpronomen 267
3.5.4.3. Possessivpronomen 267
3.5.4.4. Demonstrativpronomen und be-
          stimmter Artikel 268

3.5.4.5. Relativpronomen 269
3.5.4.6. Interrogativpronomen 269
3.5.4.7. Indefinitpronomen 269
3.5.5.   Das Numerale 270
3.5.5.1. Kardinalzahlen 270
3.5.5.2. Ordinalzahlen 271
3.5.5.3. Zahladverbien 271
3.5.5.4. Zahladjektive 271

3.6.   Zum Satzbau 272
3.6.1.   Zur Satzglied- bzw. Wortstel-
         lung 272
3.6.1.1. Stellung des finiten Verbs 272
3.6.1.2. Bildung des prädikativen Rah-
         mens 273
3.6.1.3. Stellung verschiedener Formen
         des Attributs 274
3.6.2.   Negation 274
3.6.3.   Verbindung von Sätzen 274
3.6.3.1. Koordination 275
3.6.3.2. Subordination 275

4. Frühneuhochdeutsch

4.1.   Einleitung 277
4.1.1.   Zeitliche Einordnung 277
4.1.2.   Räumliche Gliederung 278

4.2.   Schreibung 279
4.2.1.   Allgemeines 279
4.2.2.   Vokalzeichen 281
4.2.3.   Bezeichnung der Länge 281
4.2.4.   Bezeichnung der Kürze 282
4.2.5.   Konsonantenzeichen 282
4.2.6.   Zeichen mit vokalischem und
         konsonantischem Wert 283
4.2.7.   Abkürzungszeichen 284
4.2.8.   Zusammenschreibung und Tren-
         nung der Wörter 284
4.2.9.   Großschreibung 285
4.2.10. Interpunktion 286

4.3.   Lautlehre 287
4.3.1.   Vokalismus 287
4.3.1.1. Frühneuhochdeutsche Diphthon-
         gierung 287
4.3.1.2. Frühneuhochdeutsche Mono-
         phthongierung 288
4.3.1.3. Dehnung kurzer Vokale 289
4.3.1.4. Kürzung langer Vokale 290
4.3.1.5. Rundung und Entrundung 291
4.3.1.6. Senkung von mhd. *u, ü* und *i* ... 292
4.3.1.7. Entwicklung der mhd. *e*-Laute .. 293
4.3.1.8. Entwicklung von mhd. *ei, ou, öu* 293
4.3.1.9. Weiterentwicklung des Umlauts 294

4.3.1.10. Ausgleichserscheinungen 296
4.3.1.11. Vokalismus der Nebensilben .. 297
4.3.1.12. Übersicht über die vokalischen
          Phoneme 298
4.3.2.   Konsonantismus 300
4.3.2.1. Explosivlaute und Affrikaten ... 300
4.3.2.2. Entwicklung der *s*-Laute 303
4.3.2.3. Entwicklung von mhd. *h* 305
4.3.2.4. Entwicklung von mhd. *w* und *j* . 305
4.3.2.5. Entwicklung der Nasale und Li-
         quide 306
4.3.2.6. Assimilation und Dissimilation . 306
4.3.2.7. Ausgleichserscheinungen 307
4.3.2.8. Konsonantische Phoneme 308

4.4.   Formenlehre 309
4.4.1.   Das Verb 309
4.4.1.1. Starke Verben 309
4.4.1.2. Schwache Verben 317
4.4.1.3. Präterito-Präsentien 319
4.4.1.4. Athematische Verben 320
4.4.1.5. *wollen/wellen* 321
4.4.1.6. Kontrahierte Verben 322
4.4.1.7. Zusammengesetzte Zeitformen .. 322
4.4.1.8. Bildungsweise des Passivs 323
4.4.1.9. Umschreibungen zum Ausdruck
         der Aktionsarten 323
4.4.1.10. Zusammenfassende Darstellung
          der Neuerungen 323
4.4.2.   Das Substantiv 324
4.4.2.1. Starke Deklination 327
4.4.2.2. Schwache Deklination 331
4.4.2.3. Reste anderer Klassen 333
4.4.2.4. Deklination der Fremdwörter
         und der fremden Eigennamen .. 334
4.4.2.5. Zum Ersatz des Genitivs durch
         präpositionale Fügungen oder
         durch andere Kasus 335
4.4.3.   Das Adjektiv 337
4.4.3.1. Deklination 337
4.4.3.2. Komparation 339
4.4.3.3. Adjektivadverbien 339
4.4.4.   Das Pronomen 340
4.4.4.1. Personalpronomen 340
4.4.4.2. Reflexivpronomen 341
4.4.4.3. Possessivpronomen 341
4.4.4.4. Demonstrativpronomen, be-
         stimmter Artikel und Relativpro-
         nomen 342
4.4.4.5. Interrogativpronomen 343
4.4.4.6. Indefinitpronomen 343
4.4.5.   Das Numerale 344
4.4.5.1. Kardinalzahlen 344
4.4.5.2. Ordinalzahlen 344

4.5. Zum Satzbau 344
4.5.1. Wort und Wortgruppe als Satzglieder 345
4.5.1.1. Besonderheiten der Satzgliedstellung 345
4.5.1.2. Koordinierung von Satzgliedern 345
4.5.1.3. Auslassungen 346
4.5.1.4. Verneinung 346
4.5.1.5. Gliedsatzartige Wortgruppen ... 346
4.5.2. Zum Aussagehauptsatz 347
4.5.2.1. Stellung des finiten Verbs 347

4.5.2.2. Rahmentendenzen 347
4.5.3. Zum Gliedsatz 348
4.5.3.1. Stellung des finiten Verbs 348
4.5.3.2. Subordinierende Konjunktionen 348
4.5.4. Satzgefüge 349
4.5.5. Satzverbindung 349

Literaturverzeichnis 351

Register 375

Verzeichnis der Abbildungen und Karten

Abb. 1:   Germanisches Runenalphabet ("Futhark")   45
Abb. 2:   Paternoster aus dem Codex Argenteus   55
Abb. 3:   Erste Seite des "Hildebrandliedes"   65
Abb. 4:   Eine Seite der Wiener Otfrid-Handschrift   68
Abb. 5:   Eine Seite der Nibelungenhandschrift D (Prünn-Münchener Handschrift) . .   86
Abb. 6:   Eine Seite der Gießener Iwein-Handschrift B   91
Abb. 7:   Sprachliche Pyramide des hochmittelalterlichen Deutschs . . .   92
Abb. 8:   Titelblatt der Luther-Bibel 1534   106
Abb. 9:   Titelblatt von Schottelius 1663   112
Abb. 10: Fruchtbringende Gesellschaft   114
Abb. 11: Faksimile der Hs. Bb des "Armen Heinrich"   223
Abb. 12: Varianten gotischer Schreibstile (nach H. Haarmann 1990) . . .   280
Abb. 13: Varianten der Bastarda-Schrift   280

Karte 1: Indogermanische Sprachen in prähistorischer Zeit (nach G. Jäger 1969) . . .   40
Karte 2: Völkerwanderung (nach Behn)   53
Karte 3: Siedlungsräume der Germanen (1. Jh. v. u. Z.–2. Jh. u. Z.; nach W. Wegstein 1985)   54
Karte 4: Deutsches Sprachgebiet im 10./11. Jh.   67
Karte 5: Kirchliche Zentren als Stätten frühmittelalterlicher Literaturpflege   70
Karte 6: Lautverschiebungsstufen (Aufnahme um 1880)   72
Karte 7: Mitteldeutsche Siedlungsbahnen (etwa 1100–1500)   98
Karte 8: Die deutschen Mundarten   149

Tafelanhang

Tafel 1:   Entwicklung des Vokalismus vom Idg. bis zum Nhd.
Tafel 2:   Entwicklung des Konsonantismus vom Idg. bis zum Nhd.
Tafel 3:   Vergleich der ahd. und mhd. Substantivflexion
Tafel 4:   Entwicklung der Substantivflexion vom Mhd. zum Nhd.
Tafel 5:   Übersicht über die Konsonanten und ihre graphische Wiedergabe im Mhd.
Tafel 6:   Vergleich der vokalischen Phoneme im Ahd., Mhd. und Nhd.
Karte 9:   Die Sprachen Europas

Vorwort zur 7. Auflage

Die gute Resonanz der 6. Auflage, die sich nicht zuletzt in den durchweg positiven Rezensionen und vielen anderen schriftlichen und mündlichen Äußerungen zeigt, macht bereits nach drei Jahren eine weitere Auflage erforderlich. Allerdings war es nicht möglich, schon wieder eine gründliche Überarbeitung vorzunehmen. Daher konnten die meist berechtigten kritischen Hinweise nur zum Teil berücksichtigt werden. Jedoch sind nicht nur die Druckfehler korrigiert, sondern in allen Kapiteln auch Änderungen formaler und inhaltlicher Art vorgenommen worden, die sicher der Arbeit mit diesem Lehrbuch zugute kommen.

Potsdam, im Dezember 1995   HELMUT LANGNER

Vorwort zur 6. Auflage

Bücher haben ihre eigene Geschichte. Das gilt auch für dieses relativ junge Lehrbuch zur Sprachgeschichte. Angeregt und in seiner Anlage wesentlich bestimmt wurde es 1966/1967 von WILHELM SCHMIDT. Das Werk, dessen erste Auflage 1969 im Verlag Volk und Wissen (Berlin) erschien, schloß damals eine Lücke im Angebot an sprachgeschichtlichen Lehrbüchern. Das Besondere an der Konzeption dieser Publikation bestand darin, daß erstmals ein Lehrbuch für die sprachhistorische Aus- und Weiterbildung von Deutschlehrern und Diplomgermanisten in einem Band vorgelegt wurde. Daher umfaßte es von der ersten Auflage an neben einer knappen Darstellung der Vorgeschichte und der Geschichte der deutschen Sprache Abrisse zur ahd., zur mhd. und zur frnhd. Grammatik sowie ein Kapitel mit Texten aus diesen drei Perioden einschließlich einiger Hilfen zu ihrer Erschließung.

Diese neuartige Gestaltung hat sich in der Praxis im In- und Ausland bewährt. Daher konnten in rund 20 Jahren fünf Auflagen abgesetzt werden; auch die 5., überarbeitete und vor allem durch eine Einführung in sprachgeschichtliche Fragen erweiterte Auflage von 1984 fand eine gute Aufnahme. Für 1990/91 war eine weitere, verbesserte Auflage vorgesehen. Leider war der Berliner Verlag aufgrund seiner veränderten Struktur nicht mehr in der Lage, diese Auflage herauszubringen.

Daher danken Herausgeber und Autoren dem Hirzel-Verlag Stuttgart/Leipzig für seine Bereitschaft, das Werk in sein Verlagsprogramm aufzunehmen. Der neue Verlag und alle Autoren waren sich darin einig, die generelle Anlage des Buches beizubehalten, jedoch auf Grund der Fortschritte in der Sprachgeschichtsforschung der letzten zehn Jahre und der neuen gesellschaftlichen Situation in Deutschland eine Überarbeitung vorzunehmen. Beide Aspekte betrafen die einzelnen Kapitel allerdings in sehr unterschiedlichem Maße. Gründlich überprüft wurden jedoch auch die Teile, bei denen größere Veränderungen nicht erforderlich waren.

Die grundsätzlichen Ziele des Lehrbuches wurden also nicht in Frage gestellt. Das spiegelt sich nicht nur in der unveränderten Konzeption des Werkes wider, sondern das wird auch – so hoffen wir jedenfalls – in der Auswahl der Fakten und Probleme sowie in der Art der Darstellung deutlich. Auch in vielen Einzelheiten baut die neue Auflage auf den bisherigen Ausführungen auf. Das gilt auch für die Teile, die aus unterschiedlichen Gründen von neuen Autoren zu bearbeiten waren. Da wir uns den ausgeschiedenen Autoren verpflichtet fühlen, seien sie hier – in der Reihenfolge der von ihnen bis zur 5. Auflage betreuten Teile – angeführt: Einführung: WILHELM SCHMIDT (Mitautor); Vorgeschichte und Geschichte der deutschen Sprache: WILHELM SCHMIDT und MAX PFÜTZE; Althochdeutsch: SIEGLINDE CZICHOCKI und GISELA TREMPELMANN; Mittelhochdeutsch: Rolf Bock und Siegfried Zschunke (Mitautoren); Frühneuhochdeutsch: Rolf Bock (Mitautor). Über Veränderung und Übernahme von Teilen der älteren Auflagen haben jedoch immer die Autoren der 6. Auflage entschieden; daher tragen auch sie die Verantwortung für die nun vorliegende Fassung.

Dies gilt auch noch in einer anderen Hinsicht. Auch die 6. Auflage ist ein Werk gemeinsamer Arbeit. Ständige Kontakte zwischen den Autoren und gemeinsame Beratungen haben bewirkt, daß in die Ausarbeitungen aller Verfasser Anregungen anderer Autoren eingeflossen sind. Was aufgenommen wurde, blieb jedoch stets – abgesehen von wenigen Fragen genereller Natur – der Entscheidung des Bearbeiters des jeweiligen Kapitels überlassen. Dadurch wurde trotz des Gemeinschaftswerkes die Individualität der Autoren gewahrt.

Auf einige Unterschiede gegenüber der letzten Auflage sei kurz hingewiesen. Obwohl sich die Textauswahl einschließlich der Interpretationshilfen und Glossare durchaus für einführende Übungen und Seminare zur historischen Grammatik bewährt hat, ist auf dieses Kapitel in der 6. Auflage aus zwei Gründen verzichtet worden: Einmal stehen für den akademischen Unterricht geeignete Texte in Form von Gesamtausgaben und von Textsammlungen in reichem Maße zur Verfügung; zum anderen kann durch diesen Verzicht der Umfang des Buches etwas reduziert und dadurch der Preis relativ niedrig gehalten werden.

Die meist kleineren Textpassagen, die in alle Kapitel eingearbeitet worden sind, können und sollen diese Texte nicht ersetzen, sondern sie dienen vor allem dazu, die erörterten Sachverhalte zu verdeutlichen; darüber hinaus sollen sie die Studenten anregen, zu dem betreffenden Werk zu greifen, um sich mit der behandelten Thematik eingehender zu beschäftigen.

Da es für historische Sprachstufen schwierig ist, in jedem Fall genau zwischen Phonem und Allophon sowie zwischen Graphem und Allograph zu unterscheiden, haben wir damit verbundene Uneinheitlichkeiten in Kauf genommen, zumal es weder notwendig noch zweckmäßig ist, die Unterscheidung in jedem Fall vorzunehmen. Phonematische und graphematische Aspekte sind vor allem in den speziellen Ausführungen zur Schreibung und zur Lautlehre der Kapitel zwei bis vier stärker beachtet worden, insbesondere dann, wenn durch eine Differenzierung zwischen Phonem, Allophon und Graphem(variante) bestimmte Erscheinungen und Prozesse deutlicher dargestellt werden konnten. Im übrigen wird dem phonologischen Aspekt in den Kapiteln zwei bis vier durch jeweilige besondere Abschnitte zum Phonembestand und durch die Erläuterung einiger Probleme Rechnung getragen; überdies bietet die Tafel 6 eine Ergänzung, indem hier der Phonembestand des Ahd. mit dem des Mhd. und des Nhd. verglichen wird.

Eine Bemerkung ist noch zur Funktion des stark erweiterten Literaturverzeichnisses angebracht. Gerade weil das Lehrbuch einführenden Charakter besitzt, kann und will es nicht das Studium der Spezialliteratur ersetzen, sondern den Studenten befähigen und anregen, diese zu benutzen. Die Literaturhinweise im Text und das Literaturverzeichnis haben nicht zuletzt die Funktion, ihm den Weg zur intensiven Auseinandersetzung mit sprachhistorischen Problemen zu erleichtern. Alle anderen Neuerungen mögen für sich sprechen.

Unser Dank an den Hirzel-Verlag gilt insbesondere dem Geschäftsführer Herrn Vincent Sieveking, der das Werden der neuen Auflage stets aufmerksam verfolgt und durch manchen Hinweis gefördert hat.

Schließlich ist es uns ein Bedürfnis, Norbert Richard Wolf für seinen besonderen Anteil am Zustandekommen dieser Auflage zu danken. Ohne seinen Einsatz wäre die termingerechte Fertigstellung der Endfassung mit Hilfe eines speziellen Computerprogrammes nicht möglich gewesen.

Wir hoffen, daß auch die sechste Auflage der "Geschichte der deutschen Sprache" weiterhin ihrer Hauptfunktion gerecht wird, als Lehrbuch für die Ausbildung von Germanisten zu dienen.

Potsdam, im November 1992   Helmut Langner

Abkürzungsverzeichnis

Sprachwissenschaftliche Termini

abg.	altbulgarisch	intr.	intransitiv
Adj.	Adjektiv	ir.	irisch
Adv.	Adverb	isl.	isländisch
afr.	altfranzösisch	it.	italienisch
ags.	angelsächsisch	Kas.	Kasus
ahd.	althochdeutsch	kelt.	keltisch
aind.	altindisch	Kom.	Komparativ
air.	altirisch	Konj.	Konjunktiv
Akk.	Akkusativ	Konjug.	Konjugation
Akt.	Aktiv	Kons.	Konsonant
alem.	alemannisch	kontrah.	kontrahiert
and.	altniederdeutsch	lat.	lateinisch
anfränk.	altniederfränkisch	lett.	lettisch
anglofries.	anglofriesisch	lit.	litauisch
anord.	altnordisch	Lok.	Lokativ
aobd.	altoberdeutsch	Ma(a).	Mundart(en)
as.	altsächsisch	mask.	maskulin
awest.	awestisch	Mask.	Maskulinum
bair.	bairisch	md.	mitteldeutsch
balt.	baltisch	mhd.	mittelhochdeutsch
best.	bestimmt	mlat.	mittellateinisch
dän.	dänisch	mnd.	mittelniederdeutsch
Dat.	Dativ	nd.	niederdeutsch
Dekl.	Deklination	ndfränk.	niederfränkisch
Demonstr.-	Demonstrativ-	ne.	neuenglisch
dt.	deutsch	neutr.	neutral
els.	elsässisch	Neutr.	Neutrum
engl.	englisch	nhd.	neuhochdeutsch
etym.	etymologisch	nl.	niederländisch
fem.	feminin	nnd.	neuniederdeutsch
Fem.	Femininum	nnl.	neuniederländisch
finn.	finnisch	Nom.	Nominativ
flekt.	flektiert	nord.	nordisch
fränk.	fränkisch	nordgerm.	nordgermanisch
fries.	friesisch	obd.	oberdeutsch
frmhd.	frühmittelhochdeutsch	obfränk.	oberfränkisch
frnhd.	frühneuhochdeutsch	obl.	obliquus
frz.	französisch	obsächs.	obersächsisch
Fut.	Futur	omd.	ostmitteldeutsch
Gen.	Genitiv	ostfränk.	ostfränkisch
germ.	germanisch	ostgerm.	ostgermanisch
got.	gotisch	P.	Person
gr.	griechisch	Part.	Partizip
gramm.	grammatisch	Pass.	Passiv
hd.	hochdeutsch	perf.	perfektiv
hess.	hessisch	Perf.	Perfekt
Hs(s).	Handschrift(en)	Pl.	Plural
ide.	indoeuropäisch	Plusqu.	Plusquamperfekt
idg.	indogermanisch	portug.	portugiesisch
Imp.	Imperativ	Pos.	Positiv
imperf.	imperfektiv	Poss.-	Possessiv-
Imperf.	Imperfekt	Präp.	Präposition
ind.	indisch	Präs.	Präsens
Ind.	Indikativ	Prät.	Präteritum
Inf.	Infinitiv	Prät.-Präs.	Präterito-Präsens
Instr.	Instrumental	Pron.	Pronomen
Interrog.-	Interrogativ-	provenz.	provenzalisch

Redupl.	Reduplikation	thür.	thüringisch
redupl.	reduplizierend	toch.	tocharisch
refl.	reflexiv	trans.	transitiv
rheinfränk.	rheinfränkisch	Ugspr.	Umgangssprache
rip.	ripuarisch	ugsprl.	umgangssprachlich
roman.	romanisch	unbest.	unbestimmt
russ.	russisch	urgerm.	urgermanisch
sächs.	sächsisch	uride.	urindoeuropäisch
schles.	schlesisch	urnord.	urnordisch
schwäb.	schwäbisch	Vok.	Vokativ
schwed.	schwedisch	vorahd.	voralthochdeutsch
Sg.	Singular	vorgerm.	vorgermanisch
slaw.	slawisch	Wb.	Wörterbuch
span.	spanisch	westgerm.	westgermanisch
st.	stark flektierend	wmd.	westmitteldeutsch
sth.	stimmhaft	Wz.	Wurzel
stl.	stimmlos	*	erschlossene Form
Subst.	Substantiv	<	entstanden aus
Superl.	Superlativ	>	geworden zu
sw.	schwach flektierend		

Quellen

Althochdeutsche Literatur

FT	Fränkisches Taufgelöbnis
HL	Hildebrandlied
LL	Ludwigslied
LS	Lex Salica
MZ	Merseburger Zaubersprüche
N	Notker
O	Otfried
P	Physiologus
T	Tatian
WS	Wessobrunner Schöpfungsgedicht

Mittelhochdeutsche Literatur

GO	Gottfried von Straßburg
H	Hartmann von Aue
HE	Wernher der Gartenære, Helmbrecht
MF	Minnesangs Frühling
MR	Mainzer Reichslandfrieden
NL	Nibelungenlied
WA	Walther von der Vogelweide

Frühneuhochdeutsche Literatur

Literatur des 14./15. Jh.

B	5. Bibel. Etwa 1476–1478 von Frisner/Sensenschmidt gedruckt	obd.
BE	Berliner Evangelistar und andere von G. FEUDEL untersuchte omd. Texte	omd.
BM	Beichte des Cunrad Merbot von Weida	omd.
C	C. Hätzlerin	schwäb.
DS	D. Schilling	alem.
E	A. v. Eyb	obd.
K	Religiöse Lieder des 14./15. Jh.	
KW	Urkundensprache der Kanzlei Wenzels	omd.
MB	Mentel-Bibel (1466)	obd.

R	J. Rothe	omd.
SB	Schwabenspiegel	omd./nd.
SW	H. Steinhöwel	schwäb.
UK	Urkundensprache der Kanzlei Karls IV.	omd.
UW	Urkundensprache der Vögte von Weida, Gera und Plauen	omd.
W	N. v. Wyle	alem.

Literatur des 16. Jh.

A	J. Turmair (Aventinus)	bair.
AG	J. Agricola	omd.
BR	S. Brant	els.
BT	B. Pirstinger	bair.
F	J. Fischart	els.
G	Geiler von Kaisersberg	alem.
HG	A. Hugen	obd.
HU	U. v. Hutten	obd.
KK	Kursächs. Kanzleisprache	omd
L	M. Luther	omd.
OE	A. Oelinger	els.
P	M. Pfinzing	obd.
S	H. Sachs	obd.
SN	J. Sleidan	wmd.
TH	Theuerdank	obd.
TS	G. Tschudi	alem.
ZA	Zwölf Artikel	obd.
ZB	Züricher Bibel von 1571	alem.

Literatur des 17. Jh.

AS	Abraham a S. Clara	obd.
D	S. Dach	omd.
FL	P. Fleming	omd.
LO	D. C. v. Lohenstein	omd.
OP	M. Opitz	omd.
SL	J. Schottelius	omd.
ST	M. Schultes	obd.
Z	Ph. v. Zesen	omd.

0. Einführung

0.1. Sprache als gesellschaftliche Erscheinung

Sprache und sprachliche Kommunikation sind als gesellschaftliche Erscheinungen nur im Zusammenhang mit außersprachlichen Phänomenen, vor allem mit Geschichte, Politik, Ökonomie, Kultur, Recht, Religion, genau zu erfassen und zu beschreiben. (Vgl. SPRACHGESCHICHTE 1984, Kap. 1.) Sprachgeschichte ist wie alle Geschichte ein Teil der Gesellschaftsgeschichte. Diese Erkenntnis gilt bereits für die ältesten Phasen der menschlichen Entwicklung. Denn das Leben des Menschen verläuft in der Gemeinschaft mit anderen. Der Mensch ist, so sagt schon ARISTOTELES, ein zoon politikon, ein gesellschaftliches Wesen. Die verschiedenen Formen menschlicher Gemeinschaft bedürfen als Mittel der Verständigung der Sprache, die bei ihrer Tätigkeit und in engster Verbindung mit dem Denken entstanden ist. Die Kommunikation mit anderen war notwendig, um das gemeinsame Handeln, z. B. zum Zwecke der Produktion von Nahrungsmitteln und Werkzeugen, überhaupt zustandezubringen und weiterzuentwickeln. Die gemeinsame Tätigkeit aber war erforderlich, um das Leben zu sichern.

Allerdings determinieren die menschlichen Tätigkeiten nicht in jedem Fall direkt Inhalt und Form des kommunikativen Handelns; aber jedes kommunikative Tun ist prinzipiell mit anderen, meist übergeordneten Tätigkeiten des Menschen verbunden, die wiederum durch die Anforderungen der Praxis im Rahmen der gegebenen historischen Verhältnisse bestimmt werden. Die sprachliche Tätigkeit stellt also kein verselbständigtes Handeln dar, sondern ist eine spezifische Form der geistigen Tätigkeit, die alle Bereiche des gesellschaftlichen Lebens durchdringt.

Sprachliches Handeln setzt als soziale Tätigkeit generell den Kommunikationspartner voraus, der zunächst oft der gleichen sozialen Gruppe angehört. Je größer und je differenzierter diese Gruppen werden, um so notwendiger wird die menschliche Kommunikation. Die gesellschaftliche Funktion der Sprache besteht also darin, daß die Menschen zum Zwecke der gegenseitigen Verständigung und der wechselseitigen Beeinflussung untereinander Bewußtseinsinhalte austauschen, miteinander kommunizieren. In dieser spezifischen Form des sozial determinierten geistigen Handelns äußert sich die kommunikative Funktion der Sprache; vgl. die Ausdrucks-, Darstellungs- und Appellfunktionen sprachlicher Zeichen nach dem Organonmodell BÜHLERS (1934, 28).

Doch damit ist die grundlegende Leistung der Sprache noch nicht voll erfaßt. Sprache dient nicht nur zum Austausch von Bewußtseinsinhalten, sondern in der Regel ist auch deren Zustandekommen an Sprache gebunden. Die verschiedenen Formen der geistigen Aneignung der natürlichen und der sozialen Umwelt kommen beim Menschen auf der Grundlage der Auseinandersetzung mit der objektiven Realität – der materiellen und der ideellen Erscheinungen – zustande. Seine sprachliche Tätigkeit ist also aufgrund der dialektischen Einheit von Sprache und Bewußtsein von Anfang an mit Bewußtseinsprozessen verbunden, die letztlich ebenfalls aus seiner Tätigkeit abzuleiten sind. Die ideellen Abbilder der objektiven Realität entstehen prinzipiell mit Hilfe der Sprache, die als Medium der abstrahierenden und verallgemeinernden Widerspiegelungstätigkeit fungiert. (Auf die umstrittene These einer vorsprachlichen Fähigkeit zur Begriffsbildung braucht hier nicht eingegangen zu werden; vgl. dazu ALLGEMEINE SPRACHWISSENSCHAFT I, 1973, 15ff.) In dieser kognitiven Funktion der Sprache, die mit der kommunikativen unlösbar verbunden ist, äußert sich die andere Seite des gesellschaftlichen Charakters der Sprache.

Sprache und sprachliche Kommunikation sind also in zweifacher Weise mit der Gesellschaft verbunden. Einmal realisiert sich der gesellschaftliche Charakter der

Sprache in ihrem Verflochtensein mit der Tätigkeit des Menschen und zum anderen in ihrer Eigenschaft als Objektivation des Bewußtseins, als Kodifikation gesellschaftlicher Erfahrungen, Normen und Werte. Diese enge Verbindung von Sprache und Gesellschaft kommt auch darin zum Ausdruck, daß die Sprache zu jeder Zeit Voraussetzung, Mittel und Ergebnis der Auseinandersetzung des Menschen mit der Wirklichkeit ist. Daher ist "der Einfluß der Gesellschaft auf Sprache und Kommunikation in seinem Wesen nie ein Einfluß von etwas Äußerem auf ein davon Getrenntes, ein Einfluß von Außersprachlichem auf Sprachliches" (SPRACHLICHE KOMMUNIKATION UND GESELLSCHAFT 1976, 40). Daraus wird auch bereits die Kompliziertheit dieses Zusammenhanges erkennbar. Der historische und soziale Charakter der Sprache und der sprachlichen Kommunikation darf nicht als unmittelbare Abhängigkeit der sprachlichen Entwicklung von der gesellschaftlichen Entwicklung interpretiert werden; doch reflektieren Sprachgebrauch und Sprachsystem direkt oder indirekt viele Veränderungen in der Geschichte der Sprachträger. Besonders deutlich wird dies in Zeiten des gesellschaftlichen Umbruchs, in Phasen großer Fortschritte in Wissenschaft, Technik und Kultur; dann können sich auch sprachliche – besonders lexische – Wandlungen häufen, da tiefgreifende gesellschaftliche Veränderungen zu neuen Anforderungen und Bedingungen der sprachlichen Kommunikation einer Sprachgemeinschaft (einer Sprachbevölkerung) oder einzelner Kommunikationsgemeinschaften führen. Die Vermittlungsglieder zwischen historischen, ökonomischen, kulturellen und anderen Wandlungen einerseits und sprachlichen Veränderungen andererseits sowie die Art und Weise ihres Wirkens bei der Entstehung und Durchsetzung von Neuerungen, beim Veralten und beim Untergang sprachlicher Elemente oder gar bei Wandlungen in der Art des sprachlichen Gestaltens sind jedoch noch nicht ausreichend erforscht.

Das Funktionieren der Sprache in der Gesellschaft zeigt sich besonders deutlich in der sprachlichen Tätigkeit sozialer Gruppen. Infolge der Differenzierung innerhalb des gemeinsamen Handelns kommt es schon auf einer frühen Stufe der menschlichen Entwicklung zur Ausbildung bestimmter sozialer Strukturen, das heißt sozialer Gruppen, und damit zur Differenzierung in verschiedene Kommunikationsgemeinschaften, für deren Bestand und Entwicklung die sprachliche Kommunikation eine wichtige Rolle spielt. Dabei ist aber zu beachten, daß der Mensch in der Regel verschiedenen sozialen Gruppen und damit verschiedenen Kommunikationsgemeinschaften angehört. Mit der Entstehung solcher Gemeinschaften ist der Rahmen für die Entwicklung und Festigung spezifischer kommunikativer Bedürfnisse und Bedingungen sowie für die Art und Weise der Kommunikation gegeben; denn diese Gemeinschaften können ihre gemeinsamen Interessen nur befriedigen, ihre gemeinsamen Aufgaben nur lösen, wenn sie auch miteinander kommunizieren. Die gemeinsamen Tätigkeiten und die daraus resultierenden Übereinstimmungen in den kommunikativen Anforderungen und Bedingungen führen – sofern das kooperative Handeln längere Zeit andauert – in der Regel zur Herausbildung von Gemeinsamkeiten im Sprachgebrauch, deren Abstraktionen als Soziolekte zu fassen sind. Unter einem Soziolekt bzw. einem sozialen Dialekt verstehen wir ein Subsystem der Gesamtsprache (des Diasystems), das heißt eine Varietät, die Ausdruck relativ fester Beziehungen zwischen wichtigen sozialen Merkmalen und dem spezifischen Sprachgebrauch dieser Kommunikationsgemeinschaft sind, was im Laufe der Zeit seinen Niederschlag in dem betreffenden Subsystem findet. Der Begriff Soziolekt wird also im allgemeinen sowohl auf das Sprachverhalten einer gesellschaftlich abgrenzbaren Gruppe als auch auf die sich daraus entwickelnde Varietät bezogen. (Vgl. ausführlicher LÖFFLER 1994, 124ff. – Siehe auch Abschnitt 0.2.) Zu den Varietäten des Deutschen zählen wir nicht nur Schriftsprache/Standardsprache, Umgangssprachen und Dialekte – diese drei werden zum Teil unter dem Begriff "Existenzformen" zusammengefaßt –, sondern auch alle Soziolekte, also vor allem Fachsprachen und Gruppensprachen. Mitunter werden darüber hinaus weitere Varietäten unterschieden. (Vgl. v. POLENZ 1991, 64ff.; LÖFFLER 1994, 86ff.) Wichtige soziale Faktoren, die Sprachgebrauch und Sprachbeherrschung beeinflussen, sind u.a. Alter, Beruf, Bildung, Qualifikation, spezielle Interessen und Geschlecht. Es sind also die spezifischen historischen und sozialen Bedin-

gungen innerhalb von Kommunikationsgemeinschaften, die das Sprachverhalten beeinflussen. "Damit wird angenommen, daß die kommunikativen Handlungsabsichten,
-zwecke und Themen, die in konventionellen und institutionellen sozialen Situationen
verwirklicht werden, in ihrem Vorkommen, ihrer Struktur, ihrer Verteilung und ihrer
sprachlichen Realisation von der Sozialstruktur typisierend beeinflußt werden." (STE-
GER 1980, 347.) Das bedeutet jedoch nicht, daß innerhalb sozialer Gruppen bzw. Kommunikationsgemeinschaften sprachliche Homogenität herrscht; vielmehr zeigen sich
auch in der Kommunikation von Angehörigen einer solchen Gruppe neben Gemeinsamkeiten mancherlei Unterschiede, ist auch hier ein mehr oder weniger großes
Maß an Heterogenität der Sprachverwendung festzustellen. Das ist letztlich durch Unterschiede in der Aneignung der Wirklichkeit und damit durch Unterschiede im Bewußtsein, im Wissen und Bewerten von Gegenständen und Sachverhalten bedingt. In
dieser Heterogenität liegt eine entscheidende Ursache des sprachlichen Wandels. "Die
Logik des Wandels . . . hat ihren Ort in der Struktur von Verständigungshandlungen,
die virtualiter, aufgrund der teilweise heterogenen Wissensvoraussetzungen von Ver-
ständigungspartnern immer Veränderungen bewirken können." (JÄGER 1984, 717.) Es
ist das Zusammenspiel der an jedem Kommunikationsereignis beteiligten Faktoren
(Partner, Gegenstand/Thema/Ziel, Sprachsystem, Sprachnormen, Situation), das zu
Spannungen, zu Widersprüchen führen kann, die zum Zwecke der Verständigung bzw.
der Erreichung des Zieles gelöst werden müssen, was manchmal mit Hilfe einer Neuerung geschieht. (Siehe dazu Abschnitt 0.3.)
   Diese Erkenntnis gilt nicht nur für die Kommunikation innerhalb einer sozialen
Gruppe, sondern genauso oder in noch stärkerem Maße auch für die Kommunikation
zwischen verschiedenen Kommunikationsgemeinschaften, die im Laufe der Geschichte
eine immer größere Bedeutung erlangt. Sie führt zu einer wechselseitigen Beeinflussung
der Soziolekte (und der anderen Varietäten) und damit des öfteren auch der Allgemeinsprache. Die Tendenz der sozialbedingten sprachlichen Differenzierung bildet gleichzeitig eine Ursache für die generelle Tendenz der sprachlichen Integration. Deutlich
wird dieser Einfluß daran, daß Sprachkontakte zwischen Varietäten einer Sprache sowie zwischen verschiedenen Sprachen ein wichtiger Faktor für die Entstehung von
sprachlichen Varianten und damit für den Sprachwandel sind. (Vgl. u. a. OKSAAR 1984,
845ff.)
   Die Heterogenität ist auch deshalb mit dem Merkmal der Variation und damit mit
dem Problem des Sprachwandels eng verknüpft, weil alle sprachlichen Veränderungen
mehrdimensional verlaufen. Prinzipiell kann bei jeder sprachlichen Veränderung eine
zeitliche (diachronische), eine räumliche (diatopische), eine soziale (diastratische) und
eine funktionale (diatypische) Dimension unterschieden werden, die jedoch eng miteinander verbunden sind und beim konkreten Kommunikationsereignis stets in ihrem
Zusammenhang mit den situativen Bedingungen zu sehen sind. Da jeder Sprachwandel
Prozeßcharakter besitzt, da von jeder Neuerung bis zu ihrer festen Integration in das
Sprachsystem ein gewisser Zeitraum vergeht und auch danach das neue Element nicht
von allen Sprachteilhabern akzeptiert wird, tragen nicht wenige sprachliche Veränderungen selbst nach der Phase ihrer Entstehung und der Phase ihrer Ausbreitung
zur Integration und zur Differenzierung im Sprachgebrauch und in den Sprachnormen
bei. (Zu den Phasen des Sprachwandels vgl. GROSSE/NEUBERT 1982.)
   Die Arten des Sprachwandels werden recht unterschiedlich gegliedert; zum Teil
hängt das mit der jeweiligen Auffassung vom Sprachwandel und seinen Ursachen zusammen. Weit verbreitet ist das Ausgehen von internen Bedingungen – vgl. z. B. die
sprachökonomisch bedingten Veränderungen – und von externen Bedingungen – vgl.
z. B. den Wandel durch Sprachkontakte. Eng verbunden damit ist die Unterscheidung
zwischen eigentlichen Triebkräften (innermenschlichen und innersprachlichen) und den
Bedingungen der Ausbreitung. (Vgl. HUGO MOSER 1965, 51ff.; WOLFF 1994, 30.) – Bei
manchen Einteilungen wird die Komplexität der Ursachen sowie die Wechselwirkung
zwischen verschiedenen Arten des Wandels nicht genügend beachtet.
   VON POLENZ (1991, 28ff.) versucht die wichtigsten Faktoren, die Sprachwandel bewir-

ken, in den folgenden vier Punkten zusammenzufassen und zu erörtern: Sprachökonomie, Innovation, Variation und Evolution; doch sind diese Gruppen im Grunde nicht
voneinander zu trennen.

In unserem Zusammenhang ist vor allem die Feststellung von Bedeutung, daß sich
sprachliche Wandlungen sowohl auf allen Ebenen des Sprachsystems wie auch im
Sprachgebrauch (in der Art der Verwendung des Systems) vollziehen, wobei zwischen
Veränderungen auf verschiedenen Ebenen zum Teil enge Beziehungen bestehen (vgl.
STEDJE 1989, 11ff.; V. POLENZ 1991, 61ff.):
(1) Intonationsebene (prosodische Ebene): vgl. z. B. den Wandel im Wortakzent beim
    Übergang vom Idg. zum Germ.;
(2) phonematische Ebene: vgl. z. B. den Wandel in der Aussprache des Graphems ⟨r⟩
    und des Graphems ⟨ch⟩ (Entstehung von Allophonen); ferner den Wandel von
    Diphthongen zu Monophthongen;
(3) graphematische Ebene: vgl. z. B. den Wandel in der Schreibung des Phonems /f/;
    aus der Sicht der kodifizierten Norm können bei (2) noch die orthoepische und bei
    (3) noch die orthographische Ebene unterschieden werden;
(4) morphematische Ebene: vgl. z. B. die Entstehung und Ausbreitung der schwachen
    Konjugation;
(5) syntagmatische Ebene: vgl. z. B. den Wandel in der Stellung des unflektierten Ad-
    jektivs und den Wandel im Verhältnis von Rahmung und Reihung;
(6) lexematische Ebene: vgl. z. B. den Wandel in der Wortbedeutung, durch Wortbil-
    dung und durch Entlehnungen; bei den Ebenen (4) bis (6) ist ein Wandel in der
    Form und/oder in der Bedeutung zu unterscheiden;
(7) textematische Ebene/Textebene: vgl. z. B. den Wandel in der Funktion einzelner
    Stilelemente, den Wandel von Formulierungsmustern, z. B. den Wandel in den An-
    rede- und Grußformeln – erinnert sei an das Aufkommen des Ihrzen in mhd. Zeit
    und die Nutzung dieser neuen Variante zum Ausdruck unterschiedlicher sozialer
    Beziehungen im "Meier Helmbrecht" (Vers 764ff.) und im "Nibelungenlied" (14.
    Aventiure) –, vgl. ferner den Wandel im Sprachgebrauch ganzer kommunikativer
    Bereiche, etwa des Rechtswesens, sowie das Aufkommen und die Veränderung von
    Textsorten. – Nach Ansicht mancher Sprachhistoriker kommt dem Wandel der
    Textebene für das Erfassen neuer Qualitäten einer Sprache und damit der Abgren-
    zung von Perioden besondere Bedeutung zu. (Vgl. DROSDOWSKI/HENNE 1980, 621;
    SCHANK 1984, 761ff.; STEGER 1984, 186ff.; SCHILDT 1990, 415ff.)
Diese Ebenen sind unter Beachtung ihres Verflochtenseins gleichzeitig wichtige An-
satzpunkte für die Sprachgeschichtsschreibung. (Vgl. die Übersicht bei WOLFF 1994,
18ff.) Bei angemessener Berücksichtigung der Ursachen und Bedingungen der Veränderungen werden auch die Dimensionen des Wandels (siehe oben) einschließlich der
pragmatischen Aspekte erfaßt.

0.2. Die territoriale und soziale Differenzierung
und Integration der deutschen Sprache

Die bisher festgestellten Zusammenhänge von gesellschaftlicher Entwicklung und Entwicklung der Sprache sollen im folgenden an einigen markanten Prozessen aus der
Vorgeschichte und der Geschichte der deutschen Sprache illustriert werden. In allen
Perioden der sprachlichen Entwicklung lassen sich zwei gegenläufige, aber miteinander
eng verknüpfte Tendenzen der Entwicklung beobachten, die als Prozesse der sprachli-
chen Integration und der sprachlichen Differenzierung zu charakterisieren sind. Beide
Arten sprachlicher Wandlungen sind auf außersprachliche und auf innersprachliche
Ursachen zurückzuführen.

Die deutsche Sprache gehört bekanntlich zu den germ. Sprachen, die ihrerseits wiederum einen Teil der idg. (ide.) Sprachfamilie bilden. Als idg. bezeichnet man eine Gruppe von Sprachen, die trotz zunehmender Unterschiede im Laufe der Geschichte doch eine verhältnismäßig große Zahl von Gemeinsamkeiten aufweist, die die heutigen idg. Sprachen miteinander verbinden und von anderen Sprachfamilien, z. B. den uralischen, den semito-hamitischen oder den austro-asiatischen Sprachen, unterscheiden und die den Schluß zulassen, daß sie genetisch miteinander verwandt sind (siehe 1.1.1.). Aus dem Idg. haben sich – offensichtlich infolge räumlicher Trennung einerseits und Berührung und Vermischung mit anderen Sprachen und Kulturen andererseits und natürlich auch aufgrund der eigenen inneren Sprachentwicklung – in einem langen, differenzierten Prozeß verschiedene Sprachen herausgebildet, darunter das Germanische, dessen Herauslösung aus der (angenommenen) idg. Spracheinheit um die Mitte des 1. Jahrtausends vor der Zeitenwende abgeschlossen war (siehe 1.1.2.). Dieser Vorgang, von dem wir wegen seiner zeitlichen Ferne und der nur spärlichen prähistorischen Quellen sehr wenig wissen, wird aus der Sicht des Sprachwissenschaftlers als Differenzierungsprozeß, als Prozeß der Ausgliederung aus einer größeren sprachlichen Einheit angesehen.

Der hier skizzierte Differenzierungsprozeß kann aus anderer Sicht gleichzeitig als Integrationsprozeß betrachtet werden, denn die Ausgliederung des Urgerm. aus dem Idg. und die Entstehung der einzelnen germ. Sprachen ist der sprachliche Niederschlag dessen, daß sich gegen Ende der Jungsteinzeit, also im 3. Jahrtausend v. u. Z., in dem Raum rund um die westliche Ostsee, zwischen Oder und Elbe, in Jütland und auf den dänischen Inseln sowie in verschiedenen Einzelgebieten engere Verkehrsgemeinschaften integriert haben, zwischen denen sich – wiederum auf dem Wege der Differenzierung – sprachliche Besonderheiten unterschiedlichen Grades entwickelt haben. Wahrscheinlich sind dabei auch die Einwirkungen fremder Sprachvölker wirksam gewesen, mit denen die Germanen in Berührung kamen. Das gilt mit Sicherheit für die Goten, die auf ihren großen Wanderungen durch die Sprachen verschiedener Völker beeinflußt worden sind, mit denen sie längere Zeit Kontakt hatten. (Siehe 1.1.3.)

Deutlicher, da zeitlich nicht so weit zurückliegend, sind für uns die Vorgänge bei der Herausbildung der deutschen Sprache als Integrationsprozesse zu identifizieren. In den ersten Jahrhunderten u. Z. waren die germ. Stammesverbände der Alemannen, Baiern, Franken, Thüringer und Sachsen als eigenständige politische Gemeinschaften durch den Zusammenschluß (west-)germ. Einzelstämme entstanden. Sie bildeten größere Verkehrs- und Kommunikationsgemeinschaften, innerhalb deren sich die sprachlichen Eigenheiten der Ausgangsstämme einander anglichen und neue gemeinsame Besonderheiten entstanden. Als diese germ. Stammesverbände mehr oder weniger fest in das fränkische Großreich der Karolinger (der Franken) eingegliedert wurden, begann eine Entwicklung, die dazu führte, daß die Sprachbesonderheiten der Altstämme allmählich teilweise abgebaut wurden und eine neue Spracheinheit entstand, die allerdings aufgrund der politischen und soziokulturellen Bedingungen keine volle Ausprägung erfuhr. (Vgl. 1.2.)

Doch auch dieser großräumig und langfristig ablaufende Integrationsprozeß schließt wiederum in sich Vorgänge der Differenzierung anderer Art ein. Die allmähliche Herausbildung der dt. Sprache ist keineswegs ein einheitlicher Prozeß mit einem einheitlichen Ergebnis, wie die vielfältigen Unterschiede in den heutigen deutschsprachigen Ländern zeigen. So setzen sich seit dem 6. Jh. verschiedene sprachliche Neuerungen durch, die z. T. von Süden nach Norden und z. T. von Norden nach Süden verlaufen und deren Entstehungsursachen heute noch weitgehend ungeklärt sind. Es sind das vor allem die 2. (ahd.) Lautverschiebung, der i-Umlaut, die ahd. Monophthongierung und die ahd. Diphthongierung. Dazu kommen verschiedene Neuerungen in Lexik und Grammatik. Sie haben auf der Grundlage der überkommenen sprachlichen Gliederung und in einem komplizierten Prozeß des Zusammenwirkens mit außersprachlichen Faktoren und Bedingungen die heute noch bestehende Aufteilung des deutschen Sprachgebietes bewirkt. Diese ist an der Verbreitung der dt. Mundarten der Gegenwart abzulesen; ihre bunte Vielfalt kann in der Gegenüberstellung des hd. (des obd. und des md.) und des nd. Sprachraumes auf eine übersichtliche, wenn auch grobe Zwei- bzw. Dreiteilung reduziert werden. (Siehe Karte 8 im Abschnitt 1.7.6.)

Prozesse der Differenzierung und der Integration lassen sich auch in den jüngeren und jüngsten Phasen der dt. Sprachgeschichte verfolgen. So hat sich der heutige Sprachzustand auf dem Wege über die starke Differenzierung der Mundarten in der Zeit der politischen Zersplitterung des Sprachgebietes einerseits und – infolge der ökonomischen und politischen Konzentration in der Neuzeit – mit der Entwicklung überlandschaftlicher Verkehrssprachen, großlandschaftlicher Umgangssprachen und schließlich der einheitlichen Schriftsprache durch Integration andererseits herausgebildet. Und auch die Entstehung der Varianten der dt. Schriftsprache in den deutschsprachigen Ländern (siehe unten) ist so zu erklären. Markante Größen in diesem Prozeß des ständigen Werdens und Vergehens sind die Existenzformen der Sprache, zu denen vor allem die Mundarten, die Schriftsprache und die Umgangssprache zu zählen sind, deren Verhältnis zueinander ebenfalls dem historischen Wandel unterworfen ist.

Da die Sprache die gesellschaftliche Entwicklung reflektiert (siehe 0.1.), muß neben dem territorialen grundsätzlich immer auch der soziale Aspekt berücksichtigt werden. Das ist in den vorausgehenden Abschnitten bereits dort geschehen, wo von politischen Einflüssen auf die Sprachentwicklung und von der Ausbildung von Varietäten die Rede war. Der Einfluß sozialer Faktoren auf die Sprache ist so vielfältig, daß zu seiner Erforschung und Beschreibung eine spezielle linguistische Disziplin, die Soziolinguistik, entstanden ist. Hier soll aus der Fülle der einschlägigen Themen (z. B. Beziehungen zwischen sozialen Daten und Sprachgebrauch, Sprache als "Spiegel" der gesellschaftlichen Entwicklung, Entstehung einer Kommunikationsgemeinschaft/einer sozialen Gruppe und Sprachwandel, Manipulation mit Hilfe der Sprache, das Problem der Sprachbarrieren u. a. m.) nur die soziale Differenzierung der Sprache knapp beleuchtet werden.

Aufgrund der vielfältigen sozialen Differenzierungen in der Gesellschaft entstehen bei der Kommunikation innerhalb sozialer Gruppen, die als Kommunikationsgemeinschaften unterschiedliche Ausprägungen der Sprache hervorbringen, soziale Sprachvarianten bzw. Soziolekte (siehe oben). Es sind in erster Linie spezifische Wortschätze und spezifische Phraseologismen, die unterschiedliche soziale Gruppen im Zuge der fortschreitenden Differenzierung der gesellschaftlichen Tätigkeiten und der Gesellschaftsstruktur entsprechend ihren besonderen Interessen und kommunikativen Bedürfnissen entwickelt haben. Dazu treten meist noch besondere Gebrauchsweisen der grammatischen Mittel einer Existenzform der Sprache (morphologische und syntaktische Besonderheiten). Die sozialen Varianten oder Soziolekte, für die sich in der Fachliteratur zahlreiche Bezeichnungen finden (Sonder-, Berufs-, Fach-, Gruppen-, Standessprache, Jargon, Argot u. a.), lassen sich in zwei Hauptgruppen gliedern: in Fach- und Gruppensprachen.

Das Unterscheidungsmerkmal kann in folgendem gesehen werden: Die Fachsprachen sind von den Bedürfnissen einer fachgerechten Ausdrucksweise in verschiedenen Bereichen der Kommunikation bestimmt. Sie haben sich als Mittel einer optimalen Verständigung über ein Fachgebiet unter Fachleuten ausgebildet; sie dienen der genauen und differenzierten Bezeichnung von Gegenständen, Beziehungen und Vorgängen auf einzelnen Sachgebieten. Die Gruppensprachen verdanken ihre Entstehung den besonderen Bedürfnissen und Bedingungen der Kommunikation zwischen Angehörigen bestimmter sozialer Gruppen. Kennzeichnend für diese Soziolekte ist es, daß ihre spezifischen Ausdrücke meist als Dubletten neben allgemeinsprachlichen Ausdrücken stehen; sie haben nicht wie die Fachwortschätze in erster Linie die Funktion der genauen, differenzierten Bezeichnung, sondern sie dienen oft der sprachlichen Absonderung der Sprecher. Mitunter hat diese sprachliche Absonderung geradezu Tarnfunktion (Geheimsprachen). Im einzelnen ist es jedoch nicht immer leicht, zwischen Fach- und Gruppensprachen zu unterscheiden.

Die Kenntnis und der Gebrauch solcher sozialer Sprachvarianten weisen den Sprecher als Angehörigen der betreffenden Gruppe aus, denn es gibt sprachliche Erscheinungen, die nur unter Bezugnahme auf soziale Gegebenheiten erklärt werden können. Insofern kann diesen Soziolekten eine gruppenindizierende Funktion zugesprochen werden.

Die Entstehung und Ausbreitung beider Arten der hier gekennzeichneten sozialen Sprachvarianten beobachten wir im Deutschen besonders seit dem Hoch- und Spätmittelalter. Im Zusammenhang mit dem Aufblühen des Zunftwesens bilden sich Fachsprachen der Handwerke aus; ebenso entstehen Fachsprachen in den Bereichen von Wissenschaft, Religion, Rechtswesen sowie im Kanzlei- und Geschäftsverkehr. Gruppensprachen entwickeln sich u.a. bei Soldaten, Schülern und Studenten, bei fahrenden Leuten und in manchen Randgruppen der Gesellschaft. Erinnert sei an die Sprache der Bettler, an das sog. Rotwelsch. Mit der raschen Entwicklung von Industrie, Technik und Wissenschaft seit der ersten Hälfte des 19. Jh. gewinnt der sozialbedingte Sprachgebrauch und damit die Herausbildung weiterer Soziolekte zunehmend an Bedeutung; doch nimmt seitdem auch die wechselseitige Beeinflussung sowie der Einfluß auf die Allgemeinsprache zu. So sind also auch bei der Entwicklung der Soziolekte die Tendenzen der Differenzierung und der Integration eng miteinander verbunden.

Sowohl territoriale als auch soziale Faktoren sind wirksam gewesen und wirken noch bei der Herausbildung der (regionalen) Varianten der dt. Schriftsprache. Aus politischer Sicht werden die wichtigsten von ihnen auch als nationale Varianten (Varietäten) bezeichnet. (Vgl. Hugo Moser 1985, 1687ff.) Unter diesen verstehen wir die Ausprägungen der dt. Schriftsprache in Deutschland, in Österreich, in der deutschsprachigen Schweiz, in Luxemburg, in Liechtenstein (das dem Schweizer Deutsch nahesteht) und in Südtirol. Die spezifische Ausprägung der dt. Schriftsprache in den verschiedenen Staaten ist sprachwissenschaftlich unter dem Aspekt des Verhältnisses von Sprachsystem, Sprachgebrauch und Sprachnorm zu erklären. Damit wird ein Fragenkomplex berührt, der in jüngster Zeit – besonders während der Existenz zweier dt. Staaten – intensiv und z.T. kontrovers diskutiert worden ist. (Vgl. u.a. Andersson 1983; Hellmann 1980; Langner 1985; Domaschnew 1991.) Allgemein anerkannt ist, daß die verschiedenen Varianten der dt. Schriftsprache ein gemeinsames Sprachsystem besitzen, das letztlich auf Gemeinsamkeiten der Geschichte beruht. Die Gemeinsamkeiten zeigen sich vor allem in der grammatischen Struktur und im lexikalischen Bestand, insbesondere im Grundwortschatz. Die unterschiedlichen historischen, politischen, ökonomischen und kulturellen Bedingungen, unter denen die dt. Schriftsprache gebraucht wird, sowie ihre unterschiedliche dialektale Grundlage bewirken allerdings Besonderheiten in der Lexik und in der Phraseologie, aber auch in der Grammatik, vor allem in der Morphologie, und in der Aussprache. Die gemeinsame Systemgrundlage wird also in den einzelnen Ländern unter den gegebenen Bedingungen unterschiedlich genutzt und weiterentwikkelt. Soziokulturelle Faktoren können aber auch die (weitgehend) übereinstimmende Nutzung des Sprachsystems bewirken und so der Differenzierung entgegenwirken. Vor allem aber wird der unterschiedliche Sprachgebrauch in Grenzen gehalten, weil die deutschsprachigen Länder bisher im allgemeinen in gleicher Weise an der einheitlichen schriftsprachlichen Norm des Deutschen festhalten, die sich im Laufe mehrerer Jahrhunderte herausgebildet hat und seit dem 17. Jh. schrittweise kodifiziert worden ist. Die heutigen Varianten der dt. Schriftsprache bilden somit ein instruktives Beispiel des Zusammenspiels von Kontinuität und Diskontinuität der Sprachentwicklung in dem Spannungsfeld von Sprachsystem, Sprachgebrauch und Sprachnorm. Gleichzeitig kommt den gemeinsamen und den unterschiedlichen Wandlungen in den wichtigsten Territorien der dt. Gegenwartssprache deshalb eine besondere Bedeutung zu, weil hier sprachliche Veränderungen nicht nur in ihren Ergebnissen, sondern auch in ihrer Entstehung, Ausbreitung und in ihren Funktionen – oft im Zusammenhang mit konkreten Kommunikationsereignissen – erfaßt werden können. (Vgl. Oksaar 1977; Cherubim 1979.)

0.3. Gegenstand, Aufgaben und Methoden
der Sprachgeschichtsschreibung

Aus den bisherigen Darlegungen ergibt sich für die Sprachgeschichte wie für die
Sprachwissenschaft ganz allgemein die Aufgabe, Sprache und Sprachgebrauch als besondere Erscheinungsform des menschlichen Lebens, als spezifische Form sozialen
Handelns zu erforschen, und zwar in all ihren funktionalen, sozialen, arealen und si-
tuativen Varianten. Damit wird die Sprachgeschichte auch neueren Forderungen der
Soziolinguistik und der Sprachpragmatik gerecht. (Vgl. CHERUBIM 1984, 802ff.) Die
Erkenntnis der engen Verflochtenheit der Sprache und der sprachlichen Kommuni-
kation mit außersprachlichen Faktoren haben zu einer starken Ausweitung des Ge-
genstandes und der Aufgaben der Sprachgeschichte geführt, zu einer Umwandlung der
Wissenschaft nur von der Sprache in eine Wissenschaft von der sprachlichen Tätigkeit.
Ansätze dazu sind bereits bei W. V. HUMBOLDT zu finden, der das Wesen der Sprache
nicht als Werk (Ergon), sondern als Tätigkeit (Energeia) betrachtet hat.

Entsprechend dieser Erkenntnis hat der Sprachhistoriker nicht nur die Entwicklung
des Sprachsystems zu untersuchen, sondern auch die Geschichte der sprachlichen Kommunikation mit den sie determinierenden Faktoren und Bedingungen. Dazu gehört es
auch, zu erforschen, wie die Kommunikationspartner in einer bestimmten Zeit in der
Lage waren, "öffentlich miteinander zu kommunizieren..., mit welchen Kom-
munikationsmedien, mit welchen Sprachhandlungsstrukturen, mit welchen Textsorten"
(VON POLENZ 1989b, 67). Denn die Beschreibung eines Zustandes oder einer Entwicklungsperiode ist unvollständig, wenn nicht gezeigt wird, wie die Vertreter der verschiedenen sozialen Gruppen und Schichten die Sprache als Mittel der Kommunikation
und der Erkenntnis in den verschiedenen Lebensbereichen genutzt haben. Dieses umfassende Ziel, dessen Erreichung der Zusammenarbeit mit anderen Wissenschaften bedarf, ist allerdings aus objektiven Gründen nur in beschränktem Maße zu realisieren.
Besonders gilt dies für die älteren Epochen, für die es keine oder nur geringe sprachliche
Zeugnisse gibt; doch auch in diesen Fällen sind historische und soziale Aspekte zu
beachten, hat die Forschung eine kommunikations- und sozialgeschichtliche Orientierung anzustreben.

Neben dieser Ausweitung haben Darstellungen zum Sprachwandel noch einen weiteren Gesichtspunkt zu beachten. Die Erkenntnis von der dialektischen Einheit von
Stabilität und Variabilität der Sprache schließt die Forderung ein, die Geschichte einer
Sprache nicht mit der Geschichte der Veränderungen gleichzusetzen. Zum Gegenstand
der Sprachgeschichtsforschung gehört auch die Untersuchung der stabilen Elemente.
Alle sprachlichen Neuerungen und Archaisierungen müssen auch unter dem Aspekt
ihrer Auswirkungen auf die konstanten Merkmale betrachtet werden. So kann z. B. eine
lexische Entlehnung die paradigmatischen und/oder die syntagmatischen Relationen
älterer Elemente verändern.

Die meisten Forscher gehen davon aus, daß der Sprachwandel prinzipiell erforschbar
und wissenschaftlich beschreibbar ist. Im einzelnen werden freilich zu diesem Phänomen und seiner Erforschung recht unterschiedliche Positionen vertreten. (Zu Theorien
des Sprachwandels vgl. u. a. KOMMUNIKATIONSTHEORETISCHE GRUNDLAGEN DES SPRACH-
WANDELS 1980; GROSSE/NEUBERT 1982; MATTHEIER 1984a, 1984b; LANGNER 1988; KEL-
LER 1990; VON POLENZ 1991, 24ff.) Oft hängen die Standpunkte mit grundsätzlichen
sprachtheoretischen Auffassungen zusammen; das ist insofern nicht verwunderlich, als
der Sprachwandel mit dem Wesen der Sprache verbunden ist. Klammern wir extreme
Meinungen aus, die vor allem von Vertretern strukturalistischer Schulen geäußert worden sind, nach denen die Erforschung der Ursachen nicht möglich oder für die Sprach-
wissenschaft belanglos sei, so ist besonders auf vier Auffassungen hinzuweisen: Manche
Linguisten meinen, sprachliche Veränderungen seien kausal determiniert, wobei der
Begriff der Kausalität nicht immer streng im Sinne einer philosophischen Kategorie

verstanden wird. So gehört nach VON POLENZ (1991, 18) zu den Aufgaben der Sprach-geschichte das Aufdecken bzw. Wahrscheinlichmachen "kausaler Zusammenhänge zwi-schen Sprache und außersprachlichen Faktoren". – Für andere steht beim Sprachwan-del nicht die Kausalität, sondern die Finalität im Vordergrund. Da nach COSERIU (1974, 152ff.) der Sprachwandel das Werden der Sprache durch das Sprechen als eine zweck-gerichtete, freie Tätigkeit ist, müssen sprachliche Veränderungen auf ihre (innere) Not-wendigkeit, auf ihre Finalität untersucht werden. Die Begründungen für den Sprach-wandel liegen nicht auf der Ebene der "objektiven" Kausalität, sondern auf der Ebene der "subjektiven" Finalität. Auch nach STEGER (1980, 347) ist der Zusammenhang zwi-schen geschichtlich-sozialen Bedingungen und sprachlicher Kommunikation nicht kau-saler Natur, sondern "über die gesellschaftlichen Zwecke sprachlicher Kommunikation vermittelt zu begreifen . . . Insofern ist dieser Zusammenhang zugleich eine Zweck-Mittel- wie auch, auf der Mikroebene sprachlichen Handelns, eine intentionale Bezie-hung." – Wieder andere Linguisten wollen nur einen Teil der Veränderungen kausal erklären. Nach MATTHEIER (1984a, 722) stehen sich heute zwei Erklärungsmodelle für den Sprachwandel gegenüber: "Für den innersprachlichen Wandel bzw. den Wandel aufgrund artikulatorisch-perzeptiver Variabilität wird ein kausales Erklärungsmodell, für den Wandel aufgrund der wechselnden kommunikativen Bedürfnisse in Sprachge-meinschaften ein finales Erklärungsmodell angenommen."

Schließlich sind noch verschiedene Ausprägungen einer kommunikativen Theorie des Sprachwandels zu erwähnen. Diese Auffassungen betonen stärker als andere die Rolle der Kommunikation für den Sprachwandel. Hingewiesen sei hier nur auf die spezifische Position KELLERS (1990). Er betrachtet die Sprache weder als Naturprodukt, dessen Änderungen kausaler Natur seien, noch als Kulturprodukt (Artefakt), dessen Wand-lungen man final erklären könne, sondern als ein "Phänomen der dritten Art". Den Sprachwandel begreift er ebenfalls als evolutionären Prozeß, dessen Dynamik auf dem Zusammenspiel von Variation und Selektion in der Kommunikation beruhe, doch sei dieser Wandel nicht als "notwendige Eigenschaft der Sprache" zu verstehen, sondern als Folge bestimmter Eigenschaften der Sprachverwendung. "Wandel der Sprache ist . . . eine notwendige Folge unserer Art und Weise, von ihr Gebrauch zu machen" (a. a. O., 190).

Doch wenn die "artspezifische Methode" des Kommunizierens darin besteht, "den anderen zu etwas Bestimmtem zu bewegen" (ebenda), dann schließt das nicht aus, daß der Sprecher zur Erreichung seines Zieles ganz bewußt zu einem von der Norm ab-weichenden Mittel greift und damit eine sprachliche Neuerung einleitet.

Neben diesen unterschiedlichen Auffassungen zum Sprachwandel gibt es aber auch übereinstimmende Standpunkte. Immer wird auf das komplizierte Gefüge der Faktoren und Bedingungen sprachlicher Wandlungen hingewiesen. Da dies – besonders bei äl-teren Sprachstufen – mitunter nur unvollständig erfaßt werden kann, lassen sich man-che sprachlichen Veränderungen nicht eindeutig erklären.

Bei der Erforschung der Ursachen sprachlicher Veränderungen wird heute grund-sätzlich davon ausgegangen, daß der Sprachwandel ein sozialer Vorgang ist. Die fort-schreitende gesellschaftliche Entwicklung stellt an die Sprache als das wichtigste Kom-munikationsmittel der Menschen ständig neue Anforderungen. Neue Erscheinungen, Erfindungen, Entdeckungen, neue Arbeitsvorgänge und Arbeitsmittel, veränderte ge-sellschaftliche Gegebenheiten müssen benannt und beschrieben werden; die Formu-lierung neuer, tieferer Einsichten bedingt die ständige Weiterentwicklung der kom-munikativen Fähigkeiten des Menschen und der Sprache. Aber es sind nicht nur au-ßersprachliche Faktoren, die sprachliche Veränderungen bewirken, sondern die Sprache birgt auch in sich selbst, in ihrer Struktur, Triebkräfte sprachlichen Wandels. So hat die Festlegung des im Idg. freien Wortakzents auf die erste Silbe (auf die Stammsilbe) im Germ., die selbst vielleicht auf außersprachliche Ursachen zurückgeht, im Ahd. und im Mhd. zur Abschwächung der vollen Nebensilbenvokale geführt. Infolge dieser Verän-derung wurden die Kasusendungen undeutlich; deshalb wurde zum Ausdruck der syn-taktischen Beziehungen das Demonstrativpronomen zunächst fakultativ und dann – im

Zuge des Fortschreitens der Entwicklung – obligatorisch zum Substantiv gesetzt. Dabei bedingen sich beide Prozesse wechselseitig. Weil sich die vollen Nebensilbenvokale abschwächten, bildeten sich analytische Formen zum Ausdruck grammatischer Beziehungen aus. Sobald diese neuen Formen entstanden waren, förderten sie den Prozeß der Abschwächung. Auf diese Weise entstand im Deutschen der Artikel, den es im Germ. nicht gegeben hat. Dieser Vorgang ist zweifellos als innersprachlich bedingte Veränderung anzusehen. Mitunter sind die Folgen dieser Veränderung überbewertet worden. BAESECKE (1918, 252f.) sieht im Anfangsakzent den "Beweger der starken ahd. Sprachentwicklung".

Es kann also zwischen (vorwiegend) außersprachlich und (vorwiegend) innersprachlich bedingten Wandlungen unterschieden werden, doch ist dabei zu beachten, daß an der Entstehung und Durchsetzung einer Veränderung stets Faktoren beider Gruppen zusammenwirken. Diese Erkenntnis ist auch deshalb wichtig, weil nach neueren Auffassungen zum Sprachwandel die These von der Pluralität der Ursachen "am ehesten dem wahren Sachverhalt und den Ergebnissen zahlreicher konkreter Untersuchungen gerecht wird" (Allgemeine Sprachwissenschaft I, 1973, 183). Daher ist es zumindest problematisch, zwischen einer inneren (internen) und einer äußeren (externen) Sprachgeschichte zu unterscheiden; doch wird diese Differenzierung auch noch in jüngster Zeit vorgenommen (vgl. z. B. PENZL 1984, 9; REIFFENSTEIN 1990), wobei man jedoch stets betont, daß beide Ebenen eng miteinander verbunden sind. Gerade eine pragmatisch orientierte Sprachgeschichte muß das Zusammenwirken zwischen internen und externen Faktoren deutlich herausarbeiten. Unter dem Aspekt des Sprachwandels ist eine solche Trennung methodologisch suspekt, weil sich jede Neuerung nur in der Kommunikation durchsetzen kann.

Bei manchen Veränderungen ist das Zusammenwirken von Sprachlichem und Außersprachlichem besonders augenfällig, zum Beispiel bei der Entstehung des heute allein produktiven Wortbildungstyps zur Bezeichnung von mask. Nomina agentis (Personenbezeichnungen nach der Tätigkeit). Es handelt sich um den Typus *Fischer*, *Lehrer*, *Bettler*, der in ahd. Zeit die bisherigen Bildungsmöglichkeiten für Nomina agentis verdrängt. Diese werden repräsentiert durch *Büttel* (< ahd. *butil* mit dem germ. Suffix *-ila*), *Bote* (< ahd. *boto* mit dem germ. Suffix *-an*) und *Geselle* (<ahd. *gisell(i)o* mit dem germ. Suffix *-jan*).

Bei den Bildungen auf *-er* ist von einem germ. **-ārja* auszugehen, dem got. *-āreis*, ahd. *-âri*, mhd. *-ære*, nhd. *-er* entsprechen. Für diesen Wortbildungstyp ist es kennzeichnend, daß er im Got. nur bei gelehrten Begriffen auftritt (*bôkareis* 'Schriftgelehrter', *laisareis* 'Lehrer', *sôkareis* 'Forscher'); ins Ahd. ist er auf der Grundlage von lat. Wörtern wie *molinārius* 'Müller', *tolonārius* 'Zöllner' eingedrungen (vgl. HENZEN 1965, 158). Der Grund dafür dürfte der Umstand gewesen sein, daß die Bildungen des Typs *boto*, *gisell(i)o* infolge des Wirkens der Auslautgesetze allmählich semantisch undeutlich und daher praktisch unbrauchbar wurden. So kann die mhd. Form *gebe* nicht nur 'der Geber, der Gebende' (< ahd. *gebo*), sondern auch 'die Gabe' (< ahd. *geba*) und die 3. Pers. Sg. Präs. Konj. des Verbs *geben* 'er gebe' sein. Das Vordringen des lat. Lehnsuffixes ist also offensichtlich aus dem Zusammenwirken sprachlicher Entwicklungsgesetzmäßigkeiten und außersprachlicher Bedingungen (lat. Bildung der Menschen, die sich als Übersetzer beruflich mit der Sprache und der Verbesserung ihrer Ausdrucksmöglichkeiten beschäftigten) zu erklären.

Von theoretischem Interesse für den Sprachhistoriker sind die Fragen nach dem Wesen und den Erscheinungsformen des Sprachwandels. Damit verbundene terminologische Fragen können hier ausgeklammert werden. (Vgl. dazu u. a. BRAUN 1987, 91ff.; LANGNER 1988, 22ff.; WOLFF 1994, 28.)

Das Wesen des Sprachwandels wird mitunter als Lösung von Widersprüchen im Sprachsystem und/oder in der sprachlichen Kommunikation gesehen. (Vgl. LANGNER 1988, 29ff.) Der Hauptwiderspruch, dem alle anderen unterzuordnen sind, besteht in dem dialektischen Verhältnis zwischen sozial und historisch determinierter Kommunikation (dem Zusammenwirken von kommunikativen Anforderungen, Bedingungen und Kommunikationsaufgaben) und dem dem Sprecher/Schreiber zur Verfügung stehenden Sprachsystem einschließlich der Normen seiner Verwendung; das heißt: "Ein Widerspruch entsteht, wenn ein gegebener Zustand eines Sprachsystems nicht den Kommunikationsnotwendigkeiten entspricht..." (GROSSE/NEUBERT 1982, 8). Dieser Widerspruch macht deutlich, daß die aufgrund einer oder mehrerer Ursachen eintretende sprachliche Veränderung (Wirkung) immer als Wechselwirkung zu verstehen ist, bei der die äußeren Ursachen über die inneren Bedingungen bzw. die inneren Bedingungen im Zusammenhang mit den äußeren Faktoren wirken. (Siehe oben die Erläuterungen zur Bezeichnung der Nomina agentis.)

Sprachliche Neuerungen äußern sich zunächst nicht selten als Verstöße gegen die Norm oder in Form neuer fakultativer Varianten. Entsprechen diese Veränderungen einem interindividuellen Bedürfnis – also zumindest dem einer sozialen Gruppe, einer Kommunikationsgemeinschaft –, und den Strukturgesetzmäßigkeiten des Sprachsystems, werden sie von anderen Sprachteilhabern übernommen. Dann wird aus der Neuerung als einer Erscheinung der Rede ein Element der Sprache bzw. einer ihrer Varietäten, das wir als Normveränderung, mitunter auch als Veränderung des Sprachsystems erfassen. Bei der Durchsetzung einer Neuerung spielt also die Akzeptierung durch bestimmte soziale Gruppen eine entscheidende Rolle. Daher ist das Erfassen der sozialen Dimension einer sprachlichen Veränderung besonders bedeutsam, zumal sich diese des öfteren auch auf die räumliche und zeitliche Ausbreitung einer Neuerung auswirkt.

Für die Beschreibung vieler Wandlungen können Kategorienpaare wie Ursache/Bedingung und Wirkung/Folge sowie Zufall und Notwendigkeit herangezogen werden. Die oben erwähnte Veränderung in der Bezeichnung der Nomina agentis zeigt nicht nur das Verhältnis von Ursachen und Folgen, sondern spiegelt auch das Verhältnis von Zufall und Notwendigkeit wider. Daß dieser Wandel vor sich ging, ist Ausdruck der Kategorie Notwendigkeit, daß sich gerade diese Lösung durchsetzte, ist Ausdruck des Wirkens der Kategorie Zufall (im philosophischen Sinne). Seit ahd. Zeit repräsentiert die Regel, Nomina agentis mit Hilfe des Suffixes *-er* zu bilden, innerhalb der dt. Sprache das Notwendige, im Vergleich zu anderen Sprachen das Zufällige. Ähnlich sieht das Verhältnis dieser Kategorien bei anderen Veränderungen aus. Ob in der Konjugation des Verbs synthetische oder analytische Formen verwendet werden (z.B. *ich gab, ich habe gegeben*) oder ob in der Wortbildung die inneren oder die äußeren Derivationen dominieren, das hat gegenüber der prinzipiellen Notwendigkeit Zufallscharakter. Daraus wird deutlich, daß bei den meisten sprachlichen Wandlungen dem Sprecher/Schreiber vom System verschiedene Möglichkeiten gegeben sind, die Neuerung sprachlich zu realisieren.

Aus dem Bereich des methodischen Vorgehens ist wenigstens auf die für die Sprachgeschichte grundlegende Unterscheidung zwischen synchronischer und diachronischer Betrachtungsweise (Methode) hinzuweisen. (Vgl. zusammenfassend L. JÄGER 1984, 711ff.) Diese Begriffe gehen auf F. DE SAUSSURE zurück; er unterscheidet zwischen einer deskriptiv-statischen (der synchronischen) Betrachtungsweise, die das Sprachsystem auf einer bestimmten Stufe seiner Entwicklung darstellt, und einer historisch-dynamischen (der diachronischen), die zeigt, wie eine Sprache sich im Laufe einer bestimmten Zeit gewandelt hat, wobei nach DE SAUSSURE das System in seinem Wesen nicht verändert wird. Der Wandel ersetze lediglich ein Element durch ein anderes. Nach ihm könne man daher die Sprache als etwas Selbständiges von ihren äußeren Einflüssen isoliert betrachten. "Die Sprache an und für sich betrachtet ist der einzige wirkliche Gegenstand der Sprachwissenschaft." (DE SAUSSURE 1967, 279.) Diese Unterscheidung ist besonders von den Vertretern der Systemlinguistik ausgebaut worden, die auf die Erforschung der Strukturen der Sprache ausgerichtet waren und die das System als etwas Homogenes ansahen, wobei dem Zustand (der Synchronie) einer Sprache eindeutig der Primat eingeräumt wurde.

Heute ist jedoch unstrittig, daß es eine Dichotomie zwischen Struktur und Evolution nicht gibt. Die scharfe Trennung zwischen Sprachzustand und Entwicklungsphase ist also nicht aufrechtzuerhalten. Zur Überwindung der mitunter geradezu ahistorischen

Untersuchungen mancher Strukturalisten hat vor allem COSERIU (1974, 1975, 1988) beigetragen, obwohl er in seiner Auffassung vom Sprachsystem den Strukturalisten nahesteht. COSERIU betont aber mit Recht, daß der Sprachwandel eine notwendige Voraussetzung für die Existenz und für das Funktionieren der Sprache als Mittel der Kommunikation ist. Synchronie und Diachronie sind nur unter methodischem Aspekt als unterschiedliche Herangehensweisen relativ klar voneinander zu trennen. Diese Differenzierung gilt jedoch nicht für das Objekt der Untersuchung, für die Sprache. Jeder Sprachzustand ist selbst auch dynamisch, ist ein Zustand in der Bewegung, und jede Entwicklungsperiode ist insofern auch statisch, als sie strukturiert ist und Systemcharakter besitzt. Stabilität und Variabilität bilden als Wesensmerkmale der Sprache eine dialektische Einheit, die man auch als dynamische Stabilität bezeichnet. Daher können sprachliche Veränderungen geradezu als eine ständige Systematisierung charakterisiert werden. Das wiederum erfordert und ermöglicht in der Regel die Anwendung der synchronischen u n d der diachronischen Methode. Die Sprachgeschichtsforschung muß beide Vorgehensweisen miteinander verbinden, auch wenn bei der Untersuchung und Darstellung längerer Zeiträume oder gar der gesamten Geschichte einer Sprache die diachronische Methode dominiert. Diese untersucht die sprachlichen Erscheinungen historisch, sie beschreibt die Veränderungen und deren Ursachen im Laufe der Entwicklung in Längsschnitten. Ihr Ziel ist es, ein möglichst umfassendes Bild vom Verlauf der Prozesse ausgewählter Erscheinungen, eines Teilbereiches der Sprache (z. B. eines Subsystems) oder der Sprache als Ganzes zu geben, wobei auch zwei oder mehrere Sprachzustände miteinander verglichen sowie die eingetretenen Veränderungen im Sprachgebrauch, in den Sprachnormen und im Sprachsystem erfaßt und synchronisch dargestellt werden können. Soll also ein Sprachzustand beschrieben werden, z. B. System und Norm der dt. Sprache um 1200 im hd. Raum, so hat sich der Sprachhistoriker vorwiegend der synchronischen Methode zu bedienen, wie das mitunter bei der Darstellung historischer Grammatiken geschehen ist.

Wie bei der Untersuchung und der Darstellung einer Periode sprachlicher Entwicklung beide Methoden zusammenwirken müssen, sei am Beispiel der sprachlichen Entwicklung von 1450 bis 1650 in vereinfachter Weise demonstriert. Um diese Periode genauer zu erforschen, sind u. a. folgende Untersuchungsschritte erforderlich:
(1) Beschreibung des Zustandes um 1450 als Ergebnis der Entwicklung der vorangehenden Perioden (vorwiegend synchronisches Herangehen);
(2) Erfassen der Erfordernisse und Bedingungen der Kommunikation während des Zustandes um 1450 und während der Periode von 1450 bis 1650 (interdisziplinäre Untersuchungen);
(3) Untersuchung der Veränderungen in der sprachlichen Kommunikation, in den Sprachnormen und im Sprachsystem während dieses Zeitraumes (vorwiegend diachronisches Vorgehen); hier sind die im Abschnitt 0.1. angeführten Ebenen zu berücksichtigen;
(4) Beschreibung des Zustandes um 1650 als Ergebnis der Entwicklung von 1450 bis 1650, aber auch der älteren Wandlungen, sowie als Basis für die weitere Entwicklung (vorwiegend synchronisches Vorgehen).

Da ein Zeitpunkt im eigentlichen Sinne des Wortes nicht untersucht werden kann, ist die ausschließliche Anwendung der synchronischen Methode nicht bzw. nur bedingt möglich. Auch zur Beschreibung eines Sprachzustandes ist es notwendig, zumindest historische Aspekte einzubeziehen, das heißt, Erscheinungen in ihrem Werden zu betrachten. (Zu weiteren Aspekten und Methoden der Sprachgeschichtsforschung vgl. u. a. WOLFF 1994, 13ff.)

0.4. Zur Periodisierung der deutschen Sprachgeschichte

Die Gliederung des kontinuierlichen Prozesses der Entwicklung der dt. Sprache in einzelne, zeitlich faßbare und überzeugend begründbare Abschnitte wird von den Sprachhistorikern unterschiedlich vorgenommen. Das liegt vor allem daran, daß keine einheitliche Auffassung darüber besteht, welche Kriterien der Periodisierung zugrunde gelegt werden sollen und welches Gewicht den unter verschiedenen Aspekten gewonnenen Kriterien beizumessen ist. Die bisher genutzten bzw. diskutierten Kriterien lassen sich grob in folgenden Gruppen zusammenfassen:
(1) sprachliche Kriterien, wobei zwischen denen des Sprachsystems und denen der Sprachverwendung zu unterscheiden ist (vgl. dazu die im Abschnitt 0.1. angeführten Ebenen des Sprachwandels);
(2) soziolinguistische Kriterien: Hierhin gehören u.a. die Varietäten und ihr Verhältnis zueinander, die Rolle fremder Sprachen und ihr Einfluß auf das Deutsche, ferner die Vorbildwirkung einzelner Sprachräume, sozialer Gruppen und bestimmter Persönlichkeiten;
(3) außersprachliche Kriterien, insbesondere historische, sozialgeschichtliche, ökonomische und kulturelle Faktoren.

In jüngster Zeit werden auch pragmatische und mediengeschichtliche Kriterien in die Diskussion einbezogen. (Siehe unten.)

Es liegt auf der Hand, daß die Beschränkung auf ein Kriterium zwar leicht handhabbar ist, aber notwendigerweise zu einer einseitigen Betrachtung führt. Wenn trotzdem bis heute lautlich-phonematische Kriterien bei der Abgrenzung eine gewichtige Rolle spielen, so liegt das daran, daß der Wandel der Laute/Phoneme und ihrer Schreibung oft zwei Sprachzustände deutlich voneinander unterscheidet. Aber selbst ein solches Vorgehen bringt mitunter Schwierigkeiten mit sich. Geht man z.B. bei der Festlegung des Beginns der ahd. Periode vorwiegend von lautlich-phonematischen Fakten aus, so hängt die Entscheidung davon ab, ob man den Anfang oder den Abschluß der ahd. Lautverschiebung zugrunde legt. Wieder andere Ergebnisse erhält man, wenn weitere sprachliche Veränderungen oder wenn das Auftreten schriftlicher Belege oder wenn außersprachliche Kriterien herangezogen werden. Schon an diesem Beispiel wird deutlich, daß bestimmte Probleme mit dem Gegenstand selbst verbunden sind. Probleme der Periodisierung des Deutschen liegen u.a. in der zeitlich differenzierten Durchsetzung sprachlicher Wandlungen, im unterschiedlichen Verhältnis von gesprochener und geschriebener Sprache, in den Beziehungen zwischen den Varietäten einer Periode "sowie im ungleichen Anteil verschiedener Sprachlandschaften an der Entwicklung überregional gültiger Sprachnormen" (SONDEREGGER 1979, 169). Daher müßte die Fixierung des Beginns und des Endes von Sprachperioden mitunter nach den Sprachlandschaften und/oder nach den wichtigsten Varietäten differenziert erfolgen. Die hier nur angedeuteten Schwierigkeiten vermehren sich bei der Gliederung der Vorgeschichte der dt. Sprache, da wir für diese Zeiträume keine oder nur wenige Belege besitzen.

In der älteren Sprachgeschichtsforschung wird die Geschichte der dt. Sprache in die folgenden Abschnitte eingeteilt:

Althochdeutsch:	von den Anfängen bis 1100,
Mittelhochdeutsch:	von 1100 bis 1500,
Neuhochdeutsch:	von 1500 bis zur Gegenwart.

Seit SCHERERS Sprachgeschichte (2. Aufl. 1878) ist es üblich geworden, zwischen das Mittelhochdeutsche und das Neuhochdeutsche das Frühneuhochdeutsche als Übergangsperiode einzuschalten. Die zeitlichen Grenzen werden oft folgendermaßen fixiert, wobei die Jahreszahlen natürlich nur ungefähre Grenzen markieren:

Althochdeutsch:	von den Anfängen bis 1050,
Mittelhochdeutsch:	von 1050 bis 1350,
Frühneuhochdeutsch:	von 1350 bis 1650,
Neuhochdeutsch:	von 1650 bis zur Gegenwart.

Die Perioden vor 1500 werden mitunter als Altdeutsch zusammengefaßt und dem Neu(hoch)deutschen gegenübergestellt.

Gegen beide Gliederungen kann Verschiedenes eingewendet werden. Beide berücksichtigen nicht den Umstand, daß zur Geschichte der dt. Sprache auch die Entwicklung des Niederdeutschen gehört; die Perioden sind daher nur nach dem Hochdeutschen benannt. Von manchen Forschern wird die letzte Phase des Mhd. als Spätmhd. von dem übrigen Mhd. unterschieden. Andere haben darauf hingewiesen, daß man mit gleichem Recht auch zwischen anderen Perioden eine Übergangszeit einschieben müßte, z. B. zwischen dem Ahd. und dem Mhd. eine spätahd. oder/und eine frmhd. Phase. Jede Gliederung in Epochen ist "mit sehr breiten Überschneidungs- und Übergangsphasen zu verstehen" (VON POLENZ 1991, 22; vgl. HUGO MOSER 1965, 101; SONDEREGGER 1979, 181).

Diese und andere Probleme waren der Grund dafür, daß sich die Forschung seit einigen Jahrzehnten in verstärktem Maße der Periodisierung zugewandt hat und neue Aspekte in die Diskussion eingebracht worden sind. So hat SONDEREGGER (1979, 185ff.) u. a. die historischen Sprachstufen mit dem Kriterium der Verstehbarkeit in Verbindung gebracht. Die Verstehbarkeit von Texten, die vom Nhd. bis zum Ahd. ständig abnimmt, ist als Reflex der sprachlichen Veränderung zu begreifen. Nach VON POLENZ (1989b, 67) ist für die Periodisierung einer pragmatisch orientierten Sprachgeschichte "die Mediengeschichte mit ihren nachweisbaren Entwicklungsschüben" von Bedeutung. So haben sich z. B. die Erfindung des Buchdrucks im 16. Jh. und die Verbreitung der Massenmedien (Zeitung, Funk und Fernsehen) seit dem 19. bzw. 20. Jh. sowohl auf die Verwendung der Sprache als auch auf die Entwicklung des Sprachsystems ausgewirkt. Für WELLS (1990, 192ff.) sind die frühesten dt. Drucke um 1450 das entscheidende Kriterium dafür, in dieser Zeit eine neue Periode beginnen zu lassen, nämlich den "Übergang zum frühen modernen Deutsch" (bis 1650). WIESINGER (1990a, 411) hält es zumindest für die Perioden bis zum Frnhd. für notwendig, stärker als bisher regionale Aspekte zu berücksichtigen und daraus die Konsequenz zu ziehen, "statt bestimmte zeitliche Einschnitte als Periodengrenzen festzusetzen, Übergangsperioden einzuführen". STEGER (1984, 186ff.), SCHILDT (1990, 415ff.) u. a. weisen auf die Rolle der Texte/Textsorten für die Geschichte der dt. Sprache und ihre Periodisierung hin. Mehrfach ist in jüngster Zeit gefordert worden, für die Abgrenzung der Sprachperioden das Verhältnis von Neuerungen, Bleibendem (Konstantem) und Veraltendem zu berücksichtigen und dadurch den schon angedeuteten Charakter von Übergangsphasen zu betonen. (Vgl. SONDEREGGER 1979, 180f.; LANGNER 1982, 92; N. R. WOLF 1989, 121ff.) WOLF weist ferner auf die Notwendigkeit hin, das Kriterium der Sprachverwendung für die Gliederung der Sprachgeschichte stärker zu beachten, bei dem stets sprachliche Gegebenheiten mit außersprachlichen Faktoren verbunden sind. Es ist überhaupt ein Charakteristikum der jüngsten Erörterungen, die verschiedenen Arten der Kriterien miteinander zu verbinden, obwohl dadurch zusätzliche Schwierigkeiten entstehen. Diese werden z. B. bei der Abgrenzung zwischen dem Mhd. und dem Frnhd. sehr deutlich. Denn einmal ist die Abgrenzung zwischen dem Mittelalter und der Neuzeit auch bei den Historikern bis heute umstritten; zum anderen haben sich die sprachlichen Veränderungen, die die Herausbildung des Nhd., speziell der einheitlichen Schriftsprache, bewirken, in sehr differenzierter Weise durchgesetzt. Je nach der Wahl und der Gewichtung der Kriterien wird daher der Beginn des Frnhd. am Ende des 13., im 14. Jh. oder noch später angesetzt. (Vgl. die Zusammenstellung bei PENZL 1984, 12f.) MOSKALSKAJA läßt in der ersten Auflage ihrer Sprachgeschichte (1965) das Frnhd. um 1500, in der letzten Auflage (1985) um 1350 beginnen. Das FRÜHNEUHOCHDEUTSCHE WÖRTERBUCH (1989ff.) stützt sich vornehmlich auf Quellen des 14. bis 16. Jh., seltener des 17. Jh. WELLS (a. a. O.) führt gewichtige Gründe für die Begrenzung dieser Phase um 1450 und um 1650 an. VON POLENZ (1991, 100f.; vgl. dens. 1989a, 11ff.) setzt diese Periode von etwa 1350 bis etwa 1600 an und schlägt für sie die Bezeichnung "Deutsch in der frühbürgerlichen Zeit" vor. Durch diese Formulierung betont er vor allem historische und soziale Faktoren und schließt auch die Entwicklung des Nd. in diese Epoche ein. Trotzdem muß man wohl EGGERS (1984, 43) zustimmen, daß die Abgrenzung zwischen dem Mhd. und dem Frnhd. nicht ohne Gewalt zu ziehen ist.

Als einer der ersten hat HUGO MOSER (1965, 100ff.) versucht, die Gegebenheiten der Geschichte stärker bei der Periodisierung der dt. Sprachgeschichte zu berücksichtigen. Er unterscheidet generell zwischen dem Deutsch des Mittelalters (bis 1500) und dem Deutsch der Neuzeit. Der historische Aspekt spielt allerdings nur bei der Untergliederung der Entwicklung bis 1500 eine Rolle. Hier unterscheidet er nach einer Phase des Vordeutsch (2. Hälfte des 5. Jh. bis etwa 750) drei Phasen: Frühdeutsch/frühmittelalterliches Deutsch (bis etwa 1170), zu dem das Ahd. und das And. gehören, das hochmittelalterliche Deutsch (etwa 1170 bis 1250) und das spätmittelalterliche Deutsch (etwa 1250 bis 1500); diese beiden Phasen umfassen nach ihm das Mhd. und das Mnd.[1] Die neudeutsche Sprachperiode wird dagegen nach unterschiedlichen Kriterien unterteilt.

Noch stärkeres Gewicht mißt SCHILDT (1984, 13ff.) der gesellschaftlichen Entwicklung bei, wenn er als oberstes Kriterium für die Periodisierung die sozialökonomischen Formationen wählt; doch birgt dieses Vorgehen die Gefahr einer einseitigen Betrachtung in sich.

Der Versuch, sprachliche und außersprachliche Faktoren miteinander zu verbinden, hat auch zu der Frage geführt, ob um 1950 eine neue Periode in der Entwicklung der dt. Sprache anzusetzen ist. Die bis 1989 in diesem Zusammenhang des öfteren angeführten Differenzierungen zwischen der dt. Sprache in der DDR und in den anderen deutschsprachigen Staaten bildeten für eine solche Entscheidung keine hinreichende Begründung, denn einmal betrafen sie vorwiegend bestimmte Bereiche der Lexik, zum anderen standen diesen Veränderungen auch zahlreiche Erscheinungen gegenüber, die von gemeinsamen Entwicklungen bzw. von der Tendenz der Integration zeugten. (Vgl. die Literaturangaben im Abschnitt 0.2.) Durch die Vereinigung der beiden dt. Staaten im Jahre 1990 kommt diesem Aspekt für die Klärung dieser Problematik wohl keine Bedeutung mehr zu. Jedoch gibt es andere Argumente, die für einen Einschnitt um 1950 sprechen. Im Laufe des 19. Jh. und der ersten Hälfte des 20. Jh. haben sich viele bedeutende soziokulturelle Veränderungen vollzogen, die mit wesentlichen Wandlungen der Kommunikation und damit der Sprachverwendung verbunden sind, was nicht ohne Auswirkungen auf das Sprachsystem bleiben konnte. Erinnert sei hier nur an die Veränderungen im Gefüge der Existenzformen, vor allem an den Einfluß der Umgangssprache auf die Schriftsprache (Tendenz der Integration; vgl. dazu LANGNER 1990b), an den zunehmenden Einfluß fremder Sprachen, besonders des Englischen, und damit an die Tendenz der Internationalisierung (vgl. LANGNER 1990a) sowie an die durch Wissenschaft und Technik bedingten Veränderungen der fachsprachlichen Kommunikation und ihre Auswirkungen auf die Allgemeinsprache (Tendenz der Differenzierung und der Integration). Zu diesen Aspekten kommt der politische Umbruch 1945 mit seinen Wandlungen in fast allen Lebensbereichen. Daher spricht HUGO MOSER (1985, 1679) von einer "deutliche(n) Zäsur in der dt. Sprachgeschichte". Und EGGERS (1984, 45) meint sogar, daß die dt. Sprache, "wie sie sich seit dem Jahre 1950 darstellt, nach zwölf Jahrhunderten in ein neues, fünftes Stadium der Entwicklung eingetreten ist". (Vgl. dazu auch VON POLENZ 1989a, 15.) Trotzdem bedarf die Frage, ob um 1950 eine neue Periode beginnt, noch weiterer Untersuchungen. Aus der Sicht der Syntax gibt es z. B. andere Meinungen. Nach ADMONI (1990, 267) ist um die Mitte des 20. Jh. keine neue Phase zu erkennen. Vielmehr zeigen sich hier Tendenzen, die bereits um 1900 hervorgetreten sind. (Vgl. die ähnliche Meinung bei MACKENSEN 1971, 5f.)

Die knappen Darlegungen machen deutlich, daß es eine allgemein anerkannte Periodisierung nicht gibt, wohl auch nicht geben kann, weil keine Gliederung alle wichtigen Kriterien zu berücksichtigen vermag, sondern sich auf eine Auswahl wesentlicher Aspekte beschränken muß. Daß dabei immer sprachliche und außersprachliche Fak-

---

[1] Die Beziehungen zwischen der Entwicklung im hd. und im nd. Raum sind jedoch komplizierter, als sie MOSERS Darstellung erscheinen läßt; vgl. die Übersicht am Ende des Abschnittes.

toren zu beachten sind, ohne zu vergessen, daß es in erster Linie um die Geschichte der
Sprache und nicht um die der Sprachträger geht, ist unumstritten. Daher kann man der
Meinung REIFFENSTEINS (1990, 24) nur bedingt zustimmen, "daß Veränderungen des
Sprachsystems, sprachinterne Faktoren also, für die Abgrenzung von Sprachstadien
viel weniger taugen als solche der externen Sprachgeschichte . . ." Allgemein anerkannt
ist auch die Erkenntnis, daß die Periodisierung keine willkürlichen Einschnitte in das
"panta rhei" der Entwicklung setzt, sondern daß sie als eine abstrahierende Abbildung
tatsächlicher Entwicklungen zu verstehen ist und die Bezeichnungen der Perioden als
terminologische Konstrukte der Sprachwissenschaft zu begreifen sind. Die Gliederung
historischer Abläufe ist also nicht nur aus Gründen der Darstellung gerechtfertigt, sondern durchaus auch dem Gegenstand adäquat, nicht zuletzt deshalb, weil es neben
Phasen relativer Ruhe Zeiten starker Veränderungen gibt, die zu neuen Qualitäten der
Sprachverwendung und des Sprachsystems führen. (Zu Problemen der Gliederung vgl.
SONDEREGGER 1979, 169ff.; ZUR PERIODISIERUNG 1982; H. WOLF 1984, 815ff.; VON PO-
LENZ 1989a, 11ff.; HARTWEG/WEGERA 1989, 18ff.; WOLFF 1994, bes. 35f.)

Unter Beachtung der erläuterten Probleme und im Hinblick auf die unterschiedlichen
Ziele des Kapitels 1 einerseits und der Kapitel 2 bis 4 andererseits wählen wir für unsere
Darstellung zwei verschiedene Periodisierungen. Die Gliederung im Kapitel 1, dem
allgemein-sprachgeschichtlichen Teil, folgt bei den Ausführungen zur Vorgeschichte der
weitverbreiteten Abgrenzung zwischen dem Idg. und dem Germ. und geht bei der Periodisierung der Geschichte der dt. Sprache von Erkenntnissen der Geschichtswissenschaft aus. Jedoch hängen die Einschnitte auch mit Veränderungen in der Sprachverwendung und im Sprachsystem zusammen, ohne daß daraus auf parallele Entwicklungen von Sprache und Geschichte geschlossen werden darf. Die sprachliche Entwicklung
im hd. Raum ergibt dann folgende Gliederung:

Deutsch des Mittelalters:	um 500–1450
Deutsch des Frühmittelalters:	5./6. Jh.–1050
Deutsch des Hochmittelalters:	1050–1250
Deutsch des Spätmittelalters:	1250–1450
Deutsch der Neuzeit:	1450 – Gegenwart
Deutsch der frühen Neuzeit:	1450–1650
Deutsch der mittleren Neuzeit:	1650–1800
Deutsch der jüngeren Neuzeit:	1800–1950
Deutsch der jüngsten Neuzeit:	1950 – Gegenwart
(Deutsch der Gegenwart)	

Die Kapitel 2 bis 4, die vorrangig die Aufgabe haben, frühere Sprachzustände als
System zu beschreiben, freilich in ihrer Entwicklung, halten sich – auch aus pädagogischen Gründen – an die traditionelle Einteilung der Perioden des Ahd., des Mhd., des
Frnhd. und des Nhd.; sie stimmen dadurch mit fast allen historischen Grammatiken,
den meisten historischen Wörterbüchern (vgl. z.B. KLUGE 1989, XXXI) sowie mit vielen Textsammlungen bzw. Lesebüchern zum Ahd., Mhd. und Frnhd. überein.

Die folgende Übersicht läßt die Gemeinsamkeiten und Unterschiede beider Periodisierungen erkennen und ermöglicht überdies einen Vergleich mit der Gliederung der
sprachlichen Entwicklung im nd. Raum.[2]

---

[2] Die Entwicklung des Nd. wird zwar an vielen Stellen des Buches einbezogen, doch kann und
soll keine Darstellung der Sprachgeschichte des gesamten dt. Sprachraumes geboten werden.

Periodisierung der deutschen Sprachgeschichte

Gliederung des Kapitels 1 (Bezeichnungen nach hist. Aspekten)	Gliederung der Kapitel 2–4 (Bezeichnungen nach sprachl. Aspekten)	Gliederung des Nd. (Bezeichnungen nach sprachl. Aspekten)[3]
Deutsch des Mittelalters (500–1450)		
Deutsch des Frühmittelalters (500–1050)	Althochdeutsch (500–1050)	Frühaltsächsisch (5. Jh.–8. Jh.)
		Altsächsisch/Altniederdeutsch (800–1150/1200)
Deutsch des Hochmittelalters (1050–1250)	Mittelhochdeutsch (1050–1350)	
Deutsch des Spätmittelalters (1250–1450)		Mittelniederdeutsch (1150/1200–1600/1650)
	Frühneuhochdeutsch (1350–1650)	Frmnd. (1200–1370)
		Klass. Mnd. (1370–1530) (Verkehrssprache der Hanse)
Deutsch der Neuzeit (1450 – Gegenwart)		
Deutsch der frühen Neuzeit (1450–1650)		Spätmnd. (1530–1600/1650)
Deutsch der mittleren Neuzeit (1650–1800)		Neuniederdeutsch (1600/1650 – Gegenwart)
Deutsch der jüngeren Neuzeit (1800–1950)	Neuhochdeutsch (einschließlich Gegenwartsdeutsch) (1650 – Gegenwart)	
Deutsch der jüngsten Neuzeit (Dt. der Gegenwart) (1950 – Gegenwart)		

[3] Zur Gliederung des Altsächsischen und des Mittelniederdeutschen vgl. PETERS 1985, 1211ff.; HARTIG 1985, 1069ff.; SANDERS 1982, 19ff. Der Übergang vom As./And. zum Mnd. ist deshalb schwer zu bestimmen, weil im 12. und im 13. Jh. Schreiber aus dem nd. Raum sich oft der mhd. Sprache bedient haben.

1. Vorgeschichte und Geschichte der deutschen Sprache

1.1. Vorgeschichte

"Vorgeschichte" bezeichnet als Terminus der Geschichtswissenschaft die Zeit vor dem Beginn der schriftlichen Überlieferung, "Geschichte", zumal von Sprache, ist mit Schriftlichkeit verbunden. Volkssprachlich (*deutsch*, s. u. 1.2.4.5.) setzt diese bei uns, abgesehen von Runeninschriften aus der Völkerwanderungszeit (s. u. 1.1.2.1.2. und 1.2.1.1.), im Reich Karls d. Gr. (2. Hälfte 8. Jh.) systematisch ein. Die sprachliche Entwicklung davor ist insofern auch in einem alltagssprachlichen Sinn "Vorgeschichte" der deutschen Sprache, als die in diesen Zeiten gesprochenen Idiome zwar als "germanisch" (1.1.2.) bzw. "indogermanisch" (1.1.1.), aber noch nicht als "deutsch" bezeichnet werden können.

1.1.1. Indogermanisch (Indoeuropäisch)

"Indogermanisch" (idg.) faßt eine Gruppe ursprünglich zwischen Indien und Europa (Irland, Island)[4] gesprochener Sprachen zusammen, deren lexikalische und grammatische Gemeinsamkeiten durch die vergleichende Sprachwissenschaft als Verwandtschaft gedeutet und auf eine ge-

---

[4] Bopp spricht nach den östlichsten und westlichsten Verbreitungsgebieten von "indischeuropäisch"; außer dem in der deutschsprachigen Fachliteratur meist verwendeten, von J. v. Klaproth (1823) geprägten Terminus "indogermanisch" benutzt man mit Rücksicht auf die *in toto* westlichste Gruppe der keltischen Sprachen vereinzelt auch "indo-keltisch"; freilich ist seit der Entdeckung des Tocharischen das Indische strenggenommen nicht mehr die östlichste idg. Sprache. Im übrigen werden heutzutage "europäische" Sprachen als Folge kolonialer Ausbreitung auch in anderen Kontinenten gesprochen.

meinsame Grundlage zurückgeführt worden sind. Die idg. Sprachen stehen neben anderen Sprachgruppen wie z. B. der uralischen (finno-ugrischen), Turk-, mongolischen und sino-tibetischen (inkl.: Tai-) Gruppe. Typologisch handelt es sich bei den idg. um (ehemals) flektierende Sprachen, in denen die grammatische Organisation der Rede wie auch die Wortbildung mit Hilfe der Flexion zustande kommen. Andere Typen werden etwa durch das agglutinierende Türkisch und das isolierende Chinesisch vertreten (vgl. Porzig 1971, 335f., 371f.).

[handschriftlich: keine Beugung, bzw. durch Affixe od. Präfixe]

1.1.1.1. *Indogermanische Sprachen*

1.1.1.1.0. *Historische:* Eine Reihe von Sprachen historischer idg. Völker und Reiche (s. Karte bei Kinder/Hilgemann 1964, Bd. 1, 20f. und 32ff.) sind nur durch schriftliche Quellen (Namen, Lehnwörter) bezeugt (erschließbar) und keinen lebenden Sprachen mehr zuzuordnen, z. B. in Kleinasien: **Hethitisch** (18.–13. Jh. v. u. Z., älteste, keilschriftlich überlieferte idg. Sprache; ähnlich: Luwisch, Paläisch, und Lykisch), **Phrygisch** (ab 6. Jh. v. u. Z. oder früher, vielleicht verwandt mit dem Armenischen, s. u. 1.1.1.1.3.), **Lydisch** (7.–4. Jh. v. u. Z. Münzinschriften, frühestes "Geld"); in Ostturkestan (China): **Tocharisch** (ca. 7. Jh.); in Europa (Ägäis und Balkan, adriatischer Raum): **Pelasgisch** (Substrat im Griechischen, vielleicht in einem Wort wie *pyrgos* 'Burg'), **Makedonisch** (nur aus Namen und Glossen bekannte Sprache des antiken Makedonien – Alexander d. Gr.! – und nicht zu verwechseln mit dem modernen slawischen Makedonisch, s. u. 1.1.1.1.9.), **Thrakisch** (rudimentär überliefert in griechischer Schrift, 4./5. Jh.), **Venetisch** (Inschriften

6.–1. Jh. v. u. Z. in einer vom Etrusker-
alphabet abgeleiteten Schrift; der Name
Veneti im dt. *Wenden* auf die Slawen
übertragen) und – vielleicht – **Illyrisch** (Namen). Im übrigen sind viele inschriftliche
Zeugnisse (etwa aus den Alpen) noch un-
entschlüsselt. Leichter zugänglich sind
demgegenüber historische Stufen lebender
idg. Sprachen; sie lassen sich in folgenden
10 Gruppen zusammenfassen. (Vgl. auch
MEIER/MEIER 1979, 44ff.; LOCKWOOD
1979; SEEBOLD 1981, 85ff.)

1.1.1.1.1. *Indische:* Als Altindisch überliefert in den brahmanischen *Veda*-Texten[5]
(teilweise vielleicht auf das 2.Jahrtausend
v. u. Z.. zurückgehend, in den jüngsten
Teilen wohl aus dem 4. Jh. v. u. Z.) und im
Sanskrit, einer Kunstsprache der klassischen aind. Literatur und Wissenschaft,
von Grammatikern in der Nachfolge
PĀNINIS im 4. Jh. v. u. Z. in Regeln gefaßt;
als neuindisch in vielen Dialekten und in
der *lingua franca* **Hindustāni** (schriftsprachlich als **Hindī** in Indien mit *Deva-
nāgarī* geschrieben, als **Urdū** in arabischer
Schrift Staatssprache Pakistans), **Bengālī**
(in Bangladesch), **Nepālī**, **Sinhalisch** (Sri-
lanka); auch die Sprachen der **Roma, Sinti**
und anderer von Nordwestindien west-
wärts gewanderter Nomadenvölker (*Zigeuner*, seit dem 15. Jh. in deutschen Quellen belegt) gehören zum indischen Zweig.

1.1.1.1.2. *Iranische:* Als Altiranisch überliefert v. a. in den altpersischen Königsin-
schriften der Achämeniden-Dynastie 6.–
4. Jh. v. u. Z.) und in der *Awesta*, den (ca.
im 4. Jh. u. Z. aufgezeichneten) religiösen
Texten ZARATHUSTRAS (1. Jr. v. u. Z.) und
seiner Nachfolger; spätere, mitteliranische
Formen sind u. a. das Soghdische (die *lingua franca* der "Seidenstraße", mit Überlieferung aus dem 4.–8. Jh.) und die auch
nach der *Peḥlevi*-Schrift bezeichnete mit-
telpersische Staats- und Religionssprache
der Sassaniden-Dynastie (3.–7. Jh.), die
Vorstufe des modernen **Persischen**; weitere neuiranische Sprachen werden in Afg-
hanistan und in den südlichen Staaten der
ehemaligen Sowjetunion gesprochen (**Afghanisch, Belutschisch, Tadschikisch, Ossetisch**), auch das **Kurdische** ist neuiranisch.

---

[5] Aind. *veda* 'Wissen', vgl. lat. *videre*, dt. *wissen*.

1.1.1.1.3. *Armenisch:* Vielleicht mit dem
Phrygischen (s. o. 1.1.1.1.0.) verwandt, ist
es als Kirchensprache seit dem 5. Jh. überliefert und in einer ostarmenischen Form
als Staatssprache der ehemaligen Sowjet-
Republik Armenien in Gebrauch.

1.1.1.1.4. *Griechisch:* Das Altgriechische
ist, abgesehen vom Mykenischen (Linear
B) auf Kreta und der Peloponnes (ca.
1450–1250 v. u. Z.), ab dem 8. Jh. v. u. Z.
überliefert; das heutige Neugriechisch (in
Form der *Katharevusa* 'Reinsprache')
greift archaisierend auf eine die Dialekte
(Ionisch-Attisch, Achäisch und Dorisch-
Nordwestgriechisch) überbrückende
Schrift- und Umgangssprache zurück, die
in hellenistischer Zeit entstandene *Koinē*;
heute ist überwiegend eine volkstümli-
chere Form (*Dhimotikī*) in Gebrauch.

1.1.1.1.5. *Albanisch:* Überliefert seit dem
15./16. Jh., auf der Balkanhalbinsel auch
außerhalb Albaniens sowie in Unteritalien
gebraucht.

1.1.1.1.6. *Italische (Romanische):* Altitali-
sche Dialekte sind seit dem 6. Jh. v. u. Z.,
dem Beginn der (inschriftlichen) lateinischen Überlieferung, bezeugt. Daneben
gibt es zwischen dem 5. und 2. Jh. v. u. Z.
auch spärliche Zeugnisse für das Umbri-
sche und Oskische (Stadtmundart von
Pompeji); deren schriftliche Tradition ver-
siegt dann auch deswegen, weil sich der
Geltungsbereich des **Lateinischen**, ursprünglich nur Mundart des Gebiets um
Rom, seit dem 3. Jh. v. u. Z. aber auch literarisch verwendet und (um die Zeitenwende) zur "Goldenen" und "Silbernen
Latinität" verfeinert, mit dem Römischen
Reich über die ganze italische Halbinsel,
später auch darüber hinaus ausdehnte.
Die modernen romanischen Idiome haben
sich im Herrschaftsbereich der Römer auf
der Grundlage einheimischer Sprachen als
Tochtersprachen vulgärlateinischer
Sprachformen (1.–5. Jh.) entwickelt (dazu:
WOLFF PH. 1971, 53ff.). Ihre schriftliche
Überlieferung setzt jedoch erst in späteren
Jahrhunderten ein: **Französisch** (9. Jh.),
Italienisch (10. Jh.), **Sardisch** und **Proven-
zalisch** (11. Jh.), **Katalanisch, Kastilianisch**
und **Portugiesisch** (jeweils 12. Jh.), **Rumä-
nisch/Moldauisch** (16. Jh.), **Rätoromanisch**
(Schweiz, 12. Jh. bzw. 16. Jh.), **Furlan**

(Friaul, 14. Jh.) und **Ladinisch** (Südtirol, 18. Jh.). Im Zuge der kolonialen Ausbreitung sind romanische Sprachen (über ein Stadium der Pidginisierung, s. u. 1.1.1.3.3.) ihrerseits zu Muttersprachen neuer Kreolsprachen geworden, und zwar portugiesischer (diverse in Afrika, Asien und Südamerika), spanischer (Philippinen) und französischer (Louisiana, Haiti, Antillen u. a.).

1.1.1.1.7. *Keltische:* Aus (gallischen, keltiberischen und – im Tessin – lepontischen) Inschriften sowie Örtlichkeitsnamen (u. a. mit *hal* 'Salz') läßt sich erschließen, daß vor 2000, 3000 Jahren weite Teile Mitteleuropas, der Pyrenäen- (*Galiza*), Apenninen- und Balkanhalbinsel, ja sogar Kleinasiens (*Galater*) von Kelten besiedelt, d. h. keltischer Sprachraum gewesen sein dürften. Allerdings sind diese festlandkeltischen Idiome von ihren Sprechern völlig zugunsten anderer (v. a. romanischer) Sprachen aufgegeben worden. Literarisch überliefert und bis heute noch (mehr oder weniger) gebraucht sind jedoch die inselkeltischen Sprachen: **Irisch** (in der eigenständig-keltischen *Ogham*-Schrift des 4./5. Jh., lateinschriftlich seit dem 7. Jh. überliefert), **Kymrisch** (in *Wales* < ags. *Wēalas* 'die *Welschen*'; 9. Jh.), und **Gälisch** (Schottland, 15. Jh.); auch das **Bretonische**, die literarisch seit dem 8. Jh. belegte Sprache eingewanderter Britannier in der *Bretagne*, gilt als "inselkeltisch".

1.1.1.1.8. *Baltische:* Altpreußisch, literarisch bezeugt vom 14. bis zum 17. Jh., **Litauisch** und **Lettisch** seit dem 16. Jh. (Das mit dem Finnischen eng verwandte Estnische ist keine idg. Sprache!)

1.1.1.1.9. *Slawische:* Von den südslawischen Sprachen ist das **Bulgarische** anhand kyrillisch geschriebener (alt)kirchenslawischer Texte bis ins 10. Jh. zurückzuverfolgen; die *Freisinger Denkmäler*, die älteste **slowenische** Quelle, sind etwa um 1000 (in Bayern!) entstanden, früheste **serbische** und **kroatische** Zeugnisse stammen aus dem 12. Jh., das (nicht mit dem antiken Makedonisch zu verwechselnde; s. o. 1.1.1.1.0.) Südslawisch-**Makedonische** wird erst spät schriftsprachlich faßbar. Die ältesten ostslawischen (**gemeinrussischen**) Texte stammen aus dem 10./11. Jh., **Weißrussisch** und **Ukrainisch** sind seit dem 16. Jh. literarisch faßbar. Von den westslawischen Sprachen ist das **Polnische** (12. Jh.) etwas früher als das **Tschechische** und **Slowakische** (13. Jh.) bezeugt. Besonders zu erwähnen ist das **Sorbische** als Sprache einer westslawischen Minderheit in der Lausitz, die seit dem 16. Jh. (in Form einer Übersetzung der Luther-Bibel) auch literarisch belegt ist und sich bis heute gehalten hat (im Gegensatz zu dem Mitte 18. Jh. durch Sprachwechsel verschwundenen Polabischen, auch: Elbslawischen, des Gebiets zwischen Lüneburger Heide und Altmark).

1.1.1.1.10. *Germanische:* Abgesehen von teilweise noch älteren Runeninschriften (s. u. 1.1.2.1.2.) ist die früheste alphabetschriftlich überlieferte germanische Sprache das (ausgestorbene) Gotische (aus dem 4. bzw. 6. Jh.; s. u. 1.1.3.1.). Aktuelle germanische Sprachen sind im Norden, jeweils mit runenschriftlicher und seit dem 13. auch alphabetischer Überlieferung, das (bis heute sehr archaische) **Isländische**, das **Norwegische** (als dänisiertes *riksmål* sowie als ein im 19. Jh. auf dialektaler Grundlage entwickeltes *landsmål*), **Schwedische**, **Dänische** und **Färöische** (verschriftlicht Ende 18. Jh.). Das **Englische** (als Angelsächsisch überliefert seit dem 8. Jh.) wurde in der Neuzeit als Sprache des British Empire und der USA zur weltweit verbreitetsten Sprache (mit *Pidgin*- und kreolsprachlichen Ablegern). **Niederländisch** (als altniederfränkisch literarisch belegt seit dem 9. Jh., als mittelnl. Literatursprache z. B. Henriks (Heinrich) van Veldeke und als neunl. schriftsprachlich entwickelt seit dem 16./17. Jh.) ist die Staatssprache der Niederlande, wird aber auch im belgischen Flandern gebraucht. Eine Tochtersprache ist **Afrikaans**, die Sprache der nach Südafrika ausgewanderten holländischen *Buren* ('Bauern'). **Friesisch** (in Rechtstexten des 13./14. Jh. zuerst belegt) hat im nördlichen Holland (Westfriesisch) den Status einer anerkannten Minderheitensprache; gesprochen wird (nord)friesisch auch in Deutschland (Inseln um Sylt, Küste bei Husum), die Ostfriesen sind allerdings als Sprachgemeinschaft (um Oldenburg) kaum noch vorhanden. **Deutsch ist** seit dem 8. Jahrhundert überliefert: neben den ahd. (alemannischen, bairischen, fränkischen) Quellen dieser Zeit steht bereits die Überlieferung des Altsächsischen, das über das Mittelniederdeutsche (Schriftsprache der Hanse) zum modernen Niederdeutschen ("plattdeutsche Dialekte") wurde. Die heutige (hoch)deutsche Standardsprache ist ziemlich homogen, Unterschiede zwischen existierenden Varianten (Bundesrepublik, Österreich, Schweiz u.a.) sind gering. In Luxemburg ist die dortige, auf moselfränkischer Grundlage beruhende Umgangssprache, das **Letzeburgische**, in jüngster Zeit zu einer Schriftsprache ausgebaut worden (s. HOFFMANN 1979). Ähnliche Bestrebungen hat es zeitweise auch für Schwyzerdütsch gegeben (s. Deutsch der Schweizer 1986). Eine Tochtersprache des Deutschen ist das **Jiddische**, das sich im Mittelalter auf der Grundlage deutscher Dialekte als überregionale Verkehrssprache der aschkenasischen Juden entwickelt hat. (Vgl. auch HUTTERER 1990.)

1.1.1.2. *Gemeinsamkeiten indogermanischer Sprachen*

Idg. Sprachen stimmen lexikalisch und grammatisch in vielem überein und sind nach dem Grad dieser Übereinstimmungen gruppiert worden.

1.1.1.2.1. *Lexikalische Gemeinsamkeiten:*
Beim Vergleich vieler dt. Wörter mit bedeutungsgleichen (oder -nahen) Äquivalenten in anderen idg. Sprachen[6] fällt die Ähnlichkeit der Lautgestalt auf, z.B.:

Mutter – engl. *mother*, anord. *mōđir*, lat. *māter*, gr. *mḗtēr*, russ. *máteri* (Gen.), lit. *mótė* ('Ehefrau'), air. *māthir*, aind. *mātár-* u.a.;
drei – engl. *three*, got.[7] *þreis*, lat. *trēs*, gr. *treîs*, russ. *tri*, lit. *trỹs*, aind. *tráyas* u.a.;

---

[6] Griechische und kyrillische Schrift wird mit lat. Buchstaben transkribiert.
[7] Zur Aussprache des Gotischen:
aí (vor *h* oder *r*) spr. ě;
aú (vor *h* oder *r*) spr. ŏ;
ei spr. ī;
gg spr. ŋ;
h ist im In- und Auslaut sowie in den anlautenden Verbindungen *hl-, hn-, hr-* wie χ- zu sprechen; sonst ist es Hauchlaut (wie unser *h*);
hv spr. h + engl. w;

neu – engl. *new*, got. *niujis*, lat. *novus*, gr. *néos*, russ. *nóvyj*, lit. *naũjas*, air. *nūē*, aind. *návaḥ*, heth. *newa-* u.a.;
ist – engl. *is*, got. *ist*, lat. *est*, gr. *estí*, russ. *jest'*, lit. *ẽst(i)*, aind. *ásti*, heth. *ēszi* u.a.;
ess(en) – engl. *eat*, got. *itan*, lat. *edere*, gr. *édein*, russ. *est'*, lit. *ésti*, aind. *átti* (3. Sg.), heth. *ed-, ad-* u.a.

Weil die Ähnlichkeit solcher zum Grundwortschatz gehörenden Wörter kaum auf Entlehnung beruhen kann, ist anzunehmen, daß sie jeweils miteinander verwandt sind, d.h. auf eine gemeinsame Grundlage zurückgehen. Die angenommenen idg. *Formen werden von der historisch-vergleichenden Sprachwissenschaft erschlossen, im konkreten Fall als: *mātēr-, *trejes, *neu-jo-, *esti, *ed-. Die in diesen hypothetischen Ausgangsformen zum Ausdruck kommende idg. Zusammengehörigkeit wird noch klarer, wenn wir die entsprechenden Bezeichnungen aus anderen Sprachen vergleichen, die aus diesem Rahmen herausfallen. Die Bezeichnungen für 'drei' lauten z.B. auf baskisch *hiru*, ungarisch *három*, finnisch *kolme*, türkisch *üç* und georgisch (gruzinisch) *sami-i*, also ganz anders. Dies erklärt sich daraus, daß diese Sprachen nicht zur idg. Gruppe gehören.

1.1.1.2.2. *Morphologische Gemeinsamkeiten:* Auch grammatisch läßt sich die Zusammengehörigkeit der idg. Sprachen zeigen, z.B. an Verbalformen wie:

(ich) b-in (ahd. *b-im*) – engl. *(I) am* (ae. *ēom*), got. **im** anord. *em*, lat. *s-um*, gr. *ei-mí*, armen. *je-m*, abg. *jes-m'* alit. *es-mì*, aind. *ás-mi* hethit. *es-mi* (< idg. *es-mi*; Nasal in der 1.P.Sg. athematischer Wurzelverben, das sind solche, bei denen die Flexionsendung ohne stammbildendes, 'thematisches' Element direkt an die Wurzel tritt);
(wir ge)bär-e-n (eigentlich: 'aus-tragen', < ahd. *bër-ē- m*) – got. *bair-a-m*, anord. *ber-o-m*, lat. *fer-i-mus*, gr. (dorisch) *phér-o-mes*, abg. *ber-e-m'*, aind. *bhár-ā-maḥ* (< idg. *bher-o-mes*; 1.Pl. thematischer Verben).

Weil Entlehnung von Flexionselementen schwer vorstellbar ist, sind solche morphologischen Übereinstimmungen noch überzeugendere Beweise für die genealogische Zusammengehörigkeit der angeführten Sprachen. Ihre Aufdeckung und Erklärung durch FRANZ BOPP (*Über das Conjugationssystem der Sanskritsprache in*

Vergleichung mit jenem der griechischen, lateinischen, persischen und germanischen Sprache) steht am Beginn der modernen Vergleichenden Sprachwissenschaft (1816).

1.1.1.2.3. *Gruppierung idg. Sprachen:* Es gibt viele Versuche, in der Gesamtheit der idg. Sprachen nach dem Grad ihrer Übereinstimmung näher zusammengehörige Gruppen auszumachen, bei denen sich eine wenigstens zeitweilige Gemeinsamkeit ihrer Entwicklung vermuten läßt.

Am populärsten, wiewohl in der Fachliteratur kaum noch vertreten, ist die Unterscheidung zwischen **Kentum-** und **Satemsprachen**, je nachdem, ob sich die alten palatalen Gaumenverschlußlaute *k̂, k̂h, ĝ, ĝh* als Verschlußlaute erhalten oder in Reibelaute verwandelt haben. Dem idg. *k̂m̥tóm* 'hundert' entsprechen einerseits gr. *he-katón*, lat. **c**entum (sprich [kentum]), germ. (got.) **h**und (*h* entstand aus **k** auf Grund der germ. Lautverschiebung), air. *cēt* (spr. [ke:t]), toch. *känt*, andererseits aind. *śatám*, avest. **s**atəm, lit. *šim̃tas*, abg. **s'**to (russ. **s**to). Zu den Satemsprachen gehören vor allem östliche Sprachen (die indischen und iranischen, Armenisch; die baltischen und slawischen, Albanisch), zu den Kentumsprachen überwiegend westliche (die keltischen und germanischen, Latein und Griechisch, Venetisch, Illyrisch), aber auch das Hethitische und Tocharische, durch deren Entdeckung (1904 bzw. 1906) die sprachhistorische und -geographische Aussagekraft der Kentum/Satem-Gliederung entwertet wurde (JÄGER 1969, 68; HAUDRY 1979, 7).

Die Ost-West-Gruppierung ist von W. PORZIG (1954, 213) aufgrund von mehr Merkmalen modifiziert worden (wobei das Griechische z. B. als östliche Sprache gilt; vgl. HUTTERER 1990, 20–30).

V. I. GEORGIEV (1966) hat 4 Gruppen unterschieden: eine nördliche (Baltisch, Slawisch, Germanisch), eine westliche (Keltisch, Italisch, Venetisch, Illyrisch), eine südliche (Hethitisch, Luwisch) und eine zentral-idg. Gruppe (Griechisch, Armenisch, Phrygisch, Albanisch, Indisch, Iranisch; Thrakisch und Pelasgisch).

Freilich bleibt es fraglich, inwieweit dies wirklich die historische Realität der Zeit von 3500 bis 2500 v. u. Z. widerspie-

gelt. Abgesehen von der Problematik solcher umfassenden Gruppierungsversuche gilt immerhin die engere Zusammengehörigkeit von indisch und iranisch (**indoiranisch**)[8] als gesichert, und auch H. KRAHES Postulat eines **"alteuropäischen"** Kreises von Vorstufen des Keltischen, Italischen, Germanischen und Illyrischen wird namenkundlich (v. a. anhand von Gewässernamen) als sprachliches Kontinuum von Spanien bis an den Don, von Skandinavien bis in die Mittelmeerländer faßbar: Angesichts der auffallenden Häufigkeit "alteuropäischer"[9] Flußnamen im Baltikum dürften Vorstufen der baltischen Sprachen in diesem Sprachraum kaum gefehlt haben, dessen Größe es freilich zweifelhaft erscheinen läßt, "ob sich die Sprecher am Westrand mit denen am Ostrand mühelos verständigen konnten" (W. P. SCHMID 1983, 111).

1.1.1.3. *Entstehung der indogermanischen Sprachen*

Die Entwicklung von einem älteren, eher einheitlichen idg. Zustand zur späteren Vielfalt idg. Sprachen versuchen verschiedene Theorien zu beschreiben:

1.1.1.3.1. *Stammbaumtheorie:* Namen und Wesen dieser Theorie erklärt ihr Begründer, AUGUST SCHLEICHER , 1873 so: "Von Sprachsippen, die uns genau bekannt sind, stellen wir ebenso Stammbäume auf, wie dies Darwin für die Arten von Pflanzen und Tieren versucht hat." (SCHLEICHER 1873 zit. nach ARENS 1969, 260). In Analogie zu Darwins Theorie von der Entstehung natürlicher Arten postuliert SCHLEICHER also, daß auch die ein-

---

[8] oder "arisch"; dieser linguistische Terminus nach der gemeinsamen Selbstbezeichnung *Arya* ist "später von der Völkerkunde in viel weiterem Sinne verwendet worden, so daß manche Verwirrung entstand" (PORZIG 1971, 348).

[9] d.h. (hier): indo-europäisch; so vergleicht sich z.B. der Name des Mainzuflusses *Sinn* (mask.) mit ai. *sindhu-* 'Fluß', der Name der *Donau* mit iran. *dān* 'Fluß' (W.P.SCHMID 1983, 103); mit ganz anderer Bedeutung wird "alteuropäisch" auch für die (voridg.) Vinča-Kultur des Balkan (Mitte 6. – Mitte 4. Jahrtausend) verwendet (H.HAARMANN 1990, 80, nach M.GIMBUTAS).

zelnen idg. Sprachen (und weitergehend selbst deren Mundarten) durch zunehmende Verzweigung und Verästelung aus dem Stamm der vorausgesetzten (und sogar rekonstruierten) gemeinsamen idg. "Ursprache" herausgewachsen seien. Schwächen dieser kaum noch vertretenen Theorie liegen, abgesehen vom statischen Axiom dieses rekonstruierbaren Ur- Idg., wohl darin, daß Kontakt zwischen einmal verzweigten Ästen nicht vorgesehen und die Entstehung von Sprachen nur als Abspaltung infolge von "Völkertrennung", keinesfalls als Zusammenwachsen vorgestellt ist (obwohl gerade das Deutsche dafür ein Beispiel böte).

1.1.1.3.2. *Wellentheorie:* Sie wurde von JOHANNES SCHMIDT ausdrücklich gegen die Stammbaumtheorie gestellt: "Wollen wir nun die verwantschaftsverhältnisse der indogermanischen sprachen in einem bilde darstellen, welches die entstehung irer verschidenheiten veranschaulicht, so müssen wir die idee des stammbaumes gänzlich aufgeben. Ich möchte an seine stelle das bild der welle setzen, welche sich in concentrischen und mit der entfernung vom mittelpunkte immer schwächer werdenden ringen ausbreitet. ... Mir scheint auch das bild einer schiefen, vom sanskrit zum keltischen in ununterbrochener linie geneigten ebene nicht unpassend. Sprachgrenzen innerhalb dises gebietes gab es ursprünglich nicht. ... Die entstehung der sprachgrenzen oder, um im bilde zu bleiben, die umwandelung der schiefen ebene in eine treppe stelle ich mir so vor, daß ein geschlecht oder ein stamm ... durch politische, religiöse, sociale oder sonstige verhältnisse ein übergewicht über seine nächste umgebung gewann." (J. SCHMIDT 1872, zit. nach ARENS 1969, 308) Auf diese Weise seien aus einer nur relativen ursprünglichen Spracheinheit, in der sich sprachliche Neuerungen wellenartig verbreiten konnten, durch Unterdrückung der Übergangsdialekte in historischer Zeit die verschiedenen idg. Sprachgruppierungen und Einzelsprachen ausgegliedert worden. Bemerkenswert und bis heute gültig ist an SCHMIDTs Theorie, daß sie die Rekonstruktion einer homogenen idg. "Ursprache" als Fiktion erkannt hat und stattdessen dialektale Mannigfaltig-

keit bereits für die frühesten Zeiten annimmt. Im übrigen entspricht die "Wellentheorie" der in der Dialektologie (Mundartforschung) etwa gleichzeitig entwickelten sprachgeographischen Methode, Karten aufgrund bestimmter sprachlicher Übereinstimmungen (**Isoglossen**) zu zeichnen: "Ziehen wir ... in einem zusammenhängenden Sprachgebiete die Grenzen für alle vorkommenden dialektischen Eigentümlichkeiten, so erhalten wir ein sehr kompliziertes System mannigfach sich kreuzender Linien. Eine reinliche Sonderung in Hauptgruppen, die man wieder in so und so viele Untergruppen teilt usf., ist nicht möglich. Das Bild der Stammtafel ... ist stets ungenau." (PAUL 1968, 42f.; vgl. die idg. Isoglossen-Kombinationskarte in HUTTERER 1990, 15.)

1.1.1.3.3. *Substrattheorie:* Bei der Erforschung der roman. Sprachen hatte sich gezeigt, daß deren Unterschiede und Abgrenzungen von der sprachlichen Grundlage (**Substrat**) bestimmt sind, über die sich das Volkslatein in den ersten Jahrhunderten u. Z. ausgebreitet hatte. Diese Theorie wurde von HERMANN HIRT auf das Idg. übertragen: "Die großen Dialektgruppen der indogermanischen Sprache erklären sich in der Hauptsache aus dem Übertragen der Sprache der indogermanischen Eroberer auf die fremdsprachige unterworfene Bevölkerung und dem Einfluß dieser Sprache auf die Kinder." (HIRT 1894, zit. nach ARENS 1969, 474.) Übrigens ist bei solchen Bevölkerungs- und Sprachmischungen auch damit zu rechnen, daß die Sprache der Neuankömmlinge (Eindringlinge) ihrerseits in der Einheimischen aufgeht und dort Spuren (ein **Superstrat**) hinterläßt. Im Fall kontinuierlicher Zweisprachigkeit (Diglossie bzw. Bilinguismus) über längere Zeit hinweg spricht man auch von **Adstrat**- Wirkung. In modifizierter Form wird die Substrattheorie neuerdings auch als **Kreolthese** vertreten: Sie deutet die Indogermanisierung, d. h. "die rasch fortschreitende und weit ausgreifende Verbreitung" idg. Sprachen als eine mit Sprachwechsel verbundene Kreolisierung und rechnet z. B. bei der Ethnogenese der Germanen mit "ethnisch und sprachlich nicht homogenen Gruppen ... mit einem

starken indogermanischen Traditions-
kern"; auch das Idg. selbst könnte eine
Kreolsprache gewesen sein, d. h. das Ergebnis eines "sprachlichen Ausgleichs-
und Assimilationsprozesses" zwischen heterogenen Ausgangssprachen (ZIMMER
1990, 35 und 26; vgl. auch OTTO 1978,
195).

1.1.1.3.4. *Entfaltungstheorie:* Diese Theorie, von OTTO HÖFLER (1956) eigentlich
zur Erklärung der 2. (ahd.) Lautverschiebung entwickelt, ist in ihrer Grundthese
schon früher, z.B. vom frz. Indogerma-
nisten ANTOINE MEILLET als "Konvergenz
sprachlicher Entwicklung" (1918) auf idg.
Verhältnisse appliziert worden; sie rechnet
mit der "Möglichkeit gleichsinniger
Spontanentwicklungen auch bei räumlicher Trennung (Abwanderung)" (KNOB-
LOCH 1961ff., 782), warnt also davor, "einer ehemaligen Gemeinschaft zuzuschrei-
ben, was aus parallelen, aber unabhängi-
gen Entwicklungen stammt" (MEILLET,
zit. nach ARENS 1969, 469). Auf die Annahme, daß auch die Auseinanderent-
wicklung verwandter Sprachen einem
ganz bestimmten Tempo folge, hat der
Amerikaner SWADESH seine Theorie der
Glottochronologie gegründet, die lexiko-
statistisch aus Gemeinsamkeiten und Unterschieden im Wortschatz zweier Sprachen den sie trennenden Zeitraum errech-
nen zu können glaubte (TISCHLER 1973).

1.1.1.4. *Die "Indogermanenfrage"*

Mit der Stammbaumtheorie und ihrer
Auffassung von einer einheitlichen idg.
"Ursprache", die sich mit der einsetzenden "Völkertrennung" in verschiedene
Einzelsprachen aufgelöst habe, ist auch
die Vorstellung von einem einstigen idg.
"Urvolk" obsolet geworden. Deshalb ist
es fragwürdig, sich unter "Indogermanen"
ein Volk im Sinn einer ethnischen Einheit
vorzustellen, und ganz unsinnig, vulgär-
anthropologisch von "Rasse" zu sprechen (zumal nach neuerer Auffassung der
Homo sapiens sich erst seit etwa 100.000
Jahren aus Afrika über die ganze Erde
verbreitet habe und dementsprechend von
rezenten Menschen"rassen" überhaupt
nicht gesprochen werden könne). Als Träger des Idg. treten in historischer Zeit

räumlich sehr weit voneinander getrennte
Stämme von verschiedenem anthropolo-
gischem Typus auf, deren Wirtschaft und
Kultur ebenfalls große Unterschiede aufweisen. Diese historischen idg. Sprachen
sind von einer anzunehmenden idg.
Grundsprache durch eine "Kluft von un-
bekannter Zeitdauer und räumlicher Dis-
tanz" (KRAHE 1954, 37) getrennt. Über die
hypothetische ur-idg. Sprachgemeinschaft
läßt sich nicht viel Gewisses sagen – Archäologie, Sprachwissenschaft und Völkerkunde eröffnen nur indirekte Quellen.
(Vgl. auch MEYER 1948.)

1.1.1.4.1. *Zeitliche Einordnung:* Eine idg.
Grundsprache sollte schon vor der (in Europa um 1700 v. u. Z.. beginnenden) Bronzezeit gesprochen worden sein, also in der
Jungsteinzeit (Neolithikum), die man mit
dem 5. Jahrtausend einsetzen läßt und
aufgrund der Wirtschaftsformen Ackerbau und Viehzucht von der davorliegen-
den Mittleren Steinzeit (dem Mesolithi-
kum, mit kulturellen Errungenschaften
wie Töpferei und dem Hund als erstem
Haustier) abgrenzt. Um sich die zeitlichen
Relationen und die Inadäquatheit des
(auch aus diesem Grund unangebrachten)
Ausdrucks "Ursprache" zu verdeutlichen,
bedenke man, daß z.B. die Höhlenma-
lereien der wildbeutenden Crômagnon-
Menschen von Altamira, Lascaux u.a.
wohl noch einmal 20.000–30.000 Jahre älter sind und aus dem noch eiszeitlichen
Jungpaläolithikum stammen, ganz zu
schweigen von Frühmenschen wie dem
Neanderthaler (benannt nach dem Fundort bei Düsseldorf), die (um 200.000
v. u. Z.., 3. Zwischeneiszeit) bereits Feuer
benutzten und Tote bestatteten, oder gar
dem Pithecanthropus der Geröllkultur,
mit dessen als Werkzeugen benutzten Steinen für uns die "menschliche" Vorgeschichte vor 600.000 Jahren überhaupt beginnt. Beim Idg. handelt es sich also zwar
um eine alte, steinzeitliche Sprache,
keinesfalls aber um eine "Ursprache", ja
schon die Vorstellung einer solchen
scheint naiv, "weil es keinen vernünftigen
Grund für die Annahme gibt, irgendein
historisch faßbarer Zustand der soziöö-
konomischen oder linguistischen Entwicklung … könne Anspruch auf eine wie
auch immer geartete 'Ursprünglichkeit'
erheben" (ZIMMER 1990, 17).

1.1.1.4.2. *Die "Urheimat":* Das ursprüngliche Verbreitungsgebiet des Idg., die sog. "Urheimat" der Indogermanen, ist in den verschiedensten Gegenden zwischen Skandinavien und Indien vermutet worden. Hauptsächlich ging der Streit um eine Entscheidung für Asien oder Europa (zusammenfassend: ZIMMER 1990, 8ff.). Für asiatische Herkunft haben zuletzt z. B. T. GAMKRELIDZE/V. IVANOV argumentiert und eine "Urheimat" am südlichen Kaukasus und im angrenzenden Azerbajdžan postuliert. Allerdings lassen sich die historischen Wohnsitze der idg. Völker mit europäischer Herkunft besser in Einklang bringen. Für diese spricht auch, daß zwar Tiere wie *Fuchs, Hase, Hirsch, Wolf, Ente, Kranich* und Adler (*Aar*) gemein-idg. Bezeichnungen tragen, nicht aber *Kamel, Tiger, Löwe, Affe* oder *Pfau*. Klimatisch scheinen jedenfalls Winter (mit *Schnee*) und *Sommer* unterscheidbar gewesen zu sein.

Archäologisch wurden die frühen Indogermanen z. B. von M. GIMBUTAS mit der *Kurgan*-Kultur (Hügelgräber) in der südrussischen Steppe oder von J. MALLORY mit der *Jamnaja*-Kultur nördlich des Schwarzen Meeres identifiziert. Europäische Indogermanen waren wohl auch die **"Schnurkeramiker"** (so genannt nach der Ornamentform ihrer Gefäße bzw. nach der Beigabe in den Einzelgräbern von Männern auch: **"Streitaxtleute"**), die von Osten her eine ältere Kultur von Großsteingräbern (*Megalith*-Sippengräber) überlagerten, was als deren Indogermanisierung gedeutet und mit dem Entstehen des Germanischen in Verbindung gebracht wird (vgl. auch KÖNIG 1989, 43; KINDER/HILGEMANN 1964, Bd.1, 14f.).

Typologisch und areallinguistisch argumentiert N. TRUBETZKOY (1939): Er vergleicht das Idg. anhand von (sechs) Leitmerkmalen mit anderen Sprachfamilien und stellt fest, daß Gemeinsamkeiten nur einerseits zu den ural-altaischen (besonders den finnisch-ugrischen) Sprachen, anderseits zu den mediterranen (kaukasisch-semitischen) Sprachen bestehen, das Idg. also nur zwischen diesen beiden Familien "eine Brücke" bilde. Dementsprechend müsse das Gebiet, wo die ältesten idg. Dialekte entstanden seien, irgendwo dazwischen liegen, konkret also in "einem

recht großen Gebiete – sagen wir von der Nordsee bis zum Kaspischen Meer" (TRUBETZKOY 1939, zit. nach ARENS 1969, 493).

Eine gewisse Berühmtheit haben zwei Argumente erlangt, mit denen die Heimat der idg. Grundsprache möglichst (aber nicht zu) nördlich und westlich eingegrenzt werden sollte (THIEME 1954): Das **Lachs-Argument** benützt die Bezeichnung für diesen Fisch, die nicht nur im Germanischen, Baltischen und Slawischen, sondern in der allgemeinen Bedeutung 'Fisch' auch im Tocharischen auftritt und deshalb als gemein-idg. erwiesen sei. Da Lachse aber nur in nördlichen Flüssen vorkommen, müsse auch die indogermanische "Urheimat" dort (im Stromnetz von Weichsel, Oder, Elbe und vielleicht Weser) gesucht werden. Freilich könnte auch die tocharische Bedeutung 'Fisch' die ältere und das Wort (von Germanen, Slawen, Balten) später auf den (von ihnen vorgefundenen) Lachs übertragen worden sein.

Ähnlich funktioniert das **Buchen-Argument**, da der mit diesem gemein-idg. Wort (vgl. lat. *fāgus*) bezeichnete Baum, die Buche, nur westlich einer Linie Varna – Odessa – Königsberg wächst. Die aus dieser "Urheimat" abgewanderten Stämme hätten das Wort dann auf andere Bäume ihrer neuen Umgebung übertragen (z. B. gr. *fēgos* 'Eiche', russ. *boz* 'Holunder'). Allerdings wurde dieses Argument durch die Erkenntnis entwertet, daß die Buche im Neolithikum bedeutend weiter südlich und östlich verbreitet war und erst recht spät nach Mittel- und Nordeuropa kam.

Daß die Bedeutungen auch anderer idg. Baumbezeichnungen (wie *Ahorn, Birke, Eibe, Eiche, Fichte, Föhre, Weide* u.a.) recht uneinheitlich sind, läßt "auf ein Ursprungsgebiet mit Heide oder Savannencharakter" (KÖNIG 1989, 41) schließen.

Auch wenn sich das gemein-idg. Sprachgebiet (trotz mancher Gründe, die für die Region nördlich des Schwarzen Meeres sprechen) nicht mit letzter Gewißheit lokalisieren läßt, ist die idg. Sprachgemeinschaft jedenfalls "am Rande von bereits fest etablierten Kulturen entstanden" (ZIMMER 1990, 25). Dem entspricht, daß ihr Eintritt in die Geschichte (als Einfall der Hethiter und Luwier zu

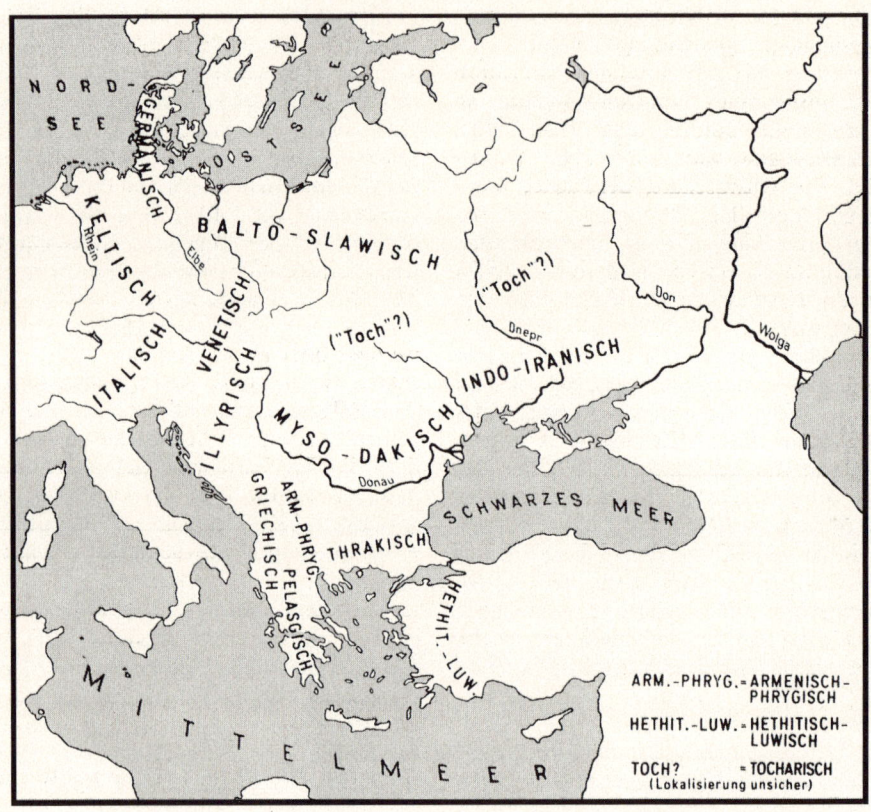

Karte 1: Indogermanische Sprachen in prähistorischer Zeit (nach G. Jäger 1969)

Beginn des 2. Jahrtausends v.u.Z..) in Quellen der mesopotamischen Hochkultur bezeugt ist. (Vgl. Urheimat 1968.)

1.1.1.4.3. *Kultur der "Indogermanen":* Mit einem "linguistische Paläontologie" genannten Verfahren (vgl. STROH 1974; BUCK 1949) lassen sich aus dem gemeinidg. Wortschatz Rückschlüsse auf die Zivilisation der Sprecher der idg. Grundsprache ziehen. Demnach kannten sie Pflug, *Saat* und Ernte (*Mahd*), trieben also *Acker*bau mit einer *Ähren*frucht (*Gerste?*), deren *Korn* gemahlen wurde; hauptsächlich züchteten sie jedoch *Vieh*, v.a. *Schwein, Rind* und *Schaf* – letzterer auch wegen *Milch* und *Wolle*. An der *Biene* interessierten *Honig* (und *süßer* Met –

Salz dürften sie aus dem *Meer* gewonnen haben). *Zahm* waren bei ihnen ferner *Pferd, Hund* (*Gans?* [HEHN 1887, 301]), allerdings noch nicht Esel oder (trotz der *Maus!*) die Katze. Ihre *Wagen* ließen sie von *Ochsen* (unter einem *Joch*) ziehen, die *Tür* zu ihrem Haus (*Zimmer!*) war verschließbar. Hand*werk*lich konnten sie *Lehm* und *Teig* formen und beherrschten das Spinnen (*nähen!*), *Weben*, Nähen (*Saum*, engl. *sew!*) und *Flechten*. Von den Metallen verfügten die (aus der Steinzeit kommenden) Indogermanen zuerst nur über das (*eherne!*) Kupfer; Zahlungs- und Tauschmittel (*Miete*) war wohl nicht Silber oder *Gold*, ('das *Gelbe*'), sondern *Vieh* (lat. *pecunia*); es gehörte dem Oberhaupt der patriarchalischen Großfamilie (vgl.

lat. *potis* 'vermögend', entsprechend aind. *pátis* 'Besitzer, Gemahl'; dazu vielleicht als Negationsbildung *ne-pōs, nepōtis* 'Enkel'), deren Struktur sich in einer weit ausgebauten gemein-idg. Verwandtschaftsterminologie spiegelt (HETTRICH 1985, 461). Das Zusammenleben in Stamm (vgl. *König*) und Volk (vgl. *deutsch*) regelte die *Sitte*, z. B. *Schwur* (*Eid*), *Gast*freundschaft, Blut*rache*, *Wergeld* und *Heer-Bann*. Die Religion war polytheistisch, der *Name* des obersten "Gott(vater)s" lebt fort in den Bezeichnungen ai. *devas* (bzw. *dyāus pitā́*), gr. *Zeus (patér)*, lat. *deus* (bzw. *Ju(p)piter < Dieu pater*, komponiert aus vokativischem *diēs* 'Tag' + *pater* 'Vater'), germ. *teiwaz* (s. u. 1.1.2. und 1.1.3.6.), vgl engl. *Tues(day)*, alem. *Zies(tag)*. Übrigens hatten die Indogermanen noch keinen Begriff von *Woche(ntag)*, rechneten aber mit *Monat* und *Jahr*. Ihr astronomisches Wissen beschränkte sich auf *Sonne, Mond* und *Stern*, gezählt haben sie (wie die Etymologie von *fünf, acht, neun* nahelegt: wohl mit Hilfe der Finger) jedenfalls bis *zehn, hundert* ergab sich als "zehn-*zig*".

1.1.1.5. *Die hypothetische indogermanische Grundsprache*

"Indogermanisch" bezeichnet als linguistischer Begriff den Inbegriff der sprachlichen Gemeinsamkeiten, die sich aus den Einzelsprachen ableiten lassen; die idg. "Grundsprache" ist also mehr Abstraktion als Rekonstruktion. Abgesehen von einer "Wurzelperiode", in der reine Stammformen (wie Imperativ und Vokativ) aneinandergefügt wurden und die in alten Komposita (lat. *agri-cola* 'Ackerbauer', got. *gasti-gôþs* 'gastfrei', ahd. *bota-scaf* 'Botschaft') spurenweise noch faßbar wird, ist sie durch Flexion charakterisiert, d. h. durch Deklination der Nomina (Substantive, Adjektive) und Konjugation der Verben.

1.1.1.5.1. *Nominalformen:* Die Kategorie des Numerus hat das Nomen mit dem Verb gemeinsam; hierbei konnte außer Singular und Plural ein Dual ('Paarzahl') gebildet und Vielzahl auch durch Kollektiv-Formen ausgedrückt werden.

Das Kasussystem war ebenfalls komplexer als z. B. das des heutigen Deutsch. So lassen sich (aus lat. *equus*, gr. *hippos*, ai. *áçvas*) für das idg. Substantiv 'Pferd' im Singular folgende 8 Kasusformen erschließen: Nominativ: **ekwos*, Vokativ: **ekwe*, Akkusativ: **ekwom*, Genitiv: **ekwosyo*, Dativ: **ekwōy*, Ablativ: **ekwōd*, Lokativ: **ekwoy*, Instrumental: **ekwō* (nach: LOCKWOOD 1979, 12).

Die Unterscheidung der drei Genera Maskulinum, Femininum, Neutrum (in der Adjektiv-Deklination) ersetzte offensichtlich eine ältere '+/– belebt' – Opposition (wie noch resthaft erkennbar in *wer/was* oder in lat. Adjektiven des Typs *facil-is* (mask./fem.) *facil-e* (neutr.).

Wichtiger als das Genus ist bei den Substantiven die Stammbildungsklasse, d. h. die Beschaffenheit des Wort-Stammes, an den die Deklinationsendung angehängt wird: Meistens ist der Stamm durch Stammsuffixe gebildet. Es lassen sich zwei Gruppen davon unterscheiden, je nachdem, ob dieses Suffix vokalisch oder konsonantisch auslautete.

Vokalische Klassen:
o-Stämme[10] (meist mask. und neutr.), wie gr. *lýko-s* (lat. *lupu-s*, 'Wolf'); gr. *zygó-n* (lat. *iugu-m* 'Joch');
ā-Stämme[11] (vorwiegend fem.), wie lat. *aqua* (altlat. Gen. *aquāī* 'Wasser', vgl. *Ache*);
iā-Stämme[12] (fem.), wie gr. *pótnia* (Stamm *pótniā-*) 'Herrin' (vgl. lat. *potis*);
i-Stämme (alle Genera), wie lat. *hosti-s* 'Feind' (vgl. *Gast*), lat. *ovi-s* 'Schaf' (vgl. engl. *ewe*), lat. *mare* (Stamm *mari-*) 'Meer';
u-Stämme (alle Genera), wie lat. *frūctu-s* 'Frucht', lat. *manu-s* 'Hand' (vgl. *Vor***mund**), lat. *genū* 'Knie'.
Konsonantische Klassen:
n-Stämme (alle Genera), wie lat. *homin-* (Nom. *homo*) 'Mensch' (vgl. *Bräutigam*), lat. *ratiōn-* (Nom. *ratiō*) 'Rechnung' (vgl. *Rede*), lat. *nōmen* (gr. *ónoma*) 'Name';

---

[10] Idg. *ŏ* ist im Germ. zu *ă* geworden; deshalb heißt diese Klasse in der germanischen (ahd.) Grammatik *a*- Deklination (s. u. 2.4.2.1.1.).

[11] Idg. *ā* ist im Germ. zu *ō* geworden; deshalb heißt diese Klasse in der germanischen (ahd.) Grammatik *ô*-Deklination (s. u. 2.4.2.1.2.).

[12] Der germ. Entwicklung *ā > ō* entsprechend im Ahd. als *jô*-Stämme geführt (s. u. 2.4.2.1.2.).

r-Stämme (mask. und fem.), wie lat. *fräter* (Stamm *frātr*-) 'Bruder', lat. *soror* 'Schwester' (u. a. Verwandtschaftsbezeichnungen); *s*-Stämme[13] (vorwiegend neutr. und mask.), wie lat. *gener*- (Nom. *genus*) 'Art, Geschlecht' (vgl. *König*), lat. *corpor*- (Nom. *corpus*) 'Körper'; *nt*-Stämme (Partizipialstämme, alle Genera), wie lat. (*ab*-, *prae*-)*sent*- (Nom. **sens* 'seiend', zur Schwundstufe **s*- des Verbs **es*- 'sein'), und lat. *sons, sontis* 'schuldig' (mit **-ont*- vom selben Verb abgeleitet; vgl. dt. *Sünde*).

Bei den sog. Wurzelnomina (aller 3 Genera) ist der Stamm mit der (auf Verschlußlaut endenden) Wurzel identisch, die Deklinationsendung tritt (ohne Stammsuffix) direkt an diese, wie in lat. *noct-is* (Nom. *nox* 'Nacht') oder lat. *ped-is* (Nom. *pēs* 'Fuß').

[handwritten: zusammengesetzt]

1.1.1.5.2. *Verbalformen:* Idg. Verben hatten außer nominalen, infiniten Formen (Infinitive, Partizipien) synthetisch gebildete finite Formen, und zwar (wenigstens) folgende:

Personalformen (je drei in Sg., Pl. und Dual; entstanden wohl aus Pronominal-Enklise);

Genus-Formen (außer dem Aktiv ein Medium, das zum Passiv werden konnte);

Modale Formen (in Opposition zum Indikativ ein suffixloser Imperativ, ein Optativ und ein Konjunktiv, der futurische Funktion übernehmen konnte);

Temporale Formen (Präsens, Imperfekt, Aorist, Perfekt) die allerdings ursprünglich eher Aktionsarten (wie Handlung und Zustand) bezeichnet haben dürften; charakteristisch sind bei der Perfektbildung Wechsel des Wurzelvokals (**Ablaut**, s. 1.1.1.5.3.) und Verdoppelung des Anfangskonsonanten der Wurzelsilbe mit eingeschobenem Vokal (*e*), die sog. **Reduplikation** (wie in gr. *lýō* 'ich löse' – *lélyka* 'ich habe gelöst = ich bin mit dem Lösen fertig'; lat. *tendo* 'ich spanne' – *tetendi* 'ich habe gespannt'; got. *haitan* 'heißen' – *haíhait* 'hieß'); häufig wurden auch etymologisch unverwandte ("Suppletiv-")Stämme zur Tempusbildung verwendet (wie noch lat. *sum – fuī* oder engl. *go – went*).

1.1.1.5.3. *Ablaut:* Mit diesem Ausdruck (von Jacob Grimm) bezeichnet man den regelmäßigen Vokalwechsel, der schon im Idg. bei der Bildung von Verbal- und Nominalformen sowie bei der Wortbildung auftritt: Dabei erscheint der Normalstufen-Vokal *e* (auch "Grund-", "1.Hoch- oder Vollstufe" genannt) entweder qualitativ abgetönt (zur [2.]Hoch-/Vollstufe *o*) oder quantitativ abgestuft (gelängt zur Dehnstufe *ē*, gekürzt zur Schwundstufe Ø). Kombinierte Abstufung und Abtönung ergibt gedehnte 2.Hochstufe *ō*. Schematisch stellt sich dies so dar:

Ablaut	qualitativ →	
quantitativ	*e* (1. Vollstufe)	*o* (2. Vollstufe)
↓	*ē* (Dehnstufe)	*ō*
	[Ø] (Schwundstufe)	—

Der Ablaut ermöglichte also für ein Morphem die Bildung mehrerer Allomorphe (Haudry 1979, 27f.); etwa zu **bher*- 'tragen' (s.o. 1.1.1.2.2.) lat. *ferre* (1.Vollst.), gr. *phorein* (2.Vollst.) 'tragen', lat. *fors* ('Geschick', eigentlich Schwundstufe mit sekundärem Vokal), gr. *phōr* ('Dieb', gedehnte 2.Vollst.) oder zum Affix **-ter* (im gr. Wort für 'Vater') eben diese 1.Vollstufe *-ter* im Akk.Sg. *patéra*, die Dehnstufe *-tēr* im Nom.Sg. *patēr* und die Schwundstufe im Gen.Sg. *patrós*.

Über den Ablaut sind Wörter und Wortformen aufeinander beziehbar, etwa über Abtönung:

gr. *lógos* 'Wort' auf *légō* 'ich sage', lat. *toga* 'Kleid' auf *teg-ere* 'bedecken', dt. *Hall-* auf *hell*, *Karl* auf *Kerl*, *starr* auf *sterben* und *Sterz*[14], *Lehm* (ahd.) *leimo* auf *Leim* (ahd.) *līm*, *taufen* auf *tief* u.a.;

über Abstufung:

gr. *gōnía* 'Winkel' auf *góny* 'Knie', lat. *sēdi* (Dehnstufe) 'ich habe gesessen' auf *sĕdeo* 'ich sitze' und *s-unt* (Schwundstufe) 'sind' auf *es-se*, analog dt. schwundstufiges *s-ind* auf normalstufiges *is-t*, dehnstufiges ahd. *nāmun*[15] 'nahmen' auf *nĕman* 'nehmen', *Zahn* (ahd. *zant* aus Partizipialstamm der idg. Wurzel **ed*- mit Vokal in Schwundstufe, vgl. lat. *d-ens* 'der Essende') auf *ess-en* (< ahd. *ĕzz-an* entsprechend as. *et-an* entsprechend lat. *ed-ere*);

---

[13] Im Germ. ist *-s* über sth. *-z* (gramm. Wechsel) zu *-r* (Rhotazismus) und nach Abfall der eigentlichen Flexionsendung im Dt. zum Pluralzeichen *-er* geworden; s.u. 2.4.2.2.2. Auch im Lat. lautet der Stamm auf *-r* aus.

[14] Germ. *a* aus idg. *o*, s. o. Anm. 10.

[15] Das *ā* in *nâmun* geht auf germ. *ē* zurück, es standen sich also kurzes und langes *e* gegenüber; zum älteren *ē* s. u. Anm. 25 *Suēbi*.

über Abstufung und Abtönung:

dt. *Geruch* (über *riechen*) auch auf *Rauch*; *Waage*, *Woge*[16] (über *wiegen*, *wägen*, *bewegen*) auf *Wagen*; *Grütze* (über *Grieß*) auf *groß*; *Hitze* auf *heiß* (und *heiter*); *Lohe* ('Gerbemittel', eigentlich: 'abgelöste Baumrinde') auf *Laub*.

Ursächlich erklärt wird der Ablaut gewöhnlich mit dem idg. Wortakzent, und zwar die Abstufung mit einem dynamischen Akzent (Vokalschwund in unbetonter Silbe; Dehnstufe aus sekundären Entwicklungen wie Ersatzdehnung, Kontraktion), die Abtönung mit einem musikalischen. Neuerdings wird der qualitative Ablaut als Reflex von sonst verschwundenen Laryngalen (pharyngale oder velare Reibelaute) betrachtet, die es im (Vor-) Idg. gegeben habe. (Zur Laryngaltheorie vgl. LERCHNER 1983, 533f.; zum Ablaut s. auch u. 2.3.2.1.)

1.1.1.5.4. *Akzent:* Für das Verständnis gewisser lautlicher Entwicklungen sind die idg. Akzentverhältnisse sehr wichtig. Akzentuiert werden kann eine Silbe durch verstärkten Atemdruck (dynamisch) und/ oder durch Tonerhöhung (musikalisch). Letzteres wird (aus dem Aind. und Altgr.) für das Idg. angenommen, doch läßt der quantitative Ablaut (Abstufung, s.o.) auch eine dynamische Komponente vermuten. Jedenfalls war im Idg. der Wortakzent frei, d.h. jede Silbe eines Wortes konnte unter bestimmten Bedingungen den Akzent tragen, wie z.B auch im Altgriechischen, Lateinischen und Russischen; vgl.:

gr. *trápeza* 'der Tisch', *trapézēs* 'des Tisches', *trapezōn* 'der Tische'; lat. *Róma* 'Rom', *Románus* 'der Römer' (Nom.Sg.), *Romanórum* 'der Römer' (Gen.Pl.); russ. *cholódnyj, cholodná, chólodno* N.Sg.mask./fem. prädik. Kurzform/Adverb von 'kalt'.

Bei Wortbildungen mit nicht-nativen Morphemen läßt sich übrigens auch im heutigen Dt. dieser "wandernde Wortakzent" beobachten:

Músiker (oder dialektal *Músi*), *Musík, musikálisch, Musikalität* (nach WURZEL 1981, 917f.).

---

[16] Nhd. *ō* verdumpft aus mhd., ahd., westgerm. *ā*, dieses wieder aus dehnstufigem germ. *ē*.

1.1.1.6. *Zusammenfassung*

Das Deutsche gehört zu den idg. Sprachen. Diese weisen Gemeinsamkeiten im Wort- und Lautbestand und im gramm. Bau auf, die bei der Vergleichung älterer Sprachstufen zunehmend deutlich werden. Daraus ist auf die genealogische Zusammengehörigkeit dieser Sprachen und auf eine gemeinsame Grundlage geschlossen worden, aus der sich die verschiedenen idg. Sprachfamilien und Einzelsprachen durch Differenzierung entwickelt hätten. In neuerer Zeit wird hinter der idg. Sprachverwandtschaft aber auch ein Prozeß der Integration ursprünglich verschiedener Sprachen gesehen, der Begriff des idg. "Urvolkes" und seiner "Urheimat" in Frage gestellt und die "idg. Grundsprache" eher als als Abstraktion denn als Rekonstruktion verstanden. Aus deren Wortbestand lassen sich dennoch gewisse Rückschlüsse auf Wohnsitze, Entwicklungsstand und Lebensbedingungen ihrer möglichen Sprecher ziehen. Es könnte sich um jungsteinzeitliche Gruppen gehandelt haben, die möglicherweise archäologisch als "Schnurkeramiker" faßbar sind und nördlich des Schwarzen Meeres, jedenfalls aber am Rande der frühesten Hochkulturen (Mesopotamien) siedelten.

1.1.2. **Germanisch**

Archäologisch wird im 2. Jahrtausend in Jütland (Norddeutschland, Südskandinavien) ein Kulturkreis abgrenzbar, der u.a. durch bronzene Griffzungenschwerter als Grabbeigaben charakterisiert ist. Diese bereits **bronzezeitliche** Kultur könnte aus der (um 1200 v.u.Z.. abgeschlossenen) Verschmelzung der älteren Megalithgräber-Kultur mit der Schnurkeramik-Kultur eindringender Indogermanen (der Streitaxtleute) entstanden und den späteren Germanen zuzuordnen sein (vgl. HUTTERER 1990, 43ff. und 98; WAHLE 1973, 94). Abgesehen vom nicht-idg. Substrat im Germ. (s.u.) könnte sich diese Symbiose auch im germ. Mythos vom Kampf (bzw. Ausgleich) zwischen *Wanen* (um "Mutter Erde": *Nerthus/Hertha*) und *Asen* (geführt von **Tiwaz* 'Zeus/Jupiter') spiegeln: den *Asen* als Göttern der vaterrechtlich organisierten, nomadisierenden idg. Eindringlinge stünden die *Wanen* einer mutterrechtlich organisierten, bäuerlich-ortsfesten Bevölkerung gegenüber. Im Laufe des 1. Jahrtausends v. u. Z. dürften germanische Stämme als Träger der nach einem Fundort nördlich von Ülzen genannten eisenzeitlichen **"Jastorfkultur"** (vgl. WEGSTEIN 1985, 1754) ihre Siedlungsgebiete allmählich (v. a. auf Kosten von Kelten, Trägern der La-Tène-Kultur) nach Süden erweitert haben. In der Zeit zwischen dem 4. und 2. Jh. v. u. Z. scheinen sie aus den Gebieten von Oder und Weichsel weiter nach Osten und Südosten vorgestoßen zu sein, treffen jedenfalls (als *Kimbern* und *Teutonen*[17]) 113–101 v. u. Z. erstmals auf die Römer und sind um die Zeitenwende deren Anrainer. Jetzt werden sie auch (etwa in CAESARS *De bello Gallico*) zusammenfassend mit der Bezeichnung *Germānī* belegt, die laut POSEIDÓNIOS (135–51) auch von den Kelten für ihre Nachbarn verwendet, nach TACITUS (55–120 u. Z.; *Germania* c. 2) ursprünglich aber nur den Stamm der Tungerer bezeichnet habe. Etymologische Bezüge auf das Kelt. (air. *gair* 'Nachbar' oder *gairm* 'Ruf, Schrei') und Lat. (*germānus* 'leiblicher Bruder', vgl. span. *hermano*, portug. *irmão*) sind umstritten.

1.1.2.1. *Urgermanisch (Gemeingermanisch)*

Sprachhistorisch wird für die (ohnehin nur hypothetisch erschließbare) Zeit zwischen dem Entstehen des Germ. und seiner Aufspaltung in die späteren Stammessprachen (s. 1.1.3.) oft noch einmal zwischen einer ur- und einer gemeingermanischen Periode (u. a.) unterschieden – allerdings mit so großen Abweichungen (vgl. COETSEM 1970, 12f.; HUTTERER 1990, 74f.), daß hier auf diese Differenzierung verzichtet und nur vom Gemeingerm. gesprochen werden soll. Auch dieser Begriff

erhebt nicht den Anspruch auf eine tatsächlich gesprochene einheitliche Sprache, sondern soll den Inbegriff der sprachlichen Gemeinsamkeiten bezeichnen, die (vielleicht seit der Mitte des letzten Jahrtausends v. u. Z.) das Germ. als eine neue Form des Idg. abzugrenzen erlauben.

Beim Gemeingerm. sind wir – im Gegensatz zum Idg. – nicht allein auf die Rekonstruktion von Formen angewiesen.

1.1.2.1.1. *Germ. Lehnwörter in anderen Sprachen:* Eine wichtige Quelle sind germ. Lehnwörter in benachbarten Sprachen (s. a. unten 1.1.3.6.2.), v. a. im Finnischen: Sie zeigen meist altertümlichere Formen, als sie uns aus den germ. Einzelsprachen überliefert sind, indem sie z. B. noch die vollen, noch nicht abgeschwächten gemeingerm. Endsilben aufweisen (KRAHE/MEID. 1969, Bd. 1, 24), vgl.:

finn. *rengas* 'Ring' aus germ. **hrengaz* (got. *hriggs*, ahd. *hring*); finn. *kuningas* 'König' aus germ. **kuningaz* (ahd. *chuning*).

Früher war man der Meinung, daß Wörter wie finn. *kana* 'Huhn' (vgl. got. *hana* 'Hahn') oder *pelto* 'Acker' (vgl. ahd. *fëld*, vorgerm. **pél-to-m* 'Feld') noch vor der germ. Lautverschiebung entlehnt seien. EMIL ÖHMANN erklärt diese Formen jedoch durch Lautsubstitution (1954, 13ff.; vgl. auch FROMM 1957/58).

Auch im Lat.[18] finden sich Germanismen; so gebrauchen röm. Autoren seit dem 2. Jh. v. u. Z.. (meist pluralisch) das Subst. *brācas* (als Akk. Pl.) zur Bezeichnung der 'Hosen' nordischer und orientalischer Völker; diese Form setzt (über keltische Vermittlung) ein germ. **brôk*-voraus[19], das heute noch in engl. *breeches* '(Knie)Hose' weiterlebt (ahd. *bruoh*; noch bei Hans Sachs als *bruch*[20]). Andere germ. Bezeichnungsexotismen finden sich bei Autoren, die über Germanien und die Germanen schreiben, z. B.:

CÄSAR (*ūrus* 'Auerochse', *alces* 'Elche'); TACITUS (*framea* 'eine Art Speer', vgl. ahd. *brame* 'Stachel', noch in *Brombeere*; *glēsum*

---

[17] Die Ableitung *Teutonici* zur Bezeichnung der Deutschen begegnet erst mittellateinisch in Urkunden Kaiser OTTOS I. um die Mitte des 10. Jh. (vgl. HUTTERER 1990, 308; dazu und zu *Germanen* auch REIFFENSTEIN 1985, 1722f.).

[18] Als gemeingerm. Entlehnung ins Griech. galt *pýrgos* (nhd. *Burg*), doch s. o. 1.1.1.1.0.
[19] Über die Entwicklung von idg. *ā* zu germ. *ō* s. o. Anm. 11.
[20] *Hose* bezeichnete bis ins 16. Jh. nur die geschnürten Gamaschen.

'Bernstein', vgl. nhd. *Glas*; *bardītus*[21] 'Schlachtgesang', vgl. anord. *bardi* 'Schild'); PLINIUS[22] (*ganta* 'Gans', verwandt mit lat. *anser*[23], *sāpo* 'Schminke aus Talg, Asche und Pflanzensäften zum Rotfärben der Haare vor dem Kampf', vgl. engl. *soap*, nhd. *Seife*; s.a. *Talg*); u.a.: *flado* 'Fladen', *harpa* 'Harfe', *medus* 'Met',[24] *rūna* 'Rune' etc. (BACH 1965/1970, 56).

Auch Namen können aufschlußreich sein: Z.B. zeigt die Form *Suēvi* bzw. *Suēbi* noch gemein-germ. *ē*, erst seit dem 6.Jh. begegnet die westgerm. Lautung *Suābi*.[25]

1.1.2.1.2. *Runen:* Eine zweite gemeingermanische Quelle sind Runeninschriften (vgl. HUTTERER 1990, Kap. III,3; HAARMANN 1990, 458–465): In Anlehnung an alpine Schriften (der Räter, Illyrer, Veneter) entwickelten die Germanen – nicht zum alltäglichen Gebrauch, sondern zu kultischen Zwecken – ihre spezifische Runenschrift, die in einer älteren Form aus 24 (in jüngeren, nordischen bzw. angelsächsischen Varianten aus 16 bzw. 28 oder 33) Lautzeichen besteht und nach den ersten sechs davon (analog zum *Alphabet*, d.h. 'Abece') *Fuþark* genannt wird.

ᚠᚢᚦᚨᚱᚲᚷᚹᚺᚾᛁᛃᛖ
f u t h a r k g w h n l j e

ᛈᛉᛊᛏᛒᛖᛗᛚᛜᛟᛞ
p z s t b e m l n g o d

Abb. 1: Germanisches Runenalphabet ("Futhark")

Obwohl auch die ältesten der etwa 220 meist sehr kurzen (24-Runen-Futhark-) Inschriften (auf Steinen, Waffen, Amuletten u.ä.) überwiegend erst aus Zeiten stammen, als die germanischen Stämme bereits deutlich distinkt waren, ist das Runen-Germanische doch noch so archaisch,

getrennt   *in den Anfängen*

daß es Licht auf einen älteren, gemeingermanischen Zustand werfen kann. Die älteste Runen-Inschrift ist die auf dem **Helm von Negau** (Untersteiermark, heute Slowenien), entstanden um die Zeitenwende (oder früher; KRÜGER 1978, 111 und 361). Sie lautet: *HARIGASTITEIWA* und wird (u.a.) interpretiert als 'dem Gotte (*teiwa*, s.o. 1.1.1.4.3.) Harigast (=Wotan?)'. Eine andere berühmte Runen-Inschrift trägt das **Goldhorn von Gallehus** (Dänemark, um 400); sie kann wegen Unterschieden zum Gotischen zwar nicht als gemeingermanisch i.e.S. gelten, wird aber (von PENZL 1989a, 93 und 87) doch als "natürliche Ursprache aller nordgermanischen und westgermanischen Dialekte" gesehen: *EKHLEWAGASTIZ:HOLTIJAZ:HORNA:TAWIDO* 'Ich, Hlewagast, der Holting [also: 'Sohn/Einwohner von *Holt*], verfertigte das Horn'.

1.1.2.2. *Charakteristika des Germanischen*

Charakteristische Unterschiede vom idg. Sprachzustand zum Gemeingerm. lassen sich in Lautstand, Akzent, Flexion, und Wortschatz finden. (Vgl. auch HUTTERER 1990, Kap. II,2; SCHMIDT 1985.)

1.1.2.2.1. *Lautstand:* Lautlich ergeben sich die größten Unterschiede im Konsonantismus (durch Lautverschiebung und VERNERsche Sonorisierung), geringere durch vokalische Entwicklungen:

Germanische Lautverschiebung
Die von JACOB GRIMM erstmals beschriebene (und als "erste" von der "zweiten", "[alt]hochdeutschen" – s.u. 1.2.4.1. und 2.3.3.1. – unterschiedene) germanische Lautverschiebung hat die idg. Verschlußlaute betroffen. Von diesen lassen sich zwar insgesamt 20 erschließen (nämlich 2x2x5: stimmlose und stimmhafte, jeweils unbehaucht und behaucht, jeweils labial, dental, palatal, velar und labiovelar), doch im Hinblick auf Reihenzusammenfall vor und in der Lautverschiebung läßt sich dieses Inventar auf ein System von 9 (3x3) Phonemen vereinfachen (deren genauer Lautwert übrigens neuerdings wieder umstritten ist; vgl. MEID 1987[26]). Die-

---

[21] Im 18.Jh. entstand durch volksetymologischen Bezug auf die kelt. Barden der archaisierende dt. Ausdruck *Barde* 'Dichter'.

[22] der Ältere (23–79 u.Z.), Verfasser einer Enzyklopädie *Naturalis historia*.

[23] *candidi anseres in Germania* **gantae** *vocantur*.

[24] *Met* ist übrigens verwandt mit griech. *méthy* 'Wein' russ. *mëd* und lit. *medùs* 'Honig', aind. *mádhu* 'süßer Trank, Süßigkeit' und setzt ein idg. **medhu* 'Honig, bes. Met' voraus.

[25] s.o. Anm. 15.

---

[26] TH. VENNEMANN (1984, 23) rechnet (z.B. in der Dentalreihe) mit $T^h \neq T \neq D$ (behauchte

IDG.:	[I] Verschlußlaut (un)behaucht stimmlos	[II] Verschlußlaut unbehaucht stimmhaft	[III] Verschlußlaut behaucht stimmhaft
[A] labial	$p(^h)$	b	b^h
[B] dental	$t(^h)$	d	d^h
[C] guttural	$k(^h)$	g	g^h

GERM.:	[I] **Reibelaut** stimmlos	[II] Verschlußlaut stimm**los**	[III] **Reibelaut** stimmhaft
[A] labial	f	p	ƀ
[B] dental	þ	t	đ
[C] guttural	χ	k	g

ses idg. System stellt sich im Germ. nach der 1. Lautverschiebung (unter Beibehaltung der Oppositionen) gemäß der obigen Tabelle **verändert** dar. (S. auch Tafel 2.)

Zeit und Ursachen dieser lautlichen Veränderungen sind unklar: Sie scheinen (erst in der zweiten Hälfte des 1. Jahrtausends v.u.Z..) zum Abschluß gekommen zu sein, bevor die Germanen mit den Römern in Berührung traten, denn kein einziges lat. Lehnwort im Germ. ist von der ersten Lautverschiebung betroffen worden. Die Reihenentwicklung von *b, d, g* > *p, t, k* dürfte später erfolgt sein, da die durch sie entstandenen Laute nicht mit den alten *p, t, k* weiterverschoben wurden. Bezüglich der Ursachen der Lautverschiebung hat man an den Einfluß einer nicht-

idg. Sprache gedacht, andere begnügen sich mit innersprachlicher Entwicklungsgesetzmäßigkeit (vgl. BIRKHAN 1979).

Beispiele:[27]

[A,I][28]

aind. *pitár-*, gr. *patḗr*, lat. *pater* – got. *fadar*, engl. *father*, ahd. *fater* 'Vater';
lat. *pellis* 'Fell, Haut, Pelz, Leder', gr. *péllās* 'Häute' – got. *þrūtsfill* 'Aussatz', engl. *fell*, dt. *Fell*;
aind. *nápāt-* 'Abkömmling', lat. *nepōs* 'Enkel, Neffe, Nachkomme' – isl. *nëfi* 'Verwandter, Neffe', ags. *nëfa*, ahd. *nëfo* 'Neffe'.

[B,I][29]

aind. *tráyas*, gr. *treĩs*, lat. *tres* – got. *þreis*, engl. *three*, as. *thria, thriu* 'drei';
pers. *tondar* 'Donner', lat. *tonāre* 'donnern' – anord. *þōrr*, ahd. *thonar*, engl. *thunder* 'Donner';

Fortis ≠ unbehauchte Fortis ≠ stimmlose Lenis) samt VERNERschem Lautwechsel (s.u.) zwischen T^h und Ḍ. Die folgende (von VENNEMANN so genannte) "Urgermanische Lautverschiebung" bestehe in T^h > Þ, ihr Ergebnis sei das "urgerm." System Þ ≠ T' ≠ Ḍ. Daraus hätten sich einerseits durch eine "niedergerm. LV" (Þ > Ḍ ≠ T' > T^h ≠ Ḍ > Ḍ) der "niedergerm." (z.B. as.) Lautstand entwickelt, andererseits durch die "hochgerm. LV" (Þ > Ḍ ≠ T' > T^S ≠ SS ≠ Ḍ > T) der "hochgerm." (= hd.). Dies habe sich erst (bzw. bereits) im 3., 2. Jh. v.u.Z. in Jütland ereignet, von wo die "hochgerm." Stämme im 1. Jh. von Niedergermanen verdrängt worden seien. Es handelt sich bei dieser Sichtweise um eine grundlegende Umdeutung der traditionell als "1. (germ.)" und "2. (hochdeutscher) LV" erklärten Sachverhalte.

[27] Zum besseren Verständnis der hd. Beispiele sei hier anmerkungsweise auch schon das aus der 2. Lautverschiebung und anderen **Änderungen** entstandene hochdeutsche System mit denselben Koordinaten skizziert (Genaueres s. u. 2.3.3.1.):

	[I]	[II]	[III]
[A] labial	f	**pf/f**	b
[B] dental	d	**ts/s**	t
[C] guttural	h	k/χ	g

[28] Bsp. für die Verschiebung des seltenen p^h: aind. *phēna-* 'Schaum' entspricht ags. *fām*, ahd. *feim* 'Schaum' (vgl. engl. *foam*, dt. *abgefeimt*).

[29] Beispiel für die identische Verschiebung von (seltenem) t^h: griech. *tréchō*, ich laufe, renne' (aus idg. **thrékhō*), entsprechend got. *þragjan* 'laufen', ahd. *drigil* 'Diener' (eigentl. "Läufer").

lat. *mentum* 'Kinn' – got. *munþs*, engl. *mouth* 'Mund';

aind. *vártatē* 'dreht sich', lat. *vertere* 'kehren, wenden' – got. *waírþan*, engl. *(to) worth* 'werden'.

[C,I]

gr. *kardía*, lat. *cor, cordis* – got. *haírtô*, engl. *heart* 'Herz';

lat. *cornū* – got. *haúrn*, ahd. *horn* 'Horn';

gr. *skýtos* 'Leder', lat. *cutis* 'Haut' – anord. *hūđ*, ae. *hȳd*, ahd. *hūt*, 'Haut';

lat. *capiō*, lett. *kàmpiu* 'fasse' – got. *hafjan*, anord. *hefja* 'heben';

lat. *quiēs, tran-quĭllus* 'Ruhe, ruhig', altčech. *čila* 'Weile' – got. *hveila*, ahd. *hwīla* 'Weile', anord. *hvīla* 'Ruhestätte', engl. *while*;

aind. *dáśa*, gr. *déka*, lat. *decem* – got. *taíhun*, anord. *tīu*, engl. *ten* 'zehn';

gr. *leukós* 'weiß', lat. *lūx, lūcēre* – got. *liuhaþ*, ags. *lēoht*, as. ahd. *lioht* 'Licht';

lat. *re-linquō*, lit. *liekù* 'lasse' – got. *leihvan*, ahd. *līhan* 'leihen';

lat. *sequor*, lit. *sekù* 'folge (wittere, spüre)' – got. *saíhvan* 'sehen' (urspr. 'mit den Augen folgen').

[A,II]

(skyth.〉) gr. *baitē* 'Hirtenrock' – got. *paida* 'Rock', ags. *pâd*, as. *pêda* 'Rock' (bair. *pfoat* 'Hemd');

lat. *lābī* 'hingleiten', russ. *slábyi* 'schwach' – anord. *slápr* 'schlaff', got. *slēpan*, engl. *sleep* 'schlafen'.

[B,II]

aind. *dváu*, gr. *dýo*, lat. *duo* – got. *twai*, schwed. *två*, engl. *two* 'zwei';

(gr.-)dorisch *pōs, podós*, lat. *pēs, pedis* 'Fuß' – got. *fōtus*, anord. *fōtr*, engl. *foot*.

[C,II]

gr. *génys* 'Kinn', lat. *gena* 'Wange', air. *gi(u)n* 'Mund' – got. *kinnus*, anord. *kinn*, aengl. *cin(n)* 'Kinn';

gr. *baínein* 'gehen', lat. *venire* 'kommen' (< idg. *gʷem-) – got. *qiman*, ahd. *queman*, anord. *koma* 'kommen';

gr. *zygón*, lat. *jugum* – got. *juk*, aisl. *ok* 'Joch'.

[A,III][30]

aind. *bhrātar-*, gr. *phrātōr*, lat. *frāter* – got. *brōþar*, as. *brôthar*, engl. *brother* 'Bruder';

aind. *bhárati*, gr. *phérein*, lat. *ferre* 'tragen' – got. *baíran* 'tragen', engl. *(to) bear*, dt. *(ge)bären* 'austragen';

aind. *abhíthaḥ* 'zu beiden Seiten', gr. *amphí*, lat. *amb(i)–* 'herum' – aengl. *ymbe*, anord. *umb*,

ahd. *umbi* 'um'.

[B,III]

aind. *dvā́rah* (Nom. Pl.), gr. *thýrā*, lat. *fores* (Pl.) – got. *daúrôns* (Pl.), ags. *duru*, engl. *door* 'Tür';

aind. *duhitā́* gr. *thygátēr*, russ. *dočǐ* 'Tochter' – got. *daúhtar*, anord. *dōttir*, engl. *daughter* ;

aind. *mádhyaḥ*, lat. *medius* – got. *midjis*, anord. *miđr*, ae. *midd* 'mittlerer';

aind. *vidhávā*, lat. *vidua*, air. *fedb*, russ. *vdová* – got. *widuwō*, as. *widowa*, engl. *widow* 'Witwe'.

[C,III]

gr. *khórtos*, lat. *hortus* – got. *gards* 'Haus, Familie, Hof', as. *gardo*, engl. *garden* 'Garten';

lat. *hostis* 'Fremdling, Feind', russ. *gost* 'Gast' – got. *gasts*, anord. *gestr*, ahd. *gast*.

aind. *stighnutē*, gr. *steíchein* – got. *steigan*, ahd. *stīgan* 'steigen'.

Die unter I genannte Verschiebung von *p, t, k* ist in den Verbindungen *sp, st, sk* unterblieben:

lat. *spuere* – got. *speiwan* 'speien'; lat. *stella* (< *stērla) – got. *staírno* 'Stern'; lat. *scabere* 'kratzen' – got. *skaban* 'scheren', dt. *schaben*.

Ebenso bleibt *t* nach *k* und *p* unverschoben:

lat. *octo* – got. *ahtau* 'acht'; lat. *neptis* – ahd. *nift* 'Enkelin, Stieftochter (vgl. *Nichte*)'.

Das **Vernersche Gesetz** und der **Grammatische Wechsel**

Nachdem durch die (1.,) germanische Lautverschiebung die idg. Verschlußlaute verschoben worden waren, betraf im Germ. ein zweiter wichtiger Lautwandel die stimmlosen Reibelaute: Davon gab es nun das alte, schon im Idg. vorhandene *s* und die neuen, durch Verschiebung entstandenen *f, þ, χ* (s. unter I). Diese stimmlosen Reibelaute wurden inlautend immer dann, wenn der Akzent im Idg. nicht auf dem Vokal davor lag, stimmhaft (sonor) und fielen dadurch im Falle von *ƀ, đ, g* mit den aus idg. *bh, dh, gh* entstandenen zusammen (s. o. unter III); im Falle von *s* entstand ein neues Phonem sth. *z*, also:

ide.	*s*	*p*	*t*	*k*
über		**f*	**þ*	**χ*
germ.	*z*	*ƀ*	*đ*	*g*

So entspricht dem gr. *patér* (mit dem Akzent auf der 2. Silbe!) ein got. *fáđar*. Die Sonorisierung von **þ > đ* (gesprochen wie in engl. *brother*) erfolgte, weil der Akzent hinter dem Spiranten lag. Dem gr. *phrátōr* hingegen entspricht ein got.

---

[30] Bei den Beispielen zu III ist zu berücksichtigen, daß idg. *bh, dh, gh* im Griech. als *ph, th, kh* und im Lat. als *f, f, h* erscheinen und im Germ. nach der Verschiebung zu den sth. Reibelauten **ƀ, đ, g** später größtenteils zu **b, d, g** werden (*d* im Hd. weiter zu *t* verschoben).

brôþar mit stimmlosem *þ* (gesprochen wie in engl. *cloth*), weil im Idg. der Akzent dem Verschiebelaut unmittelbar vorausging[31]. Dieses Lautgesetz wurde vom dänischen Spachwissenschaftler KARL VERNER im Jahre 1875 entdeckt und heißt deshalb das **Vernersche Gesetz**.[32] Auf diese Weise konnten bis damals noch unerklärliche scheinbare "Ausnahmen" von der 1. Lautverschiebung erklärt werden (wie z. B. engl. *seven* – ai. *saptá*, gr. *heptá*).

Da der Akzent im Idg. (wie etwa auch im Lat.) bei Flexion und Wortbildung nicht immer auf derselben Silbe lag, konnten sich in grammatisch zusammengehörigen Formen (entsprechend dem Vernerschen Gesetz) sth. und stl. Reibelaute gegenüberstehen. Besonders regelmäßig war dies im Prät. der starken Verben der Fall, wo der Ton im Sg. auf der Wurzelsilbe, im Pl. (und im Part.) aber auf der Endsilbe lag. Dieser **grammatische Wechsel** tritt noch im heutigen Deutsch auf, wenn auch durch die seit germ. Zeit eingetretenen lautlichen Veränderungen modifiziert als:

s – r[33]
kiesen – erkoren, Kur(fürst), Kür;
Öse – Ohr, Öhr;
Verlust – verlieren;
(ge)nesen – (er)nähren;
Frost – frieren;
f – b[34]
(be)dürfen – darben;
Hefe (ein Mittel, welches *hebt*);

---

[31] Ein analoger Fall ist das Nebeneinander von *Schwieger(mutter)* und (heute ungebräuchlichem) *Schwäher* 'Schwiegervater': dieses ist (über ahd. *swehur*) auf ein idg. *suéƙuro-* zurückzuführen (entsprechend: lat. *socer*, russ. *svëkor*), jenes auf ein idg. *suéƙrū-* (entsprechend lat. *socrus*, russ. *svekróv*).

[32] Übrigens läßt sich auch sonst beobachten, wie stimmlose Reibelaute stimmhaft werden, wenn sie nicht unmittelbar nach betontem Vokal stehen, vgl. z.B. *Hannóver, Nérven* (mit [f]), aber *Hannoveráner, nervös* (mit [v]); analog: engl. *possible* ([s]), aber *(to) possess* ([z]), frz. *grâce* ([s] < lat. *grátia[m]*), aber *raison* ([z] < lat. *ratióne[m]*), oder portug. *(que) faça* (mit [s], auf 1. Silbe betonter Konj.Präs. zum Infinitiv *fazer*, 'tun', mit [z] infolge Zweitsilbenbetonung).

[33] Das aus germ. stl. *s* entstandene sth. *z* wurde später zu **r** (Rhotazismus).

[34] Der nach dem Vernerschen Gesetz entstandene sth. Reibelaut *ƀ* ist in den meisten hd. Mundarten (und standardsprachlich) zum sth. Verschlußlaut [b] geworden; s. u. 2.3.3.1.

d[35] **– t**[36]
schneiden, Schneider – geschnitten, Schnitter;
sieden – gesotten;
leiden – leiten;
Knödel – Knoten;
h[37] **– g**[38]
Reihe – Reigen;
Höhe – Hügel;
ziehen – gezogen;
gedeihen – gediegen.

Vokalische Veränderungen:
Vokalische Übergänge, die das Germ. vom Idg. trennen, sind der von

idg. *o(i/u)* > germ. *a(i/u)*,

vgl. lat. *hostis* 'Fremder, Feind' – got. *gasts* 'Gast'; gr. *(w)oída* 'ich weiß' – got. *wait*; idg. **roudhos* (lat. *rūfus*) – got. *rauþs* 'rot';

idg. *ā* > germ. *ō*,

vgl. lat. *māter* – anord. *môdir*, as. *môdar* ;

idg. *ei* > germ. *ī*,

vgl. gr. *steíchein* 'gehen, steigen' – got. *steigan*, ahd. *stīgan* 'steigen'.

(Zu Veränderungen, die unter dem Einfluß benachbarter Vokale auftreten, s. u. 2.3.2.3.; zu Änderungen der Nebensilbenvokale das Folgende).

1.1.2.2.2. *Akzentverhältnisse:* Der im Idg. **freie Akzent** wurde im Germ. auf die erste Silbe festgelegt. Das betraf nicht nur einfache Wörter (wie *Vater*, s.o.), sondern auch nominale Präfixbildungen (wie *Ántlitz, Úrlaub*) und Komposita (vgl. ahd. *falt[i]stuol* mit dem aus dem Germ. ent-

---

[35] Der aus idg. *t(h)* im Germ. entstandene stl. Reiblaut *þ* ist im Dt. (über die Zwischenstufe [đ]) zu [d] geworden (s. u. 2.3.3.).

[36] Der nach dem Vernerschen Gesetz entstandene sth. Reibelaut *đ* ist im Dt. über die Zwischenstufe [d] (standardsprachlich) zu [t] geworden, s. u. 2.3.3.2.

[37] Der aus idg. *k(h)* im Germ. entstandene stl. gutturale Reiblaut χ ist im Dt. nur inlautend (vor Konsonant) erhalten (z.B. *Nacht*), anlautend (vor Vokal) zu [h] geworden (z.B. *Horn*), sonst geschwunden (wiewohl orthographisch erhalten, z.B. in *sehen*); alle drei Möglichkeiten belegt *hoch, höher*; s. u. 2.3.3.2.

[38] Der nach dem Vernerschen Gesetz entstandene sth. Reibelaut *g* ist in den meisten hd. Mundarten (und standardsprachlich) zum sth. Verschlußlaut [g] geworden; s.u. 2.3.3.2.

lehnten mlat. *faldistolium* > afrz. *falde-stoel* > frz. *fauteuil*). Das Grundwort kann, akzentbedingt abgeschwächt, verdunkeln (wie in *Welt* < ahd. *wer-alt* 'Zeitalter'; *Messer* < ahd. *mezzi-sahs* 'Speise- Schwert'; *Bräutigam* < ahd. *brūti-gomo* 'Mann der Braut') und zum Suffix werden (wie -*heit*, got. *haidus* 'Art und Weise'). Ohne **Anfangsbetonung** bleiben jüngere verbale Präfixbildungen und ihre Ableitungen (wie *entstéhen* – *Entstéhung*, *ertrágen* – *ertráglich*). So stehen heute nebeneinander *Ántwort (> ántworten)* – *Entgélt (< entgélten)*, *Úrteil* – *ertéilen*, *Úrlaub* – *erláuben*. Auch eine kleine Gruppe dreisilbiger dt. Wörter (*lebéndig*, *Forélle*, *Wachólder*, *Hermelín* u. a.) entzieht sich der Anfangsbetonung.

In der Regel hat diese jedoch die typisch germ. Abschwächung der Nebensilben (Konsonanten wie Vokale) bewirkt:

Auslautendes idg. -*m* wurde im Germ. (wie auch in anderen Sprachen, z. B. im Gr.) zu -*n*. Dieses -*n* ist erhalten in einsilbigen Wörtern nach kurzem Vokal und dort, wo es durch eine sekundär angetretene Partikel geschützt wurde, vgl.

idg. **quom*, alat. *quom*, got. *ƕan*, ags. *hwon* 'wann'; idg. **tom* + Partikel -*a* > got. *þana*, nhd. *dann*, *denn*.

Sonst ist es geschwunden, z. B. im Akk. Sg. Mask. und Fem. aller Deklinationsklassen:

urnord. *steina* 'den Stein', *horna* 'das Horn' < germ. – *an*, idg. -*om* (vgl. alat. *lup-om* 'den Wolf', *hort-om* 'den Garten').

Auslautende idg. dentale Verschlußlaute sind im Germ. abgefallen, vgl.

got., ahd. *wili* 'er will' = lat. *velit*; got. *baírai*, ahd. *bëre* 'er möge tragen' = aind. *bharēt* < idg. **bher-oi- t.*

Idg. -*s* ist besser und länger erhalten. Es erscheint im Gemeingerm. nach dem VERNERschen Gesetz als -*z*, got. mit "Auslautverhärtung" als -*s*, im Nordgerm. als -*r* (Rhotazismus), in den westgerm. Sprachen in einsilbigen Wörtern nach kurzem Vokal ebenfalls als -*r*, sonst ist es geschwunden, vgl.

germ. **dagaz* 'der Tag' = got. *dags*, anord. *dagr*, as. *dag*, ahd. *tag*; germ. **dagōz* 'die Tage' = got. *dagôs*, anord. *dagar*, ahd. *tagā*; germ *iz* (lat. *is*) = got. *is*, ahd. *ër*, *ir*.

Idg. Nebensilbenvokale werden im Germ. gewöhnlich um eine Zeiteinheit (More) gekürzt, was bedeutet, daß ursprünglich kurze Endvokale verschwinden und aus Langvokalen kurze werden: So erscheinen die idg. Feminina auf -*ā* (wie gr. *timē* 'die Ehre' < älterem *timā*) im Germ. mit kurzem -*a*, z. B.

got. *giba*, as. *gëba*, ahd. *gëba* 'die Gabe'.

Urnord. Akkusativformen *steina*, *horna*, deren ursprünglich durch – *m* gedecktes *a* noch erhalten ist, sind im Anord. (Got., Westgerm.) bereits endungslos; ähnlich auch:

idg. **u̯oida* (aind. *vēda*, gr. *[u̯]oída*) = got. *wait*, anord. *weit*, as. *wêt*, ahd. *weiz* 'ich weiß'.

(Zu den im einzelnen sehr komplizierten Vorgängen siehe: KRAHE/MEID 1969, Bd. 1, 123ff.)

Übrigens hängt mit der Anfangsbetonung auch die Entstehung des typisch germ. **Stabreims** zusammen, der auf dem Gleichklang des Anlauts der betonten Silben einzelner Wörter beruht (Alliteration).

1.1.2.2.3. *Morphologische Veränderungen:* Das Germ. zeigt gegenüber dem Idg. sowohl Reduktions- wie auch Ausbautendenzen.

Verschwundene Formen:

Der **Dual** (Zweizahlform) ist (als Nominal- und Verbalform) im Schwinden begriffen.

Von den idg. acht Kasus des Substantivs (s. 1.1.1.5.1.) sind in den historischen germ. Sprachen der **Ablativ** (der Fall des Ausgangspunkts einer Bewegung und der Abstammung) und der **Lokativ** (der Fall der Ruhelage im Raum und in der Zeit), von einigen Restformen im As. und Ahd. (wie *heim-e*, *hēme* 'zuhause') abgesehen, nicht mehr erhalten. Ihre Funktionen sind im wesentlichen vom Dativ übernommen worden. Der **Vokativ** (der Fall der Anrede) und der **Instrumental** (der Fall des Mittels und der Begleitung) schwinden ebenfalls und fallen mit dem Dat. (Instr.) bzw. dem Nom. (Vok.) zusammen (Synkretismus).

Von idg. Verbalformen verschwinden im Germ. Medium (Passiv), Futur, Aorist und Imperfekt (s. 1.1.1.5.2.); die (gemein)germ. synthetischen Tempusformen reduzieren sich auf Präsens und ein **"Präteritum"** (das teilweise aus idg. Perfekt- und Aoristformen hervorgeht).

Im Germ. entstehen aber (vielleicht gerade in Interdependenz zu den skizzierten Reduktionen) auch neue Formen:

Die Funktion untergegangener synthetischer Formen wurde später zum größten Teil durch **analytisch** (d. h. aus mehreren Wörtern) neugebildete Formen übernommen (vgl. lat. *laudor, laudavi;* nhd. *ich werde gelobt, ich habe gelobt*[39]; analog präpositionale Ausdrücke statt synthetischer Substantiv-Kasusformen: lat. *cultrō* – nhd. *mit dem Messer*).

Auch die regelmäßige Funktionalisierung des Ablauts (1.1.1.5.3.) als ein Mittel zur Bildung von (**"starken"**) Tempusformen ist typisch germanisch. Es entstehen die nach der Ablautreihe bezeichneten Verbgruppen 1 bis 5 (mit qualitativem Ablaut von *e/o* unter verschiedenen Bedingungen) und 6 (ursprünglich nur quantitativer Ablaut *a/ā* bzw. *o/ō*, der durch den Wandel idg. *o* > germ. *a* und idg. *ā* > germ. *ō* qualitativ wurde: germ. *a/ō*; s. 1.1.1.5.3. sowie 2.3.2.1. und 2.4.1.1.).

Noch bedeutsamer (und folgenreicher) ist jedoch, daß im Gemeingerm. eine völlig neue Verbklasse entstand, die sog. **schwachen Verben**. Diese bilden das Prät. und das Part. Prät. ohne Ablaut mit Hilfe eines dentalen Suffixes das wenigstens z. T. (BIRKHAN 1979) wohl auf das enklitisch gesetzte Präteritum von *tun* (idg. Wurzel **dhē-/*dhō-*) zurückzuführen ist (KIENLE 1969, 303f.): got. *nas-ida, salb-ôda, saúrg-aida;* ahd. *ner-ita, salb-ōta, sorg-ēta* ('nährte, salbte, sorgte'). Die meisten sw. Verben sind (wie diese Beispiele) Ableitungen von (st.) Verben (got. *(ga)nisan,* ahd. *(gi)nësan* 'genesen') oder Nomina (got. *salbôns, saúrga,* ahd. *salba, sorga*), verbale Neubildungen sind fast

durchweg "schwach", die st. Verben nehmen nicht mehr zu.

Erheblich ausgebaut wurde die germ. **Adjektivflexion**. Der einheitlich vokalischen (und z. T. wie lat. *audax* genusindifferenten oder wie lat. *facilis, -e* nur nach 'belebt/unbelebt' differenzierten) Flexion adjektivischer Nomina im Idg. entspricht im Germ. einerseits eine pronominale ("starke"), anderseits eine nominale ("schwache") Deklination nach 3 Genera. Die starke Deklination entstand dadurch, daß in die alte nominale Adjektivdeklination pronominale Endungen eindrangen, z. B. got. Neutr. Nom. und Akk. Sg. *blind – blindata* (nach dem Demonstrativpronomen *þata*), ahd. *blint – blintaz* (wie *daz*). Die schwache Deklination richtete sich nach den substantivischen *n*-Stämmen (vgl. got. *blinda, blindô, blindô* (wie *hana, tuggô, haírtô*) und kann auch als Substantiv-Bildung (v. a. von Pers. bez.) interpretiert werden, vgl. got. *blinda* '(der) Blinde' (zu *blinds*); ahd. *kundo* '(der) Bekannte' (zu *kund* 'bekannt'; s. dazu WILMANNS II, 396ff. und III, 2, 436ff. sowie generell HUTTERER 1990, 54ff.).

1.1.2.2.4. *Veränderungen im Wortschatz:* Lexikalische Neuerungen sind zahlreich und schwer zu systemisieren. Sie erscheinen in Lebensbereichen wie Viehhaltung (*Hengst, Roß, Kalb, Farre/Färse, Schaf, Lamm, Hahn/Huhn/Henne, Weide/weiden*), Ernährung (z. B. *Braten/braten, Dotter, Fleisch, Herd, Rost/rösten, Schinken, sieden, Speck*), Handwerk(zeug) (z. B. *Axt, Säge, dengeln, Harke, Hechel, Zwirn, Leder, Netz, Reuse, Tau*), Recht (z. B. *Volk, Adel, Ding, Sache, Friede, Fehde, Krieg*), Kampf und Waffen (z. B. *Spieß, Schild, Helm, Bogen, feige, ringen, fliehen, zwingen*); archaische, sonst wieder verschwundene Germanismen ("Teutonismen") gerade dieses Sinnbezirks haben sich übrigens bis ins moderne Deutsch in den der Bildung nach ebenfalls typisch germanischen zweigliedrigen Personennamen (des Typs *Adolf* < 'Adel+Wolf', *Hermann* < 'Heer+Mann') erhalten, z. B. *Hilde-, Hadubrand* 'Kampf + Schwert', *Brün-/Kriemhild[e]* 'Brünne/Helm+Kampf', *Hedwig, Hildegund* 'Kampf+Kampf', *Gunter* < *Gundahari* 'Kampf+Heer', *Ludwig* 'kampfberühmt' usf.).

---

[39] Im Got., Ags. und And. sind noch Reste eines synthetischen Mediums mit passivischer Bedeutung greifbar (z. B. got. *nimada* 'wird genommen', *nasjada* 'wurde gerettet'), im Anord. entsteht ein neues synthetisches Medio-Passiv durch enklitisches Reflexiv-Pronomen (z. B. *kǫllom(k)* 'ich werde gerufen'); dieses ist in den modernen skandinavischen Sprachen normal (z. B. schwed. *kallas* 'genannt werden').

Genetisch unterscheiden lassen sich Veränderungen im ererbten idg. Wortschatz von der Integration fremdsprachlicher Lehn- oder Substratwörter.

Veränderungen im ererbten idg. Wortbestand:

Der ererbte Wortbestand ist im Germ. durch **Neubildungen** aus vorhandenen (idg.) Wortfamilien ausgebaut worden. So lebt in *Zimmer* (vgl. lat. *domus* u. a.) zwar der idg. Ausdruck, nicht aber der Inhalt von *Haus* fort, der seinerseits gemeingerm. mittels Ableitung vielleicht[40] von der idg. Wurzel **(s)keu-* ('bedecken, umhüllen') ausgedrückt ist (dazu auch *Hütte, Haut, Hode, Hose, Hort, Scheune, Scheuer, Schuh*). Deutlichster Grund für die Bildung neuer Bezeichnungen sind zivilisatorische Fortschritte, wie etwa beim metallverarbeitenden, nicht gemein-idg. *Schmied* (verwandt nur mit gr. *smílē* 'Schnitzmesser'); ähnlich sind zwar *Wagen* und *Deichsel*, *Rad*, *Achse* und *Nabe* alt (gemein-idg.), nicht jedoch die (vergleichsweise moderne) *Speiche*, die die Germanen mit einem dem lat. *spīca* ('Ähre', eigentlich '*spitzes* Stück') entsprechenden Wort bezeichneten. *Brot* (mit germ. Verwandten wie *brauen*, *braten*, *brühen*, *Brei*, *Bier* [?] und außergerm. wie lat. *dēfrūtum* 'eingekochter Most, *fermentum* 'Gärstoff, Sauerteig', gr. *brỹtos* 'gegorenes Gerstengetränk') hat in seiner heutigen, gemeingerm. Bedeutung offensichtlich ältere Ausdrücke (wie *Laib* für ungesäuertes Brot) ersetzt. Freilich konnten auch vorhandenen Ausdrücken bei sachlicher Veränderung des Bezeichneten quasi neue Bedeutungen "unterschoben" werden, wie im Fall von (z. B.) anord. *sax* ('kurzes Schwert, *Messer*', dazu s. o.), was mit lat. *saxum* 'Stein, Fels' (vgl. *Hammer*!) verwandt ist und wohl auf ein vormetallzeitliches Schneidegerät (idg. Wurzel **sĕk-*, vgl. *Sense*, *Säge*) zurückführt (als dessen Träger sich die *Sachsen* bezeichnen). Ein Grund für die Bildung neuer Bezeichnungen konnte Tabu-Vermeidung sein, wie z. B. im Fall des *Blut*es (wohl das 'Hervorquellende', vgl. lat. *fluere* 'fließen') oder des *Bären* (wie *Biber* eigentlich 'der Braune'), dessen "wirklichen" idg. Namen (wie lat. *ursus*, gr. *árktos*) sich die alten Germanen offenbar ebenso auszusprechen scheuten wie die Slawen (vgl. russ. *medvéd* 'Honigfresser'). Generell könnten auch schon in germ. Zeit wachsendes Bedürfnis nach semantischer Differenzierung (z. B. im Bereich der Farben: von *grün* und *blau*), nach Bezeichnungen unmarkierter Normalität (erst germ.: *Tag* gegenüber idg. *Nacht*) und nach abstrakten Allgemeinbegriffen (wie *Baum*, *Tier*, *Rind*) relevante Faktoren beim Ausbau des Wortschatzes gewesen sein.

Lehn- und Substratwörter:

Ein gewisser Anteil des gemeingerm. Wortschatzes läßt sich nicht auf gemeinidg. Wurzeln zurückführen. Unter dem Vorbehalt etymologischer Lücken hat man darin Spuren der Sprache(n) jener Bevölkerung vermutet, die sich mit den eindringenden Indo-Europäern zu den späteren Germanen vermischt habe. Besonders Ausdrücke aus bestimmten Sinnbezirken wie Seefahrt (*Schiff*, *Boot*, *Kiel*, *Segel*, *Ruder*, *Mast*, *schwimmen*), Kriegsführung (*Waffe*, *Schwert*) oder Tierbezeichnungen (*Möwe*, *Aal*, *Karpfen*) könnten (nach HUTTERER 1990, 65f.) diesem **Substrat** zuzurechnen sein, aber auch andere z. T. sehr alltägliche Begriffe sind nicht (überzeugend) aus dem Idg. abzuleiten, wie *Weib*, *Hand*, *Bein* etc.

Deutlicher erkennbar sind Entlehnungen aus dem **Keltischen**, die auch das Kulturgefälle zwischen Kelten und Germanen widerspiegeln. Metalle wie *Eisen* (ahd. *īsarn*) und *Lot* ('Blei', vgl. *löten*) dürften die Germanen von der kelt. La-Tène-Kultur (um 400 v. u. Z..) kennengelernt haben (die ihrerseits wohl auf der illyrischen Hallstatt-Kultur, um 800 v. u. Z., fußt), später vielleicht auch die Idee, mit *Runen* zu schreiben. Für rechtliche und gesellschafliche Institutionen hat das Germ. auffallend viele Bezeichnungen (Bedeutungen) aus dem Kelt. entlehnt (oder mit dem Kelt. gemeinsam, vgl. POLOMÉ 1972, 64ff.), etwa *Eid, Geisel (Erbe, frei)*. Besonders oft genannte Beispiele sind *Amt* (ahd. *ambahti* 'Amt', kelt. *ambactus* 'Dienstmann, Höriger') und *Reich* (ahd. *rīhhi* 'Reich', got. *reiks* 'Herrscher', kelt. **rīgs* 'König', vgl. *Vercingetorīx* u. ä.). "Dt." Ortsnamen wie *Worms*,

---

[40] nach PFEIFER 1989; teilweise andere Etymologien zu den genannten Beispielen bei KLUGE 1989.

Mainz, Solothurn, Bregenz, Linz, Wien
und Flußnamen wie *Rhein, Main, Donau,
Isar* lassen sich aus dem Kelt. erklären
und belegen die räumliche Präsenz der
Kelten (sofern es sich dabei nicht sogar
um eine noch ältere, 'alteuropäische'
Schicht handelt; FISCHER [u. a.] 1963, 9;
s. o. 1.1.1.2.3.). Auch das Adjektiv *welsch,*
das auf den Namen der bei CAESAR (*De
bello Gallico* VI,24) erwähnten kelt. *Vol-
cae* zurückgeht und von den Germanen
auf alle Kelten und nach deren Roma-
nisierung auf alle Romanen übertragen
wurde: *Wallonen, Welschland, Walnuß*
('welsche Nuß'); z. B. ahd. *walah- isk* belegt diese Verbindung.

Zum lexikalischen Einfluß des Lateinischen s. u. 1.1.3.6.1.
(Vgl. auch FALK/TORP 1979.)

1.1.2.3. *Zusammenfassung*

Wohl schon im ausgehenden 2. Jahrtausend v. u. Z. entstand im heutigen Dänemark (Norddeutschland, Südskandinavien) vermutlich aus Vermischung ein-
wandernder Indogermanen (Streitaxtleute) mit ansässiger Bevölkerung (Megalithgräber-Kultur) eine Verkehrsgemein-
schaft, deren Sprache das Germanische
wird. Dieses dürfte sich infolge tiefgrei-
fender Veränderungen, deren Ursache
und Ablauf im einzelnen problematisch
bleibt, bereits um die Mitte des 1.Jahr-
sends deutlich von benachbarten idg.
Sprachen unterschieden haben. Die wichtigsten dieser Unterschiede sind:
die erste oder germ. Lautverschiebung mit
den Besonderheiten, die als Vernersches
Gesetz und gramm. Wechsel bezeichnet
werden;
die Festlegung des im Idg. frei bewegli-
chen Wortakzents auf den Wortanfang
(bzw. die Stammsilbe);
die dadurch bewirkte Abschwächung der
vollklingenden idg. Endsilben,
die Vereinfachung des nominalen und verbalen Formenbestandes und die dabei zutage tretende Tendenz des Übergangs
vom synthetischen zum analytischen
Sprachbau;
die Ausbildung der st. und der sw. Adjektivflexion,
die Funktionalisierung des Ablauts in der
Formenbildung des Verbs,

die Entstehung der Klasse der sw. Verben
und
der Ausbau des Wortbestandes durch
Neubildung und Entlehnung.

1.1.3. **Germanische Stämme und Stam-
messprachen**

Spätestens seit der sogenannten **"Völkerwanderung"** (für die Romanen übrigens:
"Barbareninvasion"), in der einzelne Germanenstämme historisch faßbar werden,
ist sprachgeschichtlich nicht mehr mit Gemeingermanisch zu rechnen: In der nun
auch vereinzelt einsetzenden schriftlichen
Überlieferung sind die germ. Stammessprachen bereits mehr oder weniger deutlich distinkt, auch wenn noch eine (z. B. in
der **Heldensage** faßbare) kulturelle Zusammengehörigkeit bestanden haben
dürfte.

Herkunft und (angesichts der belegten
Vermischungen freilich prinzipiell frag-
würdige) Genealogie (Homogenität, Iden-
tität) der Germanenstämme, deren Namen teilweise in heutigen National-, Re-
gional- und Dialektbezeichnungen wei-
terleben, sind aus den antiken Zeugnissen
nicht immer eindeutig eruierbar. Geographisch hat man (mit K. MÜLLENHOFF)
Ost- (1.1.3.1.) und **Nord-** (1.1.3.2.) von
Westgermanen unterschieden, wobei allerdings deren Einheit bestritten und zugunsten einer weiteren Differenzierung
von **Nordsee-** (1.1.3.3.) und **Südgermanen**
i. e. S. (1.1.3.4.) aufgegeben wurde (vgl.
HUTTERER 1990; MARKEY 1976). Da auch
bei diesen wieder zwei Untergruppen unterschieden werden, ergibt sich insgesamt
eine Fünfteilung, die seit F. MAURER
(1952,135) quasi kanonisch ist, aber schon
früher, z. B. von F. ENGELS (1952, 82ff.,
bes. 93), ähnlich vorgenommen wurde.

Die mannigfaltigen, wiewohl nicht
gleichsinnigen Übereinstimmungen zwischen den Sprachen dieser Gruppen
("Isoglossen" 1.1.3.5.) setzen diverse Zusammenhänge unter ihnen voraus, Entlehnungen (1.1.3.6.) belegen auch Beziehungen zu nicht-germ. Sprachen.

Plan B

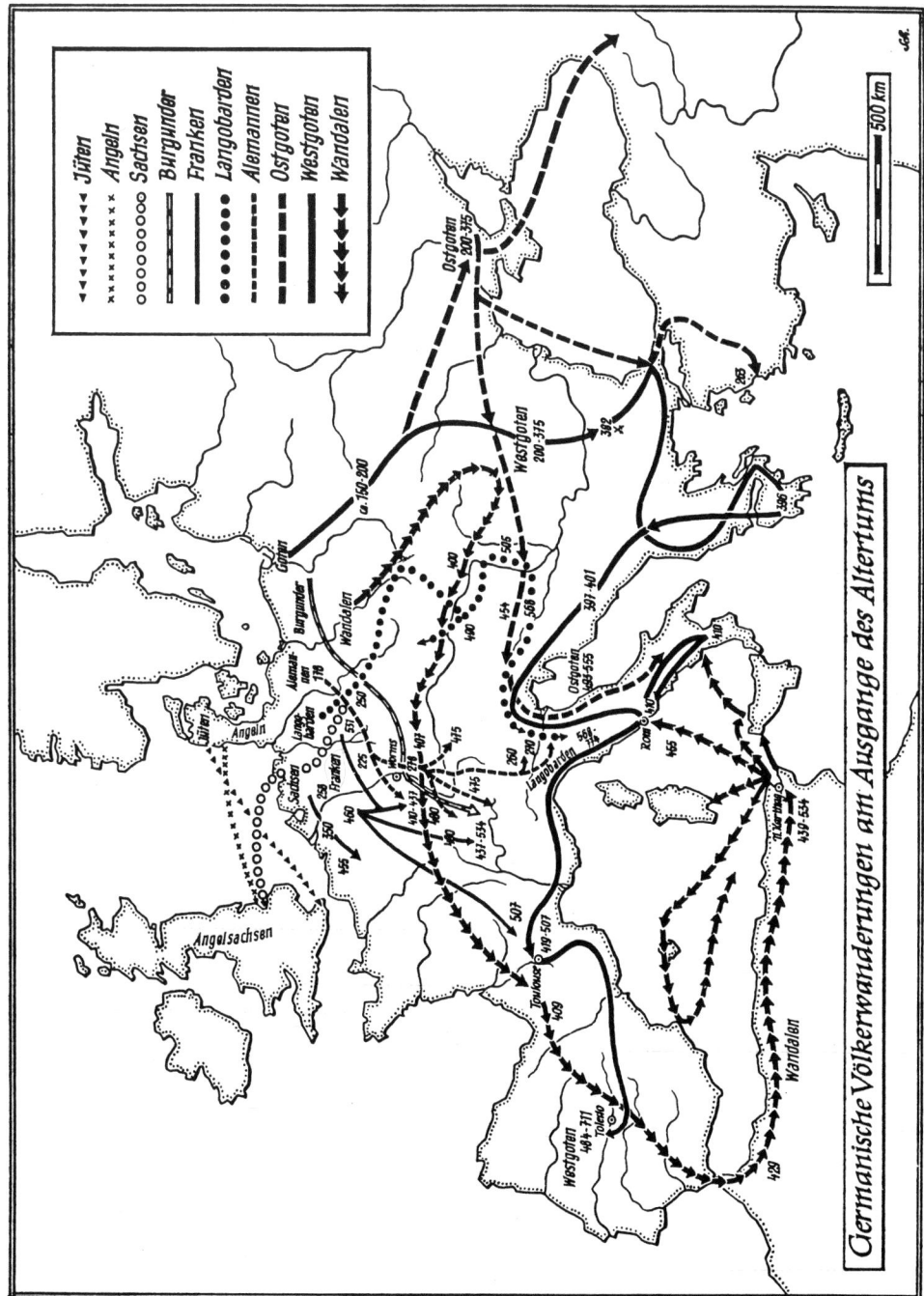

Karte 2: Völkerwanderung (nach Behn)

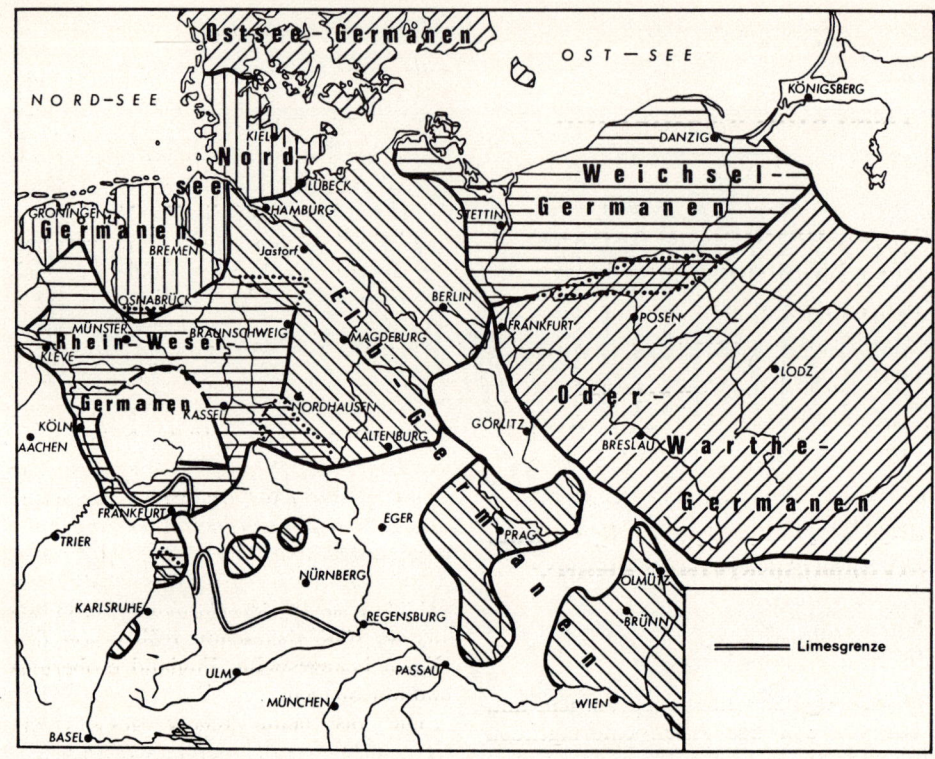

Karte 3: Siedlungsräume der Germanen (1. Jh. v. u. Z.–2. Jh. u. Z.)

Aus: „Sprachgeschichte. Ein Handbuch zur Geschichte der deutschen Sprache und ihrer Erforschung", 2. Halbband, S. 1752, Karte 155.1 mit freundlicher Genehmigung des Verlags Walter de Gruyter & Co., Berlin-New York

1.1.3.1. *Ostgermanen*

Diese Bezeichnung faßt Stämme zusammen, die zeitweise in enger Verbindung zu den Nordgermanen (s. u.) im Gebiet von Oder und Weichsel ansässig waren (und deshalb auch "Oder-Weichsel-Germanen" genannt werden), später jedoch von dort abzogen. Am wichtigsten wurden Goten, Burgunder und Wandalen.

Die **Goten**, die ursprünglich sogar aus Südskandinavien stammen, wie die Toponymika *Gotland, Göteborg* belegen, zogen um 200 u. Z. aus dem Oder- Weichsel-Gebiet Richtung Schwarzes Meer ab und trennten sich dort in einen ost- und einen westgotischen Zweig.

Die **Westgoten** wurden im ausgehenden 4. Jh. wieder mobil und kamen über Byzanz, Griechenland und Rom (Alarich!) bis nach Aquitanien (*Waltharius*-Sage !) und auf die iberische Halbinsel, wo sie ein erst im 8. Jh. von den Arabern zerstörtes

Königreich (der *Visigodos*) gründeten. Westgotisch ist der älteste (nicht-runische) germanische Text, die in Hss. des 6. Jh. überlieferte Bibelübersetzung des arianischen Bischofs WULFILA (auch: ULFILA, 311–382? u. Z.), der dafür eigens eine Alphabetschrift auf griechischer (und z. T. runischer) Grundlage entwickelte.

Das *Paternoster* (Matth. 6,9–13) lautet hier z. B. (zeilengetreu nach dem (mit silberner Tinte auf purpurgefärbtem Pergament geschriebenen) "Codex argenteus") folgendermaßen:
Atta unsar þu in himinam:
weihnai namo þein. Qimai thiudi[–]
nassus þeins. Wairþai wilja
þeins, swe in himina jah ana
airþai. Hlaif unsarana þana sin[–]
teinan gif uns himma daga. Jah
aflet uns þatei skulans sijai[–]
ma, swaswe jah weis afletam þai˜
skulam unsaraim. Jah ni brig[–]
gais uns in fraistubnjai, ak lau[–]
sei uns af þamma ubilin. Unte

þeina ist þiudangardi jah mahts
jah wulþus in aiwins. Amen.

ATTA UNSAR ÞU IN HIMINAM·
WEIHNAI NAMO ÞEIN· QIMAI ÞIUDAI
NASSUS ÞEINS· WAIRÞAI WILJA
ÞEINS· SWE IN HIMINA GA HANA
AIRÞAI· HLAIF UNSARANA ÞANA SIN
TEINAN GIF UNS HIMMA DAGA· GAH
AFLET UNS ÞATEI SKULANS SIJAI
MA· SWASWE GAH WEIS AFLETAM ÞAT
SKULAM UNS ARAIM· GAH NI BRIG
FRAISTUBNJAI· KRAISTUBNGAI· AK LAU
SEI UNS AF ÞAMMAN BILAIN· UNTE
ÞEINA IST ÞIUDANGARDI· GAH MAHTS
GAH WULÞUS IN AIWINS· AMEN·.·

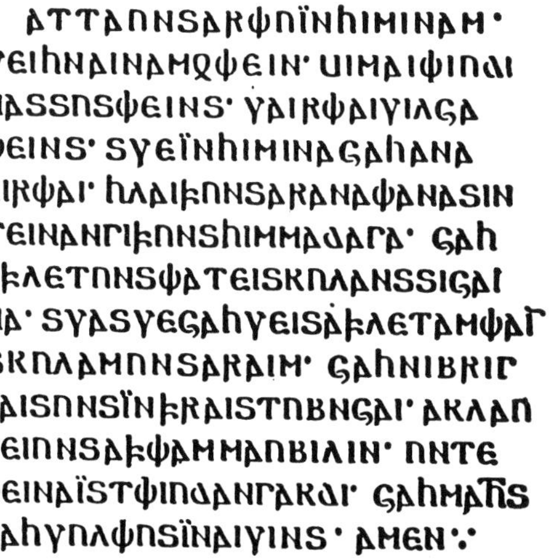

Abb. 2: Paternoster aus dem
Codex Argenteus

Die **Ostgoten** kamen im 5. Jh. teils mit, teils vor den aus Asien eindringenden Hunnen (Attila = *Etzel*!) aus der südrussischen Steppe nach Westen und gründeten in Norditalien (unter Theoderich ['von Verona'] = *Dietrich von Bern*) ein kurzlebiges Königreich.

Ein gotischer Rest (**Krimgoten**) scheint nach Quellen des 17. Jh. (MacDonald Stearns 1989) im Süden Rußlands verblieben zu sein.

Die **Burgunder** gründeten um 400 unter Gundahar (*Gunther* des Nibelungenlieds?) im Rhein-Main-Gebiet (Worms) ein Reich, wurden jedoch 436 von Hunnen (in römischem Dienst) geschlagen und danach im Rhône-Gebiet angesiedelt. Ihr dortiges Königreich unterlag 534 den Franken, doch lebt ihr Name in *Burgund* (frz. *Bourgogne*) fort.

Die **Wandalen**, die sich im Karpatengebiet niedergelassen hatten, wichen vor den Goten nach Westen aus, überschritten (etwa gleichzeitig mit den Burgundern) den Rhein und zogen mit Sweben (Quaden) und Alanen auf die iberische Halbinsel (*Andalusien*!), von wo aus sie (429 u. Z.) sogar nach Nordafrika über- setzten und dort unter Geiserich ein kurzlebiges Reich (mit Karthago als Zentrum) gründeten.[41]

---

[41] Auf die von ihnen beim Überfall auf Rom

1.1.3.2. *Nordgermanen*

Eine nord- (bzw. ostsee-)germ. Gruppe wird archäologisch um etwa 100 v. u. Z. faßbar. Die Schweden sind als *Sviones* schon bei Tacitus (Kap. 44) bezeugt, die Dänen (als Nachfolger der abgezogenen Jüten, s. u.) erst im 6. Jh. Die Nordgermanen behielten zwar während der (ost- und südgermanischen) Völkerwanderung noch ihre Sitze bei, wurden jedoch später (im 9. und 10. Jh.) als **Wikinger** und **Normannen** zum Schrecken der Meere (und Küstengebiete!). Von Norwegen aus besiedelten sie Island (und fuhren weiter bis Grönland und Amerika – *Vinland*), im Osten kamen sie als **Waräger** (über russische Flüsse, das Schwarze bzw. Kaspische Meer) nach Konstantinopel, ja sogar bis Bagdad (Simons 1968, 126f., Hutterer 1990, 145). Europäische Herrschaften errichteten sie in der *Normandie* (von wo aus sie 1066 das schon früher von den Dänen heimgesuchte England eroberten) und auf Sizilien.

Die bis heute relativ geschlossene Gruppe der nordgermanischen Sprachen ist sprachgeschichtlich insofern bedeutsam, als das Altnordische nicht nur in den (seit dem 4. Jh.) überlieferten Runendenkmälern, sondern auch noch in der erst nach 1000 u. Z. entstandenen Literatur Islands (*Edda*) eine archaische Stufe des Germanischen darstellt (ähnlich wie das Gotische);

zur besseren Vergleichbarkeit hier allerdings das altisl. *Paternoster*:
Faðir Vor, sá þú ert á himnum. Helgist nafn þitt.
Til komi þitt ríki. Verði þinn vili, svo á jorðu sem
á himni. Geff oss í dag vort dagligt brauð. Og
fyrirlát oss vorar skuldir, svo sem vér fyrirlátum
vorum skuldu-nautum. Og inn leið oss eigi í
freistni. Heldr frelsa þú oss aff illu: þviat þitt er
ríkit, máttr og dýrð um aldir alda. (zit. nach Hutterer 1990, 156).

---

(455) wohl angerichteten Zerstörungen zielt die Bedeutung des Wortes *Vandalismus* < frz. *vandalisme*, mit dem ein französischer Bischof 1794 die Jakobiner charakterisierte.

1.1.3.3. *Nordseegermanen*

Als "Nordseegermanen", die – nicht un-
widersprochen – auch mit den bei PLINIUS
und TACITUS (Germ., Kap. 2) genannten
Ingwäonen identifiziert und von – südgermanischen – Istwäonen und Irminonen
(Herminonen) unterschieden bzw. mit ihnen zu "Westgermanen" zusammengefaßt
worden sind, gelten Angeln, Sachsen, Jüten und Friesen. Sie bewohn(t)en die Gebiete an der Nordseeküste etwa bis an die
heutige belgische Grenze. Von dort aus
fielen **Angeln** und **Sachsen** (zusammen mit
Jüten, die vielleicht von Nordgermanen
aus ihren Stammsitzen nach Süden verdrängt worden waren) um 450 in dem von
den Römern aufgegebenen (keltischen)
Britanien ein und machten es zu *England*
(vgl. auch *Sussex, Wessex* u.a.). Die al-
phabetschriftliche Überlieferung in ags.
(altengl.) Sprache beginnt (wie die der
südgerm. Sprachen) erst im 8.Jh., die folgende westsächsische *Paternoster*-Über-
setzung (zit. nach LOCKWOOD 1979, 154)
stammt aus dem ausgehenden 10.Jh.:

Fæder ūre þū þe eart on heofonum: sī þīn nama
gehālgod. Tōbecume þīn rīce. Geweorþe þīn willa
on eorþan swāswā on heofonum. Urne dægh-
wāmlican hlāf siſle ūs tō dæge. And forgief ūs
ūre gyltas swāswā wē forgiefaþ ūrum gyltendum.
And ne gelæde þu ūs on costnunge, ac ālīes ūs of
yfele.

Anders als Angeln und Jüten sind die
Sachsen zum Teil auf dem Kontinent
(heutiges Niedersachsen) zurückgeblieben
und haben hier (u.a. nicht nach Süden ab-
gewanderte Langobarden - s.u.- integrie-
rend) ein Stammesherzogtum errichtet,
das erst von Karl d.Gr. der fränkischen
Herrschaft unterworfen und christianisiert
wurde. Der Beginn der altsächsischen
Überlieferung (*Heliand*) steht damit in
Zusammenhang; in diesem noch in al-
literierenden **Stabreimversen** abgefaßten
as. Bibelepos lautet das *Paternoster* poe-
tisch so (V.1602–1614):

Fadar is ûsa, firihô barnô,
the is an them **h**ôhon **h**imilo **r**îkea,
gewîhid sî thîn namo **w**ordu gehwilîku!
Kuma ûs tô thîn **k**raftag riki!
Werđa thîn willeo oƀar thesa werold alla,
sô sama an erđo sô thar **u**ppa ist
an them **h**ôhon **h**imilô **r**îkea!
Gef ûs **d**agô gihwilîkes râd, **d**rohtin the gôdo,

thîna **h**êlaga **h**elpa! endi alât ûs, heƀenes ward,
managoro mên-skuldiô,
   al sô wi ôđrun **m**annun dôan.
Ne lât ûs farlêdean leđa wihti
sô forđ an irô **w**illeon, sô wi wirđige sind;
ak help ûs wiđar **a**llun **u**bi1on dâdiun!

Die schon von TACITUS in ihren heutigen Wohnsitzen bezeugten **Friesen** waren
an der Eroberung Englands kaum beteiligt. Die ältesten friesischen Schriftdenkmäler stammen aus dem 13.Jh.

1.1.3.4. *Südgermanen*

Unter diesem relativ neuen Ausdruck werden hier die von TACITUS als **Istwäonen**
(1.1.3.4.1.) und **Irminonen** (Herminonen)
(1.1.3.4.2.) bezeichneten Stammesgruppen
subsumiert, die man früher zusammen mit
den Ingwäonen (s.o.) als "Westgermanen"
zu bezeichnen pflegte. Für E. SCHWARZ
(1951a, 42) bilden die beiden Gruppen das
"Binnengermanische", "das die Grundlage des Deutschen wird und Norddeutschland erobert, indem das Nordseegermanische zurückgedrängt wird und, nach der
Abwanderung der Angelsachsen, auf die
Friesen beschränkt bleibt".

1.1.3.4.1. *Weser-Rhein-Germanen* (Ist-
wäonen): Die Istwäonen sind fast identisch mit den seit dem 3.Jh. zu **Franken**
(wörtlich: 'Freie') konglomerierten nieder-
und mittelrheinischen Kleinstämmen (wie:
Brukterern, Batavern, Tungerern – den
ursprünglichen *Germani* [s.o. 1.1.2.] –
u.a.). Überragende Bedeutung erlangen
sie unter ihren überaus erfolgreichen Dynastien der Merowinger und Karolinger,
die v.a. auf Kosten anderer Germanenstämme (Alamannen, Thüringer, Goten,
Burgunder, Baiern, Langobarden, Sachsen) das Frankenreich als Nachfolger der
römischen Herrschaft installierten. Sie besiedelten das heutige Holland, Belgien
und Nord*frank*reich (dessen Wort- und
Namenschatz starke fränkische Einflüsse
zeigt), sowie die heute fränkischen[42] und

---

[42] Unter *fränkisch* i.e.S. versteht man umgangssprachlich oft nur die ostfränk. Dialekte (Würzburg, Nürnberg, Bamberg), dia-
lektologisch und historisch sind jedoch in
Deutschland die Mundarten der Bistümer
Mainz, Trier und Köln die eigentlich "(mittel)fränkischen".

hessischen Dialektgebiete Deutschlands (s. u. 1.2.2.1.) – letztere, weil zu den von den Franken schon früh integrierten Germanenstämmen auch die (istwäonischen) **Chatten** (lautverschoben: Hessen) gehörten. Die seit dem 8./9. Jh. überlieferten altfränkischen Textzeugnisse gelten als Teil der ahd. Überlieferung (auch wenn sie westfränkisch sind wie z. B. das *Ludwigslied*; zum Ahd. s. 1.2.).

1.1.3.4.2. *Elbgermanen (Irminonen):* Zu den (nach ihrer mutmaßlichen Nachbarschaft im Elbegebiet zusammengefaßten) Irminonen (Herminonen), die von TH. VENNEMANN (1984,39) aufgrund der gemeinsamen (zweiten) Lautverschiebung als "Hochgermanen" allen anderen (nordwestgermanischen) Stämmen ("Niedergermanen") gegenübergestellt worden sind, rechnet man u. a. folgende südgermanische Stämme:

Sweben (deren Name in *Schwaben* noch heute weiterlebt): ursprünglich wohl die Semnonen, später auch andere Stämme wie die Quaden umfassend, hatten sie unter Ariovists Führung im heutigen Elsaß (bei Mühlhausen) schon gegen Cäsar gekämpft und zogen später in der Völkerwanderung zum Teil mit den ostgerm. Wandalen (s. o.) auf die iberische Halbinsel, gründeten 411 in deren Nordwesten ein 585 von den Westgoten (s. o.) unterworfenes Königreich.

Sweben (Semnonen) waren auch die **Alamannen,** ein seit dem 3. Jh. (als Angreifer des römischen Limes) bezeugter Großstamm, in dem wohl auch (um die Zeitwende in das Maingebiet vorgestoßene) Quaden und Markomannen aufgegangen sind, sofern diese nicht später (6.–8. Jh.) noch (im Fall der Quaden) nach Böhmen, Mähren Oberungarn bzw. (im Fall der Markomannen) bis an den Alpenrand vordrangen. Das Königreich der Alamannen im Südwesten des heutigen deutschen Sprachraums wurde um 500 von den Franken erstmals besiegt, zum Teil wurden sie damals vom Gotenkönig Theoderich (s. o.) in der heutigen Schweiz angesiedelt; die endgültige, nicht widerstandslos erfolgende Integration der (bis ins 7. Jh. heidnischen) Alamannen ins fränkische Reich brauchte noch bis in die Karolingerzeit (8. Jh.). Aus dieser Zeit

stammen auch die frühesten alemannischen Sprachdenkmäler (die als Teil der ahd. Überlieferung gelten).

Die **Hermunduren**, denen sich u. a. nordseegermanische Angeln angeschlossen hatten, wanderten im 4. Jh. in das Gebiet des heutigen *Thüringen* ein. Ihr dortiges Reich wurde im 6. Jh. von den merowingischen Franken unterworfen.

Die **Langobarden**, deren "Urheimat" nach eigenem Stammesmythos die Landschaft Schonen gewesen sei, zogen um 400 aus dem Elbgebiet zuerst nach Pannonien und fielen im 6. Jh. von dort aus in Italien ein, das sie fast ganz eroberten und wo sie (568) ein Königreich mit Schwerpunkt in Oberitalien (daher: *Lombardei*) errichteten. Politisch wurden sie von Karl d. Gr. im 8. Jh. der fränkischen Herrschaft unterworfen, sprachlich im 10. Jh. endgültig romanisiert. Vom langobardischen Stammesdialekt gibt es (abgesehen von Rechtswörtern) keine schriftliche Überlieferung, doch hat er im (Wortschatz des) heutigen Italienischen Spuren hinterlassen.

Der jüngste (elbgermanische?) Stamm der **Baiern** ist "erst unter merowingischer Herrschaft aus verschiedenen Gruppen zusammengewachsen", wobei nach traditioneller Ansicht die "Hauptmasse" durch "Einwanderer aus Nordböhmen" (Quaden? Markomannen?) gebildet worden sei, "doch haben auch andere Gruppen zur Stammesbildung beigetragen, Donausueben, Alamannen, ostgermanische Splitter (Skiren) und schließlich die . . . nicht unbeträchtlichen Romanenreste . . . sowie . . . illyrischen Breonen" (LÖWE 1973,52f). Das Hauptargument für die böhmische Herkunft der *Baiern* (die jüngst allerdings mit der wohl überzogenen Gegenthese eines angeblich aus Salzburger "Protoladinern" gebildeten und erst sekundär alemannisierten Traditionskerns des bairischen Stammes bestritten worden ist) gründet sich auf die Etymologie ihres Namens (als lat. *Baiovarii* o. ä., seit dem 6. Jh. bezeugt und ein germ. **Baia-warjōz* voraussetzend), der – genauso wie *Böhmen* (lat. *Boiohaemum*) – auf *Boii*, die Bezeichnung eines (auch) dort siedelnden keltischen Stammes zurückzuführen ist (zu Einzelheiten vgl. REIFFENSTEIN 1987 und ROSENFELD 1987). Das Herzogtum der Baiern stand von Anfang an in einer gewissen Abhängigkeit von den Franken, deren Herrschaft es von Karl d. Gr. endgültig unterworfen wurde. Aus dieser Zeit stammen die ältest überlieferten (altbairischen) Schriftdenkmäler (als Teil der ahd. Überlieferung; s. dazu unten 1.2.).

1.1.3.5. *Isoglossen*

Die Beziehungen (Vermischungen) der germanischen Stämme und Stammesgruppen untereinander spiegeln sich in mannigfaltigen sprachlichen Gemeinsamkeiten (Isoglossen) zwischen den germ. Sprachgruppen, Einzelsprachen und Dialekten wider (vgl. BACH 1970, 84ff.; MOSER 1965/1969, 90ff.), z. B.:

1.1.3.5.1. **Nord-/ostgermanische** Isoglossen (aus der Zeit vor der Abwanderung der Ostgermanen/Goten am Ende des 2. Jh.) sind so ausgeprägt, daß diese beiden sprachlichen Gruppen als Nordostgermanisch oder Gotonordisch zusammengefaßt und den übrigen (i. w. S. "südgermanischen") Dialekten gegenübergestellt worden sind. Gotonordische Gemeinsamkeiten sind:

germ. *jj* > anord. *ggj*, got. *ddj* und germ. *ww* > *ggw*, vgl. aisl. *tve**gg**ia*, got. *twa**ddj**ê* 'zweier' (aber ahd. *zwaio* < *zwęio*); aisl. *try**ggv**e*, got. *tri**ggw**a* 'treu' (aber ahd. *triuwo*); das Auftreten einer 4. Klasse sw. Verben auf *-nan*: vgl. aisl. *vak**n**a*, got. *gawak**n**an* 'erwachen' (aber ahd. *wahhēn*); die Endung der 2. P. Sg. Prät. der st. Verben, vgl. aisl., got. *gaf**t** 'du gabst' (aber ahd. *gāb**i***, nur bei Präterito-Präsentia ist *-t* erhalten: ahd. *scal-t* 'sollst').

Solche Übereinstimmungen können aus anderer Sicht auch als "westgermanische" Neuerungen erscheinen (s. u. 1.1.3.5.3.).

1.1.3.5.2. **Nord-/west-** (Nordsee-, Weser-Rhein-, Elb)germanische Übereinstimmungen dürften auf nachbarliche Beziehungen zurückzuführen sein, an denen die abgewanderten Ostgermanen keinen Anteil mehr hatten, z. B.:

germ. *ē* > *ā*, vgl. anord. *l**á**ta*, as. *l**â**tan*, ahd. *l**ā̆**zzan*, aber got. *l**ē**tan*; germ. *ë* > *i* nur vor *i, j* und *u* in der Folgesilbe und vor Nasal+Konsonant (während *ë* im Got. immer zu *i* geworden ist, vgl. anord., afries. *ë**t**a*, ags., as. *ë**t**an*, ahd. *ë**z**zan*, aber got. *i**t**an* 'essen');

Rhotazismus germ. [z] (sth. *s*) > *r*, vgl. anord. *ey**r**a*, afries. *â**r**e*, as., ahd. *ō**r**a*, aber got. *au**s**o* 'Ohr';

Abbau der Reduplikationssilbe bei den reduplizierenden Verben, vgl. as., ags. *hêt*, ahd. *hiaz*, aber got. *hai**hait** 'ich hieß';

Anlautend *fl-* (aus idg. *pl-*) gegenüber ostgerm. *þl-*, vgl. anord. *fl**ýja*, as., ahd. *fl**iohan*, aber got. *þliuhan* 'fliehen'.

Auf Gemeinsamkeiten, die das Nordische speziell mit dem (elbgerm.) Oberdeutschen verbinden, hat besonders F. MAURER (1952, 80ff.) hingewiesen, u. a.:

Verzögerung des *i*-Umlauts (im Vgl. zum Nordseegermanischen, von wo aus dieser sich ausgebreitet habe);

Schwund von *w* in *wl-* und *wr-*, vgl. anord. *r**æ**gia*, ahd. *ruogen*, aber got. *w**rōhjan* 'anklagen', ags. *w**rēgan*, afries. *w**rōgia*, as. *w**rôgian* 'verleumden' (*rügen*).

1.1.3.5.3. Exklusiv **"West-"** (Nordsee-, Weser-Rhein-, Elb)germanische Merkmale müßten sich vor der Abwanderung der Angelsachsen (5. Jh. u. Z.) ausgebildet haben, und zwar:

Konsonantengemination (= Doppelung) vor *j* (gelegentlich auch vor *w, r, l, m, n*), vgl. ags. *se**tt**an*, afries. *se**tt**a*, as. *se**tt**ian*, ahd. *se**zz**en* (aber got. *satjan*, anord. *setja* 'setzen'); as. *a**kk**er*, ahd. *a**ck**ar*, a**cch**ar* (aber got. *akr**s**, anord. *akr* 'Acker');

germ. *đ* (sth. dentaler Reibelaut) > *d* (generell, im Got. und Nord. nur teilweise), vgl. as. *bio**d**an*, ags. *béo**d**an*, afries. *bia**đ**a* (ahd. *biotan*) (aber got. *biu**d**an*, sprich [đ], anord. *bio**đ**a* 'bieten');

Schwund von auslautendem germ. *z* (sth. *s*; nordgerm. *r*, s. o.) > Ø, vgl. as., ags., ahd. *fisk* 'Fisch' (aber got. *fisk**s***, anord. *fisk**r**);

Ersatz der alten Form 2. P. Sg. Ind. Prät. der st. Verben auf *-t* durch – *i*, vgl. ahd. *gāb**i***, aber got. und anord. *gaf**t***; -t ist "westgerm." nur bei Präterito-Präsentien erhalten: z. B. ags. *þearf**t***, as. *tharf**t***, ahd. *darf**t** 'du darfst' (s. 1.1.3.5.1.).

Besonderheiten in Wortschatz und Wortbildung, z. B.:

"westgerm." Abstraktsuffixe *-heit, -schaft, tum*, vgl. as. *magađhêd*, ags. *mægeðhád*, ahd. *magadheit* 'Jungfrauschaft'; ahd. *bruoderscaf* 'Bruderschaft'; *rîhtuom* 'Reichtum'; 'Wasser' und 'Feuer' als *r*-Stämme: ahd., *wazza**r**/fiur* as. *wata**r**/fiur*, ae. *wæte**r**/fȳr* (aber got. und anord. als *n*-Stämme: *wato, -i**ns**/vat**n**/fō̃n*, fu**n**i);

"westgerm." Wörter, z. B. *Baum, Ehe, Geist, Herd, klein, Messer, Nachbar, Schaf, Zorn.*

1.1.3.5.4. Gegenüber nordseegermanischen, "ingwäonischen" Gemeinsamkeiten (FRINGS 1957,46ff.), lassen sich auch **gotisch-hochdeutsche** Übereinstimmungen finden, wobei das (istwäonische) Fränkische zum Teil eine Mittelstellung einnimmt:

Germ. *n* vor stl. Reibelaut (*f, þ, s*) ist im Got. und Ahd. erhalten, im Anglofries. und As. dagegen (mit Ersatzdehnung des Vokals) geschwunden, vgl. got., ahd. *uns* (aber ags., as. *ûs*) 'uns'; got. *anþar*, ahd. *ander* (aber ags. *ôðer*, as. *âðar*, *ôðar* 'ander';
  Erhalt von germ. [z] (als got. *s*, ahd. *r*) im Auslaut einsilbiger Formen wie got. *mis, weis, hvas*, ahd. *mir, wir (h)wër* (gegenüber ags. *mel mê, welwê, hwâ*; as. *milmî, wilwî, hwêlhwie* 'mir, wir, wer'; dementsprechend auch ahd. *dër* gegenüber as. *thê, the, thie*; im Fränk. ebenfalls vereinzelt Formen ohne *r*);
  Pers. Pron. der 3. Pers. mask.: got. *is*, ahd. *ër* gegenüber ags., as. und afries. mit [h-] anlautend: *he* (u.ä.; ahd.-fränk. Kontaminationsform: *her*);
  pronominale Adjektivformen, z.B. N. Sg. Neutr.: got. *blindata*, ahd. *blintaz* 'blindes', gegenüber endungslosen Formen im Ags., As.: *blind*;
drei verschiedene Verbalendungen im Plural gegenüber Einheitsplural: vgl. got. *niman, nimiþ, nimand*; ahd. *nëmamēs* oder *nëmēm, nëmet, nëmant* gegenüber einheitlichem ags. *nimað*.

1.1.3.6. *Lehnbeziehungen*

Verkehrsbeziehungen und kultureller Austausch mit nichtgerm. Völkern, die natürlich auch bestanden, führten zur Wort-Entlehnung sowohl in die wie auch aus den germ. Sprachen.

1.1.3.6.1. *Lehngut in germ. Sprachen:* Besonders starke Einflüsse empfingen die ("west-")germ. Sprachen naturgemäß vom **Lateinischen** (vgl. DRUX 1984, 854ff.; HILDEBRAND 1984, 358). Das hängt mit der Nachbarschaft zum romanisierten Gallien und mit der teilweisen Besetzung germ. (heute deutschsprachiger) Gebiete durch die Römer zusammen.
  In ihren Kriegen gegen die Römer und (später) in deren Söldnerdiensten wurden die Germanen mit Ausdrücken der römischen Militärorganisation bekannt. Das belegen z.B. die dt. Lehnwörter *Pfeil* (ahd. *pfīl* < *pīlum* 'Wurfspeer'), *Kampf* (ahd. *champf* < lat. *campus* 'Feld'), *Pfahl*

(ahd. *pfāl* < lat. *pālus*, vgl. *Palisade*), *Straße* (ahd. *strāz(z)a* < spätlat. *(via) strata* 'gepflasterter Weg'), *Meile* (ahd. *mīl(l)a* < lat. *mīlia*, Pl. zu *mille* '1000 [Schritt]') usw.
  Von den Römern bekamen die Germanen, in deren Naturalwirtschaft es nur einen beschränkten Tauschhandel gab, auch erste händlersprachliche Ausdrücke wie (dt.) *kaufen, Kaufmann* (ahd. *koufōn, koufman* < lat. *caupo* 'Schenkwirt, Händler mit Speise und Trank'), *Pfund* (ahd. *pfunt* < lat. *pondō* zu *pondus*, wovon vielleicht auch *Pfand* als frühe Entlehnung stammt), *Münze* (ahd. *munizza* < lat. *monēta*), *Korb* (ahd. *korb* < lat. *corbis*), *Sack* (ahd. *sac* < lat. *saccus*) usw.
  Die früher nur in Holzhäusern (oder winters – nach TACITUS, *Germania* cap.16 – sogar in Erdhöhlen) hausenden Germanen lernten den römischen Steinbau samt dazugehörigen Fachausdrücken kennen, vgl. dt. *Mauer* (ahd. *mūra* < lat. *mūrus*), *Kammer* (ahd. *chamara* < lat. *camera*), *Keller* (ahd. *këllāri* < lat. *cellārium*), *Pfeiler* (ahd. *pfīlari* < lat. *pilārium*), *Fenster* (ahd. *fënstar* < lat. *fenestra*), *Kalk* (ahd. *kalc* < lat. *calx*, Akk. *calcem*) usw.
  Überhaupt erreichten die Germanen erst durch die Übernahme römischer (romanischer) Alltagskultur (Hausgerät, Kleidung, Speisen u.ä.) ein gewisses zivilisatorisches Niveau, bezeugt durch die Lehnwörtlichkeit dt. Ausdrücke wie *Schrein* (ahd. *scrīni* < lat. *scrīnium*), *Karren* (ahd. *karro* < lat. *carrus*), *Kissen* (ahd. *chussī(n)* < lat. *coxīnus*), *Schemel* (ahd. *scamil* < lat. *scamillus*), *Spiegel* (ahd. *spiagal* < lat. *speculum*), *Socke* (ahd. *soc* < lat. *soccus*), *Sohle* (ahd. *sola* < lat. *sola*), *Küche* (ahd. *chuhhina* < lat. *coquīna*), *kochen* (ahd. *kochōn* < lat. *coquere*), *Kessel* (ahd. *kezzil* < lat. *catīnus*), *Schüssel* (ahd. *scuzzila* < lat. *scutella*), *Tisch* (ahd. *tisc* < lat. *discus*)[43], *Semmel* (ahd. *sëmala, simila* < lat. *simila* 'feines Weizenmehl'), *Käse* (ahd. *kāsi* < lat. *cāseus*) usw.

---

[43] Dazu gehört auch engl. *cup* (ags. *cuppe* 'Becher', anord. *koppr*, Geschirr in Becherform, kleines Schiff) aus lat. *cūpa, cuppa* 'Becher'; im Dt. hat dieses Lehnwort (*Kopf*) in mhd. Zeit aus expressiv-metaphorischer Verwendung (wie 'jmd. den Becher=Hirnschale einschlagen') die heutige Bedeutung bekommen.

Der Ackerbau wurde nach römischem Vorbild umgestellt, Garten- und Obstbau haben die Germanen überhaupt erst von den Römern gelernt, wie viele einschlägige Lehnwörter belegen, etwa *Sichel* (ahd. *sihhila* < vulgärlat. **sicila*, wohl kontaminiert aus lat. *secula/sicilis* '[kleine] Sichel'), *Frucht* (ahd. *vruht* < lat. *fructus*), *(Dresch-)Flegel* (ahd. *flegil* < lat. *flagellum*), *Mühle* (ahd. *mulī[n]* < lat. *molīnae*), *Kohl* (ahd. *chōlo, kōl(i)* < lat. *caulis*), *Rettich* (ahd. *rātih* < lat. *rādix*, Akk. *rādicem*), *Kicher(erbse)* (ahd. *kihhira* < lat. *cicer*), *Kirsche* (ahd. *kirsa* < lat. *cerēsia*), *Pflaume* (ahd. *pfrūma* < lat. *prūnum*) usw. Unter den Neuerungen der Bodenkultur ragt der Weinbau hervor, den die Römer an Mosel, Rhein und Donau einführten; die Fachausdrücke des Weinbaus sind dementsprechend, so wie *Wein* (ahd. *wīn* < vulgärlat. *vīno*) selbst, zu einem sehr großen Teil lat. Ursprungs, z. B. *Winzer* (ahd. *winzuril* < lat. *vinitor*), *Kelter* (ahd. *kelctra* < lat. *calcatura*), *Presse* (ahd. *p[f]ressa* < mlat. *pressa*), *Most* (ahd. *most* < lat. *mustum*) etc.

Auch Wörter (Begriffe) aus dem Bereich von Verwaltung und Rechtssprechung wurden aus dem Lat. entlehnt, z. B. *Kaiser* (ahd. *keisar* < *Caesar*), *Pfalz* (ahd. *pfalanza* < lat. *palantia* < *palātia*), *Zoll* (ahd. *zol(l)* < lat. *toloneum* < *telōnēum*), *Kerker* (ahd. *karkāri* < lat. *carcer*, woraus viel später erneut *Karzer*), *sicher* (ahd. *sihhur[i]* < lat. *secūrus* < *se curā* 'sorglos').

Im 3.–5. Jh. übernahmen die Germanen unter gr. und röm. Einfluß die Siebentagewoche. Sie ist orientalischen Ursprungs und steht in Zusammenhang mit der babylonischen Sternkunde. Bei den Griechen und Römern wurde sie im 2. und 3. Jh. u. Z. eingeführt. Dabei wurden die Wochentage mit den Namen der Planeten bezeichnet. Die germ. Wochentagsnamen sind zum Großteil Lehnübersetzungen dieser Namen, vgl.:

lat.	germ.:
Solis dies	anord. *sunnu(n)dagr*, ags. *sunnandæg*, as. *sunnundag*, ahd. *sunnūntag* 'Sonntag';
Lunae dies (vgl. frz. *lundi*)	anord. *mánadagr*, ags. *món(an)dæg*, afries. *mônendei*, ahd. *mānatag* 'Montag';
Martis dies (vgl. frz. *mardi*)	ags. *tíwesdæg*, ahd. *zīostag* 'Ziutag', engl. *Tuesday* (*Dienstag* enthält *Thingsus*, einen niederrheinischen Beinamen des *Mars*);
Mercurii dies (vgl. frz. *mercredi*)	anord. *ōđinsdagr* 'Odinstag', afries. *wônsdei* 'Wodanstag', engl. *Wednesday* (*Mittwoch* ist ahd. Euphemismus nach kirchenlat. *media hebdomas*);
Jovis dies (vgl. frz. *jeudi*)	anord. *þórsdagr* 'Thorstag', ahd. *donarestag*, engl. *Thursday* 'Donnerstag';
Veneris dies (vgl. frz. *vendredi*)	ags. *frīgedæg* 'Friggtag', ahd. *frīatag* 'Freitag';
Saturni dies	ags. *sætern(es)dæg*, afries. *saterdei*, engl. *Saturday* (*Samstag*, ahd. *sambaztag* hingegen aus vulgärgr. *sámbaton*, aus hebr. *schabbath* 'Sabbat, Ruhetag').

Den Weg dieser (und anderer) Entlehnungen (aus dem Westen in die Rheingebiete und aus dem Süden in den Donauraum) hat Frings (1957, 21ff.) nachgezeichnet. Das relative Alter solcher Lehnwörter läßt sich im Dt. einerseits daran erkennen, daß sie noch die 2. Lautverschiebung und/oder gewisse frühe vokalische Entwicklungen (wie die ahd. Diphthongierung) mitgemacht haben (z. B. dt. *Ziegel* < ahd. *ziagal[a]*, im Gegensatz zu *Tiegel* < ahd. *tëgel*, beide – zu verschiedenen Zeiten! – aus lat. *tēgula*), anderseits daran, daß sie eine ältere lateinische Aussprache (mit [k-]) voraussetzen (wie etwa dt. *Kiste* < ahd. *kista* < lat. *cista* < gr. *kístē*, im Gegensatz zu *Zither* < ahd. *zitara* < lat. *cithara* < gr. *kithárā*; (vgl. dazu generell Bach 1970, § 41,4; Schirmer 1969, 47ff.; Langner/Bock/Berner 1987, 374ff.).

Griechische Lehnwörter finden sich v. a. im (ostgerm.) Gotischen, in der Bibelübersetzung des Wulfila, z. B got. *drakmê* für gr. *drachmē* 'Drachme', *aipistaúlê* für *epistolē* 'Brief'; got. *aggilus* 'Engel', *aikklêsjô* 'Kirche', *apaústaúlus* 'Apostel', *aipiskaúpus* 'Bischof' für gr. *ággelos, ekklēsía, apóstolos, episkopos*. Dt. Wörter wie *Engel, Bischof, Kirche* (ahd. *kirihha* <

vulgär-gr. *kyriké, Adjektiv zu kyrios 'Herr'), Pfingsten (< ahd. fimfchusti lautverschoben aus gr. pentekosté wie pfaffo aus gr. papas 'Kleriker') zeigen jedoch, daß das Gr. (z.T. über das Lat.) auch auf "west»germanische Sprachen eingewirkt hat (vgl. HOLZBERG 1984).

1.1.3.6.2. _Lehngut aus germ. Sprachen:_ Die germanischen Sprachen haben, abgesehen von Entlehnungen ins Finnische (s.o. 1.1.2.1.1.), ihrerseits auch auf die **romanischen** Sprachen ausgestrahlt. Germ. Lehnwörter dürften durch den römischen Handel und durch germ. Söldner in römischen Diensten verbreitet worden sein, in der Hauptsache handelt es sich aber wohl um Reliktwörter in den Sprachen jener Gebiete, die von der Völkerwanderung betroffen waren (Frankreich, Italien, iberische Halbinsel); hier errichteten die Germanenstämme (meist: vorübergehende) Herrschaften und hinterließen, obwohl sie letztlich in der kulturell überlegenen, romanischsprachigen Bevölkerungsmehrheit aufgingen, in deren Sprache ein lexikalisches Superstrat (MOSER 1966, 653ff.), z.B.

it./span./portug. _guerra_ (demin. span. _guerilla_), frz. _guerre_, 'Krieg' (vgl. ahd. _werra_ 'Zank, Streit', dt. _Wirren_), it. _lotto,_ span./portug. _lote_ '(An)Teil', frz. _lot_ 'Los' (ahd. _lōz_, vgl. auch _Lotterie_), frz. _garder,_ it. _guardare,_ span./portug. _guardar_ 'bewachen' u.ä. (entsprechend dt. _warten_ oder als Rückentlehnung aus dem Frz.: _Garde_).

Die Entscheidung, wann und aus welcher germ. Stammessprache solche Wörter ins Romanische entlehnt worden sind, ist oft schwierig, doch lassen sich Anhaltspunkte nach der geographischen Verbreitung und nach sprachlichen Kriterien finden, z.B. danach, daß das Got. (im Gegensatz etwa zum Fränkischen) im allgemeinen keinen Umlaut kennt oder (anders als das Langobardische) an der 2. Lautverschiebung nicht teilgenommen hat. So gehen it. _albergo,_ provenz. _alberc_ 'Herberge' auf got. *_haribairgô_ zurück, während frz. _héberger_ 'beherbergen' von fränk. _heribergōn_ (mit Umlaut) kommt (vgl. auch engl. _harbour_). Westgot. _bandwô_ 'Zeichen' wurde zu mlat. _bandum_ 'Banner', it. _banda,_ frz. _bande_ 'Haufen, Streifen', westgot. _reikeis_ 'reich' zu frz. ri-

che. Ostgot. *_laubjô_ 'Laube' liegt vor in it. _lubbione_ 'Loge, Galerie im Theater'; got. _nastilô_ 'Bandschleife' in it. _nastro_ 'Band'. An got. Ursprung ist v.a. zu denken, wenn ein Wort nur südlich der Pyrenäen und in Italien auftritt, nicht aber in Frankreich, vgl. it. _aspa, aspo, naspo_ 'Haspel', span. und port. _aspa_ (< got. *_haspa,_ *_haspô_); it. _rocca_ 'Rocken', port. _roca,_ span. _rueca_ (< germ. *_rukka_).

In den romanischen Ländern (Sprachen) gibt es auch **Personennamen** germ. Ursprungs, vgl. it. _Garibaldi, Garibaldo_ < _Garibald_ < _Gairibald_ (Ger + kühn), _Gualtiero_ < _Walthari_ (Herrscher + Heer), _Rinaldo_ < _Reinwald_ (got. _ragin_ 'Rat' + Herrscher); span. _Fernando_ < westgot. _Fripunanp_ (Friede + Ruhm), _Rodrigo_ < westgot. _Hrôpríks_ = _Roderich_ (Ruhm + Herrscher).

Ziemlich häufig sind germ. **Ortsnamen:** So erinnern in Italien Namen wie _Marengo_ an die Ostgoten (-_ingôs_), andere sind späteren, langobardischen Ursprungs (wie _Breda_ < langob. _braida_ 'Breite, Ebene'). Viele frz. Ortsnamen sind germ. (fränkischer, westgotischer, burgundischer u.a.) Herkunft (wie z.B. _Rebais,_ bezeugt 635 als _Resbacis_ 'Roßbach', oder _Abinctun,_ dessen -_tun_ engl. _town,_ dt. _Zaun_ entspricht). In Spanien und Portugal weisen Namen wie _Gondomar_ (aus dem germ. Personennamen 'Guntmar') auf Sueben und Goten hin.

Die germ. Sprachen haben auch bei der Aufspaltung des romanischen Sprachgebiets eine gewisse Rolle gespielt, z.B. in Frankreich bei der regiolektalen Differenzierung zwischen (fränkisch beeinflußter) _langue d'oïl_ im Norden und südlicher _langue d'oc_ (auch toponymisch verwendet: _Languedoc_). (Vgl. WARTBURG 1951; BACH 1965/1970, § 56; WOLFF 1971, 62ff. und 146ff.)

1.1.3.7. _Zusammenfassung_

In den Jahrhunderten nach der Zeitwende löste sich v.a. infolge massenhafter Migration germ. Stämme, Stammesteile und Stammesverbände ("Völkerwanderung") die gemeingerm. Spracheinheit in deutlich distinkte Stammesdialekte auf. Zu deren genetischer Ableitung aus dem Gemein- oder Urgermanischen sind, meist unter

Berücksichtigung der bei TACITUS überlieferten antiken Dreigliederung, diverse Vorschläge gemacht worden, die überwiegend mit folgenden Gruppen rechnen:

1. Ostgermanen (Goten u. a.),
2. Nordgermanen (in Skandinavien),
3. Nordseegermanen (TACITUS' »Ingwäonen": Angeln, Sachsen, Friesen u. a.)
4. Weser-Rhein-Germanen ("Istwäonen", im wesentlichen: Franken)
5. Elbgermanen ("Irminonen"; Alamannen, Baiern u. a. südliche Stämme, deren auffallendste sprachliche Gemeinsamkeit die zweite, "hochdeutsche" Lautverschiebung ist).

südgermanisch

1 und 2 lassen sich – freilich nicht unbestritten – als "gotonordisch" zusammenfassen, die früher übliche Zusammenfassung von 3, 4 und 5 als "westgermanisch" ist zweifelhaft geworden. Statt dessen können, so wie hier geschehen, 4 und 5 als "südgermanisch" i. e. S. verstanden werden. Zwischen den Sprachen der Gruppen 1 bis 5 gibt es mannigfaltige Übereinstimmungen (Isoglossen), die als Folge historischer Beziehungen zwischen den jeweiligen Stämmen interpretiert werden können. Darüber hinaus sind die germanischen Stammesdialekte in spätantiker und frühmittelalterlicher Zeit auch durch das Lateinische (v. a. lexikalisch) stark beeinflußt worden und haben ihrerseits (als Superstrat) auf die entstehenden romanischen Sprachen eingewirkt.

1.2. Das Deutsch des Frühmittelalters (6.–11. Jahrhundert)

1.2.1. Historische, soziale und kulturelle Voraussetzungen

Die Völkerwanderung hatte zu vielfältigen Veränderungen innerhalb der germ. Stammesverhältnisse geführt. Aus den Einzelstämmen waren zunächst Großverbände (Stammesverbände) entstanden, die mehr oder weniger fest zusammenhielten. Durch Überschichtungen, durch Tausch- und Handelsbeziehungen entstanden neue soziale und wirtschaftliche Gegebenheiten, die einerseits die Vereinigung der Stammesverbände förderten und andererseits die Herausbildung des Staates als unumgänglich erscheinen ließen. In diesem Prozeß spielten die Franken, zunächst die Salier (aus dem Salland zwischen Zwolle und Deventer), eine führende Rolle. Nach kriegerischen Vorstößen über den Rhein nach Gallien und Spanien im 3. Jh., nach lange anhaltenden, hartnäckigen Auseinandersetzungen mit den Römern an Mittelrhein, Maas und Somme, nach Besitznahme der Gebiete an Mittelrhein und Mittelmaas durch ripuarische Franken und nach den Kämpfen des Salierfürsten CHILDERICH, wohl eines Sohnes des sagenhaften MEROWECH, gegen die Sachsen, die Alemannen und die Goten in Gallien, nach der Besiedlung der eroberten Gebiete Galliens mit fränkischen Bauern und germanischen Kriegsgefangenen besiegte CHLODWIG, der Sohn CHILDERICHS, 486 die Römer und anschließend die Alemannen, unterwarf die südgallischen Burgunder, besiegte die fränkischen Gaukönige und gewann so die Alleinherrschaft. Zur Sicherung der eroberten Gebiete nach innen und nach außen war es erforderlich, den Anforderungen entsprechende Einrichtungen zu schaffen: Königtum mit großem militärischem Gefolge und (staatliche) Institutionen mit entsprechenden Verwaltungsämtern. CHLODWIG gründete um 500 auf gallischem Boden das fränkische Reich (482 – 911: Reich der Merowinger und Karolinger). Durch das Frankenreich verlagerte sich das kulturelle und wirtschaftliche Zentrum unseres Kontinents aus dem Mittelmeerraum in den germanisch-romanischen Norden. Die fränkische Kultur entwickelte sich auf germanischer, römischer und christlicher Grundlage.

Ein wichtiger Akt in diesem Prozeß war die Taufe CHLODWIGS im Jahre 496. Damit wurde der Katholizismus als Staatsreligion zunächst im Merowinger und dann im deutschen Reiche festgelegt. Dadurch wurde aber auch erreicht, daß die Kirchenorganisation der weltlichen

Obrigkeit zunächst zumindest in wichtigen Grundfragen nicht als Opposition gegenübertrat. Die fränkische Landeskirche war dem König unterworfen und damit vom Papst unabhängig. Um die Mitte des 8. Jh. wurde zwischen den Karolingern und der Römischen Kirche ein Bündnis geschlossen, durch das die fränkische Dynastie vom Papst legitimiert und dem Papst Schutz vor der Bedrohung durch die Langobarden zugesichert wurde. Hier entstand jene eigentümliche Verbindung von geistlicher und weltlicher Gewalt, die – nicht nur in Deutschland – das Mittelalter geprägt hat.

Die Einführung des Christentums bewirkte zugleich aber auch, daß in das germanisch-deutsche Denken Inhalte der spätantiken Geisteswelt und deren Begriffssysteme eingingen. Damit verbunden waren tiefgreifende sprachliche Veränderungen in Wortschatz und Wortbildung im Zusammenhang mit dem komplizierten Aneignungs- und Einfügungsprozeß von lateinisch geprägten Wortinhalten in deutsches Sprachgut. Anders als im Germanischen, wo Lehnwörter vor allem in den vielen Bereichen des praktischen Lebens aus dem römischen Kulturkreis aufgenommen worden waren (s.1.1.3.6.), wurden jetzt lat. Lehnwörter durch Kirche und Klosterschulen vor allem in den Bereichen Kirchenleben und Schulwesen eingeführt.

Die Nachfolger CHLODWIGS eroberten 531 mit Hilfe der Sachsen das Thüringerreich, 532 endgültig das Burgunderreich, besiegten 746 die Alemannen, 774 das Langobardenreich in Oberitalien, 794 die Baiern, 804 die Sachsen. KARL DER GROSSE vollendete, was seine Vorgänger begonnen hatten. Nach seinem Tode wurde das Großreich 843 mit dem Vertrag von Verdun in ein altfranzösisch sprechendes Westreich, das spätere Frankreich, und ein althochdeutsch sprechendes Ostreich, das spätere Deutschland, aufgeteilt, von denen jedes fortan seine eigenen Wege ging. Die "Straßburger Eide" (842) lassen die sprachliche Trennung erkennen: das westfränk. Heer sprach den Eid in altfrz., das ostfränk. Heer dagegen in ahd. Sprache. Das zwischen beiden Reichen liegende Mittelreich Lotharingin war ein Jahrtausend lang Gegenstand von Auseinandersetzungen zwischen Frankreich und Deutschland. In der östlichen Hälfte des fränkischen Großreiches entstanden alle wesentlichen Voraussetzungen für die Entwicklung eines deutschen Geschichts-, Kultur- und Sprachbewußtseins. Auf der Grundlage der Verfassung des Frankenreiches ergab sich für die deutschen Stämme eine Einteilung in Grafschaften unter fränkischen Grafen als wichtigsten königlichen Beamten für Gericht, Heer, Finanzen. In diesen Territorien wohnten durch Landnahme und Wanderung im Verlaufe von Jahrhunderten zusammengekommene Angehörige verschiedener germanischer Stämme zusammen, wobei ein bestimmter ethnischer Bestandteil in jedem Territorium vorherrschte. Die Bewohner dieser Territorien verständigten sich mit Hilfe der Territorialmundarten, die aus vorher gebräuchlichen Stammessprachen entstanden waren und die in diesem Zeitraum die vorherrschende Verständigungsform bildeten.

Das oberste Gericht war das Hofgericht des Königs. Als oberster Beamter der Staatsverwaltung fungierte der Hausmeier. Hofämter wie Marschalk, ahd. *marahscalc* (9. Jh.) 'Pferdeknecht', Schenk, ahd. *scenko*, Kämmerer, ahd. *kamerâri* (8. Jh.) 'Schatzmeister' wurden geschaffen.

Als das durch die königlich-dynastische Familie zusammengehaltene Karolingerreich zusammenbrach, nutzten die großen Grundherrschaften in den Reichsteilungskriegen des 9. Jh. die Situation, um sich Privilegien, die staatliche Befugnisse einschlossen, zu sichern und um ihre Lehen in Erbbesitz umzuwandeln. Schließlich entstanden – ähnlich wie im Merowingerreich – wieder Stammesherzogtümer, die den einheitlichen Staat ablösten. Im 10. Jh. bildete sich das neue Machtzentrum der Ottonen heraus, die das später so genannte Heilige Römische Reich (Deutscher Nation) gründeten und damit den ersten deutschen Staat errichteten.

Die wirtschaftlich tragende Kraft dieses Zeitraumes war der freie und z.T. auch der schon abhängige Bauer. Und so war auch die von Territorialdialekten geprägte Sprache der Bauern zunächst die bestimmende Erscheinung. Durch den Einfluß des antiken Geistes- und Kulturerbes besonders im Zusammenhang mit der Christianisierung und dem Erschließen der christlich-religiösen Gedankenwelt wurde diese Sprache, durch Lehnwörter und Lehnbildungen angereichert, zum Ausdruck neuer Gedankeninhalte geeignet gemacht und im Sinne einer neuartigen Begriffssprache weiterentwickelt. Dem war ja in den germanisch-romanischen Berührungsgebieten eine vielgestaltige Übernahme weltlichen Sprachgutes vorausgegangen (s. 1.1.2.1.1. und 1.1.2.2.4.). Den Bemühungen, das Kirchenlatein in den einheimischen Wortschatz einzufügen, stand ein kirchenspezifischer Lehnwortbestand mit *Messe, Kloster, Zelle, Mönch, Orgel, segnen, opfern* u. a. zur Seite. Die Eindeutschung der tragenden Begriffe des Christentums war ein komplizierter Prozeß, und es dauerte meist lange Zeit, bis eine der angebotenen Möglichkeiten allgemeingebräuchlich wurde. So stehen für lat. *temptatio* zehn entsprechend umgebildete Wörter nebeneinander, u. a. *irsuohhunga, ursuoch*, von denen im Ahd. keines die Vorherrschaft erlangte; erst im Mhd. wurde dann *versuochunge* 'Versuchung' das allgemein gebräuchliche Wort. Für lat. *resurrectio* wurden im Ahd. zwölf und im Mhd. sieben Wörter geprägt, so ahd. *urristi, urstand, urstende, urstendi, urstendida, irstantnisse, arstantnessi* und mhd. *ûferstandenheit, ûferstandunge, ûferstant, ûferstende, ûferstande, ûferstendnisse*; hier setzte sich in unmittelbarer Anlehnung an das lat. Muster mhd. *ûferstêung* 'Auferstehung' durch.

Der Beginn dieses Prozesses wurde wesentlich durch Missionare gefördert, die vom Südosten her im Donauraum, vom Westen aus im Gebiet an Mosel und Rhein und von England kommend in allen Teilen des Ostfrankenreiches die Verbreitung des Christentums anstrebten. Die got.-arianische Mission brachte die Berufsbezeichnung ahd. *pfaffo* (< gr. kirchensprachlich *papâ*, got.-arian. *papa*), Missionare aus Gallien brachten gr. *presbyter* > afrz. *prestre* > ahd. *priest/priester* ein. Die ir.-ags. Mission, die bis zu den Alpen nach Süden vordrang, vgl. auch das Andenken an den ir. Mönch KILIAN als Patron des Bistums Würzburg, steuerte bereits im 7. Jh. *Glocke* (ir.-mlat. *clocca*) bei. Insgesamt wurde der dt. Wortschatz durch die Missionen aber nur wenig bereichert (FRINGS 1950, 12ff., 44). Auch im Staats- und Verwaltungsapparat finden wir nur wenige neue Wörter, so etwa ahd. *phalinza*, später *Pfalz*, 'Palast, Haus, Hof, Tempel' < lat. *palatium*, eigentlich Benennung der Haupterhebung des *mons Palatinus* in Rom, dazu *palatinus* 'Palast'.

Viel wichtiger war, daß mit den Missionaren die Schriftkultur in unseren Sprachraum eingeführt wurde. Irische Mönche, die die westlichen Teile des Reiches und dann auch Ostfranken, Alemannen und Baiern missionierten, leiteten – in lateinischen und irischen Niederschriften – die Schriftlichkeit ein, ehe dann vom 8. Jh. an auch Texte mit deutschen Wörtern schriftlich fixiert wurden. Diese Schriftlichkeit wurde überwiegend von Mönchen in den Klöstern vor allem zur Vermittlung von Glaubensinhalten und Lehrsätzen der Kirche benötigt und genutzt. Dabei wurde eine Vielzahl abstrakter Wörter religiösen und philosophischen Inhalts geschaffen (*bigin* 'Ursprung' für lat. *origo, infleiscnissa* 'Fleisch-, Menschwerdung' für lat. *incorporatio*); es entstanden philosophische Termini (z. B. *unentlîch* für lat. *infinitus*, s. u.), die neben abstrakten Wörtern aus Bibeltexten (*gidank* 'Gedanke, Denken, Sinn' , *wîstuom* 'Weisheit, Einsicht, Erkenntnis, Wissenschaft', *kunst* 'Kenntnis, Wissen, Fähigkeit') eine ganz neue Denkweise ermöglichten. Wie kompliziert es war, diesen Prozeß des Umdenkens zu bewerkstelligen, verdeutlichen auch die Benennungen der Wochentage (s. o. 1.1.3.6.1.). Eine wichtige Veränderung im ahd. Sprachgebrauch war die Einführung des Endreims in die dt. Dichtung. Mit den Bildungsbestrebungen KARLS DES GROSSEN kam auch die christliche Missionsliteratur und -poesie als neuer Dichtungstyp zur Geltung. Dabei wirkte die christliche Hymnenpoesie in lat. Sprache als Vorbild. Fördernd wirkten auf diesen Prozeß mehrere sprachliche Veränderungen dieses Zeitraumes, durch die die germ. Stabreimtechnik in Verfall geriet (BACH 1965, § 76), so die Entwicklung von germ. *wl-, wr-, hl-, hr-, hw-* zu ahd. *l-, r-, w-*, vgl. etwa im HL *helidos ubar* **hr**inga *dô sie to deru hiltiu ritun . . .* **hw**erdar *sih hiutu dero* **hr**egilo *ruomen muotti . . . heuwun harmlicco* **hu**itte *scilti.*

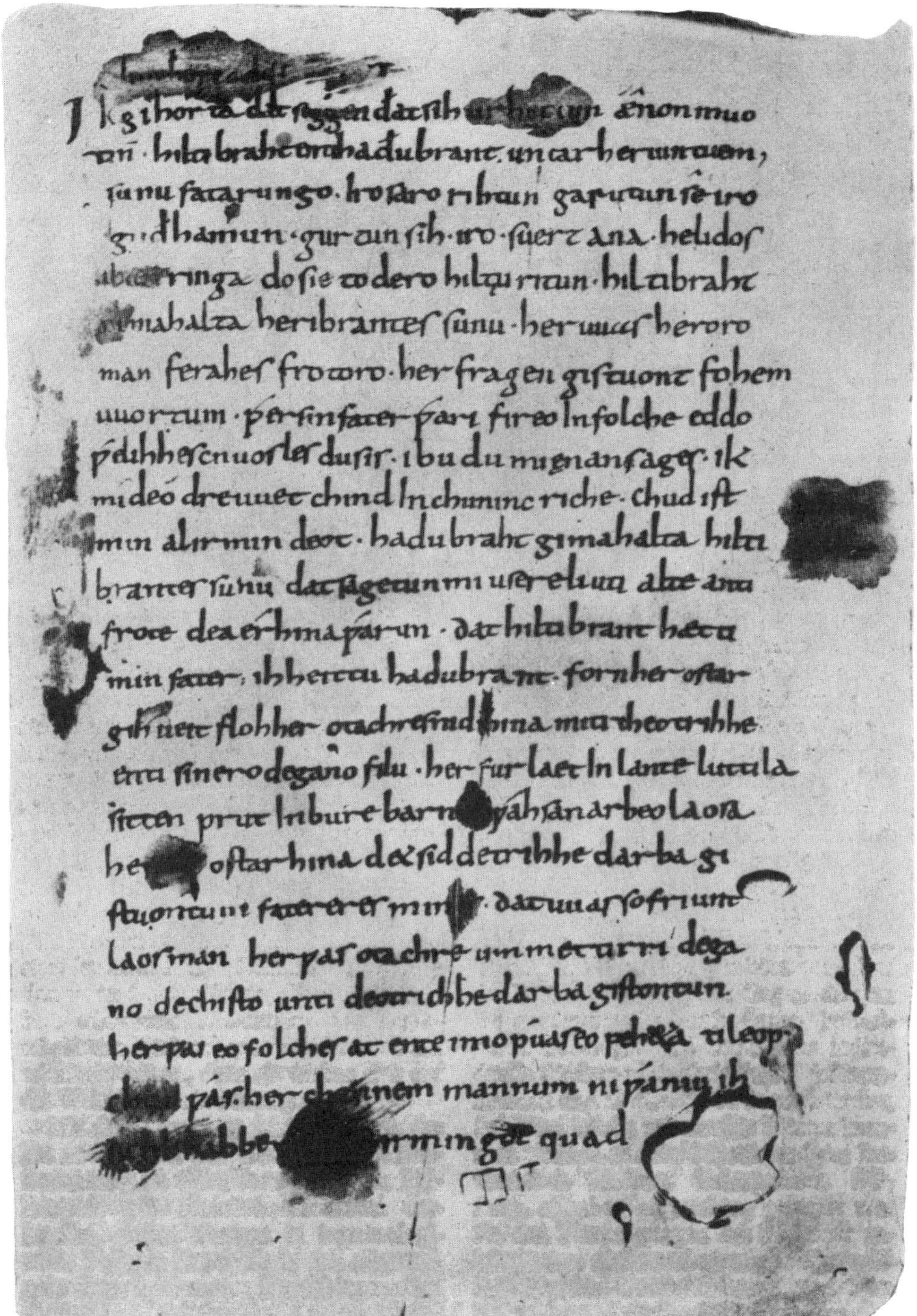

Abb. 3: Erste Seite des "Hildebrandliedes"

Schon bald nach der Aufzeichnung des "Hildebrandliedes" und nach dem um 830 wohl in Fulda entstandenen, gleichfalls stabreimenden, in as. Sprache abgefaßten "Heliand" schuf OTFRID VON WEISSENBURG um 870 die erste Endreimdichtung, sein "Evangelienbuch", mit 7400 Langzeilen, eine der wenigen Großdichtungen dieses Zeitraumes. Dem hier einleitend enthaltenen Teil 1. *Ludouuico orientalium regnorum regi sit salus aeterna* stehen mit "Ludwigslied" (9. Jh.), "Petruslied" (9. Jh.), "Lied vom heiligen Georg" (10. Jh.) weitere "Lieder" und außerdem noch mehrere religiöse Traktate des 9./10. Jh. (Gebete, Psalmen) als stabreimende Dichtungen zur Seite. Dabei finden sich besonders bei OTFRID in Zwillingsformeln und an anderen Stellen immer wieder Nachklänge des Stabreims: *hús inti hóf ... Fon iáre zi iáre ... fon éuuon unz in éuuon ... houbit joh thie henti ... von kúnne zi kúnne ... thes hohen himilriches ... thiu uuorolt uuirdig thes ni uuas ... uuas uuirdig er in uuara ... uuéltis thu thes liutes ioh alles uuóroltthiotes ... sie uuárun iro hénti zi gote héffenti ... Vuáhero duacho uuerk uuírkento.* – Gelegentlich unterstützt Stabreimartiges den Endreim: *Si sálida gimuáti Salomones guáti.* Im Zusammenhang mit der Reimtechnik ist auch die Entwicklung der Betonung zu berücksichtigen.

1.2.2. Das inschriftliche, vorliterarische Deutsch (6./7. Jahrhundert)

Die Herausbildung unserer deutschen Sprache beginnt nach dem Abschluß der Völkerwanderung mit dem Seßhaftwerden der Stammesverbände und Völkerschaften. Der Zeitraum, in dem sich die älteste Stufe des Deutschen herausbildete, wird als althochdeutsch bezeichnet. Die wichtigsten Stammessprachen, aus denen das Deutsche allmählich entstand, waren das Fränkische, das Bairische, das Alemannische und das Sächsische (in Niedersachsen zwischen unterer Elbe und Niederrhein, Nordsee und Harz).

Während der Völkerwanderung hatten sich durch räumliche Umgruppierung und Zusammenschluß älterer ethnischer Verbände neue ethnische Einheiten unter neuen Daseinsbedingungen herausgebildet. Aus germanischer Zeit ererbte, grundlegende Übereinstimmungen bei vielen sprachlichen Erscheinungen und das sich immer stärker ausprägende Bewußtsein vom Zusammenleben in einem administrativ zwar locker zusammengehaltenen, aber doch existenten ostfränkischen Reichsverband vermochten noch nicht die großen dialektalen Unterschiede in Rede und Schreibe auszugleichen, aber sie förderten den Übergang der Stammessprachen in eine neue, sich allmählich herausbildende sprachliche Entwicklungsstufe, eben in das Althochdeutsche. Das zunächst mehr oder weniger zufällige räumliche Nebeneinander von Sprechern unterschiedlicher Dialekte führte durch sprachlichen Austausch und Ausgleich, durch in wesentlichen Erscheinungen übereinstimmende Entwicklungstendenzen, durch kulturelle, wirtschaftliche und soziale Beziehungen und durch die zumindest formale politische Vereinigung zuerst zu Ansätzen, gegen Ende dieses Zeitraumes zum auch sprachlichen Ausdruck der Erkenntnis der Zusammengehörigkeit als Deutsche. Maßgeblichen Anteil an diesem Prozeß hatten die Rhein- und die Ostfranken, die Alemannen und die Baiern und zunächst auch noch die südlich der Alpen in Norditalien lebenden Langobarden. Eine besondere Rolle bei der Herausbildung des Deutschen spielt das Frankenreich. Dem ethnischen Kern des fränkischen Stammesverbandes, den Weser-Rhein-Germanen, hatten sich andere Stämme mehr oder weniger freiwillig angeschlossen. Im 5. und 6. Jh. erstarkte das fränkische Merowingerreich. Unter CHLODWIG I. (466–511) und seinen Nachfolgern wurden die germanischen Völkerschaften des Festlandes unter fränkischer Oberherrschaft vereinigt. In diesem Staat wuchsen schließlich die nichtromanisierten Germanen zu "Deutschen" zusammen. Die deutsche Sprachgemeinsamkeit in der Zeit des Merowingerreiches und auch des Karolingerreiches ist allerdings nicht im Sinne einer tatsächlich gesprochenen einheitlichen deutschen Sprache zu verstehen.

Das früheste Deutsch ist nicht handschriftlich-literarisch, sondern nur inschriftlich überliefert. Es ist in etwa 60

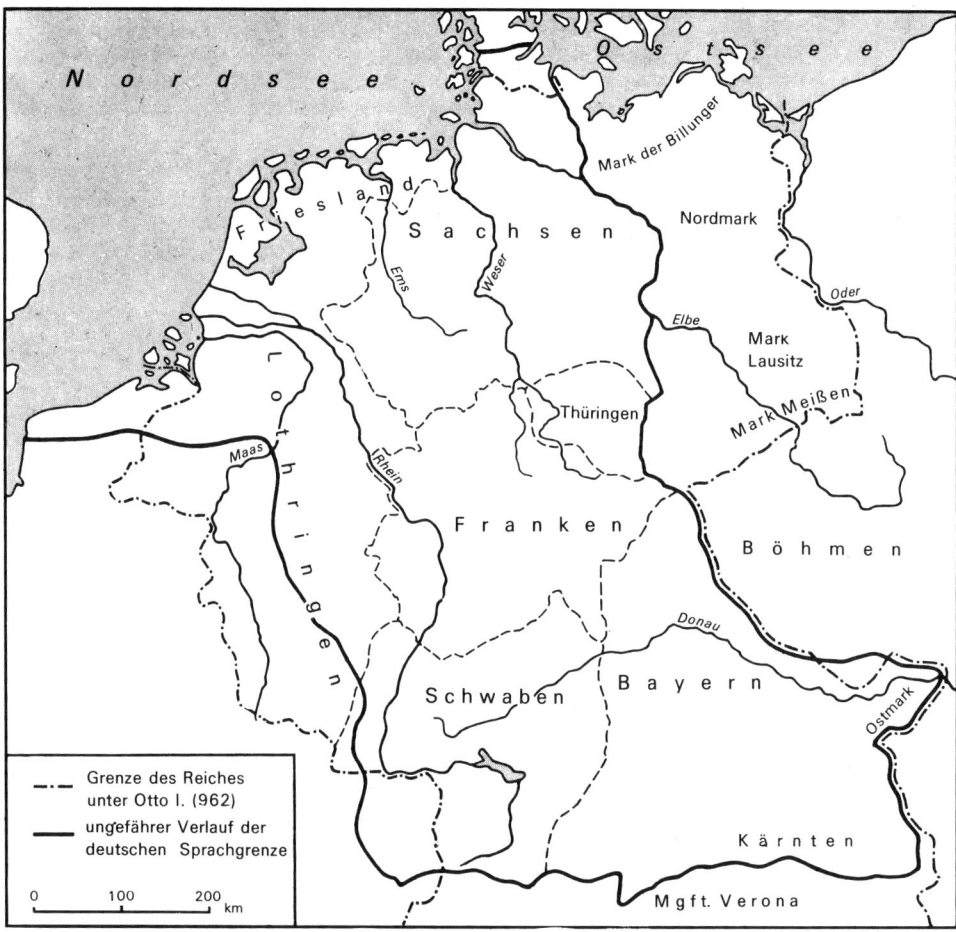

Karte 4: Deutsches Sprachgebiet im 10./11. Jh.

Runeninschriften des 5./7. Jh. und in vereinzelten Wörtern, die sich in mittellateinisch abgefaßten Denkmälern teils in ursprünglicher, teils in latinisierter Form finden, erhalten. Die Runeninschriften weisen keine Merkmale der hochdeutschen Lautverschiebung auf. Das ist ein wichtiger Hinweis für die Datierung dieser Erscheinung. Mittellateinische Texte sind unter anderen die sogenannten "Leges Barbarorum", Aufzeichnungen germanischer Stammesrechte. Außerdem gibt es Zeugnisse in Ortsnamen (so etwa den Übergang germanischer Bildungsweisen vom Typ Personenname + Suffix wie *Sigmaringen* 'bei den Leuten des Sigmar' zur Bildungsweise Personenname im Genitiv + typisches Grundwort wie *Sigmarsheim*

und *Sigmarshausen*) und in Form von langobardischen und fränkischen Lehnwörtern in romanischen Sprachen (wie etwa frz. *jardin*/dt. *Garten*, frz. *garder*/dt. *warten*, frz. *flanc*/ahd. *hlanca, lancha* 'Seite', frz. *marche*/germ. **marka*). (Vgl. BACH 1970, § 56, 63.3.)

Eine entscheidende Veränderung gegenüber den vorangehenden Sprachverhältnissen in germanischer Zeit ergab sich durch die zweite oder (alt)hochdeutsche Lautverschiebung, die vom Süden und Südwesten nach Norden ausstrahlte. Alles in allem beeinflußten das Bairische und das Fränkische in diesem Zeitraum die sprachliche Entwicklung am stärksten, während das Alemannische und das (Nieder)Sächsische aus mehreren, unterschied-

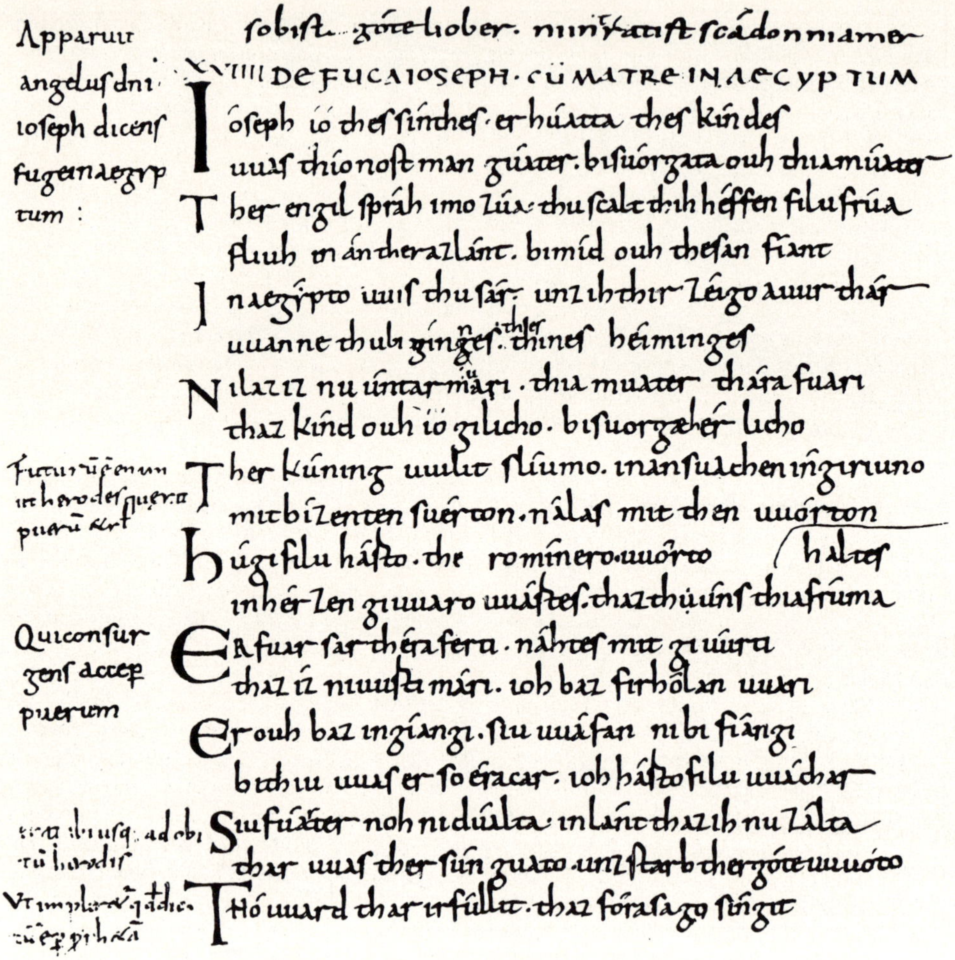

Abb. 4: Eine Seite der Wiener Otfrid-Handschrift

lichen Gründen weniger aktiv mitgewirkt haben.

1.2.3. Das handschriftliche Deutsch (8.–11. Jahrhundert)

Die schriftliche Fixierung der deutschen Sprache begann im 8. Jh. Damit trat im Frankenreich die geschriebene Volkssprache neben das Lateinische, die offizielle Sprache der Kirche und der Verwaltung. Der schriftliche Gebrauch des Deutschen wurde besonders von KARL DEM GROSSEN gefördert. Er ließ kirchliche Texte ins Deutsche übertragen und deutsche Predigten sammeln, um die neue Religion in der Volkssprache verbreiten zu können. Karls Biograph EINHART berichtet auch,

daß in seinem Auftrag heimische Heldenlieder gesammelt wurden und daß er die Absicht hatte, eine deutsche Grammatik schaffen zu lassen. Karls Sohn, LUDWIG DER FROMME, soll die altsächsische Helianddichtung angeregt haben, um den Sachsen die göttlichen Bücher in ihrer Volkssprache nahezubringen. Die "Evangelienharmonie" des OTFRID VON WEISSENBURG war LUDWIG DEM DEUTSCHEN gewidmet, in dessen Gebetbuch auch das "Muspilli" eingetragen war.

Aufzeichnungen in deutscher Sprache aus der Merowinger-, vor allem aber aus der Karolingerzeit treten uns in der Überlieferung vorwiegend als Übersetzungen aus dem Lateinischen und als eigene Dichtungen entgegen, die Mönche und Kleriker in Klöstern und geistlichen

Schreibstuben schufen. Diese schriftlichen Aufzeichnungen wurden nur in wenigen Schreibstuben getätigt: im Bairischen in den Bischofssitzen Regensburg (mit Kloster St. Emmeran), Freising, Salzburg und in den Klöstern Tegernsee, Monsee (Mondsee), im Alemannischen in den Klöstern St. Gallen, Reichenau, Murbach, im Ostfränkischen in den Bischofssitzen Würzburg und – später – Bamberg, im Rheinfränkischen im Bischofssitz Mainz und in den Klöstern Weißenburg, Lorsch, Fulda, im Mittelfränkischen in den Bischofssitzen Trier, Köln, Aachen und im Kloster Echternach. (S. Karten 5 u. 6.)

Jede dieser Schreibstuben hatte eine eigene sprachliche Norm, und die Mehrzahl der Schreiber brachte zusätzlich sprachliche Eigenheiten ein. Es ist daher auch kaum möglich, aus den in den einzelnen Schreibstuben aufgezeichneten Texten gültige Schlüsse auf die Ausdehnung der einzelnen Dialektgebiete zu ziehen. So liegt beispielsweise Fulda im rheinfränkischen Gebiet. Es wurde aber als ostfränkische Gründung angelegt. Deshalb schrieben die Fuldaer Mönche in ihrer ostfränkischen Mundart. Aber für den Schreibgebrauch wurde hier ein einheitlicher Schriftdialekt geschaffen, der nicht mit der örtlichen Mundart übereinstimmte. Die ersten Verse des in Fulda aufgezeichneten "Hildebrandliedes" verdeutlichen, daß auch Übungen zum Altsächsischen im Programm waren. Im Kloster Reichenau am Bodensee wurde zunächst in fränkischem, dann in alemannischem und schließlich ab 840 in ostfränkischem Dialekt geschrieben, und das in rein alemannischem Umfeld (vgl. HUGO MOSER 1969, 108). Die altniederdeutschen (altsächsischen) Literaturdenkmäler sind nicht bestimmten festen Zentren zuzuordnen.

Die von KARL DEM GROSSEN und seinen Nachfolgern veranlaßten Schriftdenkmäler in deutscher Sprache hatten zum größten Teil religiösen Inhalt und dienten in erster Linie der Missionierung. Die Sprache des karolingischen Hofes ist wahrscheinlich das Rheinfränkische gewesen, aber eine einheitliche Form als Schreibsprache dürfte es damals nicht gegeben haben (vgl. dazu BACH 1970, § 82). Fraglich ist auch, ob – wie bisher angenommen wurde – die Ausbreitung der aus altem $\bar{e}$ und $\bar{o}$ entstandenen ahd. Diphthonge *ie* und *uo* (got., as. *hêr* – ahd. *hiar*, *hier* 'hier'; as. *gôd* – ahd. *guot* 'gut'), der Übergang von *io* (germ. *eu*) > *ie* (ahd. *liob*, *lieb* 'lieb') und andere Neuerungen des Oberdeutschen tatsächlich dadurch zustandegekommen sind, daß vom Rheinfränkischen aus eine starke Beeinflussung erfolgte. Da die Diphthongierung bei deutschen Namensformen im Fränkischen seit 772, im Alemannischen seit 781, im Bairischen seit 793 bezeugt ist, ist schwerlich mit einer unmittelbaren Beeinflussung vom Rheinfränkischen her zu rechnen.

Das Althochdeutsche tritt uns in seinen handschriftlich überlieferten Aufzeichnungen als eine mundartlich differenzierte, in den mundartlichen Eigenheiten unterscheidbare, in den Schriftzeichen weithin sehr unterschiedliche Schreibsprache entgegen. Eine gewisse Einheit, die zur gemeinsamen Bezeichnung als althochdeutsch berechtigt, ist auch durch die hochdeutsche Verschiebung der germanischen stimmlosen Verschlußlaute *p, t, k* im Inlaut zwischen Vokalen und im Auslaut entstanden, die in allen Texten so geschrieben werden, daß ihr Charakter als Reibelaute bzw. Affrikaten erkennbar ist.

1.2.4. Wichtige sprachliche Neuerungen und Besonderheiten des Althochdeutschen

1.2.4.1. *Lautliches*

Die wohl einschneidendste, auch äußerlich am deutlichsten sichtbar werdende Veränderung dieses Zeitraumes auf lautlichem Gebiet ist die zweite oder (alt)hochdeutsche Lautverschiebung (s. u. 2.3.3.1.). Die in der ersten Lautverschiebung entstandenen germanischen stimmlosen Verschlußlaute *p, t, k* wurden je nach ihrer Stellung im Wort unterschiedlich verändert. Aber diese Veränderungen erfolgten nicht gleichartig in allen Teilen des deutschen Sprachgebietes. Weitgehend durchgeführt wurde die Lautverschiebung nur im Oberdeutschen, und zwar im Bairischen und im Alemannischen. In den fränkischen Mundarten gibt

Karte 5: Kirchliche Zentren als Stätten frühmittelalterlicher Literaturpflege

es wesentliche Unterschiede hinsichtlich ihres Anteils an den durch die Lautverschiebung bedingten sprachlichen Veränderungen. Das Altniederdeutsche (Altsächsische) hat an der Lautverschiebung nicht teilgenommen. Je weiter die Lautverschiebung nach Norden vordrang, desto mehr klang sie ab. Im Ergebnis dieser Entwicklung entstand eine deutlich erkennbare Trennung in ein hochdeutsches (oberdeutsches und mitteldeutsches) Gebiet, in dem die Veränderungen weitgehend (oberdeutsch) oder teilweise (mitteldeutsch) eingetreten sind, und in ein niederdeutsches Gebiet, in dem sie sich nicht durchgesetzt haben. Dadurch gilt diese Lautveränderung heute zugleich auch als eine der wesentlichsten Grundlagen für die Einteilung der Dialekte innerhalb des deutschen Sprachraumes:

Oberdeutsch   Mitteldeutsch
  Bairisch   Mitteldeutsches
                       Fränkisch
  Alemannisch   – Mittelfränkisch
  Oberdeutsches   (Ripuarisch,
  Fränkisch   Moselfränkisch)
  – Südfränkisch   – Rheinfränkisch
  – Ostfränkisch   Thüringisch
                       (+ später Ober-
                       sächsisch, Schle-
                       sisch)
     Niederdeutsch
     Niedersächsisch
     Niederfränkisch (später Nieder-
     ländisch)

Jeder Versuch, komplizierte, sich in Entwicklung befindliche Verhältnisse vereinfacht, schematisiert darzustellen, enthält Problemhaftes. Dies gilt auch für die obige Einteilung. So gehört das Niederfränkische heute nicht mehr, das Obersächsische und das Schlesische gehörten in ahd. Zeit noch nicht zum deutschen Sprachgebiet. Das oben nicht genannte Langobardische, das auch an der hochdeutschen Lautverschiebung teilgenommen hat, liegt außerhalb des eigentlichen althochdeutschen Sprachraumes; hier sind – wie bei einigen ostgermanischen Sprachen – Vorgänge dieser Lautverschiebung bereits vor denen des althochdeutschen Sprachraumes erfolgt. (Vgl. BACH 1970, § 59.)

Problematisch ist auch die Kennzeichnung dieser grundlegenden Lautveränderung als zweite oder hochdeutsche oder gar althochdeutsche Lautverschiebung, weil hier wenig mit der germanischen Lautverschiebung real Vergleichbares vor sich gegangen ist; die formale Gleichheit lediglich der Ausgangslaute *p*, *t*, *k* ist ein schwaches Argument. Problematisch ist dies außerdem, weil die komplementär herangezogenen Lautveränderungen der germanischen stimmhaften Reibelaute *ƀ*, *đ*, *g* sich räumlich und zeitlich nicht vergleichbar in das Gesamtbild einordnen lassen (anders SZULC 1987, 2.2.2.4.).

Die Grenzlinie zwischen dem Hochdeutschen und dem Niederdeutschen, die *ik/ich-* bzw. *maken/machen-*Linie, gleicht wegen der ungleichmäßigen Ausbreitung der wichtigsten sprachlichen Neuerungen eher einem Linienbündel als einer Linie, und sie hat sich im Verlauf der Jahrhunderte wiederholt verschoben. Heute beginnt sie westlich von Krefeld, überschreitet bei Ürdingen den Rhein und verläuft dann weiter Richtung Wupper – Rothaargebirge – Vereinigung von Fulda und Werra zur Weser – Eichsfeld – Oberharz – Saalemündung – Mündung der Schwarzen Elster – Nordrand des Spreewaldes.

Ausgangspunkt und Entstehungsursache der (alt)hochdeutschen Lautverschiebung sind trotz langer Diskussionen nach wie vor ungeklärt. Umstritten ist auch noch der Zeitpunkt des Beginns der hochdeutschen Lautverschiebung, weil die Datierung große Schwierigkeiten bereitet. Als Beginn der (alt)hochdeutschen Lautverschiebung gilt heute allgemein das 6. Jh.

Die germanischen stimmhaften Reibelaute *ƀ*, *đ*, *g* werden vom 8. Jh. an in unterschiedlicher Abfolge zu den stimmhaften Verschlußlauten *b*, *d*, *g*, die im Oberdeutschen zu *p*, *t*, *k* weiterentwickelt werden. Vom 8. Jh. an wird auch das germanische *th* (*þ*) im gesamten deutschen Sprachgebiet schrittweise zu *d* verändert: *ther* > *der*, *dieser*.

Vereinfachungen traten im Althochdeutschen im Wortanlaut ein, indem germ.-frahd. *hl-*, *hn-*, *hr-*, *hw-* zu *l-*, *n-*, *r-*, *w-* verändert wurden: germ. *hlût* > ahd. *lût* 'laut', germ. *hnîgan* > ahd. *nîgan* 'neigen', germ.-ahd. *hring* > ahd. *ring* 'Ring', frahd. *hwispalôn* > *wispalôn* 'wispeln'.

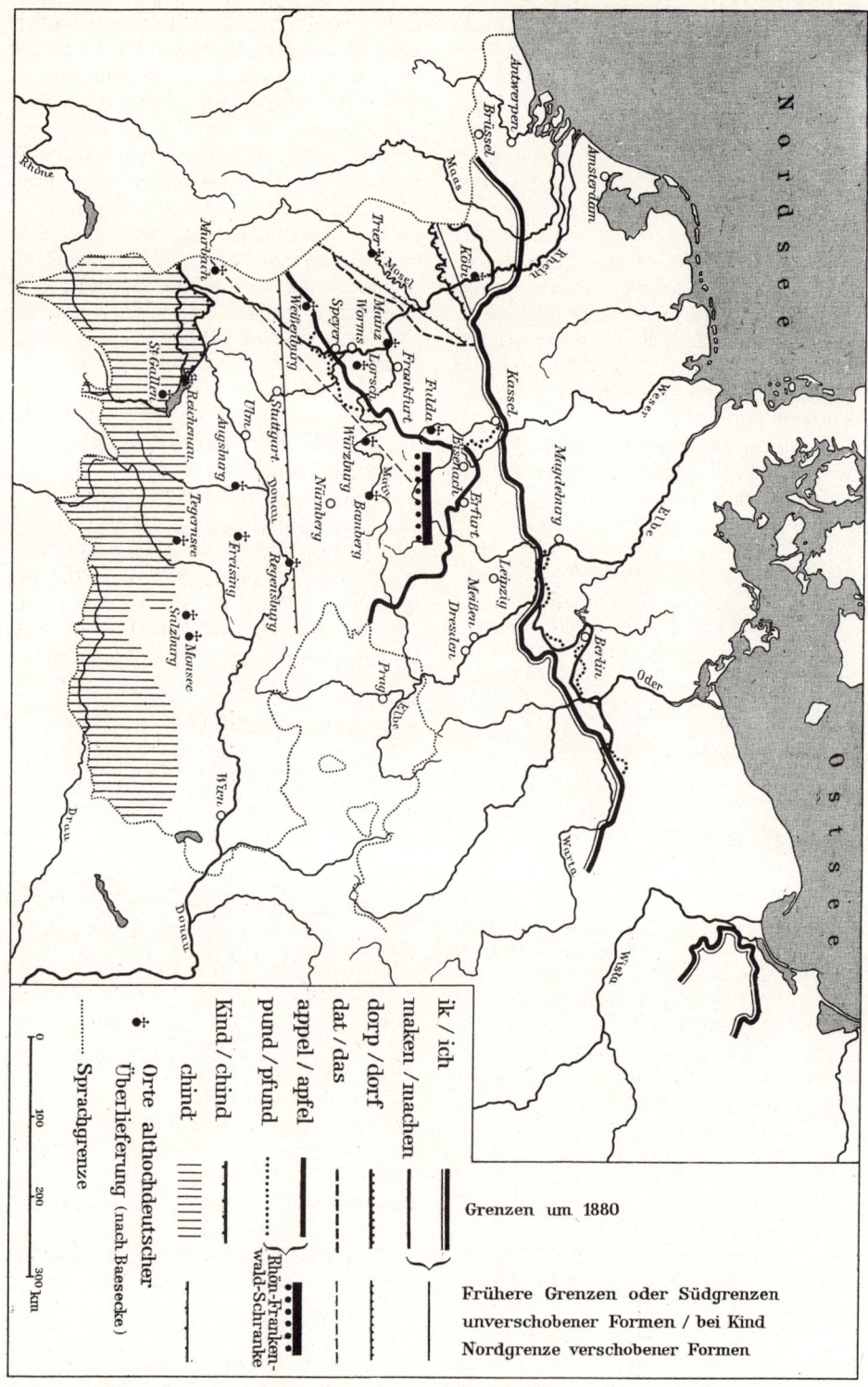

Karte 6: Lautverschiebungsstufen (Aufnahme um 1880)

Stark ausgeprägt ist – als Nachwirkung germanischer Verhältnisse – in althochdeutscher Zeit auch der grammatische Wechsel *f/b*, *d/t*, *h/g*, *h/ng*, *h/w*, *s/r*: *heffen/gihaban* 'heben/gehoben', *snîdan/gisnitan* 'schneiden/geschnitten', *ziohan/gizogan* 'ziehen/gezogen', *fahan/gifangan* 'fangen/gefangen', *lîhan/giliwan* 'leihen/geliehen', *kiosan/gikoran* 'wählen, kiesen/gewählt, gekoren'.

Auch im Vokalismus gibt es zahlreiche Neuerungen, von denen hier nur die wesentlichsten und allgemeingültigen genannt werden können. Diese Einschränkung ist deswegen erforderlich, weil das althochdeutsche Lautsystem von Anfang bis Ende dieses Zeitraumes in ständiger Veränderung begriffen war, zum Teil mit komplizierten Erscheinungen in einzelnen Dialekten, und weil es trotz zahlreicher schriftlicher Denkmäler nicht vollständig und allseitig aussagekräftig genug aufgezeichnet ist.

Eine wesentliche Veränderung gegenüber dem Germanischen ist der sogenannte *i*-Umlaut. Unter dem Einfluß eines *i*, *î* oder *j* der folgenden Silbe wird germ. *a* zu ahd. *ę*. Vor *ht*, *hs* und Konsonantenverbindungen mit *w* trat dieser Wandel in der ersten Phase nicht ein.

Beispiele:

ahd. *gast* (Sg.)	– *gęsti* (Pl.)
ahd. *lamb* (Sg.)	– *lęmbir* (Pl.)
ahd. *lang* (Pos.)	– *lęngiro* (Komp.)

aber: ahd. *nahti* 'Nächte', *mahtig* 'mächtig', *wahsit* 'er wächst', *garwit* 'er bereitet'

Über Entstehung und Ausbreitung des *i*-Umlautes gibt es heute noch keine endgültige Klarheit. Dieser Lautwandel, den das Deutsche mit dem Nordgerm. und dem Altenglischen gemeinsam hat, ist im Nordischen etwa zwischen 650 und 850 eingetreten; im Deutschen wird er schon um die Mitte des 8. Jh. in der Schreibung sichtbar, im 9. Jh. hat er auf althochdeutschem Gebiet allgemeine Gültigkeit erreicht. Im Bairischen und im Alemannischen hat er sich aber nicht generell durchgesetzt.

Der Umlaut *a* > *ę* bei *i*, *î*, *j* der Folgesilbe, der als Primärumlaut bezeichnet wird, ist vom 8. Jh. an nachzuweisen. Der sogenannte Sekundärumlaut kommt ab

1000 in schriftlichen Quellen vor. Damit wird sowohl der Wandel von zunächst nicht umgelautetem *a* als auch der von *o* > *ö*, *u* > *ü*, *â* > *æ*, *ô* > *œ*, *û* > *iu* und *ou* > *öu*, *uo* > *üe* vollzogen: *mahtig* > *mæhtig* 'mächtig', *oli* > *öl*, *mâri* > *mære* 'berühmt', *kussjan* > *kussen* > *küssen*, *bôsi* > *bœse*, *lûten* > *liuten* 'läuten', *loufit* > *löuft* 'er läuft', *guoti* > *güete*.

Die Diphthongierung von germ. *ê* > ahd. *ea*, *ia* > *ie* und von germ. *ô* > ahd. *uo* breitet sich im 8./9. Jh. vom Rheinfränkischen nach Süden aus. Im Altsächsischen bleiben die alten Längen meist erhalten.

Beispiele:

got. *hêr* – as. *hêr* – ahd. *hiar*, *hier* 'hier'
got. *fôtus* – as. *fôt* – ahd. *fuoz* 'Fuß'

Die Monophthongierung von germ. *ai* > *ê* ist bereits im 7. Jh. nachweisbar. Da sie im Altsächsischen generell eingetreten ist, im Fränkischen, Alemannischen und Bairischen dagegen nur in der Stellung vor germ. *h*, *w*, *r*, hat sie sich wohl vom Norden her über das deutsche Sprachgebiet ausgebreitet.

Beispiele

got. *air* – as., ahd. *êr* 'eher, früher'
got. *maiza* – as., ahd. *mêro* 'mehr'
got. *aiweins* – as. *êwig*, ahd. *êwîn*, *êwig* 'ewig'
aber: got. *stains* – as. *stên* – ahd. *stein* 'Fels, Stein';
got. *hails* – as. *hêl* – ahd. *heil* 'gesund'

Die Monophthongierung von germ. *au* > *ô* ist ab Mitte 8. Jh. nachweisbar. Da sie im Altsächsischen generell eingetreten ist, im Althochdeutschen nur vor Dentalen (*d*, *t*, *s*, *z*, *n*, *r*, *l*), vor germ. *h* und im Auslaut, sonst blieb hier das *au* erhalten, hat auch sie sich wohl vom Norden her über das deutsche Sprachgebiet ausgebreitet.

Beispiele

got. *dauþus* – as. *dôð* – ahd. *tôd* 'das Sterben'
laus – as., ahd. *lôs* 'befreit'
got. *haubiþ* – as. *hobid* – ahd. *houbit* 'Haupt'
got. *augô* – as. *ôga* – ahd. *ouga* 'Auge'

1.2.4.2. *Formenbestand*

Auch im Formenbestand gab es zahlreiche Neuerungen. Hier ist vor allem die Entstehung des Artikels zu nennen. Das

Demonstrativum ahd. *dër, diu, daz* wird im Althochdeutschen auch als bestimmter Artikel und als Relativpronomen gebraucht; in seiner demonstrativen Funktion wurde es durch die erweiterte Nebenform *dëse, dëser – dësiu, disiu – diz* ersetzt. Der unbestimmte Artikel entstand aus dem Numerale *ein*. Der Gebrauch des Artikels nimmt in althochdeutscher Zeit immer mehr zu, aber oft fehlt er auch noch. Aus dem Substantiv *man*, das als Substantiv weiterexistiert, wird ein Indefinitpronomen *man* entwickelt, das meist die Grundbedeutung 'Mensch, Mann' noch erkennen läßt; vereinzelt ist aber auch das Pronomen schon in seiner heutigen Verwendung nachweisbar, vgl. im "Hildebrandlied" *dâr man mih eo scerita* 'wo man mich immer einordnete'. Dies hängt auch mit der generellen Zunahme der Setzung eines pronominalen Subjekts zusammen, vgl. im "Tatian" *thaz siu bâri. inti gibar ira sun . . .* 'daß sie gebären sollte. Und (sie) gebar ihren Sohn . . .'

Neben die analytischen Umschreibungen des Perfekts und des Plusquamperfekts mit *haben* und *sein* und des Passivs mit *sein* oder *werden* tritt nun auch die Umschreibung des Futurs, zunächst vor allem mit *sollen* (*ih scal lësan* 'ich werde lesen'), zum Teil auch mit *wollen* und *müssen*, noch nicht mit *werden*. (Vgl. MOSKALSKAJA 1985, §§43, 102.)

In all dem zeigt sich eine Verstärkung der bereits im Germanischen erkennbaren Tendenz zum analytischen Sprachbau. Dies ist zugleich verbunden mit dem langsamen Abbau des vielfältigen synthetischen Formenbaus im Germanischen. So sterben die alten Endungen *-mês* der 1.P. Pl. Präs. Ind. ab und werden seit dem 9. Jh. durch die entsprechenden Formen des Konjunktivs ersetzt: *habêmês > habên* 'wir haben', *ziohemês > ziohên* 'wir ziehen' (vgl. PENZL 1986, § 41). Im Numerussystem wird der alte Dual aufgegeben; OTFRID verwendet ihn noch in der 1.P., gestützt durch *zwei: unker zweio*.

In der Deklination der Substantive wird bis zum 10. Jh. der Instrumental aufgegeben; er wird durch präpositionale Fügungen mit *durch, mit, von* ersetzt, vgl. das Nebeneinander im "Hildebrandlied": *spenis mih mit dînêm wortun, wili mih dînu speru werpan* 'du lockst mich mit deinen

Worten, willst mich mit deinem Speer werfen'. Eine weitere Vereinfachung wird innerhalb der Deklination dadurch erreicht, daß Nominativ und Akkusativ in ihren Deklinationsformen zusammenfallen, vgl. got. Sg. Nom. *dags*, Akk. *dag*, Pl. Nom. *dagôs*, Akk. *dagans* – ahd. Sg. Nom./Akk. *tag*, Pl. Nom./Akk. *taga* 'Tag'. (Vgl. KIENLE 1969, § 143.)

1.2.4.3. *Wortbildung und Wortschatz*

In der Wortbildung werden im Althochdeutschen die seit alters gebräuchlichen Bildungsweisen Komposition, Präfigierung und Suffigierung fortgeführt und weiterentwickelt.

Innerhalb der Komposita stehen solche ohne Fugenvokal:
vgl. schon im HL *gûđhamo* 'Kampfhemd, Rüstung', *chunincrîche* 'Königreich', *cheisuringa* 'Kaiserringe', *irmindeot* 'Volk', dazu ahd. *gasthûs* 'Herberge', *strîtspil* 'Wettrennen', *wazzerfart* 'Wasserlauf', *figboum* 'Feigenbaum'
neben solchen mit Fugenlaut:
tag-e-lôn 'Tagelohn', *tag-a-stërn/tag-o-stërno/tag-a-stërno* 'Morgenstern', *weg-e-fart* 'Reise', *spil-o-man* 'Spielmann' – *tages-lieht* 'Tageslicht', *wint-es-brût* 'Windsbraut' – *ougenlieht* 'Augenlicht', *sunnûnlioht* Sonnenlicht', *sunnûntag* 'Sonntag', *sternenfart* 'Lauf der Sterne', *lenzinmânôth* 'März'.

Die – weithin bis heute andauernden – Verhältnisse verdeutlichen OTFRID, bei dem *tagostërno* und *tagozît* neben *tageszît* stehen, und NOTKER, der neben *tagarôd* 'Morgenröte' und *tagostërno* auch *tageslieht* und *tagesstërno* verwendet. Im allgemeinen Sprachgebrauch stehen altes *brûtigomo* 'Bräutigam' und *brûtesang* 'Hochzeitslied' neben *brûtlouft* 'Hochzeit' und *brûtsamana* 'Kirche', nachweisbar wiederum vor allem bei NOTKER. (Beispiele nach SCHÜTZEICHEL 1989.)

Durch Präfigierungen wird eine Vielzahl von Bedeutungsnuancen vor allem bei häufig verwendeten Verben ermöglicht. So sind zum polysemen Verb *faran*, das 'fahren, (vorbei)gehen, (sich) begeben, weggehen, reisen, einherziehen, (umher)ziehen, laufen, fliegen, treiben, sich bewegen, weiterschreiten, fließen; daherfahren, hervorgehen; auffahren; weichen;

gelangen, dringen; ergehen, verlaufen, geschehen, zugehen; (vor)kommen, sich verhalten; handeln; vergehen, entschwinden; ausgehen (von)' bedeutet, 30 Präfixbildungen unterschiedlichster Ausprägung vorhanden: von *ab-* 'weggehen, entschwinden', *ana-* 'angreifen', *thana-* 'von dannen fahren, fortziehen' über *gi-* 'wandeln, geschehen', *hara-* 'herabsteigen' bis *widar-* 'entgegenfahren, zurückkehren; weggehen', *zi-* 'zergehen, vergehen, zugrundegehen' und *zuofaran* 'herzufahren'. Auch hier ist wieder typisch, daß 27 dieser 30 Bildungen von NOTKER genutzt werden und davon wiederum 11 nur bei ihm allein belegt sind. Dabei gehört ein Teil dieser Bildungen nach den heutigen Zuordnungskriterien der Lexikologie zu den Verbalzusammensetzungen, aber in althochdeutscher Zeit sind die Bedeutungsbeziehungen zwischen Erst- und Zweitkonstituenten so eng und der Unterschied zwischen verbaler Präfigierung und verbaler Komposition mit Adverb in voller oder reduzierter Funktion + Verb ist oftmals so gering, daß eine Unterscheidung kaum sinnvoll ist.

Auch bei Substantiven und bei Adjektiven wächst in ahd. Zeit die Zahl der Präfixbildungen erheblich an. Der Bogen spannt sich – unter Aussparung der Bildungen auf *ant-* – von *gebaheda* 'warmer Umschlag' (als frühe Kombination von Präfigierung und Suffigierung), *erbarmherzi/irbarmherzeda* 'Erbarmen', *gabarmida/irbarmida* 'Barmherzigkeit' und *kapeinna/gibeina* 'Gebein' bis *gezumft* 'Übereinkuft, Vertrag, Bund', *gezwâhte* 'Schar' und *gezwinele* 'Zwillinge' und von *gibâri* 'sich verhaltend' bis *gezungel* 'redselig'.

Die Präfixbildung ist bei den Verben am stärksten ausgeprägt. Die am häufigsten verwendeten Präfixe sind hier *bi-, er-/ar-/ir-/ur-, fir-/far-/fer-, ga-/gi-/ge-, int-* und *missi-*.

Weitaus größere Veränderungen als bei Komposition und Präfigierung gibt es bei der Suffigierung. Hier wurde eine Um- und Neugestaltung des ererbten Systems erreicht. Die alten Suffixe *-unga, -nissi, -ôt(i), -î, -idi/-ida* und *-t* wurden fortan zur Bildung von Abstrakta genutzt, vor allem für die Vielzahl der religiösen, ethisch-moralischen und philosophischen Begriffsbezeichnungen: *reisunga/rehhe-*

nunga 'Ordnung', *widermezzunga* 'Vergleich, Gleichnis', *finstarnessi* 'Finsternis' – *gihaltnissa* 'Erlösung', *waltesôd* 'Herrschaft' – *lîhhisôd* 'Heuchelei, Dünkel', *strîtisôd* 'Auseinandersetzung', *suftôd* 'Seufzen, Seufzer', *hwassî* 'Scharfsinn' – *ferflohtinî* 'Verstrickung', *hertida* 'Härte, Festigung' – *pihaltida* 'Beachtung'.

Bei den Adjektiven wurden die alten Suffixe *-isc* und *-ig/-ag* für viele Neubildungen verwendet: *himilisc* 'himmlisch, göttlich', *judeisc* 'jüdisch', *heimisg* 'heimatlich' – *antlâzig* 'gnädig' zu *antlâz* 'Vergebung', *antsâzig* 'furchterregend, ehrfurchtgebietend, verehrungswürdig', *ôdmuotîg* 'demütig' zu *ôdmuotî* 'Demut'.

Eine bedeutsame Bereicherung der Wortbildungsmöglichkeiten kam dadurch zustande, daß ursprünglich selbständige Wörter zu Suffixen wurden. Bei den Substantiven sind dies vor allem *heit, scaf(t)* und *tuom*, die in ahd. Zeit zugleich auch noch als selbständige Wörter verwendet wurden: *heit* 'Person, Persönlichkeit, Gestalt' – *scaf* 'Beschaffenheit, Ordnung, Plan'/*scaft* 'Schöpfung'/*giscaf(t)* 'Schöpfung, Erschaffung, Geschaffenes, Geschöpf; Beschaffenheit, Zustand, Gestalt, Form, Wesen' – *tuom* 'Urteil, Gericht; Recht, Gerechtigkeit; Macht, Herrschaft; Fähigkeit, Tat, Ruhm; Ansehen', dazu Bildungen, bei denen die ursprüngliche Bedeutung noch stark anklingt: *cindheit* 'Kindheit' – *fiantscaf(t)* 'Feindschaft, Zwietracht, Kampf', – *wîstuom* 'Weisheit, Einsicht, Erkenntnis; Wissenschaft, Kenntnis'.

Bei den Adjektiven vollzieht sich Ähnliches. Hier treten neben die alten Bildungen auf *-îg/-ig/-ag/-eg, -isc* und *-i* wie *einîg* 'einzig'/*burtig* 'gebürtig', *einougi* 'einäugig', *einmuoti/einmuotig* 'einmütig', *frônisch* neben *frôno* 'herrlich, auch: heilig' und die auf *-în* gebildeten Stoffadjektive *guldîn, hârîn* 'hären', *holzîn* 'hölzern', *marmorîn* mit *bâr(i), haft, sam(a)* und *lîh* zwei ursprüngliche Partizipien, ein Adverb und ein Substantiv nach ihren engen Beziehungen zu anderen Wortarten in die Funktion von Suffixen über: *bâri* (zu *beran* 'tragen', bei OTFRID *gibari* 'sich verhaltend, geartet'): *egebâre* 'furchtbar, Schrecken erregend; Ehrfurcht gebietend', *offenbâr* 'geoffenbart' [aber noch *wunderhaft/wuntarlîhe* 'wunderbar'] – *haft* Adj.

'gehalten, gebunden, gefangen': *êrhaft* '(ehr)würdig, barmherzig', *êrhafte* 'ehrenvoll, angesehen, ehrwürdig; ehrfürchtig', *sigihaft* 'siegreich' – *sam(a)/samo* Adv. 'ebenso, auf gleiche Weise': *arbeitsam* 'mühsam, beschwerlich, elend'/*arbeitsamo* Adv. 'leidbringend', *fridusam* 'friedfertig, friedlich', *galîhsam* 'ähnlich; heuchlerisch', *lobosam* 'lobenswert, lobwürdig' – *lîh* 'Fleisch, Leib, Körper; Leichnam; Gestalt': *guotlîh* 'herrlich, ehrenvoll, ruhmreich', *frôlîh* 'fröhlich, heiter, erfreut', *mannilîh* Indefinitpronomen 'jeder, jeder Mensch'.

Oftmals wurde beim Nebeneinander von -*îg* und -*lîh* eine beachtliche Bedeutungsdifferenzierung erreicht: *forhtîg* 'ängstlich, furchtsam, gottesfürchtig' – *forhtlîh* 'furchterregend, schrecklich; ängstlich ' – Adv. *forahtlîhho* 'ängstlich; sorgsam, ehrfürchtig'.

Auch andere Zweitkonstituenten sind bereits auf dem Wege zu Suffixen, so etwa *lôs*, als Adjektiv 'zuchtlos, böse; charakterlos; schmählich; beraubt', vgl. *ruahchalôs* 'nachlässig' zu *ruohha* 'Sorge, Fürsorge, Sorgfalt', *brôtelôs* 'hungrig', *erbelôs* 'ohne Erben', *aerlôs* 'gottlos', *faterlôs* 'vaterlos', *houbetlôs* 'führerlos', und *muati* (als Adjektiv *gimuati* 'zu Herzen gehend, am Herzen liegend, angenehm, wohlgefällig; lieb(evoll), gütig, freundlich; tauglich gut, vortrefflich, glücklich') in *einmuoti* 'einmütig', *fastmuati* 'beharrlich, ausdauernd' (neben *heizmuoti* 'Zorn, Grimm'), *hôhmuote* 'hochmütig'/neben *hôhmuotîg* (dazu *hôhmuotî* 'Hochmut'), *lutzilmuoti* 'kleinmütig' gegen *nidermuotig/ôdmuotîg* 'demütig' und bei NOTKER *lintmuotig* 'sanftmütig', *langmuotig* 'langmütig'.

Eine auffällige Veränderung innerhalb der Wortbildung ist die Verdrängung der alten Bildung von Nomina agentis mit Hilfe des germ. Suffixes -*(j)an* durch das Lehnsuffix -*âri* < lat. -*arius*. Reste der alten Bildungsweise sind erhalten in Wörtern wie *Bote* < *boto*, *Erbe* < *erbo*, *Scherge* < *scerio*, *Schütze* < *scutzo*, *Ferge* 'Fährmann' < *fergo*; *spano* 'Verführer', *sprehho* 'Gesetzgeber, Sprecher'. Die Verdrängung wurde durch Lehnwörter wie *scuolare* 'Schüler, Jünger', *grammatihhare* 'Grammatiker', *munizâri* 'Geldmakler, -wechsler', aber auch durch Bildungen zunächst

vor allem im kirchlichen Bereich wie *predigâre* 'Prediger, Verkünder, Lehrer', *irlosâre* 'Befreier', dann aber auch auf weltlichem Gebiet wie *lêrâre* 'Lehrer', *gougulâri* 'Gaukler, Zauberer', *folgâre* 'Begleiter, Anhänger (neben *folgenko* 'Anhänger'), *fiscâri* 'Fischer', *fehtâre* 'Faustkämpfer' und in rechtlichem, moralischem und anderem Gebrauch wie *meldâri/leidâre* 'Ankläger, Verräter, Denunziant', *luginâri* 'Lügner', *hleitar* 'Leiter' (neben *leittâri* 'Anführer'), *lantrehtare* 'Herr des Landes', *slindâre* 'Verschlinger, Fresser', *trinkari* 'Trinker, Säufer', *triugâri* 'Heuchler' begünstigt. Mehrfach existierten für längere Zeit Konkurrenzen mit Bezeichnungsgleichheit oder -nuancierung nebeneinander: *warto* 'Wächter' – *wartâri* 'Wärter', *scrîbâri* '(Schrift-)Gelehrter' – *scrîbo* 'Schreiber, Verfasser' (dazu *scrîba* 'Schreiberin'). Oftmals werden in ahd. Zeit auch nur die alten Formen verwendet: *kebo* 'Geber, Spender'. Sicher werden Personenbezeichnungen wie *Vater*, *Schwester*, *Bruder*, *fetero* 'Onkel', *Kaiser* und männliche Eigennamen wie *Gunter*, *Werner* und Bildungen wie die von NOTKER verwendeten *hîmahhare* 'Ehestifter', *mahhâre* 'Urheber, Stifter', *hindirscranchâre* 'Betrüger' diesen Prozeß beeinflußt haben.

Bei besonders häufig vorkommenden Wörtern gab es längere Zeit mehrere Varianten, und nicht immer setzte sich -*er* durch: *scepfant/sceffanto/scepfo/scepphio/scepher/scaffara/scepfor/scepferi* 'Schöpfer' – *heilant/heilanto/heilâri* 'Heiland, Erlöser', letzteres auch 'Arzt' – *helfant/helfâri/gihelfo* 'Helfer', letzteres auch 'Gehilfe'.

Die neue Verwendungsweise der deutschen Sprache, ihre schriftlich fixierte Form, hatte großen Einfluß auf ihre weitere Entwicklung. Da die Mehrzahl der schriftlichen Aufzeichnungen Übersetzungen aus dem Lateinischen waren, ist eine deutlich erkennbare Beeinflussung festzustellen, so etwa zwischen dem lateinischen Bibeltext und der deutschen Übersetzung aus Fulda:

Factum est autem in diebus illis
Uuard thô gitân in thên tagun
exiit edictum a Caesare Augusto
framquam gibot von demo aluualten keisure

Trotz des Bemühens um vielseitige Nutzung der muttersprachlichen Möglichkeiten mit Hilfe eigenständiger Wortbildungsmittel gab es doch erhebliche Schwierigkeiten besonders bei theologischen, ethischen und philosophischen Begriffen, ein passendes Äquivalent zu finden. Deshalb mußten die Übersetzer und die Textbearbeiter geeignete Neuschöpfungen entwickeln. Dies geschah häufig dadurch, daß fremde Wörter mit Hilfe heimischer Sprachstämme wörtlich übersetzt wurden: lat. *monachus* > ahd. *einsidelo*, lat. *communio* > ahd. *gimeinida* 'Gemeinschaft', lat. *conscientia* > ahd. *giwizzeni* 'Gewissen' (dazu auch *giwizida* 'Wissen, Kenntnis; Einsicht, Bewußtsein; Gewissen'), lat. *miseri-cors* > ahd. *armherz* (unter Anlehnung an ahd. *ir-barmen* 'erbarmen' wurde daraus *barmherzig*), *con-fessio* > ahd. *bî-giht*, *bî-jiht* 'Lobpreis, Gelöbnis, Bekenntnis', nhd. *Beichte*, lat. *com-pater* > ahd. *gi-vatero* 'Gevatter'.

Am Ende des althochdeutschen Zeitraumes schuf der St. Galler Mönch NOTKER der Deutsche eine eigene deutschsprachige philosophische Terminologie, von der aber nichts erhalten geblieben ist: *fore(ge)wizeda* 'Voraus-, Vorherwissen', *furedâht* 'Voraussicht', *gagannemmesta/gagansiht* 'Beziehung', *gagansihtigo* 'in Form einer Beziehung', *hafta* 'Verbindung, Verknüpfung', *hogezunga* 'Sinnen, Gedanke', *houbethafti* 'Hauptgrund, Ursprung', *kehugida* 'Gedächtnis, Erinnerung', *irhugida* 'Gedenken, Erinnerung', *gejiht* 'Aussage; Bejahung; Prämisse', *bechenneda* 'Erkenntnis, Einsicht; Begriff; Kennzeichen', *bechnâda* 'Erkenntnis', *gelîhhi* 'Gleichheit, Ähnlichkeit; Anschein; Abbild', *lougen* 'Verneinung, Negation', *mahhunga* 'Ursache, Grund; Prinzip; Wirkung', *mahhunga bildônnes* 'Vorstellungskraft', *meinunga* 'Beweggrund, Ursache', *pemeinunga* 'Vordersatz (eines Syllogismus)', *muotpildunga* 'Schöpfung des Verstandes', *nâhsprechunga* 'Schlußfolgerung', *nôtfolgunga* 'notwendige Folge', *nôtmahhunga* 'notwendige Ursache', *notmez/knôtmez/gnôtmezunga* 'Begriffsbestimmung' – *forebilde* 'sinnbildlich', *gehaft* 'in der Sache selbst liegend', *gehelle* 'harmonisch, übereinstimmend; logisch folgend', *irresam* 'unklar, ohne Ordnung', *chleindahtig* 'scharfsinnig', *chleinchôsig*

'scharfsinnig argumentierend', *gelirnig* 'erkenntnisfähig' – *anahaften* 'in der Sache selbst liegen, innewohnen', *gehellan* 'im Einklang stehen, übereinstimmen', *missihellan* 'im Widerspruch stehen, verschieden sein, nicht übereinstimmen', *zuomugen* 'etwas begreifen können', *irmezzen* 'erfassen', *nôtmezôn* 'definieren, festsetzen'.

Der Schritt in eine neue Zeit war auch verbunden mit vielfältigen Veränderungen der Wortbedeutungen. So bezeichnete germ. *þinga* die Volksversammlung aller Freien, die über Krieg und Frieden entscheidet, den Heerführer oder König wählt und in der Recht gesprochen wird; ahd. *thing* bedeutet in erweiterter Bedeutung schon 'Gericht, Gerichtstag; Gerichtsverhandlung; Sachverhalt, Streitsache, Rechtssache; Versammlung, Beratung, Zusammentreffen; Ding, Sache, Gegenstand, Angelegenheit; Wesen; Verhältnis, Lage, Stellung; Grund, Ursache; Art und Weise; Wichtigkeit'; heute stimmt *Ding* in ganz verallgemeinerter Verwendung mit *Sache* überein; in *gedungen(er Mörder)*, *dingfest* und *dinglich* klingen Reste der alten Bedeutung nach. Ähnlich ist die Entwicklung bei *Sache* verlaufen; ahd. *sahha* 'Sache, Ding; Besitz, Zustand, Lage; Ursache, Grund; Begründung; Anklagegrund, Schuld' bezeichnete schon mehr, als germanisch 'Rechtsangelegenheit, Rechtsstreit vor Gericht' umfaßt. Im 9. Jh. kommt das Wort *marah-scalc* auf; damit wird der Pferdeknecht bezeichnet; über die spätere soziale Aufwertung als Aufseher über das fürstliche Gesinde bei Reisen und Heerzügen erreichte es im militärischen *Marschall* schließlich seine höchste Wertstufe.

Die Bereicherung des Wortschatzes durch eigenständige Bedeutungsveränderungen und durch Lehnübersetzungen wurde begleitet vom Bedeutungs- und Bezeichnungswandel alter deutscher Wörter durch Einfluß vom Lateinischen her. So bezeichnete ahd. *hella* zunächst das Verbergende, Verborgene – wie heute noch in Flurnamen – und auch den unterirdischen Aufenthaltsort der Toten; unter dem Einfluß von lat. *infernum* 'Unterwelt, Hölle' wurde die Bedeutung 'Stätte der Verdammnis, Ort für die nach dem Tod verdammten Seelen' entwickelt. Ahd. *(h)riu-*

wa bedeutete zunächst 'Leid, Trauer, Schmerz, Unglück, Klage'; unter dem Einfluß von lat. *contritio* 'Zerknirschung, Reue' erhielt es eine neue Bedeutung. Ahd. *buoza* bedeutete ursprünglich 'Besserung, Strafe' und veränderte unter dem Einfluß von lat. *satisfactio*, das selbst zunächst 'Genugtuung, Rechtfertigung' bedeutete und erst mlat. christlich im Sinne von Buße verwendet wurde, seine Hauptbedeutung; *Lückenbüßer* (16. Jh.) und *Bußgeld* bewahren noch Reste der ursprünglichen Bedeutung; ahd. *buozwirdig* bedeutete nur 'strafwürdig'; mhd. *buozwertec* 'der Besserung würdig, bedürftig; straffällig' hatte neben sich *buoz* 'Besserung, Abhilfe' und *buoze* 'Buße (geistlich und rechtlich)'. (Vgl. BACH 1970, § 74.)

Auch im Wortbestand vollzogen sich, bedingt durch die tiefgreifenden Wandlungen in allen Lebensbereichen, in althochdeutscher Zeit vielfältige Veränderungen. So verschwanden im Verlauf dieses Zeitraumes heidnische Wörter wie *alah* 'Tempel', *wîh* 'Heiligtum, Hain, Tempel' (*wîh* lebte noch lange in christlicher Umprägung in der Bedeutung 'heilig', substantiviert als 'Heiliger, Christus' fort, vgl. aber heute noch *Weihnachten* aus mhd. *ze den wîhen nahten*, eigentlich 'in den heiligen Nächten', das Substantiv *Weihe* und das Verb *weihen*), *zebar* 'Opfer(tier)' (als Bestandteil in *Ungeziefer*, s. o.), *bluostar* 'Opfer; Opferung, Spende', *bigalan* 'besprechen, beschwören' (so in den "Merseburger Zaubersprüchen"), dazu *itis* 'Frau' (verdrängt durch *frouwa* 'Frau, Herrin', die weibliche Form von *frô* 'Mann', vgl. *Frondienst, Fronfeste, Fronzins, Fronleichnam*, das selbst durch *Herr* ahd. *hêriro/ hêrôro/hêr(r)o* 'Herr, Herrscher, der Ältere' als substantivierter Komparativ zu ahd. *hêr* 'alt, ehrwürdig, von hohem Rang' verdrängt wird); *êwart(o)* '(Hoher) Priester' hatte zunächst neben sich *êwarttuom* 'Priestertum, -amt'; schon im Ahd. treten konkurrierend *priast* (9. Jh.) und *priestar* (um 900) (entlehnt aus galloroman. *prêstre*, das auf kirchenlat. *presbyter* beruht) zur Seite. (Vgl. auch TSCHIRCH 1983, § 18.)

Schon aus diesen wenigen ausgewählten Beispielen wird deutlich, daß in ahd. Zeit der Wortschatz viele Möglichkeiten

zum schöpferischen Umgang mit Sprache eröffnete, der von den Sprachgewaltigen dieser Zeit auch genutzt wurde. Eine noch durchgreifendere Umgestaltung erfuhr der Wortbestand durch die Auswirkung der Christianisierung. Vor allem lateinisches Lehngut drang in reichem Maße in den deutschen Wortschatz ein. Bereits in vordeutscher Zeit waren einige Lehnwörter griechischen und lateinischen Ursprungs durch gotisch-arianische Missionare (zur Problematik dieser "Mission" s. auch WOLF 1981, 146ff.) im Donauraum eingeführt worden: *Pfingsten*, ahd. (umgedeutet) *fimfchusti* < gr. *pentekostē̆ (hēmēra)* 'der 50. Tag (nach Ostern)', *Samstag*, ahd. *sambaztag* < vulgärgr. *sámbaton*, gr. *sábbaton*, *Pfaffe*, ahd. *pfaffo* < gr. *papás* 'niedriger Geistlicher', *Teufel*, ahd. *tuival/ diuval/diubal* < lat. *diabolus*, gr. *diábolos* eigentlich 'Verleumder'.

Diese ältere Schicht ist von der Lautverschiebung betroffen worden. In der jüngeren Schicht kommen fast ausschließlich aus dem Lateinischen stammende Wörter vor allem in den Bereichen Gottesdienst, kirchliche Einrichtungen bis hin zu Klosterwesen und Schule und für öffentliches Schalten und Walten zum Teil massenhaft auf:

Altar, ahd. *altâri* < lat. *altare*, *Chor*, ahd. *chôr* < lat. *chorus*, *Messe*, ahd. *missa/messa* < lat. *missa*, *Orgel*, ahd. *organa* < lat. *organum*, *predigen*, ahd. *predigôn* '(jemandem) predigen, verkünden, verkündigen, lehren' < lat. *praedicare* 'öffentlich bekanntmachen, laut sagen' – *Abt*, ahd. *abbat* < kirchenlat. *abbas, abbatis*, *Kapelle*, ahd. *kapel(l)a* 'kleine, dem Andenken eines Heiligen geweihte Kultstätte' (9. Jh.); Demin. zu spätlat. *cappa* 'Mantel mit Kapuze', bezeichnet (um 650) den als Heiligtum verehrten Mantel des heiligen Martin von Tours, über dem die fränkischen Könige einen Betraum (*oratorium*) errichten ließen; die Bezeichnung für die Reliquie wurde auf den Raum übertragen, so daß *capella* die Bedeutung 'Gottesdienstraum der königlichen Pfalz' annahm, *Klause*, ahd. *klûsa* 'Kloster, Einsiedelei' < mlat. *clusa* 'Einfriedigung, eingehegtes Grundstück, Zelle', *Kloster*, ahd. *klôstar* < vulgärlat. *clôstrum* 'abgesperrter, den Laien unzugänglicher Bereich des Mönchskonvents' (kirchenlat. *claustrum* seit 6. Jh.), *Zelle*, ahd. *zella* 'Klosterzelle, Klause' < lat. *cella*, *Spital*, ahd. *hospitalhûs* 'Armenhaus, Pflegeheim' (11. Jh.) < lat. *hospitālis* 'gastlich, gastfreundlich', *laben*, ahd. *labôn* 'waschen, erquicken, erfrischen' < lat. *lavare* '(sich) waschen, baden' – *schreiben*, ahd. *scrîban* 'schreiben, aufschreiben, beschreiben' < lat. *scribere*, *Griffel*, ahd. *grif(f)el* < gr.-lat. *graphium*, *Tafel*, ahd. *tabel(l)a* < lat. *tabula*, *Brief*, ahd. *brieflbriaf* < lat. *brevis (libellus)* 'kurzes Schreiben, Urkunde', *Tinte*, ahd. *tincta* < lat. *tincta (aqua)* 'gefärbte Flüssigkeit', *Schule*, ahd. *scuola* < lat. *scōla*, *Meister*, ahd. *meistar* 'Meister, Herr, Lehrer' < lat. *magister* 'Lehrer' – *Birne*, ahd. *biralpira* (11. Jh.) < lat. *pirum*, vulgärlat. *pira*, *Lilie*, ahd. *lilialilio* < lat. *lilium*, *Rose*, ahd. *rôsa* < lat. *rosa*, *Veilchen*, ahd. *fiol* < lat. viola, *Lavendel*, ahd. *lauendula* < mlat. *lavandula* (zu lat. *lavāre* 'waschen' wegen der Verwendung als Zusatz für Bäder), *Lattich*, ahd. *lat(t)ucha* < lat. *lactuca*, *Petersilie*, ahd. *petarseli* < mlat. *petrosilium, petrosillum*, *Salbei*, ahd. *salbeia* < mlat. *salvegia*, *Ulme*, ahd. *ulmboum* (11. Jh.) < lat. *ulmus* – *Butter*, ahd. *butira* (11. Jh.) < vulgärlat. *butira* – *Bezirk*, ahd. *zirc* 'Kreis, Umkreis, Gebiet' < lat. *circus* 'Kreis', *Krone*, ahd. *corōna* 'Kranz, Krone' < lat. *corōna*, *Vogt*, ahd. *fogat* 'Richter, (Rechts-)Beistand' < lat. *advocatus* 'Sachverständiger, Rechtsbeistand, Sachwalter, Anwalt'. (Vgl. FRINGS 1957, 44ff.; BACH 1970, § 73; EGGERS 1986, I 124ff., 241–254.)

1.2.4.4. Satzbau

Bei einer Vielzahl der aus ahd. Zeit überlieferten Texte handelt es sich um Übersetzungen aus dem Lateinischen oder um deren Bearbeitungen. Daraus erklärt sich, daß zumindest in diesen Texten spürbare Einflüsse der lateinischen Grammatik nachzuweisen sind. Dies gilt insbesondere für die Weiterentwicklung der Satzgefüge, wo durch die notwendig werdende erweiterte Bildung von Kausal- und Modalsätzen auch dem lateinischen Vorbild angemessene, verfeinerte Konjunktionen entwickelt werden mußten. So geht die temporale Konjunktion *bi thiu* 'dabei, gleichzeitig' in die zusammengezogene Form *bithiu* 'denn, weil' über, und dazu werden Erweiterungen wie *bithiu thaz* 'damit', *bithiu wanta* 'da, weil' verwendet. Der kausalfinale und der konsekutive Anschluß wurden dadurch flexibler gestaltet.

Insgesamt gesehen ging es aber in weitaus stärkerem Maße um die Weiterentwicklung bereits im vordeutschen Zeitraum vorhandener grammatisch-syntaktischer Sprachmittel. Das Grundsystem der Satzarten und die grundlegenden Möglichkeiten der Verknüpfung waren bereits im Germanischen voll ausgeprägt. Einen hinreichenden Beweis dafür liefert das "Hildebrandlied". Hier gibt es Satzverbindungen mit und ohne Konjunktionen; hier gibt es Gliedsätze und Gliedteilsätze (1); hier gibt es Substantivgruppen mit attributiven Adjektiven und Substantiven und als Appositionen (2); hier gibt es Partizipialkonstruktionen (3); hier gibt es analytische Verbformen zum Teil mit Rahmenbildung (4); hier gibt es verkürzte Sätze (5) und Kopulaverben (6).

(1) Objektsatz: (*Ik gihôrta đat seggen,*) *đat sih urhêttun* 'daß sich herausforderten', (*wêttu irmingot . . .*) *dat dû neo dana halt mit sus sippan man dinc ni gileitôs* 'daß du bis jetzt noch nie einen Streitfall mit einem so verwandten Mann herbeigeführt hast', (*dat sagêtun mî sêolîdante . . .*), *dat inan wîc furnam* 'daß ihn der Kampf wegnahm' (zugleich Beispiel der indirekten Rede);

Objektsatz als indirekter Fragesatz: (*her fragên gistuont . . .*) *hwer sîn fater wâri* 'wer sein Vater wäre (sei)';

Temporalsatz: *dô sie to dero hiltiu ritun* 'da (als) sie zum Kampfe ritten';

Lokalsatz: *dar man mih eo scerita in folc sceotantero* 'wo man mich immer einordnete in die Schar der Schützen';

Vergleichssatz: *so imo sê der chunnig gap* 'so wie sie ihm der König gegeben hatte', *so dû êwin inwit fortôs* 'so wie du immer Hinterlist übtest';

Konditionalsatz: *ibu du mî ênan sagês* 'wenn (falls) du mir einen nennst', *ibu dir dîn ellen taoc . . . ibu du dar ênîc reht habês* 'falls dir deine Kraft ausreicht . . . falls du dazu ein Recht hast';

Kausalsatz (angedeutet): [*wela gisihu ih in dînêm hrustim dat du habês hême herron gôten,*] *dat du noch bî desemo rîche reccheo ni wurti* 'so daß du in diesem Reiche noch nicht Recke (Vertriebener) geworden bist (Ich sehe an deiner Rüstung, daß du zu Hause einen guten Herren hast)';

Relativsatz: *dea êrhina wârun* 'die ehedem lebten', *der dir nû wîges warne* 'der dir nun den Kampf verweigert' – *hwerdar sih hiutu dero hregilo rûmen muotti* 'wer sich heute der Rüstung entledigen müsse'.

Hier ist sogar weitgehend die Spannstellung des finiten Verbs im Nebensatz belegt.

(2) *iro sâro, iro gûðhamun, iro suert – dînu speru, mit dînêm wortun, in dînêm hrustim – mûn/sîn fater, fateres mînes, mit sînu billiu – ûsere liuti – sînero degano filu – dero hregilo, desero brunnono bedero, bî desemo rîche – hwelîhhes cnuosles,*
hêrôro man, friuntlaos man, chônnêm mannum, gialtet man, mit sus sippan man, in sus hêremo man, alter Hûn, suasat chind, huîtte scilti, wuntane bauga, scarpen scûrim, waltant got – gûdea gimeinûn, degano dechisto, hêrron gôten, barn unwahsan – ênîc reht, fôhêm wortun, untar heriun tuêm, at burg ênîgeru,
in folc sceotantero, argôsto ôstarliuto – Ôtachres nîd, Huneo truhtîn – fireo in folche,
Hiltibrant, Heribrantes suno; Hadubrant . . . Hiltibrantes sunu; her . . . degano dechisto; ûsere liuti, alte anti frôte; chunning . . . Huneo truhtîn.
(3) *cheisuringu gitân, giwîgan mit wâbnum.*
(4) *ik **gihôrta** ðat **seggen**, her **furlaet** in lante luttila **sitten**, her **fragen gistuont**, nu **scal** mih suasat chind suertu **hauwan**, mit geru **scal** man geba **infâhan**,* als überragendes Beispiel: *do **maht** du nû aodlîhho* (eingeschobener Konditionalsatz: *ibu dir dîn ellen taoc*) *in sus hêremo man hrusti **giwinnan**.* 'da kannst du nun mit Leichtigkeit (falls dir deine Kraft dazu ausreicht) von einem so alten Mann die Rüstung erobern'.
(5) *nû scal mih suasat chind suertu hauwan, breton mit sînu billiu; do maht du . . . hrusti giwinnan, rauba birahhanen.*
(6) *her uuas hêrôro man; dat du noch bî desemo rîche reccheo ni wurti.*

In diesem Text herrscht die Verwendung des Subjektpronomens beim Verb gegenüber der reinen Verbform vor: *ih/ik* 8, *du* 9, *er* 10, *sie* Pl. 3, *man* 2. Sätze mit personenbezogenem Prädikat ohne Subjektpronomen treten mehrfach am Ende dieses Textes auf.

Die differenzierte Verwendung von Indikativ und Konjunktiv in diesem Denkmal entspricht in den Grundtendenzen unserem heutigen Gebrauch, allerdings kommen noch keine analytischen Tempusformen vor.

1.2.4.5. *Das Wort 'deutsch'*

Das Althochdeutsche war keine einheitliche Sprache, nicht im schriftlichen und erst recht nicht im mündlichen Gebrauch. Die oben genannten Dialekte und Dialektgruppen lassen sich zumindest annähernd aus den schriftlichen Aufzeichnungen der Klöster und Kanzleien in den einzelnen Gebieten ermitteln, sofern sie nicht in lateinischer Sprache abgefaßt sind. Die einzelnen Stämme und Stammesverbände waren zwar durch die Franken – meist zwangsweise – einem Reichsverband einverleibt worden, aber das Fränkische war nicht die allgemeinverbindliche und allgemeingebräuchliche Sprache innerhalb dieses Reiches. Auch nach der Teilung in ein fränkisches Ost- und ein Westreich im Jahre 840 änderte sich nichts Grundlegendes an diesen Verhältnissen. Und es dauerte noch lange, ehe sich – zuerst in den Köpfen der geistig Führenden – das Bewußtsein entwickelte, daß das Volk in diesem Reichsverband trotz aller dialektalen Unterschiede letztlich doch eine gemeinsame, alle verbindende Sprache verwendete. Erst mit dem Beginn des nächsten Abschnitts unserer Sprachentwicklung wird *diutisch* 'deutsch' von Schreibkundigen als Bezeichnung für Sprache, Leute und Land verwendet. Aber der Ursprung des Wortes reicht viel weiter in die Vergangenheit zurück. Zunächst tritt es in mittellateinisch abgefaßten Quellen auf. So berichtet der päpstliche Nuntius GEORG VON OSTIA im Jahre 786 dem Papst HADRIAN I. von zwei Synoden, die er in England abgehalten hatte. Die Beschlüsse der ersten Synode waren in der zweiten verlesen worden *tam latine quam theodisce, quo omnes intellegere possunt* 'sowohl lateinisch wie auch *theodisce* = in der Volkssprache, damit alle es verstehen könnten'. Es handelt sich bei *theodisce* um die Volkssprache in England, so bezeichnet durch GEORG VON OSTIA, einen Italiener, der um die Mitte des 8. Jh. Bischof von Amiens wurde, also mit den Verhältnissen im Frankenreich vertraut war. Was hier konkret unter *theodisce* zu verstehen ist, bleibt offen; damals stand dies wohl für altenglisch oder angelsächsisch. Die Opposition zum Latein ist klar ersichtlich. Aber vom Ethnischen aus war hier zugleich auch die Opposition zu *walhisc* 'welsch (keltisch)' gegeben. Ein zweiter Beleg stammt aus dem Jahre 813. Wiederum anläßlich einer Synode in Tours weist KARL DER GROSSE die Geistlichen darauf hin, daß die Predigten *in rusticam Romanam linguam aut theodiscam, quo facilius cuncti possint intellegere, quae dicuntur* 'in romanischer Volkssprache oder der des germanischen Volksteils, damit alle um so leichter verstehen, was gesagt wird' zu halten seien. Die Begründung für die Forderung nach Verwendung der Volkssprache ist in beiden Textstellen gleich, aber die mit *theodisce* benannten Sprachträger unterscheiden sich. Ein weiterer Beleg ähnlicher Art stammt aus dem Jahre 842. Die beiden Söhne LUDWIGS DES FROMMEN, LUDWIG DER DEUTSCHE und KARL DER KAHLE, die das Ost- und das Westreich erhalten hatten, verbündeten sich gegen ihren älteren Bruder LOTHAR, den Herrscher über das Mittelreich. Sie besiegelten dieses Bündnis vor ihren Heeren durch einen Eid, den jeder der beiden in der Sprache des anderen Heeres vortrug: *Ludhuuicus romana, Karolus vera teudisca lingua iuraverunt* 'Ludwig schwor in romanischer, Karl aber in deutscher Sprache'. Die Heere sollten verstehen, was der verbündete Herrscher sagte; die beiden Heere legten den Schwur in ihrer eigenen Sprache ab. In jedem Teil des Reiches gab es also damals eine eigene Sprache, so daß man einander nicht mehr verstand. Das *romana* des Westreiches, des späteren Frankreich, ist das Altfranzösische, das *theudisca* des Ostreiches, des späteren Deutschland, ist eine fränkische Mundart des Althochdeutschen, wohl das Rheinfränkische. – Ein weiteres Beispiel stammt aus dem Jahre 788. Anläßlich einer Reichsversammlung der *Franci et Baioarii, Langobardi et Saxones* wird der Baiernherzog TASSILO zum Tode verurteilt, weil er ein Verbrechen begangen hatte, *quod theodisca lingua harisliz dicitur* 'das in der gemeinsamen Sprache der Stämme

hari-sliz = Heeresspaltung, Fahnenflucht genannt wird'. Dieser Beleg ist insofern aufschlußreich, als *theodisca lingua* hier als die vier Stämme verbindende, ihnen gemeinsame und von ihnen verstandene, ihren dialektalen Unterschieden übergeordnete Sprachform verwendet wird. Auch in der Vorrede zum "Heliand" wird von *Theudisca lingua* geschrieben. Im 9. Jh. werden *Gothi et ceterae nationes Theodiscae* und eine *gens teudisca* erwähnt. OTFRID von Weißenburg (9. Jh.) verwendet in der Zuschrift an den Erzbischof LUITBERT von Mainz im mittellateinischen Text mehrfach *theodisce* (neben *franzisce*) mit Bezug auf die Sprache der zu übersetzenden Werke.

Nach diesen frühen Belegen in mittellateinisch abgefaßten Texten gibt es längere Zeit auch bei den führenden geistigen Köpfen keine Anhaltspunkte dafür, daß der Gedanke eines einigenden Sprachbandes vorhanden war. Bei NOTKER von St. Gallen wird – allerdings nur mit Blick auf einen einzigen Übersetzungskomplex – *in diutiscun* 'auf deutsch' mehrmals genannt; es kommt hier erstmals in deutscher Sprache vor, und es bezieht sich auch hier nur auf die Sprache.

Erst im "Annolied", dem ältesten bedeutenden poetischen Geschichtswerk in deutscher Sprache, wird um 1100 das Wort *diutisch* 'deutsch' auf Sprache, Leute und Land angewandt: *die . . . diutischin sprechin – diutische man, diutischi liudi – diutische lant, in diutischemi lande, zi diutischimo lande.* Hier wird also von deutscher Sprache und nicht mehr von Fränkisch, Bairisch, Langobardisch und Sächsisch gesprochen, obwohl die einzelnen Stämme im gleichen Werk auch vorkommen: *Franken – Swāven – Peiere – Sahsin – Duringe.*

Dem am Ende des 8. Jh. in mlat. Schreibweise aufgezeichneten *theodiscus* treten am Ende des 9. Jh. die mlat. Varianten *diutiscus/tiutiscus* zur Seite. Daraus entwickelt sich im Mhd. ein Nebeneinander von *diutsch* und *tiutsch*. Im 16./17. Jh. wird die Schreibung *teutsch* noch häufig verwendet, so etwa bei GRIMMELSHAUSEN und bei GRYPHIUS, im 18./19. Jh. kommt sie nur noch vereinzelt vor.

Im 10. Jh. tritt neben mlat. *theodiscus* (und *diutiscus/tiutiscus*) das mlat. Adj. *teutonicus*, eigentlich 'zum Stamm der Teutonen gehörig', abgeleitet von lat. *Teutoni/Teutones* 'die Teutonen', alle Adjektive auf die sprachlichen und politischen Verhältnisse des ostfränkischen Reiches bezogen. Um die Mitte des 11. Jh. verdrängt dann mlat. *teutonicus* allmählich das ältere *theodiscus* in den mlat. Aufzeichnungen. Auch der Name der Teutonen leitet sich von germ. **þeudō-* 'Volk' her; im kelt. Munde wurde er zu *teut-* umgestaltet und in lat. Aufzeichnungen als *Teutoni/Teutones* festgehalten.

Die Bezeichnung *Deutschland* taucht erstmals im "Annolied" als *in diutischemi lande* auf (s. o.). In der "Kaiserchronik" wird um 1150 *in Diutisk lant* geschrieben. Die Zusammenschreibung *Deutschland* setzt sich erst im 16. Jh. endgültig durch.

Das Wort *deutsch* geht zurück auf ein älteres Adjektiv **þeodisk* 'zum Volk gehörig', das von germ. **þeudō-* 'Volk' abgeleitet ist. In den ältesten schriftlichen, in lateinischer Sprache abgefaßten Belegen wird es als ein aus dem Germanischen entlehntes Wort verwendet, um zunächst die Volkssprache gegenüber dem Lateinischen, der Amtssprache der weltlichen und geistlichen Oberschicht, dann aber auch das Germanische gegenüber dem Romanischen zu kennzeichnen. (Vgl. BACH 1970, § 71 mit Lit.; TSCHIRCH 1983, § 21; EGGERS 1986 I, 40ff.)

*þeodō- ist in vielen aus dem Germanischen ererbten Eigennamen enthalten: *Dietrich, Dietmar, Dietlind, Dietgard – Detmold*, auch in frz. *Thionville* / dt. *Diedenhofen*.

Auf die Frage, warum **þeodisk* ausgerechnet den Deutschen zugefallen ist, gibt es unterschiedliche Antworten.

1.3. Das Deutsch des Hochmittelalters (1050–1250)

1.3.1. **Die Zeit der Ottonen und Salier:** Entstehen eines volkssprachlichen Selbstbewußtseins

Um das Jahr 1000 oder kurz danach bekommt das volkssprachige Textieren eine neue Qualität. Der berühmte St. Gallener Mönch NOTKER III. mit dem Beinamen Labeo oder Teutonicus, dessen "ganz einer großen pädagogischen Aufgabe im Dienste der Klosterschule gewidmetes Leben . . . in die Zeit von etwa 950 bis 1022" fällt (SONDEREGGER 1970a, 79, von dort 83 auch das folgende Zitat und dessen Übersetzung), drückt diese neue Qualität in einem Brief an den Bischof Hugo II. von Sitten aus: *Scio tamen quia primo abhorrebitis quasi ab insuetis. Sed paulatim forte incipient se commendare vobis et praevalebitis ad legendum et ad dinoscendum, quam cito capiuntur per patriam linguam quae aut vix aut non integre capienda forent in lingua non propria* ('Ich bin mir zwar bewußt, daß Ihr zunächst davor [d. h. vor volkssprachigen Texten] zurückschrecken werdet wie vor etwas Ungewohntem. Aber nach und nach werden sie Euch belieben, und Ihr werdet sie zu lesen vermögen und erkennen, wie schnell man in der Muttersprache begreift, was man in einer fremden Sprache kaum oder nicht völlig erfassen kann.'). NOTKER übersetzt also, vornehmlich Werke aus dem kirchlichen Bereich, in die Volkssprache, weil diese schon allein dadurch ihren Eigenwert habe, daß sie das Verstehen ganz wesentlich erleichtere, wenn nicht überhaupt ermögliche. Er nimmt Rücksicht auf ein Publikum, das des Lateinischen nicht von vornherein mächtig ist.

Dieser grundlegende Wandel in der Funktion der Volkssprache geht einher mit einem ebenso fundamentalen Wandel in der Reichsidee: Die Krönung Karls des Großen zum römischen Kaiser war eine *renovatio imperii*, also eine Erneuerung des römischen Reiches, während die Ottonen für sich eine *translatio imperii*, eine Übertragung auf das deutsche Reich, in Anspruch nehmen. Dementsprechend legt sich Otto II. (deutscher König 961, römischer Kaiser 967, gestorben 983) den Titel *Imperator Romanorum augustus* zu, während sich noch sein Vater Otto I., der Große, bloß *Imperator augustus* nannte. Man besinnt sich damals in vielfacher Hinsicht des Eigenwertes, was eben nicht ohne Auswirkung auf das kulturelle Leben bleibt.

Selbst wenn auch noch in der Zeit der Salier, die auf die Ottonen folgen (erster salischer König ist Konrad II., 1024–1039, die Dynastie erlischt 1125 mit Heinrich V.), "die Schriftlichkeit des geistigen Lebens bis hin zur Dichtung ... zum überwiegenden Teil in lateinischer Sprache" erfolgt und "die Zeugnisse für die schriftliche Verwendung der Volkssprachen" ganz selten bleiben (Salier 1992, 3), so bereitet sich in diesem Zeitraum der wesentliche literatursoziologische Wandel vor, der die hochmittelalterliche Situation, die, wie wir sehen werden, vor allem durch ein laikales Selbstbewußtsein gekennzeichnet ist, erst ermöglicht: Schon früh begegnen Autoren, die "sich selbst als Laien zu erkennen" geben (Frau Ava, der Arme Hartmann, Heinrich von Melk), obschon sie geistliche Literatur schreiben und aus diesem Grund wohl in enger "Verbindung zu geistlichen Lebensformen" stehen (Kartschoke 1990, 217). Dennoch, der Dichter des "Ezzoliedes" (1. Hälfte 12. Jh.) wendet sich explizit an 'Herren': *Nû wil ih iu herron / heina wâr reda vor tuon* (Kleinere dt. Gedichte 1970, 59); in der "Rede vom heiligen Glauben" des Armen Hartmann (Mitte 12. Jh.), der sich selbst den Ungelehrten zurechnet (*Ich unde andre tumben*; Relig. Dichtungen 1965, 580) werden Ungelehrte explizit in 'deutscher Sprache' adressiert (*von dem selben glouben woldich sprechen, / bescei- denliche rechen // mit dutiscer zungen / ze lere den tumben*. Relig. Dichtungen 1965, 573); Heinrich von Melk (2. Hälfte 12. Jh.), der sich selbst einen Laien nennt (*wir leien*; Relig. Dichtungen 1970, 315) zielt auch in seinem Gedicht "Von des todes gehugede" auf Laien (*dar an ist aller min gedinge, / daz ich werltlichen liuten / besceidenlichen muoze bediuten / ir aller vreise unt ir not* (Religiöse Dichtungen 1970, 303); auf diese Weise tun diese Autoren kund, daß sie, im Gegensatz zur ahd. Literatur des 9. und 10. Jh. den klö-

sterlichen Umkreis verlassen haben, wenngleich nicht ganz klar ist, wer oder was mit solchen Bezeichnungen gemeint ist.

Die drei soeben genannten Texte werden in Handschriften mit lateinischen Texten, möglicherweise als Blattfüllsel, eingetragen. Gegen das Ende des 12. Jh. entstehen dann Sammelhandschriften mit dt. Texten, z.B. die "Wiener Handschrift" (Cod. Vind. 2721), die Werke deutscher Bibelepik ("Altdeutsche Genesis", "Jüngerer Physiologus", "Altdeutsche Exodus") enthält, oder die berühmten Sammelhandschriften aus Millstatt und Vorau, die schon weit umfangreicher sind (in der Vorauer Handschrift steht auch die "Kaiserchronik") – auch dies alles ein Indiz für das weiter gestiegene Prestige der Volkssprache. Auch wenn es für mittelalterliche Texte, zumal für früh- und hochmittelalterliche, schwer ist, zwischen "geistlichem" und "weltlichem" Inhalt zu unterscheiden, so ist doch bemerkenswert, daß eben die Vorauer Handschrift neben den bibelepischen auch historische Texte aufgenommen hat, auch wenn der heilsgeschichtliche Charakter des Ganzen nicht zu übersehen ist.

In diesem Zusammenhang steht auch das "Alexanderlied" des Pfaffen Lamprecht, das ebenfalls durch die Vorauer Handschrift überliefert ist. Der Autor nennt sich im Prolog mit Namen und betont seinen Stand (*pfaffe* ist im mittelalterlichen Deutsch "allgemeine Bezeichnung des Weltgeistlichen ohne verächtlichen Nebensinn, der erst seit der Reformation aufkommt"; Paul 1992, 645), man möchte annehmen, daß er sich vom 'Mönch' bewußt abheben will: *Diz lît, daz wir hî wurchen, / daz sult ir rehte merchen. / sîn gevüge ist vil reht. / Iz tihte der phaffe Lambret* (Pfaffe Lamprecht 1964, 21). Zudem weist der Pfaffe Lamprecht darauf hin, daß sein Werk auf eine französische Vorlage, also nicht mehr auf eine lateinische, zurückgehe: *Alberich von Bisinzo / der brâhte uns diz lît zû. / Er hetez in wal- hisken getihtet. / Nû sol ich es euh in dûtis- ken berihten* (ebd.). Immer noch aber stellt der Pfaffe Lamprecht sein Werk unter das geistliche Motto *vanitatum vanitas*, wodurch die schon erwähnte heilsgeschichtliche Funktion des ganzes Textes deutlich herausgestellt wird; dennoch ist diese Erzählung "nicht von einer weltfeindlichen Haltung bestimmt, sondern von der Bewunderung für die Taten des großen Makedonenkönigs, der sich von Jugend auf als vorbildlicher Herrscher bewährt" (BUMKE 1990, 65). Daran läßt sich gut ein geändertes Publikumsinteresse ersehen: Der Autor, selbst noch ein Geistlicher, schreibt für Laien, die nicht mehr ausschließlich an geistlicher Thematik interessiert sind.

Ähnlich ist auch das "Rolandslied" des PFAFFEN KONRAD, entstanden um 1170, zu sehen. Der Autor stellt sich und seine Arbeitsweise im Epilog vor: *Ob iu daz liet gevalle, / sô gedencket ir mîn alle: / ich haize der phaffe Chunrat. / Also iz an dem bûche gescribin stât / in franczischer zungen, sô hân ich iz in die latîne bedwungin, / danne in die tûtiske gekêret* (PFAFFE KONRAD 1964, 313). Der PFAFFE KONRAD nimmt also seinen Stoff aus dem französischen Chanson de geste, übersetzt es, soweit man ihm trauen darf, zunächst ins (vertraute?) Latein und erst dann in seine Muttersprache, und macht, im Gegensatz zu seiner Quelle, die "Kreuzzugsidee . . . zum ideologischen Fundament der Handlung" (NELLMANN 1985, 123), also wiederum ein geistlicher Autor, der weltliches Publikum ansprechen will.

Mit diesen Texten aber haben wir den salischen Zeitraum verlassen.

1.3.2. Staufische Klassik: Die höfische Dichtersprache

Das "Nibelungenlied" (Ausgabe: Nibelungenlied 1961 und später), ein Heldenepos, das "in die Generation von ca. 1180 bis 1210" gehört (CURSCHMANN 1987, 932), schildert in der 1. Aventiure den Hof der Burgunderkönige, an dem auch Kriemhild mit ihren drei königlichen Brüdern lebt: *Ze Wormez bî dem Rîne si wonten mit ir kraft. / in diente von ir landen vil stolziu ritterscaft / mit lobelîchen êren unz an ir endes zît* (Strophe 6), und zu den 'Rittern', die an diesem Hofe dienen, gehören *Dancwart der was marscalc, dô was der neve sîn / truhsæze des küneges, von Metzen Ortwîn. / Sindolt der was scenke, ein ûz erwelter degen. / Hûnolt was ka-

merære. si kunden hôher êren pflegen (Str. 11).

Diese Verse spiegeln das Resultat eines historischen Wandels wider: Im frühen Mittelalter wurde die "Herrschaft" kaum an festen Residenzorten ausgeübt; das geschah vielmehr in Form einer "Reiseherrschaft", das heißt "in der Form, daß der Herrscher selber, zusammen mit seinem Hof, ständig im Land herumzog und auf den Stationen seines Reiseweges Recht sprach und die Großen des Landes um sich versammelte" (BUMKE 1990, 30). Von der zweiten Hälfte des 12. Jh. an wurden immer mehr Residenzen und Regierungssitze ortsfest; so wurde, um eines der frühesten Beispiele zu erwähnen, 1156 Wien Residenz der Babenberger. Auf diese Weise entstanden in den einzelnen Territorien Hauptstädte mit zentraler Verwaltung, was auch den wirtschaftlichen Aufschwung förderte. Gleichzeitig wurden die "seßhaft gewordenen" Höfe Zentren gesellschaftlichen und kulturellen Lebens.

Der "Nibelungen"-Dichter, um zu unserem Beispiel zurückzukehren, erwähnt eine Reihe hervorragender Männer, die am Wormser Hof leben, und er hebt die Inhaber der vier "Hofämter" mit ihren Funktionen eigens hervor: Der 'Marschall' (<ahd. *mar[ah]scalc* 'Pferdeknecht'), ursprünglich der Aufseher des fürstlichen Trosses, ist, modern ausgedrückt, für die Logistik, also für das Transport- und Militärwesen zuständig; der 'Truchseß' (<ahd. *truh[t]sâzo* 'Mitglied der truht, der Gefolgschaft', dann auch 'Vorsteher der truht') steht als oberster "Beamter" an der Spitze der Hofverwaltung (in anderen Quellen auch *Seneschall* genannt); der 'Schenk' kümmerte sich um die Versorgung des Hofes mit Lebensmitteln; und der 'Kämmerer' war der Chef der Finanzverwaltung. Auch in anderen Texten der Zeit kommen diese Hofämter vor, etwa im "Parzival": *dô nam mîn hêr Gâwân / vier werde rîter sunder dan, / daz einer kamerære / und der ander schenke wære, / und der dritte truhsæze, / und daz der vierde niht vergæze, / ern wære marschalc* (WOLFRAM VON ESCHENBACH 1926, 666,23ff.).

Für die Textgeschichte sind die hochmittelalterlichen Höfe von besonderer Bedeutung: Zum einen waren manche von ihnen literarische Zentren, so der Wiener Hof, an dem u. a. REINMAR VON HAGENAU, WALTHER VON DER VOGELWEIDE und NEIDHART wirkten, für Lyrik oder der Thüringer Hof für Epik. Die Autoren konnten hier, manchmal über längere Zeit hinweg und ohne allzu große finanzielle Sorgen, arbeiten. So berichtet der erste höfische Epiker im Deutschen, HEINRICH VON VELDEKE, über die abenteuerliche Geschichte seines Äneas-Romans: *dô si der lantgrâve nam* [d. h. als der Lantgraf von Kleve heiratete]*, dô wart das bûch* [i. e. der unvollendete Äneas-Roman] *ze Cleve verstolen / einer frouwen, der ez was bevolen. / des wart diu grâvinne gram / dem grâven Heinrich, der ez nam / unde ez dannen sande / ze Doringen heim ze lande. / dâ wart daz mâre dô gescriben / anders dan obz im wâr bliben, / daz mach man sagen vor wâr. / sint was daz bûch niun jâr / meister Heinrîche benomen, / daz her dar nâch niht mohte komen, / unz her quam ze Doringen in daz lant, / dâ her dem phalinzgrâven vant von Sassen, der im daz bûch liez / unde ez in volmachen hiez: / wander ins bat und im ez riet, / her ne hete ez volmachet niet. / he mûste ez ouch tûn / dorch lantgrâvan Lodewîges sun. / volmachen herz ouch began / dorch den phalenzgrâven Herman / von der Nûwenborch bî der Unstrût* [i. e. Neuenburg an der Unstrut]*, / want diu rede dûhte in gût / und daz getihte meisterlîch* (HEINRICH VON VELDEKE 1852, V. 353,4ff.).

Der thüringische Landgraf Hermann ist – auch das geht aus den obigen Versen hervor – ein Kenner von Literatur, er kann die Qualitäten des Veldekeschen Werkes sehr wohl beurteilen. Wir sehen an dieser Stelle, daß die höfische Gesellschaft wohl auch das Publikum der höfischen Literatur war, das sich als ausgesprochen feinsinnig und kunstvoller Gestaltung überaus aufgeschlossen präsentierte.

Die hochmittelalterliche Gesellschaft war streng hierarchisch gegliedert. Bei FREIDANK, einem gelehrten Dichter, der um 1230 eine Spruchsammlung unter dem Titel "Bescheidenheit" (d. h. 'Bescheidwissen') schrieb, wohl "ein Zwischenständler (ein *clericus* ohne Weihen)" (NEUMANN 1980, 898), findet sich eine Dreigliederung der Gesellschaft, die an die drei Stände (Lehr-, Wehr- und Nährstand) der Antike erinnert: *Got hât driu leben geschaffen: / gebûre, ritter und pfaffen* (FREIDANK 1872, V. 27,1). Derartige Formeln finden sich durch das ganze Mittelalter hindurch, manchmal auch differenzierter als bei

FREIDANK. In seiner berühmten Predigt "Von zehen kœren der engele unde der kristenheit" berichtet der Franziskaner BERTHOLD VON REGENSBURG (Mitte 13. Jh.), daß die Christenheit in zehn Stände unterteilt sei (*zehen leie liute*): *Die êrsten daz sint die pfaffen, die die kristenheit lêren sullent; daz ander sint eht geistlîche liute* [Ordensleute]*; daz dritte sint werltlîche rihter, herren und ritter, die dâ witwen unde weisen schirmen sullent.* Nach dieser Dreiergruppe, die den Lehr- und den Wehrstand umfaßt, läßt BERTHOLD eine Sechsergruppe mit dem Nährstand folgen: die erste Gruppe davon *daz sint alle die gewant wirkent, swelher leie gewandes die liute bedürfent*; die zweite Gruppe *daz sint alle die mit îsenînen wâfen arbeitent unde wirkent*; die dritten *daz sint alle die mit kouf umbe gênt*; die vierte Gruppe sind die Handwerker, die für die Nahrung sorgen, *daz sint alle die dâ ezzen unde trinken veil habent*; danach kommen als fünfte Gruppe die Bauern, *daz sint alle die daz ertrîche bûwent, sie bûwen wîn oder korn*; schließlich kommen die Heilkundigen, *daz sint alle die mit erzenîe umge gênt.* Diese sechs 'Chöre' spiegeln bereits ein Gutteil der städtischen Bedürfnisse wider (die damals noch jungen Bettelorden predigten vor allem in den Städten und mußten daher auf die Lebenserfahrungen des dortigen Publikums eingehen). Und der zehnte 'Chor' *ist uns kristenliuten aptrünic worden*, wie auch der zehnte Engelchor *von dem obern himelrîche aptrünic wart und alle samt ze tiuveln wurden* (BERTHOLD VON REGENSBURG 1965, 140ff.).

Bei BERTHOLD VON REGENSBURG wird immer wieder betont, daß die Menschen in diese 'Chöre' von Gott geordnet worden seien; diese Auffassung beherrscht die Gesellschaftslehre des Mittelalters. Auch der spätmittelalterliche Tiroler Dichter OSWALD VON WOLKENSTEIN (1376/78–1445) spricht noch davon, daß jeder Mensch in seinem gottgewollten Stand (mhd./frnhd. *orden* < lat. *ordo*) bleiben und dort wirken müsse: *Ach welt, wie hertikleich du trabst! / noch alles dort vor gottes schein, / geleich der kaiser als der babst, / ain jeder in dem orden sein, / Die fürsten, graven, ritter und knecht, / ir burger, pawren, all vermeldt, / chardnal, pischof, prelaten slecht, / all gaistlich, weltlich, hört und secht: / recht tun wer güt in diser welt.* (OSWALD VON WOLKENSTEIN 1987, Nr. 113,37ff.)

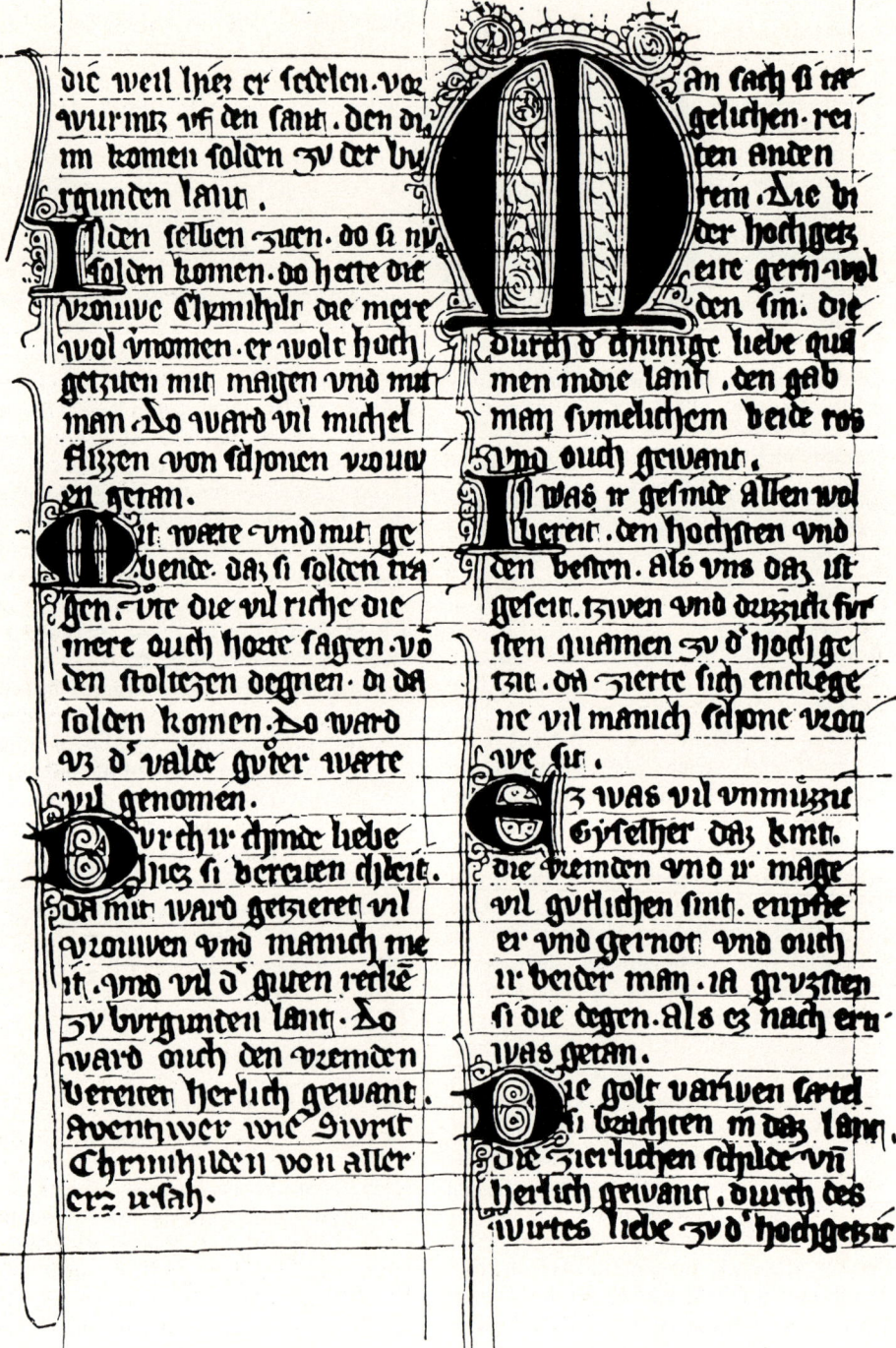

In der Literatur der Zeit begegnen Beispiele dafür, daß der, der seinen *orden* verläßt, kriminalisiert und bestraft wird. Das bekannteste Beispiel dafür ist die Verserzählung "Helmbrecht" WERNHERS DES GARTENAERES (2. Hälfte 13. Jh.), in der der Vater in langen Dialogen seinen Sohn warnt, (Raub-)Ritter werden zu wollen: *nû volge mîner lêre, / des hâstu frum und êre; / wan selten im gelinget, / der wider sînen orden ringet. / dîn ordenunge ist der phluoc.* (WERNHER DER GARTENAERE 1968, V. 287ff.)

In all diesen Ständelehren (vgl. dazu HEINEMANN 1967–70) kommen in irgendeiner Form die 'Ritter' vor. "Das Aufkommen dieser Formel [gemeint ist die Trichotomie 'Geistliche, Ritter, Bauern'] wird heute meistens als Indiz dafür gewertet, daß zu diesem Zeitpunkt die Ausbildung des niederen Adels, wenigstens in Frankreich, so weit fortgeschritten war, daß man terminologisch einen adligen Kriegerstand von der in der Landwirtschaft tätigen Bevölkerung abgrenzen konnte." (BUMKE 1986, 39.) Mit anderen Worten: "Unterhalb der Gruppe der adeligen Dynastien rekrutierte sich der Territorialadel aus Familien, die erst im hohen und späten Mittelalter aus der Unfreiheit . . . aufgestiegen sind. Ursache dieses sozialen Aufstiegs der Ministerialen", die in den historischen Quellen ganz unterschiedlich genannt werden (*servientes, meliores, familiares, ministeriales*) und "die zunächst unfreie Diener in gehobenen Positionen waren, war ihre Unentbehrlichkeit in der Ausübung besonders qualifizierter Funktionen", zunächst vor allem "als berittene Berufskrieger im Dienst kirchlicher und weltlicher Grundherrschaften" (HANNIG 1990, 354).

Dies alles sind die sozialen Voraussetzungen dafür, daß sich an den Höfen eine spezielle Laienkultur entwickeln konnte. Während in den frmhd. Epen noch Kleriker (man beachte die Dichternamen 'Pfaffe Lamprecht' und 'Pfaffe Konrad') für ein Laienpublikum schrieben, äußert sich in den Werken der sog. höfischen Literatur ein ausgeprägtes laikales Selbstbewußtsein, das auch die Sprachform der Dichtungen geprägt hat: Es handelt sich um die **höfische Dichtersprache**. Diese Dichtersprache "setzt sich mit Hartmann von Aue, Gottfried von Straßburg, Wolfram von Eschenbach, dem Nibelungen-

lied-Dichter, Heinrich von Morungen, Reinmar von Hagenau und Walther von der Vogelweide durch, deren Werke für ihre Zeit wie für die neuzeitlichen Beurteiler seit den Romantikern unbestritten die Gipfelleistungen der deutschen mittelalterlichen Epik und Lyrik darstellen" (PAUL 1989, 15, § 9).

Die Charakteristika der höfischen Dichtersprache begegnen vor allem in drei Bereichen: im Wortschatz (1), im Stil (2) und in den Reimen (3).

(1) Wortschatz: Im "Gregorius" HARTMANNS VON AUE wird ein junger Mann von seinem sterbenden Vater belehrt: *sun, nû wis gemant / daz dû behaltest mêre / die jungisten lêre / die dir dîn vater tæte. / wis getriuwe, wis stæte, / wis milte, wis diemüete, / wis vrävele mit güete, / wis dîner zuht wol behuot, / den herren starc, den armen guot. / die dînen soltû êren, / die vremeden zuo dir kêren. / wis den wîsen gerne bî, / vliuch den tumben swâ er sî. / vor allen dingen minne got, / rihte wol durch sîn gebot.* (HARTMANN VON AUE 1984, V. 244ff.) In diesen Versen wird geradezu ein ritterlicher Verhaltenscodex, eine höfische "Ideologie" sichtbar, die auch die Wortbedeutungen beeinflußt, wenn nicht gar geprägt hat: *zuht* z.B., deren Bewahrung HARTMANN sehr ans Herz legt, ist, als Wortbildungstyp gesehen, ein Verbalabstraktum mit dem alten -*ti*-Suffix, also eine Ableitung vom Verbum *ziehen* (<ahd. *ziohan*) und bedeutet sowohl die Tätigkeit als auch das Ergebnis des Aufziehens/Erziehens. In der höfischen Literatur – das obige Beispiel belegt dies – wird mit diesem Substantiv die "Bildung des Geistes und Herzens, d.h. feine Lebensart, Höflichkeit, Anstand; Bescheidenheit, Selbstbeherrschung" (SARAN/NAGEL 1975, 218) bezeichnet. Zahlreiche Wörter erhalten auf diese Weise eine textgattungsspezifische Bedeutung, die sie in Werken anderer Gattungen nicht haben: Im "Welschen Gast" THOMASINS VON ZERKLAERE, einem umfangreichen Lehrgedicht (entstanden 1215/1216), werden Frauen gewarnt: *Wil sich ein vrowe mit zuht bewarn, / si sol nicht âne hülle varn* (THOMASIN VON ZIRCLARIA 1965, V. 451f.); hier also bezeichnet *zuht* bloß das Schamgefühl, das durch Erziehung erworben worden ist. Und in

anderen Kontexten kann auch eine Wort-
bildungsbedeutung 'das Ziehen' vorkommen: *er zogte'n* [den Bart] *ungefuoge daz
er vil lûte schrê.* / *zuht des jungen heldes diu
tet Albrîche wê* (Nibelungenlied 1961,
497,3f.). Der Wortschatz bzw. seine Verwendung ist also stark gattungsgebunden;
das kann auch "bei ein und demselben
Dichter Bedeutungsdifferenzierungen hervorrufen: *stoltheit* hat in der 'Servatius'-
Legende Heinrichs von Veldeke die Bedeutung 'Vermessenheit, Frevel', während
in seiner 'Eneide' das Wort im Sinne von
'Tapferkeit, edles Wesen' gebraucht wird"
(BENTZINGER 1990, 65).

In eine ganz andere Situation führt uns
WERNHER DER GARTENAERE: Der junge
Helmbrecht kommt das erste Mal, nachdem er sich den Raubrittern zugesellt hat,
nach Hause und begrüßt seine Familie mit
den Worten *vile liebe sæte kindekîn* / *got
lâte iuch immer sælec sîn* (WERNHER DER
GARTENAERE 1968, V. 717f.), und etwas
später sagt er zu seinem Vater *deu sal!* (V.
726). In diesen Versen erfahren wir vom
höheren Prestige des Niederländischen
und des Französischen, wobei zum "sozialen Prestige des Feudaladels" überhaupt
"die – manchmal allerdings auch nur ver-
meintliche – Kenntnis von Fremdsprachen" gehörte (BENTZINGER 1990, 60), was
eben der junge Helmbrecht gerne nach-
ahmt. Die höfische Kultur Frankreichs
war der in Deutschland weit voraus, und
der niederländische Sprachraum, besonders Brabant und Flandern, fungierte als
Vermittler-Landschaft französischer Kultur ins Deutsche (es ist deshalb auch kein
Zufall, daß der erste höfische Dichter, der
im deutschen Sprachraum wirkte, der
Maasländer HEINRICH VON VELDEKE war).
Deshalb kommen in der deutschen höfischen Literatur einige Entlehnungen aus
dem Niederländischen vor (z. B. *dörper*,
das auf frz. *vilain* zurückgeht; *ors* für das
[Kampf-]Pferd, das als metathetische
Form von 'Roß' zu erklären ist; *blîde*
'froh', *baneken* '[sich] umhertummeln').
Der Lyriker NEIDHART charakterisiert das
Sprachverhalten eines "dörperlichen" Ga-
lans mit seinen flämischen Wörtern: *mit
sîner rede er vlæmet* (NEIDHART 1968,
82,2).

Weit zahlreicher sind die Entlehnungen
aus dem Französischen in deutschen hö-

fischen Texten. Im "Tristan" GOTTFRIEDS
VON STRASSBURG wird das geradezu zu einer Stilmanier; auf die Bitte, noch ein
Lied zu singen, reagiert Tristan: *"mû vo-
luntiers!"* ['sehr gerne'] *sprach Tristan.* /
rilîche huob er aber an / *einen senelîchen
leich als ê* / *de la cûrtoise Tispê* ['von der
vornehmen Thisbe'] *von der alten Bâbilône*
(GOTTFRIED VON STRASSBURG 1978, V.
3611ff.). Die meisten dieser "Fremdwörter" (vgl. dazu zusammenfassend ÖH-
MANN 1974) sind mit dem Ende der hoch-
höfischen Literatur wieder geschwunden,
eine Reihe davon ist in den Alltagswort-
schatz übergangen: z. B. *Abenteuer, Turnier, Lanze, Panzer* ('Rüstung'), *Reim,
Flöte, Stiefel, Lampe, Teller, Preis, tanzen,
prüfen, falsch, klar, fein.* R. TELLING
(1987, 98ff.) führt insgesamt 185 Wörter
auf, die im "13./14. Jh." aus dem Französischen ins Deutsche gekommen seien und
sich bis in die Gegenwart erhalten hätten.
Allerdings müßte bei jedem einzelnen
Wort geklärt werden, auf welchen Wegen
es in die dt. Sprache gelangt ist; TELLING
nennt auch Wörter wie *Parlament*, das im
13. Jahrhundert im Mhd. in der ursprünglichen Bedeutung 'Unterredung, Versammlung' verwendet wurde, dann nahezu ausstarb und schließlich "im 17. Jh erneut aus ne. *parliament* . . . mit der wei-
terentwickelten Bedeutung 'Ständevertre-
tung' entlehnt" (KLUGE 1989, 528) wurde.

Daneben gelangen auch einige Wort-
bildungsmorpheme aus dem Französischen ins Deutsche: Das Suffix *-ieren* geht
auf frz. *-er/ier* zurück (mhd. *walopieren*
'galoppieren' < afrz. *galoper*, mhd. *punie-
ren* 'gegen jmdn. anrennen' < afrz. *pu-
nier*). Die Herkunft des Suffixes *-lei*, das
im gegenwärtigen Deutsch nicht mehr
produktiv ist (vgl. erhaltene Formen wie
derlei, zweierlei, mancherlei, keinerlei), ist
noch nicht restlos geklärt; es begegnet als
selbständiges Substantiv, das wohl auf frz.
loi zurückzuführen ist, schon im 12. Jahrhundert in der Bedeutung 'Art, Weise'
und ist im 13. Jahrhundert weitgehend
morphemisiert (*maneger leie, aller leie*).
Sehr früh wird das Suffix *-erîe* (gegen-
wartssprachlich *-erei*), das dem afrz. Morphem *-erie* (vgl. afrz. *chaccerie* 'Jagd', das
vom Verbum *chacier* abgeleitet ist)
gleicht, mit dt. Wortbildungsbasen kombiniert (*raserîe, buolerîe, vrezzerîe*).

(2) Stil: "In der erzählenden mhd. Dichtung tritt das Wort *rede* immer wieder als Terminus technicus für poetische Darbietungsformen auf. Es hat den Anschein, als entspräche dies etwa unserer Verwendungsweise von 'Text', und es liegt nahe, den häufigen Gebrauch des Wortes *rede* als Anzeichen von Ubiquität der Rhetorik zu werten." (HUFELAND 1985, 1195.) Dem Einfluß der aus der Antike tradierten und immer aufs neue gepflegten Rhetorik ist es wohl zu danken, daß die dt. Sprache vor allem durch die höfische Dichtung zur vollendeten Kunstsprache wurde. Die Autoren mußten ein hohes Maß an Bildung, welche damals zu einem großen Teil lateinische Bildung war, erworben haben, und auch das Publikum dieser Literatur muß, wie schon angedeutet, imstande gewesen sein, diese Formkunst zu rezipieren und zu ästimieren. GOTTFRIED VON STRASSBURG, der in einer "Dichterschau" einen Überblick über seine zeitgenössischen Dichterkollegen bietet, lobt z. B. an HARTMANN VON AUE, *wie er mit rede figieret / der âventiure meine! / wie lûter und wie reine / sîn kristallîniu wortelîn / beidiu sint und iemer müezen sîn!* (GOTTFRIED VON STRASSBURG 1978, V. 4624ff.). Er lobt damit die rhetorische Gestaltung, die sich auch und gerade bei GOTTFRIED, einem "poeta doctus" (GANZ in GOTTFRIED VON STRASSBURG 1978, XXIV), immer wieder manifestiert: *der edele senedære / der minnet senediu mære. / von diu swer seneder mære ger, / derne var niht verrer danne her: / ich wil in wol bemæren / von edelen senedæren, / die reine sene tâten schîn: / ein senedære, ein senedærîn, / ein man, ein wîp; ein wîp, ein man, / Tristan, Isot; Isot, Tristan.* (Ebd., V. 121ff.)

(3): Reimtechnik: Vor allem bei den höfischen Dichtern läßt sich beobachten, daß in den Reimen Formen gesucht werden, die nicht nur in ihrem eigenen Dialekt akzeptabel klingen, und solche vermieden werden, die Hörern aus anderen Dialekten unrein oder gar unakzeptabel vorkommen (vgl. bes. ZWIERZINA 1900/1901). Diese Literatursprache, die zumindest ansatzweise überregionale Geltung beanspruchen kann – aber eben nur als Sprache der höfischen Literatur, somit "die mehr oder minder mundartferne,

überlandschaftliche Sprachform literarischer Texte" (KLEIN 1985, 1) –, erweist sich "als eine Mischung von alem. und ofrk. Lautstand" (PAUL 1989, 16).

Davor und daneben hat es auch noch weitere Literatursprachen gegeben, und zwar auf md. Basis (vgl. dazu jetzt KLEIN 1985). Doch die "hochdeutsche Literatursprache" muß großes Prestige erreicht haben, so daß sich Autoren aus anderen Regionen für ihren abweichenden Reimgebrauch entschuldigen. ALBRECHT VON HALBERSTADT, der um 1200 (1190 oder 1210) Ovids "Metamorphosen" bearbeitet, schickt seinem Werk eine captatio benevolentiae voran: *Der sîn sinne an ditze bûch / zu recht hât gevlizzen, / der er ist sult ir wizzen: / enweder dirre zweier, / weder Swâp noch Beier, / weder Dürinc noch Franke. / Des lât û sîn zu danke, / ob ir fundet in den rîmen, / die sich zeinander lîmen, / valsch oder unrecht: / wan ein Sachse, heizet Albrecht, / geboren von Halberstadt, / û ditze bûch gemachet hât / von latîne zu dûte.* (Zit. nach SOCIN 1888, 106ff.) Für HEINRICH VON VELDEKE war die Existenz mehrerer Literatursprachen eine Chance: "Durch den Klever Diebstahl" seines noch unvollendeten Äneas-Romans (s. o.) "war er gezwungen, sein Gedicht im thüringischen Gebiet der md. Literatursprache zu vollenden. Nur von der Neuenburg aus, nur über mittel(hoch)deutsche Abschriften und Umschriften konnte es weiterwirken und seinen Siegeszug antreten und den Dichter aus den sanften Landschaften an der Maas zum Vater der höfischen Dichtung in Deutschland werden lassen." (DE SMET 1990, 387.)

Die höfische Dichtersprache darf allerdings nicht, trotz aller Bemühungen um überlandschaftliche Geltung, als Vorstufe der nhd. Schriftsprache angesehen werden. Mit dem Ende der höfischen Literatur verliert auch diese Sprachform ihre Funktion und Geltung. Zudem darf die Einheitlichkeit dieser Sprache nicht überschätzt werden. Die modernen Ausgaben mhd. Literatur geben nämlich in keiner Weise den Schreibstand der Handschriften wieder: sie "normalisieren" (s. auch 3.2.). Diese Weise der Edition geht auf KARL LACHMANN zurück, der annahm, daß die Sprache der mhd. Dichter "bis auf

wenige mundartliche Einzelheiten ein be-
stimmtes unwandelbares Hochdeutsch"
gewesen sei (LACHMANN 1876, 161).

Ein kurzer Blick auf ein kleines Stück
aus HARTMANNS VON AUE "Iwein" kann
dies deutlich machen. Zunächst die moderne "kritische" Ausgabe (HARTMANN
VON AUE 1968, V. 257ff.; vgl. dazu auch N.
R. WOLF 1989a):

> ir muget mir dest gerner dagen:
> ichn wil iu keine lüge sagen.
> Ez geschich mir, dâ von ist ez wâr,
> (es sint nû wol zehen jâr)
> daz ich nâch âventiure reit.

In der "Iwein"-Handschrift B (UB Gießen Hs. Nr. 97), die schon kurze Zeit nach
dem "Iwein" entstanden ist und aus dem
Schwäbischen stammt, lauten diese Verse:

> ir mvgt mir deste gerner dagen.
> vvan ichn wil iv deheine lv̊ge sagen.
> Ez geschach mir davon ist ez war.
> ez sint nv wol zehn iar.
> daz ich nach aventivre reit.

In der wmd. Handschrift A (UB Hei-
delberg, Cod. Pal. Germ. 397), um die
Mitte des 13. Jh. geschrieben, sieht diese
Stelle ganz anders aus:

> Ir moget mir deste gerner dagen.
> Ih in wil Iv necheine lugene sagen.
> Iz gescach mir daz is war
> issin nu. wal zen iar.
> Daz ih nah auenturen reit.

Die Unterschiede sind deutlich: Die
diakritischen Zeichen und die interpre-
tierende Interpunktion stammen von den
modernen Herausgebern. Die Tatsache,
daß es im Mittelalter möglich und üblich
war – es gab noch kein Urheberrecht und
keine Theorie vom schöpferischen Genie
des Dichters –, Texte zeitlich und räum-
lich/dialektal zu aktualisieren (vgl. dazu N.
R. WOLF 1991), wird von solchen normalisierten Ausgaben nicht berücksichtigt.

1.3.3. Zu weiteren Varietäten des Mittel-
hochdeutschen

Die höfische Dichtersprache ist deshalb so
stark hervorzuheben, weil, wie schon angedeutet, die einflußreichsten Dichter sich
ihrer bedienen und die Überlieferung ge-

rade deren Texte bis in die Gegenwart tra-
diert hat. Daneben gibt es eine geistliche
Dichtung, deren Autoren sich nicht an die
strengen Regeln in Reim und Stil halten
(müssen). Von der Mitte des 12. Jh. an
wird die Prosa als sprachliche Form immer wichtiger (s. u. 1.4.1.). Schließlich
können wir uns gut vorstellen, daß es
noch weitere schriftliche und mündliche
Varietäten gegeben hat, von denen allerdings kaum etwas überliefert ist. G.
SCHIEB (1969, 148) hat dies in einer
"sprachlichen Pyramide des hochmittelalterlichen Deutschs" dargestellt, die die
Schichtung des Geschriebenen und des
Gesprochenen anschaulich zeigt (s. S. 92):

Eine Sonderstellung nimmt das Jiddische ein: "Als Nebensprache der Juden
in Deutschland entstanden, rückte das
Jiddische zu ihrer Hauptsprache auf,
schuf eine wertvolle, verzweigte Literatur,
die in der zweiten Hälfte des XX. Jh. allgemein anerkannt wurde." (WEISSBERG
1988, 24.) Als ältestes erhaltenes Denkmal
gilt ein Zweizeiler, der im "Wormser
Maxser" (hebräisch Machsor 'Festgebets-
buch') vom Jahr 1272/73 überliefert ist:
gut tac im betage ('ein guter Tag wider-
fahre dem) swær dis maxsor in bejss hak-
nessess ('Synagoge') trage (zit. ebd. 45).
Bereits hier werden "das Eindringen des
Mittelhochdeutschen ins primäre Hebräische und die Übernahme deutscher
Sprachstrukturen" (ebd. 46) deutlich
sichtbar. Die Entstehungszeit und die Ent-
stehungsumstände des Jiddischen sind
noch nicht endgültig erforscht. Wahrscheinlich führte die Ghettoisierung der
Juden im 13. Jh. und die damit verbundene Isolierung zur Ausformung eines
eigenen Idioms, das neben der deutschen
Grundstruktur wichtige hebräische Elemente, aber auch romanische und slawische Bestandteile enthält. Als Schriftsystem dient das Hebräische.

1.3.4. Zur Geschichte des Sprachsystems:
Anfang und Ende des Mittelhochdeutschen

Der Anfang der Weihnachtsgeschichte im
Lukas-Evangelium (2,1) lautet in der
wichtigsten lateinischen Übersetzung, der
"Vulgata", die im ganzen Mittelalter und

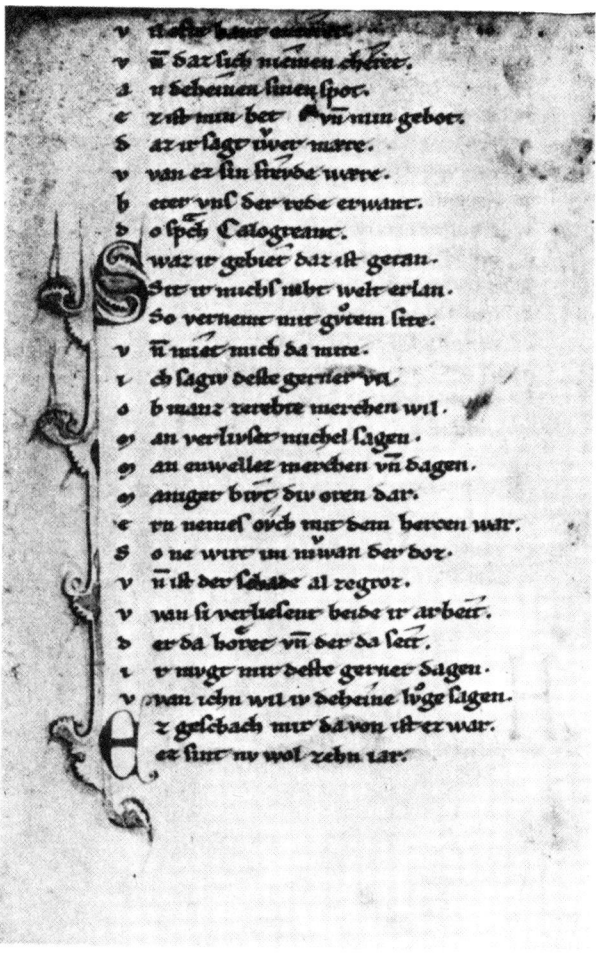

Abb. 6: Eine Seite der Gießener Iwein-Handschrift B

in der römischen Kirche auch nach der Reformation Grundlage jeglichen Bibelverständnisses war:

> Factum est autem in diebus illis, exiit edictum a Caesare Augusto ut describeretur universus orbis.

Im ahd. "Tatian", einer Übersetzung, die um 830 entstanden sein dürfte, heißt es:

> Uuard thô gitân in thên tagun, framquam gibot fon demo aluualten keisure, thaz gibrieuit vvurdi al these umbiuuerft.

Das sog. "Evangelienbuch" des MATTHIAS VON BEHEIM, eine md. Übersetzung v. J. 1343, hat an dieser Stelle:

> Abir geschên ist in den tagen, ein gebot gînc ûz von dem keisere Augustô, daz beschriben worde der ummecreiz allesament.

Schließlich die Fassung MARTIN LUTHERS in seinem "Septembertestament", der Übersetzung des Neuen Testaments, die im September 1522 gedruckt erschienen ist (darüber s. u. 1.5.2.):

> ES begab sich aber zu der zeytt, das eyn gepott von dem keyser Augustus aus gieng, das alle wellt geschetzt wurde.

Schon diese kleinen Textproben (alle aus TSCHIRCH 1969, 24f.) weisen auf wesentliche Veränderungen im dt. Sprachbau hin, insbesondere im Lautsystem.

Abb. 7:

Sprachliche Pyramide des
hochmittelalterlichen Deutschs
(1150–1250; nach Hugo Moser)

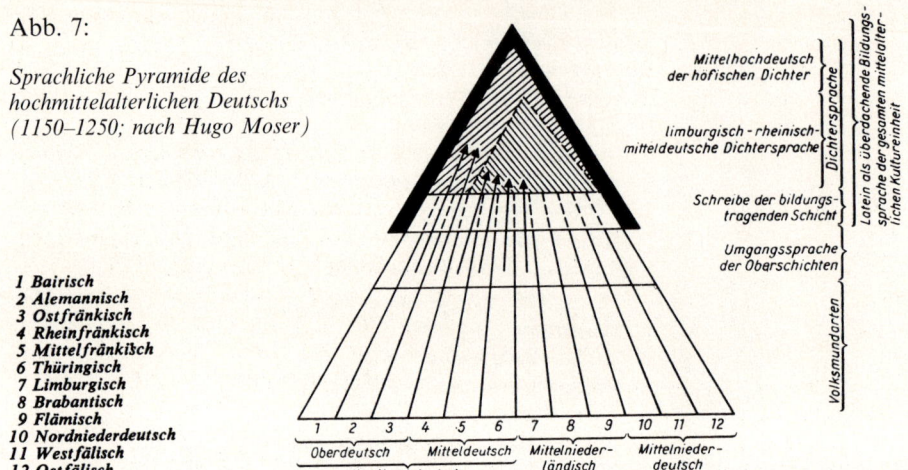

1 *Bairisch*
2 *Alemannisch*
3 *Ostfränkisch*
4 *Rheinfränkisch*
5 *Mittelfränkisch*
6 *Thüringisch*
7 *Limburgisch*
8 *Brabantisch*
9 *Flämisch*
10 *Nordniederdeutsch*
11 *Westfälisch*
12 *Ostfälisch*

1.3.4.1 *Die Nebensilbenabschwächung und die Folgen*

Im ahd. Textstück heißt es noch *tagun, keisure, vvurdi,* demgegenüber in BEHEIMS "Evangelienbuch" *tagen, keisere* und *worde.* Das Ahd. kennt demnach – darauf lassen die Graphien schließen – "volle Endsilbenvokale", während das 14. Jh. dort nur noch die Schreibung ⟨e⟩ bzw. ⟨i⟩ (letzteres bevorzugt im Md.) kennt, was auf einen zentralen Murmelvokal [ə] deutet. Mit anderen Worten: Im (Spät-)Ahd. werden die Vokale in unbetonten Silben geschwächt:

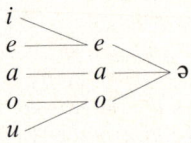

Diese Nebensilbenabschwächung hat gravierende Folgen für das Sprachsystem:
(1) Im Ahd. begegnet der sog. "Primärumlaut" (s. o. 1.2.4.1. und u. 2.3.2.3.), d.h. /a/ wird vor /i/, /i:/ und /j/ der Folgesilbe zu /e/ gehoben: *gast* Sg. vs. *gesti* Pl., *lamb* Sg. vs. *lembir* Pl., *faran* Inf. vs. *feris* 2. P. Sg. Präs. Alle anderen Vokalgrapheme bleiben im Ahd. unverändert, wenngleich man annehmen kann, daß "alle nicht-palatalen Kurz- und Langvokale (sog. 'umlautfähige Vokale') sowie die umlautfähigen Diphthonge /ou uo iu/ palatale Allophone entwickelt" haben (SZULC 1987, 82). Im Mhd. erscheinen alle diese Allophone phonemisiert ("Sekundä-

rumlaut"), z. B. *nâmen* 1./3. P. Pl. Prät. vs. *næme* (<ahd. *nâmi*) 2. P. Sg. Prät., *hôch* Positiv vs. *hæher* Komparativ, *bruoder* Sg. vs. *brüeder* Pl. Die Ursachen für die konsequente Weiterführung des "*i*-Umlauts" sind vielfältig: Zum einen werden die Allophone dann phonemisiert, wenn die allophonisierenden Ursachen infolge der Nebensilbenabschwächung nicht mehr vorhanden sind (MOULTON 1961/1970, 504f.). Überdies, wie das Beispiel *bruoder – brüeder* zeigt, ist der *i*-Umlaut, ebenfalls wegen des Wegfalls der allophonisierenden Laute, "ein zusätzliches Pluralmorphem geworden" (DAL 1979, 36; vgl. auch Fälle wie *sun – süne, loup – löuber, hûs – hiuser*), der Vokalwechsel hat "morphologische Relevanz bekommen", so daß man sagen kann, "daß im Deutschen die Umlautvokale phonematisiert wurden, indem der Umlautswechsel morphologisiert wurde" (ebd. 42). Die Morphologisierung wirkt sich zudem in der Wortbildung der Verben aus: Von der zweiten Stammform (Präteritum Singular) starker Verben können, in vorahd. Zeit durch ein umlautendes *-jan*-Suffix, kausative Verben abgeleitet werden:

ligen   – leg(g)en   < *lag-jan
sizzen – sezzen   < *sat-jan

In ahd. und mhd. Zeit werden nach diesem Muster weiterhin zahlreiche Verben gebildet: Alle umlautfähigen Stammvokale werden dabei umgelautet, obschon das umlautbewirkende *j* nicht mehr vorhanden ist. (Genaueres bei N. R. Wolf 1981, 55f.)

(2) Im Ahd. sind z. B. in der Substantivflexion die Kasus in ihren Endungen noch weitgehend distinkt (Genaueres s. u. 2.4.2.1.1.):

	Ahd.	Mhd.
Sg. Nom./Akk	*tag*	*tac*
Dat.	*tage*	*tage*
Gen.	*tages*	*tages*
Pl. Nom./Akk	*taga*	*tage*
Dat.	*tagum/tagun*	*tagen*
Gen.	*tago*	*tage*

Durch die Endsilbenabschwächung fallen mehrere Kasus formal zusammen. Deshalb verstärkt sich die Tendenz, dem Substantiv einen Artikel als (ständigen) Begleiter beizugeben, so daß das für die Syntax wichtige Kasussignal an verschiedenen Stellen eines nominalen Syntagmas begegnen kann: Die schon erwähnte Predigt "Von den zehn Chören der Engel und der Christenheit" Bertholds von Regensburg beginnt mit den Worten: *DAz himelrîche gelîchet einem acker, dâ ein schatz inne verborgen lît* (Pfeiffer 1965, 140). Im ahd. "Tatian" enthält diese Stelle keinen Artikel (wenngleich auch in diesem Text zahlreiche Artikelformen vorkommen): *Gilih ist rihhi himilo treseuue giborganemo in accare* (Tatian 1966, 101).

Auf eine vergleichbare Tendenz weist auch der Anfang der Weihnachtsgeschichte hin: Im "Tatian" beginnt sie ohne Subjektspronomen: *Uuard thô gitân in thên tagun*. Luther hingegen schreibt: **ES** *begab sich aber zu der zeytt*. Das Subjektspronomen wird ebenfalls obligatorisch, selbst wenn es sich nur um das "Scheinsubjekt" *es* handelt.

In beiden Fällen wird deutlich: Die Nebensilbenabschwächung verstärkt die Tendenz vom synthetischen zum analytischen Sprachbau.

1.3.4.2. *Auf dem Weg zum (Früh-) Neuhochdeutschen: Umgestaltung des Vokalsystems*

Im folgenden werden nur die zwei wichtigsten Erscheinungen im Wandel der Vokalqualität behandelt, die vor allem für das nhd. Schriftsystem kennzeichnend sind (zum Ganzen und zu weiteren Phonemwandelphänomenen s. 4.3.1.). Zudem setzt sich auch im Mhd. und Frnhd. die Tendenz fort, daß der Vokalismus weitaus stärker umstrukturiert wird als der Konsonantismus.

1.3.4.2.1. *Frühneuhochdeutsche Monophthongierung:*
In den beiden Bibelübersetzungen des Matthias von Beheim und Martin Luthers wird ein weiterer wichtiger Wandel offenbar: Dem "normalmhd." *gienc* entspricht bei Matthias die Schreibung *gîng* (das diakritische Zeichen über dem *i*, das der Kennzeichnung der Vokallänge dient, stammt erst vom modernen Editor). Diese Schreibung ist ein Reflex der "frnhd. Monophthongierung": Die mhd. Diphthonge /ie üe uo/ werden zu den Langvokalen /i: ü: u:/ monophthongiert: mhd. *lieber müeder bruoder* > *lieber müder Bruder*. Das Graphem ⟨ie⟩ in der dt. Gegenwartssprache ist noch als Kontinuante der mhd. Lautverhältnisse anzusehen. So ist auch die Luthersche Schreibung *gieng* zu interpretieren. Dies zeigt sich auch an einer anderen Stelle in Luthers Weihnachtsgeschichte: *vnnd es gieng yderman das er sich schetzen lies, eyn iglicher ynn seyne stadt* (Lk. 2,3. Tschirch 1969, 25). Die Präteritalformen *gieng* und *lies* haben noch das alte Digraph, die Prononmina *yderman* und *iglicher* sind durch das moderne Monograph ⟨i/y⟩ gekennzeichnet.

Andererseits schreibt Beheim in der Übersetzung von Lukas 1,1 das indefinite Numerale mit einfachem ⟨i⟩ (*vile*), während Luther an dieser Stelle die Graphie *viel* hat. Hier setzt Beheim die mhd. Verhältnisse fort (mhd. *vile*), während bei Luther ⟨ie⟩ umgedeutet erscheint: Es ist nicht mehr Reflex eines Diphthongs, sondern hat aufgrund der Monophthongierung die neue Aufgabe der Längenkennzeichnung (/i:/), neben anderen Schreibungen (*i, ih, ieh*), übernommen.

Aufgrund von Lautverhältnissen in rezenten Mundarten kann man annehmen, daß diese Monophthongierung nur das (West- und Ost-) Mitteldeutsche und Teile des Ostfränkischen – in der Gegend um Würzburg werden noch die alten Diphthonge gesprochen – erfaßt hat. Nicht ganz sicher ist der Ursprung dieses Lautwandels: Für V. Moser gilt als sicher, "daß Ausbreitung und Durchdringung der Monophthonge sich im Wmd. spätestens seit der Wende des 11./12. Jhs. und in den übrigen Gebieten noch im Verlaufe der mhd. Zeit vollzogen haben" (V. Moser 1929, 198). Demgegenüber scheint V. Schirmunski eher einen Ausgang im Omd. und dann erst eine Ausbreitung ins Wmd. und ins Ostfränk. anzunehmen. (Schirmunski 1962, 230.)

In den bair., alem., schwäb. und einigen ostfränk. Dialekten werden heute noch die alten Diphthonge gesprochen. In der obd. Schriftlichkeit hingegen haben sich die Monophthonge und das umgewertete ⟨ie⟩ erst vom 16. Jh. an durchgesetzt.

1.3.4.2.2. *Frühneuhochdeutsche Diphthongierung:* Lukas 1,23 (nach Tschirch 1969, 9) lautet im "Evanglienbuch" des Matthias von Beheim:

Abir geschên ist, dô irfullit sint die tage sînes ammechtis, dô gînc her inwec in sîn hûs.
Bei Luther heißt es hingegen:
Vnnd es begab sich, da die zeyt seynes ampts aus war, gieng er heym ynn seyn haus.

Hier stehen gegenüber:

Matthias von Beheim	Luther
sîn, sînes	*seyn, seynes*
hûs	*haus*

Diese unterschiedlichen Graphien spiegeln einen Wandel im Vokalsystem wider, der ebenfalls den Charakter der nhd. Schrift- und Standardsprache kennzeichnet: Die alten langen Monophthonge /i: ü: u:/ werden zu den Diphthongen /ei eu au/ verschoben: mhd. *mîn niuwez hûs* > nhd. *mein neues Haus.*

Dieser Lautwandel ist auch heute noch nicht in allen Dialekten durchgeführt, das Alem. und das Nd. haben die alten Monophthonge bewahrt. Die "ältesten urkundlichen Zwielautschreibungen *ei* und *ou*" begegnen "ganz vereinzelt schon um 1100" im Südbairischen, "und zwar in Südtirol" (Kranzmayer 1956, 48). Etwas später bietet sich folgender Befund aus schriftlichen Zeugnissen dar (nach Lindgren 1961, 48):

%	Bair.	Ostfrk.	Schwäb.	Böhm.	Südfrk.	Ostmd.
10	1200	1300	1450	–	1500	1475
50	1275	1375	1475	1425	–	1500
90	1350	1425	–	–	–	–

Die neuen Diphthonge sind also in der bairisch-österreichischen Schriftlichkeit am frühesten belegt und breiten sich langsam in anderen Dialekten aus. Das heißt aber nicht, daß der Südosten des dt. Sprachgebietes der Ursprungsherd dieser Verschiebung ist, weil die Reflexe eines jeden Phonemwandels in der Schreibe von den unterschiedlichsten Bedingungen abhängen. Was die Südtiroler Schreiber betrifft, muß man feststellen, daß diese im Mittelalter zumeist zweisprachig waren und daß "die polyglotten Kanzlisten ... sich erfahrungsgemäß eher zu lautgetreuen Umschriften" entschließen (Kranzmayer 1956, 48). Man kann vielmehr annehmen, daß in den Mundarten, in denen die Diphthongierung völlig durchgeführt ist – das ist "in der großen zentralen Gruppe der hochdeutschen Mundarten einschließlich des Bairischen, Schwäbischen, Rheinfränkischen (mit Ausnahme des Niederhessischen), Mittelfränkischen (mit Ausnahme des Ripuarischen) und eines großen Teils der ostmitteldeutschen Mundarten (mit Ausnahme des Westthüringischen)" (Schirmunski 1962, 214) –, der Lautwandel autochthon entstanden ist. Im Md. hat er wohl erst nach der Monophthongierung eingesetzt, weil dort die alten Langmonophthonge mit den neuen zusammenzufallen drohten. "Durch die Aufnahme der neuhochdeutschen Diphthonge *ei, au, eu* wurde die Reihe der engen Langvokale spürbar entlastet." (Fleischer 1966, 69.)

In der nhd. Schriftsprache und in deren Folge dann auch in der modernen (gesprochenen) Standardsprache sind die neuen Diphthonge sowie die Kontinuanten der alten Diphthonge zusammengefallen:

Mhd.		Nhd.	Mhd.
wîz 'weiß'	*eil(ai)*		*weiz* '(ich) weiß'
tûbe 'Taube'	*au*		*toup* 'taub'
tiuber 'Täuber'	*eu/äu*		*röubære* 'Räuber'

Die Verteilung der Graphien *eu* und *äu* in der Gegenwartssprache hängt vom

morphologischen Orthographieprinzip ab (*heute* vs. *Häute*), *ai*, das nur sehr selten vorkommt, ist entweder historischer Reflex (*Kaiser*) oder dient der Vermeidung von Homographen (*Leib* vs. *Laib*, *Seite* vs. *Saite*).

In den gesprochenen hd. Dialekten hingegen sind die alten und die neuen Diphthongreihen bis heute distinkt.

1.4. Das Deutsch des Spätmittelalters (1250–1450)

1.4.1. Umgestaltung der kommunikativen Verhältnisse

Im späten Mittelalter tritt eine Reihe von fundamentalen Änderungen in den kommunikativen Verhältnissen zutage; diese Änderungen nehmen ihren Anfang sicherlich schon im Hochmittelalter, doch ihre Wirkung wird in sich stets verstärkendem Maße von der Mitte des 13. Jh. an spürbar.

Hier ist zunächst einmal die **Entwicklung der Stadt** zu nennen. Bereits im hohen Mittelalter, viel stärker dann im späten Mittelalter verlagert sich die wirtschaftliche und kulturelle Potenz in Städte. Die Ursachen dafür sind vielfältig, von der Geschichtswissenschaft aber noch nicht hinreichend geklärt, in unserem Zusammenhang indes nicht so wichtig. Für uns von Bedeutung ist der sprunghafte Anstieg der Zahl der Städte in der Zeit von 1200 bis 1500 in ganz Mitteleuropa: von etwa 250 auf rund 3000.

Nahezu jede Stadt hat ihre eigene Geschichte. Eine Reihe von Städten wie Mainz, Trier, Worms, Köln, Augsburg, Regensburg, Aachen oder Speyer haben ihre Ursprünge in Römersiedlungen. Andere wieder entwickeln sich aus befestigten Bischofssitzen oder Pfalzorten, in deren Schutz Marktsiedlungen der Kaufleute entstehen. Landesherren nutzen die aufblühende Wirtschaftskraft der Städte, um ihre eigene Macht zu festigen und zu verstärken. Sie lassen, häufig an Schnittpunkten wichtiger Handelswege, geradezu planmäßig Städte anlegen; die deutsche

Ostkolonisation (s. weiter unten) geht zu einem wesentlichen Teil in Form von gezielten Städtegründungen vor sich.

Ihre besondere Bedeutung erhält die Stadt dadurch, daß sie Markt ist: Vielfältigste Berufsgruppen treffen sich dort aus vielfältigsten Interessen. Auf diese Weise werden die Städte Orte eines reichhaltigen kulturellen Lebens (vgl. KLÖTZER 1983). In den städtischen Kommunikationsgruppen spielen Lateinkenntnisse keine oder höchstens eine untergeordnete Rolle. Vom 13. Jh. an lassen sich die neuen Bettelorden der Franziskaner und Dominikaner in den Städten nieder, die vor allem durch die Predigt eine spezielle Art der Seelsorge treiben und damit besondere literarische Formen anregen. Außerdem werden die Städte in zunehmendem Maße Schul- und Bildungszentren. Da gibt es, häufig von alters her, Lateinschulen, die in der Regel Domschulen oder Stiftsschulen waren, "aber schon in der Stiftsgründung lag meist auch bürgerliche Bildungspolitik" (KLÖTZER 1983, 48). Daneben kommen immer mehr "die spätmittelalterlichen Pfarr-, Parochial-, Trivialoder Lateinschulen ..., deren Leitung nach längerem Kampf um die Schule zwischen Kirche und Bürgerschaft weitgehend in die Hand des jeweiligen Stadtregiments gelangt war, weshalb sie vielfach auch als Stadt- oder Ratsschulen bezeichnet werden" (ENDRES 1983, 173f.).

Mit dem Handel geht das Geld- und Kreditwesen einher. "Die Ausbildung des Kreditwesens hat Lese- und Schreibkenntnisse zur Voraussetzung." (PIRENNE 1971,

122.) Die Kaufleute und Handwerker schicken ihre Kinder zunächst in Lateinschulen; doch stellt sich bald heraus, daß ihnen "weniger an lateinischer Grammatik gelegen" ist "als an den für ihre Buchhaltung und Korrespondenz notwendigen Fähigkeiten im Lesen, Schreiben und Rechnen" (PETERS 1983, 272).

Für solche Schulen werden Fibeln hergestellt, die älteste deutsche stammt aus Augsburg aus den Jahren um 1490 (vgl. KIEPE 1983). Diese enthalten Merksätze wie *Adam Schlosser sol xi Guldin vmb korn,* die dann variiert werden (andere Namen, Zahlen, Münzsorten oder Waren). Auf diese Weise wird solch eine Fibel "ein kleiner Spiegel städtischen Handelslebens im Spätmittelalter" (KIEPE 1983, 459). Für die Wirkung dieses Unterrichts und den Geltungsbereich des Deutschen bleibt festzuhalten, daß auf diese Weise kaum die Fähigkeit und das Bedürfnis, Bücher zu lesen, vermittelt werden kann. Aufschlußreich aber ist, daß die Augsburger Fibel elementare Kulturtechniken zuvörderst anhand von kommerziellen Mustersätzen vermittelt und nicht, wie die Admonitio generalis KARLS DES GROSSEN, die Kenntnis von Gebeten vorschreibt. Städtischer Schulbildung dieser Art geht es eben um *lernen sin schuld vff schriben vnd låsen.*

Insgesamt aber ist festzuhalten, daß der Stadt eine wichtige sprachgeschichtliche Stellung zukommt. "Im Rahmen ihrer Funktionen ist", wie gesagt, "die Schriftlichkeit unerläßlich. Das bedingt zugleich eine tätige Förderung der Ausbildungsmöglichkeiten und eine gewisse Vorrangstellung im Schulwesen überhaupt. Es sind die Städte, in deren Kanzleien bzw. Schreibstuben sich am ehesten gewisse regionale Schreibkonventionen herausbilden und verfestigen. Zugleich stehen viele dieser Städte in überregionalen Beziehungen und werden im Geschäftsverkehr mit anderen Schreibkonventionen bekannt bzw. konfrontiert." (BESCH 1972, 464f.) So wie sich Schriftlichkeit und Schule gegenseitig bedingen, so stehen städtisches Schreibwesen und überregionaler Schreibsprachausgleich (s. auch unten 1.4.2. und 4.2.1.) in einem wechselseitigen Verhältnis.

Wichtig ist des weiteren die Vergrößerung des Sprachraums durch die **Ostkolonisation**. Damit bezeichnet man einen längeren, in mehreren Phasen verlaufenden Prozeß, dessen erste Ansätze in die Zeit der Karolinger zurückreichen. Die Linie Elbe-Saale bildete 843, also zur Zeit der Vertrags von Verdun, die Ostgrenze des Fränkischen Reichs, trennte das "Altland" vom "Neuland". In verschiedenen Schüben, vor allem aber vom 12. bis zur zweiten Hälfte des 14. Jh. werden nun das Gebiet östlich der alten Grenze besiedelt. Dabei ist die "Stoßkraft" in den Osten im ausgehenden Hochmittelalter und Spätmittelalter besonders stark. Wie schon angedeutet, werden auch im Neuland die Städte wichtig: "Neben dem fortgesetzten Landesausbau und Rodungsvorgängen, neben der beschleunigten Verstädterung, schritt nun – oder: sprang vielmehr die Siedlungsbewegung im Osten voran, wurden auch hier Städte gegründet und privilegiert, planmäßig Dörfer angelegt." (LEUSCHNER 1975, 117.)

Die Städte werden auch im Neuland zu wirtschaftlichen Zentren. Denn eine Stadt wird häufig "mit einer Anzahl zugehöriger Dörfer zugleich geplant und nach dem gleichen Rechte besiedelt" (KROESCHELL 1972, 211). Damit ist die ökonomische und rechtlich-organisatorische Infrastruktur geschaffen. Aufgrund ihrer Marktfunktion treten die Städte untereinander in regen Kontakt und stehen damit vor der Notwendigkeit, überregional zu kommunizieren.

Die Ostkolonisation bewirkt zweierlei: Zum einen wird der deutsche Sprachraum gewaltig ausgeweitet, zum andern erreicht der sprachliche Verkehr eine neue Qualität, sowohl im Schriftlichen wie auch im Mündlichen. Die Städte als immer neue Form des Zusammenlebens gewinnen an Bedeutung. Und: Das politische und wirtschaftliche Gewicht verlagert sich in den Osten; diese Tendenz wird durch die Hausmachtpolitik der Habsburger und der Luxemburger verstärkt. Auf dem Boden des Neulands entstehen auch zwei bedeutsame Territorien: das der (Hohen-)-Zollern und das der Wettiner.

Diese historischen Voraussetzungen waren für **dialektgeographisch** orientierte Sprachhistoriker wie THEODOR FRINGS und seine Schüler Ansatzpunkt für weitreichende und wirkungsvolle Thesen. Ausgehend vom Material und von Karten des Deutschen Sprachatlas, kam FRINGS zu dem Ergebnis, daß "der mittelalterliche Osten an Saale, Elbe, Oder von drei Siedelbewegungen mit drei klar erkennbaren Ausgangssituationen ergriffen worden" sei: "eine niederdeutsche Bewegung der Linie Magdeburg-Leipzig, eine mitteldeutsche Bewegung der Linie Erfurt-Leipzig-Breslau, eine oberdeutsch-mainfränkische Bewegung der Linie Bamberg-Meißen, Dresden" (FRINGS 1957, 43). Vgl. die Karte bei FRINGS 1956, 270 und 1957, 131 (s. S. 98).

Aufgrund der Siedlermischung habe sich auf der Ebene der gesprochenen Mundart eine "koloniale Ausgleichssprache" (FRINGS 1956, 4) herausgebildet, die auch Züge der nhd. Schriftsprache aufweise.

1.4.2. Kommunikationsgruppen und Funktiolekte im späten Mittelalter und in der frühen Neuzeit

Es ist geradezu ein Gemeinplatz der Sprachgeschichtsschreibung, daß es in unserer Periode (ebensowenig wie in den vorausgegangenen) eine kodifizierte einheitliche Grammatik der Volkssprachen, somit auch des Deutschen, nicht gibt. Gerade eine solche Grammatik wäre aber ein wichtiges Fundament einer Einheitssprache. Deshalb ist im Mittelalter und in der frühen Neuzeit nichts davon festzustellen. Das tatsächlich gesprochene Frnhd. besteht aus einer Reihe – heute nur noch teilweise zu rekonstruierender – regional begrenzter Sprachen.

Vergleichbares begegnet im Bereich schriftlicher Sprachverwendung. Auch hier gibt es im späten Mittelalter und in der frühen Neuzeit "keine Kommunikationsgemeinschaft" (GIESECKE 1980, 41). Diese Situation hat zwei einander bedingende Ursachen:

– Es fehlt ein überdachendes Kommunikationsmedium im Sinn einer Standardsprache mit den notwendigen Funktiolekten. Die Vereinheitlichung einer Sprache, ein intralingualer Sprachausgleich, wie er für die Entste

hung der nhd. Schriftsprache kennzeichnend ist, bringt stets auch eine funktiolektale Differenzierung mit sich, weil ja die Sprache die vielfältigsten Situationen bewältigen muß. Und umgekehrt: Eine Kommunikation über verschiedene Regionen und sozialen Gruppen hinweg bedarf, bei aller stilistischen Differenzierung, der Vereinheitlichung. Zugleich – und gerade auch das ist ein eminent komplexer Vorgang – benötigt eine Einheitssprache für die überregionale und intergruppale Kommunikation Mittel zur Abstraktion, und zwar von der jeweiligen Situation. In unserem Zeitraum fungiert zwar Latein noch als überdachende Kultursprache, doch übernimmt das Deutsche zunehmend Funktionsbereiche vom Latein, und auch dafür müssen die pragmatischen und grammatischen Regeln erst erarbeitet werden.

– Es gibt keine einheitliche Grund-Bildung etwa durch allgemeine Schulpflicht. Im Gegenteil: Einzelne Interessengruppen haben ihre eigenen Bildungsinstitutionen: "Die Kirche besitzt ihre Domschulen; das städtische Handelsbürgertum versucht, daneben städtische Lateinschulen einzurichten; die ärmeren städtischen Schichten setzen das Recht auf private deutsche Schreibschulen durch; für Adelige gibt es eine gesonderte Unterweisung in den ritterlichen Tugenden und je nach Rang eine private Hofmeistererziehung. Die Bevölkerung auf dem Lande lernt ebenso wie die Handwerker bei der Arbeit von den Eltern bzw. Handwerksmeistern." (GIESECKE 1980, 41.) Jede dieser Institutionen wacht lange Zeit sorgfältig und eifersüchtig darüber, daß das von ihr tradierte, ihr eigene und für sie spezifische Wissen auch bei ihr bleibt. Neue Techniken z. B. "werden als 'Arkanum', als Geheimnisse der Zunft einer Stadt gehütet" (BAUER/MATIS 1988, 97). In Schulverträgen und Ratsbeschlüssen werden die Rechte der einzelnen Schultypen ziemlich eng definiert. Ein Lübecker "Vertrag wegen der deutschen Schreibschulen" vom 6. August 1418 legt fest, *dat scryveschole synt ghenomet, dar men allenen schal leren kinderen lesen unde scryven in dem du-*

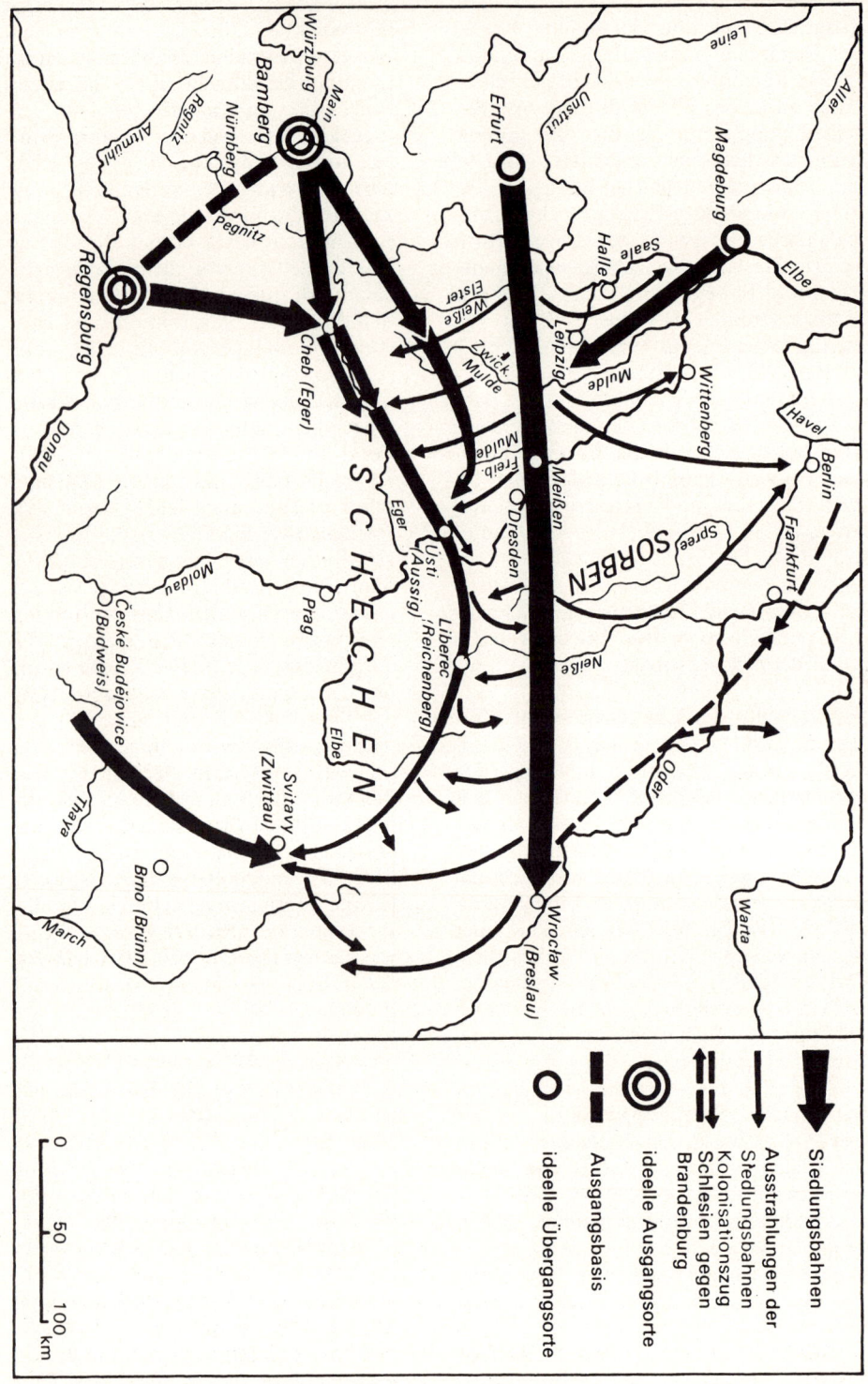

Karte 7: Mitteldeutsche Siedlungsbahnen (etwa 1100–1500)

deschen und anders nerghen ane (MÜL-
LER 1885, 36). Und der Rat der Stadt
Konstanz erläßt am 17. April 1499 eine
"Verordnung betreffs des Domschul-
meisters und der deutschen Schreiber":
*Die rät hiessent do ze mal mit den
tütschschribern reden und den gepieten
an ein püss, daz sy kein kind, knaben, die
zu jn gesetzt werdent, kain kind noch la-
tinisch buch jn jren hüsern nit leren sond,
wen das aller burger und lüten kind, die
latin und tütsch lernen wend, das tün
sond in der schul* (ebd. 123). Ähnliche
Verfügungen werden u.a. in
Braunschweig 1420 und 1479, in Hamburg 1456 und in Memmingen 1511 ge-
troffen.
Aus diesen Gründen können wir also
nur eine Reihe von Kommunikationsgruppen beobachten (vgl. dazu N. R.
WOLF 1987, 218), wobei wir uns aus nahe-
liegenden Gründen auf das, was durch
schriftliche Überlieferung gesichert ist, beschränken müssen. Dabei spielt die dis-
kursive Prosaliteratur hier eine besonders
wichtige Rolle. Die Schriftlichkeit und die
neuen, ursprünglich lateinischen "Dis-
kurswelten" bewirken nämlich in der
Volkssprache "eine Verschiebung vom
Deiktischen zum Definitorischen"
(SCHLIEBEN-LANGE 1985, 14), was wiederum die weitergehende Verschriftlichung
erleichtert, zu einer Verselbständigung der
Schrift(lichkeit) führt. Schriftlich fixierte
Texte bekommen ihre eigene Dignität,
woran dann mit Beginn der "Massenproduktion" von Büchern vor allem auch die
Buchdrucker (und später die Verleger) interessiert sind. Auf diese Weise wandelt
sich die Sprachgemeinschaft zu einer
Schriftgemeinschaft, und diese drängt auf
Vereinheitlichung der Sprachform(en).
"Erst als Schriftgemeinschaften tendieren
die Sprachgemeinschaften dazu, stabile
Grenzen zu definieren, und dazu, Litera-
tur- und Nationalsprache zu identifizieren." (SCHLIEBEN-LANGE 1988, 14.) Und
in diesem Bereich lassen sich im späten
Mittelalter folgende Kommunikationsgruppen, denen man auch sprachgeschichtliche Wirkung zusprechen kann,
feststellen:
– Fachleute verschiedenster Tätigkeiten
  (z.B. Handwerker, Kaufleute, Jäger,
  Chirurgen),

– Schulen verschiedenen Typs (städtische
  Schreibschulen, kirchliche Lateinschulen, Artistenfakultäten),
– Autoren und Publikum einer speziellen
  "popularisierenden" Wissensliteratur
  verschiedenster Wissensgebiete,
– unterschiedliche religiöse Gemeinschaften,
– Wissenschaftler im engeren Sinn,
– ein publizistisches Publikum (Reformation, Bauernkriege) vom Beginn des
  16. Jh. an.
Aus dieser Übersicht wird deutlich, daß
die Volkssprache in den einzelnen Gruppen eine jeweils unterschiedliche Rolle
spielt bzw. daß das Verhältnis von Latein
und Volkssprache in jeder Kommunikationsgruppe anders ist. Dementsprechend bekommen einzelne Textarten gerade für die Geschichte der dt. Sprache
besondere Bedeutung (z.B. Urkunden,
Wissensliteratur, Bibel, um nur einige her-
vorstechende Exempel zu nennen).
Wie schon angedeutet, kommt vor allem in der immer stärker werdenden Prosa
das Zukunftsweisende deutlich zum Ausdruck, in der Prosa liegt die sprachgeschichtliche Zukunft. Von der "Ge-
brauchssituation" (KUHN 1980, 78) der
Texte ausgehend, wollen wir unter "Literatur" alle "'geordneten' Texte" des
Mittelalters verstehen, "d.h. das Schrifttum schlechthin außer dem urkundlichen,
soweit es sich auf bloße Rechtsverbind-
lichkeit beschränkt" (RUH 1985, 263). Unter diesem pragmatischen Gesichtspunkt
können wir demnach zwei große Varietä-
tenklassen unterscheiden: (1) Kanzlei-
/Geschäftssprache und (2) literatursprachliche Funktiolekte.

(1) **Kanzlei-/Geschäftssprache**: Der geradezu plötzliche "Übergang von der lateinischen zur deutschen Urkundensprache" (HENZEN 1954, 67) um die Mitte des
13. Jh. hat zur Folge, daß das Deutsche
"rechtsfähig" (HANS MOSER 1985, 1399)
wird. Zwar war das Deutsche immer
schon Rechtssprache, d.h. Sprache der
mündlichen Rechtshandlung, gewesen,
doch die schriftliche Fixierung war dem
Latein vorbehalten gewesen. "Rechtsfä-
higkeit" der Volkssprache meint also, daß
man dem Deutschen die Fähigkeit zu-
spricht, Rechtsverbindliches auch schrift-

lich festzuhalten. Die Urkunde ist zur "Beobachtung bestimmter Formen" verpflichtet und kann nur so als "ein Erzeugnis des Rechtslebens" (BRANDT 1963, 98) anerkannt werden. Und in all diese normierten Funktionen wächst das Deutsche hinein. Somit bedeutet die Ablösung des Lateinischen "nichts Geringeres als die Entthronung einer reich ausgebildeten, ihrer Nachfolgerin an Prägnanz und Korrektheit zunächst weit überlegeneren Sprache" (KIRCHHOFF 1957, 287). Und durch "das Auftreten der Volkssprache in den Urkunden erhalten die universale geistige Einheit des Mittelalters und mit ihr die Anwendung der lateinischen Sprache eine Einbuße" (NEWALD 1942, 497).

Die Ursachen dieser "Revolution in der Geschichte der deutschen Rechtssprache" (BOESCH 1968, 5) sind, obgleich sicherlich von "elementarer Macht" (HENZEN 1954, 67), immer noch nicht eindeutig geklärt. Man wird "die Gründe für den Gebrauch der deutschen Sprache in einem komplexen Zusammenhang von sozialen Veränderungen während des 13. Jh.s suchen, die ein verstärktes und von einem größeren Personenkreis ausgehendes Sicherheitsbedürfnis im Rechtsverkehr und damit zusammenhängend auch andere Formen des Rechtswesens (eine verstärkte Schriftlichkeit) nach sich tragen" (SCHULZE 1975, 13). Also: Sowohl soziale Wandlungen wie die immer stärker werdende Beteiligung von Gruppen, die nicht Latein beherrschen, als auch kulturell- juristische Vorgänge wie die schnell zunehmende Verschriftlichung zahlreicher Lebensbereiche und schließlich die selbstbewußtere Haltung gegenüber der eigenen Sprache haben ihren Teil beigetragen. "Auch die führende Rolle der Städte und des ökonomisch und kulturell weit fortgeschrittenen Südwestens stimmen zu diesem Bild." (HANS MOSER 1985, 1400.)

Damit ist auch die geographische Dimension dieses Vorgangs angedeutet: Denn der "Übergang zur deutschen Geschäftssprache vollzog sich nicht auf dem ganzen deutschen Sprachgebiet gleichzeitig oder zufällig" (HENZEN 1954, 68). Am frühesten begegnen die deutschen Urkunden im Südwesten des deutschen Sprachraums. Die deutsche Urkunde "verbreitet sich dann – grob gesprochen (das nieder-

rhein. Zentrum Köln eilt voraus) – von Westen nach Osten und von Süden nach Norden" (HANS MOSER 1985, 1399).

Die oben erwähnte Territorialisierung brachte es auch mit sich, daß die Residenzen der Landesherren zu Verwaltungszentren ausgebaut wurden. Und damit bildeten sich Kanzleien aus "in dem Maße, wie diese [scil. die weltlichen und geistlichen Fürsten] seit dem 15. Jh. zur Territorialhoheit aufstiegen" (CLAVIS 1966, 128). Und mit wachsender Selbständigkeit müssen auch größere Städte wie Basel, Freiburg, Straßburg, Mainz, Frankfurt, Köln, Augsburg, Nürnberg, Erfurt bereits im 14. Jh. Kanzleien mit differenzierterem Arbeitsgang einführen.

Es liegt nahe, nicht nur Urkunden in der Volkssprache abzufassen, sondern dieses Idiom auch auf andere Geschäftsbereiche, somit auf andere Textarten zu übertragen. Dadurch kann der Eindruck entstehen, daß die "sprachformenden Kräfte des Frnhd. ... nicht mehr Hofkunst und Fest, sondern Verwaltung, Wirtschaft und Recht" sind (SKÁLA 1985, 1776). Es bilden sich also "Geschäftssprachen" heraus, die nicht nur "Urkunden" im engeren Sinne verbalisieren. Kanzleien sind eben nicht nur "Beurkundungsstellen", sondern die "Zentralstellen der Landes- und Stadtverwaltung für das gesamte Schreibwesen" (EGGERS 1969, 23).

Kanzleien müssen, dies klang schon an, auch überregional kommunizieren. Es überrascht deshalb nicht, daß der "Ausgleich der Schreibnormen" um 1500 "auf kanzleisprachlicher Ebene" (HANS MOSER 1978, 54) schon weit gediehen ist. Davon zeugt auch LUTHERS berühmtes Dictum: *Ich rede nach der sächsischen Canzeley, welcher nachfolgen alle Fürsten und Könige in Deutschland; alle Reichsstädte, Fürsten-Höfe schreiben nach der sächsischen und unsers Fürsten Canzeley, darum ists auch die gemeinste deutsche Sprache. Kaiser Maximilian, und Kurf. Friedrich, H. zu Sachsen etc. haben im römischen Reich die deutschen Sprachen also in eine gewisse Sprache gezogen.* (L) LUTHER nennt hier, sicherlich nicht aus Zufall, zwei große Kanzleien, die die dt. Schriftdialekte "i n e i n e gewisse Sprache gezogen" haben (BESCH 1967, 363). Und gerade für Kanzleien, die ja häufig "sprachsoziologisch eine hohe Ebene" repräsentieren (KETT-MANN 1969, 279) gilt, daß die "Schriftdialekte ... von selbst immer mehr ineinander[fließen]" (HENZEN 1954, 89). Dies trifft nicht nur auf die von LUTHER genannten Großkanzleien zu. In der Jenaer Ratskanzlei, um ein Beispiel einer Stadt zu nennen, bemühen sich die Schreiber "auffällig, die Schreibsprache von der als grobmundartlich empfundenen kolonialen Ausgleichssprache bäuerlicher Siedler freizuhalten" (SUCHSLAND 1985, 568).

Auf diese Weise werden die Kanzleien auch schreibsprachliche Vorbilder. NICLAS VON WYLE z.B. drückt am Ende seiner "Translationen" (1478) sehr deutlich die normierende bzw. beispielgebende Funktion der Kanzleien aus: *Item so ist vnsers landes tútsche biß her gewesen zereden zwúschen dir vnd mir zwúschen úch vnd vns. zwúschen jm vnd mir. Dar für wir yetz östorrychesch sprechen zwúschen din vnd min zwúschen úwer vnd vnser zwúschen sin vnd min. Item vnd als die fúrsten vnser landen bisher pflegen haben ain andern zeschryben vnd noch des merentails tůnt | úwer lieb. heben yetz etlich schriber an flemisch dar für zeschriben úwer liebde ... Und rinisch geet für gåt vnd steet für ståt ... so haben sich vnser våtter vnd dero altfordern in schwåben yeweltñ her bis vf vns gebrucht in Irem reden vnd schriben des diptongons .ai. fúr .ei. ... Aber yetz garnách in allen schwebischen cantzlien der herren vnd stetten schribent die schriber ei für ai ... Yetz ist aber ain núwes gougelspiele entstanden dz man in vil cantzlien vnd schriberyen pfligt zuschriben zway .n. da des ainen gnůg wer vnd das ander úberflüssig ist ... Vnd mich wundert dz etlich Statt schriber mir bekant: sólichs von jren substituten lyden tůnt | so bald sy etwas núwes sechen uß ains fúrsten cantzlie usgegangen* (MÜLLER 1882, 15f.). Niclas von Wyle macht die Kanzleien für Modetorheiten in der Orthographie verantwortlich und wirft den Schreibern vor, daß sie sinnlose Neuerungen *gebruchent wie die affen.* (Weitere Äußerungen über die Vorbildlichkeit von Kanzleien in dem entsprechenden Kapitel bei JOSTEN 1976, 144ff.)

Zu Beginn des 16. Jh. ist dann die sprachhistorische Bedeutung der Kanz-

leien "im wesentlichen erfüllt" (HANS MOSER 1978, 56). Die führende Rolle übernimmt der Buchdruck (darüber s. unten mehr).

Territorialisierung und die rege überregionale Kommunikation bringen es mit sich, daß sich im späten Mittelalter eine Reihe von überregionalen Schreibsprachen herausbildet:

– Auf der Basis von ostobd. und omd. Schriftdialekten entsteht spätestens im 15. Jh. eine "osthochdeutsche" Schreibsprache, die schon einen weitgehenden (Schreib-)Sprachausgleich zeigt und als noch nicht realisiertes Archi-System, das sich aus mehreren Subsystemen konstituiert, angesehen werden kann. Auch hier spiegelt sich die wachsende politische und wirtschaftliche Bedeutung des Ostens des dt. Sprachgebiets.

– Im Wirtschafts- und Herrschaftsgebiet der dt. Hanse entwickelt sich vom 14. Jh. an eine mittelniederdeutsche Schreibsprache, die bis ins 16. Jh. als Verkehrsprache im europäischen Norden dient. Mit dem Niedergang der Hanse verliert diese Sprachform stetig an Bedeutung, bis im 17. Jh. der Vorrang des Hd. entschieden ist.

– Bereits im 13. Jh. entsteht eine Verkehrssprache der reichen flandrischen und brabantischen Städte, das Mittelniederländische, manchmal auch "Dietsch" genannt. Aus ihm entwickelt sich das Niederländische als eine selbständige Nationalsprache.

(2) **Literatursprachliche Funktiolekte**: Wie schon dargelegt, übernimmt im Bereich der "Literatur" die Form der Prosa die führende Funktion. Mit der zunehmenden Verschriftlichung ist "eine stärkere Rezeption von ursprünglich durch die Kirche verwalteteten Inhalten und Techniken verbunden" (DINZELBACHER 1987, 11). Zu einem großen Teil leistet die Prosa-Literatur eine "volkssprachliche Popularisierung der lateinischen Schrift-Tradition" (KUHN 1980, 78), wobei "Popularisierung" meint, "daß die Möglichkeit und Bereitschaft, deutsch zu schreiben, zu lesen (und vorgelesen zu hören) in allen Kulturgebieten so breit geworden ist, daß Quantität in Qualität umschlagen kann insofern, als daraus ein generelles schriftliches Rezep-

tions-Verlangen hervorgeht" (ebd. 79). Daraus erklärt sich, daß, im Vergleich zur vorausgegangenen Periode, überaus viele Lebens- oder Sachbereiche von volkssprachiger Prosa verbalisiert werden, daß

also die Volkssprache zahlreiche Domänen vom Lateinischen übernimmt, was wiederum zur funktiolektalen Differenzierung des Deutschen führt.

1.5. Das Deutsch der frühen Neuzeit (1450–1650)

1.5.1. Das neue Medium: der Buchdruck

Das späte Mittelalter ist ein Zeitalter rasanter technologischer Entwicklungen. Dies (natürlich nicht nur dies) führt auch zu einer steigenden Nachfrage nach Lektüre. Das mühsame Abschreiben von Hand kann, trotz einiger Ansätze zu relativer "Massenproduktion" – man denke an den in der Forschungsliteratur oft erwähnten Hagenauer Lehrer Diebold Lauber, der Handschriften mit "über 20 Spezialisten (für das Abschreiben, Illustrieren, Initialen-Malen, Rubrizieren, Binden) und Angestellten für Werbung und Vertrieb" (v. POLENZ 1991, 118) geradezu in "Fließbandtechnik" herstellen ließ –, dem steigenden Bedarf nicht gerecht werden. In dieser Situation bedeutet die Erfindung des Mainzer Patriziers JOHANNES GUTENBERG, mit auswechselbaren Metalllettern Texte geradezu beliebig vervielfältigen zu können, um 1450 den Beginn einer neuen Ära. "Die revolutionären Folgen der Erfindung des Buchdrucks auf dem Gebiet der Kultur- und Geistesgeschichte können nicht hoch genug eingeschätzt werden ... Es handelt sich nicht nur um die Ablösung eines Schriftträgers durch einen anderen, sondern um eine Vervielfachung der Möglichkeiten, mittels eines Mediums Gedankengut zu verbreiten." (MAZAL 1975, 123.)

Diese "Revolution" wirkt sich in vielen Bereichen aus: Zunächst werden die Möglichkeiten schriftlicher Kommunikation ausgeweitet, und dies nicht nur zahlenmäßig schlechthin, sondern auch geographisch und sozial gesehen. Damit hängt zusammen, daß neue Textarten entstehen wie Flugblätter und Flugschriften, in der Folge Vorläufer bzw. Vorformen von Zeitungen; mit anderen Worten: es kommt

zur Möglichkeit, rasch, nahezu unmittelbar auf aktuelle Ereignisse zu reagieren und damit ein großes Publikum zu erreichen.

Es sind spezielle Bedingungen, die die Ausbreitung des Buchdrucks fördern (Angaben nach MAZAL 1975, 124f.; vgl. auch die Übersichten von CORSTEN 1983, 10 und 12). In den Handelsstädten sind der Absatzmarkt, aber auch die Möglichkeiten der Kapitalbeschaffung wesentliche Motoren; so lassen sich in Straßburg 1458/59, Augsburg 1468, Nürnberg 1469/70, Ulm 1473, Basel 1468, Köln 1464/65, Lübeck 1473 und in Leipzig 1481 Drucker nieder. In Bischofsstädten begünstigt der Bedarf an liturgischen Büchern die Ansiedlung von Offizinen: Bamberg 1458/59, Merseburg 1473, Breslau 1475, Würzburg 1479, Passau 1480, Meißen 1483, Eichstätt 1483/84, Regensburg 1485, Münster 1485, Freising 1487. Auch Universitäten zogen Drucker an, wenngleich in geringerem Maße: Rostock 1476, Ingolstadt 1484, Heidelberg 1485, Freiburg 1490 (?). In der Folge breitet sich der Buchdruck weiter aus, sowohl über das Sprachgebiet hinweg als auch an den einzelnen Orten.

Mit der Ausbreitung des Buchdrucks geht eine Erhöhung der Buchproduktion Hand in Hand (Zahlen nach SCHWITALLA 1983, 6): "Von 1513 bis 1517 wurden jährlich durchschnittlich 105,4 Bücher gedruckt" (ebd., gemeint sind hier deutschsprachige Bücher). In den folgenden Jahren steigt, mit Ausnahme von 1521, die Zahl stetig.

Druckjahr	Zahl der gedruckten deutschen Bücher	Steigerung auf . . . Prozent
1518	146	139 %
1519	252	239 %
1520	571	542 %
1521	523	496 %
1522	677	642 %
1523	944	896 %

Dabei ist zu bedenken, daß ursprünglich lateinische Texte bei weitem überwiegen. Doch auch das ändert sich schnell. "Der Anteil deutscher Schriften an der Produktion der Drucker steigt von etwa 1/20 im Jahr 1500 auf 1/3 im Jahr 1524." (WEHRLI 1980, 969.) Es liegt nahe, daß diese Produktionserweiterung auch soziale Auswirkungen hat. Immer mehr Menschen kommen in den Besitz von Büchern. Da Drucker "nicht auf Bestellung" arbeiten (CORSTEN 1983, 22), müssen sie sich nach den Bedürfnissen des Marktes richten. Es kommt geradezu zu Spezialausgaben für "pauperes", wobei eben – wie in der Gegenwart – an der Ausstattung gespart wird (vgl. ALTMANN 1981).

Das neue Medium Buchdruck wäre kein neues Medium, wenn es nur die schnelle und zahlreichere Reproduktion des Althergebrachten bewirkte. "Faktoren wie größere Verbreitungsmöglichkeiten, neuer Autor-Adressatenbezug, schnelle Rückkoppelung (Kritik, mehrfache Neuauflagen möglich), schnellerer Informationsfluß und bessere Möglichkeit der wissenschaftlichen Datensammlung" (KÄSTNER/SCHÜTZ/SCHWITALLA 1985, 1362) haben ihre Wirkung auf Textproduktion und Leserinteresse. Die Reformation wäre ohne Buchdruck in der Form, wie sie ablief und wirkte, nicht denkbar gewesen. Die Zahl der deutschen Drucke schnellt "seit dem Auftreten Luthers sprunghaft in die Höhe" (ENGELSING 1973, 26). Ereignisse wie Reformation und Bauernkrieg bringen ihrerseits wieder eine Flugschriftenwelle mit sich: 1517 erscheinen 13 Flugschriften, sieben Jahre später 299, das bedeutet eine Steigerung auf 2300% (vgl. SCHWITALLA 1983, 6, Anm. 2). Es wird offenkundig, daß auf diese Weise "neue Kommunikationsbedürfnisse entstehen, in welchen die deutsche Sprache neue Funktionen und Existenzformen" entwickelt (HARTWEG 1985, 1417).

Mannigfach sind Äußerungen von Zeitgenossen zum neuen Medium, zustimmende wie ablehnende. Positiv wird häufig die Schnelligkeit, mit der von nun an Bücher produziert werden können, vermerkt. Doch eben dieses Merkmal wird auch negativ gesehen: Johannes Trithemius (1462–1516) z.B., Abt des Benediktinerklosters Sponheim bei Bad Kreuznach und später des Schottenstifts in Würzburg, verfaßte 1494 eine Schrift "De laude scriptorum"; reichlich spät versucht er, den Gang der Geschichte aufzuhalten. *Qui autem a scribendi studio cessat propter impressuram, verus amator scripturarum non est . . . Scriptis enim codicibus nunquam impressi ex equo comparantur; nam orthographiam et ceteros librorum ornatus impressura plerumque negligit. Scriptura autem maioris industrie est.* ('Wer aber vom Schreibeifer des Druckes wegen abläßt, der ist kein wahrer Freund der Schrift . . . Denn Drucke werden den handgeschriebenen Codices gegenüber niemals als gleichwertig erachtet, zumal der Druck häufig die Rechtschreibung und die übrige Buchausstattung vernachlässigt. Auf eine Handschrift wird einfach mehr Fleiß verwandt.' TRITHEMIUS 1970, 64, von dort auch die Übersetzung; es dürfte auch eine Ironie der Geschichte sein, daß Trithemius sein "Lob der Schreiber" drucken ließ. Eine gute Übersicht und Kommentierung von zeitgenössischen Äußerungen bietet GIESECKE 1991.)

Noch nicht eindeutig geklärt ist die Rolle des Buchdrucks bei der Entstehung der nhd. Schriftsprache, beim schreibsprachlichen Ausgleich also. Zwei konträre Meinungen können dies belegen:
– "Die Drucker hatten ein geschäftl. Interesse daran, daß ihre Bücher in den verschiedensten dt. Gegenden verstanden, gelesen und damit verkauft werden konnten. Das ließ sich jedoch nur ermöglichen, wenn ihnen ausgesprochen mundartl. Züge fernblieben. Daher gingen sie beizeiten aus auf einen Ausgleich, eine Vereinheitlichung der Sprache . . ." (BACH 1970, 254.)
– Dagegen hat sich vor allem SCHIROKAUER (1957, 894) gewandt: "Wenn

nun aber der rhein. Drucker seinen aus-
wärtigen Kunden zuliebe einen ostmd.
Lautstand wählt, entfremdet er sich
nicht seiner eignen Landsleute? Wird er
sein Entgegenkommen für den anony-
men Leser in Augsburg so weit treiben,
den Nachbarn vor den Kopf zu stoßen?" SCHIROKAUER rechnet mit einem
Kompromiß, mit einer "Mischung",
wobei die Mischung je nach erwartetem
Markt (zu Hause oder Export) verschieden ausfallen dürfte.

Die germanistische Forschung hat
SCHIROKAUERS Thesen lange Zeit kaum
beachtet. Die neue Buchforschung hingegen kann manche seiner Annahmen be-
stätigen (vgl. das zusammenfassende Re-
ferat HARTWEGS 1985, 1419ff.). Man wird,
besonders auch angesichts der für heutige
Verhältnisse kleinen Auflagen, eher mit
regional. begrenzten Märkten rechnen,
auch wenn einzelne Bücher in weit(er) ent-
fernte Orte kommen und dort sogar Vorlagen für Nachdrucke in konkurrenzieren-
den Offizinen werden können.

Drucker oder Drucke können Vorbild-
funktion haben und so normbildend wirken. Wenn dies der Fall ist, dann ist es
aber nicht irgendein Drucker mit ir-
gendeinem Text, dann kann auch die Zahl
von Druckern in einer Sprachlandschaft
bzw. von Drucken aus einer Sprachlandschaft eine wichtige Rolle spielen. Entscheidende Hinweise dazu, die bislang
noch zu wenig gewürdigt und berücksichtigt worden sind, stammen von V. MOSER
(1951, 301ff.), der folgende Stadien feststellt:
(1) Nach etwa 1470 lag "das ganze
    Schwergewicht auf westobd. Boden
    (in Straßburg, Basel, Augsburg und
    Nürnberg)".
(2) Nach 1525 verlagert sich dieses
    Schwergewicht "unter der Wucht der
    Reformation und von Luthers
    Schrifttum entscheidend nach dem
    md. Nordosten (in das noch zwei-
    sprachige [md.-ndd.] Wittenberg)".
(3) Um 1570 beginnt der "Verfall der
    obd. Druckersprachen". Sie gleichen
    sich zunächst aneinander an, das Ale-
    mannische z.B. übernimmt die
    "neuen Diphthonge"; "dann Fort-
    schreiten zum md., besonders durch
    die Aufgabe der gemobd. Diphthon-

ge". Der "Schwerpunkt der schriftsprachlichen Bewegung" verschiebt
sich "entschieden nach dem Westen",
besonders nach Frankfurt; das Omd.
verliert seinen Einfluß, nicht zuletzt
nach dem Tod LUTHERS und "mit der
endgiltigen Einstellung des offiziellen
Bibeldrucks" in Wittenberg. Gleichzeitig geht der niederdeutsche Norden zur "omd. gefärbten Schriftsprache über".
(4) Nach 1620 verlagert sich das Schwer-
    gewicht "durch das Auftreten der
    Schlesier" sowie durch die Bedeutung
    des Leipziger Buchdrucks "wiederum
    nach Osten", wobei der schrift-
    sprachliche Ausgleich "zwischen md.
    Osten und Westen (und damit letzten
    Endes auch mit Teilen Oberdeutsch-
    lands) . . ." näherrückt.

1.5.2. Die Reformation: Deutsch wird Hei- lige Sprache

Es ist unstrittig, daß die Reformation auf
die Geschichte der dt. Sprache einen großen Einfluß gehabt hat. Doch, zumindest
sprachgeschichtlich, wahrscheinlich auch
überhaupt geistesgeschichtlich gesehen, ist
die Reformation nicht etwas grundsätzlich Neues, sondern vielmehr eine konsequente Fortsetzung und ein konsequenter
Höhepunkt spätmittelalterlicher Tendenzen. Dennoch sind die Folgen der Reformation wichtig, für die Entwicklung der
dt. Sprache nicht zu überschätzen:
Deutsch wird Sprache der Bibel, der Liturgie und des theologischen Disputes.

Gerade das Bibelübersetzen ist im Mittelalter ein besonderes Problem. Wenngleich es zu einem völligen Verbot, die
Bibel in eine Volkssprache zu übersetzen,
nie gekommen ist, verhalten sich einzelne
Bischöfe ziemlich restriktiv. Die Angst
vor Ketzereien ist so groß, daß noch HIE-
RONYMUS EMSER (1478–1527) im Jahre
1523 seine Kritik an LUTHER unter den
Titel stellt : *Auß was grůnd vnnd vrsach
Luthers dolmetschung / vber das nawe testament / dem gemeinē man billich vor-
botten worden sey* (zit. nach MUSSELECK
1981, 24).

Das Ergebnis dieser Situation ist, daß
aus der Zeit vor der Reformation zwar

zahlreiche Bibelübersetzungen, hingegen nur ganz wenige übersetzte Vollbibeln mit den kanonischen Büchern in der kanonischen Reihenfolge vorliegen. Dagegen aber gibt es eine große Zahl von Texten, die den Charakter biblischer "Wissensliteratur" haben, also Bücher sind, die nach mittelalterlichem Verständnis biblisches Wissen in seiner Gesamtheit oder in bestimmten Teilbereichen nach bestimmten Konzepten ordnen und darbieten; solche Wissensbücher sind verschiedene Teile der Bibel, Plenarien, Perikopenbücher und Evangelienharmonien. Den Charakter von "Wissensliteratur" belegt die Tatsache, daß im späten Mittelalter "der Psalter von überragender Bedeutung ist, denn er enthält nach patristischer und mittelalterlicher Ansicht die gesamte Theologie in komprimierter Form" (KIRCHERT 1984, 64). So wurden auch einzelne Bibelteile gedruckt, bevor es zu Vollbibeln kam.

Vollbibeln sind handschriftlich nicht (mehr?) überliefert, erst der Buchdruck schafft hier eine neue Situation. Die obd. Bibeldrucker, die alle von der vor dem 27. Juni 1466 gedruckten "Mentelin-Bibel" ausgehen (vgl. dazu jetzt am besten REINITZER 1987), halten sich in ihrem Wortlaut aber eng ans Lateinische: Sie wollen, auch in ihren späteren Überarbeitungen, die sich etwas vom übermächtigen Vorbild des nahezu kanonisierten Vulgata-Textes lösen, zum geoffenbarten lateinischen Text hinführen, sind "also für den Gebrauch durch Kleriker und keineswegs für die Privatlektüre von Laien bestimmt" (STACKMANN 1984, 20).

Die nd. Texte gehen über eine Übersetzung hinaus, indem sie Zitate aus dem im Mittelalter weitverbreiteten Bibelkommentar ("Postillae perpetuae in Vetus et Novum Testamentum" oder "Postilla litteralis super Biblia") des NIKOLAUS VON LYRA als Glossen bieten. Der Lübecker Druck von 1494 erläutert dieses Vorgehen: *Vnde hierunime vppe dat sick een iewelik minsche deste bet behelpen moghe in velen steden desses bokes. der dunker vnde vnvorstentlik sint. is ghesettet een sterneken. vnde een teken bi dat sterneken aldus ghemaket * to enem teken der scrift. de na dem sterne volghet bet an dat teken alzo ghemaket den text de dar vor steit vorluch-*

tet. vnde is ghenamen vt des werdighen vnde hoghelereden meisters des postillatoers scrift. ghenomet Nicolaus de lyra. (Die niederdeutschen Bibelfrühdrucke 1976, 676.) Auf diese Weise wird die Bibelübersetzung zum Bibelkommentar und zur biblischen Wissensliteratur. Und auf diese Weise können sich auch nach mittelalterlichem Verständnis die Übersetzungen vom kanonisierten lateinischen Vorbild lösen: Die Lübecker Bibel, die "aufgrund ihrer sprachlichen Qualität, ihrer kunstvollen Illustrationen sowie der Substanz der theologischen Glossen eine Sonderstellung" innehat, gilt auch "als höchst beachtliches Stück Literatur" (SCHWENKKE 1987, 978f.).

Insgesamt also gilt, daß die spätmittelalterlichen Vollbibeln "aufwendig und in wenig volksnaher Sprache" verfaßt sind; sie sind "keine 'Volksbücher', doch wohl nützliche Hilfen zum Verständnis der Vulgata" (ERBEN 1985, 34).

In diesem Zusammenhang ist LUTHERS Bibelübersetzung und damit auch seine besondere Leistung zu sehen: Er ist der erste, der eine Vollbibel ins Deutsche übersetzt und dabei bestrebt ist, ein für alle lesbares Buch zu schaffen. Dazu hat er Deutsch den traditionellen drei heiligen Sprachen (Hebräisch, Griechisch und Latein) gleichgestellt. Aus einer Theologie der Bibel folgert er eine Theologie der Sprache, die er sehr ausführlich in seinem Sendschreiben "An die Radherren aller stedte deutschen lands: das sie Christliche schulen auffrichten vnd hallten sollen" (1524) erläutert: *Vnd last vns das gesagt seyn / Das wyr das Euangelion nicht wol werden erhallten / on die sprachen. Die sprachen sind die scheyden / darynn dis messer des geysts stickt. Sie sind der schreyn / darynnen man dis kleinod tregt. . . . Ja wo wyrs versehen / das wyr (da Gott fur sey) die sprachen faren lassen / so werden wir nicht alleyn das Euangelion verlieren / sondern wird auch endlich dahyn geratten / das wir wider lateinisch noch deutsch recht reden odder schreyben künden. Des last vns das elend grewlich exempel zur beweysung vnd warnung nemen / ynn den hohen schulen vnd klöstern / darynnen man nicht alleyn das Euangelion verlernt / sondern auch lateinische vnd deutsche sprache verderbet hat / das die elenden*

*leut schier zu lautter bestien worden sind /
wider deutsch noch lateinisch recht reden
oder schreyben konnen. Vnd bey nahend
auch die natůrliche vernunfft verloren haben.* (L) Das Lateinische ist die Sprache
der Päpste geworden, so daß LUTHER seiner Sprache geradezu eine höhere Dignität zusprechen kann.

LUTHER setzt mit einem neuen Bibel-
verständnis ein, das häufig mit der Formel
sola scriptura charakterisiert wird; das Gewissen ist demnach in allen Glaubensfra-
gen nur an die Bibel, an die Offenbarung
in der Hl. Schrift gebunden.

Sowohl als Exeget wie auch als Übersetzer gilt für LUTHER das Prinzip der
Klarheit. So kann er denn noch in seiner

Vorrede zum Buch Hiob (1524) nicht
ohne Stolz feststellen: *Wir haben den vleys
furgewandt / das wyr deutliche und yderman verstendliche rede geben / mit vnuer-
felschtem synn und verstand / mugen leyden
/ das yemand besser mache.* (L) Dazu
kommt noch ein weiteres theologisches
Argument: *Dan alle Christen / sein war-
hafftig geystlichs stands / vnnd ist vnter yhn
kein vnterscheid* (L); da z. B. *Ein schuster /
ein schmid / ein bawr / ein yglicher seyns
handtwercks / ampt vnnd werck hat / vnnd
doch alle gleich geweyhet priester vnd bi-
schoffe* (ebd. 101) sind, muß die dt. Bibel
auch die Sprache "aller Christen" aufnehmen und für alle verständlich sein; die
Rede von der "Mutter im Hause" und

Abb. 8: Titelblatt der Luther-Bibel 1534

vom "gemeinen Mann" im "Sendbrief vom Dolmetschen" hat eben auch ihre theologischen Implikationen. LUTHER übersetzt nicht für den "Laien", denn der Gegensatz Laie – Kleriker ist in der Lehre vom allgemeinen Priestertum aufgehoben. Aber gerade auch für alle Gläubigen ist eine allgemein verständliche Bibel unerläßlich. "Der größte Dienst, den Luther 'seinen Deutschen' gegeben hat, ist seine Bibelübersetzung geworden. Er selbst hatte alles der Bibel zu verdanken; er konnte das nicht für sich behalten, er mußte es weitergeben, damit auch die Laien schöpfen und so das Priestertum aller Gläubigen verwirklichen könnten." (v. LOEWENICH 1982, 198.)

Auf diese Weise hat die dt. Sprache neue Funktionen, eine neue kommunikative Geltung erhalten. Ausdruck dieser neuen kommunikativen Geltung ist auch die Tatsache, daß Deutsch Sprache des Gottesdienstes, der Liturgie wird. Wenn der Gegensatz zwischen Laie und Priester nicht mehr besteht, dann braucht es auch keine liturgischen Worte mehr zu geben , die dem Priester und somit einer "klerikalen" Sprache vorbehalten sind.

Augenfälligster und, sprachgeschichtlich gesehen, wirkungsmächtigster Ertrag der reformatorischen Sprachtheologie ist LUTHERS deutsche Bibel. LUTHER läßt sich, wie bereits angedeutet, "von seinem evangelischen Gesamtverständnis der

waltiglich verteutschen Die beiden Adverbien *klar* und *gewaltiglich* sind nicht zufällig gesetzt. In beiden Fällen hat LUTHER sein Publikum im Auge: Die allgemeine Verständlichkeit (vgl. auch oben das Zitat aus der Vorrede zu Hiob) und die nachhaltige Wirkung beim Hörer/Leser (*gewaltiglich* ist wohl am besten mit 'eindringlich' wiederzugeben) sind wichtige Ziele des Übersetzers. Für die konkrete Arbeit bedeutet dies die "Annäherung der Bibel an die Textart der Predigt" (ERBEN 1985, 36). Denn der "eigentliche Anfangsgrund für das Zur-Wirkung-Bringen von Sprache war ihm nicht der Buchstabe und die Schrift, sondern die wirklich gesprochene und gehörte Rede" (ARNDT 1983, 257).

Immer wieder – und das macht den guten Prediger auch unter den Schriftstellern aus – betont LUTHER, daß er beim Publikum ankommen, daß er verstanden werden will. Deshalb gibt es für ihn keine kanonisierte, einzig mögliche Textform der dt. Bibel. Davon zeugt seine lebenslange Arbeit an seiner Übersetzung, davon zeugt aber auch die Tatsache, daß "in Luthers Predigten die Bibelzitate in Gestik, Textdichte ... und Tendenz zum Inhaltskommentar von seiner gedruckten Bibelübersetzung markant abweichen" (HANS MOSER 1982, 400, von dort auch die folgende Gegenüberstellung); man vergleiche:

Predigt 1523		Bibel 1522
Mt. 5,8	*Selig seind die, die eins rainen hertzen seind.*	*Selig sind die vorn hertzen reyn sind.*
Mt. 5,25	*Sey wilfertig dem der dich belaydigt hat.*	*Sey willfertig deynem widersacher.*
Mt.19,29	*Wer da wirdt verlassen sein hauß ... der solß ob hundert feltig nemen und sol das ewig leben dort haben.*	*Vnd eyn iglicher, der da verlest, heuser ..., der wirts hundertfeltig nemen, vnnd das ewige leben ererben.*
Mt.27,40	*... do er am creütz hieng ...: „Ey wie einen feinen got hat er, ist er gottes sun, so steyg er herab.*	*Bistu gottis son, so steyg er ab vom creutz.*

Schrift leiten" (FRICKE 1978, 102). Deshalb zielt er, wie er es im "Sendbrief vom Dolmetschen" (1530) ausdrückt, auf *die meinung des text,* diese will er *klar vnd ge-*

LUTHER schreibt also anders, als er spricht/predigt; die Textgestalt richtet sich nach der Textart. Überdies zeigt sich Ähnliches auch bei anderen Textarten, da

z. B. "Briefe an höhergestellte Amtspersonen ... in kanzleisprachlicher Formelhaftigkeit verharren, während solche, die den Charakter von Sendbriefen oder Programmschriften haben ..., mehrere sprechsprachliche Züge aufweisen"; auf diese Weise "wird deutlich, daß sein Stil nicht nur textsortenspezifisch, sondern auch zielgerichtet adressatenbezogen ist" (BENTZINGER/KETTMANN 1983, 271). Für LUTHER selbst ist es *ein groß vnterscheyt, etwas mit lebendiger stymme odder mit todter schrift an tag zubringen* (L). Und hierin liegt eine wesentliche Ursache für den Erfolg LUTHERS. "Die Langzeitwirkung .. war nur durch die Güte dieser Übersetzung und durch Luthers Sprachstil möglich." (ERBEN 1985, 46.)

Diese sprachlichen Qualitäten sind die Voraussetzungen dafür, daß LUTHERS deutsche Bibel eine "hochsprachlich-normative Bedeutung" (SONDEREGGER 1984, 140) erhält, die noch dadurch verstärkt wird, daß die katholischen Übersetzer des 16. Jh. "weitgehend von Luther abhängig" sind und so dazu beitragen, "die Luthersche Diktion noch weiter zu verbreiten" (ARNDT 1984, 68). Dies hat auch LUTHER bemerkt; *es thut mir doch sanfft / dz ich auch meine vndāckbare jūnger dazu meine feinde reden gelernt habe* (L), wenngleich er, ebenfalls im "Sendbrief vom Dolmetschen" HIERONYMUS EMSER als den *Sudler zu Dresen* bezeichnet, dessen *New Testament .. doch eben dasselbig ist, das der Luther gemacht hat* (ebd. 26).

LUTHER ist – auch wenn man diese Meinung immer wieder hören kann – nicht Schöpfer der nhd. Schriftsprache. Seine große Leistung liegt in fundamentalen textgeschichtlichen Neuerungen. Sprachliche Innovationen, wenn wir von zahlreichen Neologismen, die sich in der Folge durchgesetzt haben (vgl. dazu ERBEN 1974), absehen, sind nicht das Kennzeichen von LUTHERS Prosa. Im Gegenteil, wir wissen z. B. seit längerem: "Alle [von ERBEN untersuchten] syntaktischen Erscheinungen der Luthersprache sind im Sprachgebrauch der Vor- und Mitzeit Luthers nachweisbar." (ERBEN 1954, 165.) Ähnlich dürfte es sich mit den Wortbildungsmustern verhalten. Neu ist, daß LUTHER indigene Verknüpfungsregeln in Wortbildung, Satz- und Textsyntax auf

die Bibel anwendet, und zwar auf die Vollbibel. Geschichtlich wirksam wird die Luther-Sprache nicht zuletzt auch dadurch, daß z. B. "seine Neubildungen nicht nur von seinen Anhängern und Freunden (Hans Sachs und anderen Meistersingern) verbreitet wurden, sondern auch von so verschiedenartigen Gegnern wie Hieronymus Emser und Thomas Müntzer" (BENTZINGER/KETTMANN 1983, 266). Verstärkt wird diese normative Kraft durch die Berufung der Grammatiker auf LUTHER und die Aufnahme von Luther-Wörtern in die Wörterbücher des 16. Jh.: PETRUS DASYPODIUS ("Dictionarium latino-germanicum et germanicolatinum". Straßburg 1536), JOSUA MAALER ("Die Teütsch sprach". Zürich 1561) und der Reimlexikograph ERASMUS ALBERUS ("Novum dictionarium genus". Frankfurt 1540) (vgl. dazu ERBEN 1974, 556). "Daß Martin Luther mit seiner Bibelübersetzung im 16. Jh. Norm für Grammatiker wird, kann nicht überraschen. Er bleibt es aber auch im 17. Jh. und noch über das 17. Jh. bis ins 18. Jh. hinein" (BERGMANN 1983, 266), wobei hier nicht untersucht zu werden braucht, in welcher Form die Luther-Bibel in den späteren Jahrhunderten normgebend wirkt.

Dadurch, daß die katholischen und lutherischen Bibelübersetzer des 16. Jh. "auf Luthers Bibelübersetzung fixiert" (STEER 1983, 60) sind, wird "eine konfessionelle Spaltung der dt. Sprache verhindert" (SONDEREGGER 1984, 130). Am "Rückgang des Mittelniederdeutschen als Schreib- und Drucksprache" (SODMANN 1985, 1289) hat "die kirchliche Reformation einen hervorragenden Anteil" (KLUGE 1904, 111), wenn auch nicht so unmittelbar, wie oft behauptet wird. "Luther war selbst des Nd. mächtig" (BICHEL 1985, 1867), predigte möglicherweise auch in Wittenberg und der Umgebung auf nd., und die "Reformation hat das Niederdeutsche für ihre Zwecke voll eingesetzt, was aus der Zahl reformatorischer Drucke hervorgeht" (SODMANN 1973, 124). Ja, die sog. "Bugenhagen-Bibel, die erste niederdeutsche Vollbibel", die sich eng an den LutherText anlehnt, "erschien 1534 am 1. April in Lübeck ein halbes Jahr vor der ersten vollständigen Lutherbibel" (BELLMANN

1975, 34). Doch diese "Übersetzung versäumte es leider, dem von Luthers Mitteldeutsch doch in vielen Zügen abweichenden Charakter des Niederdeutschen angemessen Beachtung zu schenken; vielmehr beschränkte man sich auf simple Umsetzungen im lautlichen Bereich." (SANDERS 1982, 162.) Gleichwohl, die landesfürstlichen Verwaltungen gehen ziemlich früh zum Hd. über, wovon die neuen reformierten Kirchenordnungen (etwa Magdeburg 1521, Braunschweig und Goslar 1524, Königsberg 1525) zeugen. Doch die Sprache des Gottesdienstes (Gebet- und Gesangbücher, Predigten) bleibt bis ins 17. Jh. nd. Es kann aber "keinem Zweifel unterliegen, daß die schriftsprachliche Bewegung, welche in der Reformation wurzelt, im ganzen an der protestantischen Geistlichkeit vielfache Förderung gefunden hat." (KLUGE 1904, 116.) Unterstützt wird diese Tendenz dadurch, daß "nd. Akademiker ... vielfach an md. Universitäten (Leipzig)" (FOERSTE 1966, 1799) studieren und immer wieder Geistliche hd. Abstammung ins nd. Sprachgebiet berufen werden.

Fazit: "Auch ohne daß Luther es darauf angelegt hatte, wurden sein Werk und sein Wirken in dieser Epoche der Herausbildung einer einheitlichen Schriftsprache zu einem entscheidenden Faktor." (GROSSE 1983, 50.) Es ist daher auch kein Zufall, daß das Wort *Muttersprache*, das nach dem lat. Vorbild *lingua materna* zuerst im nd. Kompositum *mōdersprāke* begegnet, auch bei Luther in der Wendung mit dem Kompositum *aus rechter mutter sprach* vorkommt (nachdem es vorher nur in Syntagmen wie *in meiner mueterlaichen däutsch* oder *deyner muter sprach* verwendet wurde) und sich wohl von da aus durchgesetzt hat. (Vgl. PAUL 1992, 592.)

1.5.3. Entstehen eines volkssprachlichen Normbewußtseins durch die Grammatiker

Eine wesentliche Folge der Reformation, insbesondere der Lutherschen Bibelübersetzung, ist, wie schon gesagt, die Tatsache, daß die Volkssprache, in unserem Fall das Deutsche, gegenüber dem Latein aufgewertet wird. Dies hat eine wichtige

Folge: Dem Deutschen öffnen sich immer neue Kommunikationsbereiche, die zuvor dem Lateinischen vorbehalten waren. Dazu kommen Auswirkungen der reformatorischen Theologie: "Das Laienpriestertum, die Einführung und damit Aufwertung 'der deutschen Sprache als eines elementaren Gefäßes des Geistes'" (LESER 1925, 127) sowie schließlich die lutherische Lehre von den zwei Reichen "hatte auf weite Sicht Folgen für die Erziehung und den Unterricht ... Für die Bildung war die Folge der Reformation also zunächst, einen allgemeinen Religionsunterricht einschließlich der schulmäßigen Vermittlung der dafür erforderlichen Kenntnisse und Fertigkeiten des Schreibens und Lesens sowie für das Leben unter dem weltlichen Regiment das Rechnen vorzusehen." (REICH 1972, 111.) In seiner Schrift "An die Radherren aller stedte deutschen lands: das sie Christliche schulen auffrichten vnd hallten sollen" (1524) fordert Luther, daß die Jugend beiderlei Geschlechts Schulen besuchen solle: *Weyl denn das junge volck ums lecken und springen odder yhe was zu schaffen haben, da es lust ynnen hat, ...: Warumb sollt man den yhm nicht solche schulen zurichten und solche kunst furlegen? Syntemal es itzt von Gottis gnaden alles also zugericht ist, das die kinder mit lust und spiel leren kunden, es seyen sprachen odder ander kůnst oder historien. Und es ist itzt nicht mehr die helle und das fegfeuer unser schulen, da wir ynnen gemartert sind uber den Casualibus und temporalibus ...* (L)

Die Schule tritt damit wieder in den Dienst der Religion. In diesem Kontext erscheinen die ersten deutschen Grammatiken, die indes die Bezeichnung "Grammatik" im heutigen Sinne nicht ganz verdienen. Denn "hinter dem Wunsch dieser Männer, ein grammatisches System in der dt. Sprache nachzuweisen, stand ... weniger gelehrtes Interesse als religiöse und nationale Motive" (E. ISING 1959, XI). Ein Blick auf Titel oder Vorreden solcher Werke belegt dies deutlich. In der Vorrede zur "Teutschen Grammatica" des Rothenburger Schulmeisters VALENTIN ICKELSAMER (zwei ältere undatierte Ausgaben, eine jüngere Nürnberger von 1537), um nur ein Beispiel anzuführen, tritt das "religiös erregte

Gemüt Ickelsamers" (JELLINEK 1913, 48)
deutlich zutage: *MIch hatt aber nitt kürtz-
weil allain / sonder Gottes ehr das zů-
schreiben ermanet / dann es ist ye ain werck
dz zů seinem lob vast dienen mag / Es ist
one zweifel yetzt kaum ain werck oder
creatur auf erden / die zůgleich zu Gottes
ehr vnd vnehr / mehr gebraucht würdt /
denn die lesekunst.* (MÜLLER 1882, 123.)

Es ist kein Zufall, daß alle derartigen
Schriften in erster Linie Lese- und
Schreiblehren sind. Der religiös-didakti-
sche Zweck setzt dem möglichen Inhalt
Grenzen. Dies offenbart sich am deutlichsten bei VALENTIN ICKELSAMER, der
sein Hauptwerk "Grammatica" nennt und
in seiner Vorrede auch kundtut, daß er
sehr wohl darum weiß, was eine Grammatik sein und wie eine dt. Grammatik
aussehen sollte (vgl. dazu auch RÖSSING-
HAGER 1984). Es darf allerdings nicht der
Eindruck entstehen, daß alle diese Leselehren im Dienste der protestantischen
Seelsorge stehen. "Neben diesen Bestrebungen laufen die höherer grammatischer
Belehrung mit dem Ziele der Ausbildung
von Schreibern für Kanzleien." (E. ISING
1956, 24.) Eine Reihe von Autoren ist
auch katholisch.

"Erst in der zweiten Hälfte des 16. Jh.
verfaßten LAURENTIUS ALBERTUS (1573),
ALBERT ÖLINGER (1573) und JOHANNES
CLAJUS (1578) Grammatiken, die den Ge-
samtkomplex der deutschen Sprache um-
faßten." (ISING 1959, XII.) Verglichen mit
den reformatorischen Leselehren, kennzeichnen diese drei Werke in grammatik-
theoretischer Hinsicht nahezu einen
Rückschritt: Ihnen ist gemeinsam, "daß
sie in lateinischer Sprache verfaßt sind,
sich also an Fortgeschrittene mit beträcht-
lichen Vorkenntnissen wenden" (REICH
1972, 141). Dies signalisiert, "daß sie im
Bann der humanistischen Grammatik
stehn" (JELLINEK 1913, 66), so daß sie
nicht, wie es schon ICKELSAMER gefordert
hat, vom dt. Sprachbau ausgehen, sondern vielmehr Kategorien der lateinischen
Grammatik an die dt. Sprache herantra-
gen. Alle drei Autoren nennen "das Bedürfnis der Ausländer" (JELLINEK 1913,
62), "die Rücksicht auf die Fremden"
(ebd. 63) als ihr wichtigstes Motiv. "Die
deutsche Sprache wächst über die beschränkte nationale Sicht der ersten Hälf-

te des Jh. hinaus und wird zum Träger
und Bindeglied eines übernationalen wirtschaftlichen und geistigen Austauschs."
(E. ISING 1959, XII.)

Gemeinsam ist allen Grammatiken des
16. Jh. noch etwas. Sofern sie überhaupt
auf die dialektalen Unterschiede im dt.
Sprachraum eingehen, werten sie diese
nicht, sondern konstatieren hauptsächlich. Die Forderung nach einer Einheitssprache stellen sie noch nicht.

Dies alles ändert sich grundlegend mit
der "dritten Generation" der deutschen
Grammatiker in der ersten Hälfte des
17. Jh. Es ist kein Zufall, daß zwei der
wichtigsten hier zu nennenden Autoren
aus dem nd. Sprachraum stammen:
WOLFGANG RATKE (latinisiert RATICHIUS,
1571–1635) wurde in Wilster in Holstein
geboren und JUSTUS GEORG SCHOTTELIUS
(1612–1676) in Einbeck. Der dritte der
hier zu nennenden Grammatiker, CHRI-
STIAN GUEINTZ (1592–1650), stammt aus
Kolau bei Guben in der Niederlausitz, einem Gebiet also, das vom Nd. nicht allzu
weit entfernt ist. Auch wenn das Hd. bei
nd. Sprechern schon vom 16. Jh. an Prestige gewinnt, bleibt es bei denen, deren
Primärsprache das Nd. ist, eine Art
Fremdsprache. Und hier ist dann das Bedürfnis nach einer einheitlichen Normierung sicherlich größer. Verstärkt wird diese Tendenz durch pädagogische Erfordernisse: In dem Maße, in dem die dt. Sprache im öffentlichen Leben an Bedeutung
gewinnt, wächst die Notwendigkeit eines
Unterrichts in der Muttersprache. "Die
entscheidenden Anregungen für diese
neue Wertung von Sprache und Grammatik gehen auf den Didaktiker Wolfgang Ratke … zurück." (E. ISING 1959,
XIII.) RATKE bezieht wesentliche Anregungen aus den Niederlanden. Dies
kommt nicht von ungefähr: In den Niederlanden entsteht schon geraume Zeit
vor dem Deutschen ein sprachliches und
kulturelles Selbstbewußtsein, geradezu ein
"Hochgefühl, mit dem die Niederländer
um 1600 ihre Sprache umgaben" (WEIS-
GERBER 1948, 97). "Der deutsche Kultur-
patriotismus, der als eine Vorform des
Nationalismus nicht nur trotz, sondern
entschieden wegen des Dreißigjährigen
Krieges erstarkte und sich am klarsten in
zahlreichen deutschen Poetiken und

sprachwissenschaftlichen Abhandlungen ausdrückte, ist ohne den Anstoß der niederländischen Bewegung undenkbar, auch wenn im damaligen Deutschland die politischen und wirtschaftlichen Voraussetzungen bei weitem nicht so günstig waren wie in den bürgerlich-republikanischen Niederlanden. Diesen Anstoß der niederländischen Bewegung gaben in Deutschland vor, neben und nach Schottelius gelehrte Poeten und poetische Gelehrte wie Opitz, Gryphius, Ratichius, Gueintz oder Zesen . . . weiter." (BERNS 1976, 8f.)

RATKE übergibt 1612 den Fürsten, die in Frankfurt zur Kaiserwahl versammelt sind – Matthias wird gewählt werden –, ein "Memorial", in dem er die Grundzüge seiner Bildungsreform darlegt. Darin fordert er, *das die Liebe Jugent, zum Ersten, Jhr angeborne Muttersprache, welche bey vns die teutsche Recht vnd fertig Lesen, schreiben vnd sprechen lerne* (E. ISING 1959, 102), dem Vorbild anderer Völker folgend, *eine eindrächtige Sprache Jm Reiche bequemlich ein zu führen* und *Die Meißnische Arth zu reden wie auß vielen vmstenden zuersehen, Allen Teutschen sonderlich beliebt* (ebd., 105). Schon aus diesen wenigen Andeutungen geht hervor, daß sich Ratkes Vorschläge "nicht auf die Einführung des Deutschen als Unterrichtssprache beschränken, sondern daß er vielmehr und darüber hinaus "die Notwendigkeit einer Sprachregelung und Sprachreinigung" betont (E. ISING 1959, 14).

Obschon RATKES grammatisches Werk nur zum Teil im Druck erschienen ist, hat es eine nicht zu überschätzende Wirkung auf die Geschichte der dt. Grammatik und somit in der Geschichte der dt. Sprache. Durch Mitarbeiter findet seine Methode Eingang in die Schulpraxis, vieles wird mündlich weitergegeben. Direkten Einfluß übt er z. B. auf CHRISTIAN GUEINTZ' Werk "Deutscher Sprachlehre Entwurf" aus, indirekt, aber nicht ohne Nachhalt wirkt er auf SCHOTTELIUS. Von ihm erscheint 1641 das erste grammatische Werk, die "Teutsche Sprachkunst" / *Darinn die Allerwortreichste / Prächtigste/ reinlichste/ vollkommene / Uhralte Hauptsprache der Teutschen auß jhren Gründen erhoben / dero Eigenschafften und Kunststücke völliglich entdeckt / und also*

in eine richtige Form der Kunst zum ersten mahle gebracht worden. (Faksimile der Titelei bei BERNS 1976, 70.) Schon dieser Titel macht zwei Grundtendenzen sichtbar: Ableitung der grammatischen Kategorien aus dem Deutschen (und nicht aus der Grammatik einer anderen Sprache) und vereinheitlichende Normierung. Geradezu explizit wird dies in seinem grammatischen Hauptwerk "Ausführliche Arbeit Von der Teutschen HaubtSprache" (1663) formuliert: *Die Hochteutsche Sprache aber / davon wir handelen und worauff dieses Buch zielet / ist nicht ein Dialectus eigentlich / sondern Lingua ipsa Germanica, sicut viri docti, sapientes & periti eam tandem receperunt & usurpant.*

WOLFGANG RATKE hat noch postuliert: *In einer ieden Sprache mus ein gewisser autor sein, darin der sprach Eigenschafft vnd die Grammatick gelehret wird . . . Der Autor in der Deutschen Sprach, ist das Deutsche Newe Testament Lutheri* (E. ISING 1959, 108). SCHOTTELIUS beruft sich ganz allgemein auf die *viri docti, sapientes & periti*, im Sinn moderner Normendiskussion auf die "verbal gebildetste Schicht", denn "nur in diesem Sprachgebrauch sind die Sprachmittel so differenziert ausgebildet, daß sprachliche Kommunikation auf außersprachliche Kommunikationshilfen auch weitgehend verzichten kann" (REIFFENSTEIN 1975, 131).

Zugleich erscheint bei Schottelius ein starker Argwohn gegenüber den Dialekten, die er für minderwertig hält, wie überhaupt gegenüber der gesprochenen Sprache: *Omnibus dialectis aliquid vitiosi inest, quod locum regulare in Lingua ipsa habere nequit.* Ursache dieses Mißtrauens, das ja teilweise bis in unsere Gegenwart angehalten hat, ist der streng normative Ansatz. Ähnlich hat dies schon MARTIN OPITZ 1624 in seinem "Buch von der deutschen Poeterey" ausgedrückt: *Da- mit wir aber reine reden mögen, sollen wir vns befleissen deme welches wir Hochdeutsch nennen besten vermögens nach zue kommen, vnd nicht derer örter Sprache, wo falsch [!] geredet wird, in vnsere schrifften vermischen.* (OPITZ 1949, 24.)

Die "Sprachrichtigkeit" ist auch der Grund, warum schon RATKE und dann besonders SCHOTTELIUS den Begriff "Hauptsprache" verwenden. SCHOTTE-

Ausführliche Arbeit
Von der
Teutschen
HaubtSprache/

Worin enthalten

Gemelter dieser HaubtSprache Uhrankunft/
Uhraltertuhm/ Reinlichkeit/ Eigenschaft/ Vermögen/ Unvergleichlich-
keit/ Grundrichtigkeit/ zumahl die SprachKunst und VersKunst Teutsch und guten
theils Lateinisch völlig mit eingebracht/ wie nicht weniger die Verdoppelung/ Ableitung/ die
Einleitung/Nahmwörter/Authores vom Teutschen Wesen und Teutscher Spra-
che/von der verteutschung/Item die Stammwörter der Teutschen
Sprache samt der Erklärung und dergleichen
viel merkwürdige Sachen.

Abgetheilet
In
Fünf Bücher.
Ausgefertiget
Von

JUSTO- GEORGIO SCHOTTELIO D.

Fürstl. Braunschweig-Lüneburg. Hof und Consi-
storial-Rahte und Hofgerichts Assessore.

Nicht allein mit Röm: Käyserl. Maj. Privilegio, sondern auch
mit sonderbarer Käyserl. Approbation und genehmhaltung/ als einer gemeinnuzigen
und der Teutschen Nation zum besten angesehenen Arbeit/ laut des
folgenden Käyserl. Privilegii.

❧ (o) ❧

Braunschweig/

Gedrukt und verlegt durch Christoff Friederich Zilligern/
Buchhändlern.

Anno M. DC. LXIII.

Abb. 9: Titelblatt von Schottelius 1663

LIUS' vornehmstes Ziel ist es, die "natürliche Richtigkeit des Deutschen, ihre auf dem Stammwortbestand gegründete 'Grundrichtigkeit' zu erkennen" (HECHT 1967, 15). Im 17. Jh. bezeichnet dieses Wort zwei Sachverhalte (nach HEYNE 1877, 630f.), zunächst "lingua mater multarum filiarum", dann auch die "hochdeutsche schriftsprache, im Gegensatz zu den mundarten gebraucht". In dieser komplexen Bedeutung begegnet das Wort also bei den Grammatikern des 17. Jh. Dt. ist für sie – bei SCHOTTELIUS zeigt das schon der Titel seines Werkes an

– wie die drei klassischen Sprachen eine Ur-Sprache, Wurzelsprache; SCHOTTELIUS bemüht sich auch in seinem Werk, Verwandtschaften zwischen diesen Sprachen nachzuweisen;
– eine Einheitssprache, die sich über die Dialekte erhebt und normiert sowie gepflegt werden muß; deshalb wird die dt. Sprache auch Gegenstand historischer Erklärungen, denn die Sprachgeschichte ist "entwicklungsgeschichtlicher Hintergrund der geltenden hochsprachlichen Norm" (SONDEREGGER 1979, 10).

In diesen Anschauungen ist SCHOTTELIUS keineswegs originell. Er hat aber eine große Wirkung, denn er verkörpert bzw. vereinigt in sich die wesentlichen sprachtheoretischen Meinungen seiner Zeit.

Sicherlich, die orthographischen und grammatischen Vorstellungen dieser Grammatiker gehen häufig an der sprachlichen Wirklichkeit vorbei. Auch dies ist kein Schaden, wichtig ist, daß sie ein Bewußtsein für die Notwendigkeit einer Einheitssprache und für deren Kodifizierung schaffen. Auf diese Weise führen sie zur Einheit der dt. Sprache hin.

1.6. Das Deutsch der mittleren Neuzeit (1650–1800)

1.6.1. Zum Wirken der Sprachgesellschaften des 17. Jahrhunderts

Das Bewußtsein um die Notwendigkeit einer Sprachform von nationaler Geltung und deren Normierung verstärkt sich seit Beginn des 17. Jh. bei den sog. gebildeten Sprachteilhabern zunehmend und findet Ausdruck in vielfältigen öffentlichen Diskussionen. Sprache, auch die dt. Sprache, wird als Bildungsgut begriffen. Raum für diese Diskussionen boten die **Sprachgesellschaften** des 17. Jh. Die erste und bedeutendste dieser Gesellschaften, die "Fruchtbringende Gesellschaft", später in "Palmenorden" umbenannt, gründete Fürst LUDWIG VON ANHALT-KÖTHEN (1579–1650), unterstützt von seinem Freund CASPAR VON TEUTLEBEN 1617 in Weimar. Das Vorbild der italienischen Accademia della Crusca (zum it. und nl. Vorbild siehe 1.5.3.), deren Mitglied LUDWIG auf einer Bildungsreise geworden war, zeigt sich u.a. in der Emblematik, den Symbolen und akademischen Beinamen der einzelnen Mitglieder. Der Gebrauch dieser Beinamen sollte "im persönlichen wie im brieflichen Umgang untereinander" das Anciennitätsprinzip verwirklichen helfen (WEINRICH 1988, 90). Sie wurden auch bei den Veröffentlichungen der Gesellschafter verwendet.

So trug LUDWIG selbst den Beinamen *der Nährende*, sein Symbol war ein Weizenbrot, KASPAR STIELER (1632–1707), Verfasser des an die theoretischen Grundsätze SCHOTTELIUS' (siehe 1.5.3.) anknüpfenden Wörterbuches "Der Teutschen Sprache Stammbaum und Fortwachs/ oder Teutscher Sprachschatz" (Nürnberg 1691), trug den Gesellschaftsnamen *der Spate*, sein Symbol war ein Blumenkohl, SCHOTTELIUS selbst wurde *der Suchende* genannt, M. OPITZ *der Gekrönte*, G. PH. HARSDÖRFFER *der Spielende*, der Grammatiker CH. GUEINTZ *der Ordnende*, PH. V. ZESEN *der Wohlsetzende*, J. M. MOSCHEROSCH *der Träumende*.

Beispiele für weitere Gründungen kleinerer Sprachgesellschaften sind u.a.: die "Aufrichtige Gesellschaft von der Tannen" (Straßburg 1633), die "Deutschgesinnte Genossenschaft" (Hamburg 1643), der "Löbliche Hirten- und Blumenorden an der Pegnitz" (Nürnberg 1644), der "Elbschwanenorden" (Wedel bei Hamburg 1656). Auch die "Kürbishütte" (Königsberg um 1640) und die "Poetische Gesellschaft" (Leipzig 1677, von GOTTSCHED 1726 zur "Deut-

Abb. 10: Fruchtbringende Gesellschaft

schen Gesellschaft" umgebildet) sind in diesem Zusammenhang zu nennen.

Im Gegensatz zu diesen kleineren Gesellschaften war die "Fruchtbringende Gesellschaft" den Intentionen ihrer Gründer entsprechend "als nationale Akademie konzipiert ..., deren Wirkungsbereich sich über alle Lande deutscher Zunge erstreckte"; sie "nahm ... von Anfang an Mitglieder aus allen deutschen Landen auf, Adelige ebenso wie Bürgerliche und – was im Zeitalter der Religionskriege viel bedeutete – Protestanten ebenso wie (einige wenige) Katholiken. Insgesamt hatte die Gesellschaft in den drei Phasen ihrer Lebensdauer 890 Mitglieder." (WEINRICH 1988, 89.) Motivationen und Zielsetzungen der Beschäftigung mit der dt. Sprache und Literatur waren bei den einzelnen Mitgliedern durchaus unterschiedlich. Wesentliche Programmpunkte finden sich wiederholt wie folgt zusammengefaßt: *"Fürs ander / daß man die Hochdeutsche Sprache in jhrem rechtem wesen und standt/ ohne einmischung frembder ausländischer wort/ auffs möglichste und thunlichste erhalte/ und sich so wol der besten aussprache im reden/ als der reinesten und deutlichsten art im schreiben und Reimen=dichten befleissige."* (Der Fruchtbringenden Gesellschaft Vorhaben, Namen, Gemälde und Wörter 1985, Aiijb.)

Die Ursachen für die starke Überfremdung der dt. Sprache im 17. Jh., eines wesentlichen Charakteristikums der Sprachsituation in dieser Zeit, waren unterschiedlicher Art. Nach wie vor kam dem Latein in Wissenschaft und auch der schöngeistigen Literatur eine wichtige Rolle zu. Die "geistige Heimat" der "Literaturbewegung, die in Deutschland während des 17. Jahrhunderts bestimmend wurde", war "der Humanismus, war die europäische nobilitas literaria, war die Latinität, die Vorbildhaftigkeit der Antike und die der neuen Literaturbewegungen in Süd- und Westeuropa ... Dieses Einbezogensein der deutschen Gelehrten und Dichter in den Späthumanismus sicherte der deutschen Literatur des 17. Jahrhunderts – und dies ist als historische Leistung zu konstatieren – die Teilnahme an der kulturellen Progression Europas." (LENK 1989, 678.)

Daneben verstärkte sich vor allem der frz. Einfluß. Dies war in erster Linie in der Vorbildwirkung des frz. absolutistischen Königtums auf Europa generell begründet. Daß diese Wirkung auf Deutschland besonders stark war, ergab sich aus dessen allgemeiner Situation, geprägt u. a. durch die umfassende Krise des ausgehenden 16. Jh., den Dreißigjährigen Krieg; sie war aber auch eine Folge der sich nach Kriegsende noch festigenden Konfessionalisierung, insofern als die Normen des Sprachgebrauchs sowie des literarischen Schaffens in den einzelnen Territorialstaaten wesentlich von der jeweils herrschenden Konfession bestimmt wurden. Französisch war "Umgangssprache des Adels". Der daraus resultierende Einfluß der frz. auf die dt. Sprache ist auch für das 17. Jh. nicht ausschließlich negativ zu bewerten. Entlehnungen sind immer auch Ausdruck der Verbindung mit anderen Kulturvölkern, des Austausches mit ihnen, und nicht nur hinsichtlich ihres Gebrauchs in den einzelnen Varietäten einer Sprache unterschiedlich zu bewerten, sondern für deren Entwicklung auch z. T. unerläßlich. Verwiesen sei hier nur auf ihre Rolle als Termini bei der Konstituierung von Fachsprachen. (Vgl. dazu u. a. HENNE 1966; SIMONOW 1979.) Varietätsspezifischer bzw. funktional-stilistischer Differenzierung ist demzufolge stets Rechnung zu tragen. "Die Kanzleien, Schulen, diversen fachsprachlichen Bereiche, besonders Architektur und Kriegskunst, die Wörterbücher und volksläufige Textsorten, wie z. B. Zeitungen, scheinen nicht ausdrücklich auf den Purismus eingeschworen gewesen zu sein." (WELLS 1990, 284.) Deutlich wird aber durchaus auch in diesen Bereichen das Bewußtsein für die Spezifik des fremden Wortgutes. So läßt beispielsweise K. STIELER sein 1695 in Hamburg gedrucktes umfangreiches kompilatorisches Werk "Von Zeitungs Lust und Nutz" mit einem Fremdwortverzeichnis erscheinen, in dem diese erklärt werden.

Die von den Sprachgesellschaften in besonderem Maße erklärte Programmatik zur Reinigung der dt. Sprache, die sich auch viele Dichter der Zeit zu eigen machten, richtet sich vor allem gegen die Art der Überfremdung des Deutschen, die als Folge von einfacher Nachahmung frz. Lebensweise beim Adel, aber auch bei anderen Schichten festzustellen war und sich in der sog. Sprachmengerei, dem Umgang mit "Brocken" der frz., aber auch anderer Sprachen – ohne deren exakte Kenntnis –, äußerte. "Die Verspottung all derjenigen, die mit französischen und anderen Sprachbrocken daherparlierten, wurde zu einem dominierenden Element der deutschen satirischen Dichtung des 17. Jahrhunderts . . ." (LENK 1989, 680.) Eines der charakteristischsten Zeugnisse ist das um 1638 entstandene anonyme Gedicht "Ein new Klaglied, Teutsche Michel genannt, wider alle Sprachverderber". Es umfaßt 55 Strophen und verspottet Hunderte der damals üblichen Fremdwörter, besonders die Verbalbildungen auf -ieren, die in gesprochener und geschriebener Sprache höfischer und auch anderer Schichten üblich waren.

> *Fast jeder Schneider | will jetzund leyder*
> *Der Sprach erfahren sein | vnd redt Latein,*
> *Wälsch vnd Frantzösisch | halb Japonesisch,*
> *Wan er ist doll vnd voll, | der grobe Knoll.*
> *Der Knecht Matthies | spricht bonae dies,*
> *Wan er gut morgen sagt | vnd grüst die Magd;*
> *Die wend den Kragen, | thut ihm danck sagen,*
> *Spricht Deo gratias | Herr Hippocras.*

Das starke Engagement vieler Dichter in dieser Frage ist auch im Zusammenhang damit zu sehen, daß gerade im 17. Jh. die Dichtung zu einem zentralen Bereich der Nutzung der dt. Schriftsprache wird, ein Prozeß, der in den theoretischen Schriften des M. OPITZ wesentlichen Ausdruck findet. Daß es dabei insgesamt um mehr als Sprachkritik geht, zeigt z.B. die Zurechtweisung, die der deutsche Held Arminius in SCHOTTELIUS' "Friedensspiel" einem deutschen Cavalier zuteil werden läßt, der – der Mode folgend – frz. Sprachbrocken in seine Rede mengt: "*Durch eure frömde angenommene Wörter, womit ihr euren Feinden nachlallet, so viel ich abmerke, sind Tugend und Laster ofters in eins geschmoltzen, Recht und Unrecht vermummet, Ja und Nein zweiffelhaft und der eingepflantzte Verstand und die Treu zu irrenden frömdlingen und eure Hochherrliche eigene, reine und reiche Muttersprache zur Sklavinn und Mengling geworden.*"
(Friedens Sieg, ein Freudenspiel von Justus Georg Schottel, ed. Friedrich E.

Koldewey, Halle 1900, p. 50, zitiert nach W. LENK 1989, 680.)

So gehören auch die Bestrebungen, Fremdwörter zu ersetzen, neben Versuchen um Regelungen der Orthographie, – 1645 veröffentlichte CHRISTIAN GUEINTZ in Halle unter seinem Gesellschaftsnamen "Die deutsche Rechtschreibung, Auf sonderbares gut befinden Durch den ordnenden verfasset / Von der Fruchtbringenden Gesellschaft übersehen und zur nachricht an den tag gegeben" –, dem Streben nach überlandschaftlichen Normierungsgrundsätzen, wie sie in SCHOTTELIUS' Werk "Ausführliche Arbeit von der Teutschen HaubtSprache" 1663, (siehe 1.5.3.) deutlich werden, und den Bemühungen um Wörterbücher der dt. Sprache zu den wesentlichsten auf die dt. Sprache gerichteten Aktivitäten der Mitglieder der Sprachgesellschaften. Dabei entstanden Neubildungen, die auch heute noch zum festen Bestand unserer Gemeinsprache gehören. So verdeutschte SCHOTTELIUS eingeführte lat. grammatische Termini mit Erfolg, z.B. *Einzahl, Fall, Geschlecht, Hauptwort, Mehrzahl, Mundart, Sprachlehre, Wörterbuch, Wortforschung, Zahlwort* u.a. Auch auf anderen Gebieten werden Fremdwörter durch N e u p r ä g u n g e n dt. Wortgutes ersetzt. Von HARSDÖRFFER stammen: *Aufzug* (*Akt*), *beobachten* (*observieren*), *Briefwechsel* (*Korrespondenz*), *Fernglas* (*Teleskop*); von v. ZESEN *Anschrift* (*Adresse*), *Augenblick* (*Moment*), *Bollwerk* (*Bastion*), *Grundstein* (*Fundament*), *Nachruf* (*Nekrolog*), *Vollmacht* (*Plenipotenz*) u.a. (Vgl. u.a. SCHIRMER 1969; WELLS 1990.) Bei diesen puristischen (spätlat. *puritas* – 'Reinheit') Bestrebungen kam es jedoch auch – besonders weil der Differenzierung zwischen Fremdwort und Lehnwort/ -bildungen, -bedeutungen, -übertragungen nicht Rechnung getragen wurde, zu Übertreibungen. Dies zeigt sich z.B., wenn v. ZESEN folgende Wörter ersetzt, die bereits fest in die dt. Sprache integriert waren: *Kloster > Jungfernzwinger, Fenster > Tagleuchter, Grotte > Lusthöhle, Pistole > Reitpuffer, Natur > Zeugemutter.* Derartiges stieß aber auch schon bei den Zeitgenossen auf Kritik. "*Schendlich ist es, der alten Haubt-Sprache dieses Wort Natur entziehen zu wollen, und eine große Zeu-*

gemutter mit Zitzen daraus zu machen ...", empörte sich z. B. SCHOTTELIUS (1663, 1368).

Zu berücksichtigen ist eben auch, daß das Einfließen der Fremdwörter in die dt. Sprache auch in dieser Zeit Ausdruck des Weiterwirkens der kulturellen Verbindung Deutschlands mit den westeuropäischen Kulturvölkern ist. Es ist zudem im Zusammenhang mit der funktionalstilistischen Differenzierung der sich entwickelnden dt. Schriftsprache sowie der beginnenden Herausbildung von **Fachsprachen** zu sehen.

Auch GOTTFRIED WILHELM LEIBNIZ (1646–1716) wandte sich am Ende des Jh. – über die Positionen der Sprachgesellschaften hinausgehend – gegen die Sprachmengerei seiner Epoche. Er sah vor allem in der Zuwendung zur Sachprosa und deren weiterer Ausgestaltung einen Weg zur notwendigen Verbesserung des Sprachgebrauchs und auch des Zustandes der dt. Sprache seiner Zeit. In seiner vermutlich 1682/83 entstandenen und erst postum erschienenen "Ermahnung an die Teutsche, ihren Verstand und Sprache beßer zu üben samt beygefügtem Vorschlag einer Teutsch gesinten Gesellschaft" stellte er fest:

"In Teutschland aber hat man annoch dem latein und der kunst zuviel, der Muttersprach aber und der Natur zu wenig zugeschrieben, welches denn sowohl bey den gelehrten als bei der Nation selbst eine schädtliche würckung gehabt. Denn die gelehrten, indem sie fast nur gelehrten schreiben, sich offt zu sehr in unbrauchbaren dingen aufhalten; bey der ganzen nation aber ist geschehen, daß diejenigen, so kein latein gelernet, von der wißenschaft gleichsam ausgeschloßen worden, also bey uns ein gewißer geist und scharffsinnige gedancken, ein reiffes urtheil, eine zarte empfindlichkeit deßen so wohl oder übel gefaßet, noch nicht unter den Leuten so gemein worden, als wohl bey den auslandern zu spüren, deren wohl ausgeübte Muttersprach wie ein rein polirtes glas gleichsam die scharffsichtigkeit des gemüths befordert und dem Verstand eine durchleuchtende clarheit giebt. Weil nun dieser herrliche Vortheil uns Teutschen annoch mangelt, was wundern wir uns, daß wir in vielen stücken und sonderlich in denen dingen, da sich der verstand mit einer gewißen artigkeit zeigen soll, von fremden übertroffen werden? ... Sind wir also in denen Dingen, so den Verstand betreffen, bereits in eine Slaverey (sic!) gerathen und

werden durch unser blindheit gezwungen, unser art zu leben, zu reden, zu schreiben, ja sogar zu gedencken, nach frembden willen einzurichten ... Draus denn folget, daß keine Verbeßerung hierin zu hoffen, so lange wir nicht unser Sprache in den Wißenschafften und Haupt=materien selbsten üben ..." (Zit. nach PIETSCH 1902/08, 302ff.)

LEIBNIZ selbst blieb in seinen Veröffentlichungen noch beim Lateinischen und Französischen. Vorstellungen zur Lexikographie des Deutschen, die LEIBNIZ in seiner ebenfalls erst postum veröffentlichten Abhandlung "Unvorgreiffliche Gedancken, betreffend die Ausübung und Verbesserung der Teutschen Sprache" (geschrieben 1697) entwickelte, fanden 1741 im "Teutsch-Lateinischen Wörter-Buch" von JOHANN LEONHARD FRISCH ihre Verwirklichung.

1.6.2. Zur Festlegung und Kodifizierung der Normen für die deutsche Schriftsprache

Ab 1650 ist für die Entwicklung der dt. Sprache zunehmende Dominanz des Strebens nach Überregionalität und Kodifizierung der Schriftsprache zu konstatieren. Die Herausbildung einer einheitlichen dt. Standardsprache erfordert zunächst einen Konsens über zu befolgende Normen und deren Kodifizierung. "In ihren Anfängen realisiert sich die Normendiskussion als Debatte um das Problem der Sprachrichtigkeit, und, in engem Zusammenhang damit, um das Substrat des Sprachstandards." (SCHMIDT- REGENER 1989, 166.) Am Ende des Prozesses geht es dann um "die Herausarbeitung der Funktion dieser einheitlichen Sprachform" (SCHMIDT-REGENER 1989, 168).

In diesem Prozeß sind nach RATKE und SCHOTTELIUS (siehe 1.5.3.) viele Grammatiker tätig. Genannt seien stellvertretend u. a. JOHANN BÖDICKER (1641–1695), dessen "Grundsäze Der Teutschen Sprache" (1690), häufig nachgedruckt und 1723 und 1729 von JOHANN LEONHARD FRISCH, 1746 von JOHANN JACOB WIPPEL überarbeitet, wohl als "die erfolgreichste deutsche Grammatik zwischen SCHOTTELIUS (1663) und GOTTSCHEDS Deutscher Sprachkunst (1748ff.)" (REIFFENSTEIN

1988, 33) betrachtet werden kann, sowie
KASPAR STIELER (1632–1690), der sich in
einer seinem Wörterbuch angebundenen
"Kurze(n) Lehrschrift Von der Hochteutschen Sprachkunst" beispielsweise als erster systematisch mit der deutschen Wortstellung befaßt. In wesentlichen Positionen auf SCHOTTELIUS fußend, betont auch
er die Spezifik des "Hochdeutschen":

"Ich sage Hochteutsch / dieweil die andere teutsche Mundarten / sie seyen Niederländisch/
Sächsisch / Schweizerisch / Oesterreichisch
/Schwäbisch / Fränkisch/ ja so gar **Meißnisch**.
Diese hochteutsche Sprache / welche das Teutsche Reich auf Reichstägen / in Kanzeleyen
und Gerichten/ so wol die Geistlichkeit in der
Kirche/auf öffentlichen Kanzeln und im
Beichtstul/ wie nicht weniger die Gelehrte in
Schriften/ und männiglich in Briefen / Handel
und Wandel gebrauchen / nicht ist / noch zu
einer durchgehenden Kunstrichtigkeit vor sich
und besonders gelangen kan/ ... Dahero wir
uns die teutsche Sprache allhier nicht / als eine
teutsche Mundart / sondern / als **eine durchge-
hende Reichs Haubtsprache** / vorstellen / als wie
etwa hiebevor die Griegische Haubtsprache /
darunter weder Attisches / noch Dorisches /
noch Eolisches / noch Ionisches Mundwesen
gemenget / oder die Römische Sprache in der
Lateiner Lande geredet und geschrieben worden / oder wie jezo die Französische Hofspra-
che/ **la langve de la cour** genat (sic!)/ seyn möchte. Sintemal das Hochteutsche nunmehro in
ganz Teutschland den Preis erlanget / worinnen
der Teutschen Rede Zierde / Kunst und Vollkommenheit allein undersuchet/ erlernet und
fortgepflanzet werden muß." (K. STIELER 1691,
1f.)

In der ersten Hälfte des 18. Jh. wird
auch im süddt. (katholischen) Sprachraum das Thema Hochdeutsch im "Parnassus Boicus" erörtert. "Der 'Parnassus
Boicus' (1722–1740) ... eine enzyklopä-
dische gelehrte Zeitschrift nach dem Vorbild des 'Journal des Savants' (Paris) und
der 'Acta Eruditorum' (Leipzig), war eine
Frucht der europäischen Akademiebewe-
gung und der katholischen Aufklärung in
Bayern ... Neben der Förderung der Wissenschaften in Bayern gehörte zum Programm des neuen Journals auch die Pflege
der Muttersprache: alle (sic!) Beiträge
mußten in deutscher Sprache verfaßt sein,
eine für eine gelehrte Zeitschrift damals
noch durchaus ungewöhnlich Forderung
... In der Auseinandersetzung des 18.
Jhs. um das richtige Hochdeutsch ergreift

der PB nachdrücklich für die Sprache der
Gelehrten über den Dialekten Partei und
übernimmt damit prinzipiell die Position
SCHOTTELIUS', ohne allerdings die eigene
Sprachtradition preiszugeben." (REIFFEN-
STEIN 1988, 28f.)

Hervorzuheben aus der Fülle der Bemühungen um die Normierung und Kodifizierung der dt. Sprache, besonders ihrer Grammatik, ist die Tätigkeit von JO-
HANN CHRISTOPH GOTTSCHED (1700–
1766). In seinem vielfach aufgelegten und
in mehrere Fremdsprachen übersetzten
Hauptwerk "Grundlegung einer Deutschen Sprachkunst, Nach den Mustern
der besten Schriftsteller des vorigen und
jetzigen Jahrhunderts abgefasset" (1748)
wie in Briefen, Zeit- und Streitschriften
tritt er dafür ein, "die Schriftsprache voll-
ends über die Mundarten zu erheben und
eine ganz von Mundart freie eigentliche
Kunstsprache zu schaffen" (HENZEN 1954,
123). Als Maßstab für seine Idealsprache
sieht er aber dann doch noch d a s M e i ß -
n i s c h e D e u t s c h in seiner "literaturgän-
gigen Oberform" (HENZEN 1954, 122) an.
Er folgt darin dem Vorbild bedeutender
deutsch schreibender Persönlichkeiten seiner Zeit und der jüngsten Vergangenheit,
wie PAUL FLEMING, CHRISTIAN FÜRCHTE-
GOTT GELLERT, PAUL GERHARD, MARTIN
OPITZ, CHRISTIAN WEISE, CHRISTIAN
WOLF, PHILIPP JACOB SPENER, CHRISTIAN
THOMASIUS. Der Prestigewert des Meißnischen, zunächst in der politischen, kulturellen und wirtschaftlichen Überlegenheit
des sächsischen Territorialstaates gegenüber anderen sowie der Wirkung von Luthers Bibelübersetzung begründet, war
mit der Ausweitung seines Geltungsareals
auf den ehemals nd. Sprachraum wesentlich gestiegen. Diese Ausweitung vollzog
sich in einem längerwährenden Prozeß,
der für die Schriftsprache im 17. Jh. als relativ abgeschlossen gelten kann. (Vgl.
GERNENTZ 1980.) Der Aufklärer GOTT-
SCHED versucht in seiner "Sprachkunst",
sprachliche Tatsachen zu begründen und
in feste Regeln zu fassen. In seinem
"Grundriß zu einer Vernunfftmäßigen
Redekunst" (1729) und im "Versuch einer
Critischen Dichtkunst vor die Deutschen"
(1730, 4. Aufl. 1751) fordert er einen "natürlichen Sprachstil, der vor allem eindeutig und klar sein soll ... Vor allem be-

kämpfte GOTTSCHED, der in allen seinen Auffassungen unter dem Einfluß frz. Stiltheoretiker der Aufklärungszeit stand, das Streben nach *malerischer Bildlichkeit* und hier vor allem den Gebrauch von Metaphern" (EGGERS 1986, Bd.2, 297f.).

An GOTTSCHEDS dem Gedankengut der Aufklärung verpflichtetem Sprachideal wie an der erneuten Betonung der Rolle des Meißnischen entzündeten sich eine Reihe von Auseinandersetzungen mit Zeitgenossen, wie z. B. dem Oberpfälzer KARL FRIEDRICH AICHINGER (1717–1782), den Schweizern JOHANN JACOB BODMER (1698–1783) und JOHANN JACOB BREITINGER (1701–1776), AUGUSTIN DORNBLÜTH u. a. (Vgl. u. a. EGGERS 1986, Bd.2, 297ff., 314ff.; WELLS 1990, 335ff.) "Erstmals zeigte sich in aller Deutlichkeit unterschiedliches Sprachbewußtsein von schriftstellernden Grammatikern und von Literaten, die nicht mehr so ohne weiteres das normative Regelwerk einer vom Anspruch grammatischer Richtigkeit bestimmten Schriftsprache akzeptierten. Die schon weitgehend feststehende syntaktische und morphologische Norm der hochdeutschen Schriftsprache und ihre lexikalische Vereinheitlichung war zwar auch Grundlage der Sprache als Kunstform, drohte aber ihre schöpferische Weiterentwicklung durch die Schriftsteller zu behindern." (GESSINGER 1980, 129.) Trotz mancher Mängel in der Beurteilung sprachlicher Tatsachen hat aber Gottscheds Lehre zu dem klaren Stil der späteren Aufklärungsprosa ebenso beigetragen, wie durch seine normative Grammatik die Herausbildung der relativ stabilen Norm des Neuhochdeutschen wesentlich befördert wurde. Vor allem seine "Sprachkunst" hat die grammatische Tätigkeit auch im Süden Deutschlands beeinflußt. "Das zeigte sich äußerlich bereits in der großen Zahl von Schriften über die deutsche Sprache und ihre Grammatik, die nach 1748, dem Erscheinungsjahr von GOTTSCHEDS ⟨Sprachkunst⟩, überall in Oberdeutschland einschließlich Österreichs veröffentlicht wurden." (EGGERS 1986, Bd.2, 314.) Wenn auch die politischen Beweggründe für den sprachlichen Ausgleich in den einzelnen katholischen Territorien durchaus unterschiedlich gewesen sein dürften, "setzte sich seit etwa 1750 in Österreich

und Bayern unter dem Einfluß GOTTSCHEDS und durchaus auch 'auf höhere Entscheidung' . . . das Hochdeutsch ostmitteldeutscher Prägung jedenfalls im schriftlichen Gebrauch rasch durch." (REIFFENSTEIN 1988, 42; vgl. auch REIFFENSTEIN 1989, 177ff.)

Am Ende der Bemühungen um die Normalisierung und Vereinheitlichung der dt. Sprache steht der Lexikograph und Grammatiker JOHANN CHRISTOPH ADELUNG (1732–1806), mit dessen Wirken andererseits auch "die letzte, entscheidende Etappe auf dem Weg zur Durchsetzung des neuhochdeutschen Sprachstandards" (SCHMIDT-REGENER 1989, 167) beginnt. Zu seinen Hauptwerken gehören die "Deutsche Sprachlehre; zum Gebrauch der Schulen in den Königlich Preußischen Landen" (1781; 1782 auch in Wien als Schulbuch eingeführt; bis 1816 fünf weitere Auflagen), sein "Umständliches Lehrgebäude der deutschen Sprache, zur Erläuterung der deutschen Sprachlehre für Schulen" (1782) und sein "Versuch eines vollständigen grammatisch-kritischen Wörterbuchs der hochdeutschen Mundarten, besonders aber der oberdeutschen" (1774–1786). Von ihm stammen darüber hinaus Beiträge zur Geschichte der dt. Sprache, Lehrbücher und Anweisungsschriften für die dt. Orthographie, eine Arbeit über den dt. Stil u.v.a.m. (Vgl. u. a. DÖRING 1984, LERCHNER 1984, RIKKEN 1984, H. SCHMIDT 1984.) ADELUNG weist dem Sprachgebrauch eine hervorragende Rolle zu, und insofern unterscheiden sich seine Regeln und Ausnahmen von den noch oft subjektiven normativen Sprachregelungen seiner Vorgänger. "Seine Entscheidungen haben sich bewährt, soweit sie die Elemente der Sprache, Orthographie und Flexion betreffen; nur allmählich, d. h. ganz so, wie er sich die Entwicklung dachte, hat man sich von seinen Vorschriften entfernt." (JELLINEK 1913, 332.) Seine sprachtheoretischen Auffassungen sind "eingebettet in eine übergreifende kulturtheoretische Konzeption" (SCHMIDT-REGENER 1989, 167.).

ADELUNGS Schriften zur dt. Sprache enthalten in ihrer Gesamtheit wesentliche theoretische Einsichten. In seinem "Ansatz mischen sich sprachwissenschaftlicher Rationalismus und materialistischer

Sensualismus mit eindeutiger Dominanz eines an Johann Gottfried HERDER geschulten sensualistischen Herangehens ...”; auch gilt er als “der erste, der den Begriff der Norm nicht nur im Sinne der Sprachrichtigkeit interpretiert, sondern der den Versuch unternimmt, die soziale Dimension in den Normbegriff hineinzuholen, und zwar über den politischen Aspekt vermittelt. Und deshalb wird er zum exponiertesten Sprachwissenschaftler seiner Zeit. Allem bisherigen, kleinlichen Gezänk setzt er als oberstes Prinzip den Kampf um e i n e, und zwar eine e i n h e i t l i c h e Sprachnorm entgegen ...”. (SCHMIDT-REGENER 1989, 167f.) Diese sieht er zunächst für seine Zeit am besten verwirklicht im Sprachgebrauch der “obern Classen” (ADELUNG 1783, 83) Obersachsens. Dagegen wendet sich u. a. vor allem CHRISTOPH MARTIN WIELAND (siehe 1.6.3.), der betont, daß die Sprache der schönen Literatur relativ selbständig und nicht an den Geschmack der oberen Klassen Obersachsens gebunden sei. In der sich anschließenden Diskussion revidiert ADELUNG seinen Standpunkt und verteidigt nur noch den Gedanken der sprachlichen Einheit an sich. Letztlich ist dies auch eine Konsequenz seiner Vorstellung von der Sprachentwicklung, deren Ursachen er in der engen Verbindung der Sprache mit der Gesellschaft sieht, denn Sprache ist für ihn *nicht allein ein Bedürfniß, sondern auch ganz das Werk des engern gesellschaftlichen Lebens, und all die Verschiedenheiten, welche Sprache und Mundarten unterscheiden, sind wesentliche und nothwendige Folgen der eigenthümlichen Umstände jeder beysammen lebenden Gesellschaft, welche so stark wirken müssen, daß auch ohne klares Bewußtseyn bey einer so großen Menge eine und ebendieselbe Wirkung erfolgt* (ADELUNG 1800, 848). In diesem Sinne leitet er aus dem Sprachgebrauch auch die Regeln für die Normierung der Sprache ab.

Bei seinen Zeitgenossen gilt er als Autorität, auch wenn sie seine Vorgehensweise und Entscheidungen oft kritisieren. Die von ihm vorgelegten Arbeiten werden vielfach genutzt, vor allem auch von den Dichtern und Schriftstellern der Zeit. LESSING, WIELAND, GOETHE, SCHILLER, W. V. HUMBOLDT, VOSS u. a. zogen sein Wörter-

buch vielfach zu Rate, wie durch deren Briefwechsel bezeugt ist. (Vgl. HENNE 1984, 98f.) Auch hatte beispielsweise “Goethe mit seinem Verleger Goeschen vertraglich vereinbart, daß bei der Herausgabe seiner ‘Schriften’ hinsichtlich der Rechtschreibung grundsätzlich nach den Vorschriften Adelungs zu verfahren sei” (SCHMIDT-WILPERT 1985, 1558).

1.6.3. Zur sprachlichen Situation und zur Bedeutung der Dichter für die weitere Entwicklung und Festigung der deutschen Sprache im 18. Jahrhundert

“Die Konsolidierungsvorgänge des deutschen nationalsprachlichen Standards im 18. Jh. . . . stellen sich . . . dar als ein komplexes Bündel von Austausch- und Transferprozessen zwischen . . . Varietäten mit dem Ergebnis eines überlandschaftlichen und übersozialen, allgemeingültigen und allgemeinverbindlich normierten Kommunikationsmittels innerhalb der Sprachgemeinschaft.” (LERCHNER 1990, 39.) Dabei korrespondiert diese Herausbildung der dt. Standardsprache mit vielfältigen Wandlungen in der kommunikativ-sprachlichen Situation dieser nach Ansicht von ERIC A. BLACKALL “bedeutendsten Epoche der deutschen Sprachgeschichte überhaupt” (BLACKALL 1966, 1). Nahmen bereits im 17. Jh. kommunikative Bedeutung und soziale Geltung “der dt. Sprache als Ergebnis ihres Gebrauchs in der schönen Literatur, in der didaktischen und theologisch-philosophischen Prosa, in philologischen Werken, in Informationsblättern und Zeitungen (Zeitungen seit 1609, Zeitschriften seit 1688), im Briefwechsel” (SEMENJUK 1985, 1455) allmählich zu, so verstärkt sich dieser Prozeß mit der Entwicklung einer neuen repräsentativen Öffentlichkeit, der bürgerlichen Öffentlichkeit, entscheidend.

Die Aufklärung als “grundlegender Akkulturations- und Bildungsvorgang”, als “Prozeß der Entfaltung neuartiger Gefühls- und Bewußtseinslagen sowie neuer Verhaltensmuster”, als Prozeß soziokultureller Selbstidentifikation” (BÖDEKER/HERRMANN 1987, 1) bewirkte auch einen Wandel in der Sprachsituation, der noch längst nicht umfassend erforscht ist. Allmählich wird auch im Bereich der Wissenschaft das Latein durch die deutsche Sprache ersetzt. Infolge dieses von CHRISTIAN WOLFF (1679–1754) und CHRISTIAN THOMASIUS (1655–1728) im Bereich der Philosophie wesentlich initiierten und beförderten Prozesses wird Deutsch nun auch – nach den zögernden Anfängen im 17. Jh. – Vorlesungssprache an den Universitäten: KASPAR STIELER versuchte vermutlich 1676/77, sicher aber dann 1679, dt. Vorlesungen an der Universität Jena zu halten (WEITHASE 1961, 264ff.); 1687 folgt der Versuch von THOMASIUS in Leipzig. In den einzelnen Wissenschaften beginnen sich die modernen Fachsprachen herauszubilden. (Vgl. v. HAHN 1983, bes. 35ff.) In der ersten Hälfte des 18. Jh. bereits wird Deutsch zur Sprache des Unterrichts und Unterrichtsgegenstand an nahezu sämtlichen Schulen, am Ende des Jahrhunderts hat es sich dann auch an den länger am Latein festhaltenden Jesuitenschulen durchgesetzt, woraus aber nicht auf die tatsächliche Beherrschung der Schriftsprache bzw. die Lese- und Schreibfertigkeit der Schulpflichtigen geschlossen werden kann. Das Analphabetentum war in Deutschland noch nicht beseitigt. Die Realität des Unterrichts, vor allem an den Dorfschulen, ist von einer Verwirklichung des. Erziehungsprogramms der Aufklärung weit entfernt. (Vgl. u. a. ENGELSING 1973, 69ff.) Wenn demzufolge auch die Zahl der Leser – gemessen an der Gesamtbevölkerung – niedrig gewesen sein dürfte, zeichnet sich die Epoche der Aufklärung gegenüber den zurückliegenden Jahrhunderten durch ein sprunghaft ansteigendes Lesebedürfnis aus. Literarische Kommunikation wird nun zunehmend durch individuelles Lesen vermittelt. Im Zusammenhang damit steht die Zunahme der literarischen Produktion unterschiedlichster Provenienz ebenso wie "das Bedürfnis nach sekundärer Information" (SCHLIEBEN-LANGE 1983, 198), das die Entstehung von Rezensionszeitschriften und Nachschlagewerken begünstigt, die, ebenso wie Fachbibliographien und Fachlexika, zu den "typisch neuzeitlichen Organisationsformen von Wissenschaft und Technik" (v. HAHN 1983, 35) gehören. Dies alles wirkt auf die Vollendung der sprachlichen Einheit der dt. Standardsprache ebenso wie dadurch gleichzeitig deren weitere Ausgestaltung, ihre notwendige "funktionale" Differenzierung, befördert wird, die sie zum geeigneten Kommunikationsmittel in allen Lebensbereichen werden läßt. Der erhebliche Anteil, den das außerordentlich vielschichtige und differenzierte wissenschaftliche und populäre Fachschrifttum des 18. Jh. an den Prozessen des damit zusammenhängenden Sprachwandels hat, ist noch kaum erforscht. Dies gilt gleichermaßen für den Anteil der Trivial-, aber auch der Erbauungsliteratur, der Zeitungen u. a. Textsorten.

Nicht zu übersehen ist aber auch, daß in der spezifischen Situation des 18. Jh. die "Schriftstellerautorität … einen weder vorher noch nachher annähernd erreichten *potentiellen* sprachgeschichtlichen Wirkungsfaktor hoher Signifikanz" (LERCHNER 1980, 347) darstellt. Der sprachgeschichtlichen Wirkungspotenz der einzelnen Persönlichkeiten kann im vorgegebenen Rahmen nicht umfassend Rechnung getragen werden. (Vgl. zu Sprache, Stil und sprachgeschichtlicher Wirkung der Dichter des 18. Jh. u. a. LANGEN 1957/1978; MATTAUSCH 1980, 121ff.) Verdeutlicht werden soll lediglich an ausgewählten Beispielen das Verhältnis bedeutender Schriftsteller zur Sprache, ihre Bemühungen um die Herausbildung einer Sprachform von nationaler Geltung, erkennbar vielfach in ihren Reflexionen über Sprache und Sprachgebrauch, sowie die vom jeweiligen Werk ausgehende sprachkünstlerische Wirkung.

Friedrich Gottlieb Klopstock (1724–1803). Klopstock gilt als "Schöpfer einer stark subjektiven, phantasiebeschwingten und gefühlsschweren, hymnisch-enthusiastischen Dichtersprache" (PRASCHEK 1969, 255), wobei als Beleg vielfach auf Besonderheiten seines Stils verwiesen wird, wie z. B. die "verbale Dynamik" bei zusammengesetzten Verben und Partizipien: *aufweinen, dahinzittern, empordenken; dankweinend, kaltverachtend, blütenumduftet, frohbegeistert,* zusammendrängende, sinnschwere Substantivkomposita, oft zwei verschiedene sinnliche Sphären verknüpfend (Synästhesie): *Flammengipfel, Glanznacht, Silbergelispel.* (Zur zeitgenös-

sischen Diskussion um derartige Wort-
neubildungen vgl. u.a. WELLS 1990,
349ff.) Gedanken von LEIBNIZ, THOMA-
SIUS und GOTTSCHED aufgreifend, hat
KLOPSTOCK sich auch in verschiedenen
theoretischen Schriften (hingewiesen sei
bes. auf "Die deutsche Gelehrtenrepublik,
ihre Einrichtung, ihre Gesetze . . .", 1774
und "Über Sprache und Dichtkunst", 3
Bände, 1779–80) zu Problemen des
Sprachgebrauchs in Poesie und Prosa, zur
Poetik und Metrik, aber auch zur Etymologie und Orthographie geäußert. Erweist er sich mit seinen Ansichten über
eine phonetische Orthographie "ganz als
Denker der Aufklärung" (WELLS 1990,
351), überwindet er – im Gegensatz zu
GOTTSCHED Poesie und Prosa strikt tren-
nend – bei seinen Aussagen zur Wortwahl
und Wortbildung, zur Syntax und Wortstellung jegliche konventionalisierte Ra-
tionalität. "Damit erkämpft er", wie H.
EGGERS (1986, Bd.2, 304) feststellt, "der
Poesie eine neue, von den Aufklärern be-
strittene Freiheit. Das ist um so bemer-
kenswerter, als KLOPSTOCK selbst ein Meister der kurzen, strikten Prosa ist. Er erkennt eben, entgegen aller aufklärerischen
Nüchternheit, den wesensmäßigen Unterschied zwischen Poesie und Prosa und
wird dadurch zum Wegbereiter einer die
Aufklärung überwindenden Sprach- und
Literaturtheorie." Mit der Sprache seiner
eigenen Dichtungen, geprägt von Musikalität und Gefühlsstärke, Ausdrucksfä-
higkeit und Subjektivität, hat er in vielfältiger Weise auf Zeitgenossen und Nach-
kommende gewirkt, auf die Dichter des
Göttinger Hains, des Sturm und Drangs,
auf HÖLDERLIN u.a. "Dabei ist es dich-
tungs- wie sprachgeschichtlich von gleicher Bedeutung, daß KLOPSTOCK im gesamten deutschen Sprachgebiet gelesen
und anerkannt wurde." (EGGERS 1986,
Bd.2, 328.) Durch die Verbreitung von
KLOPSTOCKS Werken wurde der Süden
Deutschlands enger an die Mitte angeschlossen und der Sprachausgleich zwischen Nord und Süd gefördert.

Gotthold Ephraim Lessing (1729–1781).
Der auf literarischem Gebiet wohl her-
vorragendste Aufklärer, LESSING, steht in
seiner Wirkung auf die Ausprägung des
neueren Deutsch sowie auf die Bildung
der deutschen Nationalliteratur KLOP-

STOCK nicht nach. (Vgl. u.a. EGGERS 1986,
328ff.) "LESSINGS Werk repräsentiert
sprachlich erstmals, individuell herausra-
gend aus einer Fülle gleichgerichteter zeit-
stilistischer Leistungen, in entwickelter
Form die *lingua ipsa Germanica*, die spätestens seit SCHOTTEL als abstrakte Forderung das sprachtheoretische und
sprachliche Bemühen des Jahrhunderts
bestimmt und im Kampf um regionale literatursprachliche Vorherrschaft, im Postulat der Schriftstellerautorität und einer
'körnichten Haupt- und Heldensprache'
variantenreich Verwirklichung gesucht
hat." (LERCHNER 1980, 350.) Ein charakteristisches Merkmal des Individual- bzw.
Persönlichkeitsstils LESSINGS ist die Klarheit einer stets den Dialog mit dem Leser
führenden und auch in der Polemik logisch folgerichtigen Prosa. "Die größte
Deutlichkeit war mir immer die größte
Schönheit" (LESSING: Testament Johan-
nis). Eigen ist seiner Sprache damit 'Be-
wußtheit', oder, wie er es selbst im 56. der
"Briefe antiquarischen Inhalts" nennt,
"der ruhigste Vorbedacht, die langsamste
Überlegung". Seine Vorliebe für sprachliche Bilder, deren Ausgestaltung zu umfangreichen Gleichnissen er auch gelegentlich übertreibt, verführt ihn nicht
dazu, die Gefahren zu übersehen, die mit
einer derartigen Darstellungsweise verbunden sein können. Er hält gerade das
sprachliche Bild für ein notwendiges Mittel des polemischen Stils. "*Ich suche allerdings, durch die Phantasie, mit auf den
Verstand meiner Leser zu wirken. Ich halte
es nicht allein für nützlich, sondern auch für
notwendig, Gründe in Bilder zu kleiden und
alle die Nebenbegriffe, welche die einen
oder die anderen erwecken, durch Anspie-
lungen zu bezeichnen. Wer hiervon nichts
weiß und verstehet, müßte schlechterdings
kein Schriftsteller werden wollen; denn alle
guten Schriftsteller sind es nur auf diesem
Wege geworden.*" Seine Bilder dienen der
sinngebenden Wirkung, sind der Klarheit
und Deutlichkeit des Ausdrucks ebenso
untergeordnet wie die von ihm vielgenutz-
ten Antithesen, in die Darstellung einge-
streute rhetorische Fragen, Ausrufe
u.a.m. Der Spezifik seiner Zeit entsprechend, ist auch bei ihm dichterisches
Schaffen eng verbunden mit der theoretischen Erörterung linguistischer Sachver-

halte und sprachwissenschaftlicher Projekte, z.B. Sammlungen zu einem deutschen Wörterbuch. Beachtung verdient dabei vor allem auch der Versuch, gewisse funktionale Unterschiede zwischen schriftlichen und mündlichen Kommunikationsformen im Drama zu realisieren und verschiedene Stilschichten zu erfassen. (Vgl. LERCHNER 1980, 351f.) Dabei verteidigt LESSING nicht nur theoretisch die Möglichkeit, mundartliches und altertümliches Wortgut in die Sprache der Dichtung aufzunehmen, er trägt selbst durch den Gebrauch solcher Wörter dazu bei, daß sie literaturfähig werden. "Die funktional und stilistisch bedingten Verwendungsweisen der Muttersprache werden durch LESSING ihrer – nach den theoretisch-normativen Zeitvorstellungen – isolierten Eigenständigkeit entkleidet und auf das zurückgeführt, was sie im Rahmen einer homogenen nationalsprachlichen Norm später allein werden sein können: untergeordnete Register einer gesellschaftlich allgemein zugänglichen *Diglossie*." (LERCHNER 1980, 351.)

Christoph Martin Wieland (1733–1813). Als Wegbereiter der deutschen Klassik hat WIELAND Anteil an den Bemühungen um die sprachliche Vereinheitlichung im 18. Jh. Er selbst ist vom Pietismus, von KLOPSTOCK und LUTHER beeinflußt. Durch Übersetzungen antiker Autoren und vieler Dramen SHAKESPEARES erfuhr sein Sprachvermögen seine spezifische Prägung. Wie z.B. das siebenmalige Umschreiben des "Oberon" vor dem Druck beweist, feilte WIELAND intensiv an seinem sprachlichen Ausdruck. Auch er hält die Aufnahme von mundartlichen Ausdrükken sowie von Wörtern und Wendungen aus der Sprache des gesellschaftlichen Umgangs aller Landschaften in die Sprache der Dichtung für unentbehrlich. Unter dem Eindruck der westeuropäischen Aufklärung schreibt er seinen "Agathon" (1766/67), den ersten deutschen Bildungsroman, was wesentlich dazu beiträgt, daß WIELAND zum anerkannt führenden Schriftsteller seiner Zeit wird. *"An Wieland schlossen sich ... wenige persönlich: das literarische Zutrauen aber war grenzenlos; – das südliche Deutschland, besonders Wien, sind ihm ihre poetische und prosaische Kultur schuldig."* So beurteilt GOE-

THE 1794 in den "Tag- und Jahresheften" (zitiert nach EGGERS 1986, Bd.2., 331) die Wirkung des weitverbreiteten und vielgelesenen Werkes und den Einfluß von WIELAND vor allem auf Süddeutschland, das hinsichtlich des Sprachgebrauchs nach wie vor Spezifika gegenüber dem Omd. aufwies. "WIELAND lieferte die Vorbilder für eine Gemeinsprache, die für den anspruchsvollen Schriftsteller ebenso geeignet war wie für das gesellige Gespräch einer gebildeten Gesellschaft." (EGGERS 1986, Bd.2, 331.) Als Dichter nimmt WIELAND 1782/83 im "Teutschen Merkur" teil am erneut ausgebrochenen Streit seiner Zeitgenossen um die führende Rolle Obersachsens bei der Bestimmung der Normen des "Hochdeutschen", der deutschen Schrift- und Dichtersprache. "Gegen Adelungs These von der hochsprachbestimmenden Rolle einer obersächsischen 'Klassik' zwischen 1740 und 1760 kommt er (WIELAND, B.D.) zu dem durch mancherlei Argumente gestützten Schluß: 'Ich muß mich sehr irren, oder es bleibt gegen die Babylonische Sprachverwirrung, die hieraus entstehen müßte, kein besseres Mittel, als es bei dem alten Grundsatz zu lassen: daß es die guten Schriftsteller sind, welche die wahre Schriftsprache eines Volkes bilden und (so weit als die Natur einer lebenden und sich also nothwendig immer verändernden Sprache zuläßt) befestigen'." (LERCHNER 1984, 109.) Den Urteilen WIELANDS kommt in dieser Auseinandersetzung insofern, als sie Ausdruck einer neuen Qualität metasprachlicher Kompetenz sind, "eine für die Sprachgeschichte des Deutschen bedeutsame Markierungsfunktion zu" (LERCHNER 1984, 111).

Johann Gottfried Herder (1744–1803). Kennzeichnend für HERDERS Sprachauffassung ist die Betrachtung der Sprache unter historischem Aspekt und in ihrer Bedeutung für die jeweilige Zeit. Zur Aufdeckung von Zusammenhängen zwischen Sprache, Gesellschaft und Denken hat er einen wesentlichen Beitrag geleistet (vgl. GROSSE 1978, 75ff.) und u.a. auf dem Gebiet der Sprachphilosophie Denkanstöße von weitreichender Wirkung vermittelt. Dies gilt im besonderen Maße für seine 1772 von der Berliner Akademie preisgekrönte "Abhandlung über den Ursprung der Sprache", in der er sich gegen theologisch-orthodoxe und ausschließlich rationalistische Sprachtheorien wendet. Sprache und menschliche Vernunft als Einheit sehend, erklärt er die Entstehung der Sprache als eine den anthropologischen Voraussetzungen des Menschen zufolge notwendige, auf Grund der Vernunftbegabtheit der Menschen mögliche "Erfindung" derselben. Die sprachgeschichtliche Entwicklung des Deutschen beeinflußt er, indem er die Verwendung der "Volkssprache" auch als Sprache der Dichtung befördert, was u. a. auch mit der bei ihm deutlich werdenden Forderung nach einer gewissen stilistischen Breite der Existenzformen der Schriftsprache im Zusammenhang zu sehen ist. (Vgl. dazu FLEISCHER 1978, 83ff.) Er gilt auch als der Begründer der Volksliedforschung.

"HERDER hat wie kein anderer Denker die junge Generation um 1770 angeregt." (EGGERS 1986, Bd.2, 332.) Mit seinen Ansichten von einer kraftvollen Dichtersprache, deren Quellen er u. a. in der Volksdichtung und auch in der Dichtung der Vergangenheit sah, hat er großen Einfluß auf die Dichter des **Sturm und Drang** ausgeübt. Die daraus resultierenden Grundanschauungen wirkten befruchtend auf die Sprache der Dichtung, die damit an Ausdrucksstärke und Beweglichkeit entscheidend gewann, auch wenn die vielfach extremen Sprachbesonderheiten der Sturm-und-Drang-Epoche bald überwunden wurden. So bedeutete beispielsweise für GOETHE und SCHILLER die Sprache des Sturm und Drang lediglich eine Vorstufe zur Reife der Klassik.

Johann Wolfgang von Goethe (1749–1832). In GOETHES Werk bündeln sich "wesentliche Tendenzen und Impulse seines Zeitalters . . ., sei es in abkürzendem Nachvollzug älterer bzw. vorgefundener Entwicklungsstufen oder – bedeutsamer – in produktiver Vor- und Mitgestaltung neuer Ausdrucksformen und -möglichkeiten. Von besonderem Gewicht ist auch die Tatsache, daß GOETHES Wirken fast alle Bereiche des gesellschaftlichen Lebens seiner Zeit erfaßt, seine Sprache mithin – jenseits ihres eigentümlichen unbestritten schöpferischen Charakters – in einem hohen Maße repräsentativ für die Zeitsprache ist. Mit anderen Worten: GOETHES

Sprachleistung läßt sich nicht etwa einschränken auf seine Dichtungssprache, schon gar nicht auf gewisse auffällige Erscheinungen in ihr (wie dies frühere individualstilistisch orientierte Arbeiten gern glauben machen wollen); sie ist auch nicht reduzierbar auf ihre volkssprachlichen Elemente oder auf ihren Anteil am literatursprachlichen Standard seiner Zeit. Sie umfaßt vielmehr ein ganzes Ensemble vielfältiger situations- und zweckbestimmter Erscheinungsformen, von persönlich gefärbtem Alltagsausdruck bis zum strengen Duktus wissenschaftlicher Sprache, von konventionell geprägtem Amtsstil bis zur in sich vielfach geschichteten Poesiesprache." (MATTAUSCH 1982, 220.) Dementsprechend vielfältig sind auch seine Reflexionen über Sprache und Sprachgebrauch. Auf den ersten Blick mitunter widersprüchlich erscheinend, wirken sie immer verständlich im Kontext der einzelnen Entwicklungsperioden seiner 65 Jahre währenden schriftstellerischen Tätigkeit. Hier ordnen sich auch die von ihm selbst vorgenommenen Korrekturen und sprachlichen Veränderungen bei der Gesamtausgabe seiner Werke 1787–1790 ein. Sie sind zu bewerten als ein Ausdruck erneuten Strebens nach Klarheit und Normalisierung. "Die neue Betonung der sprachlichen Regelmäßigkeit und die Vollkommenheit der sprachlichen Gestaltung im Rahmen dieser Regelmäßigkeit stehen durchaus in keiner Beziehung zu der rationalistischen Sprachreglementierung der Zeit und sind insgesamt nicht das Ergebnis einer einfachen Anpassung an sprachliche Vorschriften; sie sind vielmehr die Vollendung eines Entwicklungsprozesses der sprachlichen Gestaltung, die undenkbar wäre ohne die Leistungen der vorangehenden Periode des Sturm und Drang." (NERIUS 1967, 63.)

Friedrich Schiller (1759–1805). SCHILLER ist wie GOETHE den Weg vom Sturm und Drang zur Klassik gegangen, hat die Sprache der deutschen Klassik in gleichem Maße wie dieser mitgeprägt und dabei vor allem die Entwicklung der deutschen Verssprache beeinflußt. Anschaulichkeit und Sinnenhaftigkeit seiner Balladen, syntaktisch, lexikalisch und metrisch gestalteter Formwille seiner Lyrik, Verständlichkeit seiner philosophischen und historischen Schriften wirken fördernd auf die Entwicklung des Deutschen. Der Wortschatz seiner historischen Schriften bereicherte die Wissenschaftssprache dieser Disziplin: *Beistandsversprechen, wechselseitige Hilfeleistung, Machtgleichheit, -verhältnis, Nationalcharakter, Selbsthilfe, Staatenbund, Staatsinteresse* u. a. m. Neben dem für die Klassik charakteristischen Streben nach Maß und stilisierender Allgemeingültigkeit prägen Stilelemente der Rhetorik seine Prosaschriften und Versdichtungen. "Ein hohes, idealistisches Pathos spricht aus allen seinen Werken. Weiträumige, wortreiche Perioden, geschliffene Antithesen und die Verdichtung gültiger Aussagen zur knappen Sentenz kennzeichnen diesen Stil." (EGGERS 1986, Bd.2, 347.)

Von ihm geprägte Sentenzen und formelhafte Ausdrücke, in ihrer sprachlichen Prägnanz und inhaltlichen Aussage Sprichwörtern nahestehend, gehören auch heute noch zum Bestand der deutschen Sprache, vgl. u.a. *Die Axt im Hause erspart den Zimmermann, Mit der Dummheit kämpfen Götter selbst vergebens, Ernst ist das Leben, heiter ist die Kunst; der Dritte im Bunde, der langen Rede kurzer Sinn, Bretter, die die Welt bedeuten.* SCHILLERS kultivierte Dichtersprache hat wesentlichen Anteil an der Ausbreitung des deutschen Sprachstandards.

Das Wirken der Dichter und Schriftsteller trug entscheidend dazu bei, daß mit dem Ende des 18. Jh. die Herausbildung und relative Festigung der überregionalen und polyfunktionalen nhd. Schriftsprache zu konstatieren ist und damit nun an der Gleichwertigkeit und Eigenständigkeit der deutschen Standardsprache in ihrer schriftlichen Form gegenüber anderen europäischen Sprachen keine Zweifel mehr bestehen.

1.6.4. Zur Ausformung des grammatischen Systems des Neuhochdeutschen

Die Herausbildung "eines relativ einheitlichen, normalisierten und kodifizierten Sprachtyps, der im System der Existenzformen allmählich führend wird" (SEMENJUK 1985, 1448), vollzieht sich im wesentlichen in der Zeit des 17. bis 19. Jh.

Zustand und Prozesse werden in der Grammatikschreibung reflektiert, wobei sowohl "hinsichtlich der Klassenbildung" als auch "hinsichtlich der normierenden Entscheidung zwischen Varianten des Sprachgebrauchs" (SCHMIDT-WILPERT 1980, 414) unterschiedliche Positionen vertreten werden. Durch die weitere Entwicklung der dt. Sprache sind dabei auch Entscheidungen bestätigt worden, die Grammatiker trafen, denen im Vergleich zu GOTTSCHED in der bisherigen Sprachgeschichtsschreibung wesentlich weniger Beachtung zuteil wurde, wie z. B. JOHANN BALTHASAR VON ANTESPERG ("Kayserliche Deutsche Grammatik", Wien 1747) und CARL FRIEDRICH AICHINGER ("Versuch einer teutschen Sprachlehre von 1753 aus der Oberpfalz").

Am Ende des 18. Jh. sind Ausbildung und Durchsetzung in sich gefestigter gramm. Normen der nun überregionalen und zunehmend polyfunktionalen dt. Schriftsprache im wesentlichen abgeschlossen. Die weitere Entwicklung des gramm. Baus der dt. Sprache ist seit dem Ausgang des 18. Jh. nicht mehr primär durch die Herausbildung neuer gramm. Formen charakterisiert, sondern vor allem durch Veränderungen hinsichtlich des Gebrauchs und durch textsortenspezifische Variabilität. Die gramm. Formen, die Verbreitung und Anerkennung gefunden haben und im allgemeinen heute noch gültig sind, sind das Ergebnis von Entwicklungsprozessen, die sich seit Jahrhunderten beobachten lassen. (Vgl. u.a. SONDEREGGER 1979, 262ff.)

Morphologie

Charakteristisch für die Normierungsprozesse des 17. und 18. Jh. ist dabei vor allem der Abbau von morphologischen Varianten, was gegenüber den historischen Vorstufen zu größerer Einheitlichkeit und Systematizität bei der Flexion führt.

In der **Nominalflexion** wird das System der Deklinationsklassen weiter vereinfacht. (Siehe 4.4.2.) Durch Veränderungen verschiedener Art, wie *e*-Apokope, Analogiebildungen u. a., werden Kasus- und Genusdifferenzierungen weiter reduziert. (Vgl. NERIUS 1967; SEMENJUK 1972; HARTWEG/WEGERA 1989, 116ff.) Typische

Merkmale der historischen Klassifikation der Deklination gehen verloren. Damit fallen ursprünglich verschiedene Deklinationstypen zusammen. (Zu den historischen Deklinationsklassen siehe 3.5.2.)

Die st. Mask. und Neutr. auf -e der alten *ja*- und *u*-Stämme stimmen nach der *e*-Apokope mit den *a*-Stämmen (*tag*) überein: mhd. *kriuze, lêrære, netze, sige* > nhd. *Kreuz, Lehrer, Netz, Sieg*. Weitere Wörter gehen in anderen Typen mit *e* auf, entweder in der sw. Dekl. wie mhd. *hirte, rise* > nhd. *Hirte, Riese* oder mit Genuswechsel bei den st. Fem. wie mhd. *hirse, site* > nhd. *Hirse, Sitte*. Der alte *ja*-Typus ist nur noch in dem Lehnwort *Käse* und in den neutr. Kollektiva mit *ge*- bewahrt, wie *Gebirge, Gemälde* usw.

Die Fem. auf -e zeigen nur bei einigen Wörtern *e*-Abfall. Sie lehnen sich dann oft mit Genuswechsel entweder an die st. Mask. an, wie mhd. *strâle* > nhd. *Strahl*, oder an die st. Neutr., wie mhd. *âventiure* > nhd. *Abenteuer*. Oft bleiben sie bei dem mhd. Typus *zal* 'Zahl', wie mhd. *mûre* > nhd. *Mauer*.

Die sw. Mask. und Neutr. auf -e treten nach dessen Abfall zu den starken *a*- bzw. *i*-Stämmen über: mhd. *blitze, grîse, hane* > nhd. *Blitz, Greis, Hahn*. Bei den Neutr. ist die st. Flexion nur in den Sg. eingedrungen. Der Pl. hat die sw. Endungen bewahrt. Andererseits wird auch häufig die Endung -en aus den flektierten Kasus in den Nom. des Sg. übertragen, vgl. mhd. *balke, hâke* > nhd. *Balken, Haken*. Durch die neue konsonantische Endung gleichen sich diese Wörter den st. Mask. an, und so entsteht die nhd. Flexion *Haken, Hakens* gegen mhd. *hâke, hâken*. In dieser Klasse der alten *n*-Deklination verbleiben besonders Bezeichnungen für Lebewesen, wie *Bote, Knabe* usw.

Im Pl. verschiedener Fem. dringt -en des Gen. und Dat. in den Nom. und Akk. ein, so daß der Sg. st. und der Pl. sw. flektieren wie nhd. *Gabe, Gaben*. Da auch die sw. Fem. im gesamten Sg. st. Endungen annehmen wie mhd. Nom. Sg. *zunge*, Gen. *zungen* > nhd. *zunge*, entsteht in dieser Gruppe ein einheitlicher fem. Deklinationstyp.

Diese Prozesse äußern sich in vielfältiger Varianz. Unterschiedliche Formen mit gleicher grammatischer Funktion sind in den schriftlichen Überlieferungen bis zum Ende des 18. Jh. häufig festzustellen. Auch im Bereich des Genus sind – wenn auch gegenüber dem 17. Jh. bereits reduziert – noch viele Varianten festzustellen, was z. T. auch durch ursprüngliche territoriale Differenzierungen bedingt ist. So stehen noch nebeneinander: *der/das Wachstum,*

der/die Scheitel, der/das Lohn, der/das Schrecken, der/die Lust, der/die Pacht, der/die Periode, der/die/das Gift. (Vgl. u.a. NERIUS 1967, 81ff.; SCHILDT 1984, 170.)

Neben der Tendenz zur Vereinheitlichung und Vereinfachung bei der **Kasuskennzeichnung** zeigt sich das Wirken einer zweiten Grundtendenz im Bereich der Nominalflexion in der weiteren **Differenzierung der Numeri** (siehe 4.4.2.). Auch hierbei spielen analogische und systematisierende Aspekte eine wichtige Rolle.

a) Das Plural-*e* der st. Mask. wird auf viele Neutr. übertragen, wie mhd. Nom. Pl. *tier* > nhd. *Tiere*.

b) Das Umlaut bewirkende Pluralmorphem -*er* (ahd. -*ir*) ergreift weitere Neutr., vgl. mhd. Nom. Pl. *kint, vaz* > nhd. *Kinder, Fässer*; auch nhd. *Bäder* (aber: *Wiesbaden*, alter Dat. Pl.), *Felder* (*Rheinfelden*), *Häuser* (*Mühlhausen*). Seit dem 14. Jh. erfolgt Übertragung auch auf Mask.; vgl. mhd. *geiste, leibe* > nhd. *Geister, Leiber*.

c) Durch Umlaut wird der Pl. nach dem Muster alter *i*-Stämme auf umlautfähige *a*-Stämme der Mask. übertragen, wie mhd. *boume, hove* > nhd. *Bäume, Höfe* (*Sonthofen*).

d) Die Pluralendung -*s* wird im 15. Jh. im Hd. aus dem Nd. übernommen: *Haffs, Kommandos* usw.

Diese Tendenz zur immer deutlicheren Differenzierung zwischen Sg. und Pl. wirkt auch in der Gegenwart noch weiter. Dies wird auch an Schwankungen des Sprachgebrauchs deutlich, vgl. z.B. *der Laden – die Laden/die Läden, der Bogen – die Bogen/die Bögen*.

In der **Verbalflexion** zeigen sich Ausgleichsbewegungen, die zur V e r e i n f a c h u n g des Systems der Konjugation führen. (Siehe 4.3.1.10. und 4.4.1.10.) Ältere Unterschiede in der **Stammbildung** werden weitgehend beseitigt. Häufig steht ein einheitlicher Stammvokal im ganzen Paradigma oder wenigstens in einem Tempus. Ursachen und Art der Veränderungen sind unterschiedlicher Natur. (Vgl. GROSSE 1988.)

a) Innerhalb des Präs. werden beim st. Verb alte lautgesetzliche Unterschiede z.T. aufgegeben. So wird die 1. P. Sg. Präs. Ind., ursprünglich durch kombinatorischen Lautwandel von anderen Formen geschieden, dem Stammvokal des Pl. und des Inf. angeglichen; vgl. mhd *gibe, vliuge* > nhd. *gebe, fliege.* Ausgleichstenzenden zeigen sich auch in der 2. u. 3. P. Sg. Präs. Ind. der 2. (mhd.) Ablautreihe. Das *eu* wird aufgegeben; vgl. frnhd. *fleugst – fleugt, kreuchst – kreucht* > nhd. *fliegst – fliegt* usw.

b) Innerhalb des Prät. werden beim st. Verb zwischen Sg. und Pl. die Vokalunterschiede ausgeglichen; nach dem Singularvokal: mhd. *bôt – buten, vant – vunden* > nhd. *bot – boten, fand – fanden*; nach dem Pluralvokal: mhd. *gap – gâben, greif – griffen* > nhd. *gab – gaben, griff – griffen.*

c) Vokalunterschiede im Präs. und Prät. der sw. Verben mit Rückumlaut werden in der Regel beseitigt: mhd. *stęllen – stalte, vüeren – vuorte* > nhd. *stellen – stellte, führen – führte.*

d) Konsonantische Unterschiede (gramm. Wechsel) sind weitgehend innerhalb des Prät. aufgehoben, vgl. mhd. *kôs – kurn* > nhd. *erkor – erkoren,* mhd. *zôh – zugen* > nhd. *zog – zogen*; zugleich zwischen Präs. und Prät. mit dem Konsonanten des Pl. Prät., wie mhd. *slahen – sluogen* > nhd. *schlagen – schlugen,* mhd. *verliesen – verlurn* > nhd. *verlieren – verloren.*

In der **Formenbildung** stellen sich bes. durch Synkopierungen starke Verkürzungen ein (siehe 4.3.1.10. und 4.4.1.10.).

Syntax

Bei der Beurteilung der Entwicklung im syntaktischen Bereich ist gattungs- und textsortenspezifischem Sprachgebrauch in besonderem Maße Rechnung zu tragen. Das Wirken unterschiedlicher Tendenzen zeigt sich in vielfältiger Variation syntaktischer Strukturen, wobei – besonders im 17. Jh. – umfangreichere Satzstrukturen im Schrifttum insgesamt dominieren. (Vgl. ADMONI 1972, 243ff.) Diese starke Zunahme hypotaktischer Satzstrukturen korrespondiert mit der Entwicklung und der zunehmenden Nutzung der Mittel zum Ausdruck der logischen Verknüpfung von Haupt- und Nebensätzen, wie Konjunktionen, Relativpronomen und Satzgliedstellung (siehe 4.5.), die die unterschiedlichen graduellen und die inhaltlich-logischen Beziehungen zwischen den Teilsätzen eines Ganzsatzes zum Ausdruck bringen. (Vgl. EBERT 1978, bes. 19ff.; SONDEREGGER 1979, bes. 285ff.) Auch die seit dem 14./15. Jh. zunehmende Tendenz zum Gebrauch des vollen Satzrahmens verstärkt sich weiter. Das 17. Jh. gilt als die Zeit der stärksten Entfaltung der Rahmenkonstruktion. Im Prinzip ist aber auch schon die Ausklammerung derselben Satzglieder möglich wie heute.

Verschiedenartigste Ursachen, zu denen u. a. der noch weiterwirkende Einfluß des Lateins in bestimmten Kommunikationsbereichen gehört, aber auch das Bestreben, viel erklärende Zusätze einzuschieben, führen zum Gebrauch komplizierter Perioden, bei denen die Teilsätze – mitunter in vielfach verschlungener Weise – in übergeordnete Teilsätze eingeschoben sind; vgl.:

"Ob und wie hoch an der Teutschen Sprache, deren rechtschaffener Begriff, Beurtheilung, auch einem geschicklichen teutschen StatsStylo, so wohl im Reden als schreiben gelegen? ist nicht nötig, Ew. HochEdlen Gestrengen Hoch Ehrw. vest und herrl. zu mahl bey ietzigen ihren überhäufften wichtigen Geschäfften vorzustellen, als denen durch langen gebrauch und Erfahrung, deren nothwendigkeit und nutzen vor längst bekandt gewesen ist. Was viel höchstverständige Theologi und Politici darunter gehalten, und wie eyferig sie gewünschet, daß man die Jugend in der Schulen beyzeiten darzu gewehnen, auch auff universitäten dieselbe den Studenten vortragen möchte, solches ist und kan niemanden verborgen seyn, der des Seel. H. Lutheri, Meyfordens, Harsdörffers, Schottels und anderer Teutschliebenden Schrifften gelesen, Und wolte Gott, daß gleich andern Nationen, da die Muttersprache in ihrem Vaterland öffentlich gelehrt wird, also man auch in Teutschland teutsche Professores haben möchte, welche den rechten durchgehenden Staats Stylum führeten, nicht aber erdichtet unteutsch teutsch oder aus poetischen und auslendischen Phrasibus zusammengerafftes affectat teutsch anwiesen; was würde nicht in allen Ständen vor herrlicher Nutzen daraus erfolgen? Daß es aber bei dem bloßen Wunsch allein ersihet, das werck die That aber unterbleibet, allein große Ursach ist unter andern, daß gar selten ein in den Weltsachen geübter Mann auf Universitäten öffendlich lehret, und daß je ein solcher vornehmer Professor vorhanden, der an fürstl. Höfen, in den Colleiis, bei den Consultationibus gesessen, deutsche Schreiben revidiret, und concipiret, oder öffendliche Reden gehalten und angehöret, so ihm doch solche teutsche Collegia entweder zu gering oder zu mühsam, oder es fehlet ihnen an Zeit und Beliebung, der sonst disfalls begierigen Jugend damit an die hand zu gehen, wollen also ihrer Zeit lieber beßer anwenden, als durch die verachtete Grammatic und Rhetoric inclaresciren. (STIELER, An die Herren Visitatores. Jena 1679, zitiert nach ZEMANN 1966, 166f.)

Im 18. Jh. wird sowohl in Sprachreflexionen der Grammatiker als auch bes. in den Werken der Dichter und Schriftsteller das Bemühen deutlich, Übertreibungen beim Gebrauch von Perioden zu vermeiden. In den Texten dieser Zeit werden die Möglichkeiten zum Ausdruck von Parataxe und Hypotaxe zunehmend differenziert genutzt.

Der mit dem Verzicht auf überlange, komplizierte Perioden verbundenen Verringerung der Länge der Ganzsätze steht als Tendenz die Zunahme des Umfangs der Teilsätze, der sog. Elementarsätze (Termini nach ADMONI) gegenüber. Auch in diesem Fall sind die Aussagen nach Textsorten und Gattungen, Funktional- und Individualstilen zu differenzieren. Allgemein gilt aber, daß sich seit dem 17. Jh. vor allem der Umfang der Substantivgruppen erheblich erweitert. So nehmen beispielsweise erweiterte Attribute in wissenschaftlichen Texten seit Ende des 17. Jh. an Umfang zu. An der damit verbundenen Ausgestaltung der Substantivgruppe haben nicht nur die pränominalen, die vor dem Nomen stehenden Attribute Anteil, sondern seit dem 18. Jh. zunehmend auch nachgestellte präpositionale Wortgruppen, die als Attribute zu substantivierten Infinitiven und Nomina actionis auf -ung treten. Die Ausweitung der Möglichkeiten, Aussagen durch nominale Konstruktionen, bes. durch substantivische Wortgruppen, auszudrücken, ist in engem Zusammenhang mit Tendenzen im Bereich der Wortbildung der dt. Sprache in der neueren Zeit zu sehen. (Siehe 1.6.5.4. und 1.8.5.)

1.6.5. Zur Entwicklung des Wortschatzes und der Wortbildung

1.6.5.1. *Zur Beeinflussung durch fremde Sprachen*

Vielgestaltig sind die Ursachen, die im 17. Jh. den fremden Einfluß auf die dt. Sprache außerordentlich stark werden lassen. (Siehe 1.6.1.) Nach wie vor war Latein Sprache der Wissenschaft, Theologie und Philosophie; an den Höfen und damit auch in der Verwaltung des öffentlichen Lebens, im politischen und kulturellen Be-

reich bis hinein in die Alltagssprache der adligen und bürgerlichen Oberschichten dominierte die frz. Sprache. Beiden Fremdsprachen kam damit in gesellschaftlich wichtigen kommunikativen Teilbereichen ein höherer Prestigewert als dem Dt. selbst zu. Territorialfürstlicher Absolutismus, Dreißigjähriger Krieg, wirtschaftlicher und politischer Verfall Deutschlands, Modeströmungen sowie auch die noch bestehende regionale Differenzierung begünstigen die Beeinflussung durch fremde Sprachen in dieser Zeit. (Vgl. u. a. BACH 1970, 304f., 308ff.; FLEMMING/STADLER 1974, 3ff.; SCHIRMER 1969, 94ff.; WELLS 1990, 284ff.) Besonders stark zeigt sich der Einfluß in folgenden Bereichen:

Verwaltungs- und Rechtssprache: *Akte, Archiv, Klausel, Konferenz, Präzedenzfall, Subjekt, finanzieren, konsultieren.*
Heerwesen: *Alarm, Armada, Artillerie, Attacke, Bataillon, Batterie, Brigade, Dragoner, Front, General, Infanterie, Karabiner, Lazarett, Marschall, Munition, Parade, Pistole, Rakete, Regiment, Soldat, Soldateska, attackieren, avancieren, chargieren, demolieren, retirieren.* Die Entlehnung läßt sich oft nicht auf ein einziges Land festlegen, da auch gleichzeitige Entlehnung aus zwei Sprachen belegt ist; vgl. *Brigade,* aus span. *brigada* wie frz. *brigade.*
Bau- und Gartenkunst, Befestigungstechnik: *Balkon, Bassin, Bastion, Bosket, Fontäne, Fresko, Galerie, Glacis, Grotte, Kasematte, Kuppel, Redoute, Spalier, Stuck, minieren, sapieren.*
Essen und Trinken: *Bankett, Biskuit, Bouillon, Delikatesse, Frikassee, Gelee, Makrone, Kaffee, Karbonade, Kartoffel, Pastete, Kompott, Kuvert, Marmelade, Ragout, Sauce, Schokolade, Service.*
Musik und Kunst: *Arie, Ballett, Dacapo, Dilettant, Fuge, Kantate, Konzert, Motette, Oper, Operette, Tempo, Violine.*
Kleidung und Schönheitspflege: *Brokat, Garderobe, Gaze, Kostüm, Manschette, Mouche, Pomade, Puder, Taille, Toupet, frisieren, parfümieren, rasieren.*
Bezeichnungen des Alamodewesens: *Compliment, Gala, Galan, galant, Galanterie, Manier, Referenz; brav, exzellent, frivol, honett, jovial, kapriziös, kokett, nett, nobel, pikant, seriös.*
Amtsbezeichnungen, Anredeformen und Titel: *Baron, Baronesse, Commissarius, Cousin, Cousine, Curator, Dame, Exzellenz, Madame, Majestät, Monsieur.*

Üblich waren auch feste F o r m e l n im schriftlichen Verkehr, die sich z. T. bis heute gehalten haben: *à votre service, de facto, notabene, respective, votre très humble serviteur* u. a. Häufig wurden Fremdwörter auch anstelle vorhandener dt. bzw. schon eingedeutschter Fremdwörter verwendet: *Musas* 'Musen', *Versificatoren, Scribenten, Carmina* u. a.

Gegen Überfremdung und Fremdwörterkult wandten sich Dichter und Gelehrte, die vielfach Mitglieder der **Sprachgesellschaften** waren. (Siehe 1.6.1.) Nicht zu übersehen ist aber, daß trotz der Breite puristischer Bestrebungen in dieser Zeit (vgl. WELLS 1990, 302ff.) in vielen Kommunikationsbereichen – wie die Beispiele zeigen – die in dieser Zeit übernommenen frz., it., span., lat., gr. u. a. Fremdwörter heute durchaus noch gebräuchlich sind.

1.6.5.2. *Zum Wortschatz ausgewählter kommunikativer Teilbereiche*

Die mit dem Eindringen der dt. Schriftsprache in weitere kommunikative Teilbereiche verbundene Wortschatzentwicklung kann hier nur exemplarisch angedeutet werden, zu vielfältig sind die mit der Erweiterung der funktionalen Differenzierung der dt. Sprache verbundenen Bewegungen im Wortschatz. (Vgl. u. a. BACH 1970, 304f., 309ff.) Zu berücksichtigen wären die Entwicklung der gewerblichen und agrarischen Produktion, der Übergang zum Manufakturkapitalismus, Entfaltung des Absolutismus und französische Revolution, Entwicklung von Fachwissenschaften, Natur- und Geisteswissenschaften, Merkantilismus, Pietismus und Aufklärung, Veränderungen im Rechtswesen, Erbauungs- und Tagesschrifttum, Strömungen der Literaturentwicklung u. a. m., denn sie wirken sich auf die Wortschatzentwicklung aus.

Mit dem Übergang zum Gebrauch des Dt. auch an den Universitäten ist die Herausbildung dt. Fachwortschätze für Philosophie und Einzelwissenschaften verbunden, deren Wortgut in terminologischer Fassung nun auch in den allgemeinen Sprachgebrauch einzudringen beginnt. Eine wichtige Rolle spielt hierbei CHR. WOLFF (1678–1754), der Wesentliches für die Entwicklung einer philosophischen Terminologie leistet (vgl.

BLACKALL 1966, 15ff.) und der – trotz bekannter Vorgänger, wie A. DÜRER, A. RIES, J. KEPLER u. a., – zum eigentlichen Begründer der dt. mathematischen Fachsprache wird. "Wolff verwendet 'naturalisierte' Fremdwörter wie *addiren, substrahiren, multipliciren, dividiren, dupliren, Product, Quotient, Quadrat, Proportion, Linie, Punct*; aber er verwendet auch einheimische Ausdrücke wie *Wurtzel, Zahl, Bruch, Nenner*." (BLACKALL 1966, 21.) *Nebenwinkel, Brennpunkt, Schwerpunkt, Geschwindigkeit* bildet und definiert er neu. Er ist kein Purist und bevorzugt in einzelnen Fällen trotz vorhandener dt. Entsprechungen das Fremdwort: *Circul* für *Kreis, Peripherie* für *Umfang/Umkreis*. "Wolff übernimmt verschiedentlich Wörter aus dem allgemeinen Wortschatz und gibt ihnen eine spezifisch mathematische Sonderbedeutung –, wie etwa *Schwere, Kraft, Last, Ort, Bewegung, Größe* und *Ähnlichkeit*. Auch dies ist ein wichtiger Beitrag zur Durchsetzung eines deutschen Vokabulars für eine einzelne wissenschaftliche Disziplin." (BLACKALL 1966, 22.) Auf CHR. WOLFF geht auch die terminologische Prägung solch grundlegender Begriffe der philosophischen Sprache wie *Bewußtsein, Vorstellung, Begriff, Wissenschaft*, aber auch lat. Ausdrücke wie *Monismus, Teleologie* zurück.

Der Wortschatz der sich im 17./18. Jh. entwickelnden technischen Fachsprachen beginnt erst im 19. Jh. in den allgemeinen Sprachgebrauch überzugehen.

Zu den geistigen Strömungen, die im 18. Jh. die Entwicklung des Wortschatzes wesentlich beeinflussen, gehört vor allem der **Pietismus**. Er steht im Gegensatz zum Dogmatismus der orthodoxen lutherischen Theologie und betont das individuelle Streben nach christlicher Vollkommenheit und Gottseligkeit. In pietistischen Schriften häufig gebrauchte Wörter kommen vielfach aus der Mystik und der Lutherbibel: *Einkehr, Geborgenheit, Wirkung, einsehen, einleuchten, gelassen* u. a. Zu den Neuprägungen des **Pietismus** gehören u. a. *Selbstverleugnung, selbstgefällig*. Typische Präfixbildungen und Verbalkomposita (siehe 1.6.5.4.) sollen das "Eindringen Gottes in die menschliche Seele" ausdrücken: *durchdringen, -flammen, -glühen, -durchquellen* (FLEMMING/

STADLER 1974, 59). Andererseits werden, um eine stärkere Wirkung zu erreichen, auch einfache Verben statt der geläufigen Präfigierungen verwendet: *hellen, sich kleinern, schlimmern, söhnen*. (Vgl. BACH 1970, 368.)

Wesentliche Prägung erfährt der Wortschatz des 18. Jh. durch die **Aufklärung**, deren Bestrebungen Ausdruck finden in Wörtern wie *Aufklärung, Bildung, Denker, Ebenmaß, Esprit, Freigeist, Freidenker, Ideal, Idee, Idealist, Klarheit, Kraft, Kritik, kritisch, Kultur, (Geisteskultur, Vernunftkultur), Lehrgebäude, moralisch* ('geistig'), *Toleranz, Vernunft, vernünftig, Verstand, Verständlichkeit, Weltbürger, Weltmann*.

Der Aufklärung verbunden, entwickelt sich im letzten Drittel des 18. Jh. der **Sturm und Drang**, in dessen Sprache Leidenschaft und Gefühl besonders betont werden, vgl. *Begeisterung, Enthusiasmus, Genie, Elite, Kerl, Kraftausdruck, -bube, -gefühl, -geist, -genie, -gesang, -sprache, -wort, Natur, Naturgeist, Original, Originalgeist, Schwung*. Die Begeisterung der Stürmer und Dränger für die Vergangenheit Deutschlands erweckt das Interesse an verschollenen altdt. Wörtern und Wendungen, die wieder belebt werden: *Fehde, Gau, Mähre, Recke* und *Minne*. Zu *Minne* sind auch viele neue Komposita nachweisbar: *Minneblick, -gefühl, -glück, -harm, -huldigung, -sang, -sold, -spiel* usw. Auch zahlreiche Bildungen mit *Volk* und *Vaterland* werden geprägt als Ausdruck des Nationalbewußtseins und der Hinwendung zu den unteren Schichten des Volkes: *Volksbeglücker, -bildner, -empörung, -klage, -peiniger, -unterdrücker, Volkslied* (von HERDER geprägt nach engl. *popular song*), *Volksseele, volkstümlich* ('national'), *Volkstümlichkeit* (*Popularität*). Belegt sind auch: *Vaterlandsfeuer, -freund, -gedanke, -gedicht, -sinn*. (Vgl. FLEMMING/STADLER 1974, 83ff.)

Der Begriff der Freiheit ist ein Leitwort der gesamten Epoche: *Freiheitsdolch, -erfechter, -hasser, -krieg, -männer, -schlacht, -verfechter, -verteidiger, Denkfreiheit, Gedankenfreiheit* u.a. Auch *Humanität* und *Menschlichkeit* gehören hierher als Ausdruck progressiver bürgerlicher Geisteshaltung; desgl. *Menschheit, Menschenliebe, -pflichten, -rechte, -würde; Kosmopolit,*

Weltbürger, -bürgergeist, -bürgertum. (Vgl. FLEMMING/ STADLER 1974, 63ff.) Dieser Wortschatz steht schon in enger Beziehung zur F r a n z ö s i s c h e n R e v o l u t i o n von 1789 bis 1794, die durch die europäische Aufklärungsbewegung in geistiger Hinsicht vorbereitet wurde. Dabei ist bemerkenswert, daß viele ihrer Leitbegriffe schon vor 1789 in Deutschland ihre politische Bedeutung erhalten hatten, wie *Aristokrat, Despot, Emigration, Menschenrechte, Republik, Revolution, Tyrann; Freiheit, Gleichheit, Brüderlichkeit*. Im Zusammenhang mit den Ereignissen der Revolution dringt erneut auch frz. Wortgut als Fremd- bzw. Übersetzungslehngut ins Dt. und beeinflußt semantisch auch dt. Wortgut (vgl. SCHIRMER 1969, 113); vgl. *Agitator, Anarchist, Bürokratie, Demokrat, Fortschritt, fraternisieren, Gegenrevolution, Koalition, Komitee, liberal, Majorität, Minorität, Reaktionär, Terrorist, Ultra*.

Unter dem Einfluß der fortgeschritteneren Verhältnisse in England und Frankreich entsteht eine dt. F a c h s p r a c h e d e r P o l i t i k u n d d e s P a r l a m e n t a r i s m u s, die dann vor allem im 19. Jh. (siehe 1.7.4.) weiter ausgestaltet wird; engl.: *Adresse, Debatte, Kommission, Parlament*; dazu Lehnübersetzungen: *Parlamentsmitglied* (*member of Parliament*), *Sprecher* (*speaker*), *ein Gesetz einbringen* (*to introduce a bill*), *ein Gesetz lesen* (*to read a bill*), *zur Sache!* (*the question!*); frz.: *Abgeordneter, abstimmen, einstimmig, Fraktion, Geschäftsordnung, Kandidat, Linke – Rechte, Nationalversammlung, Tagesordnung* (*ordre du jour*); dt.: *Redner, tagen, Tagung*.

Neben Wortbildungen (siehe 1.6.5.4.) und direkter Entlehnung kennzeichnen Bedeutungsveränderungen vielfacher Art die Wortschatzentwicklung in den einzelnen kommunikativen Teilbereichen. (Vgl. hierzu u.a. BACH 1970, 306ff.; TSCHIRCH 1989, 231ff.)

1.6.5.3. *Zu mundartlichen Merkmalen im deutschen Wortschatz*

"Das Deutsch des 17. Jhs. ist noch stark regional differenziert. Wie mächtig die dezentralistischen Kräfte noch sind, zeigt sich z. B. sehr deutlich an der außerordentlich reichen Heteronymik, die im 17./18 Jh. in den dt. Mundarten für die neueingeführte Kartoffel geschaffen wird. Besonders im literatursprachlichen Bereich gibt es jedoch auch eine kräftige Tendenz zur Gewinnung eines überregionalen, standardsprachlichen Wortschatzes. Der Ausbau dieses übergreifenden, die übrigen Varietäten des Dt. gleichsam überdachenden Ausgleichswortschatzes geht im 18. Jh. in der Literatur mit großen Schritten voran, so daß man am Ende des Jahrhunderts von einer vollentwickelten dt. nationalen Schriftsprache sprechen kann." (SEIBICKE 1985, 1514f.; siehe auch 1.6.3.)

Der Einfluß der verschiedensten dt. Mundarten, die über Jahrhunderte hin an der Ausgestaltung der dt. Schriftsprache beteiligt sind (s. auch 4.3.1. und 4.3.2.), ist auch in dem nhd. überregional gültigen Wortschatz erkennbar. Vgl. folgende Auswahl aus den bei BACH (1970, 430ff.) belegten Beispielen:

Mitteldeutsch: Wörter, in denen mhd. *u > o* vor Nasalen, wie in nhd. *Sohn, Sonne* für mhd. *sun* usw.; mhd. *iu > û*, wie in nhd. *brauen, kauen* für mhd. *briuwen, kiuwen*, dazu Eigennamen wie *Naumann, Naumburg*; mhd. *ü > ö*, wie in nhd. *König, Mönch* für mhd. *künic, münich*; mhd. *pf > f*, wie in nhd. *Flaum, fauchen* für mhd. *phlûme, phûchen*.

Mitteldeutsch/Niederdeutsch: Wörter mit unverschobenem *p-, -p, -pp-, -mp-*, wie *Pacht, Stapel, plump*; das *d* in *Dotter* (mhd. *toter*), *dumm* (mhd. *tump*); das *f* in *Hafen, Hafer, Hälfte, Hufe* (obd. *Haber, Hube*); das *cht* für *ft* in *echt, Gerücht, sacht*, (engl. *soft*, nhd. *sanft*).

Niederdeutsch: Wörter mit den Schreibungen *-bb-, -dd-, -gg-*, wie *Ebbe, Robbe, Schrubber; Kladde; flügge, Roggen, schmuggeln*; mit germ. *t* wie *flott, Torf* und germ. *k* wie *Laken, Spuk, Takel*; das *wr* in *Wrack, wringen*; der *s*-Plural in *Jungens, Kerls, Mädels* usw. Dazu kommen typische Wörter aus dem Umkreis des Meeres und der Seefahrt, wie *Ballast, entern, Flagge, Kajüte, Lake, Maat, Matrose, Nehrung, Pegel, Schute*.

Oberdeutsch: Wörter ohne Umlaut des *u* vor *ck* wie *drucken, Rucksack*; das *-l* in *Marterl, Schnaderhüpfel*, und Wörter aus dem Hochgebirge, wie *Alm, Almrausch, Föhn, Gemse, Gletscher, Steinbock*.

1.6.5.4. *Zur Wortbildung*

Die bereits für vorhergehende Jahrhunderte als eine Haupttendenz im Bereich der dt. Wortbildung beschriebene "Neigung zur Komposition" (vgl. ERBEN 1983, 122ff.) verstärkt sich weiter. Zunehmend werden dabei nun auch selbständige Wörter zusammengesetzt, ohne daß vorher ein direkter syntaktischer Zusammenhang bestanden haben muß, wie dies für die älteren sog. eigentlichen und uneigentlichen Komposita charakteristisch ist. Auch in diesem Falle kommt es zu weiteren Analogiebildungen.

Für die Schreibung der Komposita sind bes. im 17. Jh., aber bis ins 18. Jh. hinein drei Möglichkeiten festzustellen:

a) Getrenntschreibung, wobei in den Drucken aber oft auf den Zwischenraum (das Spatium) verzichtet wird. Die begriffliche Einheit der Bildung ist in der Regel am Artikel und anderen flektierten Substantivbegleitern (Pron., adj. Attribute) sowie auch bei pronominaler Wiederaufnahme im Text erkennbar. Vgl. z.B. *BackOfen, ErtzHirten, GeistesGaben, HaußEhre, KauffmannsKirchen, KriegsVolck, LeichBestattung, RechtsSachen, WaffenMacht, WeiberGeschwätz, WintersZeit*.

b) Schreibung mit doppeltem Bindestrich: *Haupt=Quartier, Kenn=Zeichen, Leich=Predigt, Polar=Stern, Schau=Bühne, Schreck=Bilder, Sonnen=Finsternis, Spür=Hund, Unter=Lufft, Kohl=Blatt, Vor=Posten*.

c) Zusammenschreibung: *Bauersleute, Erdreich, Gevatterbrief, Hauswirt, Hofmeister, Kammertür, Krebsscheren, Kunstlehre, Reisebeschreibung, Schreibrichtigkeit, Sprachkunst*.

In den Texten treten in der Regel die drei Möglichkeiten nebeneinander auf. Mitunter wechselt sogar innerhalb eines Textes die Schreibweise eines Wortes: *Hasenfleisch : Hasen=Fleisch, Kauff Leute : Kauffleute*.

Seit der 2. Hälfte des 17. Jh. ist auch die Zunahme von drei- (und mehr-)gliedrigen Zusammensetzungen zu beobachten. Ihre Bildung setzt in der Regel voraus, daß "eine zweigliedrige durch Gebrauch und Gewohnheit zu fester Einheit zusammengewachsen ist" (TSCHIRCH 1989, 216). Mehrfachkomposita sind in unterschiedlichsten Textsorten festzustellen, was die folgende Auswahl verdeutlicht: *Beu-

telschneider=Leben, Buchsbaum=pflantze, Erbpachtlehen, Erdreich=Probe, Fischweidwerk, Goldbergwerk, Gottesdienstbesucher, Handwerksmann, Kuhmist=wasser, Machtstandpunkt, Predigtgottesdienst, Quartiermeister=Stelle, RathhaußThurm, ReichsHaubtsprache, Schub=Kårner=Toback, Sprachkunstlehre, Walfischfang. K. STIELER nennt als Beispiele in seiner "Kurze(n) Lehrschrift Von der Hochteutschen Sprachkunst" (1691, 111ff.) u. a. auch *Erbkůchenmeisteramt, GeneralFeldzeugmeister* sowie bei den Verwandtschaftwörtern *Obergroßeltervater, Vorobergroßeltermutter.*

Von den als 2. Konstituente reihenbildend auftretenden Substantiven (vgl. ERBEN 1983, 125ff.) ist im 17./18. Jh. neben *-volk* und *-leute* bes. *-werk* produktiv. Hier wird die Tendenz zum Suffix auch am deutlichsten erkennbar: *Backwerck, Bawwerck, Bolwerck, Blumenwerck/Blumwerck, Bretterwerck, Fabelwerck, Grottenwerck, Holtzwerck, Hornwerck, Kräuterwerck, Mühlwerck, Muschelwerck, Wunderwerck, Zauberwerck* u. a.

Bei den adjektivischen Komposita dominieren – zumindest in der Sprache der Dichter des 17. Jh. – Epitheta, denen vielfach ein Vergleich zugrunde liegt: *alabasterbleich, gallenbitter, honig=süß, lilienkeusch, lilienweiß, marmorsteinern, purpurrötlich, rosen=roth, silberweiß*; auch antithetische Verbindungen treten auf: *bittersüß, lebendtod.* Adjektivische Komposita dienen vielfach der Steigerung: *aller=grausamst, aller=süssest, hertzgeliebt, rasend=toll, hochmächtiggroß.* Besonders in Anreden und Titeln werden mehrfach zusammengesetzte Adjektive auch außerhalb der Dichtung vielfach mit dieser Absicht genutzt: *christ=Adlich, hocherfahren, hochgelahrt, hochgepriesen, höchstgeneigt, wohlEdel, wohlberühmt, wohl=Ehrenbester, wohlehrenfester, wohlehrenreich, wohlehrenwürdig.* Hinsichtlich ihrer Schreibung gilt gleiches wie bei den substantivischen Komposita.

Auch die Bildung von Ableitungen wird in der Typenvielfalt, wie sie sich bisher im Dt. herausgebildet hatte, weiter genutzt. Dabei sind vor allem bei noch bestehenden Konkurrenzen Veränderungen festzustellen. So nehmen beispielsweise die adj. Ableitungen auf *-bar* im 17. Jh. zu. Sie

stehen in Konkurrenz zu Adj. auf *-lich* und *-sam*. (Vgl. hierzu wie zu weiteren Aspekten textsorten- und gattungsspezifischer Verwendung adjektivischer Wortbildungen des 17./18 Jh. BENTZINGER 1991, 119ff.)

Im 18. Jh. kommt es zum verstärkten Gebrauch der Adj. auf *-icht*, die seit dem Ahd. belegt sind und mit den *-ig*-Ableitungen konkurrieren: *farbicht, dumpfficht, klebricht, molkicht, neblicht, ólicht, sandicht, schatticht, schlammicht, schleimicht, schweffelicht, wåssericht*; auch Bildungen wie *blaulicht* ('blau/bläulich'), *gelbicht* ('gelb'), *klårlicht* ('klar'), *laulicht* ('lauwarm'), *tonicht* ('tonhaltig') u. a. sind belegt und zeugen von der Produktivität des Musters. In der nhd. Standardsprache sind die Adj. auf *-icht* nicht mehr gebräuchlich. Erhalten hat sich nur *töricht.* (Zu den möglichen Ursachen ihres Schwindens vgl. ERBEN 1983, 138; HARTWEG/WEGERA 1989, 157f.) In vielen Fällen zeigt sich aber schon im 17./18. Jh. der Abbau bestehender Konkurrenzen. "Wortartenunspezifisch gewordene Suffixe werden durch solche mit differenzierter Wortartencharakteristik ersetzt, und im Zuge einer Standardisierungstendenz wird die Konkurrenz semantisch naher oder identischer Modelle mit verschiedenen Formativen gemindert." (FLEISCHER 1988, 187.) So tritt *ohn-* statt *un-* bei Adj. und Adv. in vielen Textsorten schon im 17./18. Jh. zurück, z. B. noch *ohnbeschrenkt, ohngebührlich.* Gegenüber früherer Verschmelzung (vgl. *einikeit*) wird nun die Suffixkombination *-keit* nach *-ig/-lich* obligatorisch: *Grimmigkeit, Heftigkeit, Empfindlichkeit, Fröhlichkeit.*

Verschiedene Bildungsweisen gibt es in der dt. Sprache auch seit langem bei der Bildung der deverbativen Nomina actionis: Fem. auf *-ung*, Mask. als implizite Ableitung (Nullmorphem; bei st. Verben Ablaut) und substantivierten Infinitiv (Konversion). Im 18. Jh. werden eine Reihe fem. *-ung*-Ableitungen von den Mask. verdrängt: *Befehlung > Befehl, Besuchung > Besuch, Eiferung > Eifer, Preysung > Preis, Ruffung > Ruf, Wachsung > Wuchs,* bei GOETHE noch nebeneinander belegt: *Ausbauung* und *Ausbau.* Bleiben beide Formen bestehen, so ist Bedeutungsdifferenzierung die Regel: *Reizung : Reiz,*

Wüstung : *Wüste*. Ob bei diesem Vorgang nur eine für die Wortbildung des Substantivs seit dem 18. Jh. generell angenommene Tendenz zur Verkürzung wirksam ist oder weitere Ursachen anzunehmen sind, bedarf noch der Untersuchung. Daß sich gegenüber dem Gebrauch im 17./18. Jh. die jeweils kürzere Form in der nhd. Standardsprache dann durchsetzt, belegen auch folgende Beispiele: *Auslesung > Auslese, Bewegungsgrund > Beweggrund, Dürrung > Dürre, Gebärung > Geburt*.

Bei der Bildung der Verben führt fremder Einfluß im 17. Jh. dazu, daß Verben mit dem Suffix *-i(e)r(e)n* sehr produktiv werden. Die Ableitung erfolgt sowohl von fremden als auch von deutschen Stämmen. Dabei begegnen neben auch heute noch gebräuchlichen viele, die nicht in die Standardsprache übernommen wurden. Beispiele finden sich in allen Gattungen und Textsorten: *accommodiren, accordiren, bummelieren, communiziren, defendiren, determiniren, disputiren, elaboriren, examiniren, expostuliren, extendiren, gastieren, generiren, inhaftieren, irrlichtelieren, observiren, präsentiren, penetriren, perturbiren, respectiren, solicitiren, stolzieren, verlustieren* u. a.

Charakteristisch für die Wortbildung des Verbs aber sind die Präfixbildungen. Auch für das 17./18. Jh. zeigt der Ausbau des verbalen Wortbildungssystems schon das Bild "der auffälligen, geradezu wort-artcharakteristischen Fülle von P r ä f i x e n und präfixartig gebrauchten Morphemen" (ERBEN 1983, 119). Nach SCHILDT (1984, 173f.) gehören zu "den bevorzugten Präfixen dieser Zeit ... neben untrennbarem *er-* – vgl. *errufen, -schreien, -weinen, -dürsten* – vor allem *durch*, teils trennbar, teils untrennbar wie z. B. in *durchdringen, -gehen, -feuern, -glühen, -netzen* sowie trennbares *an-, ein-/hinein-, empor-, entgegen-, hin- nach- und zu-*." Die Neuartigkeit der Verwendung verleiht dabei den Präfixbildungen vielfach Ausdrucksfunktionen, die älteren Bildungen nicht mehr eigen sind: *entadeln, entnebeln, ausackern, ausbangen, aushellen*. Für GOETHES Wortschatz sind beispielsweise über 120 Bildungen mit *entgegen-* und mehr als 160 mit *ent-* belegt; sehr produktiv ist auch mit 380 Bildungen *aus-* (GOETHE-WÖRTERBUCH 1978ff., 1. Bd., 1094ff., 3. Bd., 112ff.) Hinsichtlich der Frequenz und Semantik einzelner Präfixbildungen sind bei gleichen Strukturen noch vielfältige Differenzierungen festzustellen, z. T. auch durch Textsorten- und Gattungsspezifik bedingt. Nach ERBEN befördern vor allem Pietismus und "die an Klopstock anschließende Erneuerungsbewegung der Dichtersprache im 18. Jh." den Prozeß, in dem "die strukturelle und funktionelle Vielfalt des heutigen Präfixsystems gewonnen" (ERBEN 1983, 120) wird.

1.7. Das Deutsch der jüngeren Neuzeit (1800 bis 1950)

1.7.1. Zur Umgestaltung der kommunikativen Bedingungen

Der Beginn der Periode der jüngeren Neuzeit fällt zusammen mit der Beschleunigung der bürgerlichen Umgestaltung in Deutschland um die Wende des 18. zum 19. Jh. Auch im sprachlichen Bewußtsein wurde ein relativer Abschluß der vorangegangenen Periode insofern empfunden, als, wie Goethe 1818 in seinem Aufsatz "Deutsche Sprache" schrieb, nun alle "ihre Lebens- und Lehrbedürfnisse innerhalb der Muttersprache befriedigen kön-nen" (zit. nach EGGERS 1986, Bd. 2, 353). Der Prozeß der Konsolidierung der nhd. Standardsprache war also im wesentlichen abgeschlossen. Die weiteren sprachlichen Veränderungen waren eher peripherer Art und wurden durch die explizit vorliegenden Normen, etwa in ADELUNGS Grammatik, auch in Grenzen gehalten und durch die Werke der Schriftsteller gefestigt. Natürlich darf auch nicht übersehen werden, daß diese Norm um 1800 wahrscheinlich nur von einer kleinen, vorrangig dem Bildungsbürgertum und dem Adel entstammenden Gesellschaftsgruppe aktiv gebraucht, darüber hinaus jedoch in weiten Kreisen nur passiv beherrscht wurde.

Dieser Zustand sollte sich vor allem durch die zunehmende Alphabetisierung ändern. Doch diese war um 1800 gerade erst dabei, größere Bevölkerungsteile zu erfassen. Von einer Alphabetisierung der Deutschen im Sinne einer Fähigkeit zur aktiven Verwendung der dt. Schriftsprache kann daher zu dieser Zeit noch nicht die Rede sein. (Vgl. MATTHEIER 1986, 226.)

Die wichtigste politische Aufgabe bestand in der schrittweisen Beseitigung der feudalen Abhängigkeit der Bauern und der Überwindung der nationalen Zersplitterung Deutschlands. Beschleunigt wurde dieser Prozeß durch den Kampf gegen die französische Fremdherrschaft und die mit den Freiheitskriegen einsetzenden Reformbewegungen. Die patriotische Bewegung sah als Ziel ihres Krieges gegen Napoleon den einheitlichen deutschen Nationalstaat, doch verhinderte die politische Herrschaft der feudal-absolutistischen Fürsten und des Adels diese Lösung.

Seit den 30er Jahren schritt die von England ausgehende Industrialisierung auch in Deutschland voran. Handel, Manufaktur und später die Fabrikproduktion dehnten sich aus und stärkten die wirtschaftliche und politische Basis des aufstrebenden Bürgertums.

Eine sichtbare wirtschaftliche Umwälzung vollzog sich in Deutschland in den 50er und 60er Jahren des 19. Jh. Aus einem ursprünglich vorwiegend agrarisch bestimmten Land wurde Ende des Jahrhunderts durch die einsetzende Industrialisierung eine der stärksten Industriemächte der Welt. Industrialisierung bedeutete jedoch neben dem starken Anwachsen der Bevölkerung (von 25 Mill. im Jahre 1816 auf 68 Mill. im Jahre 1915, vgl. WELLS 1990, 368) zugleich eine weitere sprunghafte Verstädterung der Bevölkerung. Wanderungsbewegungen führten zum Aufeinandertreffen unterschiedlichster sozialer Gruppen, die in kürzester Zeit nicht nur neuartige, oft rasch wechselnde Kommunikationssituationen (öffentliche Diskussionen, Umgang mit Institutionen, Gespräche am Arbeitsplatz, in

Gewerkschaften, Parteien, Verbänden), sondern auch neue Kommunikationsinhalte zu bewältigen hatten. Dabei war der frühere Handwerker dem Tagelöhner oder Landarmen gegenüber insofern im Vorteil, als er in Grenzen über technisches Grundwissen verfügte. Demzufolge konnte er die neuen Vorgänge auch sprachlich besser bewältigen. Mit diesem Prozeß war vor allem die Aneignung der Fachwortschätze verknüpft.

Diese gesellschaftlichen Veränderungen, die auch verbunden waren mit einer Beschleunigung des Verkehrs auf Kanälen, Schienen und Straßen, Spezialisierung in der Berufsausbildung, nationalem und internationalem Warenverkehr, Beginn der erhöhten Medienwirksamkeit (im 19. Jh. zunächst durch die Zeitung), all diese Entwicklungen zwangen die Bürger zunehmend zur aktiven und passiven Teilnahme an der Kommunikation. Nach Auffassung MATTHEIERS änderten sich durch diese außersprachlichen Entwicklungen "die sprachlichen Verhältnisse in der deutschen Sprachgemeinschaft so grundlegend . . ., wie das seit der großen kommunikativen Revolution in der frühen Neuzeit nicht mehr der Fall gewesen war" (1986, 225).

Mit der industriellen Revolution entstanden aber zugleich grundlegende soziale Unterschiede. Wenn auch erst zögernd, vor 1850 empfindet sich der Arbeiter noch weitgehend als Handwerker, bildet sich mit den Industriearbeitern doch allmählich eine soziale Schicht heraus, die, besonders unter dem Einfluß ihrer ideologischen Wegbereiter WILHELM WEITLING (1808–1871), KARL MARX (1818–1864), FRIEDRICH ENGELS (1820–1895) und FERDINAND LASSALLE (1825–1864), ein Bewußtsein gemeinsamer sozialer Zusammengehörigkeit und Interessen entwickelten und neue soziale und politische Ziele anstrebten.

Das inzwischen erstarkte Bürgertum drängte zur Sicherung seiner Macht auf die Schaffung eines Nationalstaates. 1871 war mit der Gründung des Deutschen Reiches dieses Ziel erreicht. Wenn diese "kleindeutsche" Reichseinigung auch nicht in der von großen Teilen des Bürgertums gewünschten Weise zustandegekommen war, so war die Einheit Deutschlands für die wirtschaftliche, nationale und letztlich auch für die sprachliche Entwicklung ein wichtiger Einschnitt; besonders da der nun zentralisierte Verwaltungsapparat die Reform verschiedener Fachsprachen, der Orthographie sowie der Aussprache vorantrieb. Letztere konnte allerdings erst zu Beginn des 20. Jh. mehr oder weniger abgeschlossen werden.

Neben der Förderung vereinheitlichender Tendenzen in der dt. Sprache bildete die Art und Weise der Einigung des deutschen Staates aber auch eine der Grundlagen für die Beibehaltung bzw. Vertiefung von Unterschieden zwischen den einzelnen (regionalen) Varianten des Deutschen.

Es ist auffällig, daß gerade zu dieser Zeit auch der Purismus wieder an Einfluß gewann. "Die Einigung Deutschlands im Jahre 1871 markierte ... einen Wendepunkt in der Geschichte des Purismus jüngsten Datums, da die nun zentralisierten Behörden für Post und Fernmeldewesen, Eisenbahnen, Gesetzsprechung, Erziehung und Verwaltung sämtlich entsprechende 'reichseinheitliche' sprachliche Normen brauchten." (WELLS 1990, 423.) 1885 wurde der Allgemeine Deutsche Sprachverein gegründet, der sich neben der Sprachreinigung vor allem der Pflege der Muttersprache widmete.

Neben der Industrialisierung und der staatlichen Einigung brachte das 19. Jh. – das "Jahrhundert der Massen und der Massenbewegungen" (WAGNER 1974, 498) – aber auch eine zunehmende Beteiligung der Bevölkerung am öffentlichen Leben, oft als "Demokratisierung" bezeichnet, mit sich. Nach EGGERS stellt in diesem Zusammenhang "das Aufkommen der Tagespresse und der berufsmäßigen Tagesschriftstellerei das herausragende Ereignis dar" (1986, Bd. 2, 360). Stand sie zunächst ganz im Zeichen der Verbreitung der Schriftsprache, entwickelte sich doch rasch eine diesem spezifischen Medium angepaßte, auf Schnelligkeit und Tagesaktualität orientierte Sprachform, die die herbe Kritik konservativer Sprachpfleger wie A. SCHOPENHAUER (er prägte das negative Schlagwort vom "Zeitungsdeutsch"), F. NIETZSCHE, F. KÜRNBERGER und G. WUSTMANN nach sich zog, die

nicht ganz zu Unrecht vor allem die zahlreichen stilistischen Mängel in der Zeitung kritisierten. Doch kam es z. T. auch zu Äußerungen, die undifferenziert die Pressesprache generell ablehnten:

"Seit länger als einem Menschenalter ist in unserer Sprache eine Macht am Werke, die schon unsäglichen Schaden angerichtet hat und auch noch ferner anrichten wird: die Tagespresse. Es mag für alle, die an ihrer Herstellung beteiligt sind, bitter zu hören sein, aber es ist die Wahrheit, was schon so oft ausgesprochen worden ist: die Hauptursache der Verwilderung unserer Sprache, der eigentliche Herd und die Brutstätte dieser Verwilderungen sind die Zeitungen ..." (WUSTMANN 1891, 14).

Vor allem aber war es auch die Übernahme alltagssprachlicher Mittel, die oft aus sachlichen Gründen, z. B. der Aufnahme von Tabu-Bereichen wie Sexualität und Kriminalität (vgl. NAIL 1985, 1665), erfolgte, die aufs heftigste bekämpft wurde. Dennoch konnte der Siegeszug der Zeitungen nicht aufgehalten werden; "wurden 1881 in Deutschland noch 2437 Zeitungen an 1491 Verlagsorten herausgegeben, so waren es 1913 bereits 4036 Zeitungen an 2483 Orten" (NAIL 1985, 1663). Nicht unterschätzt werden darf auch die Tatsache, daß mit den Zeitungen zugleich die Verbreitung großer Teile von Fachwortschätzen verbunden war.

1.7.2. Zur Entwicklung der Germanistik im 19. Jahrhundert und zu Beginn des 20. Jahrhunderts

Schon seit der Mitte des 18. Jh. war ein verstärktes Interesse an der wissenschaftlichen Erforschung und Beschreibung der dt. Sprache einschließlich ihrer Dialekte zu verzeichnen. Hervorgerufen wurde es zum einen durch eine Fülle von nunmehr ganz neuen, reichhaltigen und vielgestaltigen Erkenntnissen (z. B. erweiterte Sprachquellenkenntnisse des deutschen Mittelalters durch verschiedene Editionen, Bibliotheksreiseberichte, durch die Entdeckung praktisch aller zu dieser Zeit überschaubaren Sprachen), zum anderen aber auch als Folge der sich entwickelnden nationalen Selbstbestimmung des Bürgertums. Dieses äußerte sich im Aufbruch des historisch-genetischen Denkens

in der Sprachwissenschaft im Zusammenhang mit der deutschsprachigen Kultur-
geschichtsschreibung, in der steigenden
Wertschätzung der Dialekte als "historisch wie volkstümlich verankerte Sprach-
quellen", in der Entwicklung der historischen Lexikographie als geschichtliche
Vertiefung des deutschen Wortschatzes.
(Vgl. SONDEREGGER 1984a, 305.)

1816 erschien die Arbeit des deutschen
Sprachwissenschaftlers F. BOPP (1791–
1867) "Über das Conjugationssystem der
Sanskritsprache in Vergleichung mit jenen
der griechischen, lateinischen, persischen
und germanischen Sprachen", mit der er
an umfangreichem Material die Verwandtschaft des Sanskrit mit einer Reihe
europäischer Sprachen zeigte. Seine Arbeiten, wie auch die des dänischen Gelehrten R. K. RASK, des russischen Sprachwissenschaftlers A. VOSTOKOW und vor
allem der Brüder JACOB (1785–1863) und
WILHELM GRIMM (1786–1859) begründe-
ten den Beginn einer neuen Etappe in der
Entwicklung der Sprachwissenschaft, die
später als die historisch-vergleichende
Sprachwissenschaft bezeichnet wird. Mit
der systematischen historischen und vergleichenden Erforschung der dt. Sprache
beginnt zugleich eine Zeit gesteigerten nationalen Sprachbewußtseins und die verstärkte Entwicklung einer Nationalsprache.

Die Brüder GRIMM wandten sich dabei
besonders dem nationalen Erbe in der literarischen Überlieferung, den Märchen
und Sagen, den Mythen, der mittelalterlichen Literatur, den Rechtsaltertümern,
aber auch vorgeschichtlichen Überlieferungen (den Runen) zu. In den "Märchen
der Brüder Grimm" findet ihre Arbeit bis
heute ihren bekanntesten Ausdruck.
1819 erschien der erste Band der insgesamt vierbändigen "Deutschen Grammatik" (–1837). Diese hatte einen bedeutenden Einfluß auf die Entwicklung der linguistischen Theorie und Praxis der vergleichenden Forschung. "J. GRIMM wandte eine im Vergleich zu den universalen
oder logischen Grammatiken des 18. Jh.
neue Forschungsmethode an und lenkte
die Aufmerksamkeit auf die vielgestaltigen lebenden Nationalsprachen und nicht
nur auf Sanskrit, Altgriechisch und Latein." (AMIROVA/OL'CHOVIKOV/ROŽDEST-

VENSKIJ 1980, 250.) Sein Verdienst bestand dabei vor allem in der Darlegung
der Gesetzmäßigkeiten des Lautwandels;
aber auch auf das Entstehen einer zu-
künftigen Dialektologie besaß er einen
immensen Einfluß.

Neben der Grammatik bilden die 1848
von J. GRIMM verfaßte "Geschichte der
deutschen Sprache" in zwei Bänden sowie
seit 1854 die von beiden Brüdern verfaßten Bände zum "Deutschen Wörterbuch"
die wichtigsten Arbeiten, mit denen die
wissenschaftliche Germanistik entscheidend beeinflußt wurde. Es sollten jedoch
noch mehr als 100 Jahre vergehen, bis –
nachdem Generationen von Linguisten
die Arbeit fortgesetzt hatten – mit der
380. Lieferung der 32., und damit zunächst letzte Band sowie 1971 das kommentierte Quellenverzeichnis erscheinen
konnten. Der lange Entstehungsprozeß
machte es erforderlich, daß bereits wieder
an der Überarbeitung dieses umfangreichen Wörterbuchs gearbeitet wird. (Vgl.
Das Grimmsche Wörterbuch 1987.)

Eine weitere Richtung der Sprachwis-
senschaft im 19. Jh. widmete sich vor allem philosophischen Fragen der Entwicklung der Sprache. Diese ist mit solchen
Namen bedeutender Gelehrter wie A.
SCHLEGEL, W. VON HUMBOLDT, A. SCHLEI-
CHER, W. WUNDT verknüpft. "Ihr Interesse war auf die Schaffung einer allgemeinen Sprachtheorie, vor allem auf die Erklärung der Natur der Sprache und ihrer
Beziehung zum Denken, aber auch auf die
Erarbeitung der Grundprinzipien einer
Evolutionstheorie der Sprache gerichtet.
Einen besonderen Platz nahm innerhalb
dieses Kreises WILHELM VON HUMBOLDT
ein." (AMIROVA/OL'CHOVIKOV, ROŽDEST-
VENSKIJ 1980, 283.)

In der Mitte des 19. Jh. setzte eine neue,
vorwiegend historisch ausgerichtete Strömung ein. Sie wird in der Forschung als
die "junggrammatische Schule" zusammengefaßt. Sie entstand mit dem Ziel der
Überwindung der Mängel der Kompara-
tistik und war vor allem auf die Präzisierung der Grundpositionen und der Auf-
gabenstellung der Sprachwissenschaft sowie auf die Verbesserung und Vervoll-
ständigung der Methodologie der sprachlichen Analyse gerichtet. Beeinflußt von
der sprunghaften Entwicklung der Natur-

wissenschaften, gingen die Junggrammatiker von der Hypothese aus, daß sprachliche Entwicklungsgesetze den gleichen Status hätten wie Naturgesetze.

Ihre wichtigsten Vertreter sind u.a. W. Scherer ("Zur Geschichte der deutschen Sprache" 1868), H. Paul ("Prinzipien der Sprachgeschichte" 1880) sowie H. Osthoff und K. Brugmann (1878–1890 gemeinsame Veröffentlichung der "Morphologischen Untersuchungen auf dem Gebiete der indogermanischen Sprachen"). Mit ihnen erfuhr neben der philosophischen auch die historische Richtung eine verstärkte theoretische Fundierung. Für Paul ist Sprachwissenschaft grundsätzlich (reduziert auf) Sprachgeschichte:

"Es ist eingewendet, daß es noch eine andere wissenschaftliche Betrachtung gäbe, als die geschichtliche ... Was man für eine nicht-geschichtliche und doch wissenschaftliche Betrachtung der Sprache erklärt, ist im Grunde nichts als eine unvollkommene geschichtliche ..." (Paul 1880, 20.)

Neben dem Historismus bildete die Hinwendung zu den Formen in der Sprache, besonders zu den Lauten, und die durch die naturwissenschaftliche Denkweise beeinflußte Annahme, Lautgesetze würden ausnahmslos gelten, typische Ansichten. "Allerdings führen die analytische Kleinarbeit und die Konzentration auf Erscheinungen der äußeren Sprachform zu einer gewissen *Isolierung* der Sprache vom Menschen, zu einer Lösung vom Sprachträger." (Helbig 1986, 17.) Doch dessen ungeachtet brachten sie eine "solche Fülle von Entdeckungen hervor, wie sie die Sprachwissenschaft kaum wieder erlebt hat. Noch heute zehren wir von den Werken Pauls, Braunes, Streitbergs, Behaghels u.a." (Helbig 1986, 15.) Es sind vor allem die Gesetzmäßigkeiten, die im Ergebnis der Verallgemeinerung der Untersuchung einer großen Materialfülle nachgewiesen wurden und die sich durch einen hohen Grad an Exaktheit der Beobachtungen auszeichnen, die der junggrammatischen Richtung trotz ihrer Mängel (unter anderem der Unterschätzung außersprachlicher Faktoren sowie die zugrunde liegende Annahme, die Lautgesetze würden ausnahmslos wirken,) einen bedeutenden Platz in der Entwicklung der

linguistischen Forschung zukommen lassen.

Ende des 19. und zu Beginn des 20. Jh. mehrten sich die Kritiker an der junggrammatischen Schule, die auf der Suche nach prinzipiell neuen Wegen eine Reihe weiterführender Ansätze hervorbrachten. So hatte z.B. F. Engels schon 1880 in seiner Arbeit "Der Fränkische Dialekt" die Entstehung und Entwicklung der Sprache als eines sozial determinierten Phänomens beschrieben, das nur in engem Zusammenhang mit der Entwicklung der Sprachträger dargestellt werden kann. Diese Arbeit blieb aber, da kaum verbreitet, in ihrer Zeit ohne beachtenswerte linguistische Wirkungen.

Größeren Einfluß erlangten demgegenüber die Schule "Wörter und Sachen", deren bedeutendster Vertreter der österreichische Linguist H. Schuchardt war, die Neolinguistik, die vor allem die Vielseitigkeit der Sprache sowie die Kompliziertheit der sprachlichen Entwicklung zu zeigen versuchte, und die "Ästhetische Schule", deren exponierter Vertreter K. Vossler war, der vor allem der Synthese linguistischer Ansätze mit philosophischen, insbesondere kulturphilosophischen Aspekten verpflichtet war.

Die Überwindung und Weiterentwicklung des junggrammatischen Ansatzes erfolgte auch von Seiten der Mundartforschung. Mit der geographischen und historischen Vertiefung der deutschen Mundarten entwickelte sie sich unter Wenker zur Dialektgeographie, der mit seinen empirischen Untersuchungen eine neue Epoche in der Mundartforschung eingeleitet hatte. Wenker, der mit Hilfe von 40000 Fragebogen zur Erfassung wichtiger lautlicher Charakteristika eigentlich die Ausnahmslosigkeit sprachlicher Gesetze nachzuweisen versucht hatte, erkannte als eines der Ergebnisse seiner Untersuchungen gerade das Gegenteil. Durch seinen Nachfolger Wrede wurden seine Untersuchungsergebnisse bestätigt und seit 1926 im "Deutschen Sprachatlas" veröffentlicht (später durch W. Mitzka und L. E. Schmidt fortgeführt und 1956 vorläufig beendet). Als besondere forschungsgeschichtliche Leistung der Sprachgeographie gilt weiterhin die Einbeziehung ihrer Erkenntnisse in die Diskussion um die Entstehung der nhd. Schriftsprache, die vor allem unter TH. FRINGS erfolgte. (Vgl. HILDEBRANDT 1984, 367.)

Wie sich schon um die Jahrhundertwende andeutet, nimmt die Entwicklung des sprachwissenschaftlichen Denkens im 20. Jh. verschiedene Richtungen. Den wohl stärksten Einfluß übte dabei der schweizerische Gelehrte F. DE SAUSSURE (1875–1913) aus. "Saussure bot als erster Linguist des 20. Jahrhunderts der Wissenschaft eine neue, in sich geschlossene und exakte Darlegung einer allgemein-sprachwissenschaftlichen Theorie an." (AMIROVA/OL'CHOVIKOV/ROŽDESTVENSKIJ 1980, 471.) Er förderte nicht nur wesentlich die soziologische Richtung in der Sprachwissenschaft, sondern gilt als der Begründer der strukturalistischen Schulen, die in ihren verschiedenen Ausprägungen die linguistische Forschung bis in die 60er Jahre, teilweise bis in die Gegenwart beherrschten. So entwickelten sich u. a. die Genfer Schule, die Prager Phonologie und die Kopenhagener Glossematik sowie die amerikanische Linguistik, aus der sich wiederum die Stratifikationstheorie und die Transformationstheorie entwickelten. (Vgl. PENZL 1984a, 374.)

Bei aller Unterschiedlichkeit der Ansätze ist der Strukturalismus im wesentlichen durch die Auffassung geprägt, daß die Sprache eine bestimmte Struktur ist, ein System von wechselseitig verbundenen und bedingten Elementen, und daß die Sprache vor allem auf der synchronen Ebene untersucht werden müsse. "Diese Ausrichtung auf Strukturen in Phonologie und Grammatik bedeutet eine Ablehnung der junggrammatischen Methodik, von Atomismus, von Physiologisierung und Psychologisierung. Sie bedeutet aber andererseits auch die Ausschaltung jeglicher außersprachlicher Faktoren bei der Sprachbeschreibung." (HELBIG 1986, 47.) Allerdings ist durch verschiedene Schulen des Strukturalismus auch die Diachronie nicht völlig vernachlässigt worden, wenn auch bei entsprechenden Untersuchungen besonders die Lautlehre herangezogen wurde. (Vgl. PENZL 1984a, 377.)

1.7.3. Zum Einfluß von Naturwissenschaft und Technik

Sind zum einen im Laufe des 19. Jh. zunehmend vereinheitlichende Tendenzen in der Geschichte der dt. Sprache zu verzeichnen, so wirkten diesen die vielfältigsten sprachlichen Neuerungen entgegen, die sich aus der sprunghaften Entwicklung und Differenzierung der Naturwissenschaften, der Fortschritte in Technik, Ökonomie, aber auch im Sport, im Militär und in anderen Bereichen ergaben. Dabei kam es nicht nur zu tiefgreifenden Veränderungen – wie z. B. beim Fachwortschatz der Medizin –, sondern teilweise bildeten sich Fachwortschätze erst heraus, wie das etwa im Eisenbahnwesen, in der Elektrotechnik, der Textilindustrie oder später im Flugwesen und in der Telegraphie der Fall war. Die mit dieser Entwicklung verbundenen sprachlichen Prozesse beeinflußten zunehmend die Standardsprache und die regionalen Umgangssprachen. Dieser Einfluß der Fachsprachen führte, auch wenn die einzelnen sprachlichen Mittel nicht immer allgemeinverständlich waren, zu einem wesentlichen Anwachsen vor allem des rezeptiven Sprachvermögens der deutschen Bevölkerung.

An den nun entstehenden oder sich weiterentwickelnden Wortschätzen hatte natürlich auch überliefertes Wortgut als Grundschicht einen bedeutenden Anteil. Die mit der Terminologisierung verbundenen Veränderungen führten dabei zu komplizierten semantischen Prozessen, wie zahlreiche Untersuchungen zeigen (u. a. DÜCKERT 1981, 106).

Industrie: Die durch die Industrialisierung erreichten Fortschritte zeigen sich im Wortbestand vieler Gebiete: *Industrie* (18. Jh.), *industriell, Industrieanlage, -arbeiter, -staat; Großindustrieller* (Ende 19. Jh.), gleichzeitig *Großgrundbesitzer, Großkaufmann; Fabrik* (18. Jh.); *Technik* (18. Jh.), *Techniker, Bautechniker; Maschine* (17. Jh.; im 18. Jh. vom Frz. neu beeinflußt), *Maschinist* (18. Jh.), *Dampfmaschine* (1819), *Waschmaschine* (1831), *Nähmaschine* (1854), *Schreibmaschine* (nach 1880), *Mähmaschine, maschinell* (2. Hälfte 19. Jh.), *Automat* (seit 2. Hälfte 19. Jh. 'Verkaufsapparat'). (Vgl. BACH 1970, 6; WAGNER 1974, 409ff.; MOSER 1974, 445ff.; W. SCHMIDT 1984, 154f.; UNGER 1980.)

Eisenbahnwesen: Durch Eröffnung der ersten Eisenbahnstrecke (*Eisenbahn* spätes 18. Jh. aus dem Bergbau) wird der Wortschatz stark bereichert: *Eisenbahnlinie, -netz, -zug; Lokomotive* (engl., frz. Betonung); *Lore, Lori* (engl.); *Waggon* (engl., frz. Betonung); *Tunnel* (engl., 1839); *Zug* (seit etwa 1840 'Wagenreihe mit Antriebsfahrzeug'), *-beleuchtung, -personal, -verkehr; Bummelzug* (umgangssprachlich), *D-* (Durchgangs-), *Extra-*. Im technischen Betrieb überwiegen die dt. Bezeichnungen: *Bahnwärter, Heizer, Schaffner, Weiche*, im Publikumsverkehr zunächst die französischen: *Barriere* (später *Schranke*), *Billet, Conducteur, Coupé, Perron*. (Vgl. u.a. MACKENSEN 1970, 51ff.; Eindeutschungsbestrebungen beginnen in den 80er Jahren, vgl. 1.7.4.) Jüngste Bildungen: *TEE-Zug* (Trans-Europa-Express), *IC* (Intercity).

Kraftfahrwesen: *Auto(mobil)*, nach dem 1. Weltkrieg *Kraftfahrzeug, Kraftfahrzeughalter; Kraftwagen, -führer; Personenkraftwagen (PKW); Automobilbau* (20. Jh. *Solarmobil*), *Autobahn, Autoomnibus > Autobus > Bus* (unter engl. Einfluß); *Omnibusbahnhof; Obus* (< *Oberleitungsomnibus*). Bezeichnungen für Einzelteile der Motorfahrzeuge: *Fahrgestell, Gang, Kerzenzündung* (1902), *Kuppelung, Schwingachse* (1932), *Spritzdüsenvergaser* (1893), *Windschutzscheibe*. Aus dem Engl. kommen die Lehnwörter *Tank* (dazu die Wortfamilie *tanken, Tankstelle, Großtankstelle, Tankwart*) und *parken* mit seinen Weiterbildungen *Parkplatz* (*- problem), Parkuhr, -verbot(sschild)*. Zu den jüngsten Bildungen zählt *Motel* (< *Motorhotel*), frz. Herkunft sind *Garage, Hoch-, Tief-*.

Flugwesen: *Flughafen, -lehrer, -platz, -verkehr; Flugzeug* (für *Aeroplan*), *Propellerflugzeug, Düsen-, Turbinen-, Raketen-; Zeppelin, Hubschrauber; Airport, Airbus*.

Elektrotechnik/Elektrizitätswesen: *Elektro-* (Ende 19. Jh.), *Elektrizität, -(s)werk, elektrisches Licht, elektrische Klingel, Strommesser, -sperre, -schwankungen, -anschluß; Glühbirne; Wechselstrommotor, -kreis, -fluß*. (Vgl. UNGER 1980; WELLS 1990, 408ff.)

Nachrichtenwesen: *Briefkasten* (1824), *Briefmarke* (1849, zuerst *Freimarke*). Frz. Ausdrücke werden um 1875 vielfach durch deutsche ersetzt: *Couvert* durch (*Brief-*) *Umschlag, Expreßbestellung* durch *Eilbestellung, poste restante* durch *postlagernd, rekommandiert* durch *eingeschrieben*. Weiteres Wortgut: *Telegraf* (Fernschreiben), *telegrafieren; Telefon* (Fernsprecher), *telefonieren; Fernsprechamt, -netz, -verkehr, -zentrale; Funktelegrafie* (seit 1897); *Radar* (engl. radio detecting and ranging), *-gerät, -station; Telefax, Telex, Telefoto*.

Medizin: Auch in der Medizin führten die Fortschritte der Naturwissenschaft zu einer neuen Ära. Sie wandelte sich zu einer "angewandten Naturwissenschaft". Damit wurden auch Termini dieser Disziplinen (z. B. Mikrobiologie */Bakterien, Viren, Vitamin/*, Physik [Optik] */Röntgenstrahlen/*, Chemie */Chloroform, Laborant, Penicellin/*) übernommen. Bedingt durch die katastrophalen sozialen Folgen der industriellen Entwicklung gewinnt die Hygiene an Bedeutung, und es dringen somit soziale und ökonomische Fachtermini in größerem Umfang in die Medizin ein (vgl. DÜCKERT 1981, 109): *Hygiene* (seit 1766), *Gesundheitspflege, Körperpflege, Schönheitspflege, (ein)impfen, Schluckimpfung, Kneippkur, -sanatorium, -bad; Massage, Vegetarismus, Naturheilkunde, Stoffwechsel, Rohkost, Gymnastik, Depression, Diphterie, Kokain, Bazillen*. (Vgl. MACKENSEN 1971, 176ff.)

Insgesamt unterliegen diese Fachwortschätze – wenn auch in spezifischer Ausprägung – den allgemeinen Entwicklungstendenzen der Differenzierung und Integration sowohl zwischen den Fachsprachen als auch zwischen Fachsprachen und Gemeinsprache. Mit dem großen wissenschaftlichen und technischen Fortschritt kommen die einzelnen Berufe und Fachgebiete zunehmend miteinander in Berührung. Das wiederum führt dazu, daß Teile der Fachwortschätze gemeinsames Wortgut verschiedener Fachsprachen sind, so z. B. Biologie und Medizin, Maschinenbau und Textilwesen, Eisenbahnwesen und Dampfschiffahrt. (Vgl. DÜCKERT 1981, 110.) Innerhalb der Einzeldisziplinen führen Spezialisierungen zu Differenzierungsprozessen und damit zugleich zur Vermehrung des Fachwortgutes, vgl. in der Medizin z. B. Augenheilkunde, Gynäkologie, Physiologie, Pharmazie, Gerichtsmedizin.

Im engen Zusammenhang mit den Fachsprachen entwickeln sich weitere Gruppensprachen (auch als Soziolekte bezeichnet), die weniger der technischen bzw. wissenschaftlichen Kommunikation dienen, sondern stärker sozial gebunden sind, oft einen hohen emotionalen Gehalt haben, weniger fest sind und ein starkes Gefühl der Gruppenidentität ausbilden helfen. (Vgl. WELLS 1990, 401; HESS-LÜTTICH 1987, 57ff.) Unterschiede und Gemeinsamkeiten zwischen beiden hat WELLS am Beispiel der Militär- oder Heeressprache als Fachjargon und der Soldatensprache als der zugehörigen Gruppensprache veranschaulicht (vgl. folgende Beispiele in WELLS 1990, 402ff.):

Militärsprache: *Armee, Bataillon, Bombe, Defensive, exerzieren, Parade, Parole, Spion, Gewehr, Patrone, Magazin, Maschinengewehr, Panzer, -wagen, -führer, -division, -angriff, -schlacht, -falle, -faust.*

Soldatensprache: *Gießkanne* ('Maschinengewehr'), *Ei* ('Bombe'), *Eier legen* ('bombardieren'), *Aal* ('Torpedo'); *er ist fertig, ist zur Minna, zur Schnecke gemacht* ('er ist tot'), *Masern* ('explodierende Granaten'), *Püppchen* ('Kampfflugzeuge'). Daneben gibt es eine Fülle vulgärer und obszöner Ausdrücke, in denen die Soldaten ihre Gefühle entladen.

Umgekehrt wurden (und werden) militärische Fachausdrücke für alltäglich Dinge verwendet: *Schanzzeug* ('Eßzeug'), *am Boden zerstört* ('stockbetrunken sein'), *auf Tauchstation gehen* ('schlafen'), *Feuer frei* ('Rauchen gestattet'), *Früh-/Spätzünder* ('Person, die schnell/langsam etwas begreift'), *Blindgänger* ('Versager'). (Vgl. auch BRAUN 1987, 55ff.; BOCK/MÖLLER 1991.)

1.7.4. Sprache und Politik

Im 19. Jh. wurde Politik mehr und mehr zu einer öffentlichen Angelegenheit. Das führte zu unterschiedlichen Auswirkungen auf die sprachliche Entwicklung. Von der Vielzahl der hiermit verbundenen Aspekte sollen im folgenden der Purismus, die Auswirkungen der Politisierung/Demokratisierung und des Nationalsozialismus auf die deutsche Sprache, speziell auf die Lexik, im Vordergrund stehen.

Im Zusammenhang mit der Französischen Revolution, dem Zusammenbruch des alten Reiches, den militärischen Auseinandersetzungen mit Napoleon und der Neugestaltung Zentraleuropas wurden geistig-kulturelle Entwicklungen einer starken Politisierung unterworfen. Das 19. Jh. wurde dann u. a. im Zuge einer Besinnung auf das Deutsche in seiner ganzen Eigentümlichkeit durch eine nationalpolitische Abgrenzung nach außen, besonders Frankreich gegenüber, und durch das Streben nach politischer Einigung im Innern gekennzeichnet. "Als Grundlage und Garantie dafür wurde vor allem und immer wieder die Literatur- und Nationalsprache angeführt, die . . . als der Spiegel der Nation" und als einigendes Band angesehen wurde. Motivation und Zielstellung der puristischen Bewegung wurde zunehmend eine (national-)politische, de-

ren Hauptinteresse fortan eindeutig den nichtdeutschen Wörtern aus der Fremde, den Fremdwörtern galt. (Vgl. KIRKNESS 1984, 294.)

Seit der Französischen Revolution 1789, vor allem aber auch mit der industriellen Revolution (seit 1830) drangen erneut eine Fülle von Fremdwörtern, die nicht nur Ausdruck der gewaltigen Entwicklungen im politischen und geistigen Leben, sondern auch des wirtschaftlichen und technischen Fortschritts waren, in das Deutsche ein. Die durch diese Prozesse verstärkt auf den Plan gerufenen Sprachreiniger, die sich oft selbst als Nachfahren der Sprachgesellschaften früherer Jahrhunderte sahen, "waren in der Regel nationalistisch motiviert und behaupteten, daß Fremdwörter nicht bloß den Inhalt verdunkelten, sondern zugleich auch die Charakterstärke derjenigen, die sie benutzten, schwächten. Purismus, besonders der institutionalisierte Purismus, ist eine Form von sprachlicher Manipulation und hat daher eine gewisse Affinität zum politischen Gebrauch der Sprache, nämlich der Interpretation sozialer Wirklichkeit Werturteile zuzuerkennen." (WELLS 1990. 415.)

Zunächst, um die Jahrhundertwende zum 19. Jh., blieb der Purismus noch ohne größeres Echo in der Öffentlichkeit, die Diskussion vollzog sich eher in akademischen Kreisen. Die sich in unterschiedlichen Ansätzen widerspiegelnden zwei Richtungen wurden dabei repräsentiert durch CAMPE, der eine aufklärerisch-pädagogische Richtung vertrat und wesentlich die weitere Entwicklung der Purismusbewegung in Deutschland bestimmte, KOLBE, der eine sprachstrukturelle Begründung vertrat, und KRAUSE, der ausgehend von philosophisch-vernünftelnden Positionen den "wahren, eigentümlichen Geist" des Deutschen erhalten wollte. Als markantester Vertreter der politisch-nationalistischen Strömung gilt der "Turnvater" F. L. JAHN, der "seinen Fremdwortpurismus gleichsam als sprachlichen Befreiungskrieg in den Dienst der nationalen Erhebung gegen die französische Vorherrschaft" stellte (KIRKNESS 1984, 295). Auf JAHN gehen z. B. *Reck, Hantel, Barren* (alte Entlehnung aus dem Frz.) als Gerätebezeichnungen, *Rad, Schraube* und

Wippe für Übungen am Pferd, *Felge, Welle* für Übungen am Reck sowie für Laufdisziplinen Bezeichnungen wie *Schnellauf, Wettlauf* zurück. (Vgl. SCHILDT 1983, 681.)

Mit einer weiteren Phase des Aufkommens des Nationalgefühls war ein "wissenschaftlich sehr dilettantischer, bewußt volkstümlich gehaltener Fremdwortkampf" verbunden (KIRKNESS 1984, 296), der in der Öffentlichkeit wiederum kaum Beachtung fand.

Nach der deutschen Reichsgründung 1871 begann seine letzte Phase. Die neue Qualität bestand nicht darin, daß Purismus nun nicht mehr nur das Interesse einiger weniger einzelner Personen oder kleinerer Gesellschaften widerspiegelte, sondern daß der Purismus nun institutionalisiert wurde. So setzten sich jetzt "im Zusammenhang mit der Neuorganisation des öffentlichen Lebens Reichsbehörden und Verwaltungsbeamte auf allen Ebenen vielfach für den Fremdwortpurismus ein, u. a. im Post-, Heer-, Rechts-, Schul- und Verkehrswesen." (Ebd.) Wohl am bekanntesten ist der erste kaiserliche Generalpostmeister HEINRICH VON STEPHAN (1831–97), der, da er rund 765 fremdsprachige Wörter aus der Postsprache durch deutsche ersetzt hatte, 1887 sogar zum Ehrenmitglied des gerade gegründeten Allgemeinen Deutschen Sprachvereins ernannt wurde. So gehen auf ihn neben den bereits oben genannten Beispielen (siehe 1.7.3.) *Postausweis* (statt *Mandat*), *Fahrschein* (für *Billet*), *Merkbuch* (für *Notizbuch*), *Dienstalter* (für *Anciennetät*) zurück. Wiederbelebt wurden *Postkarte* (für *Correspondenzkarte,* schon im 18. Jh.), *Anschrift* (für *Adresse*, geht vermutlich auf ZESEN zurück) u. a. (Vgl. WELLS 1990, 424.) Bekannt wurde auch O. SARRAZIN mit einer weitgehenden "Reinigung" der Amtsprache des Bauwesens und der Eisenbahn, vgl. z. B. *Bahnsteig* (für *Perron*), *Fahrgast* (für *Passagier*), *Fahrrad* (für *Velo*).

Während des ersten Weltkrieges wurde der Fremdwortpurismus durch einen militanten Chauvinismus gekennzeichnet, gleichzeitig jedoch auch eine Besinnung auf die allgemeineren sprachpflegerischen Ziele deutlich. Mit der neuen Zielsetzung des Allgemeinen Deutschen Sprachvereins

1923, dessen Zeitschrift seit 1925 "Muttersprache" heißt, wurden erneut die nationalen Zielstellungen verstärkt, "und die gröberen Strömungen eines *völkischen* Nationalismus ... traten wieder an die Oberfläche, begleitet von antisemitischen und rassistischen Artikeln ... Aber wider alles Erwarten interessierten sich weder Hitler noch Goebbels für radikale Puristen und die Tätigkeiten des Vereins wurde von diesen schließlich sogar unterdrückt." (WELLS 1990, 427.)

Das Beispiel des ADSV zeigt, wie stark Politik und Purismus vor allem um die Wende zum 20. Jh. miteinander verbunden waren. Und auch, wenn heute national-völkischer Purismus kaum noch aktuell ist, ist die "Fremdwortfrage" doch nach wie vor Gegenstand konträrer Positionen sowohl in der Schule und Sprachpflege als auch in der öffentlichen Diskussion.

Je mehr die als "Demokratisierung" bezeichnete Teilnahme der deutschen Bevölkerung am öffentlichen politischen Leben zunahm, d. h. je stärker im Zeitalter der Parlamentsreden, der Wahl- und Pressekämpfe, der Parteigründungen und -streitigkeiten, der Streiks und gewerkschaftlichen Debatten der Kampf der Meinungen von den Sitzungszimmern in die Öffentlichkeit getragen wurde, desto mehr mußte auch versucht werden, die Sprache in den Dienst dieser Auseinandersetzungen zu stellen. (Auf den Einfluß der Französischen Revolution ist in diesem Zusammenhang bereits hingewiesen worden, s. 1.6.5.2.)

Erst seit der 2. Hälfte des 19. Jh. nimmt der Einfluß des Englischen auf das Deutsche zu:

Parlament, Präsident, Opposition, Debatte, Adresse, Speaker, Interview, lynchen, Boykott, Streik. (Vgl. TSCHIRCH 1989, 274; VIERECK 1984.)

Vor allem seit der Mitte des 19. Jh. entwickelten KARL MARX und FRIEDRICH ENGELS in Auseinandersetzung z. B. mit EDUARD BERNSTEIN und KARL KAUTSKY mit der marxistischen Weltanschauung die Grundlagen für den Fachwortschatz des dialektischen und historischen Materialismus und der politischen Ökonomie. Sie knüpften dabei an die Termino-

logie der bürgerlichen Gesellschaftswis-
senschaften, der frühen sozialistischen
und utopischen Lehren und an die Sprache ihrer Zeit an. Im "Manifest der Kommunistischen Partei" (1848) werden wesentliche Elemente der Terminologie de-
finitorisch gefaßt. Seit dieser Zeit setzte in
verstärktem Maße die Differenzierung des
ideologisch bedingten Wortschatzes ein.
Das sei am Beispiel der Bedeutung von
Revolution (im Sinne der marxschen
Theorie) gezeigt: 'grundlegende qualitative Umwälzung im Leben der Gesellschaft;
der Begriff *soziale R.* bezeichnet die Beseitigung einer überlebten und die Errich-
tung einer höheren *ökonomischen Gesellschaftsformation* und damit verbunden
den Übergang der politischen Macht aus
den Händen einer reaktionären in die einer progressiven Klasse' (BUHR/KOSING
1980, 285). Aufgrund spezieller sozial-
ökonomischer Studien erkennen MARX und
ENGELS, daß R. (von ihrem theoretischen
Standpunkt aus) nicht durch gemein-
sprachliche Bezeichnungen wie *Umwälzung, Umsturz, Veränderung von politischer Herrschaft* wiedergegeben werden
könne, weil sie den dialektischen Zusammenhang zwischen den politischen, sozialen und ökonomischen Ursachen von R.
in Verbindung mit dem Klassenkampf
nicht widerspiegeln. Um den Klas-
sencharakter einer R. auszudrücken, verwenden sie attributive Elemente: *bürgerliche R.; kommunistische, proletarische R.;
Arbeiterrevolution, R. des Proletariats.* R.
steht im Systemzusammenhang mit weiteren Elementen, insbesondere mit: *Klassenkampf, Arbeiterklasse, antagonistische
Klassengesellschaft, revolutionär-demokra-
tische Diktatur der Arbeiter und Bauern,
ökonomische Gesellschaftsformation, Kon-
terrevolution, Basis und Überbau.* (Vgl.
FRATZKE 1978.)

Andere Lexeme und Wortgruppen, die
vor allem auch unter dem Einfluß der Ge-
werkschaftsbewegung verbreitet werden,
sind:

*Arbeiter (Lohnarbeiter, Proletarier), Arbeiter-
bewegung, -bewußtsein, -klasse, -partei; Arbeit-
geber, -nehmer; industrieller, moderner, städtischer, ländlicher Lohnarbeiter; Proletarierbe-
wegung, -klasse, -masse, Fabrikproletariat; moderner, revolutionärer Proletarier; Proletarier
aller Länder vereinigt euch!* (Vgl. ADELBERG
1978, 1981.)

Zu beobachten ist aber auch, daß aufgrund der verschiedenartigen politischen
Strömungen zahlreiche Wörter und Pa-
rolen als Schlagwörter oder Losungen
verwendet werden und damit sowohl der
eigenen Darstellung als auch der gezielten
Verunglimpfung der politischen Gegner
dienen. Das kann dazu führen, daß diese
Schlüsselwörter mehrdeutig werden, vgl.
z. B. *Demokratie,* und zu ihrer spezifischen
Verwendung erläuternder Attribute bedürfen, hier z. B. *konstitutionelle, liberale,
parlamentarische, politische, formale, westliche, Präsidenten-, Plebiszit-, Sozial-,
Volksdemokratie.* (Vgl. WELLS 1990, 433.)

Mit der Entwicklung der Presse als
Propagandamedium der Parteien drangen
auch zahlreiche anschauliche Wendungen
und Wörter in den allgemeinen Sprachgebrauch ein, vgl. *einen Rückzieher machen; Mut, zum Fenster hinauszureden;
rettende Tat und kühner Griff; die wehr-
losen Frauen und Kinder; Kirchhofsruhe.*
"Dem Bürger würzten solche Redensarten
das Zeitungsstudium; wandte er sie an, er-
wies er sich als belesener und witziger
Kopf, und so wurde der Zweck der Wort-
prägung schnell erreicht." (MACKENSEN
1971, 191.)

Mit der zunehmenden Macht der Nationalsozialisten seit dem Ende der 20er
Jahre setzte sich verstärkt das Sprachgut
des Faschismus in Deutschland durch.
Seit dem Jahre 1933 begann die Hitlerdik-
tatur in konzentrierter Weise antikom-
munistisches, chauvinistisches und revan-
chistisches Gedankengut zu verbreiten
und das deutsche Volk auf einen Krieg
vorzubereiten. V. KLEMPERER, der unmittelbar nach dem Krieg mit seinem Buch
"LTI" aus dem direkten Betroffensein
eine erste linguistische Analyse dieser Zeit
vorlegt, bemerkt, daß die stärkste Wirkung der Sprache dabei nicht durch Ein-
zelreden ausgeübt wurde,

"auch nicht durch Artikel oder Flugblätter,
durch Plakate oder Fahnen, sie wurde durch
nichts erzielt, was man mit bewußtem Denken
oder Fühlen in sich aufnehmen mußte. Sondern
der Nazismus glitt in Fleisch und Blut der
Menschen über durch die Einzelworte, die Re-
dewendungen, die Satzformen, die er ihr in mil-
lionenfachen Wiederholungen aufzwang und
die mechanisch und unbewußt übernommen
wurden." (KLEMPERER 1980, 21; 1. Aufl. 1946.)

Gleichschaltung und die Losung *"Du bist nichts, dein Volk ist alles!"*, das sind wohl die typischen Metaphern, die diesen Zustand auszudrücken vermögen.

Wie zahlreiche Untersuchungen zeigen, war der eigene Anteil der Nationalsozialisten an neuen Wortschöpfungen gering. Viel eher griffen sie auf bekanntes und "positives" Wortgut zurück und aktivierten älteren deutschen Wortschatz. "So läßt sich eine ganze Reihe von lexikalischen Entwicklungen in der Sprache des Faschismus als sogenannte 'gestohlene Losungen' interpretieren, beispielsweise als Übernahme aus der deutschen Arbeiterbewegung und vor allem der Arbeitersportbewegung, als Nutzung von Termini, die eng mit sozialdemokratischen und kommunistischen Traditionen verbunden waren." (TECHTMEIER 1987, 322.) Speziell auch der Wortbestand des Militärwesens ist in den alltäglichen Sprachgebrauch aller Lebensbereiche eingedrungen. Dabei gehört die Forderung nach *Lebensraum* ebenso zum ideologischen Arsenal wie die Mystifizierung der Fronterlebnisse, vgl. auch Wörter wie:

Blitzkrieg, Bombenteppich, Arbeitsschlacht, Erzeugungsschlacht (in der Landwirtschaft), Geburtenschlacht, Einsatz, vorderste Front, marschieren, Endsieg, Ordensburg, Schulungs-, Hitlerfront.

Zur Ideologie der Faschisten gehörte der Mythos von der *nordischen Rasse*, mit dem das deutsche Volk zu Hochmut und Dünkel gegenüber anderen Völkern erzogen werden sollte. Eng damit verbunden ist der Antisemitismus. Das Wortgut dieser Bereiche wurde im wesentlichen der Biologie und der Rassenlehre des ausgehenden 19. Jh. entnommen:

arisieren, nordisch, Herrenrasse, Blutschande, entartet, artfremd, artbewußt; Rassengesetzgebung, -gedanke, -ideologie, -lehre; Ariergesetzgebung, -paragraph, Halbarier, Nicht-; Aufnordung; Erbsünde, Erbmasse, Abstammung, Zuchtwart. (Vgl. BERNING 1964, STERNBERGER/STORZ/SÜSKIND 1986, SEIDEL/SEIDEL-SLOTTY 1961.)

Die Juden werden u.a. angegriffen als *Schmarotzer, Schädling* und *schädlicher Bazillus*, vgl. auch: *Judenausrottung, -haß, -knecht, -tum; jüdisch-bolschewistische Kulturlosigkeit, jüdisch-international, jüdisch-marxistische Weltanschauung.* Mit der euphemistischen Wendung

"Endlösung der Judenfrage" wurde die beabsichtigte vollständige Vernichtung des jüdischen Volkes verschleiert.

Die faschistische Propaganda vom *"Volk ohne Raum"* und die *"Blut- und Boden-Mystik"* hatten die Aufgabe, vor allem die deutsche Landbevölkerung in die ideologische Kriegsvorbereitung einzubeziehen. *Blut* ging als hochemotionales Wort in viele Komposita und Wortgruppen ein:

Gesetz zum Schutze des deutschen Blutes und der deutschen Ehre; unser Gesetz heißt Blut und Boden; der Gedanke von Blut und Boden; eigenblütiger "Unterbau"; sich blutmäßig mit dem Boden verbunden fühlen; Blutopfer; Kampf um Blut und Lebensraum; Sieg des Blutes gegen volksfremde Willkür; räumliche Ausdehnung des deutschen Blutes; Hinwendung zum deutschen Blut; fremdblütige Deutsche.

Mit besonderem Erfolg wurden auch Wörter aus dem religiösen und mythologischen Bereich in den Dienst der Demagogie gestellt:

ewig, heilig, Weihe, Glaube, Sendung, fanatisch, Fanal.

Charakteristisch für die offizielle Sprache des "Dritten Reiches" war aber auch, daß mit Hilfe zahlreicher Euphemismen die Bevölkerung irregeführt werden sollte: *Konzentrationslager* für *Straf- oder Zwangslager* war weniger verfänglich, und *Endlösung* konnte wohl auch eher akzeptiert werden als *Völkermord.* Wie BERNING (1964, 113ff.) zeigt, gab es besonders viele Umschreibungen für das Töten, insbesondere Komposita mit *Sonder-*:

Sonderbehandlung, – aufgabe, -aktion; sonderbehandeln, Sonderbehandlungsangelegenheit, Sonderbehandlungsfälle, Sondereinsatz, Sonderkommando, Sonderwagen / S-Wagen ('fahrbare Gaskammern'); weiterhin: *betreuen, Betreuung* ('Überstellung in ein anderes Lager, zur Hinrichtung bringen').

In anderen Bereichen erschienen immer dann viele Euphemismen, wenn Probleme auftraten:

Engpaß für *Versorgungskrise, Austauschstoff* für *Ersatz, Frontbegradigung* für *Rückzug.* (Vgl. WELLS 1990, 448.)

Dem Ziel, die Bevölkerung im Sinne der faschistischen Ideologie zu manipulieren, dienten auch typische Stilmittel, die von

BERNING zusammenfassend als "Verschleierungsstil" bezeichnet werden.

Häufung des Ausdrucks mit dem Ziel der
Verstärkung: *eigenstes und totales Erleb-
nis, Deutschtum und Deutschheit; die Gemeinschaft will auch geübt werden, und sie
will exerziert sein.*

Falsches Pathos durch unangebrachte
Kampfstimmung: *daß von diesem Hause
aus Kraftströme gehen mögen gegen alle
Giftpfeile, die gegen Deutschtum und
Deutschheit geschleudert werden.*

Schwulst: *Er* (der Erzieher) *wage seine eigene Tiefe nah, schmerzhaft nah an die
Wahrheit des Lebens; aus der reiferen Einsicht in die Gassen und Sterne der deutschen Volksgemeinschaft breche unaufhalt-
sam und unabdingbar seine heiße Liebe zur
Neuschmelze aller verbürgerlichten Lebens-
werte.*

Superlativismus: *tausendjähriges Reich;
Großdeutschland, -europa, -japan, -lebens-
raum; totaler Krieg, totale Mobilmachung,
Totallösung; lebendige Totalität; dem besten Soldaten der Welt sind die besten
Waffen der Welt von den besten Arbeitern
der Welt zur Ausrüstung geliefert,* aber
auch *heroisch, schneidig, absolut, nie dagewesen.* (Vgl. hierzu besonders KLEMPE-
RER 1980, 263ff.)

Wenn BAHNER (1988, 61) feststellt: "Der
NS-Jargon stellte eine außerordentlich
produktive Kraft dar, die das offizielle
Gebrüll, den sprachlichen Gleichschritt,
viel Verführung und Nötigung und eine
Menge von barem Unsinn hervorbrach-
te", so bestätigt er damit erneut, was
KLEMPERER schon in seiner "LTI" erfaßt
hatte:

"Die LTI ist ganz darauf gerichtet, den einzelnen um sein individuelles Wesen zu bringen,
ihn als Persönlichkeit zu betäuben, ihn zum ge-
danken- und willenlosen Stück einer in einer
bestimmten Richtung getriebenen Herde, ihn
zum Atom eines rollenden Steinblocks zu machen. Die LTI ist die Sprache des Massenfana-
tismus." (1980, 29.)

Auch wenn diese Sprache einerseits sowohl vor als auch nach der Zeit zwischen
1933 und 1945 (z. B. in der ehemaligen
DDR) Parallelen findet und andererseits
nur bedingt bleibende Veränderungen in
das Deutsche eingeführt hat, so leistete
dennoch das "(semantisch gesehen) viel
enger gesteckte Ziel, ideologische Werte

über die ganze Nation hin zu propagieren,
seinen Beitrag zur Aufrechterhaltung eines Regimes, das Millionen unschuldiger
Menschen ermordete." (WELLS 1990, 449.)

1.7.5. Zur Entwicklung der deutschen Or-
thographie und Orthoepie

Einheit der Rechtschreibung

Die Entwicklung der Standardsprache
und nationalen Literatur war um 1800 zu
einem relativen Abschluß gekommen. Auf
dem Gebiet der Schreibung war indes
noch immer keine Einheitlichkeit erzielt
worden. Das Fehlen der nationalen staatlichen Einheit erschwerte eine Regelung
der Orthographie: Um 1815 gab es 34 erb-
liche Monarchien und 4 Freie Städte!

Die Forderung nach einer deutschen Einheits-
orthographie wird schon seit dem Beginn des
16. Jh. erhoben. Grammatiker, Schulpraktiker
und Buchdrucker bemühten sich seit den Tagen
ICKELSAMERS und der Reformationsdrucke immer wieder um eine Regelung der Orthographie. (Vgl. BACH 1970, 344ff.; MOSER 1978,
267ff.; Deutsche Orthographie 1987, 230ff.)
Doch blieb die Zahl der Schreibvarianten vor
1800 noch zu groß, als daß man von Einheitlichkeit sprechen könnte. Besondere Verdienste
um eine Normierung haben sich SCHOTTELIUS,
GOTTSCHED und ADELUNG erworben. Daneben
hat die von HIERONYMUS FREYER in Halle her-
ausgegebene "Anweisung zur teutschen Orthographie" (1722) in Deutschland große Verbreitung gefunden. Sie wird durch ADELUNGS
"Vollständige Anweisung zur Deutschen Orthographie" (1788) abgelöst, die sich wiederum
stark an GOTTSCHED anlehnt.

Die Ansichten dieser Grammatiker weichen
kaum voneinander ab. Ihrem Streben nach
Sprachrichtigkeit liegen in der Hauptsache
phonetische und inhaltliche Überlegungen zugrunde. Man will homonyme Wörter auch graphisch auseinanderhalten: *Lärche – Lerche,
Waise – Weise, Rad – Rat.* Der Umlaut von *a*
wird mit *ä* geschrieben, um so die Verwandtschaft der Wörter deutlich zu machen: *älter*
(*elter*), *fällen* (*vellen*), *tränken* (*trenken*). In
Wörtern mit etymologischen Verdunklungen
bleibt man beim *e*: *edel, Eltern, fertig, behende*
(zu *Adel, alt, fahren, Hand*). So hat sich im
Laufe der Jahrhunderte bei dem größten Teil
der Wörter eine allgemeine Übereinstimmung
in der Schreibung ergeben. Nur auf einem verhältnismäßig kleinen Gebiet herrschte Un-
sicherheit und Schwanken. Hier setzten die Re-
formbestrebungen des 19. Jh. ein.

Mit dem Aufschwung der vergleichenden Sprachwissenschaft im 19. Jh. bilden sich neue Ansichten zur Regelung der deutschen Orthographie heraus. Waren die bisherigen Reformer zumeist Vertreter der *phonetischen* und *logischen Schreibung*, so kommt mit J. GRIMM das *historische Prinzip* in der Rechtschreibung zur Geltung. Ihm ging es dabei nicht in erster Linie darum, eine Kodifizierung der deutschen Orthographie zu erreichen, "vielmehr strebte er nach einer Orthographie, die sich durch Unabhängigkeit von der regional gefärbten Aussprache und durch Einfachheit auszeichnen sollte, nach einer Orthographie, die natürlichen Charakter trüge und nicht durch das normierende Eingreifen von Sprachwissenschaftlern geprägt sei." (Deutsche Orthographie 1987, 242.)

J. GRIMM fordert die Berücksichtigung sprachhistorischer Lautgesetze, z. B. Abschaffung des Dehnungs-*h*, wo es historisch nicht berechtigt ist. So sollen *Mohn* (mhd. *māhen, māgen*) und *Gemahl* (mhd. *gemahel*) neben *Lon* (mhd. *lōn*) stehen. Weiterhin fordert er, die Großschreibung der Substantive fallenzulassen und nur die der Eigennamen und Satzanfänge beizubehalten, Konsonantenhäufungen zu vermeiden sowie einzelne Veränderungen wie die Schreibung *i* statt *y*, *sz* statt *ß*, *t* statt *th*, *t* statt *dt* und weitere das *v* und *f* betreffende Regelungen. (Vgl. VEITH 1985, 1486.)

Die historische Schreibweise verteidigten ANDRESEN, VILMAR, WACKERNAGEL, WEINHOLD. Man begann teilweise, diese Ansichten in die Schule hineinzutragen, und verlangte z. B. *ß*-Schreibung, wo dem Laut im Germ. ein *t* entspricht: *Waßer* (nd. *water*), *Schweiß* (mnd. *swēt*).

Gegen die historische Schule traten die Phonetiker auf: Sie forderten eine Schreibung nach der richtigen Aussprache, allerdings ohne Berücksichtigung aller bisherigen Traditionen. – Eine Vermittlung zwischen beiden Richtungen erzielte R. v. RAUMER. Er trat vor allem der historischen Schule entgegen und betonte, daß im Grundcharakter der deutschen Schreibung das Prinzip der lautgetreuen Schreibung sichtbar werden müsse, d. h., daß sich alle neuen Festsetzungen möglichst dem Vorhandenen anschließen und behutsam vorgenommen werden sollten.

Unter der Uneinheitlichkeit der Rechtschreibung litt vor allem die Schule, zumal fast jede Druckerei und jeder Verlag eine eigene Orthographie in den Schulbüchern verwendete. Um die Mißstände zu beseitigen, versuchten seit den 50er Jahren des 19. Jh. verschiedene Schulen, Städte und Länder, selbständig zu Lösungen zu kommen. Als Ergebnis der vereinzelten Konferenzen wurden "Regeln und Wörterverzeichnisse für deutsche Rechtschreibung" geschaffen, so 1854 in Hannover, 1857 in Leipzig, 1861 in Stuttgart, 1871 in Berlin. Nach der nationalstaatlichen Einigung "von oben" (1871) forderten die Bundesstaaten eine einheitliche Regelung der Rechtschreibung.

Auf der I. Orthographischen Konferenz von 1876 in Berlin wurde ein Entwurf von v. RAUMER beraten, dessen Änderungsvorschläge insgesamt sehr behutsam und sämtlich seit längerer Zeit in der Diskussion waren. Dennoch fand er bei den Gegnern einer vereinfachten und lauttreuen Schreibung sowie in der Öffentlichkeit viel Widerspruch. Die Zusammenfassung der Ergebnisse veröffentlichte KONRAD DUDEN (1829–1911), der ebenfalls als Vertreter der gemäßigten phonetischen Richtung galt, in seinem "Orthographischen Wörterbuch der deutschen Sprache" (1880) und legte damit den Grundstein für die spätere deutsche Einheitsschreibung von 1901.

Die Not der Schule duldete aber keinen Aufschub. Die Länder griffen zur Selbsthilfe und legten für ihre Bereiche die gültigen Normen in "Regeln und Wörterverzeichnissen" fest, allerdings unter Berücksichtigung der Entwürfe v. RAUMERS: Österreich und Bayern 1879, Preußen 1880 (Bismarck verbietet eigensinnig die Übernahme der Orthographieregelung für den "Reichsdienst"). Baden, Mecklenburg, Sachsen und Württemberg gaben eigene Bücher heraus, schlossen sich jedoch eng an das bayrisch-preußische Vorbild an. 1892 hatten auch 15 Schweizer Kantonsregierungen die preußischen Regeln als Norm für den Schreibgebrauch übernommen. Um 1900 wurden bereits fünf Sechstel aller Bücher und drei Fünftel aller Zeitschriften nach der Schulorthographie gedruckt.

1901 fand die II. Orthographische Konferenz in Berlin statt, an der alle Bundesstaaten sowie Österreich, die Schweiz und Vertreter des Druckereigewerbes und des Buchhandels teilnahmen und einer einheitlichen Rechtschreibung zustimmten. In dem "Orthographischen Wörterbuch" von DUDEN (1902) fand das Ergebnis dieser Konferenz ihren Niederschlag. Es wurde von allen deutschen Landesregierungen sowie von Österreich und der Schweiz gebilligt und ab 1903 im Schulunterricht und im öffentlichen Verkehr für verbindlich erklärt. Damit war der Prozeß der Durchsetzung der einheitlichen Orthographie zunächst abgeschlossen. Die 1902 kodifizierte Regelung ist bis in die Gegenwart die Grundlage der dt. Orthographie.

Gleichzeitig begann jedoch die Kritik an den Vereinbarungen von 1902. Besonders die wachsende Zahl von Varianten vor allem auch im Fremdwortbereich führte immer wieder zu einer Zunahme der Wörter, allmählich aber auch zu Diskrepanzen in Einzelentscheidungen. Das betrifft vor allem die Groß- und Kleinschreibung sowie die Getrennt- und Zusammenschreibung. Die Gründung verschiedener Vereine zur Vereinfachung der Rechtschreibung in Deutschland, Österreich und der Schweiz sowie mehrere Reformprogramme, die sich vor allem auf die mehr oder weniger weitgehende Beseitigung der Einschränkung der "Polyrelationalität zwischen Phonemen und Graphemen" (Deutsche Orthographie 1987, 266) orientierten, führten in der ersten Hälfte des 20. Jh. wiederholt zu neuen Vorstößen in der Diskussion um eine Orthographiereform; ein entscheidender Durchbruch wurde jedoch nicht erreicht.

Einheit der Aussprache

Die deutsche Sprache hat um 1800 nur in Gestalt der schriftlichen Formen relative Einheitlichkeit erreicht, von einer nationalen Norm der Aussprache war sie noch weit entfernt, denn die politische Zersplitterung Deutschlands hatte auch auf dem Gebiet der gesprochenen Sprache eine Einigung erschwert.

Die Bemühungen um eine Regelung der Orthoepie reichen in die Zeit der Anfänge der sich entwickelnden deutschen Nation zurück. Über-

einstimmungen zwischen Schrift und Aussprache fordert u. a. CH. HUEBER in seinem "Modus legendi" (1477), aber die Antwort, nach welcher Norm gesprochen werden sollte, wird erst im 17. Jh. versucht. SCHOTTELIUS und seine Nachfolger vertraten die Auffassung, daß der Hochlautung eine über allen Mundarten stehende Lautung zugrunde gelegt werden müsse. Von W. RATKE (1571–1635) wurde der Vorbildcharakter des meißnischen Deutsch betont. In den nächsten 150 Jahren erstrebte man dann eine Vereinheitlichung des gesprochenen Deutsch auf der Grundlage der omd. Schriftsprache. Doch schon im beginnenden 18. Jh. finden sich Hinweise auf eine "bessere" Artikulation der Verschlußlaute im Nd., bei "Märkern, Pommern und anderen Nieder-Sachsen" (H. FREYER, Deutsche Orthographie, 1722). Trotz aller Bemühungen blieb die Aussprache um 1800 und noch weit ins 19. Jh. hinein stark landschaftlich gefärbt.

Goethe reimte u. a. entsprechend frankfurtischem Gebrauch: *Augenblicke – zurücke; Bügel – Riegel; neige – Schmerzensreiche; Zweifel – Teufel; Tag – darnach.* Und Schillers Reime wiesen ihn als Schwaben aus: *Höhn – gehn; untertänig – König; vereint – Freund; Söhne – Szene; Miene – Bühne.*

Als seit dem Ende des 18. Jh. Sachsens wirtschaftliche und politische Macht zurückgegangen war und das norddt. Preußen die Nachfolge angetreten hatte, schwand auch das sprachliche Ideal sächsischer Aussprache. Im Nd. galt die Regel, nach der Schrift (dem gedruckten Wort) zu sprechen. Da die hd. Schriftsprache für den Norddeutschen eine "fremde Sprache" war, die von der heimischen Mundart weiten Abstand hatte, bemühte man sich, das Hd. möglichst rein, d. h. buchstabengetreu, wiederzugeben.

Wenn auch das Niederdeutsche keine einheitliche Aussprache aufwies, so unterschied es doch weithin die sth. Artikulation der Konsonanten *b, d, g, s* von der stl. der *p, t, k, s*, die im Hd. in vielen Gebieten nicht getrennt wird. Ebenso ist dem Nd. die obd. Entrundung von *ö, ü, eu > e, i, ei* fremd. (Siehe. 4.3.) So forderte bereits G. SEUME (1763–1810) für die Schaffung einer deutschen Ausgleichssprache eine Ergänzung des Meißnischen durch den nd. Dialekt. Die Bühne solle für die ganze deutsche Nation die Norm für die beste Aussprache geben ("Ein Wort an Schauspieler"). Denn: "Die einzigen Sprecher, die in unterschiedlichen Sprachlandschaften oft zu hören waren und allgemein verständlich sprechen mußten, waren die Schauspieler, die von Ort zu Ort zogen." (MANGOLD 1985, 1497.)

Ähnliche Ansichten vertrat GOETHE als Direktor des Weimarer Hoftheaters in seinen "Regeln für Schauspieler" (1803). Er bestätigte 1824 den Vorbildcharakter des Nd.:

"Ich habe in meiner langen Praxis, . . ., Anfänger aus allen Gegenden Deutschlands kennen gelernt. Die Aussprache der Norddeutschen ließ im Ganzen wenig zu wünschen übrig. Sie ist rein und kann in mancher Hinsicht als musterhaft gelten. Dagegen habe ich mit geborenen Schwaben, Östreichern und Sachsen oft meine Noth gehabt". (J. P. ECKERMANN. Gespräche mit GOETHE v. 5. Mai 1824.)

Im Laufe des 19. Jh. bildete sich auf den deutschen Bühnen eine gewisse einheitliche Aussprache aus, die als Mustersprache angesehen werden kann. Den ersten praktischen Beitrag zur wissenschaftlichen Erforschung der gesprochenen deutschen Sprache hat W. VIËTOR mit seinem Buch "Die Aussprache des Schriftdeutschen" (1885) gegeben. 1898 fand in Berlin eine Beratung von Bühnenvertretern und Hochschullehrern über eine einheitliche Aussprachenorm unter der Leitung von TH. SIEBS statt. Die Beschlüsse dieser Tagung wurden von ihm herausgegeben unter dem Titel "Deutsche Bühnenaussprache", Berlin 1898 (SIEBS 19. Aufl. 1969). In der Regel wurde als Norm festgelegt, die hd. Sprachformen nach nd. Gebrauch auszusprechen. So ist zwischen /p, t, k/ und /b, d, g/ deutlich zu scheiden; ferner zwischen /ö, ü, eu/ und /e, i, ei/ usw. Daneben sind auch wesentliche Elemente des hd. Sprachgebrauchs aufgenommen worden, so die Aussprache von *sp, st* als /ʃp, ʃt/ im Anlaut, die Länge der Vokale in geschlossenen Silben wie /baːt, doːm/ (*Bad, Dom*) u. a., Aussprache des Verschlußlautes *g* als /k/ im Auslaut; vgl. /ziːk, taːk/ (*Sieg, Tag*) usw. So ist die Kodifizierung der Aussprachenorm zugleich ein Zeichen für den hd.-nd. Ausgleichsprozeß. (Vgl. GERNENTZ 1980, 79ff.; KURKA 1980.)

Die Normen der Bühnenaussprache wurden jedoch teilweise nicht den Anforderungen der gesellschaftlichen Entwicklung gerecht.

Denn während "die 'Deutsche Bühnenaussprache' auf der Bühne keinen vergleichbaren Konkurrenten hatte, war ihr Einfluß trotz ihres Anspruchs auf allgemeinere Gültigkeit außerhalb der Bühne beschränkt. Dies gilt besonders für Schulen und Hochschulen sowie für den Deutschunterricht im Ausland." (MANGOLD 1985, 1497.)

In der Öffentlichkeit weitgehend unbekannt bzw. aufgrund regionaler Besonderheiten der Sprecher ignoriert, konnte sich diese strenge Aussprachenorm nicht durchsetzen. 1912 erschien das "mustergültig gearbeitete Deutsche Aussprachewörterbuch" von W. VIËTOR (MANGOLD 1985, 1498), das besser und konsequenter als die "Deutsche Bühnenaussprache" gearbeitet war und einige Überspitzungen vermied. Dennoch blieb auch diese Arbeit ohne größeren Einfluß auf den Deutschunterricht.

Durch die Verbreitung von Rundfunk und Tonfilm zwischen den beiden Weltkriegen gewann die Aussprache im Rundfunk an Bedeutung, weil sie fast alle Bevölkerungsschichten erreichte. Telefon, Bevölkerungsbewegungen, Kontakte zwischen Sprechern unterschiedlicher Gegenden führten auch zu Veränderungen in der Aussprache. Allmählich entwickelte sich die Erkenntnis, daß eine neue Aussprachenorm notwendig sei. (Vgl. MANGOLD 1985, 1498f.)

1.7.6. Integration und Differenzierung zwischen den Varietäten

Im Zusammenhang mit weiträumiger und differenzierter gewordenen Kommunikationsmöglichkeiten sowie durch verbesserte Lese- und Schreibfähigkeiten großer Bevölkerungsteile infolge der gewachsenen Bildungsmöglichkeiten veränderten sich im Laufe des 19. und 20. Jh. auch die Beziehungen zwischen Mundarten, Umgangssprachen und Standardsprache sowie zu den anderen Varietäten. (Vgl. z. B. KETTMANN 1980a; 1981; v. POLENZ 1991, 64.)

Mundart
Die Mundart ist die älteste dieser Existenzformen. Sie ist ein geographisch, so-

ziologisch und funktional relativ begrenztes Kommunikationsmittel und in sich territorial vielfältig differenziert. Um zu einer Einteilung des dt. Sprachgebietes in seine einzelnen Mundartlandschaften zu kommen, hat die Sprachgeographie (Dialektgeographie) bestimmte lautliche, grammatische und lexikalische Erscheinungen nach ihrem Vorkommen in den Mundarten untersucht. In der Regel hat man im Lautbereich den Stand der hd. Lautverschiebung zugrunde gelegt und Abweichungen und Übereinstimmungen festgehalten. So ist man z. B. zu einer Grenze zwischen *ik-* und *ich*-Aussprache gelangt, die auf einer Linie gleicher Sprechweise (Isophone) auf Karten festgehalten ist. Isophone mit Zusammenfall mehrerer Linienbündel führen zu kleinräumigen Mundartgebieten (z. B. Ortsmundarten), zu großräumigen (Kerngebiete, innerhalb deren die sprachlichen Unterschiede gering sind) und zu Rand- oder Übergangsgebieten. (Vgl. BERGMANN 1964, 31ff., 66ff.; WIESINGER 1983.)

Als Kommunikationsmittel haben die Mundarten seit dem Aufkommen der Standardsprache immer mehr an Bedeutung verloren. Waren zu Beginn des 19. Jh. die Ortsdialekte noch die am weitesten verbreitete sprechsprachliche Varietät, so werden sie im Laufe des 19. Jh. allmählich von den Umgangssprachen abgelöst. Dabei wurden viele Mundartsprecher zunächst zweisprachig und damit sprachlich unfest. "Noch sorgte die alte Art der Lehrererziehung, die bis zum ersten Weltkrieg bodenständig blieb, im Schulunterricht für einen gemäßen Ausgleich zwischen Mundart und gemeinem Deutsch; aber schon mehrten sich die Stimmen, die den Dialekt als Merkmal eines veralteten Separatismus politisch verdächtigten." (MACKENSEN 1971, 82.) Seither vollzieht sich ein Prozeß fortschreitender Annäherung der Mundarten an die Normen der mit einem höheren sozialen Prestige versehenen Umgangssprachen und Standardsprache.

Städte sowie Industrie und Verkehrsgemeinschaften haben sich bezeichnenderweise zuerst von der Mundart abgewandt. In landwirtschaftlichen Gebieten vollzieht sich der Prozeß langsamer. Dabei ist zu beobachten, daß diese Entwicklung stärker im Norden als im Süden, eher im Westen als im Osten voranschreitet, also in Gebieten, die von der Verstädterung und Industrialisierung besonders früh und intensiv betroffen werden.

Verstärkt seit dem letzten Viertel des 19. Jh., mit der politischen Einigung, geht die Umschichtung schnell voran, da sich der Anteil der städtischen Bevölkerung gegenüber der ländlichen rasch vergrößert hat (vgl. KETTMANN 1981, 60ff.; SCHILDT 1981):

	Großstadt	Mittelstadt	Land
1885	6%	33%	61%
1925	27%	43%	30%

Dieser Prozeß ist zu beobachten, obwohl gerade in dieser Zeit die Dialektlyrik und Dialekterzählungen als Ausdruck der höheren (kulturellen) Wertschätzung besonders kultiviert wurden. Solche sentimentale Heimatdichtung manifestierte jedoch eher weitere Stufen im Prozeß des Dialektverfalls als irgendwelche neue Lebenskraft der Dialekte.

Der Prozeß der teilweisen Angleichung der Mundarten an die Schriftsprache führte nicht nur über die Städte. Der direkte Einfluß von Schule und Massenmedien jeder Art wirkt auch fern der Stadt. Mit der allmählichen Aufhebung des ökonomischen und sozialen Unterschiedes von Stadt und Land wird die Mundart weiter eingeschränkt, bis sie schließlich in der Gegenwart in einzelnen Landschaften, z. B. im Mittelmärkischen, nur noch als kulturelles Erbe betrachtet wird.

Es ist interessant festzustellen, daß sich die Ablösung der Mundarten nicht stufenweise als Übergang von der kleinräumigen zur großräumigen und weiter zur hd. Umgangssprache vollziehen muß, sondern daß die hd. Umgangssprache selbst in kleineren Gebieten, z. B. in einzelnen Dörfern, (nahezu) ohne Zwischenstufen erreicht werden kann. (Vgl. SPANGENBERG 1963, 72ff.)

Umgangssprache

Die Umgangssprache (zur Problematik dieses Terminus vgl. u. a. BICHEL 1973; MUNSKE 1983; LANGNER 1990b) hat ihren Standort zwischen Mundart und Standardsprache. Sie entwickelte sich mit der Herausbildung der Schriftsprache und

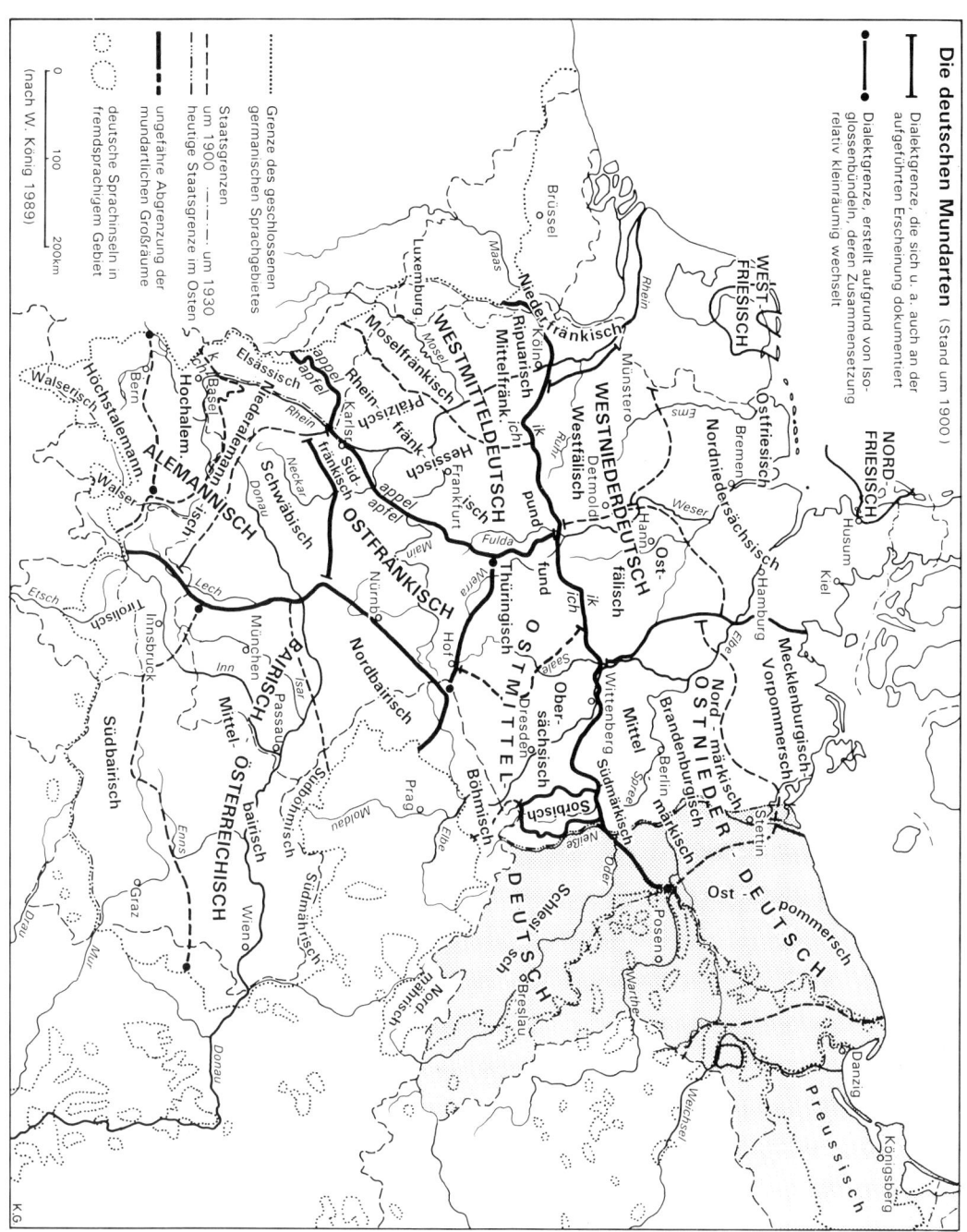

Karte 8: Die deutschen Mundarten

weist von Anfang an eine vielfache Schichtung auf. Es gibt mundartnahe, kleinlandschaftliche Umgangssprachen, die nur wenige Elemente der Standardsprache aufgenommen haben und in einem kleinen Raum als Verkehrssprachen wirken. Im Unterschied zur heimischen Ortsmundart, mit deren Hilfe die neuen sprachlichen Anforderungen nicht mehr bewältigt werden konnten, entsprach die mundartnahe Umgangssprache den Anforderungen der unteren sozialen Schichten in der Stadt, denen auch wegen des Bildungsmonopols die Voraussetzungen für das Erlernen der Standardsprache größtenteils fehlten. Dabei unterschieden sich die einzelnen niederen Umgangssprachen z. T. erheblich voneinander, wobei differenzierende Faktoren u. a. die Entstehungsbedingungen der jeweiligen Stadt bzw. des industriellen Zentrums, die Herkunft und soziale Zusammensetzung der Bevölkerung, der Charakter der dominierenden Produktion und nicht zuletzt die Spezifik des Sprachraumes darstellen. (Vgl. SCHILDT 1981a, 21.) Bereits um 1900 dürfte diese Existenzform in der mündlichen Kommunikation das am häufigsten verwendete Kommunikationsmittel gewesen sein.

Die großlandschaftlichen Umgangssprachen, wie z. B. die schwäbische, die obersächsische, die brandenburgisch-berlinische, umfassen größere Gebiete. Hierbei ist der Anteil ma. Bestandteile geringer als in der kleinlandschaftlichen Umgangssprache.

Lautung. Die Stellung der Umgangssprache zwischen Hochsprache und Ma. zeigt sich u. a. in der Lautung. In Anlehnung an die Ma. bildet z. B. die obersächs. Umgangssprache *bălde* (Ma. *bōlə* 'bald'), die südthür. Umgangssprache *fräxə* 'Frage', die berlin-brandenburg. *helft* (nd. *helpt*) 'hilft'. (Vgl. auch MUNSKE 1983, 1012.)

Grammatik. Auch Morphologie und Syntax der Umgangssprache zeigen Besonderheiten, die sich in einigen Bestandteilen der Mundart, in anderen der Standardsprache annähern. So stehen sich folgende umgangssprachliche "Einheitstempora" gegenüber: norddt. *er las* – süddt. *er hat gelesen* (jeweils für Perfekt und Imperfekt gebraucht). Umgangssprachlich ist ferner der sog. *s*-Plural des Nd. wie *Jungens, Mädchens*, der aber z. T. heute schon Norm ist in *Balkons, Buddenbroks, Parks, LKWs*. Um-

gangssprache und Standardsprache vermischen sich auch im Bereich des *n*-Plurals. *Buckeln, Möbeln, Stiefeln, Titeln* sind umgangssprachlich, *Kartoffeln, Muskeln, Pantoffeln* dagegen standardsprachlich. Umgangssprachlich, aber ohne regionale Beschränkung, sind folgende Formen: *das Geschäft ist zu; er ist aus; sie macht das Licht an (aus); das Bein ist ab* (vgl. HENZEN 1954, 200), ferner Kontraktionen wie *inne* (in die), *hamse* (haben sie), *ne* (eine) (vgl. MUNSKE 1983, 1012). Besondere Schreib- und Verwendungsweisen bestimmter Wörter und Wortformen werden – wenn auch oft uneinheitlich – im Duden und in semantischen Wörterbüchern gekennzeichnet als "hochdt.", "landsch.", "norddt.", "österr.", "schweiz." usw.

Lexik. Angleichungen zwischen Umgangssprache und Standardsprache zeigen sich ebenfalls im Wortschatz. So sind territorial bedingte Synonyme Ausdruck für die Annäherung beider Existenzformen, beispielsweise im z. T. gleichberechtigten Nebeneinander von nördl. und südl. Formen: *Böttcher – Küfer* (mehr mittelrhein.), dazu ofränk. *Büttner*, bair. *Schäffler; dreist – keck; fegen – kehren; Junge – Bub; Sahne – Rahm; Sonnabend – Samstag; Schrank – Kasten.*

Die Umgangssprache hat sich, abhängig vom Grad der Ausbreitung der Schriftsprache in den einzelnen Landschaften Deutschlands, zu verschiedenen Zeiten entwickelt. Für das Gebiet des Omd. lassen sich Zeugnisse aus dem 16. Jh., verstärkt seit dem 17. und 18. Jh. erbringen (BECKER 1969, 145).

Seit dem Beginn des 19. Jh. breitet sich die Umgangssprache stärker aus, d. h., sie übernimmt zunächst vor allem in den Großstädten und industriellen Ballungsgebieten die ursprüngliche Rolle der Dialekte als Primärsprache, da mit den politischen und wirtschaftlichen Veränderungen in Deutschland zugleich die soziologische und sprachliche Umschichtung einsetzte. "Städtische Lebensweise führte zu einer Verdichtung der gesellschaftlichen und auch kommunikativen Beziehungen auch über den engen Familienverband hinaus. Dazu bietet sich die jeweilige regionale Umgangssprache als eine Kompromißform zwischen den verschiedenen Dialekten der zuwandernden Bevölkerung an, eine Entwicklung, die noch gestärkt wird durch das Sprachprestige, das diese Varietät der Sprache der Eingesessenen und des Bürgertums in der Regel hat." (MATTHEIER 1986, 232.)

Neuere Untersuchungen zeigen, daß es vor allem in der zweiten Hälfte des 19. Jh. zu einem "Auseinandertreten einer sprechsprachig-dialektal geprägten Arbeitersprache und einer schriftsprachig-überregional geprägten Bürgersprache kommt" (MATTHEIER 1986, 239). Doch seit der Jahrhundertwende wird auch in der Arbeitersprache der dialektale Anteil immer weiter zurückgedrängt.

Standardsprache
Die Entwicklung der Standardsprache ist – wie schon oben gezeigt – das Produkt eines langwierigen historischen Prozesses. Sie ermöglicht die sprachliche Kommunikation zwischen den Menschen in allen Lebensbereichen und besitzt das höchste gesellschaftliches Prestige, da die Menschen in ihr das Ideal der Sprachrichtigkeit und den Ausdruck von Bildung sehen.

Auch ihre Entwicklung wurde von den Veränderungen im 19. Jh. beeinflußt. Zum einen kam es aufgrund der wachsenden Bildungsmöglichkeiten zu einer allmählichen Erweiterung der bis dahin recht schmalen sozialen Trägerschicht der Standardsprache. Gleichzeitig setzte mit der zunehmenden Ablösung des Dialekts als sprachlicher Grundschicht eine wechselseitige Beeinflussung zwischen Umgangssprache und Standardsprache ein. Dieser Prozeß wird vor allem in der zweiten Hälfte des 19. Jh. deutlich, wie die Integration ugspl. Formen in die Werke des Realismus und Naturalismus, aber auch in die Sprache der Journalistik zeigt. (Vgl. MACKENSEN 1971, 9ff.; 143ff.)

Wie eng sich Umgangssprachen und Standardsprache schon angenähert haben, zeigt auch die Tatsache, daß Fach- und Gruppensprachen *beide* Existenzformen beeinflussen. "In der Geschichte des modernen Deutschen sind die Verknüpfungen zwischen den fachsprachlichen Registern und der Umgangs- und Standardsprache wichtig: der Journalismus, die politische Debatte, Lehrbücher für die Schule, Sachbücher und besonders die Reklame sind einige der Hauptwege, auf denen vor 1945 in Deutschland ein Fachjargon allgemein bekannt wurde." (WELLS 1990, 401f.)

Aufgewertet und verbreitet wurde die Standardsprache auch dadurch, daß insbesondere Vertreter der Schule bemüht waren, "das Wissen über die Muttersprache in entsprechenden Grammatiken, Handbüchern und Regelwerken aufzubereiten. Damit wurden Normen für die einzelnen Ebenen des Systems der nationalen Literatursprache gesetzt, die dann über den Schulunterricht weite Verbreitung fanden." (SCHILDT 1981a, 23.)

Die Ausprägung der geschriebenen Existenzweise der Sprache hat seit dem Beginn des 20. Jh. ihre feste orthographische und grammatische Normierung im "Duden" und in zahlreichen Grammatiken gefunden. Dagegen waren auch weiterhin sowohl im Satzbau wie auch in der Wortwahl relativ freie Gestaltungen und Varianten möglich.

Viele der orthographischen, grammatischen, lexikalischen und stilistischen Normen, die um 1800 bzw. 1900 fixiert wurden, sind durch den sich ständig ausbreitenden Gebrauch der Standardsprache, durch die Differenzierung von Funktionalstilen und Stilschichten variiert und weiterentwickelt worden. (Vgl. SCHIEB 1980a, 182; W. SCHMIDT 1980.) Daher treten notwendigerweise funktionalstilistische Varianten auf:

Orthographie. Dubletten zeigen sich z. B. bei der Schreibung von Fremdwörtern: *Coupon/Kupon; Creme/Krem; Friseur/Frisör; Friseuse/Frisöse; Chauffeur/Schofför; Photo/Foto.* Doch auch im muttersprachlichen Wortschatz sind orthographische Dubletten erlaubt, besonders im Bereich der Groß- und Kleinschreibung: *Er lernt lesen/Lesen. Er tut sein möglichstes/Möglichstes.*

Grammatik. In der Konjugation stehen z. B. verschiedene Tempusformen z. T. gleichbedeutend nebeneinander: *ich backte/buk, ich sandte/sendete; gedungen/gedingt.* Freiheiten in der Anwendung zeigen sich auch auf dem Gebiet des Substantivs. Dubletten im Nom. Sg. sind *Fels, -en; Geäst, -e;* im Genusgebrauch: *Abscheu* (Mask., Fem.); *Geisel* (Fem., Mask.); *Trajekt* (Mask., Neutr.); in der Pluralbildung: *Maate, -n; Nachdrucke, -drücke; Staue, -s;* mit stilistischen Differenzierungen: *Mannen, Männer;* mit semantischen Differenzierungen *Bande, Bände, Bänder.* Nicht selten zeigt sich im Satzbau grammatische Synonymität. Das gilt u. a. für viele Fälle des prädikativen Satzrahmens, wo ohne semantische oder stilistische Schattierungen der Voll- und Kurzrahmen wechseln können, z. B. "Ich *hatte* Franz Dierkopf *kennengelernt* im Hause des Professors Rapp in der rheinländischen Universitätsstadt Battenberg." (L. Feuchtwanger) oder: Ich *hatte* Franz Dierkopf im Hause ... *kennengelernt.* (Vgl. ADMONI 1980, 17ff.)

Wortbildung und Lexik. Im Bereich der Wortbildung stehen verschiedene Suffixe gleichbedeutend nebeneinander: *Achtfüßler, -er; Fröstler, -ling; Kindchen, -lein; Mäher, -der* (landschaftl.). Spielraum erlaubt die Standardsprache (z. T. mit Anerkennung gewisser Stilunterschiede) ebenfalls in der Lexik: *Samstag/Sonnabend; Uraufführung/Premiere; Ehefrau/Gattin; sich verbeugen/verneigen.*

1.8. Das Deutsch der jüngsten Neuzeit (1950 bis zur Gegenwart)

1.8.1. Historische Situation und sprachliche Problematik

So umstritten der Einschnitt um 1945/50 als Beginn einer neuen Epoche in der deutschen Sprachentwicklung ist, so steht doch fest, daß die Zeit um 1945 eine deutliche Zäsur nicht nur in der deutschen Geschichte, sondern auch in der deutschen Sprachentwicklung darstellt. (Siehe 0.4.)

Auf die von den Bedingungen der sich entwickelnden modernen Industriegesellschaft geprägten ökonomischen und kulturellen Prozesse kann und soll hier nicht eingegangen werden, die Fakten sind vielfältig und weitgehend bekannt und ordnen sich mit ihren sprachlichen Konsequenzen in die Entwicklung seit dem 19. Jh. ein, wenn auch in neuer Quantität und wohl auch Qualität. (Siehe auch 1.8.6.)

In räumlicher und demographischer Hinsicht gehen während des Zweiten Weltkriegs und danach tiefgreifende Veränderungen vor sich. Durch die Umsiedlung der Schwarzmeer- und Wolgadeutschen nach Sibirien, der Bessarabiendeutschen zunächst nach Westpreußen, dann in das binnendeutsche Gebiet verringert sich sowohl das Gebiet als auch die Zahl der Deutschsprachigen erheblich. (Vgl. MOSER 1985, 1680; BOCK 1979). Weiterhin führte die Umsiedlung der deutschsprachigen Bevölkerung aus den osteuropäischen Staaten nach Deutschland (insgesamt waren 12 Mill. Menschen davon betroffen, vgl. GLÜCK/SAUER 1990, 94) oft zu einem überlebensnotwendigen Assimilationsdruck und damit zu Sprachmischungen, die wiederum mehr oder weniger Auswirkungen auf alle Varietäten der Sprache haben.

Unter politischem Aspekt stellt die Trennung der Deutschen in zwei unterschiedliche Kommunikationsgemeinschaften zweifellos einen wichtigen, wenn auch nicht den allein entscheidenden Faktor – wie bislang oft angeführt – sprachlicher Veränderungen dar. Den Differenzierungen zwischen den sich herausbildenden beiden deutschen Staaten (hier vor allem politisch bedingt) und den Varianten des Deutschen in Österreich und der Schweiz wirken jedoch zugleich eine Reihe gemeinsamer sprachlicher Prozesse entgegen, die das Deutsche in seiner Gesamtheit beeinflussen und zu Veränderungen im Sprachgebrauch führen. Da jedoch "die sprachlich folgenschwerste Entwicklung ... die politische Teilung Deutschlands" (MOSER 1985, 1679) ist, sollen die hiermit verbundenen Prozesse im Vordergrund stehen.

Mit dem Sieg der Alliierten über das nationalsozialistische Regime war 1945 eine reale Chance für den Aufbau einer demokratischen Ordnung in ganz Deutschland entstanden. Ihnen oblag es, die oberste Gewalt der vier Besatzungsmächte zu sichern und den unter schwersten Opfern erstrittenen Frieden zu schützen. Es galt, die Voraussetzungen zu schaffen, um die Grundsätze der Antihitlerkoalition in bezug auf ganz Deutschland zu verwirklichen und zu gewährleisten, daß Deutschland nie wieder zu einer Gefahr für den Weltfrieden wird. Jedoch gestaltete sich die Entwicklung auf deutschem Boden anders, als von den unterschiedlichsten Kräften erhofft. Friedensvertragliche Regelungen, wie in Potsdam vereinbart, blieben aus. Zwei deutsche

Staaten entstanden, die in unterschiedliche Bündnissysteme hineinwuchsen. Europa wurde politisch, militärisch und ideologisch gespalten. Nunmehr bestimmte die direkte Konfrontation das Verhältnis zwischen den europäischen Staaten in Ost und West.

Die divergierende gesellschaftliche Entwicklung der 1949 gegründeten beiden deutschen Staaten, ihre exponierte Lage an der Nahtstelle zweier Systeme mußte sich zwangsläufig auch auf die sprachliche Kommunikation, auf die Sprachnormen und auf das Sprachsystem auswirken.

Zunächst waren diese Differenzierungen gering, zumal in den ersten Jahren alle politischen Kräfte in Ost und West – wenn auch mit mehr oder weniger großer Intensität – die Einheit Deutschlands anstrebten und somit auch kein Grund bestand, Veränderungen im Sprachgebrauch hervorzuheben. Der Kernwortschatz der Bundesrepublik blieb auch auf dem Gebiet der DDR erhalten und sicherte über alle Jahrzehnte hinweg die Verständigung zwischen den Bewohnern, selbst als es zu divergierenden Entwicklungen in einzelnen Teilbereichen der Lexik kam.

Gemeinsam waren auch sprachliche Prozesse, die im Zusammenhang mit der Entnazifizierung zu einer sprachlichen Umerziehung der Deutschen beitragen sollten. So wurden durch politische Aufklärung Wörter wie *Führer, PG (Parteigenosse), Gestapo, SA, SS* negativ konnotiert (bei anderen Wörtern, wie *KZ (Konzentrationslager)*, das bereits vorher stigmatisiert war, wurde die negative Konnotation noch verstärkt) und mit *Kriegsverbrecher, Militarismus, Mitläufer, Nazi, SS-Staat* neue Wörter geprägt bzw. verbreitet (vgl. SCHLOSSER 1990, 21), die den inhumanen Charakter des Faschismus verdeutlichten. Jedoch zeigt auch schon die Art und Weise der Umbewertung dieser Wörter Unterschiede zwischen West und Ost.

Zunehmend wachsen nach 1949 die Differenzen und beeinflussen neben der politischen und wirtschaftlichen auch die anderen Bereiche der öffentlichen Kommunikation und schließlich das Gesprächsverhalten und die Lexik der Alltagskommunikation, vgl:

Zeitkino/Aktualitätenkino; auspreisen/auszeichnen, Parkuhr/Parkometer; Plaste(e)/Plastik; Feierabendheim/Seniorenheim; Kaufhalle/Supermarkt; Kosmonaut/Astronaut; Oberliga/Bundesliga; Fahrerlaubnis (bis 1982)/*Führerschein.*

Mit den immer deutlicher werdenden Gegensätzen wurde diese Thematik bald zu einem hochaktuellen Gegenstand sprachwissenschaftlicher Abhandlungen; denn die Untersuchung der sprachlichen Folgen der Teilung einer bis daher einheitlichen Kommunikationsgemeinschaft bot und bietet mancherlei Möglichkeiten, Einsichten in Prozesse des Sprachwandels zu gewinnen. Da die gegensätzlichen Gesellschaftsordnungen in nicht unerheblichem Maße unterschiedliche Kommunikationsziele und -inhalte bewirkten, was wiederum die Gestaltung der Texte beeinflußte, haben außersprachliche und kommunikative Faktoren vier Jahrzehnte lang zur Herausbildung von sprachlichen Besonderheiten der beiden deutschen Staaten geführt. In *dieser* Hinsicht gab es zweifellos in Ost und West Spezifika der Kommunikation.

Dabei ist der Umfang der Differenzierungen insgesamt nicht unerheblich, 24 000 sinnverschiedene Wörter sollen bereits 1982 ermittelt worden sein. (Vgl. SCHLOSSER 1990, 9.) Die große Zahl der Arbeiten zum Sprachgebrauch in der DDR zeigt nach wie vor die Brisanz dieser Problematik. Jeder Vergleich zwischen neueren Wörterbüchern aus der DDR und der BRD liefert weitere Belege. Eine vollständige Erfassung aller Erscheinungen dieses Prozesses liegt noch nicht vor und wird es wohl auch so bald nicht geben. Dazu kommen Differenzierungen, die lexikalisch kaum oder gar nicht beschreibbar sind. AHRENDS (1990) hat darauf hingewiesen, daß selbst solche Wörter der Allgemeinsprache wie *Brot, kaufen, Beruf* und *Wohnung* in den beiden deutschen Staaten in verschiedene Lebensbereiche eingebettet waren. Ob es sich hierbei um semantische Differenzierungen oder ("nur") um konnotative handelt, ist sicher umstritten, doch macht auch diese Meinung auf die Weite und Tiefe der Problematik der Differenzierungen aufmerksam. (Vgl. auch Wer spricht das wahre Deutsch? 1993.)

Insofern ist es auch nicht verwunderlich, daß in den 70er und 80er Jahren in Ost und West die Frage erörtert worden ist, ob die Verwendung der dt. Sprache in der DDR und der BRD so viele Besonderheiten besitzt, daß man von zwei (nationalen) Varianten sprechen könne. Diese Frage ist von Sprachwissenschaftlern in Ost und West unterschiedlich beantwortet und des öfteren so stark mit politisch-ideologischen Fragen verknüpft worden, daß es mitunter zu Fehleinschätzungen kam bzw. zu Verallgemeinerungen, die einer ausreichenden empirischen Absicherung entbehrten. (Vgl. DOMASCHNEW 1991; HELLMANN 1980, 519ff.; LANGNER 1985; OSCHLIES 1989 u. a.) So ist in der BRD zunächst die Gefahr der Sprachspaltung überbewertet worden; die Ursachen dafür wurden vorrangig in der politischen Entwicklung in der DDR gesehen. In der DDR wiederum wurden die Auswirkungen bestimmter gesellschaftlicher Entwicklungen auf Veränderungen in den Sprachnormen und im Sprachsystem überschätzt, vor allem im Zusammenhang mit der These von der Herausbildung der sozialistischen Nation, die seit den 70er Jahren auch die linguistische Diskussion beeinflußte.

Aufgrund der im Herbst 1989 eingeleiteten gesellschaftlichen Wende in der DDR, die am 3. Oktober 1990 zur Vereinigung der DDR mit der BRD führte, dürfte prinzipiell dieser Prozeß der Differenzierung beendet sein. Besonders schnell vollzieht sich die Anpassung der Deutschen (Ost) an die Lexik der öffentlichen Kommunikation der Deutschen (West), denn es kommt jetzt "zum innerdeutschen Sprachausgleich, zur sprachlichen Konvergenz, vorwiegend auf Kosten der Verluste im Sprachgebrauch der einstigen DDR-Deutschen, weil die Wiedervereinigung eigentlich in Form der Eingliederung der DDR in die wirtschaftlichen und sozial-politischen Strukturen der Bundesrepublik Deutschland zustande kommt." (DOMASCHNEW 1991, 10.) Vgl. die schnelle Übernahme solcher Wörter, wie:

Geschäftsführer, Gymnasium, Management, Arbeitnehmer. -geber; Tarif, Erziehungsgeld, Wohngeld, BaföG, Magistrat.

Gegenwärtig vollzieht sich ein so grundlegender Wandel, daß nicht nur Linguisten, sondern auch andere sprachlich interessierte Bürgerinnen und Bürger öffentlich zu den lexikalischen Veränderungen Stellung nehmen. Bereits seit 1990 wird in einem gemeinsamen Projekt des ehemaligen Berliner Zentralinstituts für Sprachwissenschaft und des Mannheimer Instituts für deutsche Sprache ein Korpus von über 4 Mill. Wörtern der Wendezeit erfaßt, der den Grundstock für eine umfassende linguistische Aufarbeitung dieser Zeit bildet. So sind in der Zeit der *Wende* auch in großem Umfang neue DDR-typische Wörter und Wendungen geprägt worden, die heute schon wieder z. T. verschwunden sind:

Mauerspecht, Wendehals, basisdemokratisch, Runder Tisch, Montagsdemonstration, Ausverkauf der DDR, der aufrechte Gang; ferner Losungen, wie *Wir sind das / ein Volk;* wiederbelebt wurde *Deutschland, einig Vaterland* (neu auch *Wessiland).*

Diese und viele andere Beispiele demonstrieren in eindrucksvoller Weise den engen Zusammenhang zwischen gesellschaftlichen und sprachlichen Veränderungen; z. T. wurde die Vereinigung schon 1989 sprachlich vorweggenommen:

Deutschland/Ost, Deutschland/West, Westberlin; Ostberlin, die beiden Teile Deutschlands, die Noch-DDR, die Noch-BRD.

Größere Unterschiede, z. T. sogar ein Anwachsen differenzierender Ausdrücke, sind demgegenüber gegenwärtig in der Alltagssprache zu beobachten: "Und wenn man den (Kontakt) erst einmal aufgenommen hat, wird man feststellen, daß in Ostdeutschland ein Jahr *nach* der Wende *mehr* unpolitisches "DDRsch" als früher gesprochen wird." (OSCHLIES 1991, 69.)

Vgl.: *Ossizonler, Neuganzdeutschländer, Neufünfländer, Mecklensachse, Zonenzoni, Großbundesfesteingedeutschter, (Ur-)Ossi, Wessi, Wossi, altelneue Bundesländer.*

Von Sprachwissenschaftlern wird gegenwärtig nicht nur verstärkt auf ehemalige und neue Differenzierungen aufmerksam gemacht, sondern es werden zugleich erste Prognosen über die zukünftige sprachliche Angleichung gestellt. So spricht

HELLMANN etwa den Lexemen *Broiler, Plaste, Zielstellung* (für *Zielsetzung*) und *Kaufhalle* größere Bewahrungschancen zu als Lexemen wie *Winkelement, Griletta* (das allerdings in den gesamtdeutschen "Duden" aufgenommen wurde), *Organ* ('Behörde') oder solchen oft parodierten und im alltäglichen Umgang schon früher gemiedenen Wortungetümen wie *Schokoladenhohlkörper, Jahresendflügelfigur* für den Weihnachtsengel auf Pyramiden. Nach DOMASCHNEW (1991) ist das Kapitel "DDR-Deutsch" bereits abgeschlossen.

Unbestritten ist sicherlich, daß der Verlust der in Medien und öffentlichen Reden (im weitesten Sinne des Wortes) verwendeten politischen Sprache der DDR wohl von niemandem bedauert wird; was jedoch aus 40jähriger eigenständiger Entwicklung wirklich bestehen bleibt und was früher oder später verdrängt wird, das wird erst die Zukunft zeigen.

Die Darlegungen in den folgenden Abschnitten, selbst die Bemühungen um die Orthographie und Orthoepie, lassen sich alle mehr oder weniger einer oder mehrerer Tendenzen der deutschen Sprache unterordnen: der (sozial und/oder politisch bedingten) Differenzierung, der Integration im Bereich der Existenzformen und der Sondersprachen, der Internationalisierung, die sowohl die Fachsprachen als auch die Allgemeinsprache beeinflußt, sowie der vorwiegend innersprachlich bedingten Tendenz der Sprachökonomie. Dabei ist darauf hinzuweisen, daß diese Tendenzen Prozesse fortsetzen, die meist schon im 19. oder zu Beginn des 20. Jh. festzustellen sind, aber seit der Mitte des 20. Jh. eine deutliche Intensivierung erfahren. Wenn im folgenden etwas andere Gliederungspunkte gewählt werden, so deshalb, um bestimmte Auswirkungen dieser Wandlungen hervorzuheben.

1.8.2. Veränderungen im Gefüge der Existenzformen

Obwohl es kaum vergleichende Untersuchungen zur Entwicklung der Existenzformen in den deutschsprachigen Staaten gibt, kann doch eingeschätzt werden, daß die Veränderungen im Bereich der Existenzformen auf den gleichen Grundlagen beruhen (s. 1.7.6.) und daher im gesamten deutschsprachigen Raum prinzipiell in gleicher Weise verlaufen. Der bereits in

der vorangegangenen Periode deutlich werdende Prozeß der Verschiebung des Stellenwertes der einzelnen Existenzformen setzt sich auch im 20. Jh. fort und erfährt nach 1945 eine besonders starke Ausprägung.

Die auffälligste Erscheinung innerhalb dieser Wandlungen bleibt dabei die immer stärkere Zurückdrängung der Mundarten, besonders in der BRD und auf dem Gebiet der ehemaligen DDR. Dabei zeigt sich eine Tendenz, die kleinräumigen Mundarten "(im wesentlichen also die Ortsmundarten) zu überführen in größere Lautungsbereiche, die man z.T. mit umgangssprachlichen Bereichen gleichsetzen kann" (MOSER 1985, 1692). Gefördert wird diese Entwicklung nach 1945 u.a. durch die Umsiedlung großer Bevölkerungsteile, durch den Pendler- und Fremdenverkehr, ferner durch den Einfluß der Massenmedien, durch die Erweiterung der Allgemein- und Spezialbildung sowie durch die Auswirkungen von Wissenschaft und Technik auf praktisch alle Lebensbereiche.

Im einzelnen verläuft dieser Prozeß in den jeweiligen Landschaften in unterschiedlichem Tempo, und auch zwischen den beiden deutschen Staaten gab es neben den grundsätzlichen Gemeinsamkeiten eine Reihe von Unterschieden.

In der (ehem.) DDR ist insgesamt eine stärkere Verdrängung der Mundarten aufgrund verschiedener Ursachen, nicht zuletzt durch die großen Veränderungen auf sozialem Gebiet, zu verzeichnen. Die Aufgabe der Allgemeinbildung, möglichst alle Kinder zur Beherrschung der Standardsprache zu führen, ist zwar nicht erreicht worden, hat aber zum Rückgang der Mundarten beigetragen. Ferner wurde hier längere Zeit der emotionale Wert der Mundarten und Mundarttexte unterschätzt, was u.a. zu einer starken Reduzierung von Mundartliteratur in der allgemeinbildenden Schule führte.

Als Folge davon wurde der Gebrauch der Mundarten in einigen Landschaften gänzlich aufgegeben, in anderen werden sie nur noch in bestimmten Kommunikationssituationen (z.B. innerhalb der Familie, bei kulturellen Veranstaltungen) verwendet. So ist der Prozeß der Verdrängung in den mittleren Teilen des östlichen

Deutschland weiter vorangeschritten, als es im Norden, in Mecklenburg, und im Süden, vor allem in Teilen des Erzgebirges, des Vogtlandes und im Thüringer Wald, der Fall ist.

Im Westen und Süden Deutschlands verläuft diese Entwicklung ähnlich. Allerdings geht der Rückgang im Mundartgebrauch – zumindest in einigen Landschaften – langsamer vor sich. Das hat verschiedene Ursachen, hängt jedoch auch mit der Bildungspolitik zusammen. Die Betonung der Heimatverbundenheit, verstärkt vor allem aufgrund der föderativen Struktur der BRD, hat der Mundart hier mehr Geltung verschafft. Nach einer Studie von BESCH aus dem Jahre 1980 gilt das nicht nur für die Dörfer, sondern sogar für Klein- und Mittelstädte (bis zu 100 000 Einwohnern). Sicher bedarf dieser Sachverhalt noch weiterer Analysen.

Andererseits hat man versucht, die sozialbedingten Sprachbarrieren zu überwinden. Gelegentlich ist aber noch in den 60er Jahre die Meinung vertreten worden, daß für die Kinder unterer sozialer Schichten die Beherrschung der Standardsprache gar nicht angestrebt werden soll, weil das ihre Persönlichkeitsentwicklung beeinträchtigen könne. Jedoch haben die unterschiedlichen Maßnahmen die generelle Tendenz des Rückganges der Mundarten allenfalls verzögert, aber nicht aufgehalten. Das wird auch durch neuere Untersuchungen zum Gebrauch der Mundarten in der BRD bestätigt. Nachdem in Rheinland-Pfalz der auf den Engländer BERNSTEIN zurückgehende Versuch, mundartsprechende Kinder an die Standardsprache heranzuführen, erfolglos eingestellt werden mußte, wird heute u. a. mit der Reihe "Dialekt/Hochsprache – kontrastiv" dem Lehrer eine Handreichung für die Hinführung mundartsprechender Kinder zur Standardsprache gegeben.

Die Tatsache, daß der Gebrauch der Mundart heute in der Regel nicht mehr vom sozialen Status der Sprecher abhängig ist, sondern von den Bedingungen der Kommunikation, führte in jüngster Zeit erneut zu deren Aufwertung, die mitunter auch als "Renaissance" der Mundarten bezeichnet wird. Besonders deutlich wurde das in der intensiveren Beschäftigung

mit dieser Existenzform (in Mecklenburg mußten z. B. vielfach Kurse zum Erlernen der Mundart angeboten werden) und in einem verstärkten Aufkommen mundartlicher Heimatlieder und Literatur. Selbst in die moderne Musik hat die Mundart Eingang gefunden. Zumindest im Osten sind allerdings auch schon wieder Anzeichen für das Nachlassen dieses Interesses zu erkennen.

Unterschiede zwischen Nord und Süd zeigen sich auch im Charakter und im Gebrauch der Umgangssprache. Die Umgangssprache im obd. Raum steht in Lautung und Wortschatz den Mundarten viel näher als die Umgangssprache im md. und vor allem im nd. Raum. Das hängt wiederum u. a. mit dem Einfluß des Hochdeutschen auf die nd. Mundarten und Umgangssprachen zusammen. Die ursprünglich ausschließlich in der mündlichen Kommunikation verwendete Umgangssprache erfährt in der jüngsten Vergangenheit zunehmend eine Ausweitung in die schriftliche Kommunikation. Auch wenn die Frage, "ob die Umgangssprache nicht auch schon eine geschriebene Existenzweise besitze oder ob sich eine solche gegenwärtig herausbilde" (LANGNER 1990b, 381), noch nicht übereinstimmend beantwortet wird, sind doch speziell in der Presse schon Texte bzw. Teiltexte nachzuweisen, die der Umgangssprache zuzuordnen sind.

Ebenfalls verstärkt hat sich die Integration umgangssprachlicher Mittel besonders aus der Lexik in die Standardsprache. Den zahlreichen sprachkritischen Bemerkungen zu diesem Prozeß, die den Gebrauch ugspl. Mittel (vor allem in den Medien) als unangemessen bewerten, stehen jüngere Untersuchungen gegenüber, die zeigen, daß mitunter "umgangssprachliche Mittel aufgrund ihrer Semantik und ihrer konnotativen Merkmale im jeweiligen Kontext spezifische Funktionen besitzen und dadurch beim Rezipienten Wirkungen erzielen, die mit schriftsprachlichen Synonymen nicht oder nicht in der gleichen Weise zu erreichen sind." (LANGNER 1991, 46.) Hinzu kommt, daß sich immer mehr ugsprl. Mittel nicht mehr nur als typisches Merkmal einer Sprachlandschaft zuordnen lassen. Diese Entwicklung hat bereits zu Ansätzen einer gemeinsamen Umgangssprache in der DDR geführt; nach V. POLENZ zeichnet sich sogar schon die Entwicklung einer gesamtdeutschen Umgangssprache ab. (Vgl. LANGNER 1991, 45.)

In Österreich ist die Situation von der in der BRD kaum unterschieden. "Zur Variationsbreite läßt sich sagen, daß einerseits zwar, wie überall, die ländlichen Mundarten zurückgehen zugunsten regionaler Umgangssprachen, deren regionaldialektaler Charakter freilich noch stark ausgeprägt ist, daß andererseits aber die Verbindlichkeit einer dialektfreien Hochsprache-Norm altösterreichischer Prägung stark abnimmt..." (REIFFENSTEIN 1983, 20; vgl. auch WIESINGER 1985, 1990.) Demzufolge ist auch hier der Dialekt auf die intimeren Situationen hauptsächlich im familiären und vertrauten Bereich eingeschränkt (und abgewertet).

Von dieser Situation unterscheidet sich die deutschsprachige Schweiz prinzipiell: "Gesprochene Sprache ist grundsätzlich Mundart, und zwar Baseldeutsch, Berndeutsch, Zürichdeutsch, Berner Oberländerdeutsch, St. Galler Deutsch, Walliserdeutsch; all das wird oft Schweizerdeutsch genannt; aber ... Schweizerdeutsch kann ... nicht mehr beinhalten, als dass es die deutschen Mundarten meint, die innerhalb der politischen Grenzen der Schweiz gesprochen werden." (RUPP 1983, 30.) Dabei tragen die Mundarten in der Schweiz – im Unterschied zu ihrem Gebrauch in den übrigen deutschsprachigen Gebieten – keinerlei soziale Markierung. "Ähnliches gibt es in der Bundesrepublik, in der DDR und in Österreich schon lange nicht mehr, das ist belegbar und belegt, und trotz aller Wiederbelebungsversuche, wie sie zurzeit laufen, wird sich wohl daran nichts entscheidendes ändern." (RUPP 1983, 31f.; vgl. auch LANGNER 1988; SCHLÄPFER 1990.)

1.8.3. Zum Gebrauch der deutschen Sprache in der DDR und in der BRD

Als geradezu klassisches Beispiel für Differenzierungen zwischen der deutschen Sprache in der DDR und in der BRD (die Varianten in Österreich und in der Schweiz weisen hier gleiche Erscheinun-

gen auf wie in der BRD, sieht man einmal von den zahlreichen Regionalismen ab, die zunehmend auch in die Standardsprache eindringen) wurde und wird immer wieder das lexisch-semantische Teilsystem herangezogen, obwohl nicht nur dieses, sondern auch die Inhalte der Texte, die Kommunikationsstrukturen und Textsorten durch die spezifische Kommunikation in der DDR beeinflußt waren. (Vgl. Wortschatz der dt. Sprache 1988, 38.) Nur geringfügige Unterschiede finden sich demgegenüber sowohl in der Syntax wie auch in der Morphologie. Ebenso stimmten die Normen der Rechtschreibung überein, und auch in der Aussprache lassen sich kaum Unterschiede feststellen. Dabei wurde allerdings oft vernachlässigt, daß der bei weitem größte Teil des Allgemein- wie auch des Fachwortschatzes immer gemeinsames Wortgut geblieben ist. Auch Neuprägungen und Entlehnungen gelten in der Mehrzahl der Fälle in beiden Kommunikationsgemeinschaften, wie Analysen von Wörterbüchern ergeben haben.

Allerdings haben Untersuchungen auch gezeigt, daß die Zahl der Neuprägungen, die zunächst nur in der DDR galten, um ein Vierfaches größer ist als die Zahl der Neuprägungen, die in den ersten Jahren fast ausschließlich in der BRD gebraucht worden sind. (Vgl. SPARMANN 1970ff.) Als ein weiterer wichtiger Faktor ist auch zu berücksichtigen, daß in der DDR die Tendenz bestanden hat, "den ideologisch geprägten Wortschatz einer Gruppe zum sprachlichen Gemeingut einer ganzen Teilsprachgemeinschaft zu machen." (MOSER 1985, 1691.)

Besonderheiten in der Lexik der DDR

Die gesellschaftlichen Neuerungen auf dem Gebiet der späteren DDR machten es gleich nach Kriegsende erforderlich, eine Fülle neuer Wörter zu bilden, in denen sich der demokratische bzw. sozialistische Charakter des angestrebten Systems widerspiegeln sollte:

Neologismen aus der Zeit von 1945 bis Anfang der 50er Jahre, heute z.T. schon Archaismen: *(antifaschistisch-)demokratische Schulreform; demokratische Einheitsschule; Neulehrer; Arbeiter-und-Bauern-Fakultät (ABF), Arbeiter- und Bauernstudenten; Neubauer, Maschinen-*

und-Traktoren-Station (MTS), Abgabesoll, Volksaussprache . . .

Weitere **Neubedeutungen** aus anderen Kommunikationsbereichen: *Aktivist* 'Werktätiger mit vorbildlichen Leistungen im Beruf'; *Aufklärung* 'Agitation'; *Brigade* 'kleinste Arbeitsgruppe in einem sozialistischen Betrieb'; *Genosse* 'Angehöriger der Volkspolizei', 'Angehöriger der Kampfgruppe', 'Angehöriger der Nationalen Volksarmee', 'Angehöriger der SED'; *Neuerer* 'Werktätiger, der sich schöpferisch mit veralteten Arbeitsmethoden auseinandersetzt und einen Beitrag zum wissenschaftlichen Fortschritt leistet'.

Seit dem Herbst 1989 ist eine starke Zurückdrängung dieser Lexik zu beobachten. Gleiches gilt für die meisten der im folgenden genannten Lexeme bzw. Wortgruppen, die bereits jetzt veraltet sind oder aus unterschiedlichsten Gründen gemieden werden.

Bedeutungsdifferenzierungen: Hierbei gilt aber in besonderem Maße: "Das Ausmaß der durch die wirtschaftlichen Rahmenbedingungen geprägten Unterschiede im Denken der Deutschen in Ost und West und damit auch das Ausmaß semantischer Unterschiede bei formal gleichgebliebenen Äußerungen ist auch nicht annähernd genau zu bestimmen." (SCHLOSSER 1990, 80.)

Als Beispiel für erhebliche semantische Unterschiede sei die Bedeutungserklärung eines Lexems in einem DDR- und einem BRD- Wörterbuch angeführt:

bürgerlich: 1. 'von der Bourgeoisie ausgehend, bestimmt'; 1.1. 'der Klasse der Bourgeoisie, der kap. Gesellschaftsordnung zugehörig, eigen'; 1.2. 'von der Ideologie der Bourgeoisie bestimmt, beeinflußt'; zu *Bürger*: 'jmd., der (bei einem gewissen materiellen Wohlstand) ein Leben führt, das bestimmten konservativen Traditionen des Bürgertums verhaftet ist' (HWDG 1984, 213). Im Duden. Deutsches Universalwörterbuch (1989, 295) wird die Semantik wie folgt erläutert: 1. 'den Staatsbürger betreffend, dem Staatsbürger zustehend'; 2a) 'dem Bürgertum angehörend, zugehörig, entsprechend'; b) 'spießerhaft, engherzig'.

In diese Gruppe gehören weiterhin Wörter wie *Arbeit* (als Terminus der politischen Ökonomie), *Bewußtsein, Demokratie, Klasse, Vaterland*, spezifische Wendungen, wie: *führende Rolle der Arbeiterklasse im Klassenkampf; Einheit von Wissenschaftlichkeit und Parteilichkeit; ökonomische Hauptaufgabe in ihrer Einheit von Wirtschafts- und Sozialpolitik.* DDR-spezifisch waren auch Formulierungen, wie: *das Ziel stellen* (statt *setzen*), *orientieren auf, die Frage steht* . . . (Vgl. auch AHLZWEIG 1994.)

Dabei wurden – obwohl sie eigentlich überwunden werden sollten – auch "traditionelle Denkstrukturen und Sprachtraditionen" (SCHLOSSER 1990, 34) der Deutschen fortgeführt, wie sich u. a. in der Kampfmetaphorik und in pathetischem, z. T. pseudoreligiösem Sprachgebrauch zeigt:

Kampfgruppe, revolutionärer Kampfgeist, Kämpfer für Frieden und Sozialismus, FDJ – Kampfreserve der Partei; DDR – Bollwerk des Friedens; unerschütterliche Freundschaft, allseitig entwickelte sozialistische Persönlichkeit, unzerbrechliche Freundschaft mit der Sowjetunion; Losung: *Meine Liebe, meine Kraft der DDR, meinem sozialistischen Vaterland.*

Der Gegensatz zwischen der sprachlichen Darstellung und der durch sie bezeichneten Realität wurde in den Jahren vor 1989 vor allem von einzelnen Schriftstellern, zunehmend auch von Wissenschaftlern und anderen öffentlich kritisiert.

Neben einer fast unübersehbaren Fülle von verschiedenartigsten Auszeichnungen war die Vergabe von ehrenden Namen für Straßen und Plätze, Schulen und Hochschulen, Institutionen, Betriebe, Brigaden ein DDR-Spezifikum, das nicht nur der Pflege des kulturellen Erbes, sondern vor allem auch der Identifikation mit vorbildhaftem Verhalten als Ausdruck eines neuen (sozialistischen) Bewußtseins dienen sollte, vgl.:

Leninorden, Verdienter Arzt des Volkes, Kollektiv der sozialistischen Arbeit, Betrieb der ausgezeichneten Qualitätsarbeit; Straße der Befreiung 8. Mai 1945, VEB Schwermaschinenbau "Ernst Thälmann", Karl-Marx-Stadt (heute wieder *Chemnitz*).

Ohne auch nur im entferntesten Vollständigkeit anstreben zu können, seien einige wenige weitere Bereiche genannt, in denen sich DDR-Geschichte mit den ihr eigenen lexikalischen Besonderheiten widerspiegelt:

Industrie, Handwerk, Bauwesen: *Kollektivvertrag, Kombinat, Planablauf, -diskussion, -erfüllung, -jahrfünft, sozialistische Planwirtschaft, sozialistischer Wettbewerb.*
Handel: *Betriebsverkaufsstelle, Großhandelskontor (GHK), HO-Warenhaus, Landwarenhaus, Volksbuchhandel.*
Landwirtschaft: *Agraringenieur(in), Dorfakademie, Schichttraktorist, Erntekindergarten, Ge-*

nossenschaftsbauer, landwirtschaftliche Produktionsgenossenschaft (LPG).

Bildung und Erziehung: *sozialistisches Bildungsideal, zehnklassige allgemeinbildende polytechnische Oberschule (POS), polytechnische Bildung und Erziehung, wissenschaftliche Arbeit (WA), Forschungsstudium, Frauenakademie, -förderplan, -sonderstudium.*

Kunst und Kultur: *sozialistische Kulturrevolution, Kultur- und Bildungsplan; Arbeiterfestspiele, Zirkel schreibender Arbeiter, Volkskunstkollektiv, Singegruppe, Förderung junger Talente.*

Staatsaufbau und staatliche Institutionen: *Arbeiter-und-Bauern-Staat, Staatsrat, Ministerrat der DDR, Volkskammer, Volksvertreterkollektiv, Bezirkstag, Nationale Volksarmee, Nationale Front der DDR, Blockparteien, Freier Deutscher Gewerkschaftsbund, Zentralkomitee der Sozialistischen Einheitspartei Deutschlands (ZK der SED).*

Obwohl der Einfluß des Russischen bei weitem nicht so umfangreich ist, wie es die engen Beziehungen zur Sowjetunion hätten vermuten lassen, hat dennoch u. a. die Einführung des Russischen als erste Fremdsprache zu einer gewissen Verbreitung von direkten und indirekten Entlehnungen geführt, die zweifellos größer als in der BRD war.

Direkte Übernahmen, z. T. schon vor 1945: *Bolschewik(i), Kolchos(e), Sowchos(e), Sputnik, Subbotnik, Datsche, Soljanka, Agrotechnik, Diversant, Mechanisator, Kollektiv, Partisan, Exponat.* Ebenfalls gelangten die Anglizismen *Festival, Kombine, Dispatcher, Meeting* über das Russische ins Deutsche.

Lehnbildungen und -wendungen: *Plankommission, Kulturpalast, Fernstudium, Pädagogischer Rat, Schülertagebuch, Kurscheck, Held der Arbeit, Verdienter Arzt/Lehrer ... des Volkes, mit der Sowjetunion an der Spitze, im Ergebnis (der Konferenz).*

Lehnbedeutungen: *Pionier* 'Angehörige(r) der Pionierorganisation "Ernst Thälmann"', *Freundschaft* 'Gesamtheit der Pioniergruppen an einer Schule', *Intelligenz* 'Gesellschaftsschicht', *Kandidat* 'Angehöriger der SED während der Vorbereitungszeit auf die Mitgliedschaft'. (Vgl. u. a. LANGNER 1980, 684f.; BRAUN 1987, 70.)

Einfluß des Angloamerikanischen: In diesem Bereich überwiegen die direkten gegenüber den indirekten Entlehnungen. Entgegen älteren Auffassungen ist auch in der DDR ein starkes Anwachsen der Anglizismen zu verzeichnen gewesen, wenn auch der Anteil gegenüber der BRD insgesamt bis zuletzt geringer gewesen sein dürfte. Außerdem wurden viele Anglizis-

men in den Sprachgebrauch der DDR später als in den der BRD entlehnt. Neben vielen gemeinsamen Entlehnungen (s. u.) zeigen sich u. a. folgende Unterschiede:

In der Regel wurden (zumindest im offiziellen Sprachgebrauch) mit pejorativer Bewertung verwendet: *Business, Boß, Manager, Management, Job, Publicity, High Society, Lobby.* Hinzu kommen eine Reihe von Lexemen, die in der BRD nicht gebräuchlich waren: *Kombine*; Bedeutungsdifferenzierung bei: *Dispatcher, Meeting* sowie DDR-spezifische Neubildungen: *Disco-Sprecher, Schallplattenunterhalter* neben *Diskjockey, Pop-Gymnastik* (seit 1983) für *Aerobic(s), Marschflugkörper* anstelle *Flügelrakete* für *cruise missele, Brettsegler* für *Surfer, Parken und Reisen* für *park and ride.*

Besonderheiten in der Lexik der BRD

Da die Lexik der BRD im Unterschied zu den meisten der oben angeführten Wörter und Wendungen nach wie vor aktuell ist, dienen die folgenden Beispiele vor allem der vergleichenden Darstellung einer in der (ehem.) DDR kaum bzw. nicht verwendeten Lexik:

Schulwesen: *Grundschule, Hauptschule, Primar-, Sekundarstufe, Rahmenrichtlinien, Sprachbarrieren, Aufsatzlehre, Bundeshochschule, Didaktik.*

Wirtschaftsbereich: *soziale Marktwirtschaft, Aktienmarkt, Aufsichtsrat, Marketing, Coordinator, Bausparvertrag, Streik, Personaleinsparung, Lohnstopp, Berufsverbot, Tarifverhandlung, Betriebsverfassungsgesetz, Personalchef, Arbeitsdirektor; Betriebsrat, Personalrat, Sozialplan, Lohnkampf, Kurzarbeit, Arbeitsbeschaffungsmaßnahmen, Vorruhestand.*

Staatsaufbau: *Bundespräsident(in), -tag, -regierung, -tagsabgeordneter, -verfassung, -bürger; Bund und Länder, Landesregierung, Bundeswehr.*

Verwendung von Lexemen/Sememen mit **negativer Wertungskomponente** für Sachverhalte der DDR oder anderer osteuropäischer Länder: *sowjetische Besatzungszone, Zone, Ostzone, Mitteldeutschland, Zonenstaat, SED-Staat, "DDR", anderer Teil Deutschlands; Zonengrenze, (Schand-)Mauer, Ulbrichtmauer; Gefolgsstaaten, Ostblockstaaten, Satellitenstaaten, Oder-Neiße-Linie.* Bezeichnung der Westgebiete Polens als *deutsche Ostgebiete* (noch gegenwärtig von Vertretern der Vertriebenenverbände gebraucht).

Bezeichnungen mit **positiver Wertung** für das eigene System:
soziale Stratifikation, Pluralismus, demokratischer Sozialismus, sozialelfreiheitliche Demokratie, Leistungsgesellschaft, einheitliche Industriegesellschaft, Rechtsstaat.

Einfluß des Englischen: Noch stärker als in der DDR erfaßt der Einfluß des Englischen in der BRD fast alle Lebensbereiche:

Sport: *Slice, Lob, Tiebreak, Service 'Aufschlag beim Tennis'*
Kosmetik: *Cold Cream, Lip Gloss*
Mode: *City-Shirt, Coordinate, Tails*
Andere Bereiche: *Single* 'ledige Person', *Kids, Callgirl, Starlet, Caravan, Jitterbug, Pampers, Wrigley, Layouter, Joint, Dresge, Plunger.*

Von der Intensität des englischen Einflusses auf die deutsche Sprache in der BRD zeugen auch die lexikalischen Scheinentlehnungen. Das sind Wortbildungen, die mit Hilfe englischer Morpheme – oft in Anlehnung an ähnliche Bildungen in der englischen Sprache – in der BRD oder in anderen nichtenglischen Staaten geprägt worden sind, vgl.: *Showmaster, Talkmaster* (in Anlehnung an *Quizmaster*) und *Dressman*. In diesen Bereich gehören auch die semantischen Scheinentlehnungen, also Anglizismen, die in einer anderen Bedeutung als im Englischen gebraucht werden, vgl. *City* 'Stadtzentrum', *kicken, Oldtimer, Show-Man*. Einige der Scheinentlehnungen sind sehr bald auch in den Sprachgebrauch der DDR eingedrungen. (Vgl. CARSTENSEN 1990; LEHNERT 1990; LANGNER 1986.)

Tendenz der Integration
Den oben angedeuteten Differenzierungen in einigen Wortschatzbereichen stehen eine Fülle von gemeinsamen Prozessen gegenüber, die vor allem aufgrund der im folgenden genannten Erscheinungen ständig wirksam sind:

Erstens gibt es eine Reihe von Bezeichnungen für landestypische Realien, die in der Regel auch in der jeweils anderen Kommunikationsgemeinschaft bekannt sind, allein schon deshalb, weil sie in der gesellschaftlich-politischen Auseinandersetzung benutzt worden sind. (Vgl. Wortschatz d. dt. Sprache 1988, 38ff.)

DDR: *Vorsitzender des Staatsrates, Volkskammer, Oberstes Gericht, Schriftstellerverband.*
BRD: *Bundeskanzler, Kabinett, Ländervertretung, Ältestenrat, Deutscher Gewerkschaftsbund (DGB).*

Weiterhin ist das Benennungssystem der deutsche Sprache seit Jahrhunderten – und nicht erst seit 1945 – durch ideologische und parteipolitische Gegensätze gekennzeichnet, in denen sich die geschichtliche Konfrontation zwischen den sozialen Schichten widerspiegelt. Das führt dazu, daß politische Lexik aus dem Bereich der Arbeiter-/Gewerkschaftsbewegung auch innerhalb der BRD, besonders bei linken Kräften, zu finden ist:

Demokratie, Fortschritt, Freiheit, Gleichheit, Frieden, Gerechtigkeit, Solidarität.

Stehen zwei Kommunikations- bzw. Sprachgemeinschaften in intensiven Kontakten, so sind die Tendenzen der Differenzierung und der Integration als universelle Formen des Sprachwandels immer mehr oder weniger eng miteinander verbunden. Für benachbarte Staaten mit gemeinsamer Sprache ergeben sich um so günstigere Bedingungen, denn der Sprachteilhaber erkennt auch bei Differenzierungserscheinungen das sprachliche Mittel als Element seiner Sprache. Hierfür stehen Beispiele wie *Werkstatt* 'Arbeitsgruppe, -tagung'; *festschreiben* 'vorläufig festsetzen'; *Paket* 'als zusammengehörig deklariertes, politisches Verhandlungsangebot, gesetzliche Vorlage'.

Schließlich führten intensive internationale Beziehungen zum Gebrauch von Benennungen, die aufgrund ihrer Bedeutung für die politische Kommunikation in allen deutschsprachigen Ländern gleichermaßen verwendet werden, in der DDR selbst dann, wenn sie nicht der (marxistischen) Ideologie entsprachen:

Überlebenspartnerschaft, -chance; Koalition der Vernunft, Dritte Welt, Nord-Süd-Gefälle.

Hinzu kamen zahlreiche Anglizismen, die in West und Ost gebräuchlich waren:

Freizeit/Unterhaltungstechnik: *Beat, Feature, Hit, Bestseller, Live(-sendung), trampen, Drink, Shake, Hi-Fi, Playback, Video, joggen, Poster.*
Wirtschaft/Handel: *(Inter-)Shop, Service, Boom, Teamwork, Handout, Stewardeß, Leasing, Job.*
Mode: *Dressman, T-Shirt, Overall, Model, Jeans.*
Sport: *Crew, Hattrick, Kicker, Match, Coach, Trainer.*

Darüber hinaus lassen eine Fülle deutsch-englischer Mischkomposita und anderer Weiterbildungen, wie *Interviewer, poppig, Nonstop-Flug, Körper-Spray, Computerei* den großen Einfluß des Englischen auf die deutsche Sprache in beiden Staaten deutlich werden.

Einige Anglizismen, wie *high, by by, hallo, o. k. lokay, all right, super, cool* werden sogar schon in der Sprache von Kleinkindern gebraucht.

Nur verwiesen werden soll hier auch auf die Rolle der Jugendsprache als "Integrationsfaktor". Obwohl bis in die 70er Jahre (vor allem in der DDR-Linguistik) ignoriert, wies doch auch sie gleiche Entwicklungen auf:

(voll auf etwas) abfahren, bärisch, geil, chaotisch, cool, spitze, drauf sein, Grufti, kaputtgehen, Luftnummer, paletti, Nickmann u.v.a. (Vgl. OSCHLIES 1990, 135; HEINEMANN 1990).

"Zieht man von diesem DDR-Jargon die wenigen DDR-Spezifika – Haus-BGL (= Eltern, BGL = Betriebsgewerkschaftsleitung) – bzw. Bedeutungswandlungen – no future (= keine Ahnung); joint (= Zigarette); Stoff (= Geld bzw. Alkohol) ab, dann hat man eine jugendspezifische Gruppensprache gesamtdeutscher Natur vor sich." (OSCHLIES 1990, 46.)

1.8.4. Aktuelle Normierungsbestrebungen in der Orthographie und Orthoepie

Das Streben nach Normierung der Graphie und der Aussprache hielt auch nach 1945 an und wird, wie erste Reaktionen zeigen, auch nach den jüngsten Reformvorschlägen nicht beendet sein. Doch während sich die Auseinandersetzung um die Aussprache in der Stille vollzieht, „beschäftigt das Problem der Schreibung nicht nur die Fachwelt, sondern weite Kreise der Sprachgemeinschaft, und dies oft mit nicht überhörbarem Lärm" (MOSER 1985, 1681).

Orthographie

Nach wie vor waren die Hauptprobleme der deutschen Rechtschreibung – insbesondere die Bezeichnung der Länge und Kürze der Vokale sowie die Groß- und Kleinschreibung – ungelöst. Dabei wurde (seit 1902) durchschnittlich einmal pro Jahr der Versuch unternommen, die Einheitsschreibung zu verbessern. Doch keiner davon hatte Erfolg. "Die Argumente in der Auseinandersetzung wiederholen sich seit Beginn der Diskussionen immer

wieder, und sehr häufig finden wir auf diesem Felde auch unsachliche, stark emotionale und unqualifizierte Stellungnahmen. Zeitlich waren etwa die Jahre 1931, 1946/47, 1954, 1958–1963 und 1973–74 Höhepunkte solcher Auseinandersetzungen." (NERIUS 1990, 275.)

Da Dänemark 1949 zur gemäßigten Kleinschreibung übergegangen war, ist das Deutsche nunmehr die einzige Buchstabenschrift, in der die Großschreibung beibehalten wurde, was die Diskussion noch verschärft. (Vgl. MOSER 1985, 1681.) 1954 einigten sich auf der Stuttgarter Konferenz Delegierte aus der DDR, der BRD, aus Österreich, Luxemburg und der Schweiz über eine Reform, deren Grundsätze in den "Stuttgarter Empfehlungen" niedergelegt sind. In der DDR fanden die Empfehlungen weithin Anerkennung. Auch in der BRD stimmte eine Fachkommission zu ("Wiesbadener Empfehlungen" 1958). In Österreich konnte man sich in einer Vertreterkonferenz 1961/62 über die gemäßigte Kleinschreibung nicht einigen, die Schweizer Kommission lehnte die gemäßigte Kleinschreibung mit großer Mehrheit ab.

Ende der 70er Jahre konnten durch fehleranalytische Untersuchungen die Diskussionen wieder versachlicht werden. An der Akademie der Wissenschaften der DDR wurde 1975 eine Arbeitsgruppe Orthographie gegründet; 1976 wurde durch die deutsche Kultusministerkonferenz eine baldige Orthographiereform befürwortet. Reformvorschläge wurden u.a. weiterhin unterbreitet von der 1977 gegründeten "Kommission für Rechtschreibfragen" und dem 1978 veröffentlichten Wiener "Regelwerk für die gemäßigte kleinschreibung". Auch in den 80er Jahren hielt die Diskussion um eine Orthographiereform unvermindert an.

1986 setzte mit den "1. Wiener Gesprächen zu Fragen der Rechtschreibreform" zwischen amtlichen Vertretern und Wissenschaftlern aus fast allen Gebieten, in denen Deutsch gesprochen wird, eine erneute Diskussion ein, in der endlich Einvernehmen in bezug auf das allgemeine Verfahren und Programm einer Rechtschreibreform hergestellt wurde. In der Abschlußerklärung betonten die Teilnehmer, daß insbesondere die in vielen Teilbereichen kompliziert gewordenen Regeln vereinfacht werden müssen. Dabei standen zunächst die Worttrennung, die Zeichensetzung, die Getrennt- und Zusammenschreibung sowie die Laut- und Buchstabenschreibung einschließlich der Fremdwortschreibung im Mittelpunkt der Reformbemühungen. Die umstrittene Groß- und Kleinschreibung sollte erst in einem zweiten Schritt in Angriff genommen werden.

Dieser Weg wurde von der 2. Internationalen Konferenz in Wien (1990) bestätigt.

Wie dringend notwendig eine Lösung inzwischen geworden war, machte 1990 ein erster Vorstoß der Berliner Schulsenatorin zur Vereinfachung der Orthographie deutlich. Dieser Alleingang und die damit verbundene Diskussion bestätigte zugleich, daß eine Orthographiereform nur von allen deutschsprachigen Staaten gemeinsam durchgeführt werden kann.

Im November 1994 fanden schließlich die "3. Wiener Gespräche" statt. Die Konferenz kam in allen vorgesehenen Fragen zu einvernehmlichen Lösungen, so daß nun ein zwischen dem Internationalen Arbeitskreis und Vertretern aller zuständigen staatlichen Stellen der betroffenen Länder abgestimmter Neuregelungsvorschlag vorliegt, der nach einer gründlichen redaktionellen Bearbeitung den politischen Entscheidungsinstanzen zur Annahme empfohlen wurde. Die Unterzeichnung einer gemeinsamen Erklärung zwischen Deutschland, Österreich und der Schweiz soll im Sommer 1996 erfolgen.

Das neue Regelwerk enthält nun einen (vereinfachten) Regelteil sowie ein umfangreiches Wörterverzeichnis, in dem mit etwa 12 000 Beispielwörtern alle Stammschreibungen des Deutschen erfaßt sind, "sofern sie nicht auf fachsprachliche, umgangssprachliche oder landschaftlich gebundene Wörter beschränkt sind." (HELLER 1994, 2.)

Wichtige Veränderungen betreffen:
A Laut-Buchstaben-Zuordnungen (einschließlich Fremdwortschreibung): Beseitigung von Verstößen gegen die Stammschreibung (u.a. *behände, Gämse, schwänzen*), Einzelfälle mit Verdopplung der Konsonantenbuchstaben nach kurzem Vokal (u.a. *nummerieren, Tollpatsch*),

ss für ß nach kurzem Vokal (u.a. *Hass, muss, dass*), Erhalt der Stammschreibung bei Zusammensetzungen (u.a. *Flusssand, Schifffahrt, Rohheit, selbstständig*), Systematisierungen in Einzelfällen (u.a. *rau, Differential/Differenzial*), Fremdwörter (unter Berücksichtigung bisheriger Entwicklungen – u.a. *Portemonnaie/Portmonee, Orthographie/Ortografie, Rheuma/Reuma*).
B Getrennt- und Zusammenschreibung (von der Getrenntschreibung als dem Normalfall wird ausgegangen): *Rad fahren, nahe gehen, übrig bleiben, wie viel.*
C Schreibung mit Bindestrich: *Ichform/Ich-Form, 8-fach, Zoo-Orchester/Zooorchester.*
D Groß- und Kleinschreibung: *in Bezug auf, im Großen und Ganzen, das ohmsche Gesetz.*
E Zeichensetzung: Verzicht auf das Komma bei Hauptsätzen, die mit *und* oder *oder* verbunden sind; differenzierte Regelungen und Reduktion der Regeln bei Infinitiv- und Partizipgruppen.
F Worttrennung am Zeilenende: *Wes-te, Zucker, U-fer.*

Wie schon diese Beispiele zeigen, handelt es sich insgesamt um sehr behutsame und linguistisch z.T. inkonsequente Änderungen. So konnte z.B. auch die vom Internationalen Arbeitskreis ursprünglich vorgeschlagene Kleinschreibung der Substantive keine mehrheitliche Zustimmung finden. Seit das Reformkonzept veröffentlicht wurde, haben sich verschiedene renommierte Sprachwissenschaftler kritisch dazu geäußert und davor gewarnt, dieses Konzept übereilt ohne eine weitere Aussprache anzunehmen. Durch eine lang bemessene Übergangszeit – bis zum Ende des Schuljahres 2004/2005 wird die bisherige Schreibung als überholt, jedoch nicht als falsch gelten – sollen die Kosten der Neuregelung der Rechtschreibung auf ein Minimum reduziert werden.

Die zukünftige Diskussion wird zeigen, inwieweit – abgesehen von gelegentlich notwendigen Korrekturen vor allem zur Reduzierung weiterer Varianten und Berücksichtigung neuer Entwicklungen – diese Reform von den Schreibern angenommen und durchgesetzt wird. Die ersten kontroversen Äußerungen lassen eine Zeit verstärkten sprachkritischen Engagements der Öffentlichkeit erwarten.

Regelung der Aussprache

Obwohl in den Medien immer wieder über die Norm der Aussprache gesprochen und geschrieben wird – Fernsehen und Rundfunk geben dazu ausreichend Anlaß –, ist das öffentliche Interesse an einer Regelung der Aussprache doch gering. Das hat verschiedene Ursachen. So zeigen deutsche Sprecher (im Unterschied etwa zu französischen oder englischen) gegenüber landschaftlichen Aussprachebesonderheiten ihrer Partner eine große Toleranz. Die Siebsschen Aussprachenormen trugen durch ihre enge Orientierung an der Bühnenaussprache u. a. zu einer gewissen Ignoranz durch die Schule bei, wie überhaupt die Schule bei der Verbreitung von Aussprachenormen zurückhaltend ist.

Entsprechend der von verschiedenen Linguisten vertretenen These von der plurizentristischen Entwicklung der deutschen Sprache ist sogar "von phonetisch-phonologischer Seite die Frage aufgeworfen worden, ob man nicht auf ein generelles System der Aussprache verzichten und Gruppen-Subsysteme erarbeiten sollte." (MOSER 1985, 1683.) Auch ist es wohl nicht notwendig, die Aussprache überhaupt auf allen Stilebenen normieren zu wollen, besonders dann nicht, wenn unter Standardaussprache in ihrer strengen Form verstanden wird, daß ein Sprecher "in der Lage ist, alle Phoneme der deutschen Sprache so zu realisieren, daß ein kompetenter Muttersprachler keinerlei Anhaltspunkte hat, von welcher Sprachlandschaft der betreffende Sprecher phonetisch geprägt sein könnte." (MEINHOLD/STOCK 1982, 112.) Da ohnehin die Tendenz zu einer großen Akzeptanz von Varianten hingeht und Österreich und die Schweiz aus verschiedenen Gründen (u. a. der Rolle des mundartlichen Substrats) ein geringes traditionelles Interesse an einer Vereinheitlichung zeigen, wird es bis zu einer befriedigenden Normierung – in welchem Toleranzbereich auch immer – noch ein weiter Weg sein.

Eine wichtige Etappe dorthin bildete die 1957 erschienene 16., völlig neu bearbeitete Auflage von "Siebs Deutscher Hochsprache" (mit dem nun bereits deutlich kleiner gesetzten Untertitel "Bühnenaussprache"), die sich z. T. den 1910 von VIËTÖR empfohlenen Regelungen anschließt. Im 1962 veröffentlichten "Duden – Ausprachewörterbuch" wird zunächst noch zwischen Bühnenaussprache und gemäßigter Aussprache unterschieden, doch

schon in der zweiten Auflage wie auch in dem 1964 in Leipzig erschienenen "Wörterbuch der deutschen Aussprache" (4. Aufl. 1974; 1982 Neubearbeitung unter dem Titel "Großes Wörterbuch der deutschen Aussprache"), das im wesentlichen auf der Aussprache geschulter Sprecher in Funk, Film und Fernsehen beruht, ist das nicht mehr der Fall. Dem letzteren wurde bescheinigt, daß es auf einer realen Norm beruhe, "die von jedermann erreicht werden könne, es sei somit demokratischer" (MANGOLD 1985, 1500).

Mit dem Erscheinen der 2. Aufl. des "Duden-Aussprachewörterbuches", das im wesentlichen dem Leipziger Aussprachewörterbuch folgt, scheint die Auseinandersetzung auf deutschem Gebiet zunächst abgeschlossen. Doch auch hier gilt wie bei der Orthographie: Weitere Untersuchungen sind nötig, ehe es zu befriedigenden Lösungen für alle deutschsprachigen Staaten kommen kann.

1.8.5. Entwicklungstendenzen in den Teilsystemen der deutschen Sprache (einschließlich der Wortbildung)

Wenn im folgenden einige wichtige Entwicklungstendenzen dargestellt werden, so kann es sich hierbei nur um eine starke Abstraktion und Auswahl handeln, weist doch das Diasystem der Sprache eine viel stärkere Schichtung auf, als das die folgenden Aspekte deutlich zu machen vermögen, selbst wenn man nur die Standardsprache im Auge hat. Weiterhin gilt: "Da Entwicklungstendenzen stets eine größere Anzahl von Veränderungen umfassen, besitzen sie vielfach einen übergreifenden Charakter, und zwar in dem Sinne, daß sich die Tendenzen in mehreren oder allen Teilsystemen einer Sprache zeigen, mitunter auch mehrere Sprachen erfassen, oder in der Weise, daß sie über mehrere Entwicklungsperioden einer Sprache wirken. Häufig sind beide Formen des übergreifenden Charakters miteinander verbunden." (LANGNER 1980, 674; 1989.)

Die geringsten Verschiebungen zeigen sich im relativ geschlossenen phonologischen Teilsystem; und mit zunehmender Offenheit im morphologischen, syntaktischen und lexikalischen Teilsystem wachsen auch die Möglichkeiten sprachlichen Wandels. Die Veränderungen in der Sprache gehen nicht explosiv, sondern evolutionär vor sich, denn die Sprache muß in jeder Entwicklungsphase der Gesellschaft als lebensnotwendiges Verständigungsmittel funktionstüchtig sein. Im allgemeinen treten bei Wandlungen im Sprachgebrauch zunächst fakultative Varianten auf, die eine Zeitlang mehr oder weniger gleichberechtigt neben den bisherigen Formen stehen, diese dann ablösen oder ergänzen und auf diese Weise allmählich zu neuen Elementen der Norm und des Systems werden.

Lautsystem

Im Lautsystem zeichnen sich Wandlungen bei der Artikulation des /r/ ab. Neben dem Zungenspitzen-/r/ wird seit längerem das Zäpfchen-/r/ und das sog. Reibe-/r/ gesprochen wie in [buʀk] 'Burg'. Beide Artikulationen, Zungenspitzen- und Zäpfchen-/r/ halten sich heute schon nicht mehr die Waage, das Zungenspitzen-/r/ ist sogar im Rückzug begriffen. Diesen Veränderungen tragen die Aussprachenormen Rechnung, indem sie die neue Artikulationsweise anerkennen. Außerdem sind in bestimmten Positionen auch vokalische Auflösungen des Phonems /r/ zugelassen [hiə] 'hier'. Diese Wandlungen führen noch nicht zu einer Änderung im phonologischen System, da die einzelnen Realisierungen des Phonems /r/ fakultative Varianten (Allophone) ohne Bedeutungsunterschiede sind. Der Hörer wird immer ein /r/ verstehen.

Weiterhin kann der ə-Laut (Schwa-Laut) weitgehend, außer im absoluten Auslaut, unterdrückt und der folgende Konsonant silbisch gesprochen werden [a:tm], [li:bm]. (Vgl. MOSER 1985, 1683.)

Veränderungen in der Standardaussprache können sowohl durch umgangssprachliche und mundartliche Einflüsse wie auch durch kommunikationsbedingte Faktoren hervorgerufen werden. (Vgl. MEINHOLD/STOCK 1982, 111f.)

Morphologie

Veränderungen im morphologischen System sind an mehreren Stellen zu beobachten.

Beim **Verb**, bei dem traditionell zwischen starker und schwacher Konjugation unterschieden wird, von denen sich Verben mit unregelmäßiger oder schwankender Konjugation abheben, ist auf die allgemeine Ausbreitung der schwachen Verben zu verweisen. Die starken Verben sind nicht mehr produktiv. Beim Übergang in die schwache Konjugation lassen sich verschiedene Entwicklungsstufen unterscheiden.

Neue verbale Bildungen folgen nur noch dem Muster der sw. Konjugation: *beschallen, drahten, bestuhlen, entölen, entstören, filmen, funken, radeln, röntgen*; so auch Fremd- und Lehnwörter: *parken, tanken, telefonieren, surfen, synchronisieren*. Beim Übergang st. Verben in die sw. Konjugation sind zu unterscheiden: Verben, bei denen der Übergang abgeschlossen ist, vgl. *rächen*: "*Der fromme Dichter wird gerochen*" (Schiller), *bellen*; Verben, die sich mitten in dem Prozeß befinden: *schaffen – schuf/schaffte – geschaffen* (semantische Differenzierung); *hängen – hing/hängte – gehangen/gehängt* (grammatische Differenzierung; infolge dieser sem. und gramm. Differenzierungen werden wohl beide Formen erhalten bleiben); *melken – molk/melkte – gemolken/gemelkt* (ohne Differenzierung). (Vgl. LANGNER 1980, 676.)

Die Ausbreitung der sw. Formen wird dadurch begünstigt, daß mit diesen Wandlungen eine Vereinfachung im Paradigma erzielt wird. Das trifft auch auf die (noch) nicht standardsprachlichen Imp.-Formen *lese, nehme, spreche, werfe* zu, die auf den Einfluß der Umgangssprache zurückzuführen sind.

Verbale analytische Sprachformen. Stark verbreitet ist die Tendenz der Ausbreitung verbaler analytischer Sprachformen auf Kosten der synthetischen.

Zur Bezeichnung der Dauer eines Vorganges dringen im Präs. Umschreibungen folgender Art über die Umgangssprache ein: *er ist am Arbeiten, er tut arbeiten*. Andere Konstruktionen dieser Art mit Inf. sind standardsprachlich: *sein Ansehen ist im Wachsen*. – Auch Passivumschreibungen mit Hilfe von Streckform-Syntagmen breiten sich aus: *das Theaterstück kommt zur Aufführung* für . . . *wird aufgeführt*; ferner Umschreibungen mit *bekommen, erhalten, kriegen*: *er bekommt es geschickt – es wird ihm geschickt*; *er erhält es ausgehändigt – es wird ihm ausgehändigt*; *er kriegt es gesagt – es wurde ihm gesagt*.

Als Tendenz zum analytischen Formenbau ist auch die Umschreibung des Konj. Prät. mit *werden (würde)* in der indirekten Rede und im Konditionalgefüge anzusehen: *ich sagte ihm, daß ich starten würde; wenn die Medizin helfen würde, wäre ich froh; würdest du mir schreiben, wenn du Zeit hättest?*

Für das Vordringen der Konjunktivumschreibung mit *würde + Infinitiv* gibt man im allgemeinen drei Ursachen an: a) Die Formen des Konj. Prät. der st. Verben werden als altertümlich oder gekünstelt empfunden *(beföhle/befähle, bärge, flöhe, drösche, löge, mäße, schwölle)*, b) sie unterscheiden sich lautlich nur geringfügig vom Präs. Ind. *(läse – lese, sähe – sehe, träte – trete)*, c) zu den sw. Verben stimmen sie völlig mit dem Prät. Ind. überein *(baggerte, baute, faltete, nutzte, zahlte)*. (Vgl. LANGNER 1980; BRAUN 1987.)

Eine deutliche Veränderung vollzieht sich auch im Tempussystem. Die seit dem 16. Jh. belegte sog. 4. Vergangenheit *(habe + Partiz. II + gehabt)* breitet sich, ausgehend von Mundart und Umgangssprache, gegenwärtig zunehmend auch in der Standardsprache aus; das gilt ebenso für die sog. 5. Vergangenheit *hatte + Part. II + gehabt: Ditte hatte schon ein gutes Ende zurückgelegt gehabt.* (A. Nexö.) (Vgl. LANGNER 1988.)

Substantiv. In der Morphologie der Substantive ist der seit Jahrhunderten zu beobachtende Umbau im Kasussystem auch heute noch nicht abgeschlossen. Er äußert sich im Kasussynkretismus sowie im weiteren Vordringen der präpositionalen Kasus gegenüber den reinen Kasus. Diese Prozesse sind am deutlichsten am Gebrauch des Genitivs zu erkennen.

Das *s* im Genitiv der st. Mask. und Neutr. weicht immer mehr zurück. Während Goethe seinen Roman 1774 noch "*Die Leiden des jungen Werthers*" nannte, taucht dieser Titel in späteren Literaturgeschichten ohne Genitivendung auf. Eigennamen und namenähnliche Wörter stehen vielfach ohne Genitiv-*s*: *Entwicklungstendenzen des neuesten Deutsch; in den Bergen des Balkan; die schönen Tage des Juli.* In der Mundart ist er fast völlig geschwunden, auch in der Umgangssprache wird er meist durch andere Kasus ersetzt. Da die wenigen Verben und Adjektive, die noch den Genitiv regieren, meist der gehobenen Stilschicht angehören, korrespondiert der Wechsel des Kasus des öfteren mit einem Wechsel des regierenden Wortes: *Wir gedenken seiner, wir denken an ihn; Er bedarf des Trostes, er braucht den Trost.* Für

den Gen. wird oft der Nom. bzw. eine nichtmarkierte Kasusform eingesetzt.

Veränderungen zeigen sich auch im Dativ des Sg. Die Verwendung des Dativ-*e* ist vor allem vom landschaftlichen Gebrauch und vom Wohlklang abhängig. Die Funktion des Dat. wird zunehmend durch Präpositionen, Artikel oder Pronomen angezeigt: *auf dem Berg; im Jahr 1945; nach dem Krieg; an jedem Nachmittag.*

Diese Veränderungen in der Deklination reihen sich ein in die sprachliche Tendenz der Vereinfachung der Deklinationsklassen zugunsten einer strafferen Systematisierung nach den Genera. Gleichzeitig wird bei der Umstrukturierung die stärkere Singular-Plural-Opposition herausgehoben. Hier ist eine Übersicht der charakteristischen Pluralmorpheme instruktiv: Mask.-*e*, etwa 80%; Fem. -*en*, etwa 75%; Neutr. -*er*, etwa 60%. Bei Kurz- und Fremdwörtern (besonders nach vokalischem Auslaut) ist vor allem das -*s* produktiv: *Gruftis, Ossis, Realos, Hotels, Wracks, Spontis, Akkus, LKWs, PKWs.* (Vgl. GLÜCK/SAUER 1990, 63.)

Im Zusammenhang mit der Ausbreitung präpositionaler Fügungen erweitert sich auch der Anwendungsbereich mancher Präpositionen. Dabei kommt es nicht selten zu Abweichungen vom bisherigen Gebrauch: *jemandem (an jemanden) Aufgaben stellen; eine Charakteristik des (über den) Bewerber(s) geben; (von) jemandem etwas abverlangen.*

Syntax

Im Bereich der Syntax ist auf die allgemeine Tendenz zur **Verkürzung der Sätze** hinzuweisen. Gegenwartssprachlichen Sätzen mit durchschnittlich 14–18 Wörtern (populärwissenschaftliche Texte), mit 5–13 Wörtern (journalistische Texte, Presse) und mit 10–11 Wörtern (Belletristik; Remarque 10, Strittmatter 8) stehen Sätze gegenüber mit einer Durchschnittszahl von 24 Wörtern bei Lessing, 30 bei Goethe, 36 bei Heine. (Vgl. SOMMERFELDT 1988, 216f.; EGGERS 1973, 29ff.) (Allerdings sind diese verallgemeinernden Angaben nicht voll aussagekräftig, da nicht alle Sprachverwendungsbereiche in gleicher Weise untersucht worden sind und da auch die Unterschiede innerhalb der Kommunikationsbereiche groß sind.) Trotz dieser Tendenz zur Verkürzung der Sätze werden die vielfältigen Möglichkeiten syntaktischer Konstruktionen voll ausgeschöpft. (Vgl. ADMONI 1985, 1553; 1990; SOMMERFELDT 1988, 216ff.)

Dessen ungeachtet wird eine zunehmende Tendenz zur Bevorzugung einfacher, leicht handhabbarer Satzmodelle deutlich. Nach BRAUN (1987, 111) werden von insgesamt 37 möglichen Satzbauplänen nur die folgenden häufig genutzt: Subj.-Präd.-Akk.-Obj.; Subj.-Präd.-Präpositionalobj.; Subj.-Präd.-Raumergänzung. Diesen drei Modellen entsprechen fast 90% aller Sätze. Die Tendenz zum Gebrauch einfacher Satzmodelle äußert sich weiterhin in der Bevorzugung von Sätzen mit einem transitiven Verb, vgl. *begrünen, bestuhlen, bespielen, erinnern,* wie auch im Vordringen von Sätzen mit Streckformen (Funktionsverbgefügen): *unter Beweis stellen, Protest erheben, Einfluß nehmen.*

Damit im Zusammenhang steht die Tendenz zur **Nominalisierung**, wie sie vor allem durch den Gebrauch von Suffixen wie *-heit, -keit, -ung,* durch substantivierte Infinitive (*das Befahren, Prüfen*) und durch andere Nomina actionis (*der Abzug, die Vergabe)* realisiert wird. Diese Erscheinung war besonders auch im politischen Sprachgebrauch der (ehem.) DDR verbreitet und überstieg im allgemeinen nicht selten gebräuchliche Stilnormen: *Zur Sicherung der kontinuierlichen Steigerung der Arbeitsproduktivität und zur Durchführung des technisch-wissenschaftlichen Höchststandes sowie der Übererfüllung des Planes...*

Mit der Nominalisierung sind zugleich Bestrebungen nach Vergrößerung des Umfanges der Satzglieder und zur Reihung verbunden. Dabei ist die Substantivgruppe selbst "grammatikalisch durchaus nichts Neues, auffällig ist nur die überaus starke Nutzung und quantitative Ausweitung." (BRAUN 1987, 119.) Das zeigt sich u. a. in der Aufschwellung von Attributen (nominaler Klammer): *"... durch die – in einem Bericht des Ausschusses zur Bekämpfung der Rassenungleichheit in der amerikanischen Hauptstadt wiedergegebene – Auskunft"* und in überlangen Attri-

butketten: *"Die Haftung der Eisenbahn für die Tötung und Verletzung von Reisenden auf Grund des internationalen Personenbeförderungsvertrages unter besonderer Berücksichtigung der internationalen Bestrebungen für Vereinheitlichung der Haftungsprinzipien".* Knappheit und Streben nach Abstraktion laufen mit diesen Entwicklungstendenzen parallel. Besonders groß ist hierbei der Einfluß der Fachsprachen. **Satzrahmen und Ausrahmung**. Obgleich die Tendenz zur Ausrahmung von Satzgliedern unter dem Einfluß gesprochener Sprache, insbesondere der Umgangssprache, zunimmt, findet auch weiterhin der volle Satzrahmen seine Verwendung (vgl. ADMONI 1985; SOMMERFELDT 1988): *Er stieg blasend und rückwärtsgehend die Treppe zu der kleinen Bühne hinauf.* Obwohl "die Häufigkeit von Ausklammerungen in verschiedenen Funktionalstilen unterschiedlich ist" (SOMMERFELDT 1988, 234), konnte zumindest erwiesen werden, daß vor allem Präpositionalobjekte zunehmend ausgerahmt werden, "weil sie besonders eng mit dem Rahmenende verbunden sind" (S. 237).

Wortbildung

Zusammensetzung. "Die Zunahme und Verstärkung der Univerbierung kann als Haupttendenz im Bereich der deutschen Wortbildung angesehen werden." (BRAUN 1987, 168.) (Univerbierung meint die Tendenz, Wortgruppen zu einem Wort zusammenzufassen.) Dabei ist bei der Zusammensetzung von der Form her sowohl die Tendenz zu immer längeren Komposita als auch zu Verkürzungen zu beobachten. Den Mehrfach-Komposita liegt das Bestreben zur Genauigkeit zugrunde.

Besonders in der Sprache der Technik und Wirtschaft sind solche überlangen substantivischen Bildungen beliebt: *Arbeiterwohnungsbaugenossenschaft, Eisenbahntransportfacharbeiter, Datenverarbeitungsanlagenindustrie, Musikberieselungsanlage.* In der Schreibweise tritt verstärkt der Durchkopplungsbindestrich mit *und* auf: *Kohle-und-Energie-Programm,* daneben auch ohne *und: Alkali-Mangan-Batterie, Ein-Aus-Tastung.* Die Kennzeichnung der Fugen bei Komposita nimmt zu: *Antriebsmechanismus, Gesprächsthema, Ideenkraft, Löwenzwinger, Nachrichtenagentur, Gästebuch, Kräfteverhältnis.*

Bei den Determinativkomposita wird das Modell attrib. Adjektiv + Subst. + Subst. bevorzugt: *Altstoffsammlung, Klarsichtfolie.*

Verkürzung. Die Tendenz zur Verkürzung gehört zum Prinzip der Ökonomie, gewissermaßen als sprachliche Reaktion auf die Mehrfachzusammensetzungen. Dabei sind verschiedene Bildungsweisen zu beobachten: Kopfwörter: *Oberkellner > Ober, Bockbier > Bock, Lokomotive > Lok, Kriminalroman > Krimi;* vgl. auch Firmenbezeichnungen wie *Hertie* (Hermann Tietz), *Leica* (Leitz-Camera); (vgl. TSCHIRCH 1989, 219). Klammerformen: *Laub(holz)säge, Tank(stellen)wart, Mot(orhot)el.* Schwanzwörter: *(Ton)band, (Eisen)bahn.* Ihre extremste Form findet die Verkürzung in den Initial- oder Buchstabenwörtern: *AEG* (Allgemeine Elektrizitätsgesellschaft), *BGB* (Bürgerliches Gesetzbuch); *DGB* (Deutscher Gewerkschaftsbund); *GEWOBA* (Gemeinnützige Wohnungsbau-Genossenschaft); *EG* (Europäische Gemeinschaft).

Gerade die (übermäßige) Verwendung solcher Kurzwörter kann jedoch auch zu Problemen in der Kommunikation führen. Diese treten z. B. dann auf, wenn bei häufiger Verwendung der Kurzform die Semantik der Vollform nicht mehr bewußt ist (vgl. *Nachrichtenagentur dpa*); die Orthographie weicht z. T. von der Langform ab (vgl. *GEWOBA; Stasi* für *Staatssicherheit*), ebenso das Genus *(das/die PS)*, die Deklination (des *BND/BNDs*).

Einen produktiven Wortbildungstyp bei adjektivischen Zusammensetzungen stellen Verbindungen von Substantiven mit Partizip I und II dar: *friedliebend, postlagernd, richtungsweisend; gasbeheizt, preisgekrönt.*

Ableitung. Im Bereich der adjektivischen Ableitungen nimmt die Bildungsweise mit *-mäßig* zu. Sie dient der Verkürzung und bereichert die Möglichkeit, "Zugehörigkeitsbeiwörter" zu bilden: *rechtmäßig, plan-, verkehrs-, gesetz-.* Klischeehafte Verwendung mit der Tendenz zum Modewort tritt häufig in adverbialer Verwendung auf: *ich kann zeitmäßig nicht kommen* (ich kann aus Zeitmangel nicht kommen – weil ich keine Zeit habe). (Vgl. FLEISCHER 1976, 274ff.) Der Übergang vom freien zum gebundenen Morphem ist auch zu beobachten bei *-los, -arm, -reich, -voll, -trächtig,* ferner beim Substantiv bei *-gut, -werk, -zeug, -wesen.* (Vgl. BRAUN 1987, 177f.)

Produktive verbale Ableitungsmittel sind die Präfixe *be-, er-, ent-, ver-, zer-,* die nicht selten der Verdeutlichung der Verbinhalte und der Ausdrucksverkürzung dienen: *bedachen* (mit einem Dach versehen), *-lichten, -vorschussen; erarbeiten, -kunden, -schließen; entbeinen, -graten, -rosten; verbildlichen, -dichten, -zimmern; zergehen, -spannen, -teilen.* Neuere Bildungen weisen auch schon zwei Präfixe auf: *verbeamten.*

Nicht zuletzt sei verwiesen auf die Zunahme movierter Berufsbezeichnungen mit dem Suffix *-in* wie überhaupt auf die Zunahme femininer Bezeichnungen. In diesem Bereich ist seit den 50er Jahren speziell durch Linguistinnen, die vehement für die sprachliche Gleichbehandlung der Frau eintreten, ein gewachsenes Sprachbewußtsein zu verzeichnen, indem man u. a. dem Anspruch von Frauen auf explizite Nennung stärker – wenn auch noch nicht in ausreichendem Maße – gerecht wird. Aber schon das ist hart erkämpft, denn das Sprachsystem begünstigt ursprünglich "an nicht wenigen Stellen strukturell die Sprache der Männer und erschwert einen männer- und frauenspezifischen Ausgleich." (BRAUN 1987, 58.) Wenn auch einige Forderungen aus heutiger Sicht wahrscheinlich als kaum realistisch eingeschätzt werden müssen (so wird die in der jüngsten Vergangenheit von der Rostocker Bürgerschaft durchgesetzte ausschließliche Verwendung femininer Amtsbezeichnungen für alle Stadtparlamentarier in den entsprechenden Dokumenten wohl kaum größere Nachahmung finden), zeigen die vielen Neubildungen dennoch ein gewisses Umdenken: *Beiköchin, Exkaiserin, Exotin, Fernsehansagerin, Graveurin, Politesse, Referendarin.* In Stellenangeboten ist es bereits Pflicht, beide Formen anzugeben, und auch in den Medien – wie überhaupt im öffentlichen Sprachgebrauch – ist (wenn auch in unterschiedlichem Maße) zumindest eine Tendenz zum bewußteren Gebrauch femininer Bezeichnungen zu beobachten.

Lexik

Wie oben bereits deutlich wurde, können Veränderungen in der Lexik als dem beweglichsten Teil des Sprachsystems nicht losgelöst von außersprachlichen Faktoren betrachtet werden, spiegelt sich doch in ihnen die gesellschaftliche Veränderung besonders deutlich wider. Die wissenschaftlich-technische Revolution und die sozialen Entwicklungen haben dabei nicht nur die Quantität, sondern auch die Qualität des deutschen Wortschatzes wesentlich erweitert und verändert. Folgende Entwicklungstendenzen sind zu unterscheiden (die Darstellung stützt sich auf LANGNER 1980):

Einfluß der Fachsprachen auf die Gemeinsprache: Infolge erweiterter Bildungsmöglichkeiten, der Massenkommunikation und der Auswirkungen von Wissenschaft und Technik auf das Alltagsleben dringen verstärkt Fachwörter in den allgemeinen Wortschatz ein: *Kommunikation, AIDS, Satellitenfernsehen, Interaktion, Paranoia, Kompetenz, Streß*. Allein die Tatsache, daß heute von mehr als 300 Terminologien ausgegangen werden kann, macht dabei das Ausmaß und die Kompliziertheit der semantischen Veränderungen, die bei der Übernahme erfolgen, deutlich. Die mit dem Übergang von Fachwörtern in die Gemeinsprache verbundene Determinologisierung birgt auch die Gefahr von Mißverständnissen und unangemessener Verwendung in sich. Der Fachmann assoziiert mit fachsprachlichen Lexemem, wie *Laser, Düsenantrieb, Metarmorphose*, z. T. andere Bedeutungen als der Laie, auch wenn sie sich auf das gleiche Denotat beziehen.

Tendenz der Spezialisierung: Sie äußert sich vor allem in der Zunahme der Mehrfachkomposita und Wortgruppen und zeugt für das Streben, einen Gegenstand knapp und doch umfassend zu kennzeichnen, vgl. *Pflichtschirmbilduntersuchung, Fernsprechvermittlungsanlage*. Dieser Tendenz ordnen sich auch Terminologisierungen zu, d. h. die Übernahme gemeinsprachlicher Wörter in die Fachsprache, vgl. *Abprodukt, Herzschrittmacher, Presse, Strom*, sowie die Nutzung veralteter/veraltender Wörter für neue Erscheinungen: *Musiktruhe, Verkehrsampel*.

Generalisierung: Sie stellt eine Ergänzung zur Spezialisierung dar und ist Ausdruck des Bestrebens, viele Einzelheiten bzw. komplizierte Zusammenhänge in einem Wort zusammenzufassen: Ausdruck dieser Entwicklung sind z. B. Komposita, deren Grundwörter einen weiten Bedeutungsumfang besitzen: *System: Fahrschein-Entwerter-System, Wettsystem*; *Kraft* (z. T. nur/vorwiegend im Plural): *Aufsichts-*

kraft, Lehrkräfte, Reinigungskräfte, Verwaltungskräfte. "Da viele dieser Wörter Ausgangspunkt von Reihenbildungen sind, bewirkt dieser Prozeß auch semantische Veränderungen des Grundwortes und – besonders bei Adjektiven, Adverbien – den Übergang zu Wortbildungsmorphemen." (LANGNER 1980, 681.)

Rationalisierung/Ökonomie: Darunter versteht man oft zweierlei, "einmal das Bestreben, mit wenigen sprachlichen Mitteln viele Informationen zu vermitteln, zum anderen Veränderungen, die der Systematisierung und der Vereinfachung des Sprachbaus dienen" (S. 682). Ihr dienen neben der bereits genannten Verkürzung auch Satzwörter, vgl. *Spitzenkandidat* (für *führender Vertreter einer Partei/Massenorganisation, der an der Spitze einer Wahlliste steht*), und Abstraktbildungen (*sie fahren nach Berlin/ die Fahrt nach Berlin/die Berlinfahrt*).

Integration: Auch sie ist eine übergreifende Entwicklungstendenz und äußert sich im Wortschatz vor allem darin, daß nichtstandardsprachliche Mittel – insbesondere Wortgut mit einer territorial und sozial begrenzten Geltung – Eingang in die Standardsprache finden; vgl. u. a. folgende ursprünglich regional begrenzten Wörter und Wendungen: *Bube, Pelle, Samstag, schauen, Schrippe, tschüs*; zum alten Eisen gehören, in Fahrt kommen, sich *(k)einen Kopf machen*; vgl. ferner folgende ursprünglich sozial begrenzt gültigen Lexeme bzw. Sememe: *Chef, Kumpel, Meister, schwänzen, büffeln, durchfallen*. (Zum Eindringen von Fachwörtern als einer weiteren Form der Integration s. o.)

Internationalisierung: Sie kann als besondere Ausprägung der Integration betrachtet werden und wird mitunter als die auffälligste und stärkste Triebkraft in der Entwicklung der Gegenwartssprache bezeichnet. Die Tendenz zur Internationalisierung erfaßt heute fast alle Lebensbereiche, wobei Wissenschaft und Technik in besonderem Maße beeinflußt werden. Unter Internationalismen werden Lexeme und Wortgruppen verstanden, "die in verschiedenen – meist genetisch verwandten – Sprachen in gleicher oder ähnlicher Semantik und in gleicher oder ähnlicher Form gebraucht werden" (LANGNER 1990a, 1403). "Entscheidendes Kriterium ist offensichtlich die Existenz dieser Lexeme in mehreren Weltsprachen." (S. 1405.) Für das Deutsche spielen bei Neubildungen nach wie vor Wörter und Morpheme der lat. und gr. Sprache eine besondere Rolle: *Biathlon, Bionik, Mikroelektronik, Television*. Besonders produktiv sind u. a. die Morpheme *anti-, auto-, bi-, co/ko(m)-, ex-, inter-, iso-, kilo-, makro-, mikro-, pro-, super*.

Neben diesen haben in der Gegenwart besonders aus dem Englischen stammende Lexeme eine große Bedeutung. Dies führt aufgrund der starken romanischen Beeinflussung des Englischen zugleich zu einer Wiederbelebung bzw. Zweitentlehnung lat. Wörter (*Innovation, Session*) und stützt die Produktivität lat. und gr. Morpheme. "Heute hat das Englische als *lingua franca* der westlichen Welt die Stelle des Französischen und Lateinischen eingenommen. Es entstand in bestimmten Bereichen eine englisch geprägte europ. *Koiné* . . . Diese *Koiné* hat eine zusammenführende Wirkung, stellt aber zugleich auch eine sprachliche Barriere dar." (MOSER 1985, 1685; vgl. auch LEHNERT 1990, CARSTENSEN 1990.)

Differenzierung: Neben der Differenzierung durch den wissenschaftlich-technischen Fortschritt, der zu einem gewaltigen Ausbau der Fachsprachen und damit zu einer Ausweitung der spezialisierten, fachsprachlichen Kommunikation führt, ist ein Differenzierungsprozeß zu unterscheiden, der durch die sozialen Differenzierungen innerhalb einer Gesellschaft (Soziolekte) hervorgerufen wird (s. 1.8.3.), vgl. z. B. Jugend- und Szenesprache:

"[. . .] *also ick echt stoned wa total zu oder so ne und denn – p – tja ick weeß nich wa – voll inne Bullenfalle rinjegeigt wa – g – also, alles klar: Pappe weg, wa . . .* Alles klar: *von der Einhaltung der Fahrerlaubnis gemäß Paragraph 316, 69 Abs. 1 u. 2., 69a StGB (fahrlässige Führung eines Kraftfahrzeuges unter Alkoholeinfluß) nach einer Verkehrskontrolle* war die Rede." (HESS-LÜTTICH 1987, 24.)

Bei diesem Beispiel macht die Gegenüberstellung von Jugend- und Juristensprache den Unterschied besonders deutlich. Aber ebenso, wie es *die* Jugend als homogene Gruppe nicht gibt, ist auch die Jugendsprache vielfältig differenziert. In einem mit *"Macker, packt die Badehose ein"* überschriebenen Presseartikel findet sich folgendes Zitat, das gleichzeitig die Tendenz der Integration verdeutlicht: *"Diese Kerle"*, stöhnt die 12jährige im Kölner Agrippa-Bad, *"ständig müssen sie dich irgendwie anbaggern. Ätzend."* (taz vom 16.6.90.)

1.8.6. **Zur Sprache im Computerzeitalter**

Kaum eine technische Erfindung hat unsere Welt so schnell und so nachhaltig verändert wie der Computer.

"Der Computer ist zur größten Herausforderung dieses Jahrhunderts geworden; zu einer Herausforderung an Wissen und Qualifikation. Schon heute gibt es Branchen, in denen jeder zweite Arbeitsplatz ohne Computereinsatz undenkbar ist. 'Ohne EDV geht nichts mehr' prophezeit so das Münchner Control Data Institut, das die Versäumnisse der Schule durch EDV-Weiterbildungsmaßnahmen 'nachbessert'". (Zit. nach HAGE/SCHMITT 1988, 75.)

Der Computer reiht sich damit in die Reihe neuer Kommunikationstechniken, die durch "ihre massenhafte Verbreitung . . . nicht nur die Modi und die Mittel des sprachlichen Kommunizierens verändert, sondern auch die Sprachentwicklung selbst beeinflußt (haben). Die herkömmliche Domänenaufteilung zwischen den beiden Grundmodi des Schreibens/Lesens und des Sprechens/Hörens hat sich verschoben." (GLÜCK/SAUER 1990, 162.)

So löste z. B. das Telefonieren (bislang noch an mehr oder weniger feste Standorte gebunden, heute de facto durch das mobile Telefon schon an jedem Ort möglich) das Briefschreiben ab; Geräte zur Aufzeichnung von Telefonanrufen machen zunehmend auch die persönliche Anwesenheit des Angerufenen entbehrlich. Das Fernsehen, zunächst vorrangig auf die passive Teilnahme der Rezipienten orientiert (sieht man einmal von der Leserpost ab), eröffnet durch aktuelle Zuschaltung von Zuschauerreaktionen durch Telefonkontakte die Einbeziehung von Dialogen, die möglicherweise allein durch den Grad der Öffentlichkeit ein anderes Gesprächsverhalten provozieren als beim privaten Gespräch.

Videotexte, Bildschirmtexte (Btx), Telefax-Techniken sind weitere neue Kommunikationsmittel bzw. -techniken, deren Auswirkungen auf kommunikative Anforderungen noch kaum untersucht sind, doch zeigen z. B. erste Erfahrungen mit der Umsetzung herkömmlicher Lehrmittel in Btx-Programme deutlicher die Chancen und Grenzen der neuen Medien:

"Die technische Beschränkung der Gesamt-
menge an Zeichenplätzen pro Bildschirmseite
hat z. B. semiotische Probleme der Textgestal-
tung zur Folge und erfordert meist auch eine
Änderung der Argumentationsgliederung . . .
Die von der Lektüre von Lehrbüchern her ge-
wohnten Möglichkeiten der 'Textverarbeitung'
lassen sich nicht alle auf das neue Medium
übertragen. Dies erfordert eine Veränderung
des Rezeptionsverhaltens, wenn z. B. statt Ver-
netzung separater Informationsteile durch Vor-
und Zurückblättern, statt Hervorhebung und
Kommentierung durch Marginalien etc., nur
ein zeitliches Nacheinander begrenzter Infor-
mationsteilstücke möglich ist, was zweifellos
höhere Anforderungen an die Speicherkapazi-
tät des Lerners stellt als die Präsentation von
Texten in Buchform." (HESS-LÜTTICH 1987,
236.)

Das Gelingen natürlich-sprachlicher
Eingabe in den Computer käme einer so-
zio-kulturellen Revolution gleich. Einge-
weihte spielen bereits heute mit den Möglichkeiten, die der Computer-Technologie
zufielen, wenn es gelänge, einem Rechner
das Wahrnehmen und "Begreifen" von
gesprochener Sprache beizubringen.

Neue Perspektiven zeichnen sich für
viele Lebensbereiche, besonders aber auch
in der Forschung, allein durch die Verwendung standardisierter Textverarbei-
tungsprogramme und Datenbanken sowohl für die Techniken als auch für die
Qualität und formalen Gestaltungsmög-
lichkeiten von wissenschaftlichen Arbeiten ab. "Es braucht kaum betont zu werden, daß diese Schreibtechnologien die
Kommunikation in der geschriebenen
Sprachform prozessual und funktional re-
volutionieren." (GLÜCK/SAUER 1990, 167.)

Inwieweit durch den Einsatz leistungs-
fähiger Scanner, automatischer Spracher-
kennungsprogramme, automatischer
Übersetzungsprogramme, Multi-Media-
Verfahren u. a. sprachliche Fähigkeiten
beeinflußt werden, ist ebenfalls noch
kaum reflektiert. Den zweifellos positiven

Auswirkungen stehen jedoch eine Reihe
von Problemen gegenüber: das Tempo der
Textproduktion wächst, dabei führt die
Verwendung von Textbausteinen nicht
notwendig zu einer höheren Textqualität,
Stil- und Anschlußbrüche häufen sich; die
(technische) Möglichkeit, mehr Texte
schneller zu erstellen, bringt oft auch inhaltliche Redundanz oder Ungereimthei-
ten; ganze Berufsgruppen, u. a. solche, die
die sprachliche und formale Gestaltung
von Texten betreut haben, werden z. T.
überflüssig, weil ihre Funktion durch
"Laien" oder durch Maschinen übernommen wird (vgl. GLÜCK/SAUER 1990, 170).
Die Reihe negativer Auswirkungen ließe
sich fortsetzen.

Ein unmittelbarer Einfluß der Com-
putertechnologie läßt sich bereits seit längerem durch das Aufkommen einer umfangreichen, überwiegend aus dem Englischen stammenden Fachterminologie
nachweisen, deren Elemente z. T. auch in
die Gemeinsprache eindringen:

Lehnübersetzungen/Lehnbedeutungen: *Maus,
Fenster, klicken, rollen, Ausschnitt, einfügen, löschen, Speicherplatz . . .*
    Internationalismen: *Interface, Kompatibili-
tät, Hardware, Software, Cursor, On-Line, Off-
Line, Terminal, Chip, Byte, Bit, Basic, Compi-
ler, Interface . . .*

Kurzwörter: *ASCII, WYSWIG, MS-DOS,
CAD, CPU, ROM, RAM, BUS . . .*

Wenn auch genauere Untersuchungen
noch ausstehen und daher insgesamt der
Einfluß der neuen Medien auf Sprache
und sprachliches Verhalten noch nicht genau zu übersehen ist, so steht doch fest:
Er bedeutet eine Herausforderung für alle
mit der Sprache Beschäftigten: "Denn
man mag es beklagen oder begrüßen: Der
Sprachgebrauch wird sich durch die Medien unvermeidlich verändern – so wie die
Schrift einst die schriftlose Sprache verändert hat . . ." (HESS-LÜTTICH 1987, 237.)

2. Althochdeutsch

2.1. Einleitung

2.1.1. Zeitliche Einordnung

Das Althochdeutsche – das Deutsch des Frühmittelalters, das Frühdeutsche – ist die erste Entwicklungsphase des Deutschen. Das Deutsche hat sich aus den Sprachen der germanischen Großstämme – vor allem der Franken (und Hessen), der Alemannen und der Baiern – in einem langwierigen Umbildungsprozeß besonders auf elbgermanischer und weser-rhein-germanischer Grundlage herausgebildet. Durch sprachlichen Ausgleich ist es allmählich zu einer Einheit zusammengewachsen. Eine entscheidende Voraussetzung für das Ingangkommen dieses Prozesses war der politische Zusammenschluß der germanischen Großstämme der Franken, Alemannen, Baiern und auch der Thüringer (und der Sachsen) zunächst im fränkischen und dann im deutschen Reich. Nachdem unter LUDWIG DEM DEUTSCHEN im 9. Jh. das karolingische Ostreich entstanden war, vollzog sich die endgültige Trennung der deutschen Reichsteile von den romanischen. Großen Einfluß auf die Entwicklung der deutschen Sprache übte auch die Ausbreitung des Christentums aus.

Die Entstehung des Frankenreiches ist die wesentliche geschichtliche Voraussetzung und die deutlich spürbare Auswirkung der althochdeutschen Lautverschiebung ist die wesentliche sprachliche Erscheinung für den Übergang der germanischen Stammessprachen zum Deutschen. Damit steht fest, daß die Anfänge des Deutschen in der Zeit nach 500 u. Z. entstanden sind. Wie oben unter 1.2.2. bereits angedeutet wurde, werden meist zwei Abschnitte dieses ersten als deutsch zu bezeichnenden Zeitraumes angenommen. Die erste Phase wird als vorliterarisches oder als inschriftliches oder als Vordeutsch bezeichnet; als zeitliche Fixierung gilt 500 (oder 600) bis 750. Ein erstes datierbares Zeugnis ist die um 600 entstandene Wurmlinger Lanzenspitze, auf der sich eine alemannische Inschrift befindet; ob allerdings der dort in Runenschrift eingeritzte Name *Idorih* tatsächlich als Beweis für die Lautverschiebung anzusehen ist, wird neuerdings wieder angezweifelt. (Vgl. BACH 1970, §50.) – Die zweite Phase setzt mit dem Beginn der schriftlichen Überlieferung um 750 ein und endet mit der durchgreifenden Abschwächung der volltönenden Nebensilbenvokale im 11. Jh.

Die Einteilung des ahd. Zeitraumes in zwei Phasen, eine vorliterarisch-inschriftliche und eine literarisch-handschriftliche (siehe 1.2.), hebt eines der wesentlichen Merkmale in der Verwendungsweise der Sprache hervor: den Übergang von der Mündlichkeit der Sprachkommunikation zur zweiseitigen Mündlichkeit + Schriftlichkeit. Fortan konnte nicht nur gesprochen und gehört werden, sondern es war – zunächst nur einigen wenigen – möglich, zu sprechen und zu hören, zu lesen und zu schreiben. Da zum Schreiben keine geeigneten Schriftzeichen eigener Provenienz bereitstanden, wurde an die Spätantike angeknüpft und das lat. Alphabet genutzt. In ihm und in der zugehörigen Sprache waren ja auch viele wesentliche Inhalte aufgezeichnet, deren Vermittlung im Zentrum der Bestrebungen stand: christliche Glaubensbekenntnisse und Lehrsätze. Und so stand am Anfang auch das Bemühen, die neuen Inhalte christlicher Prägung in muttersprachlichem Wortgut zu erfassen. Das geschah im 8. Jh. in Glossarien und Vocabularien, so in der nach dem ersten dort verzeichneten Wort als "Abrogans" bezeichneten Sammlung alphabetisch geordneter Glossen, die in drei Handschriften überliefert ist. Worterklärungen am Rande von lateinischen Texten (Randglossen) oder in Zwischenzeilen lateinischer Texte (Text I) eingetragen (Interlinearglossen, Text II = St.

Pauler Glossen, alem., 8. Jh.) waren die Vorstufen zum vollständigen Übersetzen – oder besser: Übertragen – von Texten. Die Mühen des Übertragens von Wörtern und Sätzen, der Verwendung von Schriftzeichen des lat. Alphabets zur Wiedergabe deutscher Lautungen läßt die in Fulda zu Beginn des 9. Jh. geschaffene Übersetzung der Evangelienharmonie des "Tatian" in ostfränk. Mundart erkennen, eine unter dem Abt HRABANUS MAURUS entstandene Leistung mehrerer Mönche (Text III, zur weiteren Entwicklung siehe auch 1.3.2.):

I   Factum est autem in diebus illis exit edictum a Caesare Augusto,
II Uuard thô gitân in thên tagun, uz keanc kechuuit f(ona) kheisure eruuirdikemu
III framquam gibot fon đemo aluualten keisure,

I   ut describeretur universis orbis. Haec descriptio prima facta est
II thaz gebrievit vvurdi alliu umbiuurft. deze kescrip erist
III thaz giscrib al these umbiuuerft. Thaz giscrib iz êristen

I   a praeside Syriae Cyrino. Et ibant omnes ut profiterentur
II fona forakesaztin dera siriae keangun alla daz sie fuarin
III in Syriu fon đemo grâven Cyrine, inti fuorun alla thaz biiâhin thionôst

I   singuli in suam civitatem. Ascendit autem et Joseph a Galilaea
II ainluze in iro ufsteic
III iogiuuelih in sînero burgi. Fuor thô Joseph von Galileu

I   de civitate Nazareth in Judeam in civitatem David, quae vocatur Bethlehem:
II puruc davides diu ist
III fon thero burgi thiu hiez Nazareth in Judeno lant inti in Davides burg, thiu uuas ginemmit Bethleem,

I   eo quod esset de domo et familia David.
II pidiu daz uuas huse hiuuiske David.
III bithiu uuanta her uuas fon hûse inti fon hiuuiske Davides. …

2.1.2. **Räumliche Gliederung**

Die Grenzen des ahd. Sprachgebietes werden bestimmt durch Erscheinungen der zweiten oder ahd. Lautverschiebung. Sie ist, wie oben bereits angedeutet, seit dem 6. Jh. bezeugt, und zwar zuerst durch den Namen des 554 gefallenen Alemannenherzogs *Butilin*, dessen Name in einem zeitgenössischen Geschichtswerk mit *-t-*, gegen Ende des 6. Jh. aber als *Buccelenus* mit zur Affrikate oder zur Spirans verschobenem *t* und als *Buselinos* aufgezeichnet worden ist (vgl. BLUHM 1969, 106; BACH 1970, § 50). Im Hochdeutschen hat sich die Lautverschiebung ganz oder teilweise, im Niederdeutschen (im Altniederdeutschen oder As. und im Niederfränk.) dagegen nicht ausgewirkt. Die ältesten Stufen der wmd. Mundarten (Rheinfränk. und Mittelfränk.) und der obd. Mundarten (Alem. und Bair.) treten in ahd. Zeit in ihren wesentlichen Merkmalen hervor.

Oberdeutsch:
   1. Bair.
   2. Alem.
   3. Obd. Fränk.
     a) Südrheinfränk.
     b) Ostfränk.

Mitteldeutsch:
   1. Md. Fränk.
     a) Rheinfränk.
     b) Mittelfränk.
     (Moselfränk., Rip.)
   2. Thür.

Ergänzend zu der Übersicht unter 1.2.4.1. ist anzumerken, daß das Langobardische in Oberitalien auch an der ahd. Lautverschiebung teilgenommen hat. Es gehört aber – wie auch das Niederfränkische – heute nicht mehr zum deutschen Sprachgebiet. Ergänzend ist ferner darauf hinzuweisen, daß die heutigen Mundartgrenzen selten mit den alten Stammesgrenzen übereinstimmen, obwohl sie meistens die alten Bezeichnungen fortführen, sondern daß durch historisch-besitzrechtliche, durch naturbedingte und durch wirtschaftliche Erscheinungen im Verlauf von rund einem Jahrtausend vielfältige Veränderungen vor sich gegangen sind.

2.2. Schreibung

Die Aufzeichnung der Sprache erfolgte im ahd. Zeitraum in der Schrift der karolingischen Minuskel, einer Schrift aus Kleinbuchstaben mit Ober- und Unterlängen (vgl. Abb. 3 und 4), die vom 8. bis 12. Jh. in fast allen Ländern Europas gebräuchlich war. Diese Schrift ist aus dem lat. Alphabet entstanden, und ihr liegt das lateinische Graphemsystem zugrunde. Durch die angelsächsische Missionstätigkeit besonders unter BONIFATIUS sind bis ins 9. Jh. auch einige wenige Einflüsse insularer Schriften (ir. und ags. Minuskel) festzustellen, so etwa im "Heliand" und an einigen Stellen des "Tatian" das Graphem đ für den Reibelaut *th*.

Eine wesentliche Stützfunktion bei der Nutzung der lat. Schriftzeichen zur Wiedergabe von deutschen Lauten hatten die aus fremden Sprachen übernommenen, in den lat. Quellenvorlagen aufgezeichneten Eigennamen, z. B. *Joseph, Philippus, David, Jesus, Johannes, Andreas, Abraham, Paul, Nazareth, Zacharias.* Bei der Aufzeichnung deutscher Namen und deutscher Wörter taten sich die Schreiber oft schwer; so kommt *Ludwig* der Deutsche in den Schreibformen *Lodhuuig/Ludhuuig/Hludwîg/Ludouuig* vor. Da es kein "deutsches Alphabet" gab, entstanden bei der Aufzeichnung von ahd. Lauten mit Hilfe der lat. Schriftzeichen oftmals beträchtliche Schwierigkeiten, vor allem bei bestimmten Konsonanten. Eine feste Phonem-Graphem-Beziehung hat sich erst in einem langen Prozeß entwickelt. Deshalb gibt es im Althochdeutschen teilweise erhebliche Abweichungen und Schwankungen in der Schreibung. Dies wird durch Dialektunterschiede noch verstärkt. Aus diesen Gründen ist der phonetische und phonematische Wert der einzelnen Schriftzeichen sehr schwer zu bestimmen. Teilweise wurden – wie später auch – in der Schreibung ältere Formen länger bewahrt als in der gesprochenen

Sprache. Unterschiede zwischen geschriebener und gesprochener Sprache entstanden auch durch das in vielen Schreibstuben nachweisbare Bemühen, verhältnismäßig einheitliche Schreibformen einzuführen. (Vgl. auch METTKE 1983, 567f.)

2.2.1. Vokale

Im ahd. Vokalismus muß zwischen den Vokalen der Stammsilben und denen der Nebensilben unterschieden werden, weil sich beide unterschiedlich entwickeln. Die Vokale der nichthochtonigen Silben neigen infolge ihrer Unbetontheit leichter zum Verfall, zur Reduzierung und zum Schwund und verändern sich stärker und schneller, man vergleiche etwa die sinnähnlichen Verse des "Hildebrandliedes", des "Merigarto" (Erdbeschreibung 11./12. Jh., bair. mit ostfränk. Merkmalen) und des mhd. "Nibelungenliedes":

> HL: *Ik gihôrta đat seggen* (statt *sagên*) *đat sih urhêttun ænôn muotîn*
> Merigarto: *Daz ih ouh hôrte sagan daz ni uuilih nieht firdagin*
>   'Das hörte ich auch erzählen, das will ich nicht verschweigen'
> NL: *Uns ist in alten mæren wunders vil geseit von heleden lobebæren*

Im folgenden wird vor allem der Vokalismus der Stammsilben behandelt. In wissenschaftlichen Darlegungen zum Althochdeutschen und in Textausgaben kommen folgende vokalischen Zeichen vor (vgl. auch SONDEREGGER 1980, 572):

> Kurzvokale   *a e ë ę i o u y*
> Langvokale   *â   ê   î ô û*
> Diphthonge   *ei   ou   eo io ie*
>   *iu ie*
>   *ia ie uo*

Kurzvokale

Kürze und Länge der Vokale werden in den Originaltexten nicht durch besondere Kennzeichnungen unterschieden. Die Herausgeber von Textsammlungen und Grammatiken haben die Texte und Textauszüge dahingehend verändert, daß die langen Vokale durch einen Zirkumflex gekennzeichnet wurden, die kurzen Vokale dagegen ohne Kennzeichnung geblieben sind. Unterschiede der Längenbezeichnungen ergeben sich aus den verwendeten Quellen.

Vokale ohne Zirkumflex sind kurz auszusprechen. Das kurze *e* wird, je nach Herkunft und Lautwert, orthographisch unterschiedlich wiedergegeben: als ⟨*e, ë*⟩ oder als ⟨*ę*⟩. Das sogenannte alte *e* (germ. *e* oder *i*) erscheint als ⟨*ë*⟩ und bezeichnet einen kurzen offenen Laut. Das durch Primärumlaut aus kurzem *a* im Ahd. entstandene *e* wird als ⟨*ę*⟩ wiedergegeben und bezeichnet einen kurzen geschlossenen Laut. Daneben steht aber für beide Laute auch das einfache Zeichen ⟨*e*⟩; die zusätzlichen Kennzeichnungen entspringen wissenschaftlichen Anliegen, in den Quellen selbst treten sie nicht auf. Der Buchstabe *y* tritt im Ahd. fast ausschließlich bei der Wiedergabe von fremden Namen und Fremdwörtern auf: *Egypte, in Syriu, Kylian, myrrun* 'Myrrhe'.

Langvokale

Die Länge der Vokale ist in den ahd. Handschriften sehr selten angegeben. Gelegentliche Längenbezeichnungen erfolgen durch
– Verdoppelung des Vokals (*ketaan* 'getan', *leeren* 'lehren', *meer* 'mehr' bei Notker)
– einen Akzent, vor allem den Zirkumflex (*prâhta* 'brachte', *êuuart* 'Priester').
Ob auch der selten auftretende Akut nach angelsächsischer Schreibtradition die Länge des Vokals bezeichnet, läßt sich nicht mit Bestimmtheit sagen (*prähta, éuuart/éwart*).

Diphthonge

Die Diphthonge werden als wirkliche Zwielaute gesprochen, also *ei* wie *e* mit *i*-Nachschlag (nicht wie nhd. *ei*), *ou* wie *o* und *u*-Nachschlag. Sie bilden jedoch immer nur eine Silbe.

2.2.2. **Konsonanten**

Die Konsonanten des Ahd. nach der ahd. Lautverschiebung werden unter Einbeziehung häufiger Schreibvarianten (in Klammern) durch folgende Zeichen wiedergegeben (vgl. BRAUNE 1987, §§ 171–191):

Halbvokale	*w* (*uu*, *vv*)			*i* (*j*)
Liquiden	*l*		*r*	
Nasale	*m*		*n*	
stl. Explosivlaute	*p*		*t*	*k* (*c*)
sth. Explosivlaute	*b*		*d*	*g*
stl. Frikativlaute	*f* (*ff*, *u*, *v*)		*zz* (*z*), *s*	*ch* (*h*, *hh*)
sth. Frikativlaute	*w* (*u*, *uu*)[44]		*th* (*dh*)[45]	*j* (*i*)
Hauchlaut				*h*
Affrikaten	*pf* (*ph*)		*tz* (*z*, *zz*)	*kch* (*kh*, *ch*, *cch*)

Die Schreibung der Konsonanten ist in den ahd. Texten noch uneinheitlicher als die der
Vokale. Die oben aufgeführten Varianten deuten lediglich auf vorherrschende Tendenzen hin.

Die Explosivlaute (Verschlußlaute) erscheinen meist in der oben angeführten Form,
aber anstelle des *d* findet sich in mehreren Quellen auch *th* (Tatian, OTFRID), womit
wahrscheinlich noch der alte sth. Frikativlaut bezeichnet werden soll.

Das germ. *f* wird im Ahd. gelegentlich als *u* geschrieben, und zwar meist im Inlaut,
seltener im Anlaut, nie aber im Auslaut. In den normalisierten Texten (in Grammatiken
und Textausgaben) steht dafür *v*. Das aus germ. *p* entstandene *f/ff* dagegen wird nie als
u wiedergegeben, sondern immer durch *f* oder *ff*.

Der stl. Frikativlaut *s* erscheint orthographisch in unterschiedlicher Gestalt. Während das germ. stl. *s* im Ahd. beibehalten und auch weiter als *s* geschrieben wird, erhält
das aus germ. *t* entstandene neue *s/ss* das Zeichen *z/zz*. Nach langem Vokal und im
Auslaut wird es oftmals zu *z* vereinfacht. OTFRID schreibt überwiegend *z*, gleichgültig,
ob vorher ein langer oder ein kurzer Vokal stand (*uuazar*, aber *giflizzin*, *inbizzin*),
Tatian schreibt nach Kürze meist *zz*, nach Länge *z* (*hazzôtun* '[sie] haßten', *uuazzar*,
ûzar 'außer[dem]'), NOTKER verwendet regelmäßig *z* (*gesezene* 'Gesessene', *ûzar*); im
Auslaut steht aber bei allen gleichermaßen *z*: *daz* 'das/daß', *hiez* 'hieß'.

In der Aussprache war offensichtlich *z* deutlich von *s* geschieden. Erst im 13. Jh. trat
Vermischung bzw. Zusammenfall beider Laute ein. In Grammatiken und Textausgaben
wird für den stl. Frikativlaut oft das Zeichen *ȝ* bzw. *ȝȝ* verwendet, um ihn deutlich von
der Affrikate zu unterscheiden.

Das germ. *h* ist im Inlaut vor Konsonanten und im Auslaut stl. Frikativlaut (*ach*—
Laut) geblieben, im Anlaut und im Inlaut zwischen Vokalen dagegen zum Hauchlaut
geworden. Orthographisch werden beide Laute häufig durch ein und dasselbe Zeichen
(*h*) wiedergegeben. In der Aussprache müssen sie aber je nach der Stellung im Wort
deutlich voneinander unterschieden werden.

Der sth. Frikativlaut *th* erscheint oft auch als *dh*, seltener als als *d*, vereinzelt auch
als *đ*.

Außerdem gibt es im Ahd. noch eine Reihe von Doppelkonsonanten (Geminaten).

Trotz aller Unterschiede in der Schreibung verstand man in den einzelnen Schreibstuben, was anderswo in anderen Schriftdialekten aufgezeichnet wurde. Ein Vergleich
zwischen Übersetzungen des Vaterunser aus dem alem., dem bair., dem rheinfränk. und
dem ostfränk. Sprachraum zeigt vom Schriftbild her mehr Übereinstimmendes als Unterschiedliches (Texte nach BRAUNE 1994, 11, 34, 56, 73):

---

[44] Gesprochen wie in engl. *water*.
[45] Gesprochen wie in engl. *they*.

St. Gallen (8. Jh.):   *Fater unseer, thû pist in himile, uuîhi namun dînan, qhueme rîhhi dîn . . .*
Freising (9. Jh.):   *Fater unsêr, dû pist in himilum . . . Kauuîhit sî namo dîn, . . . Piqhueme rîhhi*
                        dîn . . .
Weißenburg (9. Jh.):   *Fater unsêr, thu in himilom bist, giuuîhit sî namo thîn, quaeme rîchi thîn . . .*
Fulda (9. Jh.):   *Fater unser, thû thâr bist in himile, sî giheilagôt thîn namo, queme thîn rîhhi*
                        . . .

Ähnliches zeigt sich bei der von NOTKER von St. Gallen um 1000 geschaffenen Übersetzung im Vergleich mit der dazu gehörigen Ambras-Wiener Überarbeitung des 11. Jh.:

Notker: *Fater unser du in himile pist . . . Dîn namo uuerde geheiligôt . . . Dîn rîche*
                        chome . . .
Ambras: *Vater unsir, dû in himile bist . . . Dîn namo uuerde geheiligot . . . Dîn rîche*
                        chome . . .

2.3. Lautlehre

2.3.1. Phonembestand (9. Jahrhundert, ostfränk.)

2.3.1.1. *Vokalische Phoneme*

Kurze Vokale

	vorn	neutral	hinten		vgl. in ahd.:	
hoch	/i/		/u/		/i/	/rinnan/
					/u/	/sun/ 'Sohn'
mittel	/e/		/o/		/e/	/neman/ [ë]
	[ë]					/gesti/ [ẹ]
	[ẹ]				/o/	/korn/
tief		/a/			/a/	/gast/

Lange Vokale

	vorn	neutral	hinten		vgl. in ahd.:	
hoch	/i:/		/u:/		/i:/	/tsi:t/ 'Zeit'
					/u:/	/hu:s/ 'Haus'
mittel	/e:/		/o:/		/e:/	le:ra/
					/o:/	/no:t/
tief		/a:/			/a:/	/ta:t/

Diphthonge

	vorn	neutral	hinten		vgl. in ahd.:	
hoch	/ie/		/uo/		/ie/	/mieta/
	/io/				/io/	/biotan/
	/iu/				/iu/	/hiutu/
					/uo/	/guot/
mittel	/ei/		/ou/		/ei/	/ein/
					/ou/	/boum/

Die Diphthonge sind nach dem ersten Bestandteil des Zwielautes eingeordnet. Dieses
als normalalthochdeutsch bezeichnete Vokalsystem ist das Ergebnis mehrerer Laut-
wandlungen. So geht /uo/ im Alemannischen /oa//ua/ voraus, und zeitlich liegen /ea//ia/
vor /ie/. Bis zum Spätalthochdeutschen treten weitere grundlegende Veränderungen ein
(Sekundärumlaut, Nebensilbenabschwächung, Phonemisierung der Umlautallophone
[vgl. SONDEREGGER 1980, 572], Übergang *iu > ū, ia* und *io > ie*).

2.3.1.2. *Konsonantische Phoneme*

Artikulationsstelle

Artikulationsart	labial	dental	guttural		glottal
			palatal	velar	
Explosive					
Fortes (stl.)	/p/	/t/		/k/	
Lenes (sth.)	/b/	/d/		/g/	
Frikative					
Fortes (stl.)	/f/	/s/	/ś/	/x/	
Lenes (sth.)	/w/		/j/		
Affrikaten	/pf/	/ts/		/kx/	
Nasale	/m/	/n/			
Liquide		/l/ /r/			
Hauchlaut					/h/

Neben den in der Übersicht aufgeführten einfachen Konsonanten sind für das Ahd. auch Doppelkonsonanten (Geminaten) typisch, die vor allem aus der westgerm. Gemination (s. 2.3.3.4.) und der ahd. Lautverschiebung (s. 2.3.3.1.) resultieren. Sie besitzen z. T. Phonemwert, z. B. /ofan/ 'Ofen' – /offan/ 'offen'. Für diese langen Konsonanten gibt es im Nhd. keine Entsprechung. (Vgl. SZULC 1987, 94f.)

Die Affrikaten /pf/ und /ts/ sind durch die ahd. Lautverschiebung entstanden. Sie stellen eine charakteristische Neuerung des Ahd. – und überhaupt des Hd. – gegenüber dem Nd. und dem übrigen Germ. dar. Im Bair. und im Alem. tritt neben /pf/ und /ts/ auch die Affrikata /kx/ auf. (Vgl. KIENLE 1969, §121.)

Im Gegensatz zum Nhd. gibt es im Ahd. keinen sth. *s*-Laut /z/. Die Frikative /s/ und /ś/ haben eine unterschiedliche Herkunft: /s/ (in der Gemination /ss/) ist in der ahd. Lautverschiebung entstanden; in Textausgaben und Grammatiken wird es oft durch ⟨ʒ⟩ bzw. ⟨ʒʒ⟩ oder ⟨z⟩ bzw. ⟨zz⟩ wiedergegeben. /ś/ geht auf das Germanische zurück. Der Zusammenfall beider *s*-Laute ist erst für das Spätmhd. anzunehmen.

Der Frikativlaut /x/ (*ach*-Laut) wird in den Dialekten möglicherweise schon im Ahd. durch den Frikativlaut [ç] (*ich*-Laut) ergänzt. In Teilen des Mhd. treten beide als Allophone auf. (Vgl. KIENLE 1969, §§126–128.)

Der Übersichtlichkeit wegen wurden die Halbvokale /w/ und /j/ mit in die Konsonanten eingeordnet. Der Lautwert von /w/ ist dem engl. *w* vergleichbar; er unterscheidet sich deutlich vom nhd. ⟨w⟩, das phonemisch ein /v/ darstellt. (Vgl. KIENLE 1969, §§129–137.)

2.3.2. **Vokalismus**

2.3.2.1. *Ablaut*

Der Terminus Ablaut wurde von JACOB GRIMM geprägt. Er bezeichnet den regelmäßigen Wechsel bestimmter Vokale in etymologisch zusammengehörigen Wörtern oder Wortformen, der durch die Akzentverhältnisse im Idg. bedingt ist. Er ist aus dem Idg. ererbt. Zwei Arten des Ablauts, die meist in derselben Vokalreihe nebeneinanderstehen, sind zu unterscheiden:

1. der quantitative Ablaut oder die Abstufung, bei der sich die Quantität des jeweiligen Vokals verändert, und
2. der qualitative Ablaut oder die Abtönung, bei der die Qualität des entsprechenden Vokals wechselt.

Die Entstehung der beiden Arten des Ablauts läßt sich aus den Akzentverhältnissen erklären, die zu verschiedenen Zeiten im Idg. herrschten. Die Abtönung wurde wahrscheinlich durch den musikalischen, die Abstufung dagegen durch den dynamischen Akzent verursacht. Beide entwickelten sich zu verschiedenen Zeiten.

Der quantitative Ablaut umfaßt ursprünglich vier Stufen:
  a) die Vollstufe (auch Normal- oder Hochstufe genannt)
     Der Vokal stand an starkbetonter Stelle.
  b) die Dehnstufe
     Der Vokal der Vollstufe erscheint in gedehnter Form.
  c) die Reduktionsstufe (auch Tiefstufe)
     Der Vokal stand an schwachbetonter Stelle.
  d) die Schwundstufe (auch Nullstufe)
     Der Vokal ist geschwunden, nicht nur abgeschwächt wie bei c).

Die Schwundstufe kann als Sonderfall der Reduktionsstufe angesehen werden; dann ergibt sich eine Dreigliederung. Als Terminus für diese dritte Stufe hat sich allgemein Schwundstufe eingebürgert. (Vgl. SCHWEIKLE 1986, §20 V.)

Durch den qualitativen Ablaut entstanden außerdem verschiedene Vokalqualitäten in hochtonigen Silben, so daß zwischen einer 1. und einer 2. Vollstufe unterschieden werden muß. Das Ergebnis des qualitativen Ablauts ist z.B. der idg. *e/o*-Ablaut (germ. *e/a*-Ablaut).

Auf der Basis dieses quantitativen und qualitativen Lautwechsels entstanden bestimmte Ablautreihen, die bei der Flexion der starken Verben eine entscheidende Rolle spielen, aber auch für die Wortbildung von Bedeutung sind (vgl. *trinken, Trank, Trunk*).

Der Ablaut ist in den germ. Sprachen gut erhalten und teilweise noch weiter ausgebaut worden. Im Ahd. sind im wesentlichen 6 Ablautreihen zu unterscheiden. Die Ablautverhältnisse der ahd. starken Verben beruhen bei den Reihen 1–5 auf dem idg. *e/o*-Wechsel, der im Germ. zu einem *e/a*-Wechsel geworden ist. Innerhalb dieser Reihen existiert quantitativer Ablaut

idg. *ei – i*	ahd. *î*	– *i*	(*snîdan – snitum – gisnitan*)
eu – u		*iu(io)*	– *u (o)*	(*liogan – lugum – gilogan*)
e – ê		*ë*	– *â*	(*bëran – bârum*)
e – ə		*ë*	– *ë*[46]	(*trëtan – gitrëtan*)
e – –		*ë*	– *u (o)*[47]	(*wërfan – wurfum – giworfan*)

und qualitativer Ablaut

idg. *ei – oi*	ahd. *î*	– *ei*	(*snîdan – sneid*)
eu – ou		*iu(io)*	– *ou*	(*liogan – loug*)
e – o		*ë*	– *a*	(*bëran – bar, trëtan – trat, wërfan – warf*)

Die 6. Ablautreihe basiert nicht auf dem (quantitativen und qualitativen) idg. *e/o*-Wechsel, sondern nur auf quantitativem idg. Ablaut; sie entstand eigentlich aus den beiden idg. Reihen *a/â* und *o/ô*. Auf Grund der vokalischen Veränderungen beim Übergang zum Germ. fallen sie zu einer Reihe zusammen (vgl. KIENLE 1969, §214):

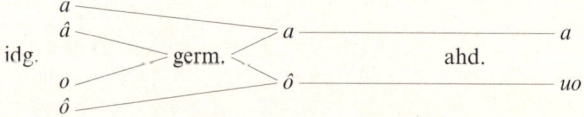

In einer weiteren Reihe – in einigen Grammatiken als 7. bezeichnet – sind Verben zusammengefaßt, die im Gotischen den Stamm des finiten Prät. durch Reduplikation oder durch Reduplikation und Ablaut bildeten: *háitan – haiháit* 'heißen – hieß', *letan – laílot* 'lassen – ließ'. (Vgl. ausführlich KIENLE 1969, §215.)

Die verschiedenen Stufen des Ablauts verteilen sich folgendermaßen auf die Flexionsformen der ahd. Verben:

---

[46] Das *e* im Part. Prät. war im Idg. ein reduzierter Vokal, unterscheidet sich im Ahd. aber nicht mehr vom *e* des Inf.

[47] Bei Verben auf silbische Liquida oder Nasal + Konsonant (*l, r, m, n*) entstanden im Germ. Stützvokale, die die Schwundstufe ausfüllten. (Vgl. auch SZULC 1987, 36f.)

Inf. und Präs.:	1. Vollstufe
1.u.3.P. Sg. Prät.:	2. Vollstufe (1. bis 5. Ablautreihe)
2.P. Sg. Prät.;Pl. Prät.:	Schwundstufe (1. bis 3. Ablautreihe) oder Dehnstufe (4. bis 6. Ablautreihe)
Part. Prät.:	Schwundstufe (1. bis 4. Ablautreihe) oder wie 1. Vollstufe (5. und 6. Ablautreihe)

2.3.2.2. *Kombinatorischer Lautwandel: Alternanz*

Bei den hier zu beschreibenden Hebungs- und Senkungsvorgängen handelt es sich jeweils um Veränderungen der Stammsilbenvokale unter dem Einfluß der Vokale der nachfolgenden Silben, also um regressive Assimilation, die wohl durch den germ. Anfangsakzent beeinflußt wurde. (Vgl. SCHWEIKLE 1986, §15 II.)

ë zu i

Die Hebung des *ë* zu *i* ist im Germ. sehr früh bezeugt; das Got. hat idg. *e* zu *i* umgewandelt (vgl. got. *wiljan* 'wollen' und das daraus abgeleitete Verbalabstraktum *wilja* 'Wille' zur idg. Wurzel **u̯el-* 'wollen, wählen'). Das Westgerm. hat diese Veränderung jedoch nicht generell, sondern nur unter bestimmten Bedingungen durchgeführt. Ob die Lautveränderungen im Got. mit denen im West- und Nordgerm. im Zusammenhang stehen, läßt sich nicht mit Bestimmtheit sagen.

ë wird zu *i*

vor Nasal + Konsonant:

idg.	**bhend-*	ahd.	*bintan*	'binden'
lat.	*ventus*		*wint*	'Wind'
lat.	*census*		*zins*	'Zins' (Lehnwort)

vor einem *i* oder *j* in der Folgesilbe:

ahd.	*bërg*	–	*gibirgi*	'Berg, Gebirge'
	ërda	–	*irdisk*	'Erde, irdisch'
	gëban	–	*er gibit*	'geben, er gibt'
		dazu *gift* (**gifti*)		'Gabe, Gift'

vor einem *u* der Folgesilbe:

idg.	**sedhus*	ahd.	*situ*	'Sitte'
lat.	*securus*		*sichûr*	'sicher' (Lehnwort)
ags.	*felo*		*filu*	'viel'
ahd.	*gëban*		*ih gibu*	'ich gebe'

Die Hebung des *ë* zu *i* erfolgte ausnahmslos von Nasal + Konsonant und vor *i* oder *j* der Folgesilbe, dagegen nur teilweise vor *u*. Wenn in der Folgesilbe *a*, *e* oder *o* stand, blieb das *ë* erhalten (*ërda* 'Erde', *hërza* 'Herz', *ih gëbe*, *du gëbêst* 'ich gebe, du gebest' [Konj.]; *gëbo* 'Geber', *hëlfo* 'Helfer').

i zu ë

Bereits in vorliterarischer Zeit wurde das *i* zu *ë* gesenkt, wenn in der Folgesilbe ein *a*, *e* oder *o* standen:

as.	*wika*	ahd.	*wëhha, wëhcha*	'Woche'
lat.	*bicarium*		*bëhâri*	'Becher' (Lehnwort)
lat.	*picem*		*pëh, pëch*	'Pech' (Lehnwort)
idg.	**uiros*		*wër*	'Mann'

Die Senkung von *i* zu *ë* vollzog sich aber nicht regelmäßig. So haben z. B. alle Part. Prät. der 1. Ablautreihe das *i* erhalten, obwohl *a* in der Folgesilbe stand:

| *gigriffan, giritan* | 'gegriffen, geritten' |

u zu o

Das *u* wird zu *o* gesenkt vor *a, e* und *o* der Folgesilbe:

idg.	*jugom	ahd.	joch	'Joch'
germ.	*gulþa		gold	'Gold'
	ahd. *tugun*	–	tohta	'taugen, taugte'
	ahd. *hulfun*	–	giholfan	'halfen, geholfen'

Vor nachfolgenden *i, j, u* oder Nasal + Konsonant bleibt *u* erhalten (*kuri* 'Erwägung, Auswahl', *sunu* 'Sohn', *zunga* 'Zunge, Rede, Sprache'). Die Senkung von *i* zu *ë* und von *u* zu *o* wird auch unter dem Begriff "Brechung" zusammengefaßt.

Entwicklung des germ. eu

Die Veränderung des germ. *eu* zu ahd. *eo* steht mit der Senkung von *u* zu *o* im Zusammenhang. Während der erste Teil des Diphthongs – das *e* – erhalten bleibt, wird der zweite Teil – das *u* – vor *a, e* und *o* der Folgesilbe zu *o*:

idg.	*theuta	germ.	*þeudō	ahd. *thiota, theota* 'Volk'
		germ.	*beutan	ahd. *biatan, bieten* 'bieten'

In der ersten Hälfte des 9. Jh. wurde dieses *eo* zu *io* (in einigen Dialekten auch zu *ia*), gegen Ende des 10. Jh. dann zu *ie*. Diese Entwicklung betrifft vor allem das Fränkische; im Bairischen und im Alemannischen wurde germ. *eu* auch bei folgendem *a, e, o* nur dann zu *eo/io*, wenn ein Dental oder germ. *h* folgte.

In allen anderen Fällen wird germ. *eu* zu ahd. *iu*, d.h., der erste Teil des Diphthongs – das *e* – wird vor *i, j* oder *u* der Folgesilbe zu *i*, der zweite Teil – das *u* – bleibt erhalten. So stehen im Ahd. nebeneinander:

beotan/biatan/bieten	aber: *ih biutu, du biutis(t)* 'bieten'
leoht, lioht	aber: *liuhtan* (aus *liuhtjan*) 'Licht, leuchten'

Um 1000 wurde das seit dem 7./8. Jh. bestehende *iu* zum Monophthong; er wurde weiterhin *iu* geschrieben, aber [*ü:*] gesprochen. (Vgl. KIENLE 1969, §26.)

2.3.2.3. *Kombinatorischer Lautwandel: i-Umlaut*

Der Umlaut beruht auf (meist regressiver, partieller) Assimilation. Durch *i* oder *j* der Folgesilbe erfolgt eine Palatalisierung des Stammsilbenvokals. Der Umlaut ist jünger als die Vokalharmonie; er ist im Ahd. seit dem 8. Jh. belegt, in anderen germanischen Sprachen dagegen schon früher. Der Umlaut erfaßt alle dunklen Vokale (*a, o, u*), in ahd. Zeit jedoch nur das kurze *a*. Alle anderen umgelauteten Vokale werden erst in mhd. Denkmälern faßbar.

Primärumlaut

Unter Primärumlaut versteht man die Umwandlung von kurzem *a* zu *e*. Für das Althochdeutsche ist das *e* als Allophon zu /a/ anzusehen. (Vgl. SZULC 1987, 82.) Das zeigt sich auch darin, daß es in den Quellen graphematisch nicht konsequent als ⟨e⟩ wiedergegeben wird. (Vgl SZULC 1987, 84.) Die Phonemisierung erfolgte erst in mhd. Zeit. (Vgl. KIENLE 1969, §28f.)

In den Grammatiken erscheint das durch Primärumlaut entstandene *e* oft als *ę*, in den Texten jedoch als einfaches *e*. Der Umlautungsprozeß wird um 750 in der Schrift erkennbar und ist im 9. Jh. im wesentlichen abgeschlossen, vgl. die Personennamen *Egihelm, Eggiolt,* und den Flurnamen *Blenchibrunnon* in der Hamelburger Markbeschreibung (1. Hälfte 9. Jh.). Er erfaßt auch die übrigen westgerm. Sprachen und das Anord.

ahd.	gast	gęsti	'Gast, Gäste'
ahd.	lang	lęngiro	'lang, länger'
ahd.	trank	tręnken	(aus *trankjan*) 'trank, tränken'
lat.	asinus	ęsil	'Esel'

Umlaut erfolgt auch dann, wenn ein mit *i* anlautendes Pronomen dem Stamm eng angeschlossen ist (vgl. BRAUNE 1987, §26.3):

gab imo	> *gẹb imo*	'gab ihm'
warf iz	> *wẹrf iz*	'warf es'
nam ih	> *nẹm ih*	'nahm ich'

In diesen Fällen ist der Umlaut später wieder beseitigt worden.

Unter bestimmten Bedingungen konnte sich der Umlaut im Ahd. nicht durchsetzen. Man unterscheidet zwischen gesamtahd. und obd. Umlauthinderungen.

a) Gesamtahd. Umlauthinderungen:
Der Umlaut trat nicht ein, wenn
1. das *i* oder *j* schon geschwunden war, ehe der Umlautprozeß begann;
2. die Silbe, die das *i* enthielt, einen stärkeren Nebenton trug (*kraftlîh* 'stark, gewaltig, mächtig', *irstantnissi* 'Auferstehung');
3. zwischen dem *a*-Vokal der Stammsilbe und dem *i* oder *j* der Folgesilbe Konsonanten standen, die der Palatalisierung entgegenwirkten.
Solche Konsonantenverbindungen waren:

ht	*mahti, nahti*	'Mächte, der Nacht'
hs	*wahsit*	'wächst'
Konsonant + *w*	*garwita*	'gerbte, bereitete'.

b) Obd. Umlauthinderungen:
Außer den gesamtahd. Umlauthinderungen hatte das Obd. noch eine Reihe weiterer Umlauthinderungen aufzuweisen, die jedoch nicht konsequent durchgeführt waren. Im allgemeinen trat der Umlaut nicht ein, wenn auf die Stammsilbe folgende Konsonanten oder Konsonantenverbindungen folgten:

1. *l* + Konsonant	*haltit, altiro*	'hält, älter'
2. *r* + Konsonant	*starchiro, arbi*	'stärker, Erbe'
3. germ. *h*	*ahir, slahit*	'Ähre, schlägt'
4. ahd. *h* (<germ.*k*)	*sahhit, gimahhida*	'streitet, Gemeinsamkeit'.

Sekundärumlaut und Umlautung weiterer Vokale
Die gemeinahd. und zum Teil auch die obd. Umlauthinderungen sind im Mhd. beseitigt worden; der in diesen Fällen nachträglich eingetretene Umlaut wird als Sekundärumlaut bezeichnet.[48] In mehrsilbigen Wörtern lautete *i* oder *j* der dritten Silbe den Stammvokal ebenfalls um, wenn vorher eine Angleichung der Mittelsilbe an die dritte Silbe erfolgt war:

aphuli	**aphili*	*ẹphili*	'Äpfel'
managî	**manigî*	*mẹnegî*	'Menge'

Im Ahd. hat sich dieser Umlaut nur in wenigen Wörtern (*frẹmidi* 'fremd', *ẹdili* 'vornehm, adlig; hervorragend') durchgesetzt, während neben *mẹnigî* häufig noch *managî* steht.

Neben dem kurzen *a* sind wahrscheinlich auch die übrigen dunklen Vokale schon im Spätahd. umgelautet gesprochen worden, denn im Mhd. ist das palatalisierende *i* oder *j* der Folgesilbe bereits zu *e* abgeschwächt worden, konnte also keinen Umlaut mehr hervorrufen, es sei denn durch Analogie. Der Umlaut von *û* (*iû*, geschrieben *iu*) wird seit dem 10.Jh. in der Schrift verwendet, die anderen Umlaute erst im Mhd.: *hûsir/hiusir* 'Häuser'. Zur Weiterentwicklung im Mhd. s. 3.4.1.1.

Rückumlaut. Als Rückumlaut bezeichnete J. GRIMM die Erscheinung, daß bei den schwachen Verben der 1. Klasse, den *jan*-Verben, im Prät. *a* als Stammvokal auftritt, obwohl Umlaut-*e* zu erwarten wäre (*brennen – branta*). Er war der Ansicht, hier sei Umlaut vorhanden gewesen, später aber wieder beseitigt worden. Heute ist bekannt,

---

[48] Teilweise wird der Begriff auch weiter gefaßt, vgl. KIENLE 1969, § 30; SONDEREGGER 1980, 572; vgl. auch SZULC 1987, 87.

daß im Prät. dieser schwachen Verben gar kein Umlaut eintrat, wenn das *i* synkopiert worden war. Das geschah:

1. nach langer Stammsilbe (*kêren – karte, wenten – wanta* 'wenden; wendete, wandte');
2. bei den durch die 2. Lautverschiebung langstämmig gewordenen Verben auf germ. *p, t, k*, ahd. *pf, tz, ck* (*stepfen – stafta, sezzen – sazta, decken – dahta, dacta* 'stapfen – stapfte; setzen – setzte; decken – deckte');
3. vor germ. *l* (*zellen – zalta* neben *zelita* 'erzählen, erzählte')
4. vor germ. *d*, ahd. *tt* (*retten – ratta* neben *retita* 'retten, rettete').

2.3.2.4. *Althochdeutsche Monophthongierung*

Bei der Monophthongierung und der Diphthongierung handelt es sich ebenfalls um qualitative Veränderungen der Stammsilbenvokale. Sie werden jedoch nicht durch den Vokal der Folgesilbe bewirkt.

ai/ei zu ê. Die Monophthongierung des germ. *ai*, ahd. meist schon *ei*, zu langem *ê* ist auf wenige Fälle beschränkt. *ei* wird im Ahd. nur dann zu *ê*, wenn *h, r* oder *w* folgt:

got. *maiza*	ahd. *mêro*		'mehr'
ahd. *zîhan*	– *zêh* (statt *zeih*)		'zeihen, zieh'
ahd. *spîwan*	– *spêo* (statt *speiw*; *w* > *o* im Auslaut)	'speien, spie'

au/ou zu ô. Germ. *au*, ahd. meist *ou*, wird vor Dentalen *d, t, z, s, n, r, l* und germ. *h* zu *ô* monophthongiert. Dieser Monophthongierungsvorgang hat sich im Ahd. besser durchgesetzt als der vorhergenannte.

got. *dauþus*	ahd. *tôd*	'Tod'	got. *laun*	ahd. *lôn*	'Lohn'
rauþs	*rôt*	'rot'	*ausô*	*ôra*	'Ohr'
stautan	*stôzan*	'stoßen'	lat. *caulis*	*kôl*	'Kohl'
laus	*lôs*	'los'	got. *háuhs*	*hôh*	'hoch'

Im Sg. Prät. der starken Verben der 2. Ablautreihe finden sich zahlreiche monophthongierte Formen:

ahd. *giozan*	*gôz*	'gießen, goß'
kiosan	*kôs*	'wählen, wählte'
ziohan	*zôh*	'ziehen, zog'

Der Infinitiv einiger starker Verben der reduplizierenden Reihe wurde auch monophthongiert:

ahd. *stôzan*	'stoßen' s. o.
scrôtan	'schneiden, schroten'

Die beiden Monophthongierungsvorgänge laufen zeitlich nicht parallel. Die Entwicklung von *ei* zu *ê* beginnt bereits im 7. Jh. und ist im 8. Jh. abgeschlossen, die von *ou* zu *ô* beginnt erst im 8. Jh. und ist im 9. Jh. beendet. Im As. wurde die Monophthongierung generell durchgeführt:

got. *stains*	as. *stên* 'Stein'
ahd. *troum*	as. *drôm* 'Traum'

Während sich im Ahd. die Monophthongierung nur in den positionsbedingten Fällen durchsetzt, ist in nhd. Zeit die ma.-ugsprl. Lautung *ē* statt *ei* bei allen zugehörigen Wörtern im Schles., Obsächs., Thür., Mittelfränk., Rheinfränk. einschließlich Pfälzischem bis an die Grenze des Elsässischen vorgedrungen; im Oberhess., Südhess., Oberpfälzischen und in großen Teilen des Ostfränk. steht *ā* für dieses *ē*. *ei* bleibt in diesen Mundarten im Anlaut und im Inlaut vor Vokalen: *Eier, Schleier*. Ähnlich verläuft die räumliche Ausbreitung des Monophthongs *ō* statt *ou* (späterem *au*). Der sich unmittelbar ans Nd. anschließende Streifen des Md. hat ma.-ugsprl. meist *ō*: Schles., Obsächs., Thür., Ndfränk., Rip. und nördlicher Teil des Moselfränk. (Vgl. SCHIRMUNSKI 1962, 233ff.)

2.3.2.5. *Althochdeutsche Diphthongierung*

Germ. ê zu ahd. ia. Im 8./9. Jh. wird germ. *ê* im Ahd. zu *ia* aufgespalten. Seit der Mitte des 9. Jh. wird *ia* zu *ie*. Diese Form herrscht dann auch während des Mhd. vor.

as.	*mêda*	ahd.	*miata*	'Lohn'
got.	*hêr*		*hiar*	'hier'
as.	*hêt*		*hiaz*	'hieß'
as.	*rêd*		*riat*	'riet'
lat.	*spēculum*		*spiagal*	'Spiegel'
lat.	*tēgula*		*ziagal*	'Ziegel'

Germ. ô zu ahd. uo. Der Wandel von germ. *ô* > *uo* zeigt sich in den ahd. Schriften des 8. und 9. Jh. Sein unterschiedliches Vordringen ist ein Hilfsmittel bei der Lokalisierung und Datierung von ahd. Schriftdenkmälern. Um 900 hat sich diese Diphthongierung in allen Dialekten durchgesetzt.

got.	*fôtus*	ahd.	*fuoz*	'Fuß'
	brôþar		*bruoder*	'Bruder'
	sôkjan		*suohhan*	'suchen'
	fôr		*fuor*	'fuhr'

Die Diphthongierung erfolgte nur in den Stammsilben, also in hochtonigen Silben. Die Nebensilben behalten die alten Monophthonge (got. *salbôda*, ahd. *salbôta* 'salbte'). Im Altsächsischen fehlt die Diphthongierung, s. o. *hêr* 'hier' und as. *fôt* = ahd. *fuoz* 'Fuß'.

2.3.2.6. *Vokaldehnung durch Nasalschwund*

Der Nasal *n* war im Germ. vor *h* zu einem gutturalen (velaren) Nasal geworden (etwa wie *ng*). Schon in germ. Zeit schwand dieser Nasal vor nachfolgendem *h*. Der vorangehende kurze Vokal der Stammsilbe wurde zunächst nasaliert (etwa *ã*) und später gedehnt. Man spricht deshalb auch von Ersatzdehnung.

Das ahd. Prät. *brâhta* 'brachte' entstand aus germ. *branhta (ursprünglich *brañhtô); ahd. *dâhta* 'dachte' entwickelte sich aus germ. *þanhta (ursprünglich *þanktô); dem ahd. *dunken* – *dûhta* 'dünken, deuchte' entspricht germ. *þunhta (ursprünglich *þunktô). Die Unterschiede, die durch diesen Nasalschwund zwischen Präs. und Prät. entstanden, sind teilweise bis heute erhalten geblieben (*bringen* – *brachte*, *denken* – *dachte*). Einige Ersatzdehnungen, die daneben im Ahd. vorhanden waren, wurden später durch Ausgleich innerhalb des Paradigmas wieder beseitigt (ahd. *fâhan* – *fiang* 'fangen, fing', *hâhan* – *hiang* 'hangen/hängen, hing').

2.3.2.7. *Vokalismus der Nebensilben*

Vokalismus der Endsilben

Die Endsilben weisen im Ahd. folgende Vokale auf:

Kurzvokale	*a e i o u*
Langvokale	*â ê î ô û*
Diphthonge	nur *iu* (bei der Flexion des Adjektivs und des Pronomens)

Die Abschwächung der vollklingenden Endvokale zu *e* wird bereits in ahd. Texten aus dem 9. Jh. sichtbar. Sie breitete sich im 10. Jh. weiter aus. Im 11. Jh. sind die alten Vokale weitgehend verdrängt. In bezug auf den Vokalismus der Endsilben unterscheiden sich die einzelnen Schriftdenkmäler zum Teil erheblich voneinander. Endergebnis der Vokalschwächung ist in der Regel ein unbetontes *e*, das an die Stelle aller übrigen Vokale tritt. Es ist ein Kennzeichen für die mhd. Sprachperiode. Nur das Alemannische hat noch in mhd. Zeit volle Vokale in den Endsilben (Flexionsformen) aufzuweisen.

Vokalismus der Mittelsilben

Die Vokale der Mittelsilben in drei- und mehrsilbigen Wörtern entwickeln sich im Ahd. noch schneller zum unbetonten *e* als die Vokale der Endsilben. Sie sind weniger fest als die Endsilbenvokale und daher auch mehr Schwankungen unterworfen. Im Ahd. gibt ein kurzer Vokal vor einfacher Konsonanz seine feste Qualität früher auf als ein kurzer Vokal vor mehrfacher Konsonanz oder als ein langer Vokal (vgl. KIENLE 1969, §64). Auf einige wesentliche Erscheinungen ist hinzuweisen:

1. Bewahrung durch Nebenton gestützter Mittelsilbenvokale: Die Bewahrung von Mittelsilbenvokalen, die durch ihre Schwere einen stärkeren Nebenton tragen, ist z. T. bis ins Mhd. zu verfolgen (*scrîbâri* – mhd. *scrîbære* 'Schreiber', *kuninginna* – mhd. *küniginne* 'Königin', *firstantnissa* – mhd. *verstantnisse* 'Verständnis').

2. Synkope kurzer Mittelsilbenvokale: Alte Mittelsilbenvokale fallen beim Übergang vom Germ. zum Ahd. im Prät. der sw. Verben der 1. Klasse aus, wenn diese einen langen Stammvokal oder einen Diphthong haben.

ahd. *hôren* – *hôrta* (statt *hôrita*) 'hören, hörte'
suohhen – *suohta* 'suchen, suchte'

3. Assimilation unbetonter Mittelsilbenvokale: Im Ahd. werden unbetonte Mittelsilbenvokale sehr häufig assimiliert. Allerdings wurde diese Angleichung nicht konsequent durchgeführt. Am häufigsten wird der Mittelsilbenvokal an den Endvokal angeglichen:

wuntar – *wuntorôn* neben *wuntarôn* und *wunterôn* 'Wunder, wundern' , *zwîval* – *zwîvolôn* 'Zweifel, zweifeln'

seltener an den Vokal der Stammsilbe:

scînan – *scînintaz* (statt *scînantaz*) 'scheinen, scheinendes'

4. Entstehung neuer Mittelsilbenvokale: Im Ahd. entwickelt sich eine ganze Anzahl neuer Mittelsilbenvokale nach Abfall ursprünglicher Endungen:
a) Auslautendes *l*, *r*, *m*, *n* wurde im Ahd. zu *al*, *ar*, *am*, *an*:

got.	*fugls*	ahd.	*fogal*	'Vogel'
	hlûtrs		*hlûtar*	'lauter'
	taikns		*zeihhan*	'Zeichen'
germ.	*faþ-ma-*		*fadam, fadum*	'Faden'

b) Zwischen *l* oder *r* und nachfolgendem Konsonanten und vor *w* entstanden im Ahd. Zwischenvokale (meist *a* oder *u*). Sie waren aber so unfest, daß sie ein danebenstehender anderer Vokal leicht beeinflussen konnte:

bifelhan/bifelahan   'anvertrauen, empfehlen'
farwa/farawa   'Farbe'

Diese neuentstandenen Vokale werden auch als Sproß-, Stütz- oder Sekundärvokale bezeichnet. Sie sind unfest und gehen meist ebenso schnell verloren, wie sie entstehen. Ausnahmen bilden die durch Stützvokale ausgefüllten Schwundstufen der starken Verben (siehe 2.3.2.1.).

5. Vokalismus der Nebensilben: Stehen die Vokale der Vorsilben vor dem Wortakzent, werden sie bereits im Ahd. reduziert. Dies gilt immer für das verbale Präfixkompositum, das seit vorliterarischer Zeit den Wortakzent auf der Stammsilbe trägt, also für Verben auf *za-/zi-/ze-* 'zer-', auf *ant-/int-* 'ent-', auf *ur-/ar-/ir-* 'er-', auf *far-/for-/fer-/fir-/fur-* 'ver-', auf *bi-/be-* 'be-' und auf *ga-/gi-/ge-* 'ge-'. Die Abschwächung beginnt im Fränk., wo sich früh *i*-Formen durchsetzen, vgl. *zifaran* 'zergehen', *intfaran* 'entfliehen', *irfaran* 'erfahren', *gifaran* 'wandeln' gegenüber *zuofaran* 'heranfahren', *ûzfaran* 'herausfahren'. Beim nominalen Kompositum auf *ant-*, *ur-*, *bi-*, *in-*, *furi-* bleibt der germ. Akzent erhalten, während sich bei ahd. *ga-* und *za-* die verbale Stammbetonung auch im nominalen Kompositum durchgesetzt hat, die Vorsilben also gleichfalls reduziert werden, vgl. ahd. *antlâz* 'Entlassung', dazu das heutige *Urlaub* gegenüber *erlauben* und *Urteil* gegenüber *erteilen*. Bei den Vokalen der unbe-

tonten Vorsilben sind also im Ahd. Schwankungen und frühe Abschwächungen festzustellen. (Vgl. KIENLE 1969, §63.)

2.3.3. Konsonantismus

2.3.3.1. *(Alt)Hochdeutsche Lautverschiebung*

Die ahd. Lautverschiebung, auch 2. Lautverschiebung genannt, ist in ahd. Zeit die
wichtigste Erscheinung im Bereich des Konsonantismus. Sie betrifft die germ. Tenues /p
t k/ und die germ. Medien /b d g/ (aus /ƀ đ g/). Man spricht daher von der Tenues- und
Medienverschiebung.

Durch die Tenuesverschiebung wurde der Phonembestand erweitert und umstrukturiert: Als neue Phoneme treten die Affrikaten /pf/, /ts/ und /kx/ auf. Außerdem hat
sich die Zahl der Wörter mit den Doppelfrikativen /ff/, /ss/ und /xx/ vergrößert.

Die ahd. Lautverschiebung ist ein umfangreicher Prozeß, der sich über mehrere Jahrhunderte hingezogen und sich in den einzelnen Sprachgebieten unterschiedlich ausgedehnt und ausgewirkt hat. Ihr Beginn wird für das 5./6. Jh. u. Z. angesetzt, also vor der
Zeit, aus der uns Handschriften überliefert sind. Sie breitete sich von Oberdeutschland,
vom Bairischen und Alemannischen her, nach Norden hin aus. Ihr Ergebnis ist die
deutliche Trennung des hd. Konsonantenstandes vom nd. und innerhalb des hd. Konsonantenstandes eine Konsonantendifferenzierung, die als das wichtigste Kriterium für
die Abgrenzung der Dialekte gilt.

Im wesentlichen ist die hd. Lautverschiebung um 800 abgeschlossen; in einigen Gebieten breitete sie sich auch danach noch weiter aus. So hat sich die nd.-hd. Sprach-
scheide bis 1500 allmählich herausgebildet. Das Hd. mit seinen lautverschobenen Formen dringt aber auch heute noch gegen das nd. Sprachgebiet vor. (Vgl. Karte 6.)

Tenuesverschiebung

Die germ. stl. Explosivlaute /p t k/ werden je nach ihrer Stellung im Wort verschoben
a) zu den ahd. Affrikaten /pf ts kx/ im Anlaut, inlautend und auslautend nach den
   Konsonanten /l r m n/ und in der Gemination. Auf orthographische Besonderheiten
   wird bei unseren Betrachtungen nicht eingegangen (siehe 2.2.2.);
b) zu den ahd. stl. Doppelfrikativen /ff ss xx/ im Inlaut zwischen Vokalen und im
   Auslaut nach Vokalen.

/p t k/ > /pf ts kx/. Die Verschiebung von /t/ > /ts/ ist gleichmäßig über das ganze hd.
Gebiet verbreitet. Dialektunterschiede gibt es hier nicht.

got.	*tiuhan*	as. *tiohan*	ahd. *ziohan*
	haírtó	*hërta*	*hërza*
	satjan	*sëttian*	*sëtzan*

Unverschoben bleibt /t/ in den Verbindungen /tr ht ft st/. In Verbindung mit /s/
werden auch /p/ und /k/ nicht verschoben; es steht also immer /st sp sk/. Die Konsonantenverbindungen /st sp sk/ wurden auch von der germ. Lautverschiebung nicht betroffen.

/tr/	=	got.	*triggws*	–	ahd. *gitriuwi*
/ht/	=		*nahts*	–	*naht*
/ft/	=		*luftus*	–	*luft*
/st/	=		*stains*	–	*stein*

Die Verschiebung von /p/ > /pf/ zeigen u. a. folgende Wörter:

as.	*pund*	ahd. *pfund*	
	plëgan	*pflëgan*	
	skeppian	*skepfen* 'schöpfen, (er-)schaffen'	
	dorp	*dorpf > dorf*	
	hëlpan	*hëlpfan > hëlfan*	seit 9. Jh.

Die Dialekte weisen hier gewisse Eigenheiten auf. Deshalb wird als Kriterium bei der Einteilung der Dialekte oft die Verschiebung von /p/ > /pf/ herangezogen.

Im Inlaut und im Auslaut nach /l/ und /r/ wird fast im gesamten hd. Sprachgebiet /p/ > /pf/. Eine Ausnahme bildet das Mittelfränk. Dort heißt es *dorp, hëlpan*. Im Anlaut und in der Gemination wird im Bair., Alem. und Ostfränk. /p/ > /pf/. Im Mittelfränk. und Rheinfränk. bleibt /p/ jedoch unverschoben, z.B. *appel – apfel, pund – pfund*.

Unverschoben bleibt das /p/ in der Verbindung /sp/, z.B. ahd. *spil, spinnan, sprahha* (s. oben).

Die Verschiebung von /k/ > /kx/ ist nur im Bair. und Alem. durchgeführt, in allen fränk. Dialekten bleibt /k/ erhalten. Beispiele aus dem Bair. und Alem.:

got.	*kaúrn*	bair./alem.	*chorn, khorn*	aber: fränk.	*korn*
as.	*wërk*		*wërch, wërcch*		*wërk*
as.	*wëkkian*		*wëchan, wëcchan*		*wëcken*

In der Verbindung /sk/ bleibt /k/ auch im Bair. und Alem. unverschoben; z.B. *skeidan, skoni, fisk*. Beim Übergang zum Mhd. hat sich diese Konsonantenverbindung zu ⟨sch⟩ weiterentwickelt.

/p t k/ > /ff ss xx/. Diese Verschiebung erstreckt sich über das ganze hd. Sprachgebiet bis zur nd. Grenze.

as.	*slâpan*	–	ahd. *slâffan > slâfan*	'schlafen'
	opan	–	*offan*	'offen'
	ëtan	–	*ëzzan*	'essen'
	lâtan	–	*lâzzan*	'lassen'
	hwat	–	*hwaz*	'was'
	makon	–	*mahhon*	'machen'
	ik	–	*ih*	'ich'

Wie diese Beispiele zeigen, tritt im Auslaut und nach langem Vokal im Inlaut Vereinfachung der Doppelkonsonanz auf.

Im Mittelfränk. wurde das auslautende /t/ der vier neutralen Pronomen *that, it, wat, allet* nicht von der Verschiebung betroffen. Mittelfränk. heißt es demnach: *that wazzar*.

Medienverschiebung

Die Medienverschiebung betrifft die vorahd. sth. Explosivlaute /b d g/ die aus den germ. sth. Frikativlauten /ƀ đ g / hervorgegangen sind. Während bei der Tenuesverschiebung auf dem gesamten Sprachgebiet die Laute /p t k/ gleichermaßen vorhanden waren, ist für /ƀ đ g / kein einheitlicher Stand in allen Dialekten vorauszusetzen. Daraus ergeben sich verschiedene Besonderheiten bei der Lautverschiebung.

Verschiebung von vorahd. /b/ > bair./alem. /p/. Der germ. sth. Frikativlaut /ƀ/ ist im Mittelfränk. und im As. im Anlaut, im Inlaut nach /m/ und in der Gemination zu /b/ geworden, sonst ist er sth. Frikativlaut geblieben (⟨v⟩ oder ⟨f⟩ geschrieben):

mittelfränk. *bëran, lamb, sibbia*, aber: *gëvan, gaf*.

Im Ostfränk. und Rheinfränk. dagegen steht überall ⟨b⟩:

bëran, lamb, sibbia, gëban, gab.

Im Bair. und Alem. wurde /b/ zu /p/ verschoben. Diese Verschiebung von an- und inlautendem /b/ > /p/ ist für das Bair. ein besonders charakteristisches Merkmal, und zwar nicht nur in ahd. Zeit, sondern bis ins Frnhd.:

fränk.	*gëban*	–	bair.	*këpan*
	sibun	–		*sipun*
	bëran	–		*përan*
	sibba	–		*sippa*

Im Alem. steht /p/ nur anlautend und in der Gemination.

Die Verschiebung von /b/ > /p/ wird jedoch im Spätahd. zum Teil wieder rückgängig gemacht. Ausgenommen davon ist die Gemination. Im 11. Jh. heißt es also *bëren, gëben*, aber: *sippa*.

Verschiebung von vorahd. /d/ > ahd. /t/. Der germ. sth. Frikativlaut /đ/ ist bereits in vorahd. Zeit zum Explosivlaut /d/ geworden und wird im Bair., Alem. und Ostfränk. stets zu /t/. Im Rheinfränk. und Mittelfränk. bleibt das alte /d/ meist unverschoben. In der Gemination wird jedoch auch im Rheinfränk. /dd/ > /tt/.

as.	*dohter*	*bindan*	*biddian*
rheinfränk.	*dohter*	*bindan* und *bintan*	*bitten*
ostfränk., bair., alem.	*tohter*	*bintan*	*bitten*

OTFRID (südrheinfränk.) verwendet im Anlaut vorwiegend ⟨d⟩, im In- und Auslaut dagegen vorwiegend ⟨t⟩, z. B. *dag, drinkan,* aber: *biatan, stunta, liut.* Besonders auffällig ist OTFRIDS Schreibung von 'tot' (Adj.) und 'Tod' (Subst.): Das Adj. schreibt er meist *dot,* das Subst. meist *tod.*

Spätahd. ist /nt/ zu /nd/ geworden; z. B.

> *binten > binden, henti > hende.*

Verschiebung von vorahd. /g/ > bair./alem. /k/. Der germ. sth. Frikativlaut /g/ ist im Vorahd. als /g/ und /g/ anzusetzen. Im Gesamtfränk. steht dafür /g/:

> as. *gëban, ôga, liggian* – fränk. *gëban, ouga, liggen.*

Im Bair. und Alem. wurde /g/ häufig zu /k/ verschoben, und zwar stets in der Gemination, oft im Anlaut, jedoch seltener im Inlaut:

> *likkan, rucki; këban, kot* (as. *god*) – auch *gëban, got; ouga* – gelegentlich auch *ouca.*

Seit dem 11. Jh. wird /k/ jedoch wieder durch /g/ verdrängt, nur in der Gemination bleibt es erhalten, z. B.

> as. *hruggi* – ahd. (bair. und alem.) *hrucki, rucci* 'Rücken' (vgl. auch /bb/ > /pp/).

Übersicht über die 2. Lautverschiebung:

	Tenuesverschiebung			Medienverschiebung		
Germanisch	*p*	*t*	*k*	*ƀ*	*đ*	*g*
Voralthochdeutsch	*p*	*t*	*k*	*b ƀ*	*d*	*g g*
Ripuarisch	*ff p*	*zz*[1] *tz*	*hh k*	*b ƀ*	*d*	*g*
Moselfränkisch	*ff p*[2]	*zz tz*	*hh k*	*b ƀ*	*d*	*g*
Rheinfränkisch	*ff p*[2]	*zz tz*	*hh k*	*b*	*d t*	*g*
Ostfränkisch	*ff pf*	*zz tz*	*hh k*	*b*	*t*	*g*
Alemannisch	*ff pf*	*zz tz*	*hh kch*	*p*[3] *b*	*t*	*k*[3] *g*
Bairisch	*ff pf*	*zz tz*	*hh kch*	*p*[3]	*t*	*k*[3] *g*

[1] Ausnahmen sind: *dat, it, wat, allet.*
[2] Im Rhein- und Moselfränkischen wird nach /l/ und /r/ /p/ zu /f/: es heißt dort also *helfan, dorf,* aber: *perd.*
[3] Diese Verschiebung bleibt nur in der Gemination erhalten, in den übrigen Stellungen wurde sie später zum Teil rückgängig gemacht (siehe 4.3.2.1.).

2.3.3.2. *Entwicklung der germanischen stimmlosen Frikativlaute /f þ χ/ im Althochdeutschen*

Im Germ. gibt es neben den sth. Frikativen /ƀ đ g/ die sich in vorahd. Zeit zu /b d g/ weiterentwickelt haben und dann von der ahd. Lautverschiebung betroffen worden sind, die in der 1. Lautverschiebung entstandenen stl. Frikative /f þ χ/. Auch diese Konsonanten unterliegen gewissen Veränderungen.

Germ. /f/. Germ. /f/ bleibt im Ahd. erhalten; es unterscheidet sich jedoch in der Lautqualität von dem neuen aus germ. /p/ entstandenen /f/ oder /ff/. Während das germ. /f/ im Ahd. oft als ⟨u⟩ geschrieben wird, wird das aus germ. /p/ entstandene /f/ nie durch ⟨u⟩

wiedergegeben. Es ist anzunehmen, daß die Wiedergabe durch ⟨u⟩ eine Erweichung des /f/ ausdrückt. In Grammatiken und Textausgaben wird statt ⟨u⟩ meist ⟨v⟩ geschrieben, z. B. ahd. Nom. *hof*, Gen. *houes*; got. *filu*, ahd. *filu* oder *vilu*.

Germ. /þ/. Germ. /þ/ (got. /þ/, as. /th đ/) wandelte sich im Laufe des Ahd. und des And. zu /d/. Die Verschiebung von /þ/ zu /d/ (über /đ/) ist im gesamten Sprachgebiet erfolgt, also auch im Nd. Sie zeigt sich zuerst im 8. Jh. im Bairischen, es folgt das Alemannische. Im 9. Jh. hat sich das /d/ endgültig im Bair., Alem. und Oberfränk. durchgesetzt, im 10./11. Jh. im Mittelfränk., danach im Ndfränk. und Nd. Diese sprachliche Veränderung wird mitunter auch zur ahd. Lautverschiebung gerechnet (vgl. KIENLE 1969, §81; SONDEREGGER 1980, 572f.).

got. *þaúrnus*	ags. *þorn*	as. *thorn*	ahd. *thorn, dorn*	'Dorn'
þreis		*thrî*	*dhrî, drî*	'drei'
aírþa		*ërtha*	*ërtha, ërda*	'Erde'

Germ. /χ/. Germ. /χ/ ist im Ahd. im allgemeinen als Schriftzeichen ⟨h⟩ beibehalten worden. Der Lautwert dieses gutturalen Frikativlautes hat sich jedoch zum großen Teil verändert.

Im Silbenanlaut hat sich germ. /χ/ im Ahd. zum Hauchlaut entwickelt, z. B. *hano, hant, fliohan, ziohan*.

Im Inlaut vor Konsonanten und im Auslaut dagegen ist es Frikativlaut geblieben, z. B. ahd. *sah, zôh, naht*. In dieser Stellung fiel es lautlich und graphisch mit dem aus germ. /k/ durch die hd. Lautverschiebung entstandenen /h/ zusammen.

In der Konjugation tritt daher ein geregelter Wechsel von Frikativlaut und Spirans auf, z. B. 1. P. Sg. Präs. *ziuhu*, 1. P. Sg. Prät. *zôh*, Imp. Sg. *ziuh*.

Beim Adjektiv stehen sich die unflektierten und die flektierten Formen gegenüber: *hôh*, aber: *hôher, nâh*, aber: *nâhôr* 'näher'. Die davon abgeleiteten Adverbien heißen *hôho* und *nâho* und das mit *i* abgeleitete Substantiv *hôhî* 'Höhe'.

Gelegentlich findet sich ein ⟨h⟩ an Stellen, an die es historisch gesehen nicht gehört, so z. B. bei Verben, deren Wurzel auf einen Vokal endet, vermutlich, um einen Hiat zu überbrücken; so steht neben *sâan* auch *sâhan* 'säen', neben *bluoan* auch *bluohan* 'blühen'. Umgekehrt fehlt mitunter das ⟨h⟩ im Inlaut, wo es etymologisch gesehen stehen müßte: *sëan* statt *sëhan* 'sehen', *sëe* statt *sëhe* u. a. Beide Erscheinungen gelten als Beweis dafür, daß germ. /χ/ im Silbenanlaut zum Hauchlaut geworden ist.

Im Wortanlaut vor Konsonanten ist germ. /h/ im Ahd. geschwunden. Jedoch in den frühen ahd. Sprachdenkmälern wird das ⟨h⟩ in den Konsonantenverbindungen ⟨hl- hn- hr- hw-⟩ noch geschrieben:

as. *hlûd*	ahd. *hlût*	>	*lût*	'laut'
hnîgan	*hnîgan*	>	*nîgan*	'neigen'
hruggi	*hrucki*	>	*rucki*	'Rücken'
hwît	*hwîz*	>	*wîz*	'weiß'

2.3.3.3. *Grammatischer Wechsel*

Im Hildebrandlied finden wir in Vers 7 die Form *uuas*, Vers 9 *wâri*, Vers 16 *wârun* – nhd. *war, wäre, waren* oder in Vers 54 *werdan* und Vers 67 *wurtun* – nhd. *werden, wurden*. In diesen Beispielen fällt ein Wechsel des stammauslautenden Konsonanten auf. Dabei handelt es sich nicht um eine Unkorrektheit oder Willkürlichkeit des ahd. Schreibers, sondern um eine Gesetzmäßigkeit des ahd. Konsonantismus, die als grammatischer Wechsel bezeichnet wird. (Vgl. SZULC 1987, 111f.; KIENLE 1969, §74; SCHWEIKLE 1986, §17 I.)

Unter grammatischem Wechsel versteht man den Wechsel von
d – t, h – g, f – b, s – r
in Wörtern oder Wortformen gleichen Stammes. Als Nebenpaare zum Wechsel *h – g* gibt es im Ahd. auch den Wechsel *h – w* und den Wechsel *h – ng*.

Der grammatische Wechsel beruht auf dem Vernerschen Gesetz (siehe 1.1.2.2.1.). Diese aus dem Vorgermanischen ererbte sprachliche Erscheinung, die die idg. Akzentverhältnisse bis in die Gegenwart widerspiegelt, ist nicht in allen Sprachen gleichermaßen gut erhalten. Während z. B. das Got. den grammatischen Wechsel bis auf einige erstarrte Reste ausgeglichen hat, ist das Ahd. konservativer und hat ihn in vielen Fällen, im Frühahd. in der Konjugation immer, bewahrt. Je älter ein ahd. Text ist, desto besser zeigt er den grammatischen Wechsel.

Am ausgeprägtesten zeigt sich der grammatische Wechsel im Ahd. in der Flexion der starken Verben. Da im Idg. der Akzent im Präsens und im Sg. Prät. auf dem Stamm lag, im Pl. Prät. und im Part. Prät. dagegen auf der Endung, wechselt im Ahd. der Konsonant des Präsens und des Sg. Prät. mit dem des Pl. Prät. und Part. Prät.

snîdan	*sneid*	*snitum*	*gisnitan*	(1. Reihe)
ziohan	*zôh*	*zugum*	*gizogan*	(2. Reihe)
friosan	*frôs*	*frurum*	*gifroran*	(2. Reihe)

Der grammatische Wechsel ist nicht auf die Flexion beschränkt, sondern zeigt sich auch in der Wortbildung. Zum Beispiel gehören zu *snîdan* 'schneiden' *snita* 'Schnitte', *snit* 'Ernte', *snitâri* 'Schnitter', zu *lîdan* 'gehen' gehört *leitan* 'führen', zu *kiosan* 'wählen' – *kuri* 'Wahl', zu *heffen* 'heben' und *heva* 'Hefe' – *habuh* 'Habicht'.

2.3.3.4. Gemination

Im Tatiantext (Lucas 2, 8–20) fällt eine Reihe von gleichen Doppelkonsonanten (Geminaten) auf: *lantskeffi, berahtnessi, mihhilero, allemo, crippea, sibba* u. a. Während die nhd. Doppelkonsonanten die Kürze des vorangehenden Vokals bezeichnen, selbst aber weder lang noch doppelt gesprochen werden, bezeichnen die ahd. Geminaten einen doppelten oder langen Konsonanten. Im Nhd. steht ein Doppelkonsonant nur nach kurzen Vokalen, im Ahd. dagegen ist Geminata auch nach langem Vokal möglich. Sie tritt nur selten auf und wurde schon früh wieder ausgeglichen, d. h., phonetisch gesehen, sie wurde schon früh wieder verkürzt, z. B.
ahd. *hlûttar > lûtar* 'lauter, rein'

Die im Ahd. vorkommenden Doppelkonsonanten sind unter unterschiedlichen Umständen und zu verschiedenen Zeiten entstanden. Im folgenden werden die ahd. Geminaten nach ihrer Entstehung betrachtet. (Siehe auch 1.1.3.5.3.)

Die sogenannte westgermanische Gemination (vgl. KIENLE 1969, §77; SCHWEIKLE 1986, §17 II; BRAUNE 1987, §§91–99). Hierbei handelt es sich um eine sprachliche Neuerung, die nicht in allen germ. Sprachen auftritt; das Gotische gehört nicht zu den von dieser Gemination betroffenen Sprachen. Unter westgerm. Gemination versteht man die Verdoppelung eines Konsonanten durch unmittelbar folgendes *j*, seltener auch durch *w, r, l, n, m*. Von der Gemination durch *j* sind alle einfachen Konsonanten (außer *r*) betroffen, wenn ihnen ein kurzer Vokal vorausgeht:

ahd. *bitten*, as. *biddian* (got. *bidjan*); ahd. *sezzen*, as. *settian* (got. *satjan*); bair. *sippea, sippa*, as. *sibbia* (got. *sibja*).

Im Ahd. ist, wie die Beispiele zeigen, das *j* schon geschwunden. Selten ist *j* noch als *e* erhalten geblieben wie bei *sippea*. Da *j* als Ableitungs- und Themasuffix sehr häufig vorkam, trat in den mit *j* gebildeten Wörtern oft Gemination auf, so auch bei den maskulinen und neutralen *ja*- und den femininen *jô*-Stämmen:

mask. ahd.	*hrucki, ruggi*	'der Rücken'
neutr. ahd.	*kunni* (got. *kuni*, Gen.*kunjis*)	'das Geschlecht'
fem. ahd.	*hella* (got. *halja*)	'die Hölle'

Auch bei den Verben finden wir häufig *j*-Gemination. Bei den starken Verben sind es die sogenannten *j*-Präsentien (s. 2.4.1.1.), bei den schwachen Verben die kurzsilbigen *jan*-Verben. Hier zeigt das ahd. Konjugationssystem deutlich, wo einstmals ein *j* vorhanden war und wo nicht:

ih zęllu, du zęlis, er zęlit, wir zęllemês, ir zęllet, sie zęllent ('ich zähle' usw.)

Wie oben erwähnt, wurde das *r* von der Gemination im Westgermanischen nicht betroffen. (Im Ahd. gibt es Ausnahmen.) Das hängt mit der Lautqualität des *j* zusammen: Während es nach den übrigen Konsonanten Halbvokal war, wurde es nach *r* wahrscheinlich zu einem weichen palatalen Frikativlaut und blieb auch als solcher erhalten. So stehen sich also ahd. *zęllen* und *nęrien* '(er)nähren' gegenüber, vor allem beim Verb *ginęrien* 'ernähren', während bei *nęrien* schon früh *nęrren* und *nęrran* als Konkurrenzen bezeugt sind (beachte: ahd. wird nie *j* geschrieben). Häufig trat hierbei eine Weiterentwicklung des *j* ein. Zu ahd. *scara* 'Schar' gehört das mask. Nomen agentis *scęrio* 'Anführer einer Schar; Scherge', das sich zu *scęrgo* weiterentwickelt hat. Ebenso entstand auch das Wort *Ferge* 'Fährmann' aus ahd. *fęrio* < *farja*.

Die Gemination vor *w, r, l, n, m* ist viel seltener als die vor *j*. Sie hat fast keine Auswirkung auf das Deutsche gehabt. Es seien daher hier nur einige wenige Beispiele genannt. Vor *r* und *l* konnten die germ. Verschlußlaute *p, t, k* verdoppelt werden, z. B.

ahd. *akkar/ackar* – got. *akrs*, ahd. *bitter* – anord. *bitr*, got. *baitrs*, ahd. *aphul* < westgerm. *appla* < germ. *apla*.

Gemination durch Assimilation. Bereits im Germanischen gibt es eine große Anzahl von Doppelkonsonanten; besonders häufig sind *ll, mm, nn* und *ss*. Diese Geminaten werden meist als vorhistorische Assimilation erklärt, *ln* > *ll*, *nw* > *nn*. Da diese Geminaten in allen germanischen Sprachen in gleicher Weise auftreten, spricht man auch von gemeingermanischer Gemination. Hierzu gehören z. B. ahd. *brinnan* intr. 'brennen' und ahd. *bręnnen* 'brennen machen'. Dem letzteren entspricht got. *branjan*, as. *bręnnian*. Beide Formen weisen bereits Gemination auf, ein Beweis dafür, daß es sich um eine gemeingermanische und nicht um eine westgermanische Gemination handelt. In der Konjugation des Präsens bleibt die Gemination erhalten, z. B. *stęllen, ih stęllu, du stęllis, er stęllit*, Prät. *stalta*.

Für die Entstehung der Gemination durch Assimilation gibt es auch aus dem Ahd. Beispiele. So stehen neben ahd. *stimma/stemma* 'Stimme' noch die älteren Formen *stimna/stemna* (< germ. *stemno-*) und neben *nęnnen* steht die ältere Form *nęmnen/nęmnan* (dazu häufig *nęmmen, nęmman*) (got. *namnjan*, as. *nemnian*). Dem im Ahd. meistens gebrauchten *stęrno* steht im Fränk. *stęrro* gegenüber.

Gemination durch Vokalausfall. Bisweilen sind Doppelkonsonanten durch den Ausfall eines Vokals zwischen zwei gleichen Konsonanten entstanden, z. B.

ęlilęnti > *ęllęnti* 'Verbannung; eigentlich: anderes Land', *hêriro* > *hêrro* 'Herr, Herrscher; eigentlich der Ältere, Ehrwürdige'.

Sehr häufig ist diese Erscheinung auch beim Präteritum der schwachen Verben eingetreten, z. B.

leitta < *leitita* 'leitete', *ratta* neben *rętita* 'rettete' u. a.

Gemination durch die ahd. Lautverschiebung. In der ahd. Lautverschiebung sind aus den inlautenden /*p, t, k*/ die Doppelfrikative /*ff, ss, xx*/ geworden, z. B. ahd. *offan, ezzen, mahhon* (s. 2.3.3.1.).

Vereinfachung der Gemination. In vielen Fällen begegnet uns geregelte Vereinfachung der Gemination, und zwar im Auslaut der Wörter, z. B.

swimman – *swam, kunnan* – *kan*, Gen. *felles* – Nom. *fel*,

und vor Konsonanten, z. B.

bręnnan – *branta, kussen* – *kusta, grimmêr* (Adj .) – *grimlîcho* (Adv.)

Diese Vereinfachung erfolgte deshalb, weil der zweite Teil der Geminaten keine neue Silbe zu eröffnen hatte. Oft erfolgte die Vereinfachung der Gemination durch Analogie, besonders häufig in der Konjugation des Präs. Neben *bitten, ich bittu* (< *biddiu*) steht *du bitis, er bitit.* Nach diesen beiden Formen können dann auch der Inf. und die übrigen Formen gebildet werden.

2.3.3.5. *Notkers Anlautgesetz*

In den Schriften NOTKERS findet sich eine besondere Regelung der Schreibung von *p, t, k* und *b, d, g* im Anlaut. Diese Regelung ist abhängig vom Endlaut des vorangehenden Wortes: *p, t, k* stehen am Anfang eines Satzes und nach *p, t, k, b, d, g, f, h, s, z,* die nach NOTKER im Auslaut stimmlos sind; *b, d, g* dagegen stehen nur nach den Sonoren, d.h. nach allen Vokalen und nach *l, r, m, n.* Diese Regel gilt auch für den zweiten Teil eines Kompositums. Es wechseln also beim gleichen Wort sth. und stl. Verschlußlaute:

Ter brûoder	aber:	*únde des prûoder*
Tes kóldes	aber:	*únde demo gólde*
érdcót	aber:	*fiurgót*
érdpûwo	aber:	*himilbûwo*

Nicht von dieser Regel betroffen ist ahd. *t* (aus germ. *d*). Es bleibt auch nach sth. Lauten erhalten, z.B. *tes tages – unde demo tage.* Gelegentlich findet sich hier ein *d,* wenn das vorausgehende Wort auf *n* endet. – NOTKERS Schreibung gibt Feinheiten der obd. Aussprache wieder. (Vgl. KIENLE 1969, §83; SZULC 1987, 106; BRAUNE 1987, §103.)

2.4. Formenlehre

2.4.1. **Das Verb**

Das ahd. Verb kennt folgende Formen:
Numerus: zwei Numeri – S i n g u l a r und P l u r a l – mit je drei Personen. Der Dual existiert nicht mehr (siehe 1.1.2.2.3.).
Tempus: zwei Tempora – P r ä s e n s und P r ä t e r i t u m. Das Präsens vertritt im allgemeinen auch das Futur; Umschreibungen des Futurs mit *sculan* 'sollen' oder mit *wellen* 'wollen' sind selten. Das Präteritum ist das allgemeine Tempus der Vergangenheit. Es entspricht dem lat. Imperfekt und dem erzählenden Perfekt (gr. Aorist). Für das reine Perfekt (gr. Perfekt) steht im Ahd. z.T. auch noch das einfache Präteritum. Sehr häufig erscheinen aber schon in den ältesten Werken Umschreibungen mit *habên, eigan* 'haben' oder *wësan* 'sein' + Part. Prät. Das Plusquamperfekt wird im wesentlichen durch das einfache Präteritum wiedergegeben. Umschreibungen mit Hilfe der obengenannten Hilfsverben erscheinen nur spärlich seit dem 9. Jh.
Modus: zwei Modi – I n d i k a t i v und K o n j u n k t i v – und einen auf das Präsens beschränkten I m p e r a t i v. Der Konjunktiv entspricht formal dem idg. Optativ, in seiner Funktion dem idg. Optativ und dem idg. Konjunktiv. Für den Imperativ treten schon im Ahd. Umschreibungen mit *muoz* 'muß', *scal* 'soll' oder *wil* 'will' + Inf. auf.
Genus: Im Ahd. gibt es nur für das A k t i v synthetische Formen. Das idg. Medium (got. noch Mediopassiv) ist verschwunden (vgl. KIENLE 1969, §204). Das Passiv wird mittels Umschreibungen (*wësan* 'sein' oder *wërdan* 'werden' + Part. Prät.) gebildet. Seit dem 9. Jh. zeigt sich dabei schon eine gewisse Regelmäßigkeit. Während *wërdan* mit seinen Formen der Umschreibung von Präsens und Präteritum dient, wird *wësan* für Perfekt und Plusquamperfekt verwendet.
Verbalnomina: drei Verbalnomina – I n f i n i t i v des Präsens, P a r t i z i p P r ä s e n s und P a r t i z i p P r ä t e r i t u m.

Nach der Bildungsweise von Prät. und Part. Prät. werden die ahd. Verben in zwei Hauptgruppen eingeteilt – in s t a r k e und s c h w a c h e Verben. Daneben gibt es Reste anderer Gruppen, die gewisse Besonderheiten zeigen, sich aber nicht grundsätzlich von den beiden großen Klassen unterscheiden.

2.4.1.1. Starke Verben

Es gibt drei Arten von starken Verben:
a) mit Ablaut,
b) mit Reduplikation,
c) mit Reduplikation und Ablaut.

Im Ahd. erscheinen die st. Verben mit Ablaut in den Ablautklassen (Ablautreihen) 1 bis 6, die Verben, die im Germ. Reduplikation sowie Reduplikation und Ablaut hatten, in der Reihe der ehemals reduplizierenden Verben, auch 7. Ablautreihe genannt.

Die ahd. st. Verben bilden also ihr Prät. nur durch Vokalwechsel (Ablaut), das Part. Prät. durch Ablaut, Präfix *gi-* und *n*-Suffix. Einige Formen haben außerdem Alternanz, andere Primärumlaut.

Damit alle Formen des st. Verbs mit dem entsprechenden Stammvokal richtig gebildet werden können, sind im allgemeinen f ü n f   G r u n d f o r m e n zu nennen:

1. der Infinitiv (z.B. *hëlfan* 'helfen') ; dessen Stammvokal gilt für alle Präsensformen außer dem Sg. Ind. und Imp.,
2. die 1. P. Sg. Präs. Ind. (*hilfu* 'ich helfe'); sie ist maßgebend für den Sg. Präs. Ind. und die 2. P. Sg. Imp.,
3. die 1./3. P. Sg. Prät. Ind. (*half* 'ich/er half'),
4. die 1. P. Pl. Prät. Ind. (*hulfum* 'wir halfen'); sie wird zur Bildung aller übrigen Präteritalformen – auch der 2. P. Sg. Prät. Ind. – benutzt,
5. das Part. Prät. (*giholfan* 'geholfen').

Als Beispiel für die ahd. st. Flexion wird im folgenden das Paradigma *hëlfan* 'helfen' angeführt. Die an zweiter Stelle genannten Formen sind stets die jüngeren. Zur Bestimmung der ahd. Verbformen sind genau wie im Nhd. Person, Numerus, Tempus, Modus und Genus anzugeben, z.B. *helfamês*: 1. P. Pl. Präs. Ind. Akt.

Die einzelnen Elemente dieser Verbform sind:

hëlf-	die Wurzel,
-a-	der Themavokal und
-mês	die Flexionsendung.

Fehlt der Themavokal, dann handelt es sich um sog. athematische Verben (siehe 2.4.1.4.).

Paradigma

Infinitiv *hëlfan*

P r ä s e n s

Indikativ	Konjunktiv
hilfu (-o)	*hëlfe*
hilfis (-ist, -est)	*hëlfês (-êst)*
hilfit (-et)	*hëlfe*
hëlfumês (-amês, -emês, -êm, -ên)	*hëlfêm (-amês, -emês, -ên)*
hëlfat (-et)	*hëlfêt*
hëlfant (-ent)	*hëlfên*

Imperativ

Sg. *hilf*
Pl. *hëlfamês (-emês, -êm)*
   hëlfat (-et)

Partizip Präsens

hëlfanti (-enti, -ente/-ende)

Präteritum

Indikativ   Konjunktiv

half   *hulfi (-e)*
hulfi (-e)   *hulfîs (-îst)*
half   *hulfi*
hulfum (-umês, -un, -en)   *hulfîm (-îmês, -în)*
hulfut (-et)   *hulfît*
hulfun (-en)   *hulfîn*

Partizip Präteritum

giholfan (-en)

Einige Anmerkungen zur starken Flexion

Präsens

Infinitiv
   Der Inf. Präs. hat die Endung *-an*, im späteren Ahd. *-en*, und fungiert in dieser Form als Nom. und Akk. Die westgerm. Sprachen haben dazu einen Gen. *-nnes* und einen Dat. auf *-nne* (*hëlfannes, hëlfanne*, später *hëlfennes, hëlfenne*) mittels Suffix *-anja*, westgerm. *-annja* gebildet.

Präsens Indikativ
   Die 1. P. Sg. hat nach dem 9. Jh. statt *-u* ein *-o* in der Endung. Die Endung der 2. P. Sg. wird im 9. Jh. um *-t* erweitert, das wahrscheinlich aus enklitisch angefügtem *thu, du* entstanden ist. Das *i* erscheint seit dem 10./11. Jh. abgeschwächt als *e*. Bei *quëdan* 'sagen' existieren in der 2. und 3. P. Sg. auch zusammengezogene Formen (*quis, quist* statt *quidist* 'du sprichst'; *quit* statt *quidit* 'er spricht'). Die Form der 3. P. Sg. *wirt* statt *wirdit* 'er wird' ist erst im Spätahd. belegt.
   Die 1. P. Pl. hat als älteste Endungsform *-mês*. Später drangen die kürzeren Formen auf *-êm, -ên* aus dem Konj. Präs. auch in den Ind. Präs. ein. Die 2. P. Pl. hat die regelmäßige Endung *-et*; *-at* steht vor allem im Altalem. Im Alem. endet die 2. P. Pl. auf *-nt* statt auf *-t*. Diese Form hat sich wahrscheinlich unter dem Einfluß der 3. P. Pl. entwickelt. In der 3. P. Pl. hatten die st. Verben ursprünglich die Endung *-ant*, die sw. Verben der Klasse 1 dagegen *-ent*. Sehr früh erfolgten Vermischung und Ausgleich. Im 9. Jh. überwiegen im Bair. und Alem. die Formen auf *-ant* und im Fränk. die Formen auf *-ent*.

Präsens Konjunktiv
   Die 1./3. P. Sg. hat die Endung *-e*, im Bair. häufig *-a*. Die 2. P. Sg. erhält seit dem 10. Jh. nach dem Vorbild des Ind. meist *-t*. Die Endung der 1. P. Pl. lautete ursprünglich *-êm*; sie ist in den ältesten Werken deutlich vom Ind. unterschieden. Später trat jedoch eine Vermischung mit den Formen des Ind. ein. Dadurch erscheinen dann auch im Konj. Formen auf *-amês* oder *-emês*, während die Ind. die Konjunktivendungen übernahm, die schließlich sogar die ursprünglichen Indikativformen verdrängten.

Imperativ
   Nur die 2. P. Sg. hat im Imperativ eine eigene, deutlich zu unterscheidende Form. Die 1. P. Pl. ist ursprünglich identisch mit der 1. P. Pl. Ind. (*hëlfamês*) und deutlich abgehoben gegen die 1. P. Pl. Konj. (*hëlfêm*). Sehr bald aber wird für den Imp. auch die 1. P. Pl. Konj. verwendet, und diese verdrängt seit dem 9. Jh. immer mehr die alte Imperativform *-mês*. Die 2. P. Pl. Imp. gleicht der 2. P. Pl. Ind.

Partizip Präsens

Die unflektierte Endung des Part. Präs. lautet *-nti* (*-anti*, häufig auch *-enti* mit Umlaut). Im übrigen flektiert das Part. Präs. im Ahd. stark und schwach wie ein Adjektiv.

Präteritum

Präteritum Indikativ

Die 1. und 3. P. Sg. sind ohne Endung. Die 2. P. Sg. hat *-i*. Für den Stammvokal dieser Form ist immer der Pl. Prät. (die 4. Grundform) maßgebend (siehe 2.3.2.1.).

Die 1. P. Pl. hat in den ältesten Schriften die Endung *-m*. Vom 9. Jh. an wird sie zu *-n*. Daneben erscheint im 9. Jh. die Form *-mês*, die wahrscheinlich aus dem Präs. übernommen wurde. Die 2. P. Pl. hat im späteren Alem. (von NOTKER bis ins Mhd.) stets die Endung *-nt* (*hulfent*).

Präteritum Konjunktiv

Der Flexionsvokal *i* erscheint vor nachfolgendem Konsonanten lang (*î*), im Auslaut kurz (*i*) und später als *e*. Die 2. P. Sg. nimmt *-t* an (vgl. Präs. Ind. und Konj.). Die 1. P. Pl. lautet ursprünglich *-îm*. Seit dem 9. Jh. wird daneben auch *-îmês* (vgl. Prät. Ind.) verwendet. Wie im Ind. so endet auch im Konj. die 2. P. Pl. im späteren Alem. auf *-nt* (*hulfînt*).

Partizip Präteritum

Das Part. Prät. der st. Verben enthält das Suffix *-n*. Das Part. Prät. flektiert wie ein Adjektiv stark und schwach. Im Ahd. werden die Part. Prät. der einfachen und der trennbar zusammengesetzten Verben mit dem Präfix *gi-* gebildet. Die mittels anderer Präfixe abgeleiteten und die untrennbar zusammengesetzten Verben dagegen haben niemals *gi-*:

> *giholfan* 'geholfen', *ginoman* 'genommen'; *abaginoman* 'abgenommen'
> aber: *binoman* 'benommen', *firnoman* 'vernommen'; *untarnoman* 'unternommen'

Das Präfix *gi-* hat im Ahd. perfektivierende Funktion. Verben, die an sich schon perfektivische Bedeutung haben, bilden deshalb im Ahd. ihre Part. Prät. stets ohne *gi-*:

quëman	Part. Prät.	*quëman* oder *quoman*			'gekommen'
findan		*funtan*			'gefunden'
bringan		*brungan* oder *braht*			'gebracht'
wërdan	meist	*wortan*, selten *giwortan*			'geworden'
trëffan		*troffan* neben *gitroffan*			'getroffen'.

Bei anderen Verben fehlt das *gi-* im Partizip nur sehr selten.

Ablautreihen

Im Ahd. werden die Tempusstämme der starken Verben im wesentlichen durch den Ablaut unterschieden (siehe 2.3.2.1.).

Tritt gramm. Wechsel in der Verbalflexion auf, so stimmen dabei einerseits Präs. und Sg. Prät. und andererseits Pl. Prät. und Part. Prät. in den Konsonanten überein (siehe 2.3.3.).

1. Ablautreihe

Diese im Idg. diphthongische Ablautreihe (siehe 2.3.2.5.) umfaßt im Ahd. zwei Gruppen:

a) Sg. Prät. mit *ei*, also **î, î – ei, i – i**

rîtan	*rîtu*	*reit*	*ritum*	*giritan*	'reiten'
grîfan	*grîfu*	*greif*	*griffum*	*gigriffan*	'greifen'

Mit grammatischem Wechsel:

snîdan	*snîdu*	*sneid*	*snitum*	*gisnitan*	'schneiden'
rîsan	*rîsu*	*reis*	*rirum*	*giriran*	'steigen, fallen'

In diese Reihe gehören auch *bilîban* 'bleiben', *bîtan* 'warten', *(h)nîgan* 'sich neigen', *scrîban* 'schreiben', *stîgan* 'steigen' u. a. m.

b) Sg. Prät. mit *ê* (siehe 2.3.2.4.), also **î, î – ê, i – i**

spîwan	*spîwu*	*spêo*	*spiwum*	*gispiwan*	'speien'

Mit grammatischem Wechsel:

lîhan	*lîhu*	*lêh*	*liwum*	*giliwan*	'leihen'
zîhan	*zîhu*	*zêh*	*zigum*	*gizigan*	'zeihen'

Auch: *dîhan* 'gedeihen', *rîhan* 'aufreihen' und einige andere.

2. Ablautreihe

Diese Ablautreihe ist ebenfalls eine diphthongische Reihe. Sie gliedert sich wie Reihe 1 in zwei Gruppen:

a) Sg. Prät. mit *ou*, also **eo/io (iu), iu – ou, u – o** (siehe 2.3.2.2.)

fleogan (obd. *fliugan*)	*fliugu*	*floug*	*flugum*	*giflogan*	'fliegen'
klioban (obd. *chliuban*)	*kliubu*	*kloub*	*klubum*	*gikloban*	'spalten'

Auch: *biogan* 'biegen', *liogan* 'lügen', *sliofan* 'schlüpfen', *triofan* (obd. *triuffan*) 'tropfen, triefen' u.a. Dazu gehören außerdem die drei Verben *lûchan* 'schließen', *sûfan* 'saufen' und *sûgan* 'saugen'. Sie haben zwar im gesamten Präs. den Vokal *û*, stimmen aber sonst in allen anderen Formen mit dieser Reihe überein:

bilûhhan	*bilûhhu*	*bilouh*	*biluhhum*	*bilohhan*	'(ver)schließen'

b) Sg. Prät. mit *ô* (siehe 2.3.2.4.), also **eo/io, iu – ô, u – o**

beotan	*biutu*	*bôt*	*butum*	*gibotan*	'bieten'
fliozan	*fliuzu*	*flôz*	*fluzzum*	*giflozzan*	'fließen'

Auch: *diozan* 'tosen', *giozan* 'gießen', *niozan* 'nutzen; genießen', *skiozan* 'schießen' u.a.

Mit grammatischem Wechsel:

kiosan	*kiusu*	*kôs*	*kurum*	*gikoran*	'wählen'
siodan	*siudu*	*sôd*	*sutum*	*gisotan*	'sieden'
ziohan	*ziuhu*	*zôh*	*zugum*	*gizogan*	'ziehen'

3. Ablautreihe

Die 3. Ablautreihe enthält solche Verben, die nach dem Stammvokal *e* Nasal oder Liquida + Konsonant oder auch Doppelnasal oder -liquida haben. Die traditionelle Grammatik geht bei der Gruppierung vom Got. aus (idg. *e* im Got. zu *i* gehoben) und bringt deswegen immer zuerst die Nasalgruppe, obwohl die ältere Form des Stammvokals (*e*) in der Liquidengruppe vorliegt. Wir behalten die traditionelle Einteilung bei.

a) Nasal + Konsonant oder Doppelnasal, also **i, i – a, u – u**

klimban	*klimbu*	*klamb*	*klumbum*	*giklumban*	'klimmen'
bintan	*bintu*	*bant*	*buntum*	*gibuntan*	'binden'
swimman	*swimmu*	*swam*	*swummum*	*giswumman*	'schwimmen'
rinnan	*rinnu*	*ran*	*runnum*	*girunnan*	'rinnen'

Mit grammatischem Wechsel:

findan	*findu*	*fand*	*funtum*	*funtan*	'finden'

Auch: *krimman* 'verletzen', *rimphan* 'rümpfen', *slintan* 'verschlingen', *spinnan* 'spinnen' u.a.

Für das Verb *bringan* 'bringen', das eigentlich in diese Reihe gehört, lassen sich im Ahd. nur ganz wenige starke Präteritalformen nachweisen. Das Prät. lautet in der Regel *brâhta* 'brachte' und wird also mit Ablaut und *t*-Suffix der sw. Präterita gebildet. Neben dem Part. Prät. *brâht* finden sich dagegen in älterer Zeit viel häufiger die regulären st. Formen (*brungan* 'gebracht').

b) Liquida + Konsonant oder Doppelliquida, also **ë, i – a, u – o**

hëlfan	*hilfu*	*half*	*hulfum*	*giholfan*	'helfen'
wërfan	*wirfu*	*warf*	*wurfum*	*giworfan*	'werfen'
swëllan	*swillu*	*swal*	*swullum*	*giswollan*	'schwellen'
wërran	*wirru*	*war*	*wurrum*	*giworran*	'verwirren'

Mit grammatischem Wechsel:

swëlhan	*swilhu*	*swalh*	*swulgum*	*giswolgan*	'verschlingen'
wërdan	*wirdu*	*ward*	*wurtum*	*wortan*	'werden'

In diese Reihe gehören: *bërgan* 'bergen', *gëllan* 'schallen', *gëltan* 'gelten', *scërran* 'kratzen'. Hierher gehören auch solche Verben, deren Stamm zwar auf Doppelkonsonanz auslautet, bei denen aber die Liquida dem Stammvokal *ë* vorausgeht, z.B. *brëstan* 'bersten', *drëskan* 'dreschen', *flëhtan* 'flechten', *irlëskan* 'erlöschen'. Dieser Gruppe hat sich auch *fëhtan* 'fechten' angeschlossen.

4. Ablautreihe

Der 4. Ablautreihe gehören Verben an, deren Stamm nach dem Vokal *e* nur einfache Liquida oder einfachen Nasal enthält. Der Pl. Prät. wird durch die Dehnstufe gebildet (siehe 2.3.2.1.).

ë, i – a, â – o

stëlan	*stilu*	*stal*	*stâlum*	*gistolan*	'stehlen'
bëran	*biru*	*bar*	*bârum*	*giboran*	'tragen'
nëman	*nimu*	*nam*	*nâmum*	*ginoman*	'nehmen'

Mit *n* findet sich im Ahd. nur *klënan* 'schmieren'; es ist aber in die 5. Reihe übergetreten, denn sein Part. Prät. lautet *giklënan*.

In diese Reihe gehören *hëlan* 'hehlen', *swëran* 'schmerzen', *zëman* 'ziemen' und andere sowie eine Gruppe von Verben, die nach dem Stammvokal *ë* ein ahd. *ch/hh* aus germ. *k* haben und bei denen zumeist ein *r* vor dem Vokal steht, z. B. *brëchan* 'brechen', *rëchan* 'rächen', *sprëchan* 'sprechen', *trëchan* 'ziehen', *stëchan* 'stechen' und als Ausnahme *trëffan* 'treffen'.

5. Ablautreihe

Die 5. Ablautreihe umfaßt alle Verben, die nach dem Stammvokal *e* auf einen einfachen Konsonanten (aber nicht auf Liquida oder Nasal) ausgehen. Der Pl. Prät. enthält wie Reihe 4 die Dehnstufe, das Part. Prät. wird mit dem Vokal der 1. Vollstufe gebildet (siehe 2.3.2.1.).

ë/i, i – a, â – ë

gëban	*gibu*	*gab*	*gâbum*	*gigëban*	'geben'
phlëgan	*phligu*	*phlag*	*phlâgum*	*giphlëgan*	'pflegen'

Mit grammatischem Wechsel:

lësan	*lisu*	*las*	*lârum*	*gilëran*	'lesen'
wësan	*wisu*	*was*	*wârum*		'sein'
quëdan	*quidu*	*quad*	*quâtum*	*giquëtan*	'sprechen'

Der gramm. Wechsel verschwindet bei diesen Verben z. T. schon im Ahd.; nur bei *wësan* wird das *r* im Pl. Prät. festgehalten und später sogar auf den Sg. Prät. übertragen, vgl. ahd./mhd. *ich was*, nhd. *ich war*. Für *wësan* ist das Part. Prät. nicht belegt.

Auch: *mëzzan* 'messen', *trëtan* 'treten', *wëban* 'weben', *wëgan* 'wiegen' u. a.

Zur 5. Ablautreihe gehören außerdem einige st. Verben, die im Präs. ursprünglich ein *j* hatten. Das führte zur Gemination des stammschließenden Konsonanten und zur Umwandlung des *e* zu *i* (s. 2.3.2.3.). Das *j* stand nur im Präs. (*j*-Präsentien), also wurde nur dort geminiert. Das Part. Prät. hat das ursprüngliche *e* der 1. Vollstufe behalten.

bitten	*bittu*	*bat*	*bâtum*	*gibëtan*	'bitten'
liggen	*liggu*	*lag*	*lâgum*	*gilëgan*	'liegen'
sitzen	*sitzu*	*saz*	*sâzum*	*gisëzzan*	'sitzen'

Der Wechsel von *tz – z* bei *sitzen* ist durch die Lautverschiebung bedingt, bei der die Geminate *tt* zu *tz* (/ts/), einfaches *t* aber zu *zz* (z) (/ss, s/) wurde; siehe 2.3.3.1.

6. Ablautreihe

Die 6. Ablautreihe enthält eine Reihe von Verben mit meist einfacher Konsonanz im Stammauslaut. Zu den Ablautverhältnissen siehe 2.3.2.1.

a/ẹ, a – uo, uo – a

graban	*grabu/grẹbis*	*gruob*	*gruobum*	*gigraban*	'graben'
faran	*faru/fẹris*	*fuor*	*fuorum*	*gifaran*	'fahren'

Hierher gehören auch *skaban* 'schaben', *spanan* 'verlocken' (vgl. *Gespenst*), *stantan* 'stehen', *tragan* 'tragen', *wahsan* 'wachsen', *waskan* 'waschen', *watan* 'waten'.

Mit grammatischem Wechsel:

slahan	*slahu/slẹhis*	*sluog*	*sluogum*	*gislagan*	'schlagen'

Auch: *dwahan* 'waschen', *lahan* 'verwehren, verbieten'. Der grammatische Wechsel ist erhalten; das *g* des Pl. Prät. wurde sogar auf den Sg. Prät. übertragen.

Die 6. Ablautreihe weist wie die 5. einige Verben auf, die ursprünglich *j*-Präsentien waren und deshalb im gesamten Präsens Umlaut und die entsprechenden konsonantischen Veränderungen (s. 2.3.3.4.) haben:

skephen	*skephu*	*skuof*	*skuofum*	*giskaffan*	'schaffen'
swęrien	*swęru*	*swuor*	*swuorum*	*gisworan* (nie *giswaran*!)	'schwören'

Mit grammatischem Wechsel:

heffen	*heffulhęvis*	*huob* (vgl. *sluog*)	*huobum*	*(gi)haban*	'heben'

Reihe der ehemals reduplizierenden Verben

In dieser Reihe sind alle jene Verben zusammengefaßt, die noch im Germ. ihr Präteritum mittels Reduplikation bzw. mittels Reduplikation und Ablaut bildeten. Reduplikation – Voranstellung des stammanlautenden Konsonanten + idg. *e* (got. *aí* = *ě*). Vgl. got. *háitan, haiháit, haiháitum* (*ái* = *ei*) 'heißen, hieß, hießen'; *haiháit* später kontrahiert zu *hêt*, dieses dann im Ahd. diphthongiert zu *hiaz*. So entstand der neue Ablaut *ei, ei – ia, ia – ei*. Das Ahd. hat also anstelle der Reduplikation einen jüngeren Vokalwechsel. Nach dem Vokal des Prät. läßt sich die Reihe in zwei Gruppen gliedern.

a) Das Prät. hat *ia* (germ. *ê*)

a, a – ia, ia – a

fallan	*fallu*	*fial*	*fialum*	*gifallan*	'fallen'
gangan	*gangu*	*giang*	*giangum*	*gigangan*	'gehen'

Auch: *bannan* 'gebieten', *haltan* 'halten', *spaltan* 'spalten', *waltan* 'walten, herrschen' u.a.

â, â – ia, ia – â

râtan	*râtu*	*riat*	*riatum*	*girâtan*	'raten'
slâfan	*slâfu*	*sliaf*	*sliafum*	*gislâfan*	'schlafen'

Auch: *bâgan* 'streiten', *blâsan* 'blasen', *brâtan* 'braten', *lâzan* 'lassen' u.a.

ei, ei – ia, ia – ei

heizan	*heizu*	*hiaz*	*hiazum*	*giheizan*	'heißen'
skeidan	*skeidu*	*skiad*	*skiadum*	*giskeidan*	'scheiden'

Auch: *meizan* 'schneiden', *sweifan* 'winden', *zeisan* 'pflücken' u.a.

b) Das Prät. hat *io*

ou, ou – io, io – ou

houwan	*houwu*	*hiow*	*hiowum*	*gihouwan*	'hauen'
loufan	*loufu*	*liof*	*liofum*	*giloufan*	'laufen'

ô (< germ. au), ô – io, io – ô

scrôtan	*scrôtu*	*scriot*	*scriotum*	*giscrôtan*	'schneiden'
stôzan	*stôzu*	*stioz*	*stiozum*	*gistôzan*	'stoßen'

uo (< germ. ô), uo – io, io – uo

ruofan	*ruofu*	*riof*	*riofum*	*giruofan*	'rufen'

Auch: *bluozan* 'opfern', *fluochan* 'fluchen', *wuofan* 'schreien'.

Die Diphthonge *ia* und *io* werden im Spätahd. zu *ie* abgeschwächt; dadurch verschwinden die Unterschiede im Prät.

Übersicht über die Konjugation der starken Verben

1. Ablaut-reihe	2. Ablaut-reihe		3. Ablaut-reihe	4. Ablaut-reihe	5. Ablaut-reihe	6. Ablaut-reihe
snîdan	*liogan/ziohan*		*bintan*	*nëman*	*gëban*	*graban*

Präsens
Indikativ

snîdu	*liugu*	*ziuhu*	*bintu*	*nimu*	*gibu*	*grabu*
snîdist	*liugist*	*ziuhist*	*bintist*	*nimist*	*gibist*	*grebist*
snîdit	*liugit*	*ziuhit*	*bintit*	*nimit*	*gibit*	*grebit*
snîdemês	*liogemês*	*ziohemês*	*bintemês*	*nëmemês*	*gëbemês*	*grabemês*
snîdet	*lioget*	*ziohet*	*bintet*	*nëmet*	*gëbet*	*grabet*
snîdent	*liogent*	*ziohent*	*bintent*	*nëment*	*gëbent*	*grabent*

Konjunktiv

snîde	*lioge*	*ziohe*	*binte*	*nëme*	*gëbe*	*grabe*
snîdês	*liogês*	*ziohês*	*bintês*	*nëmês*	*gëbês*	*grabês*
snîde	*lioge*	*ziohe*	*binte*	*nëme*	*gëbe*	*grabe*
snîdemês	*liogemês*	*ziohemês*	*bintemês*	*nëmemês*	*gëbemês*	*grabemês*
snîdêt	*liogêt*	*ziohêt*	*bintêt*	*nëmêt*	*gëbêt*	*grabêt*
snîdên	*liogên*	*ziohên*	*bintên*	*nëmên*	*gëbên*	*grabên*

Imperativ

snîd	*liug*	*ziuh*	*bint*	*nim*	*gib*	*grab*
snîdemês	*liogemês*	*ziohemês*	*bintemês*	*nëmemês*	*gëbemês*	*grabemês*
snîdet	*lioget*	*ziohet*	*bintet*	*nëmet*	*gëbet*	*grabet*

Partizip Präsens

snîdenti	*liogenti*	*ziohenti*	*bintenti*	*nëmenti*	*gëbenti*	*grabenti*

Präteritum
Indikativ

sneid	*loug*	*zôh*	*bant*	*nam*	*gab*	*gruob*
sniti	*lugi*	*zugi*	*bunti*	*nâmi*	*gâbi*	*gruobi*
sneid	*loug*	*zôh*	*bant*	*nam*	*gab*	*gruob*
snitumês	*lugumês*	*zugumês*	*buntumês*	*nâmumês*	*gâbumês*	*gruobumês*
snitut	*lugut*	*zugut*	*buntut*	*nâmut*	*gâbut*	*gruobut*
snitun	*lugun*	*zugun*	*buntun*	*nâmun*	*gâbun*	*gruobun*

Konjunktiv

sniti	*lugi*	*zugi*	*bunti*	*nâmi*	*gâbi*	*gruobi*
snitîs	*lugîs*	*zugîs*	*buntîs*	*nâmîs*	*gâbîs*	*gruobîs*
sniti	*lugi*	*zugi*	*bunti*	*nâmi*	*gâbi*	*gruobi*
snitîmês	*lugîmês*	*zugîmês*	*buntîmês*	*nâmîmês*	*gâbîmês*	*gruobîmês*
snitît	*lugît*	*zugît*	*buntît*	*nâmît*	*gâbît*	*gruobît*
snitîn	*lugîn*	*zugîn*	*buntîn*	*nâmîn*	*gâbîn*	*gruobîn*

Partizip Präteritum

gisnitan	*gilogan*	*gizogan*	*gibuntan*	*ginoman*	*gigëban*	*gigraben*

Anm.: Die in der Tabelle verwendeten Flexionsformen entsprechen im wesentlichen denen des Tatian und damit dem ostfränk. Lautstand (vgl. Mettke 1983, 588f. [unter Optativ]; Braune 1987, §304). Die alten Formen s. oben Einleitung zu diesem Abschnitt.

2.4.1.2. *Schwache Verben*

Die schwachen Verben bilden, im Gegensatz zu den starken, Prät. und Part. Prät. mittels *t*-Suffix ohne Ablaut. Daher sind hier jeweils nur d r e i Grundformen zu nennen:

Inf.	*suochen*	'suchen';
Sg. Prät.	*suohta*	'suchte';
Part. Prät.	*gisuochit*	'gesucht'.

Die schwachen Verben sind germ. Neubildungen; sie wurden meist von starken Verben oder von anderen Wortarten abgeleitet. (Siehe 1.1.2.2.3.)

Im Ahd. existieren noch d r e i   K l a s s e n von sw. Verben. Sie unterscheiden sich nach dem Bildungsmorphem des Infinitivs:

1. Verben mit *j*-Thema oder *jan*-Verben, z.B. *suochen* (got. *sôkjan*) 'suchen';
2. Verben mit *ô*-Thema oder *ôn*-Verben, z.B. *salbôn* 'salben';
3. Verben mit *ê*-Thema oder *ên*-Verben, z.B. *habên* 'haben'.

Eine im Got. noch vorhandene 4. Klasse mit *na*-Thema (*nan*-Verben) ist im Ahd. verschwunden, vgl. got. *full-nan* 'voll werden'.

Einige Anmerkungen zur Flexion der schwachen Verben

Die Konjugation der sw. Verben stimmt im wesentlichen mit der der st. überein. Das zeigt sich besonders bei der 1. Klasse. Die 2. und 3. Klasse der sw. Verben unterscheiden sich von der st. Flexion vor allem durch die Themavokale *ô* und *ê*, die in allen drei Stammformen beibehalten werden.

Grundsätzliche Differenzen zeigen sich bei folgenden Formen:

P r ä s e n s
Präsens Indikativ

Die 1. P. Sg. der 1. Klasse hat wie die starken Verben *u* (*o*), bei der 2. und 3. Klasse dagegen -*m*, später -*n*, vgl. *zellu* 'ich zähle', *salbôm, -ôn* 'ich salbe', *habêm, -ên* 'ich habe'. (Vgl. METTKE 1983, 589.)

Präsens Konjunktiv

Die 1. Klasse flektiert genau wie die st. Verben. In der 2. und 3. Klasse dagegen stehen wie bei den st. Verben kurze und lange Formen nebeneinander, also

| *salbo* | neben | *salbôe* |
| *habe* | neben | *habêe*. |

Die kurzen Formen treten im Fränk., die langen im Bair. und Alem. auf. Welche davon als die älteren anzusehen sind, ist noch ungeklärt.

Präsens Imperativ

Während die 2. P. Sg. Imp. der st. Verben immer endungslos auftritt, haben die sw. Verben stets vokalische Endung (-*i*, -*o*, -*e*).

P r ä t e r i t u m
Präteritum Indikativ

Die 1. und 3. P. Sg. aller sw. Verben haben die Endung -*a*, während die st. Verben endungslos sind: *suochta* 'ich suchte' – *nam* 'ich, er nahm'.

Die 2. P. Sg. hat in allen drei sw. Klassen die Endung -*ôs(t)*, bei den st. Verben dagegen -*i*: *suochtôs(t)* 'du suchtest' – *nâmi* 'du nahmst'.

Der Plural der st. und sw. Verben wird gleich flektiert: *nâmum, nâmut, nâmun* – *suochtum, suchtut, suochtun*; nur das Alem. weist einige Besonderheiten auf:

die st. Verben enden auch auf   -*um*, -*ut*, -*un*,
die sw. Verben aber auf   -*ôm*, -*ôt*, -*ôn*:
suochtôm 'wir suchten', *suochtôt, -tônt* 'ihr suchtet', *suochtôn* 'sie suchten'.

Präteritum Konjunktiv

Starke und schwache Verben haben im Auslaut *i*, später *e*, vor einem Endkonsonanten aber *î*. Das Alem. macht auch hier eine Ausnahme:

1. und 3. P. Sg. der st. Verben haben -*i*: *nâmi*,
1. und 3. P. Sg. der sw. dagegen -*î*, obwohl es sich um einen Auslaut handelt: *suochtî*.

Klasse 1 (jan-Verben)

Die *jan*-Verben enden im Ahd. auf -*en*. Man unterscheidet nach der Quantität der Stammsilben zwei Gruppen: kurzsilbige und langsilbige einschließlich der mehrsilbigen.

P r ä s e n s

Der Vokal der Stammsilbe bleibt im wesentlichen unverändert. Das im Germ. vorhandene *j* ist im Ahd. bis auf geringe Reste (vgl. z.B. *nẹrien* 'nähren') geschwunden, hat aber Spuren hinterlassen, und zwar im Umlaut und in der (westgerm.) Gemination:

Umlaut trat im Präs. immer dann ein, wenn die Stammsilbe einen Vokal *a* enthielt; Gemination erfolgte im Präs. der kurzsilbigen Verben mit Ausnahme der 2. und 3. P. Sg. Ind. und der 2. P. Sg. Imperativ (siehe 2.3.3.4.).

     zęllen   *zęllu*   aber: *zęlis*   *zęlit*

Im späteren Ahd. setzen sich von diesen Formen aus im Präs. die einfachen Konsonanten durch: *zęlen, zęlu* usw. (Vgl. BRAUNE 1987, § 358 Anm. 1.)

  Verben mit *tz, pf, ck* haben dagegen die Gemination auf alle Formen des Präs. übertragen und sie auch später beibehalten:

     sętzen   *sętzu*   *sętzis*   *sętzit* (nicht: *sęzzit*).

  Bei lang- und mehrsilbigen sw. Verben ist die westgerm. Gemination im Fränk. überhaupt nicht, im Bair. und Alem. nur teilweise eingetreten. Gemeingerm. Gemination dagegen wurde in allen Formen beibehalten (vgl. *stęllen* – *stęllu* – *stęllis* – *stęllit* usw.).

Präteritum

Im Germ. hatte das Prät. die Endung *-ida* (ahd. *-(i)ta*).

Im Ahd. ist das *i* bei den lang- und mehrsilbigen *jan*-Verben synkopiert worden:

bei	langsilbigen			
	nach langem Vokal	*hôren*	– *hôrta*	'hören'
	nach Diphthong	*suochen*	– *suohta*	'suchen'
	nach kurzen Vokal plus			
	mehrfacher Konsonanz	*zucken*	– *zucta*	'zücken'
bei	mehrsilbigen	*angusten*	– *angusta*	'sich ängstigen'
		mahalen	– *mahalta*	'sprechen, versprechen, verloben'

  Da das *i* noch vor Beginn der Umlautprozesses schwand, stehen also bei den Verben mit Stammvokal *a* die nicht umgelauteten Formen des Prät. (*stalta, branta*) den umgelauteten des Präs. gegenüber (*stęllen, bręnnen*). Diese Erscheinung bezeichnete JACOB GRIMM irrtümlich als "Rückumlaut" (siehe 2.3.2.3.).

  Die kurzsilbigen Verben haben im allgemeinen das *i* im Prät. erhalten, so daß auch hier Umlaut eintreten konnte:

     dęnnen   *dęnita*   'dehnen'.

  Es gibt aber auch germ. kurzsilbige Verben, die im Ahd. *i*-Ausfall zeigen,

a) auf germ. *p, t, k* – ahd. Präs. *pf, tz, ck*

(sie sind durch die hd. Lautverschiebung langsilbig geworden):

     decken   *dahta/dacta*   'decken'
     sęzzen/sętzen *sazta*   'setzen'
     stęphen   *stafta*   'treten, schreiten'

b) auf germ. *d* – ahd. Präs. *tt*:

     rętten   *ratta*   'retten'

c) auf germ. *l* – ahd. Präs. *ll*:

     zęllen   *zalta*   'zählen, erzählen'

  Die unter b) und c) genannten Verben haben häufig Nebenformen mit *i*, also *ratta* neben *rętita, zalta* neben *zęlita*.

  Das Part. Prät. hat in allen Formen *i*, wenn auch im Prät. ein *i* vorhanden war, z.B. *ginęrit, ginęritêr*. Hatte das Prät. dagegen kein *i*, so erschienen alle flektierten Formen des Part. Prät. ebenfalls ohne *i*, z.B. *gisaztêr, gihôrtêr*. Nur in der unflektierten Form des Part. Prät. ist *i* vorhanden, vgl. *gisęzzit, gehôrit*.

Klasse 2 (ôn-Verben)

Der Themavokal *ô* bleibt in allen Stammformen erhalten, also

     salbôn   *salbôta*   *gisalbôt*   'salben'

  Auch: *dionôn* 'dienen', *korôn* 'prüfen', *machôn* 'machen', *offanôn* 'öffnen', *rîchisôn* 'herrschen'.

  Die Flexion im einzelnen ist aus der nachfolgenden Tabelle zu ersehen.

Klasse 3 (ên-Verben)

Der Stamm für alle drei Formen lautet auf *-ê* aus, also

lëbên	*lëbêta*	*gilëbêt*	'leben'

Das *ê*-Thema ist jedoch weniger fest als das *ô* der 2. Klasse. Schon im 9. Jh. tritt häufiger *a* (*â*?) an seine Stelle, z. B. *sagata*, *habant*.

Auch: *altên* 'alt werden', *dagên* 'schweigen', *darbên* 'darben', *folgên* 'folgen', *klëbên* 'kleben', *lërnên* 'lernen', *rîfên* 'reifen', *sagên* 'sagen' u. a.

Das Verb *habên* 'haben' weist seit dem 11. Jh. die kontrahierte Form *hân* auf, die sich dann im Mhd. neben *habên* durchsetzt.

Manche der angeführten Verben schwanken in der Flexion. Sie gehören entweder in die 2. oder auch in die 3. Klasse, z. B.

klagôn,	aber auch	*klagên*	'klagen'
zilên,	aber auch	*zilôn*	'sich bemühen; zielen'
fastên,	aber auch	*fastôn*	'fasten'

Schwankungen zwischen 1. und 2. bzw. zwischen 1. und 3. Klasse sind selten.

Übersicht über die Konjugation der schwachen Verben

Klasse 1		Klasse 2	Klasse 3
suochen/zellen		*salbôn*	*habên*
Präsens			
Indikativ			
suochu	*zellu*	*salbôm* (-ôn)	*habêm* (-ên)
suochis(-t)	*zelis(-t)*	*salbôs(-t)*	*habês(-t)*
suochit	*zelit*	*salbôt*	*habêt*
suochemês	*zelemês*	*salbômês*	*habêmês*
suochet	*zellet*	*salbôt*	*habêt*
suochent	*zellent*	*salbônt*	*habênt*
Konjunktiv			
suoche	*zelle*	*salbo*	*habe*
suochês(-t)	*zellês(-t)*	*salbôs(-t)*	*habês(-t)*
suoche	*zelle*	*salbo*	*habe*
suochêm (-ên)	*zellêm*(-ên)	*salbôm* (-ôn)	*habêm* (-ên)
suochêt	*zellêt*	*salbôt*	*habêt*
suochên	*zellên*	*salbôn*	*habên*
Imperativ			
suochi	*zeli*	*salbo*	*habe*
suochemês	*zellemês*	*salbômês*	*habêmês*
suochet	*zellet*	*salbôt*	*habêt*
Part. Präs.			
suochenti	*zellenti*	*salbônti*	*habênti*
Präteritum			
Indikativ			
suohta	*zalta* oder	*salbôta*	*habêta*
suohtôs(-t)	*zelita*	*salbôtôs(-t)*	*habêtôs(-t)*
suochta	usw.	*salbôta*	*habêta*
suohtum (-un)		*salbôtum* (-un)	*habêtum* (-un)
suohtut		*salbôtut*	*habêtut*
suohtun		*salbôtun*	*habêtun*
Konjunktiv			
suohti	*zalti* oder	*salbôti*	*habêti*
suohtîs(-t)	*zeliti*	*salbôtîs(-t)*	*habêtîs(-t)*
suohti	usw.	*salbôti*	*habêti*
suohtîm (-în)		*salbôtîm* (-în)	*habêtîm* (-în)
suohtît		*salbôtît*	*habêtît*
suohtîn		*salbôtîn*	*habêtîn*

Part. Prät.

gisuochit	gizelit	gisalbôt	gihabêt
	gizalt		
gisuohtêr	gizaltêr	gisalbôtêr	gihabêtêr
	(gizelitêr)		

2.4.1.3. Präterito-Präsentien

Die Präterito-Präsentien sind Verben, deren Präsens die Form eines ablautenden Präteritums zeigt. Sie sind aus dem idg. Perfekt entstanden (*ih weiz* 'ich habe gesehen und
weiß also'; vgl. lat. *no-v-i*; vgl. Tschirch 1983, 55). Die alten Präsensformen gingen
verloren; die Präteritalformen übernahmen die Präsensfunktion, flektierten aber weiter
wie Präteritalformen ahd. starker Verben. Nur die 2. P. Sg. hat davon abweichend ein
-*t*, weil das die ursprüngliche Endung der 2. P. Sg. Prät. ist (vgl. Braune 1987, §370).
Als Ersatz für die ins Präsens übergegangenen Präteritalformen entstanden neue Präterita, die den Stammvokal des alten Pl. Prät. beibehielten und nach dem Vorbild der
sw. Verben ein *t*-Suffix annahmen. Sie stehen somit als Mischform zwischen den starken und den schwachen Verben. Inf. und Part. Präs. werden ebenfalls nach den Stammformen der alten Pl. Prät. (jetzt Pl. Präs.) neu gebildet, sind aber nicht bei allen Verben
belegt. Die Part. Prät. treten im Ahd. sehr selten auf.

Im Ahd. existieren 11 Präterito-Präsentien, z. T. aber nur mit lückenhaft belegten
Flexionsformen. Sie werden in der Reihenfolge der Ablautreihen angeführt, zu denen
sie ursprünglich gehörten. Die halbfetten Formen sind die alten Sg. Prät. (Vgl. die
Grundformen der 1. Ablautreihe: *rîtan rîtu reit ritum giritan*.)

Übersicht über die Präterito-Präsentien

Aus der 1. Ablautreihe:

1. *wizzan*	*weiz/wizzum*	*wissa/wëssa*	*giwizzan*	'wissen'
		wista/wësta		
2.	got. *áih*			'ich habe'
	ahd. nur **eigun** belegt			'wir haben'
		dazu das Adjektiv *eigan*		'eigen'

Aus der 2. Ablautreihe:

| 3. | **toug**/*tugun* | *tohta* | | 'es taugt, hilft' |

Aus der 3. Ablautreihe:

4. *unnan*	**an**/*unnun*	*onda*		'gönnen'
gi-unnan	*gian*/*gunnun*	*gionsta* (*gunde*)		'gönnen'
5. *kunnan*	**kan**/*kunnun*	*konda* (*kunda*)		'wissen, verstehen, können'
6. *durfan*	**darf**/*durfun*	*dorfta*		'nötig haben, bedürfen'
7.	**gitar**/*giturrun*	*gitorsta*	*gitorran*	'wagen'

Aus der 4. Ablautreihe:

| 8. *scolan/sculan* | **scal**/*sculun* | *scolta* | | 'sollen' |
| 9. | **ginah** (nur so belegt) | | | 'es genügt; im Überfluß haben' |

Aus der 5. Ablautreihe:

| 10. *magan* | **mag**/*magun* | *mahta* | | 'können, vermögen' |
| *mugan* | *mugun* | *mohta* | | |

Aus der 6. Ablautreihe:

| 11. | **muoz**/*muozun* | *muosa* (später *muosta*) | | 'in der Lage sein, können, mö-gen, müssen' |

2.4.1.4. Athematische Verben

Im Ahd. gehören 4 Verben zu dieser Gruppe: *sîn* 'sein', *gân/gên* 'gehen', *stân/stên*
'stehen' und *tuon* 'tun'. Sie werden athematische oder Wurzelverben genannt,
weil die Flexionsendung ohne Themavokal direkt an die Wurzel tritt. Daneben findet
sich noch die Bezeichnung *mi*-Verben. (Vgl. Schweikle 1986, §20 VI; Braune 1987,
§378.)

Das Verb sîn 'sein'

An der Bildung des Formensystems sind unterschiedliche Wurzeln beteiligt, vgl. auch lat. *es-t, s-u-mus*. Dies wird als Suppletivbildung bezeichnet.

Kennzeichen athematischer Bildung weisen dabei nur die Formen auf, die von den Wurzeln idg. **es* und **bheu/bhu* gebildet sind:

Präsens

Indikativ	Konjunktiv
bim, bin	*sî*
bist	*sîs, sîst*
ist	*sî*
birum, birun	*sîn*
birut	*sît*
sint	*sîn*

Die übrigen Formen werden von dem st. Verb der 5. Ablautreihe *wësan* gebildet (s. 2.4.1.1.).

Als Stammformen sind zu nennen:

sîn/wësan	*bim*	*was*	*wârun*	(Part. nicht belegt)

Die Verben gân/gên 'gehen' und stân/stên 'stehen'

Die Verben lauten im Alem. meist *gân, stân*, im Bair. und Fränk. dagegen *gên, stên*. Neben diesen Kurzformen, die nur im Präs. Verwendung finden, stehen die Inf. *gangan* (Reihe 7 der st. Verben) und *stantan* (Reihe 6 der st. Verben), mit deren Hilfe alle weiteren Formen gebildet werden.

Indikativ		Konjunktiv		Imperativ	
gâm, gân	*gêm, gên*	*gê*			
gâs(t)	*gês(t)*	*gês(t)*		*(gang)*	
gât	*gêt*	*gê*			
gâmês, gân	*gêmês, gên*	*gên*		*gâmês*	*gêmês, gên*
gât	*gêt*	*gêt*		*gât*	*gêt*
gânt	*gênt*	*gên*			

Das Verb *stân/stên* flektiert ebenso. Der Konj. *gê, stê* tritt sehr selten auf, meist lauten die entsprechenden Formen *gange* und *stante*. Die 2. P. Sg. Imp. heißt *gang, stant*.

Das Verb tuon 'tun'

Die einzelnen Quellen weisen im Präs. sehr unterschiedliche Formen auf. Die folgende Tabelle beschränkt sich auf das Ostfränk. Das Prät. hatte Reduplikation. Sie ist in der 1. und 3. P. Sg. noch deutlich zu erkennen.

Präsens			Präteritum	
Indikativ	Konjunktiv	Imperativ	Indikativ	Konjunktiv
tuon	*tuo(e), tûe*		*tëta*	*tâti*
tuos(t)	*tûês, tûes*	*tuo*	*tâti*	*tâtîs(t)*
tuot	*tuo(e), tûe*		*tëta*	*tâti*
tuomês, tuon	– – *(duên, duen* O.)	*tuomês*	*tâtum, -un*	*tâtîmês, -în*
tuot	*tuot*	*tuot*	*tâtut*	*tâtît*
tuont	*tuon*		*tâtun*	*tâtîn*

Part. Präs. *tuonti*
Part. Prät. *gitân*

2.4.1.5. *wellen* 'wollen'

Das Präs. dieses Verbs ist aus dem alten Konj. (eigentlich Optativ, vgl. got. *wiljau* 'ich wolle' → 'ich will'; vgl. KIENLE 1969, §267) eines *mi*-Verbs entstanden. Im Ahd. wird dieser Konj. später indikativisch verwendet. Der Sg. Präs. Ind. flektiert noch wie ein alter Konj., alle übrigen Präsensformen haben die Flexion der sw. Verben der 1. Klasse.

Das Prät. lautet *wolta* (Konj. Prät. *woltî*) und wird ebenfalls wie ein sw. Verb konjugiert.

Im Fränk. wurde der Präteritalstammvokal *o* auch auf das Präs. übertragen und verdrängte dort das *e* aus dem Stamm. (Vgl. BRAUNE 1987, §384f.; KIENLE 1969, §267.)

Indikativ			Konjunktiv		
willu; *wili, wile*			*welle*	fränk.	*wolle*
wili, wile; *wilis*			*wellês(t)*		*wollês(t)*
wili, wile; *wilit*			*welle*		*wolle*
wellemês, wellên	fränk.	*wollemês*	*wellemês*		*wollemês*
wellet		*wollet*	*wellêt*		*wollêt*
wellent		*wollent*	*wellên*		*wollên*
					(neu gebildet)

2.4.2. Das Substantiv

Das ahd. Substantiv weist wie das nhd. drei Kategorien auf: Kasus, Numerus und Genus. Von den insgesamt 8 idg. Kasus sind im Ahd. vier erhalten geblieben: Nominativ, Genitiv, Dativ, Akkusativ. Der Nominativ hat die Funktion des Vokativs mit übernommen, und mit dem Dativ sind Lokativ, Ablativ und Instrumental zusammengefallen. Reste des Instrumentals sind im älteren Ahd. im Singular des starken Substantivs (so im "Hildebrandlied") und Pronomens (s. 2.4.4.3.) erhalten. Die ahd. Numeri sind Singular und Plural. Der idg. Dual ist im Ahd. beim Substantiv völlig verlorengegangen, und auch beim Pronomen ist, anders als im Got. und As., nur der Gen. Pl. belegt: bei OTFRID *unker*. Im Bair. und in anderen Gegenden des deutschen Sprachgebietes sind zahlreiche Restformen und Varianten des Duals in volkssprachlicher Verwendung ermittelt worden (vgl. SCHIRMUNSKI 1962, S. 456f.; vgl. auch KIENLE 1969, §175). Die ahd. Genera sind: Maskulinum, Femininum, Neutrum.

Die Deklination des Substantivs richtet sich nach der Bildung des Flexionsstammes, das ist die Wurzel des Wortes und das Thema (Bindelaut oder Bindelautgruppe). Erst daran schließen sich dann die Kasusendungen an. Bei vokalischem Thema sprechen wir von vokalischer oder starker Deklination, bei konsonantischem Thema von konsonantischer oder schwacher Deklination. Im Ahd. ist die Zerlegung des Wortes in Wurzel + Thema + Endung nicht mehr bei allen Kasusformen möglich, vgl. aber Gen. Pl. *zung-ôn-no* (s. 2.4.2.2.1.). Durch die Stammbetonung und die damit verbundenen Auslautgesetze sind Thema und Endungen z. T. verschmolzen, z. T. geschwunden. Im Got. ist dagegen die Verschiedenheit der Stämme noch deutlicher erkennbar, z. B. got. *gib – ô – m*, *gib – ô – s* (Dat. und Akk. Pl. *ô*-Stamm). Neben der thematischen Deklination gibt es auch die athematische Deklination, bei der die Endungen ohne Thema unmittelbar an die Wurzel treten (vgl. athematische Verben). Solche Substantive sind die sog. Wurzelnomina. Im Ahd. gibt es nur noch Reste dieser Deklinationsklasse.

2.4.2.1. *Vokalische (starke) Deklination*

Die vokalische Deklination kennt entsprechend dem Thema, das in germ. Zeit an die Wurzel trat, *a*-, *ô*-, *i*- und *u*-Stämme. (Vgl. KIENLE 1969, §§143–157; BRAUNE 1987, §§193–220.)

2.4.2.1.1. *a-Deklination (Maskulina* und *Neutra):* Die ahd. *a*-Deklination entspricht der idg. *o*-Deklination.

a-Stämme

		Maskulina	Neutra	Neutra
Sg.	Nom., Akk.	*tag* 'Tag'	*wort* 'Wort'	*lamb* 'Lamm'
	Gen.	*tagas, -es*	*wortas, -es*	*lambes*
	Dat.	*taga, -e*	*worta, -e*	*lambe*
	Instr.	*tagu, -o*	*wortu, -o*	*lambu, -o*
Pl.	Nom., Akk.	*tagâ, -a*	*wort*	*lẹmbir*
	Gen.	*tago*	*worto*	*lẹmbiro*
	Dat.	*tagum, -om*	*wortum, -om*	*lẹmbirum, -om*
		-un, -on	*-un, -on*	*-un, -on*

Im Gen. und Dat. Sg. sind die mit *e* gebildeten Formen die Normalformen (*tages, tage*).

Im Dat. Pl. ist *-um/-un* mehr im Bair. und Alem., *-om/-on* mehr im Fränk. üblich.

Die meisten ahd. Maskulina, auch mehrsilbige, flektieren wie *tag*, z. B. *bёrg, fisk, geist, nît, (h)ring, stein, stuol, wёg, himil, kuning, sluzzil, truhtîn.* Die auf Konsonant endenden mask. Eigennamen (germ. und auch fremde) flektieren genauso. Jedoch weichen sie im Akk. Sg. von der Form des *a*-Stammes ab: Sie enden auf *-an*, z. B. *Hartmuotan, Petrusan.* Wenn das Wort *truhtîn* 'Herr' als Eigenname gebraucht wird, weist es des öfteren diese Endung auf: *truhtinan.*

Neutr. *a*-Stämme sind z. B. *barn* 'Kind', *fёl, jar, sêr* 'Schmerz', mehrsilbige *a*-Stämme sind: *honag* 'Honig', *houbit, kindilîn, knuosal* 'Geschlecht', *magatîn* u. a.

es/os-Stämme

Eine Gruppe von Substantiven, die den Pl. mit dem Morphem *-ir* bilden, zeigt im Sg. die gleiche Flexion wie die *a*-Stämme. Die ursprünglich hierher gehörenden Wörter sind alte neutr. *es/os*-Stämme, d. h. also konsonantische Stämme. Idg. *-es/os* entspricht germ. *-iz/-az* > *-ir/-ar*, ahd. als *-ir* erhalten. Nach Schwinden des Themas im Sg. sind die Wörter zu den *a*-Stämmen übergegangen. Das *-ir* wird bereits im Ahd. als Pluralkennzeichen aufgefaßt. Es finden sich noch vereinzelt Formen mit dem alten Bildungselement im Sg.: *chalbire* (Dat.), *rindares* (Gen.); auch in Ortsnamen, z. B. *Kelbirisbach.*

Wie *lamb* flektieren im Ahd. nur wenige Wörter: *blat, ei* (Pl. *eigir, eier*), *farh* 'Ferkel', *(h)rind, (h)rîs* 'Zweig, Reis', *huon, kalb.* Doch nimmt die Zahl der Wörter mit *ir*-Plural allmählich zu, d. h., der Pl. wird auf Wörter übertragen, die ursprünglich nicht gehörten (zur Weiterentwicklung im Mhd. 3.5.2.1.2., im Frnhd. 4.5.2.1.2.). Meist stehen zunächst beide Plurale nebeneinander, z. B. bei *abgot, fёld, grab, hâr, holz, hûs, loub, rad.* Kurzes *a* in der Wortwurzel wird durch *-ir* umgelautet, z. B. *blat – blẹtir, lamb – lẹmbir.* (Siehe auch 2.3.2.2.)

Durch Erweiterung des *a*-Themas mit den Halbvokalen *j* und *w* entstanden die *ja*- und *wa*-Stämme.

ja-Stämme

		Maskulina	Neutra
Sg.	Nom., Akk.	*hirti* 'Hirte'	*kunni* 'Geschlecht'
	Gen.	*hirtes*	*kunnes*
	Dat.	(*hirtie*); *hirte*	(*kunnie*); *kunne*
	Instr.	*hirtiu*; *hirtu, -o*	*kunniu*; *kunnu, -o*
Pl.	Nom., Akk.	(*hirtie*); *hirta (-â)*	*kunni*
	Gen.	*hirteo, -io, hirto*	(*kunneo, -io*), *kunno*
	Dat.	*hirtum, -un, -on*	*kunnim, -in, -um, -on*
		hirtim, -in	

Das alte *j* ist im Ahd. schon weitgehend geschwunden. Im Nom., Akk. Sg. ist *j* nach Abfall der Kasusendungen im absoluten Auslaut zu *i* geworden. In den ältesten Quellen zeigen Dat. und Instr. Sg. und Gen. Pl. noch Reste des *ja*-Themas (*i* oder *e* geschrieben). Als Auswirkung des *j* auf die Wurzel ist häufig Gemination anzutreffen.

Wie *hirti* flektieren nur wenige mask. Substantive, z. B. *hirsi* 'Hirse', *(h)rucki* 'Rücken', *(h)ueizzi* 'Weizen', besonders aber die Nomina agentis auf *-âri*, z. B. *buochâri* 'Schriftgelehrter, Schreiber', *fiskâri* 'Fischer', *lêrâri* 'Lehrer', *luginâri* 'Lügner'.

Wie *kunni* flektieren viele neutr. Substantive, z.B. *arbi* 'Erbteil', *ẹnti*, *nẹzzi* 'Netz', *rîchi* 'Herrschaft; Reich; Land', die Kollektivbildungen mit *gi-* wie *gibeini*, *gibirgi*, *gizungi* 'Sprache', und viele Ableitungen auf *-nissi*, wie *firstandnissi* 'Verstand', *wârnissi* 'Wahrheit' u.a.

wa-Stämme

Zu den *wa*-Stämmen gehören ahd. nur sehr wenige Maskulina und Neutra. Das *w* erscheint im Auslaut als *o*, und zwar im Nom. und Akk. Sg. In den übrigen Formen stimmt die Deklination mit den *a*-Stämmen überein, z.B. Mask. Sg. *sêo*, *sêwes*, *sêwe*, *sêo*; Pl. *sêwa*, *sêwo*, *sêwum*, *sêwa* 'See'.

Zu den *wa*-Stämmen gehören: die Maskulina *bû* 'Bau', *(h)lêo* 'Erdhügel', *klêo* 'Klee', *snêo* 'Schnee' und die Neutra *horo* 'Schmutz', *(h)rêo* 'Leichnam', *knêo* 'Knie', *scato* 'Schatten' und einige andere. Da im 9.Jh. *o* nach *ê* schwindet, heißt es mhd. *klê*, *sê*, *snê* (s. 2.3.2.4.).

2.4.2.1.2. *ô-Deklination (Feminina):* Die *ô*-Deklination entspricht der idg. *â*-Deklination. Zur *ô*-Deklination gehören nur Feminina. Neben den reinen *ô*-Stämmen gibt es auch *jô*- und *wô*-Stämme. Die *jô*-Stämme zeigen noch einige Besonderheiten, die *wô*-Stämme dagegen flektieren genauso wie die *ô*-Stämme. Ehemalige *wô*-Stämme sind: *brâwa* 'Braue', *farwa* 'Farbe', *(h)riuwa* 'Reue', *triuwa* 'Treue' u.a.

		ô-Stamm	*jô*-Stamm	
			frühahd.	ab 9.Jh.
Sg.	Nom., Akk.	*gëba* 'Gabe'	*sunte, suntea, -ia*	*sunta* 'Sünde'
	Gen.	*gëba, -u, -o*	*sunte, suntea, -ia*	*sunta*
	Dat.	*gëbu, -o*	*suntiu*	*suntu*
Pl.	Nom., Akk.	*gëbâ*	*sunte, suntêâ, -ia*	*suntâ*
	Gen.	*gëbôno*	*sunteôno*	*suntôno*
	Dat.	*gëbôm, -ôn, -on*	*sunteôm*	*suntôm, -ôn*

Nom. und Akk. sind schon im Ahd. gleich, jedoch war der Nom. ursprünglich endungslos. Das zeigt sich noch bei den fem. Eigennamen, z.B. *Brunihilt*, *Hiltigunt*. Bereits im 9.Jh. besteht die Neigung, Gen. und Dat. auszugleichen, und allmählich dringen die Dativformen immer mehr in den Gen. ein. (Zur Weiterentwicklung im Mhd. s. 3.5.2.1.3.).

Die Zahl der *ô*-Stämme ist groß. Dazu gehören z.B. *ërda*, *êra*, *fëhta* 'Gefecht', *lêra*, *zala*, auch die Nomina actionis auf *-unga* wie *manunga* 'Mahnung', *samanunga* 'Versammlung'.

Die *jô*-Stämme, die ursprünglich noch das *j* haben, fallen im 9.Jh. mit den *ô*-Stämmen zusammen. Das *j* hat, wo es möglich war, Konsonantengemination und Umlaut hervorgerufen, z.B. *hellia/hella* (got. *halja*) 'Hölle', *minnea* 'Liebe, Zuneigung'. Eine größere Gruppe bilden die sog. movierten Feminina; das sind Feminina, die von den entsprechenden mask. Substantiven abgeleitet worden sind, z.B. *forasagin* 'Prophetin', *kuningin*, *wirtin*. Sie zeigen im Nom. die alte Kurzform. Die obliquen Kasus haben Doppel-*n*: Gen. Sg. *kuninginna*, Dat. *kuninginnu*, Akk. *kuninginna*. Seit dem 11.Jh. dringt der Akk. auch in den Nom. ein, so daß es mhd. *küneginne* heißt (s. 3.5.2.1.3.).

2.4.2.1.3. *i-Deklination (Maskulina und Feminina):* Die *i*-Deklination umfaßt im Ahd. nur Maskulina und Feminina, im Idg. auch Neutra. (Ein alter neutr. *i*-Stamm ist ahd. *mẹri* 'Meer'). Im Idg. hatten die Maskulina und Feminina gleiche Flexion. Im Ahd. jedoch haben die mask. *i*-Stämme im Sg. völlig die *a*-Deklination angenommen. Das ist auch die Ursache dafür, daß später ein und dasselbe Wort im Pl. sowohl nach der *i*- als auch nach der *a*-Deklination flektieren kann.

Im As. und Ags. unterscheiden wir kurzsilbige und langsilbige *i*-Stämme. Diese Unterscheidung trifft auf das Ahd. nicht zu. Einige wenige Wörter mit kurzer Stammsilbe zeigen im Nom. Sg. noch den Themavokal *i*: *risi* 'Riese', *wini* 'Freund', flektieren aber sonst ganz wie die anderen *i*-Stämme.

		Maskulina	Feminina
Sg.	Nom., Akk.	*gast* 'Gast'	*anst* 'Gunst'
	Gen.	*gastes*	*ẹnsti*
	Dat.	*gaste*	*ẹnsti*
	Instr.	*gastiu, gestiu, gastu*	–
Pl.	Nom., Akk.	*gẹsti*	*ẹnsti*
	Gen.	*gẹsteo, -io, gẹsto*	*ẹnsteo, -io, ẹnsto*
	Dat.	*gẹstim, -in, -en*	*ẹnstim, -in, -en*

Eine ganze Anzahl Maskulina flektieren wie *gast*, u. a. *aphul, bah, liut* 'Volk', *slag, wirt*. Noch zahlreicher sind die Feminina, z. B. *arn* 'Ernte', *stat, sûl* 'Säule', besonders die Abstrakta auf *-scaf(t)*, *-heit* und *-t*, z. B. *dẹganheit* 'Tapferkeit', *gomaheit* 'Persönlichkeit'; *lantscaf; fart, fluht, tât*.

2.4.2.1.4. *u-Deklination (Maskulina, Neutra, Feminina)*: Fast alle Substantive, die ursprünglich *u*-Stämme waren, sind im Ahd. schon in andere Deklinationsklassen übergetreten. Die alte Deklination ist nur noch resthaft erhalten.

Mask. *u*-Stämme sind: *fridu* 'Friede', *hugu* 'Sinn', *situ* 'Sitte' u. a.; sie sind meist in die *i*-Deklination übergegangen.

Von den Feminina zeigt nur *hant* 'Hand' Reste der alten Flexion, und zwar im Dat. Pl. *hantum, -un, -on*. Sonst flektiert *hant* nach der *i*-Deklination. Die alte umlautlose Form zeigen bis ins Nhd. die Wörter *vorhanden, zuhanden, abhanden*, vgl. dagegen *behende*. Ebenso gibt es bei den Neutra nur ein Wort, das ursprünglich ein *u*-Stamm war: *fihu* 'Vieh'. Der Nom., Akk. Sg. hat die alte Form erhalten.

2.4.2.2. *Konsonantische (schwache) Deklination*

Den größten Anteil an den konsonantischen Stämmen haben die *n*-Stämme.

2.4.2.2.1. *n-Deklination (Maskulina, Neutra, Feminina)*:

		Maskulina	Neutra	Feminina
Sg.	Nom.	*hano* 'Hahn'	*hẹrza* 'Herz'	*zunga* 'Zunge'
	Gen.	*hanen, hanin*	*hẹrzen, hẹrzin*	*zungûn*
	Dat.	*hanen, hanin*	*hẹrzen, hẹrzin*	*zungûn*
	Akk.	*hanon, hanun*	*hẹrza*	*zungûn*
Pl.	Nom., Akk.	*hanon, hanun*	*hẹrzun, hẹrzon*	*zungûn*
	Gen.	*hanôno*	*hẹrzôno*	*zungôno*
	Dat.	*hanôm, -ôn*	*hẹrzôm, -ôn*	*zungôm, -ôn*

Bei den Mask. und Neutr. ist die Endung *-en* fränk., *-in* bair. und alem. Es gibt sehr viele M a s k u l i n a, die wie *hano* flektieren: *garto* 'Garten', *namo, scado* 'Schaden' u. a. Hierher gehören auch die im Ahd. noch zahlreichen Nomina agentis, die von Verben abgeleitet worden sind, z. B. *boto* 'Bote', *fora-sago* 'Prophet', *gẹbo* 'Geber' u. a. Häufig war das *n*-Thema durch *j* erweitert – in ältester Zeit als *e* oder *i* erhalten, im 9. Jh. jedoch geschwunden. An der Konsonantenverdopplung und am Umlaut ist das ehemalige *j* noch zu erkennen, z. B. *ẹrbo* – älter *ẹrbeo* (got. *arbja*) 'der Erbe', *gisẹllo* – älter *gisẹlleo*, *rẹccho* – älter *wrẹccheo* 'Verbannter', *willo* – älter *willeo* u. a. N e u t r a gibt es nur sehr wenige: ahd. *hẹrza, ora, ouga, wanga* und dazu den Pl. von *hîwo* 'Gatte' und *hîwa* 'Gattin', *thiu hîwun* 'die Ehegatten, Familie'. Die Zahl der F e m i n i n a ist groß, z. B. *bluoma, diorna* 'Mädchen', *fora-saga* 'Prophetin', *quẹna* 'Frau', *sunna, tûba* 'Taube'. Wie bei den Maskulina, so gibt es auch bei den Feminina die Erweiterung des *n*-Themas durch *j*. Das zeigt sich in der Gemination oder im Umlaut. Hierzu gehören z. B. *frouwa, mucca* 'Mücke', *winia* 'Freundin', aber auch die Substantive mit dem alten Suffix *-în*, das sprachhistorisch eine Ablautform zu den mit *j* erweiterten *n*-Stämmen darstellt. Die Deklination dieser Wörter hat sich durch den Abfall des *n* von der eigentlichen *n*-Deklination weit entfernt.

Sg.	Nom.			Pl.	Nom.	*hôhî, hôhîn*
	Gen.				Gen.	*hôhîno*
	Dat.	*hôhî, hôhîn* 'Höhe'			Dat.	*hôhîm, -în*
	Akk.				Akk.	*hôhî, hôhîn*

Die mit *î* gebildeten Formen sind vorherrschend. Die größte Zahl der so flektierenden Wörter bilden die Adjektivabstrakta auf *-î*, wie *finstrî* 'Finsternis', *menigî* 'Menge', *tiufî* 'Tiefe' u. a.

(Vgl. zu den *n*-Stämmen KIENLE 1969, §§ 165–168; BRAUNE 1987, §§ 221–231.)

2.4.2.2.2. *Reste anderer konsonantischer Deklinationen:* Im Ahd. gibt es nur noch wenige t e r - und n t -S t ä m m e. *ter*-Stämme sind fünf Verwandtschaftsbezeichnungen, die Mask. *fater* und *bruoder* und die Fem. *muoter*, *tohter* und *swëster*.

Sg.	Nom.			Pl.	Nom.	*bruoder*
	Gen.				Gen.	*bruodero*
	Dat.	*bruoder*			Dat.	*bruoderum, -un, -on*
	Akk.				Akk.	*bruoder*

Die Fem. haben im Ahd. diese Deklination gut bewahrt, *fater* dagegen hat neben den alten Formen häufig Formen der *a*-Deklination, in die es schon früh übergetreten ist, und flektiert dann: Sg. Nom., Akk. *fater*, Gen. *fateres*, Dat. *fatere*; Pl. Nom., Akk. *faterâ, -a*, Gen. *fatero*, Dat. *faterum, -un, -on*.

Die *nt*-Stämme sind substantivierte Präsenspartizipien. Im Ahd. ist ihre Deklination resthaft erhalten bei *friunt* 'Freund' (zu germ. **frijon* 'lieben') und *fiant* 'Feind' (zu ahd. *fîên* 'hassen'). Diese Wörter werden jedoch nicht als Partizipien empfunden.

Sg.	Nom., Akk.	*friunt*	Pl.	Nom., Akk.	*friunt, friunta*
	Gen.	*friuntes*		Gen.	*friunto*
	Dat.	*friunte*		Dat.	*friuntum, -un, -on*

Zu dieser Deklination gehören ursprünglich auch *hëlfant, heilant, wîgant* u. a. Alle Wörter der *nt*-Deklination sind in die *a*-Deklination übergegangen.

(Vgl. auch KIENLE 1969, § 163f.; BRAUNE 1987, §§ 233–237.)

2.4.2.3. *Wurzelnomina*

Wurzelnomina sind Substantive, deren Flexionsendung ohne Thema an die Wurzel tritt. Wurzel und Flexionsstamm fallen also zusammen. Da die Wurzel dieser Wörter auf einen Konsonanten endet, werden sie meist der konsonantischen Deklination zugeordnet.

Wurzelnomina sind Mask. und Fem. Die meisten sind in die *i*-Deklination übergegangen. Von den Mask. hat nur *man* 'Mensch' die alte Flexion erhalten; die Zuordnung von *man* zu den Wurzelnomina ist allerdings nicht sicher.

Sg.	Nom., Akk.	*man*	Pl.	Nom., Akk.	*man*
	Gen.	*man, mannes*		Gen.	*manno*
	Dat.	*man, manne*		Dat.	*mannum, -un, -om, -on*

Auch bei *fuoz* und *ginôz* sind alte Formen resthaft erhalten.

Bei den Fem. zeigt *naht* am besten die alte Flexion.

Sg.	Nom., Akk.	*naht*	Pl.	Nom., Akk.	*naht*
	Gen.	*naht*		Gen.	*nahto*
	Dat.	*naht*		Dat.	*nahtum, -un, -on*

Wie *naht* flektiert auch *bruoh* 'Hose' und *buoh* 'Buch'. Sie werden meist nur im Pl. verwendet. Zu den Wurzelnomina gehören auch *burg* und *brust*, die neben Formen der *i*-Deklination noch einige wenige alte Formen zeigen: Gen. Dat. Sg. *burg* neben *burgi* – Dat. Pl. *brustum* neben *brustin*, Nom. Akk. Pl. *brust* neben *brusti*.

(Vgl. auch KIENLE 1969, §§ 158–162; BRAUNE 1987, §§ 238–243).

2.4.3. **Das Adjektiv**

Wie bei den Substantiven unterscheiden wir auch bei den Adjektiven st. und sw. Flexion. Während jedoch die Substantive entweder der st. oder der sw. Deklination angehören, können die Adjektive wie im Nhd. sowohl stark als auch schwach flektiert werden. Ob ein Adjektiv stark oder schwach flektiert wird, ist syntaktisch begründet. Die sw. Flexion wird verwendet, wenn dem Adjektiv ein Demonstrativpronomen oder der bestimmte Artikel vorausgeht. In allen anderen Fällen verwendet man die st. Flexion. Das ist die ursprünglich dem Adjektiv eigene Flexion; dagegen ist die sw. Flexion der sw. Flexion der Substantive nachgebildet. Sie ist eine Neubildung der germ. Sprachen.

2.4.3.1. *Starke Deklination*

		Maskulinum	Neutrum	Femininum
Sg.	Nom.	1. *blint*	1. *blint*	1. *blint*
		2. *blintêr*	2. *blintaz*	2. *blintiu, -u*
	Gen.	*blintes*	*blintes*	*blintera*
	Dat.	*blintemu, -emo*	*blintemu, -emo*	*blinteru, -o*
	Akk.	*blintan*	1. *blint*	*blinta*
			2. *blintaz*	
	Instr.	*blintu, -o*	*blintu, -o*	—
Pl.	Nom.	*blinte (blint)*	*blintiu, -u (blint)*	*blinto (blint)*
	Gen.	*blintero*	*blintero*	*blintero*
	Dat.	*blintêm, -ên*	*blintêm, -ên*	*blintêm, -ên*
	Akk.	*blinte*	*blintiu, -u*	*blinto*

Die st. Deklination entspricht ursprünglich der Deklination der st. Substantive, beim Mask. und Neutr. sind es also *a*-Stämme, beim Fem. *ô*-Stämme (siehe 2.4.2.1.1. und 2.4.2.1.2.). Die Adjektivdeklination ist aber weitgehend durch die Deklination der Pronomen beeinflußt worden.

Im Nom. Sg. aller Geschlechter unterscheiden wir eine längere, die sog. flektierte, und eine kürzere, die sog. unflektierte Form. Die "unflektierte" Form ist nur scheinbar unflektiert; es ist die alte Form der st. Substantive. Zum Beispiel Nom. Sg. Mask. der Adjektive (*a*-Stamm): germ. **blindaz* (got. *blinds*) – ahd. *blint* entspricht Nom. Sg. Mask. der Substantive (*a*-Stamm): germ. **dagaz* (got. *dags*) – ahd. *tag*. Die "flektierte" Form zeigt meist pronominale Endungen. Steht das Adjektiv als Attribut, so können beide verwendet werden (z. B. *blintêr man – blint man*). Prädikativ wird häufiger die unflektierte Form verwendet (*dër man ist blint*), seltener die flektierte (*der man ist blintêr*). Im Pl. dagegen steht attributiv nur die flektierte Form (*blinte man*), prädikativ sind beide Formen möglich (*die man sint blint – blinte*). Die Verwendung der Kurzform im Pl. beruht auf einer Übertragung aus dem Sg. In der Kurzform *blint* haben wir den ursprünglichen Nom. der *a*-Stämme vor uns (vgl. *blint – tag*).

Wie bei den Substantiven unterscheidet man auch bei den Adjektiven zwischen reinen *a-/ô*-Stämmen und *ja-/jô*- oder *wa-/wô*-Stämmen. Dieser Unterschied macht sich nur noch in der unflektierten Form des Sg. bemerkbar. Sie endet bei den ehemaligen *ja-/jô*-Stämmen auf *-i*, z. B. *mâri* 'berühmt', bei den ehemaligen *wa-/wô*-Stämmen auf *-o*, z. B. *garo* 'gar'. Die flektierten Formen dieser Wörter lauten im Mask. *mârêr* und *gar(a)wêr*. Bei den *wa-/wô*-Stämmen tritt das *w* vor die Flexionsendung. Nur eine kleine Anzahl von Wörtern sind *wa-/wô*-Stämme.

2.4.3.2. *Schwache Deklination*

		Maskulinum	Neutrum	Femininum
Sg.	Nom.	*blinto*	*blinta*	*blinta*
	Gen.	*blinten, -in*	*blinten, -in*	*blintûm*
	Dat.	*blinten, -in*	*blinten, -in*	*blintûn*
	Akk.	*blinton, -un*	*blinta*	*blintûn*
Pl.	Nom., Akk.	*blinton, -un*	*blintun, -on*	*blintûn*
	Gen.	*blintôno*	*blintôno*	*blintôno*
	Dat.	*blintôm, -ôn*	*blintôm, -ôn*	*blintôm, -ôn*

Die sw. Flexion des Adjektivs ist gleich der Flexion der substantivischen *n*-Stämme (s. 2.4.2.2.1.).

2.4.3.3. *Deklination der Partizipien*

Die Partizipien werden im Ahd. wie die Adjektive stark und schwach dekliniert. Die unflektierte Form des Part. Präs. ist gleich der der *ja-/jô*-Stämme, und die des Part. Prät. ist gleich der der *a-/ô*-Stämme.

Als Beispiel dienen Formen des st. Verbs *nëman*:

		Part. Präs.	Part. Prät.
st. Dekl.	unflekt.	*nëmanti*	*ginoman*
	flekt. (Nom.)	*nëmantêr/-az/-iu*	*ginomanêr/-az/-iu*
sw. Dekl.	(Nom.)	*nëmanto/-a/-a*	*ginomano/-a/-a*

2.4.3.4. *Steigerung der Adjektive*

Regelmäßige Steigerung

Im Ahd. gibt es zwei Möglichkeiten der Steigerung:
a) den Komparativ mit der Endung *-iro*, den Superlativ mit *-isto*;
b) den Komparativ mit der Endung *-ôro*, den Superlativ mit *-ôsto*.

Eine genaue Unterscheidung dieser beiden Bildungsweisen nach ihrer Anwendung kann nicht vorgenommen werden, jedoch sollen einige Beispiele angeführt werden. Bei den einsilbigen Adjektiven bilden die *ja-/jô*-Stämme Komparativ und Superlativ fast durchweg mit den *i*-Formen, die *a-/ô*-Stämme dagegen sowohl mit den *i*- als auch mit den *ô*-Formen. Es heißt also:

	suozi	(*ja*-Stamm)	– *suoziro*	– *suozisto*
aber:	*hêr*	(*a*-Stamm)	– *hêriro*	– *hêristo* oder
			– *hêrôro*	– *hêrôsto*

Die mehrsilbigen Adjektive weisen überwiegend die Formen mit *-ô-* auf, z. B.

managfalt – managfaltôro – managfaltôsto

Komparativ und Superlativ werden im Ahd. im Gegensatz zum Nhd. n u r schwach dekliniert.

Unregelmäßige Steigerung

Einige Adjektive weisen keine regelmäßigen Komparativ- und Superlativformen auf. Diese Adjektive bilden den Komparativ und den Superlativ als Suppletivformen von anderen Wortwurzeln, die ihrerseits keinen Positiv haben.

guot	'gut'	– *bęzziro*	– *bęzzisto*
ubil	'schlecht'	– *wirsiro*	– *wirsisto*
mihhil	'groß'	– *mêro* (*mêriro, mêrôro*)	– *meisto*
luzzil	'klein'	– *minniro*	– *minnisto*

Daneben gibt es noch eine Reihe von Steigerungsformen, die nicht von Adjektiven, sondern von Adverbien und Präpositionen gebildet worden sind. Sie werden aber gesteigert als Adjektive verwendet. So gehören z. B. zum Adverb *êr* 'vorher' *êriro* '(der) frühere' und *êristo* '(der) früheste, erste', zu *fora, furi* 'vor' *furiro* '(der) vordere, vornehmere' und *furisto* '(der) vorderste, vornehmste'.

2.4.3.5. *Bildung von Adverbien aus Adjektiven*

Im Ahd. können aus Adjektiven Adverbien gebildet werden, indem an den Stamm ein -*o* angefügt wird, z. B. *hôh* – *hôho*, *mâhtig* – *mâhtigo*, *snëll* – *snëllo*. Bei den *ja*-Stämmen mit umlautfähigem Vokal erscheint das Adjektiv mit Umlaut, das Adverb jedoch ohne Umlaut, z. B. *ẹngi* – *ango*, *fẹsti* – *fasto*, *sẹmfti* – *samfto*. Das Adverb zu dem Adjektiv *guot* heißt *wola*, vgl. engl. *good* – *well* Die Steigerung der Adverbien auf -*o* erfolgt wie die der Adjektive, jedoch wird im Komparativ nur -*ôr*, im Superlativ -*ôst* und selten -*ist* verwendet, z. B. *fasto* – *fastôr* – *fastôst* (selten *fastist*), *lango* – *langôr* – *langôst* (selten *langist*).

Zu den Adverbien *wola*, *ubilo*, *mihhilo* und *luzzilo* sind die Steigerungsformen wie bei den entsprechenden Adjektiven unregelmäßig. Ihre Komparative zeigen die Steigerung ohne gramm. Merkmale:

wola	'gut'	– *baz*	– *bẹzzist*
ubilo	'schlecht'	– *wirs*	– *wirsist*
mihhilo	'groß'	– *mêr*	– *meist*
luzzilo	'klein'	– *min*	– *minnist*

(Zum Adj. vgl. KIENLE 1969, §§ 190–198; BRAUNE 1987, §§ 244–269.)

2.4.4. **Das Pronomen**

2.4.4.1. *Personalpronomen*

		ungeschlechtige 1. Person	Pronomen 2. Person	geschlechtige Pronomen 3. Person		
				Mask.	Neutr.	Fem.
Sg.	Nom.	*ih*	*dû, du*	*ër, hër*	*iz*	*siu, sî, si*
	Gen.	*mîn*	*dîn*	*sîn*	*ës, is*	*ira, iru*
	Dat.	*mir*	*dir*	*imu, imo*	*imu, imo*	*iru, iro*
	Akk.	*mih*	*dih*	*inan, in*	*iz*	*sia, sie*
Pl.	Nom.	*wir*	*ir*	*sie*	*siu*	*sio*
	Gen.	*unsêr*	*iuwêr*	*iro*	*iro*	*iro*
	Dat.	*uns*	*iu*	*im, in*	*im, in*	*im, in*
	Akk.	*unsih*	*iuwih*	*sie*	*siu*	*sio*

Außer den hier aufgeführten Formen gibt es in verschiedenen Mundarten noch einige Nebenformen. Im Nom. Sg. ist *ër* die vorherrschende Form; *hër* zeigt mit dem *h*-Anlaut einen Übergang zu den as. Formen. Zu den ungeschlechtigen Pronomen gehört auch das R e f l e x i v p r o n o m e n :

Sg.	Gen. *sîn (ira)*	Pl.	*(iro)*
	Dat. *(imu, iru)*		*(im)*
	Akk. *sih*		*sih*

Seine alten Formen sind im Ahd. weitgehend verlorengegangen; vorhanden ist noch *sih* (Akk. Sg., Pl.) und *sîn* (Gen. Sg.). *sîn* ist nur für das Mask. und Neutr. gebräuchlich und hat auch die Stelle des alten Genitivs des mask. geschlechtigen Pronomens eingenommen. Die übrigen Kasus in Sg. und Pl. werden durch das geschlechtige Pronomen ersetzt.

2.4.4.2. *Possessivpronomen*

Das Possessivpronomen entspricht dem Gen. des Personalpronomens, wobei für das Neutr. die mask. Form verwendet wird:

Sg.	*mîn*	*dîn*	*sîn*	*sîn*	*ira*
Pl.	*unsêr*	*iuwêr*		*iro*	

Die Possessivpronomen flektieren wie st. Adjektive. Im Nom. Sg. steht die unflektierte Form und auch die flektierte, also *mîn* oder *mînêr*, *mînaz*, *mîniu* usw.

2.4.4.3. *Demonstrativpronomen*

Das einfache Demonstrativpronomen

		Maskulinum	Neutrum	Femininum
Sg.	Nom.	*dër*	*daz*	*diu*
	Gen.	*dës*	*dës*	*dëra (dëru, -o)*
	Dat.	*dëmu, -o*	*dëmu, -o*	*dëru, -o*
	Akk.	*dën*	*daz*	*(dea) dia*
	Instr.	*diu*	*diu*	–
Pl.	Nom., Akk.	*(dê, dea, dia) die*	*diu*	*(deo) dio*
	Gen.	*dëro*	*dëro*	*dëro*
	Dat.	*dêm, dên*	*dêm, dên*	*dêm, dên*

Das einfache Demonstrativpronomen wird auch als Artikel und Relativpronomen verwendet. Beim Fem. wird die Dativform schon im 9. Jh. mitunter auch für den Gen. gebraucht, später immer. Der alte Instr. tritt sehr häufig mit Präp. zusammen auf, z. B. *bidiu* 'deshalb', *innan thiu* 'unterdessen, während', er vertritt hier den Dat. Neutr.

Das zusammengesetzte Demonstrativpronomen
Das zusammengesetzte Demonstrativpronomen ist ursprünglich eine Verbindung des einfachen Demonstrativpronomens mit der undeklinierbaren Demonstrativpartikel *se*. Daher wird zunächst nur der erste Teil flektiert. Nach einer Reihe von Übergangsformen nimmt es später Endflexion an. Diese jüngeren Formen werden wie das st. Adjektiv gebildet.

		Maskulinum	Neutrum	Femininum
Sg.	Nom.	*(dëse) dëser*	*diz*	*dësiu, disiu*
	Gen.	*dësses*	*dësses*	*dësera*
	Dat.	*(dësemu) dësemo*	*(dësemu) dësemo*	*dëseru*
	Akk.	*dësan*	*diz*	*dësa*
	Instr.	–	*dësiu, dësu, disiu, disu*	–
Pl.	Nom., Akk	*dëse*	*dësiu, disiu*	*dëso*
	Gen.	*dësero*	*dësero*	*dësero*
	Dat.	*dësêm, -en*	*dësêm, -en*	*dësêm, -en*

2.4.4.4. *Interrogativpronomen*

		Maskulinum	Neutrum
Sg.	Nom.	*hwër, wër*	*hwaz, waz*
	Gen.	*hwës, wës*	*hwës, wës*
	Dat.	*hwëmu, wëmo*	*hwëmu, wëmo*
	Akk.	*hwënan, wënan, wën*	*hwaz, waz*
	Instr.	–	*hwiu, wiu*

Der alte Instr. erscheint häufig zusammen mit Präp., z. B. *bihwiu* 'weshalb', *mit wiu* 'womit' u. a.

Beim Interrogativpronomen gibt es keine besondere Form für das Fem. Das Neutr. weicht im Nom. und Akk. vom Mask. ab. Einen Plural hat dieses Pronomen nicht. Es wird nur substantivisch verwendet, nachfolgende Substantive stehen immer im Gen.: *wër manno* '(wer der Männer), welcher Mann'.

(Zu weiteren Pronomen vgl. Kienle 1969, §§ 184–187; Braune 1987, §§ 289–300; zum Pronomen ingesamt vgl. Kienle 1969, §§ 175–183; Braune 1987, §§ 282 – 288.)

2.4.5. **Das Numerale**

2.4.5.1. *Kardinalzahlen*

Eins. Ahd. *ein* flektiert wie Adjektive stark und schwach, vgl. *blint*. Der Nom. Sg. lautet:

	Maskulinum	Neutrum	Femininum
st.	*ein*	*ein*	*ein*
	einêr	*einaz*	*einiu*
sw.	*eino*	*eina*	*eina*

Aus *ein* entwickelt sich bereits im Ahd. der u n b e s t i m m t e A r t i k e l.

Zwei und drei. Nom. und Akk. dieser beiden Zahlen sind je nach Geschlecht verschieden; Gen. und Dat. sind bei allen Geschlechtern gleich.

	Maskulinum	Neutrum	Femininum
Nom., Akk.	*zwêne*	*zwei*	*zwâ, zwô*
Gen.		*zweio*	
Dat.		*zweim, zwein*	
Nom., Akk.	*drî*	*driu*	*drîo*
Gen.		*drîo*	
Dat.		*drim, drin*	

Vier bis zwölf. Stehen die Zahlen 4 bis 12 als Adjektiv vor einem Substantiv, so bleiben sie unflektiert. Sie lauten dann: *feor* (*fior*), *fimf* (*finf*), *sëhs, sibun, ahto, niun, zëhan* (*zëhen*), *einlif, zwelif*; z. B. *sibun korbi*. Werden sie dagegen dem Substantiv nachgestellt oder werden sie substantivisch gebraucht, so flektieren sie wie die Substantive der *i*-Deklination, z. B. *mit knëhton sibinin* 'mit sieben Knechten'.

Dreizehn bis neunzehn. Diese Zahlen sind Zusammensetzungen mit *zëhan*. Sie heißen: *drîzëhan, fiorzëhan, finfzëhan, sehszëhan, sibunzëhan* (nicht belegt), *ahtozëhan, niunzëhan*. Sie flektieren wie *zëhan*. Bei *drîzëhan* kann auch der erste Bestandteil flektiert werden.

20 bis 100. Die Zehner von 20 bis 100 sind Zusammensetzungen mit *-zug: zweinzug, drizzug, fiorzug, finfzug, sëhszug*. Ahd. *-zug* entspricht got. *tigus* 'Zehner', dieses ist eine Nebenform zu *taihun* 'zehn'. (*g* und *h* wechseln nach dem gramm. Wechsel.) 70 bis 100 werden in den ältesten Quellen nicht mit *-zug*, sondern mit *-zo* gebildet, z. B. *sibunzo*. Schon im 9. Jh. hat aber *-zug* den alten Bestandteil *-zo* verdrängt. Die Zahlen lauten also: *sibunzug, ahtozug, niunzug, zëhanzug*. Die Zahlen auf *-zug* sind undeklinierbar und werden immer substantivisch gebraucht. Nachgestellte Substantive erscheinen im Gen., z. B. *feorzuc wëhhôno* '40 der Wochen'.

100 bis 1000. Ahd. heißt 100 überwiegend *zëhanzug*. Auch die anderen Hunderter können auf diese Weise gebildet werden, z. B. *zwiro zëhanzug* '200', *dristunt zëhanzug* '300', eigentlich 'dreimal hundert'. Meistens werden aber die mehrfachen Hunderter mit *hunt* 'hundert' gebildet, z. B. *zwei hunt, thriu hunt. hunt* wird dabei wie ein substantivischer neutr. Plural gebraucht.

Ahd. *dûsunt, thûsunt* '1000' ist ein Substantiv mit einer uneinheitlichen Flexion. Wird ihm ein Substantiv nachgestellt, so steht dieses im Gen., z. B. *thusunt scrito* '1000 Schritte'.

2.4.5.2. *Ordinalzahlen*

1. *ëristo* oder *furisto* (s. 2.4.3.4.)
2. *ander* (flektiert: *anderêr, anderaz, anderiu*)
3. *dritto*
4. *feordo* usw.

13. *dritto zëhanto*
14. *feordo zëhanto*
20. *zweinzugôsto*
30. *drîzugôsto*

Während die Ordinalzahlen zu *1* und *2* nicht aus der gleichen Wortwurzel wie die Kardinalzahlen gebildet werden, werden alle übrigen Ordinalzahlen zu den entsprechenden Kardinalzahlen gebildet. Die Ordinalzahlen von *13* bis *19* sind aus der undeklinierten Ordinalzahl der Einer und dem Bestandteil *zëhanto* zusammengesetzt. Die Zehner werden mit Hilfe des Superlativmorphems *-ôsto* gebildet: *zweinzugôsto* "der Zwanzigste". Die Ordinalzahlen flektieren wie sw. Adjektive. (Vgl. KIENLE 1969, §§ 199–203; BRAUNE 1987, §§ 270–281.)

2.5. Zum Satzbau

Die unter 1.2.4.4. dem "Hildebrandlied" entnommenen Beispiele verdeutlichen, daß das Grundsystem der Satztypen, Satzarten und Satzglieder sowie die grundlegenden Möglichkeiten der Verknüpfung bereits im Germ. vorhanden waren. Auf diesen Voraussetzungen baut das Ahd. auf und entwickelt sie in vielfältiger Weise weiter. (Vgl. METTKE 1983, 598ff.; TSCHIRCH 1983, 170ff.; MOSKALSKAJA 1985, §§ 42–61; SCHWEIKLE 1986, § 25; PENZL 1986, §§ 94–107.) Zwei wesentliche Erscheinungen bestimmen maßgeblich die weitere Entwicklung:

1. Durch die Veränderung der Flexionsmorpheme (Reduzierung, Schwund) ist die grammatische Eindeutigkeit vieler Formen nicht mehr gewährleistet, so daß Ersatzformen erforderlich werden (Artikel beim Substantiv, Personalpronomen beim Verb, Umschreibungen von Kasus und Tempora).
2. Das komplexe Erfassen vielfältiger Sachverhalte erfordert eine genauere Kennzeichnung der kausalen, konditionalen, modalen, relativen, demonstrativen Beziehungen durch entsprechende Sprachmittel (stärkere Ausprägung der Hypotaxe, Weiterentwicklung der satzverknüpfenden Pronomina und Konjunktionen, stärkere Festigkeit in der Satzgliedstellung).

Dafür werden im Ahd. vielfältige Voraussetzungen geschaffen. Dabei ist zu berücksichtigen, daß alle Schreibkundigen dieses Zeitraumes am Lat. geschult worden waren und oftmals auch von lat. Vorlagen ausgingen. Dennoch wurden bestimmte Eigenheiten der dt. Sprache im Schreibgebrauch gegenüber dem lat. Usus weitgehend durchgesetzt, so die Abfolge Adj .+ Subst. statt lat. Subst. + Adj. und Pron. + Subst. statt lat. Subst. + Pron. Am längsten hat sich die im Lat. übliche Wortstellung in einigen festen Wendungen erhalten: *pater noster* > *Vater unser*.

Die nachfolgend ausgewählten, BRAUNE 1994 entnommenen Textbelege stammen, wenn nicht eine andere Quelle angegeben wird, aus dem "Tatian".

2.5.1. Der einfache Satz

Die – zu allen Zeiten – vorherrschende Satzform im Deutschen ist der zweigliedrige Satz, bestehend aus Subjekt und Prädikat, besonders Verb in finiter Form, ergänzt und erweitert durch Objekte, Adverbialbestimmungen, Infinitive und Partizipien bzw. Infinitiv- und Partizipialgruppen und durch Attribute. Die Ausprägung reicht von kurzen Sätzen bis zu umfangreichen Strukturen: *(inti) thiu fuzze teof ist – Uuas dâr brunno Jacobes – Quam stemna fon himile – Thô quad iru der heilant – Quam thô uuîb fon Samariu sceffen uuazzar* (heute durch Inf. auf *um zu* umschrieben) *– Araugta sih* (Prädikat) *imo* (Objekt) *gotes* (Attribut) *engil* (Subjekt), *stantenti* (Part., Modalbestimmung) *in zeso* (Lokalbestimmung) *thes altares* (Attribut 1) *thero uuîrouhbrunsti* (Attribut 2). Das zuletzt genannte Beispiel läßt erkennen, daß die Tatianübersetzer sich teilweise sehr eng an das lat. Vorbild anlehnten. (Siehe auch 2.1.2.1.)

Neben zweigliedrigen Sätzen verbaler Prägung ist auch im Ahd. das nominale Prädikat recht oft vertreten. Adjektive und Partizipien werden in flektierter und in unflektierter Form verwendet, und auch Substantive kommen als nominale Prädikate vor: *nû uuirdist thû suîgenti – Johannes ist sîn namo – geist ist got.*

Vereinzelt kommen – meist wohl in Anlehnung an die lat. Vorlage – auch subjektlose Sätze vor. *Bat thô scrîbsahses, screib sus quedanti*; dies entspricht in der Diktion dem, was im Germ. durch den Stabreim bewirkt wurde, der ja hier auch anklingt. *Gilamf inan varan thuruh Samariam*; hier stehen finites und infinites Verb in engen semantischen Beziehungen. Zum Teil spielt aber bei subjektlosen Sätzen wohl auch noch die Gewohnheit mit, das Personalpronomen auszusparen, weil das finite Verb Person und Numerus einschließt. Bei umfangreicheren Konstruktionen beruht das Aussparen des Subjekts gelegentlich darauf, daß ein vorausgehendes Subjekt umfangreicherer Prägung in den unmittelbar nachfolgenden Sätzen als Gedächtnisstütze nachwirkt, vgl. etwa *Inti gihôrtun thaz thô* **ira nâhiston inti ira cundon** ... *inti gifâhun mit iru. Uuard thô in themo ahtuden tage, quâmun zi bisnîdanne thaz kind, namtun inan sînes fater namen Zachariam.*

In zusammenhängenden Textabschnitten finden sich bei gleichem Sachverhalt oftmals weitgehend identische Satzstrukturen, so etwa bei den Redeeinleitungen im Gespräch mit der Samariterin: *Thô quad iru der heilant* ... *Thô quad imo uuîb samaritanisga* ... *Thô antlingita ther heilant inti quad iru* ... *Thô quad imo thaz uuîb* ... *Thô antuurtanti der heilant in quad iru* ... *Thô quad zi imo thaz uuîb* ... *Thô quad iru der heilant* ... *Antuurtanti daz uuîb inti quad* ... *Thô quad iru der heilant* ... *Thô quad imo daz uuîb* ... usw.

Bei OTFRID finden sich auch Belege dafür, daß ein umfangreiches Subjekt durch ein rückverweisendes *thaz* oder *ther* wieder aufgenommen wird und dann den Satz weiterführt: *Thes selbon thíonostes giuualt thaz gengit thuruh ira hant.*

2.5.2. **Die Parataxe**

Im "Hildebrandlied" ist die asyndetische Parataxe sehr stark vertreten: *sunufatarungo iro saro rihtun, garutun se iro guđhamun, gurten sih iro suert ana* ... *forn her ostar giweit, floh her Otachres nid* ... *spenis mih mit dinem wortun, wili mih dinu speru werpan* ... *nu scal mih suasat chind suertu hauwan, breton mit sinu billiu.* Dabei wird auch die subjektlose Form persönlicher Sätze verwendet: *Du bist dir alter Hun, unmet spaher, spenis mih mit dinem wortun, wili mih dinu speru werpan.*

Im "Tatian" herrscht die syndetische Parataxe vor: *In anaginne uuas uuort inti thaz uuort uuas mit got inti got selbo uuas thaz uuort.* Durch die enge Anlehnung an das lat. abgefaßte Original wird gelegentlich auch die asyndetische Parataxe verwendet: *Jesus ergo fatigatus ex itinere sedebat sic super fontem > Der heilant uuas geuueigit fon dero uuegeverti, saz sô oba themo brunno.* Dabei ist in der Übersetzung der erste Teilsatz dadurch aufgewertet, daß eine finite Verbform eingefügt wird. Und durch das Aussparen des *ergo*, durch das eigentlich die gedankliche Beziehung zum Voranstehenden ausgedrückt wird, entsteht eine asyndetische Satzverbindung, in der zwei gleichwertige Aussagen in gleichwertig gestalteten sprachlichen Formen nebeneinanderstehen. (Vgl. auch TSCHIRCH 1983, 172).

Eine durch das Aussparen des finiten Verbs verkürzte Form in Verbindung mit einer vollständigen Form ist im "Tatian" mehrfach bezeugt: *Uuas in tagun Herodes thes cuninges Judeno sumêr biscof namen Zacharias fon themo uuehsale Abiases inti quena – O – imo fon Aarones tohterun inti ira namo uuas Elisabeth.* Das Bemühen um syndetische Verknüpfung von Zusammengehörigem ist im "Tatian" auch dann erkennbar, wenn Sätze durch Punkt voneinander getrennt werden und dann mit *inti* – oftmals auch noch klein geschrieben – beginnen: *Elisabeth uuârlîhho uuard gifullit zît zi beranne* **inti** *gibar* *ira sun.* **Inti** *gihôrtun thaz thô ira nâhiston inti ira cundon, thaz truhtîn mihhilôsôta sîna miltida mit iru,* **inti** *gifâhun mit iru.* **Inti** *uuas thaz folc beitônti Zachariam,* **inti** *vvunto-rôtun thaz her lazzêta in templo.*

Oftmals wechseln auch syndetische und asyndetische Parataxe. So enthält das "Pater noster" des "Weißenburger Katechismus" in seinem ersten Teil die asyndetische, im zweiten Teil die syndetische Parataxe: *Fater unsêr: thu in himilon bist, giuuîhit sî namo thîn, quaeme rîchi thîn. uuerdhe uillo thîn, sama sô in himile endi in erthu. Broot unseraz emezzîgaz gib uns hiutu, endi farlâz uns sculdhi unsero, sama sô uuir farlâzzêm scolôm unserêm, endi ni gileidi unsih in costunga, auh arlôsi unsih fona ubile.*

Auch bei Aufforderungssätzen wird die parataktische Verknüpfung verwendet: *var inti halo thînan gomman inti quim (hara).* Durch die Parataxe wurde es auch möglich, mehrere Sachverhalte bzw. Aussagen durch Aussparen eines Subjekts oder Prädikats in einem Satz zusammenzubringen: *Thô antlingita ther heilant inti quad – Antuurtanti daz uuîb inti quad – Thô antuurtanti der heilant in quad iru.*

TSCHIRCH hat (1983, 178) darauf hingewiesen, daß die Verwendung von *und* im Ahd. inhaltlich völlig unbestimmt ist. So werden durch *und* adversativ gebrauchte Satzaus-sagen miteinander verknüpft, z. B. in den "Straßburger Eiden", wo es heißt: *Oba Karl then eid... geleistit indi Ludhuuig... thene er imo gesuor forbrihchit...*

2.5.3. Die Hypotaxe

Im "Hildebrandlied" ist die Hypotaxe bereits in mehreren Varianten bezeugt (siehe 1.2.4.4.). Als ältester Nebensatz wird der Relativsatz angesehen. Der Anschluß durch Relativpronomen stimmt mit den Gegebenheiten im Nhd. weitgehend überein: *ther, thiu, thaz.* Auch flektierte Formen kommen vor: *inti ni maht sprehhan unzan then tag,* **in themu** *thisu uuerdent – thû nû ni habês* **mit hiu** *scefês.*

In den ahd. Texten ist *thaz/daz* die am häufigsten vorkommende Nebensatzkon-junktion. Dabei steht oftmals bereits im Hauptsatz ein *das,* das auf den durch *daß* eingeleiteten Nebensatz hinweist: (im "Hildebrandlied") *Ik gihorta* **đat** *seggen,* **đat** *sih urhettun...* **dat** *sagetun mi usere liuti, alte anti frote, dea erhina waren,* **dat** *Hiltibrant haetti min fater...* **dat** *sagetun mi seolidante westar ubar wentilseo,* **dat** *inan wic furnam.* Hier hat der *daß*-Satz jeweils konjunktivischen Charakter; in ihm ist eine Aussage oder Mitteilung enthalten, die von anderen stammt; durch *sagen* bzw. *horte sagen* ist die Nähe zur indirekten Rede erkennbar. Daß solche Konstruktionen geläufig waren, zeigt auch der Anfang des "Wessobrunner Gebetes": **Dat** *gifregin ih mit firahim firuuizzo,* **Dat** *ero ni uuas noch ufhimil.*

In solche *das-daß*-Konstruktionen sind schon im "Hildebrandlied" andere Kon-struktionen eingebettet: *alte anti frote* (Apposition), *dea erhina warun* (Relativsatz). Trotz aller Kompliziertheit der Konstruktion bleibt dies verständlich, gedanklich durchschaubar. Heute könnte man es nicht besser formulieren. Wenn aber komplizierte lat. Konstruktionen aufgelöst werden, läßt sich der ahd. Text meist nur über mehrere Umformungen ins Nhd. übertragen: *Fuor thô Joseph von Galileu fon thero burgi thiu hiez Nazareth in Judeno lant inti in Davides burg, thiu uuas ginemnit Bethleem, bithiu uuanta her uuas fon hûse inti fon hîuuiske Davides, thaz her giiâhi saman mit Mariûn, imo gimahaltero gimahhûn sô scaffaneru.* Abgesehen von der Verwendung von zwei Relativ-und zwei Konjunktionalsätzen tritt die am Ende stehende Häufung der verdichteten Wortgruppen besonders deutlich hervor. LUTHER löste diese Häufung auf in 'mit Maria, seinem vertrauten Weibe, die war schwanger'.

Einmal kommt im "Hildebrandlied" ein *daß*-Satz vor, der als absoluter Satz ver-wendet wird: *dat ih dir it nu bi huldi gibu,* und einmal stehen zwei *daß*-Sätze, bei denen der zweite dem ersten untergeordnet ist: *wela gisihu ih in dinem hrustim,* **dat** *du habes heme herron goten,* **dat** *du noh bi desemo riche reccheo ni wurti.*

Die Verwendung der Hypotaxe ist im Ahd. bereits vielfältig ausgeprägt. Dabei herrscht die Positionsverteilung Hauptsatz + Gliedsatz weitgehend vor. Für den Anschluß gibt es weitaus weniger Konjunktionen als im Nhd., und auch der lexikalische Bestand ist anders:

konditionale Konjunktionen:	*ibu (oba)*	'falls, wenn'
kausale Konjunktionen:	*uuanta, bithiu uuanta*	
	(so, mit thiu)	'weil, da'
finale Konjunktionen:	*thaz, zi thiu thaz*	'daß, damit'

Während Subjekt-, Objekt- und Attributsätze im Ahd. zu den häufig vorkommenden Nebensätzen gehören, sind unter den Adverbialsätzen besonders die Konzessiv- und die Modalsätze noch weniger gebräuchlich.

2.5.4. Der mehrfach zusammengesetzte Satz

Der unter 2.5.3. an letzter Stelle aus dem "Tatian" zitierte Satz deutet bereits an, daß in der Mehrzahl der ahd. Texte umfangreiche Sätze zu finden sind. Dabei wirken parataktische und hypotaktische Beziehungen je nach den zugrundeliegenden, vom Schreiber sprachlich zu erfassenden Sachverhalten auf unterschiedliche Weise zusammen. Das betrifft nicht nur die Übersetzungsliteratur, denn auch im "Hildebrandlied" sind ja mehrere Formen bezeugt: *wela gisihu ih . . .* (s. o.) – *welaga nu, waltant got . . . wewurt skihit, ih wallota summaro enti wintro sehstic ur lante, dar man mih eo scerita in folc sceotantero: so man mir at burc enigeru banun ni gifasta, nu scal mih suasat chind suertu hauwan, breton mit sinu billiu, eddo ih imo ti banin werdan.* Vom Gedankenablauf her könnte vor *nu* 'nun' eine Zäsur eingelegt werden, weil dort der Bezug zur künftig ablaufenden Handlung liegt, und es könnte dort auch ein Punkt davorgesetzt werden, zumal ja ein neuer Vers beginnt, aber das würde Redefluß und Gedankengang des Vaters beeinträchtigen. Ähnlich ist das auch im nachfolgenden Text, zunächst noch einmal bei der Rede des Vaters: *doh maht du nu aodlihho, ibu dir din ellen taoc, in sus heremo man hrusti giwinnan, rauba birahanen, ibu du dar enic reht habes.* Der in den Hauptsatz eingeschobene *ibu*-Satz gleicht zwar vom Inhalt her dem nachgestellten, aber in ihrer Gewichtung sind beide doch unterschiedlich. Das wird noch unterstrichen durch den Nachtrag *rauba birahanen*. Und auch die dritte wörtliche Rede des Vaters weist eine ähnliche Struktur auf: *der si doh nu argosto . . . ostarliuto, der dir nu wiges warne, nu dih es so wel lustit gudea gimeinun: niuse de motti, hwerdar sih hiutu dero hregilo rumen muotti, erdo desero brunnono bedero uualtan.* Der konditionale Eingang mit dem ergänzenden Relativsatz führt zur Aufforderung, die dann im Ausblick auf das Ergebnis des Geschehens endet. Der Doppelpunkt (des Herausgebers) trennt das Ganze in zwei Teile, und dies wird auch aus der Satzstruktur erkennbar.

Ganz anders ist das im "Tatian", wo auch zwei Geschehen in einem Satzzusammenhang abgehandelt werden, eine Zustandsbeschreibung und ein Handlungsablauf. Beides wird auf unterschiedliche Weise sprachlich gefaßt: *Thô sie thâr uuârun, vvurdun tagâ gifulte, thaz siu bâri, inti gibar ira sun êristboranon inti biuuant inan mit tuochum inti gilegita inan in crippea, bithiu uuanta im ni uuas ander stat in themo gasthûse.* Der begründende Teilsatz am Ende der umfangreichen Konstruktion läßt den durch mehrfaches *inti* charakterisierten Handlungsablauf ausklingen. Auch in den beiden ahd. Teilen der "Straßburger Eide" werden die umfangreichen Inhalte in einen einzigen Satz zusammengefaßt, wobei im Eid Ludwigs durch *sô* einmal Kausales und einmal Modales (dies mit *sôso*) ausgedrückt wird: *In godes minna ind in thes christânes folches ind unser bêdhero gehaltnissî, fon thesemo dage frammordes, sô fram sô mir got geuuizci indi mahd furgibit, sô haldih thesan mînan bruodher, sôso man mit rehtu sînan bruodher scal, in thiu thaz er mig sô sama duo, indi mit Ludheren in nohheiniu thing ne gegango, the mînan uillon imo ce scadhen uuerdhên.* Daß eine solche Verdichtung inhaltlicher Art und die daraus resultierende sprachliche Zusammendrängung nicht nur im weltlichen, sondern auch im geistlichen Bereiche gehandhabt wurde, verdeutlicht unter vielen anderen Beispielen die "Lorscher Beichte", wo es heißt: *Ih gihu gote alamahtîgen fater inti allên sînên sanctin inti desên uuîhidôn inti thir gotes manne allero mînero sunteno, thero ih gidâhda inti gisprah inti gideda, thaz uuidar gote uuâri inti daz uuidar mînera christanheit uuâri inti uuidar mînemo gilouben inti uuidar mîneru uuîhûn doufî inti uuidar mîneru bigihdi.* Hier wird die übersichtliche Abfolge der einzelnen Anliegen durch *inti* bewirkt, im nachfolgenden Satz werden die sündhaften Begierden einfach aufzählend aneinandergereiht: *Ih gihu nîdes, abunstes, bisprâha sueriennes, firinlusto, zîtio forlâzanero, ubermuodî, geilî, slafheit, trâgî gotes ambahtes, huoro uuilleno, farligero, inti mordes inti manslahta, ubarâzî, ubartrunchî.* Die durch *inti* hier ausklammernd nachgestellten Gegebenheiten haben stärker weltlichen Charakter: 'Mord, Totschlag, Saufen und Fressen'.

2.5.5. Satztypen

Aus den voranstehend aufgeführten Beispielen ist zu erkennen, daß in den Texten am häufigsten Aussagesätze vorkommen. Das entspricht unserem heutigen Sprachgebrauch, denn Feststellungen, Aussagen zu Sachverhalten, Kundgeben von Meinungen bilden den Hauptinhalt unserer sprachlichen Äußerungen. Außer positiven Sätzen gibt es auch negative Sätze, in denen eine Verneinung enthalten ist: *ûzzan sîn* **ni** uuas **uuiht** *gitânes* mit einfacher Verneinung *nicht etwas* = 'nichts' – *Her ûsgangenti* **ni** *mohta sprehhan zu in* – *nioman* **nist** *in thinemo cunne* 'niemand nicht ist . . .' = keiner – *im* **ni** *uuas ander stat in themo gasthuse* 'nicht eine andere Stelle' = kein Platz, *den thû nû habês,* **nist** *dîn gomman* 'nicht ist' – *uuola quâdi, thaz thû* **ni** *habês gomman.* Die einfache Verneinung herrscht hier allein, und auch im Ausrufesatz herrschen die gleichen Verhältnisse: **ni** *forhti thû thir, Zacharias.*

Die Aufforderungssätze entsprechen in ihrem Bau unseren heutigen Verhältnissen: *var inti halo thînan gomman inti quim (hara)* – *ni forhti thir, Maria* – *gib mir trinkan.* Beim "Vaterunser" des "Tatian" wird in der Mitte bei *unser täglich Brot* wegen der umfangreichen Wortgruppe die Wortstellung verändert: *. . . sî giheilagôt thîn namo, queme thîn rîhhi, sî thîn uillo, sô her in himile ist, sô sî her in erdu, unsar brôt tagalîhhaz gib uns hiutu, inti furlâz uns unsara sculdi, sô uuir furlâzemês unsarên sculdigôn, inti ni gileitêst unsih in costunga, ûzouh arlosî unsih fon ubile.*

Beim Ausrufesatz als spezieller Form des Aussagesatzes gibt es meist Übereinstimmungen mit dem späteren Sprachgebrauoh: *heil uuis thû gebôno follu!* – *truhtîn mit thir, gisegenôt sîs thû in uuîbun* – *fallet ubar unsih! bithecket unsih!*

Auch der Fragesatz zeigt Übereinstimmung: *Vvuo mag thaz sîn?* – *uuanan uueiz ih thaz?* – *Uuas uuânis these kneht sî?*

2.5.6. Satzglieder und Satzgliedfolge

Zahl, Art und Umfang der Satzglieder und Gliedteile entsprechen den heute vorhandenen Gegebenheiten.

Subjekt: **Thaz giscrib** *uuard gitân* – **Elisabeth** *uuârlîhho uuard gifullit* – *Quad iru* **ther engil** – *Her quad in thô* – **Neman** *ni quad thô.*

Prädikat: **Fuor** *thô Joseph* – *Johannes* **ist sîn namo** – *vvurdun taga* **gifulte.**

Objekte: *quâmmun zi bisnîdanne* **thaz kind** – *inti gibar* **ira sun** – *teta* **lôsunga** (Akkusativobjekt) **sînemo folke** (Dativobjekt) – *Bat thô* **scrîbsahses** (urspr. Genitiv, heute Umschreibung durch Präposition) – *Inti Zacharias sin fater uuard gifullit* **heilages geistes** (urspr. Genitivobjekt) – *framquam gibot* **fon đemo allualten keisure** – *Uuard thô forhta* **ubar alle iro nâhiston** – *der heilant uuas giuueigit* **fon dero uuegeverti** – *uuaz suochis odo uuaz sprichis* **mit iru** – *sô her sprah* **zi unsên faterun** (Präpositionalobjekte).

Adverbialbestimmungen: *siu inphiengh sun* **in ira alttuome** – **in Judeno lant** – **in Syriu** – *Sô her sprah* **thuruh mund heilagero** – **uzan forhta** usw.

Die Stellung der Satzglieder ist im Ahd., abgesehen von Interlinearversionen, bei denen durch die lat. Vorlage die Wortfolge vorgegeben ist, und abgesehen von den Endreimdichtungen, vor allem vom Inhalt der Aussage und von der Intention abhängig. Bewegliche und feste Wortstellung stehen in einem Verhältnis zueinander, indem Subjekt, Objekte und Adverbialbestimmungen je nach Inhalt des Satzes beweglich sind, während sich bereits im Ahd. die feste Stelle des Prädikats in den einzelnen Satztypen herauszubilden beginnt. In den frühen Quellen, im "Hildebrandlied" und im "Tatian", gibt es hinreichend Belege dafür, daß eine – heute – ungewöhnliche Satzgliedposition durchaus gebräuchlich war: *Forn her ostar giweit*, **floh** *her Otachres nid* – **want** *er do ar arme wuntane bauga //* **Quam** *thô uuîb fon Samariu sceffen uuazzar* – **Fuor** *thô Joseph von Galileu*. Hier steht das finite Verb im Aussagesatz in Stirnstellung; diese Inversion des finiten Verbs wird im Nhd. meist durch die Voranstellung von *Es* ausgeglichen. Bei emphatischer Darstellung kann auch eine völlige Umstellung gewählt werden: *Tot ist Hiltibrant – mit geru scal man geba infahan.*

Alles in allem gelten die gleichen Anordnungsprinzipien für die Satzglieder und die Gliedteile wie heute. Steht das verbale Prädikat am Anfang des Aussagesatzes, rückt das Subjekt meist an die zweite Stelle. Auffällig ist in bestimmten Quellen, so auch im "Tatian", die häufige Spitzenstellung von *thô* und *inti*. Das Prädikat steht im Aussagesatz noch nicht regelmäßig in Kernstellung bzw. im eingeleiteten Nebensatz in Spannstellung. Anfangsstellung des Prädikats im Aussagesatz und Kernstellung im Nebensatz kommen noch häufig vor. Belege dafür finden sich in den oben aufgeführten Textstellen. Es gibt also im Ahd. noch eine gewisse Freiheit in der Anordnung der Satzglieder, indem der beabsichtige Mitteilungswert zur Hervorhebung des Neuen, des Wesentlichen sachgerecht sprachlich objektiviert werden soll. Aus den Belegen ist auch erkennbar, daß Ansätze zur verbalen Klammer in unterschiedlicher Ausprägung bereits vorhanden sind:

her **furlaet** *in lante luttila* **sitten** – *do* **lettun** *se erist asckim* **scritan** – *nu* **scal** *mih suasat chind suertu* **hauwan** – **dat** *du neo dana halt mit sus sippan man dinc ni* **gileitos** – **do** *sie to deru hiltiu* **ritun** – **so** *imo se der chuning* **gap** – **hwer** *sin fater* **wari**.

Abweichende Konstruktionen sind meist durch die Anlehnung an das lat. Vorbild bedingt: *In themo sehsten mânude* **gisentit uuard** *engil Gabriel fon gote in thie burg Galilee, thero namo ist Nazareth, zi thiornûn gimahaltero gommanne, themo name uuas Joseph, fon hûse Davides, inti namo thero thiornûn Maria.* Noch deutlicher zeigt sich dies in den "Murbacher Hymnen" (Interlinearversion), wo ohne Rücksicht auf Verständlichkeit transponiert wurde.

Rex eterne domine	*cuninc êuuîgo truhtîn*
rerum creator omnium	*rachôno scepfant allero*
qui est ante secula	*ther pist fora ureralti*
semper cum patre filius.	*simblum mit fatere sun.*

Welch großer Unterschied zum "Tatian"!

2.5.7. Wortgruppen im Satz

Im "Hildebrandlied" sind bereits vielgestaltige Wortgruppen vertreten. Sie dienen sowohl im verbalen als auch im nominalen Bereiche zur Konkretisierung, Verdichtung oder Variation der Aussagen. Einige der hier und in anderen Quellen bezeugten Verwendungsweisen sind aus dem Sprachgebrauch wieder verschwunden.

Der Ausbau der Wortgruppen im Satz erfolgt im Ahd. auf mehreren Ebenen. So wird die Entwicklung der analytischen Formen des Verbs durch die Umwandlung biverbaler prädikativer Wortgruppen, die es bereits im Germ. in beträchtlicher Zahl gab und die im Ahd. noch recht zahlreich verwendet wurden, maßgeblich beeinflußt. So heißt es im "Tatian": *Thô sie thâr uuârun,* **vvurdun** *taga* **gifulte**, *thaz siu bâri.* Dazu gehören in der gleichen Quelle auch Belege wie **uuard** *thô* **gitan** . . . *Thaz giscrib is eristen* **uuard gitan** *in Syriu fon themo* . . . Diese Belege sind insofern aufschlußreich, als hier mit passivischer verbaler Prägung auch temporale, lokale Sachverhalte und Angaben des Urhebers unmittelbar in das verbale Umfeld einbezogen werden, vgl. auch **Argangan** **uuârun** *ahtu taga* und im HL: *her* **furlaet** *in lante luttila* **sitten**, wo auch Modales einbezogen ist.

Die heute sehr umfangreiche, vielfältig verwendete und ständig weiter ausgebaute Attribuierung ist im Ahd. sowohl auf eigenständiger als auch auf durch lat. Vorgaben bedingter Grundlage mit vielen Belegen vertreten.

HL: Adj. + Subst.: *huitte scilti – heroro man – friuntlaos man – suasat chind – barn unwahsan – herron goten – at burg enigeru*

Pron- + Subst.: *iro saro – min fater – fateres mines – bi desemo riche – hwelihhes cnuosles – dero hregilo*

Adv. + Adj.: *ummet spaher*

Adv. + Subst.: *obana ab hevane*

Adv. + Adj. + Subst.: *also gialtet man – mit sus sippan man – in sus heremo man*

attr. Subst. Gen. + Subst.: *Otachres nid – Hiltibrantes sunu – Huneo truhtin*

subst. Adj. + Subst. Gen.: *argosto ostarliuto*

attr. Subst. Gen. + Adv.: *ferahes frotoro*

Subst. Gen. + Präp. + Subst.: *folches at ente – in folc sceotantero*

Pron. + Subst. + Adj.: *desero brunnono bedero*

Apposition: *Hadubrant* . . . *Hiltibrantes sunu – usere liuti, alte ante frote, – der chuning* . . . *Huneo truhtin*

Partizipialgruppe: *wuntane bauga, cheisuringu gitan – giwigan miti wabunum.*

Auf diesem großen Fundus konnte in ahd. Zeit gut aufgebaut werden, so im "Tatian": *al these umbiuuerft – in sînero burgi – Joseph von Galileu – gotes hant – brunno Jacobes – fon đemo aluualten keisure – fon demo grâven Cyrine – in burg Samariae – in Davides burg – fon hîuuiske Davides – in Judeno lant – fora truhtînes annuzzi – in forlâznessi iro suntôno thuruh innuovilu miltida unsares gotes – ira sun êristboranon – Quam thô uuîb fon Samariu sceffen uuazzar – quâmum zi bisnîdanne thaz kind – screib sus quedanti – inti sprah got uuîhenti.*

3. Mittelhochdeutsch

3.1. Einleitung

3.1.1. Zeitliche Einordnung

Unter Mittelhochdeutsch verstehen wir das Deutsch in dem Zeitraum von etwa 1050 bis 1350. Über die Festlegung des Beginns dieser Periode herrscht bei den Sprachhistorikern weitgehend Einmütigkeit; sie sehen wesentliche sprachliche Veränderungen gegenüber dem Althochdeutschen – besonders im Phonemsystem – in der Mitte des 11. Jh. als weitgehend abgeschlossen bzw. allgemein verbreitet an. Dies gilt z.B. für A. BACH 1970, EIS 1958, METTKE 1989 und PAUL 1989. Bei der Abgrenzung des Mhd. zum Frühneuhochdeutschen hin (um 1350) befinden wir uns ebenfalls in Übereinstimmung mit A. BACH, PAUL 1989 und METTKE; EIS aber folgt noch der älteren Auffassung, wonach die mhd. Periode erst mit dem Auftreten LUTHERS (um 1500) endet. Hierbei werden vornehmlich sprachexterne Kriterien herangezogen (siehe 0.4.). Diese zeitliche Begrenzung des Mhd. kann jedoch nur als ungefähre Festlegung aufgefaßt werden, da sich die Sprache in immerwährender Veränderung befindet und einzelne Sprachperioden somit immer nur unter Zugrundelegung sprachinterner und/oder sprachexterner Kriterien (z.B. Beginn des Mhd. mit Abschwächung der vollen Vokale schwachbetonter Endsilben, Fortführung und Weiterentwicklung des Umlauts) abgegrenzt werden können.

Nach traditioneller Auffassung lassen sich innerhalb der mhd. Periode noch das Frühmittelhochdeutsch (1050–1170), das klassische Mittelhochdeutsch (1170–1250) und das Spätmittelhochdeutsch (1250–1350) unterscheiden. Diese Binnengliederung gründet sich stärker auf sprachexterne Kriterien – vornehmlich auf literarhistorische, aber auch sozialhistorische (siehe 1.3.1. und 1.3.2.). In dieser Darstellung beziehen wir uns vorwiegend auf das klassische Mhd. Es ist die Sprache HARTMANNS VON AUE, WOLFRAMS VON ESCHENBACH, GOTTFRIEDS VON STRASSBURG, WALTHERS VON DER VOGELWEIDE, des Minnesangs überhaupt, und auch der bzw. die Dichter des Nibelungenliedes hat/haben sich dieser Sprachform bedient, die als "höfische Dichtersprache", d.h. als eine ritterliche Kunstsprache, bezeichnet werden kann. (Vgl. PAUL 1989, 12ff.)

3.1.2. Räumliche Gliederung

Das Mittelhochdeutsche umfaßt die Sprachräume des Oberdeutschen und des Mitteldeutschen, die von der 2., auch hochdeutschen Lautverschiebung erfaßt wurden.

Das Mittelniederdeutsche, das z.B. die germ. Tenues *p t k* bewahrt hat, vgl. mnd. *ik, maken, dat* gegenüber mhd. *ich, machen, daz,* bleibt außerhalb unserer Betrachtung.

Noch während des Hochmittelalters, also in der Periode des Mhd., bildete sich folgende mundartliche Gliederung des hochdeutschen Sprachgebietes heraus, die weithin bis heute gültig ist; allerdings lag die Grenze zum Niederdeutschen im Mittelalter vielfach weiter südlich als heute. (Wir folgen hier weitgehend der Aufgliederung bei PAUL 1989, 5ff., hier wird von den lebenden Mundarten ausgegangen, aber darauf hingewiesen, daß deren Raumverhältnisse "nur mit Einschränkung auf das Mhd. übertragen werden können", ebd. 6).

Oberdeutsch

a) Alemannisch

   1. Süd- oder Hochalemannisch
      heute Schweiz und Südbaden
   2. Niederalemannisch oder Oberrheinisch
      im Elsaß, Süden von Baden-Württemberg, Vorarlberg
   3. Nordalemannisch oder Schwäbisch
      in Württemberg, im bayerischen Schwaben

b) Bairisch

   1. Nordbairisch
      bis in den Nürnberger Raum
   2. Mittelbairisch
      Nieder- und Oberbayern, Ober- und Niederösterreich, Salzburg
   3. Südbairisch
      Tirol, Kärnten, Steiermark

c) Ostfränkisch

      bayerisches Franken bis Meiningen und Coburg, Teil von Baden-Württemberg, Vogtland

d) Süd(rhein)fränkisch

      Baden, Teil von Nordwürttemberg

Mitteldeutsch

a) Westmitteldeutsch

   1. Mittelfränkisch
      Rheinland von Düsseldorf bis Trier, Kreis Siegen (Westfalen), nordwestlicher Teil von Hessen, Nordwesten von Lothringen. Dazu gehört das Ripuarische (um Köln) und das Moselfränkische (um Trier)
   2. Rheinfränkisch
      südlicher Teil des Rheinlandes, Teil des deutschsprachigen Lothringen, Hessen, Teil des bayerischen Franken, Teil von Württemberg und Baden, Rheinpfalz, Nordrand des Elsaß

b) Ostmitteldeutsch

   1. Thüringisch
   Die folgenden Dialektgebiete bilden sich erst während der mhd. Zeit heraus, und zwar:
   2. Obersächsisch (mit Nordwestböhmisch)
   3. Schlesisch mit Lausitzisch
   4. Hochpreußisch (südlicher Teil des Ermlandes)

3.2. Schreibung und Aussprache

Die Schreibweise in den Handschriften der mhd. Texte weicht je nach Schreiber und Landschaft stark voneinander ab. Zur Wiedergabe der mhd. Sprachlaute wurde – wie im Ahd. – das lat. Alphabet verwendet, wobei es nicht für jeden Laut ein Buchstabenäquivalent, ein Graphem, gab. Diphthonge, Umlaute, Affrikaten, aber auch andere Laute wurden deshalb in verschiedenen Handschriften in unterschiedlicher Weise wiedergegeben. Auch innerhalb einer Handschrift konnte die Schreibung der einzelnen Laute variieren. Hinzu kommt, daß die meisten Sprachdenkmäler aus der klassischen mhd. Zeit in Handschriften aus dem 14./15. Jh. überliefert sind, die an den Schreibtraditionen dieser späteren Zeit orientiert sind.

    Die heutigen Ausgaben mhd. Texte aus der Zeit um 1200 weisen dagegen eine normalisierte Schreibweise auf. Sie geht auf den Germanisten KARL LACHMANN (1793–1851) zurück, der in sorgfältiger Philologenarbeit unter Nutzung verschiedener Handschriften, durch Reimvergleich und unter Beachtung von Lautentwicklungen diese sog. Normalform des Mhd. entwickelt und in dieser vereinheitlichten Form Werke mhd. Dichter herausgegeben hat.

Als Beispiel für die normalisierte Form des klassischen Mhd., die in dieser Form nicht existiert hat und von der Vielfalt der sprachlichen Realisierungsweisen abstrahiert, wird hier der Beginn der Versdichtung "Der arme Heinrich" von HARTMANN VON AUE wiedergegeben. Das Werk ist etwa um 1195 entstanden, es ist überliefert in drei vollständigen Handschriften aus dem 14. Jh.

Ein ritter sô gelêret was
daz er an den buochen las
swaz er dar an geschriben vant:
der was Hartman genant,
dienstman was er zOuwe.
er nam im manige schouwe
an mislîchen buochen:
dar an begundę er suochen
ob er iht des vunde
dâmitę er swære stunde
möhte senfter machen,
und von sô gewanten sachen
daz gotes êren töhte
und dâ mitę er sich möhte
gelieben den liuten
nu beginnet er iu diuten
ein rede die er geschriben vant.
dar umbe hât er sich genant,
daz er sîner arbeit
die er dar an hât geleit
iht âne lôn belîbe,
und swer nâch sînem lîbe
si hœre sagen oder lese,
daz er im bittende wese
der sêle heiles hin ze gote.

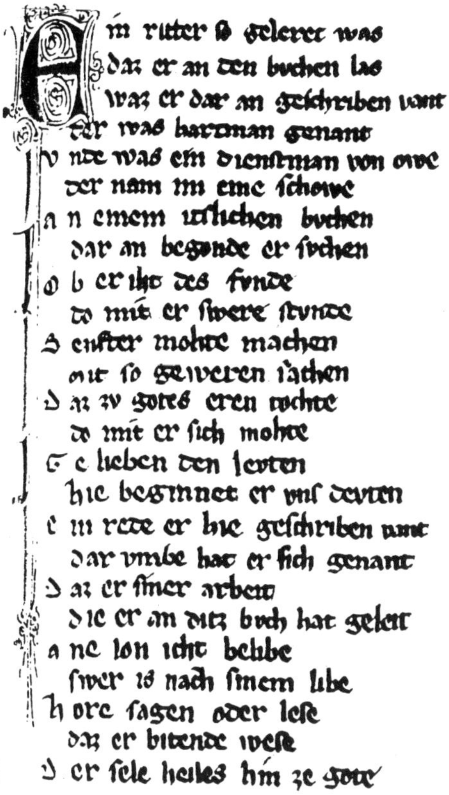
in ritter so gelerer was
daz er an den buchen las
waz er dar an geschriben vant
der was hartman genant
unde was ein dienstman von owe
der nam im eine schowe
an einem welichen buchen
dar an begonde er suchen
ob er iht des funde
do mit er swere stunde
senfter mohte machen
mit so gewercn sachen
daz zu gotes eren tochte
do mit er sich mohte
ge lieben den leuten
hie beginnet er uns deuten
ein rede er hie geschriben vant
dar umbe hat er sich genant
daz er siner arbeit
die er an diz buch hat geleit
ane lon iht belibe
swer iz nach sinem libe
hore sagen oder lese
daz er bitende wese
der sele heiles hin ze gote

Abb. 11

(Aus: HARTMANN VON AUE 1953)

Der nebenstehende Text im Faksimiledruck gibt dagegen eine mhd. Handschrift wieder, und zwar handelt es sich um die Handschrift Bb aus dem sog. "Kalocza-Kodex" oder "Codex Colocensis":

In den handschriftlich aufgezeichneten Sprachdenkmälern aus mhd. Zeit wird die sog. gotische Schrift verwendet, die sich aus der karolingischen Minuskelschrift entwickelt hat. (Vgl. PAUL 1989, 26ff., siehe auch 4.2.1.)

3.2.1. **Schreibung und Aussprache der Vokale**

In den kritischen Textausgaben der klassischen mhd. Literatur werden folgende Grapheme zur Kennzeichnung der Vokale verwendet:

kurze Vokale	⟨ *a e i o u ä ö ü* ⟩;
lange Vokale	⟨ *â ê î ô û æ œ iu* ⟩;
Diphthonge	⟨ *ei ie ou uo öu/eu üe* ⟩.

Kurzvokale

Die mhd. Kurzvokale müssen beim Lesen zunächst besonders beachtet werden; denn in sehr vielen Fällen zeigt das Nhd. an ihrer Stelle lange Vokale.

Dem ⟨a⟩ in nhd. *Schatten* entspricht das ⟨a⟩ in mhd. *tac, klagen;*
dem ⟨e⟩ in nhd. *Wetter* entspricht das ⟨e⟩ in mhd. *nëmen, gëben;*
dem ⟨i⟩ in *Gewitter* entspricht das ⟨i⟩ in mhd. *ligen, vil, vride;*
dem ⟨o⟩ in nhd. *Hoffnung* entspricht das ⟨o⟩ in mhd. *hof, bote, loben;*
dem ⟨u⟩ in nhd. *Mutter* entspricht das ⟨u⟩ in mhd. *jugent, tugent, sudelen.*

e-Laute. Während für das Nhd. allgemein die Regel gilt, daß kurze Vokale offen sind, kann im Mhd. in betonter Silbe sowohl kurzer geschlossener als auch kurzer offener *e*-Laut vorkommen. Für die Aussprache ist die Herkunft des Lautes von Bedeutung. Geht das mhd. *e* auf ein germ. *e* zurück, so ist es als kurzer offener Laut zu artikulieren; es wird in den historischen Grammatiken häufig durch Trema gekennzeichnet, z. B. mhd. *gëben.* Kurzer geschlossener *e*-Laut ist aus ahd. *a* durch sog. Primärumlaut entstanden und wird durch daruntergesetzten Punkt bezeichnet, z. B. mhd. *gẹste.*

In Formen, bei denen der Umlaut *a* > *e* in ahd. Zeit unterblieben ist, entwickelt sich im Mhd. ein kurzer, besonders im Obd. sehr offener Laut *ä,* z. B. mhd. *mägede.* In Handschriften ist der Umlaut häufig durch darübergesetztes *e* gekennzeichnet, woraus sich die Umlautstriche entwickelt haben.

ẹ Primärumlaut des *a,* geschlossen;
ë germ. *e*-Laut, offen;
ä Sekundärumlaut des *a,* sehr offen.

Langvokale

Bei nicht umgelauteten langen Vokalen dient der Zirkumflex zur Kennzeichnung der Vokallänge. Jeder Vokal, der Dehnungszeichen aufweist, wird demnach lang gesprochen, auch wenn wir im Nhd. einen kurzen Vokal zu sprechen gewohnt sind. Ein langer Stammvokal erscheint nicht nur in Wörtern wie mhd. *strâze* – nhd. *Straße,* sondern auch in mhd. *râche, jâmer, wâfen* – nhd. *Rache, Jammer, Waffe;* ebenso nicht nur mhd. *êre,* sondern auch mhd. *hêrlich, hêrschaft;* nicht nur mhd. *lôn,* sondern auch mhd. *hôchzît, genôz, rôst.*

Diese eindeutige graphematische Unterscheidung von Lang- und Kurzvokalen findet sich allerdings nicht in den handschriftlichen Zeugnissen aus mhd. Zeit. Die Schreiber der mhd. Handschriften unterscheiden nur selten zwischen Länge und Kürze der Vokale. Der Zirkumflex wird nur ganz vereinzelt als Längezeichen verwendet.

Bei den umgelauteten langen Vokalen ⟨æ⟩ und ⟨œ⟩ dient das nachgestellte *e* sowohl zur Kennzeichnung des Umlauts als auch zur Kennzeichnung der Vokallänge. Der aus *û* entstandene lange Umlautvokal wird durch ⟨iu⟩ (sprich *ü:*) gekennzeichnet; ⟨iu⟩ ist im Mhd. immer Monophthong.

ê-Laute. Wie bei den kurzen *e*-Lauten, so ist auch bei den Langvokalen die Frage nach der Herkunft wesentlich für die Unterscheidung offener und geschlossener Laute. Der lange geschlossene *ê*-Laut hat sich aus germ. *ai* vor bestimmten Konsonanten sowie im Wortauslaut entwickelt, z. B. mhd. *snê;* der lange offene Laut *æ* geht dagegen auf ahd. *â* zurück und ist durch Umlaut entstanden, z. B. mhd. *gebærde.*

⟨ê⟩ aus germ. *ai* vor germ. *h* sowie vor *r, w* und im Auslaut, geschlossen;
⟨æ⟩ Umlaut von *â,* sehr offen.

Diphthonge

Die Diphthonge bestehen jeweils aus zwei kurzen Vokalen, von denen der erste stärker betont wird als der zweite. Mhd. *bieten* ist also *bí-èten* zu sprechen. Der Hauptton liegt auf dem kurzen *i,* das *e* wird schwächer angefügt. Das gleiche gilt für die übrigen Diphthonge. Mhd. ⟨ei⟩ ist nicht wie im Nhd. als *áè,* sondern als *e* mit *i*-Nachschlag zu sprechen (mhd. *arebéit*). Diphthonge haben die sprachliche Funktion eines einfachen Vokals und sind immer einsilbig. (Vgl. VON ESSEN 1979, 95.)

Zur Wiedergabe von Vokalen in den mhd. Handschriften

Gegenüber der relativ klaren Unterscheidung von Vokalqualitäten und -quantitäten in der normalisierten Form des Mhd. weisen die Handschriften u. a. folgende Besonderheiten bei der Wiedergabe von Vokalen auf:

- Vokallänge und -kürze werden selten unterschieden;
- *e*-Laute sind in der Schreibung nicht nach ihrer Herkunft differenziert, d.h., ⟨*e*⟩ steht für *ë* oder *ę*;
- Umlaute von *o, ô* und *u, û, ou* sind selten bezeichnet;
- als Umlautmarkierung wird zuerst bei *a, â*, später auch bei den anderen einfachen Vokalen ein übergesetztes *e* verwendet, woraus sich die Punkte/Striche für die Umlautkennzeichnung herleiten;
- *i* und *u* werden auch durch ⟨*j*⟩ bzw. ⟨*v*⟩ wiedergegeben, ⟨*v*⟩ steht besonders häufig im Anlaut;
- in md. Handschriften wird z.T. *i* zur Kennzeichnung von Vokallänge verwendet (⟨*ai*⟩, ⟨*oi*⟩, ⟨*ui*⟩).

(Vgl. im einzelnen PAUL 1989, 30ff.)

3.2.2. Schreibung und Aussprache der Konsonanten

Der mhd. Konsonantenbestand entspricht im wesentlichen dem des Nhd. In den kritischen Textausgaben findet sich eine weitgehend vereinheitlichte Schreibweise, in den Handschriften treten die gleichen Laute dagegen in sehr unterschiedlicher Schreibweise auf. Die Laute werden im Mhd. z.T. phonetisch genauer gekennzeichnet als im Nhd., so daß bei zusammengehörigen Wortformen unterschiedliche Lautqualität durch unterschiedliche Grapheme wiedergegeben wird, vgl. mhd. *kleides – kleit* (siehe Auslautverhärtung 3.4.3.4.).

In den kritischen Textausgaben werden zur Kennzeichnung der Konsonanten vorwiegend die folgenden Grapheme verwendet:

für stl. Explosivlaute	⟨ *p t k/c q* ⟩;
für sth. Explosivlaute	⟨ *b d g* ⟩;
für Liquiden	⟨ *r l* ⟩;
für Nasale	⟨ *m n* ⟩;
für Affrikaten	⟨ *pf/ph tz/z kch* ⟩ (letzteres alem.);
für stl. und sth. Spirantien	⟨ *f/v s z/ʒ sch ch/h* ⟩;
für Halbvokale	⟨ *w j* ⟩.

Zu Besonderheiten der Schreibweise und Aussprache von Konsonanten
In den Handschriften werden u.a. folgende Schreibweisen realisiert:

- für ⟨*k*⟩ erscheint im Wort- und Silbenauslaut auch normalmhd. ⟨*c*⟩, in Handschriften allgemein statt ⟨*k*⟩ auch ⟨*kh*⟩ und ⟨*ck*⟩;
- statt ⟨*q*⟩ wird auch geschrieben ⟨*qu, qv, qw, quu*⟩;
- für ⟨*ch*⟩ steht auch ⟨*h*⟩; md. existiert sowohl velarer als auch palataler Lautwert, im Alem.-Bair. nur velare Lautung wie nach den Vokalen *a, o, u* im Nhd.;
- ⟨*f*⟩ kann auch durch ⟨*v, u, ph*⟩ wiedergegeben werden. Vor *r, l, u, ü, iu, üe* können sowohl ⟨*f*⟩ als auch ⟨*v*⟩ stehen. Im Anlaut und im Inlaut zwischen Vokalen steht meist ⟨*v*⟩, das zunächst sth. und erst im Spätmhd. stl. gesprochen wird, z.B. *vinden, âventiure*.
- ⟨*h*⟩ ist im Silbenanlaut Hauchlaut, z.B. *gesëhen, hërre*, auslautend aber (auch in den Verbindungen *hs, ht*) Reibelaut, z.B. *sah, wuohs, niht*. Zum Dehnungszeichen wird es erst im Frnhd.;
- statt ⟨*j*⟩ kommen auch vor ⟨*i, y, g, gi*⟩;
- für ⟨*w*⟩ treten auch als Graphemvarianten auf ⟨*uu, uv, vu, u*⟩;
- ⟨*z*⟩ hat doppelten Lautwert: Es ist Affrikata (*t + s*) und entspricht dem nhd. *z*, vgl. mhd. *zît* 'Zeit'. Es kann aber auch ein stl. *s* bezeichnen, dem im Nhd. oft *ß* oder *ss* entspricht, vgl. mhd. *heizen* 'heißen'. Die Grammatiken verwenden zur deutlichen Unterscheidung der beiden Laute für stl. ⟨*z*⟩ häufig die Schreibung ⟨*ʒ*⟩. In unseren Ausführungen wird darauf verzichtet. In der Regel wird mhd. ⟨*z*⟩ als Affrikata gesprochen, wenn ihm im Nhd. ein *z* entspricht, z.B. mhd. *holz, zęln, zuo*;
- ⟨*s*⟩ wird im Mhd. wie auch im Nhd. je nach der Stellung im Wort sth. oder stl. gesprochen. Bis zur Mitte des 13. Jh. hatte es mehr den Lautwert wie *sch*. Abgeschlossen ist im klassischen Mhd. die Veränderung von *s + c/k* > /ʃ/; für ⟨*sch*⟩ stehen auch ⟨*sk, sc, sh*⟩.

3.2.3. Betonung der Wörter

Die einzelnen Silben eines Wortes werden im Mhd. wie im Nhd. mit unterschiedlich starkem Atemdruck (dynamischem Akzent) gesprochen. Man unterscheidet haupt - tonige, nebentonige und schwachtonige bzw. unbetonte Silben. Hauptton kann durch Akut, vgl. *wúnder*, Nebenton durch Gravis, vgl. *künnegìnne*, gekennzeichnet werden. Schwachton bleibt unbezeichnet.

Hauptton tragen die Stammsilben der einfachen Wörter, z. B. *mǽre, künec, fröude*, auch *lébendic, hólunder*. Zusammensetzungen und Ableitungen unterscheiden sich in der Betonung, je nachdem ob es sich um Nominal- oder Verbalbildungen handelt. Bei Nominalzusammensetzungen liegt der Hauptton auf der Stammsilbe des ersten Gliedes, z. B. *hóchgezît, Kríemhilt, márcgrâve*.

Nominalbildungen mit Partikel sind in der Regel gleichfalls auf der ersten Silbe betont, z. B. *ántwürte, úrsache, úrteil*. Da der Akzent im Germ. auf die erste Silbe festgelegt wurde, müssen diese Bildungen bereits vor der Festlegung des Akzents vorhanden gewesen sein. Dagegen sind die Präfixe ge-, ver-, be- auch in Nominalbildungen unbetont, hierbei handelt es sich um jüngere Bildungen, die durch Angleichung an Verbalkomposita entstanden sind. Verbalbildungen tragen den Hauptton in der Regel auf der Stammsilbe des Verbs, d. h. auf dem zweiten Glied, z. B. *ertéilen, entlâzen, entspréchen, erlóuben*. Sie sind folglich erst nach der Festlegung des Akzents zu einer Einheit verschmolzen. Dem widersprechen z. B. *úrteilen, hérbergen*. Bei diesen Beispielen handelt es sich um jüngere Ableitungen von ursprünglichen Nominalbildungen, bei mhd. *durchlíuhtec, ervârunge* u. a. dagegen um jüngere Ableitungen von ursprünglichen Verbalbildungen.

Nebenton trägt in der Regel die Stammsilbe des zweiten Gliedes in einem Nominalkompositum, z. B. *hôchgezìt, marcgràve, Kriemhìlt*. Unter Nebenton stehen auch die Ableitungssuffixe wie mhd. *-ùnge, -sàl, -nìsse, -ìnne, -lìche*, deren Vokale aus diesem Grund nicht zu *e* abgeschwächt worden sind.

Darüber hinaus können – abhängig von der Stellung des Wortes im Redezusammenhang – auch die übrigen nichthaupttonigen Silben den Nebenton tragen. Von besonderer Bedeutung ist der Nebenton in der rhythmisch gebundenen Rede.

Schwachton haben in der Regel End-, z. T. auch Vorsilben. Schwachtonig ist immer das *e* in Endsilben. Abweichungen davon können sich unter dem Einfluß metrischer Betonung ergeben (siehe 3.3.)

3.3. Bemerkungen zur Verslehre

Reim
Im Mhd. ist der alte Stabreim, ein Reim des Anlauts, vom Endreim abgelöst. Dabei konnten in frmhd. Zeit unbetonte Nebensilbenvokale allein Träger des Endreims sein, z. B. *sune : ime* (HEUSLER 1956, Bd. 2, 22). Etwa seit 1180 hat sich jedoch eine strengere Reimkunst durchgesetzt, "von reimenden Versschlüssen verlangt man Gleichlaut der sprachlich betonten Vokale und dessen, was ihnen folgt (ebd. 24f.). Die mhd. Versepen haben Endreim in paariger Anordnung, dem Schema aa bb folgend, z. B. *balt : walt; swîn : gesîn* (NL 916). Gedichte lassen dem Dichter mehr Freiheit in der Anordnung seiner Reime, z. B. *vrouwelîn : guot : dîn : muot : mê : wê* – ab ab cc in der ersten Strophe des bekannten Gedichts WALTHERS VON DER VOGELWEIDE:

Herzeliebez vrouwelîn,
got gebe dir hiute und iemer guot.
Kunde ich baz gedenken dîn,
des hete ich willeclîchen muot.
Waz mac ich dir sagen mê,
wan daz dir nieman holder ist? ouwê, dâvon ist mir vil wê.
(Aus: WALTHER VON DER VOGELWEIDE 1950).

Versmaß

Für den Vers als eine metrisch geregelte Zeile ist die geordnete Abfolge von betonten und unbetonten Silben (Hebungen und Senkungen) entscheidend. Der mhd. Reimpaarvers enthält in der Regel 4 Hebungen. Auf die Hebung folgt eine Senkung, sie bilden zusammen einen Takt, graphisch dargestellt /x́x/. Zeitliches Grundmaß für eine Silbe ist das Viertel. Eine Silbe, die mit diesem Zeitwert von 1/4 gesprochen wird, bezeichnet man als M o r e (x); für eine kürzer gesprochene Silbe (1/8) steht als graphisches Symbol ⌣, für eine länger gesprochene (1/2) steht /–/, eine Pause wird gekennzeichnet durch ˆ.

Es ergibt sich ein 2/4–Takt.

Gehen der ersten betonten Silbe am Versanfang ein oder zwei (selten drei) unbetonte Silben voraus, so bilden sie den Auftakt.

Beispiel:

					Auft.	I	II	III	IV
Ein	ritter	sô ge	lêret	was		x	x́ x	x́ x	x́ x	x́ˆ
	daz er	an den	buochen	las			x́ x	x́ x	x́ x	x́ˆ
swaz	er dar	an ge	schriben	vant:		x	x́ x	x́ x	x́ x	x́ˆ
	der was	Hart	man ge	nant,			x́ x	–	x́ x	x́ˆ
	dienstman	was er	zOu	we.			x́ x	x́ x	–	x̀ˆ
er	nam im	manige	schou	we		x	x́ x	x́⌣⌣	–	x̀ˆ
an	mis	lîchen	buo	chen: (H)		x	–	x́ x	–	x̀ˆ

Das Beispiel zeigt, daß einsilbige Wörter je nach der Stellung im Vers metrisch betont oder unbetont sein können, vgl. das Pronomen *er* in der zweiten und dritten Zeile, daß außerdem eine gewisse Freiheit in der Taktfüllung besteht. "Die mittelhochdeutsche Dichtung der Blütezeit ist bestrebt, ihre zweigliedrigen Takte (/x́ x/) auch zweisilbig zu füllen, d.h., einen regelmäßigen Wechsel von Hebung und Senkung zu erreichen. Doch fehlen Abweichungen nach oben oder unten, mehrsilbige und einsilbige Takte nirgends." (DE BOOR in: Nibelungenlied 1949, XXXXII). Folgen zwei betonte Silben unmittelbar aufeinander, so ist der erste Takt einsilbig ausgefüllt (eine Silbe wird im Zeitwert von 2/4 gsprochen), z.B. /Hart/man ge/ / – / /x́ x/. Folgen der betonten Silbe zwei unbetonte, so wird der Rhythmus gewahrt, indem die beiden Senkungen kürzer gesprochen werden, z.B. /manige/ / /x́ ⌣⌣/.

Aus dem Schema geht hervor, daß auch Silben betont werden, die in der ungebundenen Rede unbetont bleiben, z.B. /zOu/wè/ /–/ /x̀ ˆ/. Der letzte Takt weist eine Nebenhebung auf, d.h. eine an sich unbetonte Silbe, die auf Grund ihrer Stellung im Vers betont wird. Die Nebenhebung wird durch x̀ gekennzeichnet, die Silbe ist schwächer betont als eine Haupthebung, stärker als eine Senkung.

Möglichkeiten der Taktfüllung

/x́ x/ Hebung + Senkung, z. B. /rítter/.

Eine solche regelmäßige Füllung kann auch in Fällen vorliegen, in denen das Schrift-bild drei Silben zeigt. Auslautendes unbetontes *e* wird meist nicht gesprochen, wenn das folgende Wort vokalisch anlautet. Diese Erscheinung wird als E l i s i o n bezeichnet, z. B. /míte er/. Unbetontes *e* kann außerdem zwischen gleichen oder gleichartigen Kon-sonanten verstummt sein, z. B. /rede die/; in diesem Falle spricht man von E k t h l i p s i s. Ein *e*, das auf Grund von Elision oder Ekthlipsis schwindet, ist teilweise in den Text-ausgaben durch daruntergesetzten Punkt *(ẹ)* bezeichnet.

/x́ ˘ ˘/ Hebung + Senkung + Senkung, z. B. /mánige/.

Die beiden Senkungen füllen zusammen den Zeitwert einer More aus, das wird als Aufspaltung der More bezeichnet.

/–́/ beschwerte Hebung, z. B. /Hárt/.

Eine betonte Silbe mit langem Stammvokal (naturlange Silbe), z. B. /zÓu/, kann al-lein einen Takt ausfüllen, sie ist im Zeitwert von zwei Moren zu sprechen. Beschwerte Hebung kann auch eine Silbe mit kurzem Stammvokal sein, sie muß aber durch Kon-sonanten abgeschlossen sein (positionslange Silbe), z. B. /Hárt/. Als beschwerte Hebun-gen finden sich oft Stammsilben von Eigennamen; die Namen werden dadurch hervor-gehoben.

/x́ˆ/ Hebung + Pause, z. B. /wás/.

Das ist eine häufig genutzte Möglichkeit des Versschlusses, im Versinnern kommt diese Form äußerst selten vor.

/x̀ˆ/, Nebenhebung + Pause, z. B. /zÓu/wè/.

Eine eigentlich unbetonte Silbe erhält unter Einfluß ihrer Stellung im Vers einen Nebenton. Diese Taktfüllung findet sich besonders häufig nach beschwerter Hebung am Ende eines Verses; es ist jedoch nicht Bedingung, daß eine beschwerte Hebung vorausgeht.

Metrische Grundkenntnisse über Art der Takte, ihre Füllung, ihre Zahl, die Anord-nung im Vers, darüber hinaus über den Aufbau einer Strophe usw. sind Voraussetzung für das richtige Erfassen des Versbaus. Das allein genügt jedoch nicht, hinzukommen muß unbedingt das Sprechen der Verse; denn Satz- und Versakzent fallen weitgehend zusammen.

Kadenz (Versschluß)

Der Gestaltung des Versschlusses kommt besondere Bedeutung zu. Je nach der Füllung des letzten (bzw. auch vorletzten) Taktes ergeben sich unterschiedliche Kadenzen.

Allgemein gilt für die Dichtung des klassischen Mhd. der Grundsatz, "gebundene Kadenzfolge gehört zum Rezept einer Strophe" (HEUSLER , Bd.2, 1956, 183), d. h., die Art der Taktfüllung liegt für das Versende weitgehend fest.

Formen der Kadenz

Volle Kadenz. Der 4. Takt ist mit einer Hebung ausgefüllt, einsilbig volle Kadenz, z. B. / *Ein* / *ritter* / *sô ge* / *lêret* / *was* / (H 1)

   4. Takt: /x́ ˆ/;

der 4. Takt ist mit Hebung und Senkung ausgefüllt, zweisilbig volle Kadenz, z. B. / *Und von* / *sô ge* / *wanten* / *sachen* / (H 12)

   4. Takt: /x́ x/.

Stumpfe Kadenz. Der 4. Takt pausiert; der 3. enthält die letzte Hebung, und zwar entweder Hebung und Pause, z. B. *ver* / *lôs er* / *sît den* / *lîp* / (NL 917)

   3. und 4. Takt: / x̣ ˆ / / ˆ ˆ/

oder Hebung und Senkung, z. B. / *möhte* / *senfter* / *machen* / (H 11)

   3. und 4. Takt: / x́ x / / ˆ ˆ/.

Klingende Kadenz. Der 4. Takt weist eine Nebenhebung auf, der 3. dabei sehr oft – aber nicht als Bedingung – eine beschwerte Hebung,

z. B. *er / nam im / manige / schou / we /* (H 6)

    3. und 4. Takt: / $\acute{-}$ / / x̀ ˆ /;

/ bern / unde / wisen / de / (NL 916)

    3. und 4. Takt: / x́ x / x̀ ˆ /.

Nibelungenstrophe

Die Nibelungenstrophe besteht aus vier Langzeilen, die durch Endreim der Form aa bb miteinander verbunden sind. Jede Langzeile setzt sich aus zwei Kurzzeilen, dem Anvers und Abvers, zusammen; beide sind durch eine Zäsur, eine Sprechpause, getrennt.

NL 916

Gunther und Hagene,	die réckén vil balt,
lóbten mit úntriuwen	ein pirsen in den walt.
mit ir scharpfen gêren	si wolden jagen swîn,
bern unde wisende:	waz möhte küenérs gesîn?

Charakteristisch für die Nibelungenstrophe ist die besondere Anordnung der Kadenzen. Die Anverse enden in der Regel mit klingender Kadenz, die ersten drei Abverse mit stumpfer und der letzte Abvers mit voller Kadenz.

Skansion: NL 916

$\acute{-}$	x́x	x́x	x̀ˆ		x	$\acute{-}$	x́x	x́ˆ	ˆˆ
x́ ‿‿	$\acute{-}$	$\acute{-}$	x̀ˆ		x	x́x	x́x	x́ˆ	ˆˆ
x́x	x́x	$\acute{-}$	x̀ˆ		x	x́x	x́x	x́ˆ	ˆˆ
$\acute{-}$	x́x	x́x	x̀ˆ		x	x́x	$\acute{-}$	x́x	x́ˆ

Anverse 1–4 klingende   Abverse 1–3 stumpfe Kadenzen
Kadenzen   Abvers 4 volle Kadenz

Beim Skandieren sollte man immer die Betonungszeichen beachten, die in den kritischen Textausgaben als Hilfen angegeben sind.

    Eine instruktive Einführung zu Reim, Versmaß und Gestaltung der Kadenzen gibt TERVOOREN (1979).

3.4. Lautlehre

3.4.1. Phonembestand

Für die Erfassung des Phonembestandes historischer Sprachstufen – so auch für das Mhd. – gibt es eine Reihe von Schwierigkeiten. Sie bestehen u. a. darin,

- daß nur graphisches Material zur Verfügung steht, aus dem auf phonologische Realisierungen zu schließen ist;
- daß es keine einheitliche Schreibung gab, sondern verschiedene Schreibtraditionen;
- daß die einzelnen Laute in den verschiedenen Sprachlandschaften, aber auch zu verschiedenen Zeitabschnitten innerhalb des Mhd. unterschiedlich realisiert wurden, wobei nicht immer eindeutig nachweisbar ist, wieweit die verschiedenen Realisierungen bedeutungsdifferenzierende Funktion, also Phonemwert, hatten oder wieweit es sich lediglich um Varianten eines Phonems, also Allophone, handelte;

− daß der Reimvergleich, der für die phonologische Betrachtung historischer Sprachstufen von besonderem Wert ist, auch nicht immer zuverlässige Informationen liefert, da die Dichter z. T. auch Laute unterschiedlicher Qualität im Reim gebunden haben.

Trotzdem besteht Interesse daran, auch für das Mhd. das System der distinktiven Sprachlaute (= Phoneme) zu ermitteln, die für die Bildung von Wörtern und Wortformen relevant sind. Es werden zugleich Voraussetzungen geschaffen für ein vertieftes Verständnis des Lautwandels (siehe 0.1 und 0.3.). Beim Vergleich des Phonembestandes verschiedener Sprachstufen lassen sich unterschiedliche Typen des Phonemwandels erkennen.

Für das Mhd. hat die Phonemspaltung, bei der sich aus urspr. einem Phonem zwei unterschiedliche Phoneme entwickeln, besondere Bedeutung (siehe Umlaut 3.4.2.3.). Im Ergebnis dieser durch Umlaut bewirkten Phonemspaltung verfügt das Mhd. über eine größere Zahl vokalischer Phoneme als das Ahd. Andererseits kann durch Phonemzusammenfall oder -verschmelzung eine ursprünglich vorhandene Opposition von Phonemen wegfallen, das geschieht z. B. beim Übergang vom Mhd. zum Nhd., wie folgende Beispiele zeigen:

mhd. /î/   /ei/   mhd. *rîfe* 'reif'   *reif* 'Ring'
nhd. /ae/   nhd. *reif*   *Reif*

Auf Grund von Monophthongierung (mhd. /ie/ > nhd. /i:/, s. 3.4.2.4.) bleibt aber die Opposition /î/ – /ei/ auch für das Nhd. relevant,

mhd. /î/ – /ie/   mhd. *lîp* 'Leben, Leib'   *liep* 'lieb'
nhd. /ae/   – /i:/   nhd. *Leib*   *lieb*.

Man muß allerdings auch davon ausgehen, daß es Unterschiede im mhd. Phonembestand der verschiedenen Dialektgebiete gab. (Vgl. u. a. KUFNER 1957.)

3.4.1.1. *Vokalische Phoneme*

Für die Unterscheidung der vokalischen Phoneme sind bestimmte Lautbildungsmerkmale relevant, und zwar unterscheiden sie sich vornehmlich nach der Zungenbewegung – bei senkrechter Bewegung in hohe, mittlere und niedrige (tiefe) Vokale; bei waagerechter Zungenbewegung in vordere und hintere Vokale; nach der Lippenrundung in runde und nichtrunde sowie nach dem Öffnungsgrad der Lippen in offene und geschlossene Vokale. Darauf beruhen die Unterschiede in den Vokalqualitäten, nach dem Merkmal der Vokallänge wird quantitativ zwischen Kurz- und Langvokalen unterschieden.

Diphthonge werden wie Phonemfolgen behandelt, sie sind in der folgenden Übersicht nach der Bildung des jeweils ersten Vokals eingeordnet.

Der folgende Überblick gibt den Phonembestand wieder, wie er für das klassische Mhd. in seiner normalisierten Form vorauszusetzen ist. Die phonologische Qualität der *e*-Laute wird dabei in der Literatur zum Teil unterschiedlich gesehen (siehe unten).

Kurze Vokale:

	vorn		neutral	hinten	vgl. in mhd.:	
hoch	/i/	/ü/		/u/	/i/	/kint/
					/ü/	/künək/
					/u/	/munt/
mittel	/e/	/ö/		/o/		
	[ë]				/e/	/gëbən/
	[ẹ]				/e/	/gẹstə/
	[ä]				/e/	/mäxtik/
					/ö/	/hövəf/
					/o/	/lobən/
tief			/a/		/a/	/klagən/

Lange Vokale:

		vorn		neutral		hinten		vgl. in mhd.	
hoch		/i:/	/ü:/			/u:/		/i:/	/vi:p/
								/ü:/	/hü:tə/
								/u:/	/zu:fən/
mittel		/e:/	/ö:/			/o:/		/e:/	/e:rəl/
			/ä:/					/ä:/	/mä:rəl/
								/ö:/	/hö:rən/
								/o:/	/no:t/
tief				/a:/				/a:/	/ra:tən/

Diphthonge:

	vorn		hinten		vgl. in mhd.	
hoch	/ie/	/üe/	/uo/		/ie/	/bietən/
					/üe/	/hüetən/
					/uo/	/bruodər/
mittel	/ei/	/öu/	/ou/		/ei/	/leit/
					/öu/	/fröudə/
					/ou/	/boum/

PAUL 1989 betont, daß einem mhd. Vokalsystem mit 23 Phonemen im Nhd. lediglich 17 bzw. 18 vokalische Phoneme gegenüberstehen, vgl.: "Das mhd. Vokalsystem ist mit 23 Phonemen das reichhaltigste in der dt. Sprachgeschichte. Der Zuwachs erklärt sich vor allem aus der Phonemspaltung der velaren Vokale im Zuge der *i*-Umlautung, die zu neun neuen Phonemen führt: /ẹ, ä, ö, ü; æ, œ, iu,; öu, üe/." (PAUL 1989, 48.)

Dabei wird davon ausgegangen, daß das kurze mhd. *e* drei Phoneme repräsentiert, und zwar /ël/, /ẹl/, /äl/. Diese Auffassung vertreten u. a. auch HERRLITZ (1970, 15) und PHILIPP (1980, 36). Beweiskräftige Beispiele werden nur in wenigen Fällen beigebracht; so haben mhd. *stëcken* 'Stecken', *hër* 'her' offene Qualität des *e*, dagegen besitzen mhd. *stẹcken* 'stecken', *hẹr* 'Heer' geschlossenen *e*-Laut; dabei wird auch auf Unvereinbarkeit im Reim verwiesen. SCHIEB macht allerdings dagegen geltend, daß zwar in der obd. Variante die Trennung nachweisbar ist, daß aber "selbst im engen Rahmen der mhd. Dichtersprache mit landschaftl. unterschiedlichem, hier strichweise md. verringertem Phonembestand" (SCHIEB 1970, 359) zu rechnen ist.

e in unbetonter Silbe ([ə]) wird meist als stellungsbedingte Variante zu /e/ in betonter Silbe, also als Allophon, nicht als Phonem aufgefaßt. "Die Einheit [ə] ist nicht frei distribuiert, sie kommt nämlich nur unter der Bedingung vor, daß die betreffende Silbe nicht betont ist.

[ə] ist komplementär distribuiert mit [e], das nur in betonten Silben steht. Beide Einheiten können deshalb zu einem Phonem zusammengefaßt werden." (HERRLITZ 1970, 16.)

SIMMLER (Sprachgeschichte 1985, 1133) hält das vokalische Phonemsystem in folgendem Überblick fest:

Kurzvokale	Langvokale	Diphthonge
i ü u	ī ǖ ū̄	(iu) iə üə uə
e		
ö o	ē ȫ ō̄	ei öu ou
ẹ		
æ a	ǣ ā	

3.4.1.2. *Konsonantische Phoneme*

Der Überblick über die konsonantischen Phoneme berücksichtigt insbesondere die Merkmale, die sich aus der Artikulationsart ergeben sowie aus der Artikulationsstelle, d. h., wo bzw. mit welchem Artikulationsorgan der betreffende Konsonant gebildet wird; konsonantendifferenzierend wirkt darüber hinaus das Merkmal der Stimmhaftigkeit bzw. Stimmlosigkeit.

Artikulationsstelle

Artikula-tionsart	labial	dental	guttural palatal	velar	glottal
Explosiva					
Fortes	/p/	/t/		/k/	
Lenes	/b/	/d/		/g/	
Frikativa					
Fortes	/f/	/s/ /ʃ/	[ç]	/x/	
Lenes	/v/	/z/	/j/		
Affrikaten	/pf/	/ts/		/kx/	
Nasale	/m/	/n/			
Liquide		/r/ /l/			
Hauchlaut					/h/

FOURQUET (1963) betont darüber hinaus, daß auch die Opposition Simplex vs. Geminata, z.B. /t/ vs. /tt/ phonologisch relevant ist, d.h. ein Mittel zur Unterscheidung von Wörtern bzw. Wortformen darstellt, vgl. mhd. bëte vs. bẹtte – nhd. Bitte vs. Bett. Allerdings liegen hier auch unterschiedliche Qualitäten vor. (Vgl. auch den Überblick über das Konsonantensystem bei SIMMLER 1985, 1135.)

Im einzelnen ist zu den Phonemen folgendes anzumerken:

– [ç] und [x] sind nur verschiedene Realisierungen desselben gutturalen Frikativs /x/, also Allophone; /x/ wird – wie im Nhd. – nach den Vokalen /a/, /o/, /u/ gesprochen, z.B. /ʃprax/, /tso:x/, /brux/; aber [ç] in /iç/, /beçə/, im Alem.-Bair. immer /x/.

– /ʃ/ stellt eine neuere Lautqualität dar, die sich aus ahd. /sk/ entwickelt hat (Mitte 11. Jh.), z.B. ahd. /sko:ni/ > mhd. /ʃœnə/; ahd. /fisk/ > mhd. /fiʃ/. Des weiteren wird /ʃ/ vor /l/, /m/, /n/, /v/, nach /r/ und in den Verbindungen /st/, /sp/ (außer im Inlaut) realisiert. /s/ und /ʃ/ bestehen noch bis ins Frnhd. nebeneinander, vgl. /slaŋə/ – /ʃlaŋə/, vgl. auch heutige Maa.!

– /f/ wird in bestimmten Positionen auch als leicht sth. Allophon [v] realisiert.

– /j/ geht der Halbvokal /i/ voraus; zwischenvokalisch wird /j/ gelegentlich von /h/ abgelöst, z.B. /drä:jən/ > drä:hən 'drehen', aber auch von /g/, z.B. /ferjə/ > /vergə/ 'Ferge'.

– /h/ begegnet nur im Silbenanlaut, z.B. /herrə/.

– /kx/ kommt nur in obd. Dialekten vor, heute noch im Schweizerdeutschen und Südbairischen.

3.4.2. Vokalismus

3.4.2.1. Ablaut

Unter Ablaut versteht man den regelmäßigen Wechsel von Vokalen in etymologisch verwandten Wörtern (Wurzelablaut) oder Wortteilen (Suffixablaut). Er beruht auf den Betonungsverhältnissen im Idg. (siehe 2.3.2.1.). Für die älteren Sprachperioden ist zwischen qualitativem und quantitativem Ablaut zu unterscheiden, je nachdem ob im Idg. musikalischer oder dynamischer Akzent wirksam war. Musikalischer Akzent, d.h. unterschiedliche Tonhöhe, führte zur Herausbildung unterschiedlicher Vokalqualitäten, z.B. idg. Wechsel von e und o; dynamischer Akzent, d.h. unterschiedliche Dauer, führte zur Herausbildung unterschiedlicher Vokalquantitäten, z.B. idg. Wechsel von e und ē. Auf Grund der eingetretenen lautlichen Veränderungen in den folgenden Sprachperioden sind diese Unterschiede zwischen qualitativen und quantitativen Ablautstufen im Mhd. nicht mehr im einzelnen zu erkennen. Es bleiben aber Formen des Vokalwechsels, die nicht auf Einfluß von Folgelauten (siehe unten Kombinatorischer Lautwandel) zurückgeführt werden können.

Ablaut ist auch im Mhd. ein wichtiges Mittel der Formenbildung st. Verben; er
äußert sich im Nebeneinander von Verbformen mit unterschiedlichem Stammvokal.
(Siehe dazu im einzelnen den Überblick über mhd. Ablautreihen 3.5.1.1. sowie die
Übersichtstabelle in M. LEXERS Mittelhochdeutschem Taschenwörterbuch).

Ablaut liegt folgenden Formen des Vokalwechsels bei st. Verben zugrunde:

/î/	– /ei/ /ê/	vgl. *rîten – reit; lîhen – lêch;*
/ie/ /iu/	– /ou/ /ô/	vgl. *biegen/biuge – bouc; bieten/biute – bôt;*
/ë/ /i/	– /a/	vgl. *nëmen/nim – nam;*
/î/	– /i/	vgl. *rîten – riten;*
/ie/ /iu/	– /u/ /o/	vgl. *biegen/biuge – bugen/gebogen;*
/ë/ /i/	– /â/	vgl. *nëmen/nime – nâmen;*
/ë/ /i/	– /u/ /o/	vgl. *hëlfen/hilfe – hulfen/geholfen;*
/a/	– /uo/	vgl. *laden – luot.*

Den unmittelbar nebeneinander stehenden Vokalen, z.B. /ie/ /iu/, liegt jeweils ein gemeinsamer Ablautvokal zugrunde. Die Differenzierungen innerhalb einer Ablautstufe
sind auf Prozesse des kombinatorischen Lautwandels in der germ. bzw. ahd. Zeit zurückzuführen (siehe 3.4.2.2. und 3.4.2.3.).

Ablaut dient auch als Mittel der Wortbildung:
– zur Ableitung von Substantiven aus st. Verben,

vgl.	*bant,*	*bunt*	*(binden);*	*grif* *(grîfen);*
	lâge		*(ligen);*	*gruobe* *(graben);*
	barn	'Kind'	*(bërn* 'hervorbringen, gebären');*	

– zur Bildung von Adjektiven (die Zusammenhänge sind schon z.T. mhd. nicht mehr
erkennbar),

vgl.	*lôs*	*(verliesen);*	*liep* *(gelouben);*
	wîs,	*wîse*	*(wizzen).*

3.4.2.2. *Kombinatorischer Lautwandel: Alternanz*

Der Wechsel des Stammvokals beruht in folgenden Fällen auf Angleichung zwischen
Lauten mit unterschiedlicher Zungenstellung:

mhd. *gëben – ich gibe; wir bugen – gebogen; bieten – ich biute.*

Dieser Wechsel von /ë/ – /i/, /u/ – /o/, /ie/ – /iu/ hat seinen Ursprung in germ. Zeit. Unter
Einfluß der Folgelaute, besonders der ursprünglich vollen Nebensilbenvokale, wurde
die Zungenstellung bei der Artikulation des Stammvokals bereits der Artikulationsweise des Folgevokals angenähert. Es erfolgte ein Ausgleich zwischen Vokalen mit
"hoher" und solchen mit "flacher" ("tiefer") Zungenstellung in einem Wort. Die gleiche
Wirkung wie von einem Vokal des oberen Bereichs ging dabei von einer Nasalverbindung aus, die unmittelbar auf den Stammvokal folgte.

/i/, /j/	/u/, Nasalverbindung
/e/	/o/
/a/	

/ë/ zu /i/. /ë/ wurde zu /i/ "gehoben", wenn /i, j, u/ oder Nasalverbindung folgte:

ahd. *gëban – gibu, gibis, gibit* – mhd. *gëben – gibe, gibest, gibet*

Starke Verben mit Stammvokal /ë/ im Infinitiv haben mhd. regelmäßig in der 1.–3. Pers.
Sg. Präs. Ind. Stammvokal /i/, da die Endungen dieser Formen im Ahd. noch /i/ oder /u/
aufwiesen.

/u/ zu /o/; /i/ zu /ë/. /u/ wurde zu /o/ "gesenkt", wenn /a, e/ oder /o/ folgte:

ahd. *bugum – gibogan*   –   mhd. *bugen – gebogen.*

Das Part. Prät. einer Reihe st. Verben weist im Mhd. den Stammvokal /o/ auf. Er ist aus /u/ vor germ./ahd. Partizipialendung -*an* entstanden. Dieser Wandel wurde verhindert, wenn auf den Stammvokal Nasalverbindung folgte, z. B. mhd. *bunden – gebunden*.

Von dieser "Senkung" – in der Fachliteratur findet man auch den Terminus "Brechung" – ist auch der Vokal /i/ betroffen:
/i/ zu /ë/,

> vgl. germ. *libara* > ahd. *lëbara* > mhd. *lëber*.

Beispiele für eine Senkung /i/ zu /ë/ gibt es jedoch weit seltener als für den umgekehrten Prozeß des Wandels von /ë/ > /i/.

Entwicklung des germ. /eu/. Nach den gleichen Regeln erklärt sich der mhd. Wechsel /ie/ – /iu/. Beide Laute gehen auf germ. /eu/ zurück. Vor Silben, die ursprünglich /a, e, o/ aufwiesen, steht im Mhd. Stammvokal /ie/ < ahd. /io/, vor Silben dagegen mit ursprünglich /i, j, u/ steht /iu/:

> mhd. *bieten – biute* (ahd. *biotan – biutu*).

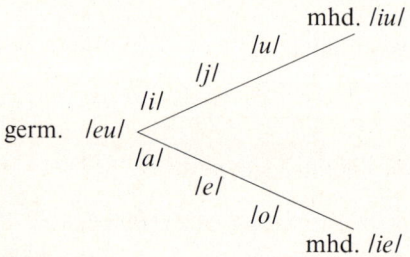

Kombinatorischer Ausgleich ist in vielen Fällen auf die Vokale der Wortbildungssuffixe zurückzuführen, vgl. mhd. *bërc – gebirge* (ahd. *bërg – gibirgi*); mhd. *ërde – irdisch* (ahd. *ërda – irdisc*); mhd. *siech – siuche* (ahd. *sioh – siuhhî*).

3.4.2.3. *Kombinatorischer Lautwandel: i-Umlaut*

Unter Umlaut versteht man die Veränderung von /a/ > /ẹ/; /û/ > /iu/; /â/ > /æ/; /u/ > /ü/; /o/ > /ö/; /ô/ > /œ/; /uo/ > /üe/; /ou/ > /öu/ und /a/ > /ä/.

Die Umlautung der betonten Vokale beruht auf dem Einfluß eines nachfolgenden /i/, /î/ oder /j/, das in schwächer betonter Silbe steht bzw. gestanden hat:

> mhd. *gast – gẹste, gẹstinne, gẹstîn; tôre – tœrinne; tuoch – tüechlîn.*

Es handelt sich damit ebenso wie bei der Alternanz um einen kombinatorischen Lautwandel (siehe oben). Der Vokal der betonten Silbe nähert sich in der Artikulation dem folgenden /i/, /î/ oder /j/ an. Da aber keine völlige Angleichung erfolgt, wird dieser Vorgang auch als partielle Assimilation bezeichnet.

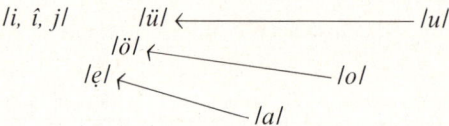

In den meisten Fällen ist im Mhd. bei Wörtern mit umgelautetem Vokal das alte /i, î, j/, das den Umlaut bewirkt hat, nicht mehr zu erkennen, z. B. *krẹfte, küene*. Daraus läßt sich schließen, daß der Umlautungsprozeß vor der Abschwächung der Endsilben erfolgt sein muß, also in der Mehrzahl der Fälle bereits in ahd. Zeit (siehe 2.3.2.3.). Der Umlaut wurde zuerst gesprochen und erst bedeutend später geschrieben. Daß Umlaut aber auch in mhd. Zeit noch wirksam ist, beweisen verhältnismäßig junge Bildungen mit dem Suffix *-îe*, z. B. *ẹbedîe* 'Abtei'. Die Bezeichnung des Umlauts erfolgte zuerst für umgelautetes /a/ durch ⟨e⟩ bzw. in der eine geschlossene Aussprache verdeutlichenden Schreibung ⟨ẹ⟩ im normalisierten Mhd. Beim Umlaut /a/ > /ẹ/ handelt es sich um den sog. **Primärumlaut**, z. B. ahd. *gęsti* – mhd. *gęste*. Ebenfalls in ahd. Zeit fallen auch die ersten Umlautbezeichnungen für /ûl/ = ⟨iu⟩, z. T. auch für /ul/ = ⟨ü⟩ und /âl/ = ⟨æ⟩. Die übrigen Umlaute wurden erst im Mhd. bezeichnet – und da auch nicht konsequent. Durch Umlautung veränderten sich – zeitlich abgestuft – die folgenden Vokale:

/a/	> /ę/	ahd. *gęsti*	mhd. *gęste*
/a/	> /ä/	ahd. *mahtîg*	mhd. *mähtec*
		ahd. *tagalîh*	mhd. *tägelîch*
/â/	> /æ/	ahd. *mâri*	mhd. *mære*
/o/	> /ö/	ahd. *mohti*	mhd. *möhte*
/ô/	> /œ/	ahd. *skôni*	mhd. *schœne*
/u/	> /ü/	ahd. *wurfil*	mhd. *würfel*
/û/	> /iu/	ahd. *hûsir*	mhd. *hiuser*
/ou/	> /öu/	ahd. *ouga*	mhd. *öugelîn*
/uo/	> /üe/	ahd. *gruoni*	mhd. *grüene*

Zum Umlaut /o/ > /ö/ wird bei Paul 1989 angemerkt: "Da vor /i, j/ nach der Lautregel nicht /o/, sondern nur /u/ möglich ist . . . kann /ö/ nur durch Analogie statt /ü/ oder in jüngeren Neubildungen auftreten . . ." (1989, 66).

Im Mhd. tritt häufig bei sw. Verben ein Wechsel des Stammvokals auf: Die Präsensformen haben Umlaut, z. B. *hœren, brennen*, die Präteritalformen nicht, z. B. *hôrte, brante*. Die Ursachen dieser Erscheinung, die nach J. Grimm als **Rückumlaut** bezeichnet wird, liegen in vorahd. Zeit (siehe 2.3.2.3.).

Die Durchsetzung des Umlauts geht landschaftlich unterschiedlich vor sich; sie erfolgt in Nord-Süd-Richtung und erfaßt die md. Mundarten stärker als die obd.

Umlauthemmungen. Bestimmte Konsonantenverbindungen verhinderten in ahd. Zeit die Umlautung von /a/ > /ę/. Folgten auf das /a/ der Stammsilbe die Konsonantenverbindungen /hs, ht, hh, rw, rh /, so trat der Umlaut zunächst nicht ein. Diese Lautfolgen stehen der Verlagerung der Vokalartikulation zum vorderen Gaumen hin entgegen, da sie selbst guttural gebildet werden. Erst unter Einfluß der übrigen Umlaute setzt sich der Umlaut im 12. Jh. in diesen Fällen schriftlich durch:

ahd. *gęsti*, aber *wahsit* – mhd. *gęste*, aber *wähset*.

Er wird im Gegensatz zur ersten Umlautwelle, dem Primärumlaut /a/ > /ę/, als **Sekundärumlaut** /a/ > /ä/ bezeichnet. In der Fachliteratur wird dieser Terminus allerdings unterschiedlich verwendet, einmal – wie hier dargestellt – für die zweite Umlautwelle bei /a/, zum anderen für sämtliche Umlaute außer dem Primärumlaut /a/ > /ę/.

Sekundärumlaut tritt außerdem ein, wenn der umlautbewirkende Vokal nicht in der unmittelbar folgenden Silbe steht, z. B. ahd. *trahani* (Pl.) – mhd. *trähene*. Es wird angenommen, daß zunächst das /a/ der unbetonten Mittelsilbe völlige Assimilation erfuhr (*trahini*) und daß danach partielle Assimilation des Stammsilbenvokals eintrat. Sowohl der Vokal der zweiten als auch der dritten Silbe erscheint im Mhd. abgeschwächt zu [e].

Die Zahl der umlauthindernden Lautfolgen ist im Obd. größer als im Md. Häufig unterbleibt obd. der Umlaut /u/ > /ü/ und /o/ > /ö/.

Die Umlaute bereichern den Phonembestand des Mhd. gegenüber dem des Ahd. Solange End- oder Nebensilben mit /i, î, j/ Funktionen der Formen noch kennzeichnen, z. B. ahd. *gęsti* (Pl.), *nâmi* (Konj.), können umgelautete Vokale nur als graphemische Varianten gewertet werden. Mit der Abschwächung der Endsilbenvokale erhalten die Umlaute Phonemqualität.

Die Phonemopposition von umgelautetem und nicht umgelautetem Stammvokal gewinnt bereits im Mhd. und zunehmend im Frnhd. (siehe 4.3.1.9.) Bedeutung als Flexionskennzeichen wie auch als Mittel der Wortbildung:

– in der Verbflexion insbes. zur Kennzeichnung präteritaler Konjunktivformen st. Verben, vgl. ahd. *nâmi* > mhd. *ich, er næme*; ahd. *zugi* > mhd. *ich, er züge*;

– bei Substantiven als Mittel der Numerusdifferenzierung, vgl. *i* -Stämme mhd. *gast – gęste; gruoz – grüeze*;

– bei Adjektiven in der Komparation als ein Merkmal zur Kennzeichnung von Komparativ und Superlativ, wobei umgelautete und nichtumgelautete Formen nebeneinander stehen, vgl. mhd. *alter/elter – altest/eltest* (siehe 3.5.3.2.);
– in der Wortbildung zur Kennzeichnung bestimmter Ableitungstypen, insbes. bei Suffixen, die infolge der Endsilbenabschwächung nicht mehr erkennbar sind, vgl. ahd. *hôhî* > mhd. *hœhe*; ahd. *hertî* > mhd. *herte*.

3.4.2.4. *Veränderungen im Vokalismus beim Übergang vom Mittelhochdeutschen zum Frühneuhochdeutschen*

Zum besseren Verständnis mhd. Texte erscheint es nötig, auf lautliche Veränderungen hinzuweisen, die sich erst im Frnhd. durchsetzen, ihren Ursprung aber bereits in mhd. Zeit haben. Eine ausführliche Darstellung dieser Erscheinungen wird im Teil Frühneuhochdeutsch gegeben (siehe 4.3.1.1.–4.3.1.4.).

Frnhd. Diphthongierung. Die mhd. Langvokale /î, û, iu/ werden im Nhd. zu den Diphthongen /ei, au, eu/; vgl. mhd. *mîn niuwez hûs* – nhd. *mein neues Haus*. Als Allographe stehen ⟨ei/ai,⟩, ⟨eu/äu⟩. Hinweise für die Datierung und Lokalisierung dieser Erscheinung hat man durch Reimvergleiche erhalten, z.B. *kûme : soume*; *hôchzît : geleit*. Ausgangspunkt ist das österreichische Gebiet, der Beginn liegt etwa im 12. Jh., vereinzelte Belege für solche Diphthongschreibungen ⟨ei⟩ statt ⟨î⟩; ⟨ou⟩ statt ⟨û⟩ gehen in bair. Texten in spätahd. Zeit zurück.

Frnhd. Monophthongierung. An die Stelle der mhd. Diphthonge /ie, uo, üe/ treten – zunächst in den md. Mundarten – die Monophthonge /i:, u:, ü:/; vgl. mhd. *lieben guoten brüeder* – nhd. *liebe gute Brüder*. Untersuchungen zum Reimgebrauch (z.B. *wîbe : liebe; ruof : ûf*) und zur Orthographie lassen erkennen, daß die Veränderung bei / uo, üe/ > /u:, ü:/ im 11. Jh., bei /ie/ > /i:/ im 12. Jh. eingesetzt hat.

Dehnung. Kurze Stammsilbenvokale werden vor einfachem Konsonanten, der zur folgenden Sprechsilbe gehört, gedehnt, z.B. mhd. *sa-gen, le-ben*. Vor /m/ und /t/ unterbleibt allerdings die Dehnung, vgl. mhd. *gate* > nhd. *Gatte*, mhd. *himel* > nhd. *Himmel*. Hier wird die offene Tonsilbe durch Konsonantenverdopplung beseitigt.

Dehnung erfolgt auch bei einsilbigen Wörtern, deren flektierte Formen offene Tonsilben aufweisen, z.B. mhd. *ta-ges* > nhd. *Tāges* und analog dazu mhd. *tac* > nhd. *Tāg*.

Gedehnt werden außerdem kurze Vokale in einsilbigen Wörtern, die auf Liquida, z.T. auch auf Nasal enden, z.B. mhd. *vil* > nhd. *viel*; mhd. *dem(e)* > nhd. *dēm*. In geschlossener Silbe erfolgt Dehnung vor /r/ + Dental, vgl. mhd. *erde* > nhd. *Erde*.

Die Dehnung hat bereits in ahd. Zeit im Ndfränk. begonnen und hat sich im 12. und 13. Jh. im gesamten Md. durchgesetzt, das Obd., ausgenommen das Hochalem., – wird im 14. Jh. davon erfaßt.

Kürzung. Die Kürzung mhd. Langvokale tritt teilweise ein:
– vor Konsonantenverbindungen, bes. /ht/, /r/ + Konsonant, z.B. mhd. *dâhte* > nhd. *dachte*; mhd. *hêrsen* > nhd. *herrschen*;
– vor einfacher Konsonanz, besonders bei Wörtern mit den Ableitungssilben *-er, -el, -en*, z.B. mhd. *jâmer* > nhd. *Jammer*;
– in Zusammensetzungen, bei denen mehrere Konsonanten aufeinanderfolgen, z.B. mhd. *hôchzît* > nhd. *Hochzeit*;
– in unbetonten Ableitungssilben, vgl. mhd. *-lîch* > nhd. *-lich*.
"Die Kürzung, im ganzen weit weniger häufig und regelmäßig als die Dehnung, zeigt sich seit dem 12. Jh. im Md. in Reimen wie *brâht : gemaht : naht*; sie tritt im Bair. nur teilweise, im Alem. meist nicht auf." (PAUL 1989, 77.)

3.4.2.5. *Vokalismus der Nebensilben*

Die vergleichende Gegenüberstellung einiger ahd. und mhd. Wörter zeigt eine auffällige Veränderung der Vokale in nicht starktonigen Silben:

ahd. *manunga* – mhd. *manunge*; ahd. *michil* – mhd. *michel*;
ahd. *gimeinida* – mhd. *gemeinde*; ahd. *nëman* – mhd. *nëmen*;
ahd. *murmilôn* – mhd. *murmeln*.

Während im Ahd. noch sämtliche langen und kurzen einfachen Vokale sowie der Diphthong /iu/ in Nebensilben vorkommen, werden diese Vokale (mit Ausnahme von /iu/) beim Übergang zum Mhd. zu einem reduzierten [e] abgeschwächt.

Die wichtigste Ursache für diesen Abschwächungsprozeß ist in der germ.-dt. Erstbetonung (Stammbetonung) zu sehen. Der feste Akzent auf der Stammsilbe und, damit verbunden, die ständige Unbetontheit bestimmter Silben führen zu deren allmählicher Abschwächung. Nicht alle Nebensilbenvokale werden in gleicher Weise davon erfaßt:

ahd. *friuntîn* – mhd. *vriuntinne, vriuntin*; aber ahd. *gęsti* – mhd. *gęste*.

Im einzelnen lassen sich drei Arten der Entwicklung von Nebensilbenvokalen beim Übergang vom Ahd. zum Mhd. und in mhd. Zeit selbst feststellen: Bewahrung, Abschwächung und Schwund.

Bewahrung. Volle Vokale bleiben erhalten, wenn sie einen stärkeren Nebenton tragen. Das ist meist dann der Fall, wenn der Bedeutungsgehalt dieser Silben nicht verblaßt ist. Das gilt z.B. für bestimmte Ableitungssilben, die im Mhd. noch produktiv sind: *-unge, -nisse, –ære, -inne, -în, -lîn, -lîch* (aber auch *-ant*, z.B. mhd. *vâlant, vîant*).

Abschwächung. Der feste Akzent kann zur Abschwächung schwachtoniger Vokale führen. Dieser Prozeß betrifft:
a) Präfixe, z.B. ahd. *ga-, gi-* > mhd. *ge-*; ahd. *ur-, ir-* – > mhd. *er-*; ahd. *fur-, fir-* > mhd. *ver-*; ahd. *ant-, – int-* > mhd. *ent-*;
b) einen Teil der Suffixe, wobei es sich meist um sehr alte Ableitungssilben handelt, die kaum noch produktiv sind, z.B. ahd. *-ag* > mhd. *-ec*; ahd. *-il* > mhd. *-el*; ahd. *-ida* > mhd. *-ede*;
c) Flexionssilben. Die grammatischen Morpheme haben im Mhd. nur noch schwach betontes [e] und als Pronominal- bzw. Adjektivendung im Nom. Sg. des Fem. und Nom., Akk. Pl. des Neutr. /iu/ aufzuweisen. Hier hat sich der Abschwächungsprozeß konsequenter als bei den Wortbildungsmorphemen vollzogen.

Schwund. Häufig sind die vollen Vokale nicht nur abgeschwächt worden, sondern sie sind völlig geschwunden. Wir unterscheiden zwischen **Apokope** (Abfall des unbetonten [e] am Wortende) und **Synkope** (Ausfall des unbetonten [e] im Wortinnern).

Apokope erfolgt:
a) nach Liquida oder Nasal (im Auslaut) in dritter Silbe, z.B. ahd. *grôziro* > mhd. *græzer*; ahd. *wagane* > mhd. *wagen* (Dat. Sg.);
b) nach Liquida, der ein kurzer, betonter Vokal vorausgeht, in zweiter Silbe, z.B. ahd. *spile(a)* > mhd. *spil* (Dat. Sg.);
c) bei zweisilbigen Wörtern an unbetonter Stelle im Satz, z.B. die Adverbien *ane, mite*, aber die Präpositionen *an, mit*. Die Substantive *hęrre, vrouwe* werden vor Namen und Titeln meist in der Kurzform *hęr, vrou* verwendet.

Synkope tritt ein:
a) bei drei- und mehrsilbigen Wörtern mit langer Stammsilbe.
   Der Mittelsilbenvokal fällt besonders häufig nach Liquida oder Nasal, aber auch zwischen gleichartigen Konsonanten aus, z.B. ahd. *gibârida* > mhd. *gebærde*, ahd. *hêrisôn* > mhd. *hêrsen*; ahd. *hêriro* > mhd. *hęrre*; ahd. *wartêta* > mhd. *warte, wartte*;
b) bei zweisilbigen Wörtern nach Liquida, der ein kurzer, betonter Vokal vorausgeht, z.B. mhd. *spil(e)s* (Gen. Sg.); ahd. *stęlan* > mhd. *stęln*;
c) bei der Vorsilbe *ge-* vor Vokal und vor /r, l, n, w/, z.B. ahd. *gilîh* > mhd. *gelîh, glîh*; ahd. *gi-, ganâda* > mhd. *g(e)nâde*; mhd. *gęzzen* (= Part. Prät. zu *ęzzen*).
   Seltener schwindet [e] bei dem Präfix *be-*, ahd. *bilîban* > mhd. *belîben, blîben*.
Erscheinungen der Abschwächung und des Schwundes von Nebensilbenvokalen werden im 9. Jh. sichtbar, sie setzen sich im 11. und 12. Jh. im wesentlichen durch, treten aber auch noch in frnhd. Zeit auf.

Zu den nhd. Wörtern, deren heutige Gestalt teilweise durch Synkopierungs- bzw. Apokopierungsvorgänge in mhd. Zeit zustande gekommen ist, gehören auch die folgenden Wörter:

Mensch	– (vgl. ahd. *mannisco* – mhd. *mẹnsche*);
Welt	– (vgl. ahd. *wëralt* – mhd. *wërlt*);
Herr	– (vgl. ahd. *hêriro* – mhd. *hërre*),
Dienst	– (vgl. ahd. *dionôst* – mhd. *dienest, dienst*);
Glaube	– (vgl. ahd. *giloubo* – mhd. *gloube*).

3.4.3. Konsonantismus

3.4.3.1. *Grammatischer Wechsel*

Unter grammatischem Wechsel versteht man im Mhd. die Alternanz von /h/ – /g/, /d/ – /t/, /f/ – /b/, /s/ – /r/ in Wörtern oder Wortformen gleichen Stammes. (Vgl. PAUL 1989, 123). Sie beruht auf Konsonantenveränderungen in germ. Zeit, die – bedingt durch Betonungswechsel – zu einem Nebeneinander von germ. stl. und sth. Reibelauten geführt hatten (siehe 1.1.2.2.1.). Der Wechsel erfolgt häufig zwischen Stammformen der st. Verben, vgl. mhd. *snîden – gesniten; ziehen – gezogen*, tritt aber auch bei anderen wurzelverwandten Wörtern auf, vgl. mhd. *swëher* 'Schwiegervater' – *swâger*.

Weitere Beispiele:

/h/ – /g/: *zîhen* 'zeihen' – *zêh* – *zigen* – *gezigen*, vgl. auch mhd. *zeigen; slahen – slahe – sluoc – sluogen – geslagen*;

/d/ – /t/: *mîden – mîde – meit* (*t* ist in diesem Falle auf Auslautverhärtung zurückzuführen, siehe 3.4.3.4.) *-miten – gemiten; sëdel – satel*;

/f/ – /b/: *dürfen – darben, verdërben*; häufig bestehen auch Doppelformen: *entsëven* 'wahrnehmen' – *entsëben; swëvel – swëbel*;

/s/ – /r/: *kiesen* 'wählen' – *kiuse – kôs – kurn – gekorn*, daneben *kür* 'Wahl' und *kosten; verliesen* 'verlieren' – *verliuse – verlôs – verlurn – verlorn*, dazu *verlust*.

3.4.3.2. *Gemination*

Die Konsonantengemination oder auch Konsonantenverdopplung ist im Mhd. weitgehend abgeschlossen und nur aus vorhergehenden Sprachperioden nachweisbar. Sie ist urgerm., westgerm. und ahd. Ursprungs (siehe 2.3.3.4.).

Verdoppelt erscheinen im Mhd. die Konsonanten /p, t, k; b, d g; f, s, z; m, n; l, r/. Man spricht bei den mhd. Geminaten von gedehnten oder langen Konsonanten. Während der erste Teil eine Silbe abschließt, eröffnet der folgende eine neue. Deshalb steht im Mhd. niemals Doppelkonsonanz im Wortauslaut, z.B. *begin-nen*, aber: *began*.

In etymologisch zusammengehörigen Wörtern stehen sich im Mhd. gegenüber: *bükken – biegen, slüpfen – slîfen* 'gleiten, glätten', *ritzen – rîzen* 'zeichnen'; *knabe – knappe, backe – bache* 'Schinken', *künne* 'Geschlecht' – *künec, hẹnne – hano* 'Hahn', *gesẹlle – sal* 'Saal', *rappe – rabe*.

Jeweils das erste der beiden verwandten Wörter geht auf eine ältere Form mit Gemination zurück.

Eine Reihe von Geminaten ist noch im Mhd. durch Synkope (siehe 3.4.3.3.) entstanden:

mhd. *breitete > breitte; kleidete > kleidte > kleitte*.

Geminationen entstehen mhd./frnhd. auch, wenn Kurzvokale in offener Tonsilbe nicht gedehnt wurden,

vgl. mhd. *biten* – nhd. *bitten*; mhd. *sumer* – nhd. *Sommer* (siehe 3.4.2.4.).

3.4.3.3. *Konsonantenschwund und Kontraktion*

h-Ausfall. In mhd. Zeit erfolgt häufig /h/-Ausfall zwischen Vokalen, die dann kontrahiert werden, und zwar im Obd. nach langem Vokal, z.B. *hâhen – hân*, im Md. unabhängig von der Länge des voraufgehenden Vokals, z.B. *sëhen – sên, vâhen – vân*. Beide Formen (mit und ohne /h/) stehen im Mhd. – bes. in den md. Mundarten – noch lange nebeneinander.

Im Mhd. ist silbenanlautendes /h/ Hauchlaut, z.B. *vlie-hen*; beim Übergang zum Nhd. verstummt dieses /h/ im Wortinneren, es wird also nicht mehr gesprochen, z.B. *vlie-hen > flieen*. Es wird jedoch weiterhin geschrieben und bezeichnet seit frnhd. Zeit die Länge des vorangehenden Vokals. Das /h/ hat sich im In- und Auslaut zum Dehnungszeichen ohne eigenen Lautwert entwickelt (siehe 4.3.2.3.).

j(g)-Ausfall. Bereits im Ahd. beginnt der Ausfall des /j(g)/ zwischen Vokalen und setzt sich im Mhd. fort. Da er nicht obligatorisch erfolgt, gibt es im Mhd. Doppelformen, z.B. *müejen – müen*, *eiger – eier*. Zum Nhd. hin setzen sich dann die Formen ohne /j(g)/ durch, z.B. *mühen, Eier*.

Ausfall der Medien *b, d, g*. Häufig wird /g/ durch Palatalisierung (= Verlegung der Artikulationsstelle an den Vordergaumen) über /j/ zu /i/ vokalisiert, so daß durch Kontraktion /ei/ oder /î/ entstehen kann (*legi/ > /ei/*; /igi/ zu /î/:

ahd. *legit > mhd. leit*; *legist > leist*; *ligit > lît*; *gitregidi > getreide* usw. Die Kontraktion /age/ > /ei/(/ai/) vor /t/ oder /st/ ist bair., z.B. ahd. *sagêt > seit* oder *sait*; *traget > treit*; seltener ist die Kontraktion bei /b/ und /d/: /ibi, idi/ > / î/, z.B. ahd. *gibit > mhd. gît*; *quidit > quît*, sowie /abe/, /ade/ > /â/, z.B. *haben > hân*; *schaden*, dazu *schât* (alem.).

n-Ausfall vor *h*. Nachwirkungen eines Konsonantenschwundes in germ. Zeit zeigen sich im Nebeneinander verbaler Formen wie *denken – dâhte, bringen – brâhte*. Der /n/-Ausfall hat die Dehnung des vorangegangenen Vokals bewirkt. Man spricht von E r s a t z - d e h n u n g.

w-Ausfall zwischen Vokalen. Beim Übergang vom Mhd. zum Frnhd. schwindet /w/ zwischen Vokalen, und zwar:

/ouwe/	>	/aue/	:	*ouwe > Au(e)*; *houwen > hauen*;
/öuwe/	>	/äue/	:	*dröuwen > dräuen*;
/ûwe/	>	/aue/	:	*bûwen > bauen*; *trûwen > trauen*;
/iuwe/	>	/eue/	:	*riuwe > Reue*; *niuwe > neue*.

Der Wandel /-aw-/ > /-au-/ fand nach Mettke bereits in der mhd. Periode statt, zu einer Zeit, da das heutige /w/ (Reibelaut) noch halbvokalischen Charakter trug /u̯/, vgl. *brâwe > Braue*; *phâwe > Pfau* (Mettke 1989, 80).

3.4.3.4. *Auslautverhärtung*

In mhd. Texten wechseln in der Flexion der Verben und Nomina /b, d, g, v/ mit /p, t, k , f/. Die sth. Konsonanten werden im Auslaut stimmlos gesprochen. Dieser Prozeß vollzieht sich im Übergang vom Ahd. zum Mhd.; er wird im Mhd. durch veränderte Schreibung sichtbar:

stoup – stoubes; *nît – nîdes*; *hienc – hiengen*; *hof – hoves*.

Man nennt diese Erscheinung Auslautverhärtung.
   Die Konsonanten /b, d, g, v/ werden ebenfalls stimmlos, wenn ihnen ein stl. Konsonant folgt:

houbet – houpt; *kleiden – kleid(e)te > kleitte > kleite*; *neigen – neicte*; *nëve – niftel*.

Anders ist es bei /h/. Es wird im Auslaut als Reibelaut, im Wort- und Silbenanlaut aber als Hauchlaut gesprochen, z.B. *sach – sâhen*. Diese Erscheinung gehört nicht zur mhd. Auslautverhärtung; sie liegt schon ahd. vor (vgl. Paul 1989, 156).

3.4.3.5. *Assimilation*

Unter Assimilation versteht man eine völlige oder partielle Angleichung eines Lautes an einen ihm benachbarten. Es handelt sich um einen Vorgang, der in allen Sprachperioden wirksam wird und sowohl Konsonanten als auch Vokale erfaßt. Für das Mhd. sind konsonantische Assimilationen wichtig (s. auch 4.3.2.6.).

Im Mhd. betrifft das vor allem folgende Veränderungen:

/n/ > /m/ vor Labialen (/p, b, m/):
  anebôz > *ambôz*; *unmære* > *ummære* 'unlieb';
/mb/ – > /mm/ oder /m/:
  zimber > *zimmer*; *lambes* > *lammes*;
/ent/ + /v(f)/ > /emph-* (*empf-)/*:
  entvâhen > *emphâhen* 'empfangen';
auch völlige Assimilation des /t/ an den folgenden Verschlußlaut ist möglich:
/entg/ > /eng/(/enk/):
  entgürten > *enkürten*; *entglîten* > *englîten*.
(Da die Assimilation diese Lautfolgen nicht obligatorisch erfaßt, stehen im Mhd. die Formen
entgürten und *entglîten* weiter daneben, woraus sich die nhd. Wörter mit -t- erklären lassen.)
/entb, entp/ > /enb, emp/:
  entbrëchen > *enbrëchen* > *emprëchen* 'hervorbrechen, öffnen';
  Zur Assimilation gehört auch die "Erweichung" des /t/ zu /d/ in den Konsonantenfolgen /nt, mt,
lt, rt/, ein Vorgang, der bereits am Ende der ahd. Zeit begonnen hat, z. B. ahd. *rûmta* > *rûmda* >
mhd. *rûmde*.
  Zum Teil stehen aber auch im Mhd. Doppelformen nebeneinander, z. B. *solte* – *solde*; *swërt*,
swërtes – *swërdes*.
/t, d, n/ + /l(e)l/ > /ll/ oder /lll/:
  guotlîche > *guollîche* 'gütig, freundlich'; *Uodalrich* > *Uodelrich* oder *Uodlrich* > *Ullrich* > *Ulrich*.

Konsonantenschwund infolge Assimilation

Die Assimilation kann auch zum völligen Ausfall von Konsonanten führen. Es kommt zum Aus-
fall des mittleren von drei Konsonanten:
  Ausfall von /-k-/:
  Auf Ausfall von /-k-/ in ahd. Zeit beruht das Nebeneinander von mhd. /s/ und /sch/, vgl. Inf.
mischen – Prät. *miste*. Weiterhin stehen sich mhd. gegenüber *wischen* – *wiste*; *lęschen* – *laste*.
/k/-Ausfall liegt auch vor bei frmhd. *tinkte* > mhd. *tinte*;
  Ausfall von /-t-/:
lustsam > *lussam*; *ërnestlîch* > *ërneslîch*; *geistlîch* > *geislîch*; *truhtsæze* > *truhsæze*; *hintbęre* > *hinper*
'Himbeere';
  Ausfall von /-ch-, -h-/ zwischen Konsonanten:
kirchmësse > *kirmësse* 'Kirmes'; *kirchtac* 〉 *kirtac*;
  Ausfall von /-h-/ im Silbenanlaut einer unbetonten Silbe nach /r-/ und /-l-/ vor Vokal, und zwar
vor allem im Md.:
bevëlhen > *bevëlen* 'befehlen';
  Ausfall von /-h-/ vor /-st-/:
schuohsûtære > *schuostære* 'Schuster';
  Ausfall von /-h-/ in der Konsonantenfolge /-ht-/ in unbetonter Silbe:
hîneht > *hînht* > *hînt* > ma. *heint* 'heute nacht'.
  Weitere Veränderungen infolge Assimilation betreffen den Ausfall des ach-Lautes (/-ch-, -h-/) in
der Lautfolge /-rht-/ bzw. /-hs-/, hier erfolgt Entwicklung zu /-ss-/.

3.4.3.6. *Dissimilation*

Unter Dissimilation versteht man einen der Assimilation entgegengesetzten Prozeß – die
Unähnlichmachung, "die Abänderung eines Lautes, wenn der gleiche Laut in der Nähe
vorkommt, wodurch die Aussprache erleichtert wird" (Eis 1958, 61). Daneben ist auch
Veränderung der Reihenfolge der Konsonanten oder sogar deren gänzlicher Schwund
möglich. Häufig werden Liquiden und Nasale betroffen. Das Wortgut ist oft entlehnt.

Konsonantenveränderung infolge Dissimilation

Nicht unmittelbar aufeinanderfolgende /-r-/ und /-r-/ werden zu /-r-/ und /-l-/ oder /-l-/ und /-r-/:
lat. *marmor* – ahd. *marmul, murmul* > mhd., frnhd. *marmel* (vgl. im Märchen *Marmelsteine*);
murmern > *murmeln*; *môrber* > *mûlber* 'Maulbeere'; lat. *peregrinus* – mhd. *pilgrim, bilgrim* 'Pilger';
/-m-/ und /-n-/ > /-m-/ und /-l-/ oder /-l-/ und /-n-/:
ahd. *samanôn* > mhd. *samenen* > *samelen* 'sammeln';

/-r-/ und */-n-/* > */-r-/* und */-l-/*:

lat. *organum* – ahd. *organan, orgenen* (Pl.) > ahd. *orgelen* (Pl.), daraus: *orgela* (Sg.) > mhd. *orgel*;

/-l-/ und */-l-/* > */-n-/* und */-l-/*:

mhd. *klobelouch* > *knobelouch*; *kliuwel* > *kniuwel* 'Knäuel';

/-b-/ und */-b-/* > */-f-/* und */-b-/*:

mhd. *biblie* > *bibel* > spätmhd./frnhd. *fibele* 'Fibel'.

Konsonantenschwund infolge Dissimilation

Totale Dissimilation betrifft besonders das */-n-/* in Endsilben vor einem Konsonanten, wenn die vorletzte Silbe bereits auf einen Nasal endet:

mhd. *verliumunden* > *verliumenden* > nhd. *verleumden*.

    Verschiedentlich wird */-n-/* auch in Ortsnamen dissimiliert, z. B. *Werningerode* > *Wernigerode*. Hierher gehört auch /*n*/-Schwund bei der Zusammenfügung syntaktischer Einheiten, z. B. *ze dem grüenen bërge* > *Grüneberg*.

    Ausfall von */-r-/*:

mhd. *allerêrst, alrêrst* > *alrêst*; frz. *parlier* 'Sprecher' – spätmhd. *parlier(er)* > *Polier* (/*o*/ vermutlich in Analogie zu *polieren*).

    Ausfall von */-ch-/, /-h-/*:

mhd. *rîchelîche* > *rîlîche* 'reichlich'; *ze den wîhen nahten* > *wînahten* 'Weihnachten'.

3.5. Formenlehre

3.5.1. Das Verb

Finite Verbformen

Synthetische Verbformen gibt es im Mhd. wie im Nhd. nur für:

		Präs. Ind. Akt.	Präs. Konj. Akt.
Sg.	1. P.	*hilfe*	*hëlfe*
	2. P.	*hilfest*	*hëlfest*
	3. P.	*hilfet*	*hëlfe*
Pl.	1. P.	*hëlfen*	*hëlfen*
	2. P.	*hëlfet*	*hëlfet*
	3. Pl.	*hëlfent*	*hëlfen*

		Prät. Ind. Akt.	Prät. Konj. Akt.
Sg.	1. P.	*half*	*hülfe*
	2. P.	*hülfe*	*hülfest*
	3. P.	*half*	*hülfe*
Pl.	1. P.	*hulfen*	*hülfen*
	2. P.	*hulfet*	*hülfet*
	3. P.	*hulfen*	*hülfen*

Imp. 2. P. Sg. *hilf*, 1. P. Pl. *hëlfen*, 2. P. Pl. *hëlfet*.

Der Formenbestand des finiten Verbs umfaßt also:

    drei Personen;

    zwei Numeri (Singular und Plural);

    zwei Tempora (Präsens und Präteritum);

    drei Modi (Indikativ, Konjunktiv und Imperativ);

    ein Genus verbi (Aktiv).

    Darüber hinaus besteht die Möglichkeit, durch Umschreibung zusammengesetzte Verbformen mit unterschiedlichen Funktionen zu bilden. Zur Umschreibung dienen neben den Verben *haben, sîn, wërden* vor allem auch die Modalverben *suln, müezen, wellen* (siehe 3.5.1.9.).Außerdem werden Mittel der Wortbildung genutzt, um Unterschiede in den Aktionsarten und im temporalen Verlauf zu charakterisieren (vgl. PAUL 1989, 294ff.; W. SCHMIDT 1977, 212ff.).

Infinite Verbformen

Infinitiv *hëlfen* mit den flektierten Formen *hëlfen(n)es*, *hëlfen(n)e* (letztere sind ursprünglich Genitiv- bzw. Dativformen eines Gerundiums. Sie fallen im Mhd. lautlich mit dem einfachen Infinitiv zusammen und leben fort im Infinitiv mit *zu*.);

Partizip Präsens *hëlfende*;

Partizip Präteritum *geholfen*.

Einteilung der Verben

Wesentliche Merkmale für die Einteilung der Verben nach formalen Gesichtspunkten sind:

1. die verschiedenen Möglichkeiten der Bildung von Tempusstämmen;
2. der unterschiedliche Anschluß der Endungen an die verbale Wurzel.

Zu 1. Entsprechend der unterschiedlichen Bildung der Tempusstämme erfolgt die Einteilung in s t a r k e und s c h w a c h e Verben.

Kennzeichen der st. Verben sind die Formenbildung durch Veränderung des Stammvokals vorwiegend auf Grund des Ablauts, z. B. *hëlfen – half – hulfen*, und die Bildung des Part. Prät. mit dem Suffix *-en*, z. B. *geholfen*.

Kennzeichen der sw. Verben ist die Bildung der finiten Präteritalformen und des Part. Prät. mit einem Dentalsuffix, z. B. *lëbe-t-e – gelëbe-t*.

In den meisten Fällen entspricht die st. oder sw. Bildung im Mhd. der nhd. Konjugationsart; einige Verben sind jedoch von der st. zur sw. Konjugation übergegangen:

mhd. *grînen – grein*   > nhd. *greinen, greinte*;
mhd. *smiegen – smouc*   > nhd. *schmiegen, schmiegte*.

Während im Mhd. st. und sw. Verben nebeneinander stehen, sind im Nhd. die st. Formen z. T. nicht mehr vorhanden, z. B.:

	mhd.	nhd.
stark	schwach	schwach
brinnen	*brennen*	*brennen*
bran	*brante*	*brannte*
gebrunnen	*gebrennet, gebrant*	*gebrannt*

Besonderheiten bei der Bildung der Tempusstämme zeigen die P r ä t e r i t o - P r ä s e n t i e n (siehe 3.5.1.4.). Sie weisen sowohl Kennzeichen der st. als auch der sw. Flexion auf, z. B. Präs. *weiz – wizzen* (*eili*-Ablaut), Prät. *wiste* (Dentalsuffix).

Zu 2. Je nach der Art des Anschlusses von Flexionsendungen an die Wurzel unterscheidet man zwischen t h e m a t i s c h e r und a t h e m a t i s c h e r Bildung. Bei thematischer Bildung steht zwischen Wurzel und Endung ein Thema- oder Bindevokal. Verben mit athematischer Bildung dagegen schließen die Endung unmittelbar an die Wurzel an, sie werden deshalb als W u r z e l v e r b e n bezeichnet, vgl.

bind – e – t   Wurzel – Thema   – Endung;
tuo – – t   Wurzel –   – Endung.

Ähnlichkeit mit der Gruppe der Wurzelverben weisen die kontrahierten Verben (siehe 3.5.1.6.) auf, bei denen die ursprünglich thematische Bildung auf Grund von Kontraktion nicht mehr in allen Formen zutage tritt, vgl. *hab – e – t*, aber *hâ – t*.

3.5.1.1. *Starke Verben*

Unter dieser Bezeichnung werden drei Gruppen von Verben zusammengefaßt, die ihre Tempusstämme ursprünglich unterschiedlich bildeten:

durch Ablaut;
durch Ablaut und Reduplikation;
durch Reduplikation.

Im Mhd. werden sie in 7 Ablautreihen oder -klassen zusammengefaßt (vgl. Tabelle der st. Verben in Lexer 1983).

Historisch gesehen, besteht ein besonders enger Zusammenhang zwischen den Reihen 1–5, bei denen idg. qualitativer *e/o*-Ablaut zwischen Präs. und Sg. Prät. und Formen des quantitativen Ablauts im Pl. Prät. und Part. Prät. vorliegen (siehe Ablaut 3.4.2.4.).

Die folgenden Stammformen geben Aufschluß über die Bildung der finiten und infiniten Formen eines st. Verbs:

1. Präsensstamm. Sämtliche Formen des Indikativs und Konjunktivs Präs. sowie die Imperativformen eines st. Verbs sind auf eine gemeinsame Ablautstufe zurückzuführen; sie weisen in der Regel den Stammvokal des Infinitivs auf. Abweichungen davon in der 1.–3. Sg. Ind. Präs., vgl. *hëlfen*, aber *ich hilfe, du hilfest, er hilfet*; *bieten*, aber *ich biute, du biutest, er biutet*, auch Imp. Sg., vgl. *hilf*, sind auf Alternanz zurückzuführen (siehe 3.4.2.2.). Der Wechsel von /a/ – /e/ in der 2. und 3. Sg. Präs. Ind., vgl. *graben*, aber *du grębest, er grębet*, beruht auf Umlaut (siehe 3.4.2.3.).

2. Stamm des Sg. Prät. Der entsprechende Ablautvokal kommt in der 1. und 3. P. Sg. Präs. Ind. vor, nicht aber in der 2. P. Sg.

3. Stamm des Pl. Prät. Er bildet die Grundlage für die 1.–3. P. Pl. Prät. Ind., außerdem für die 2. P. Sg. Prät. Ind. sowie für sämtliche Formen des Prät. Konj.; in der 2. P. Sg. Prät. Ind. sowie im gesamten Konj. Prät. ist dabei der umlautfähige Wurzelvokal umgelautet. Besonders zu beachten ist die 2. P. Sg. Prät. Ind. mit dem Vokal des Pl. Prät. und der Endung *-e*, vgl. *ich reit*, aber *du rite*, bei umlautfähigem Stammvokal außerdem Umlaut, vgl. *ich bouc*, aber *du büge, ich half*, aber *du hülfe*.

4. Stamm des Part. Prät.
Paradigma einer Ablautreihe:

Inf./1. Sg. Präs. Ind.	1. Sg. Prät. Ind.	1. Pl. Prät. Ind.	Part. Prät.
hëlfen/hilfe	*half*	*hulfen*	*geholfen*

Zur Konjugation

In der Übersicht über die Konjugation (siehe oben) ist ein stark konjugiertes Verb gegeben. Abweichend davon können u. a. folgende Besonderheiten auftreten:

Präs. Ind.	1. P. Sg. kann im Md. (bes. im Mittelfränk.) auf *-en* enden.
	2. P. Sg. endet im Md. statt auf *-st* häufig auf *-s*.
	1. P. Pl. verliert bei nachgestelltem Pronomen z. T. das *-n* der Endung, z. B. *hëlfe wir*.
	3. P. Pl. gleicht sich im Md. bereits in mhd. Zeit der 1. P. Pl. an, verliert also das *-t* der Endung, z. B. *si hëlfen*.
Prät. Ind.	1. und 3. P. Sg. nehmen z. T. unter Einfluß sw. Formen ein *-e* an, z. B. *ich/er halfe*.
	2. P. Sg. erhält unter Einfluß des Prät. Konj. bzw. des Präs. die Endungen *-es, -est* und gibt allmählich den Umlaut auf, z. B. *du hülfes(t), hulfes(t)*.
Sg. Imp.	weist z. T. Endungs-*e* in Analogie zu sw. konjugierten Formen auf, z. B. *hëlfe, hilfe*.
Part. Prät.	"Das Part. Prät. wird bei der starken wie bei der schwachen Konjugation mit dem Präfix *ge-* gebildet, falls das Verb nicht schon mit einer vortonigen und untrennbaren Vorsilbe verbunden ist. Ursprünglich bezeichnete das Präfix *ge-* den Abschluß eines Vorgangs; es ist allmählich, aber schon vor der ahd. Sprachperiode, beim Partizip üblich geworden" (PAUL 1989, 244). Ohne *ge-* kommen folgende Partizipien vor: *vunden, komen, worden, troffen*, teilweise auch *gëben, nomen, lâzen*. (Auch mhd. *brâht*, Part. Prät. mit sw. Bildung, hat kein *ge-*.)

Ablautreihen

Wurzelvokal und Wurzelauslaut bilden die Unterscheidungsmerkmale für die Zuordnung der st. Verben zu den einzelnen Reihen.

1. Ablautreihe

Kennzeichen der Verben der 1. Ablautreihe ist der Vokal /î/ im Präsensstamm. /ei/ steht im Sg. Prät. Endet die Wurzel jedoch auf Vokal, germ. /h/ oder /w/, so steht statt dessen im Prät. Sg. /ê/.

a) /î/, /î/   –   /ei/,   /i/   –   /i/

   stîgen/stîge   *steic*   *stigen*   *gestigen*

Mit gramm. Wechsel:

   snîden/snîde   *sneit*   *sniten*   *gesniten*
   rîsen/rîse   *reis*   *rirn*   *gerirn*

In diese Reihe gehören u. a.: *belîben* 'bleiben', *grîfen, rîten, schrîben, schrîten, swîgen, trîben*; mit gramm. Wechsel: *brîden* 'flechten', *lîden, mîden, nîden, rîden* 'drehen'.

b) /î/, /î/   –   /ê/,   /i/   –   /i/

Mit gramm. Wechsel:

   lîhen/lîhe   *lêh*   *ligen*   *geligen*

Auch: *dîhen* 'gedeihen', *rîhen, sîhen, zîhen*.

2. Ablautreihe

In die 2. Ablautreihe gehören die st. Verben mit Infinitivvokal /ie/ (/iu/ im Sg. Präs. Ind. beruht auf Alternanz). Außerdem gehören hierher Verben mit Infinitivvokal /iu/ vor /w/ sowie drei Verben mit /û/.

   Sg. Prät. hat den Stammvokal /ou/. Endet die Wurzel jedoch auf /t, d, s, z/ oder germ. /h/, so steht /ô/ statt /ou/. Auf Grund dieses Unterschieds im Sg. Prät. Ind. ergeben sich wiederum zwei Gruppen:

a) /ie/, /iu/   –   /ou/,   /u/   –   /o/

   biegen/biuge   *bouc*   *bugen*   *gebogen*

Auch: *kriechen, schieben, smiegen, triefen, triegen* 'trügen', *fliegen*; *bliuwen* 'schlagen', *briuwen* 'brauen', *kiuwen* 'kauen', *riuwen* 'schmerzen'; *sûgen, lûchen* 'schließen', *sûfen*.

b) /ie/, /iu/   –   /ô/,   /u/   –   /o/

   bieten/biute   *bôt*   *buten*   *geboten*

Mit gramm. Wechsel:

   sieden/siude   *sôt*   *suten*   *gesoten*
   kiesen/kiuse   *kôs*   *kurn*   *gekorn*

Auch: *diezen* 'rauschen', *giezen, niezen* 'genießen', *schiezen, sliezen, spriezen, verdriezen, vliehen*; mit gramm. Wechsel: *niesen, verliesen* 'verlieren', *vriesen* 'frieren'.

3. Ablautreihe

Auf Grund der wurzelauslautenden Konsonanz ergibt sich bereits für den Präsensstamm eine Differenzierung. Es sind zu unterscheiden: a) Verben mit Präsensvokal /i/ vor Nasalverbindung von b) Verben mit Präsensvokal /e/ vor Liquidverbindung. Die beiden Gruppen zeigen auch Unterschiede im Part. Prät.

a) /i/, /i/   –   /a/,   /u/   –   /u/

   binden/binde   *bant*   *bunden*   *gebunden*

Auch: *brimmen* 'brummen', *entrinnen, glimmen, gewinnen, hinken, klingen, rinnen, singen, sinken, sinnen, spinnen, swimmen, trinken*.

b) /ë/, /i/   –   /a/,   /u/   –   /o/

   hëlfen/hilfe   *half*   *hulfen*   *geholfen*

Auch: *bëllen, gëllen, mëlken, schëlten, smëlzen, stërben, swëllen, verdërben, wërden*.

   Nebenformen mit gramm. Wechsel kommen noch vor bei *vinden* (Pl. Prät. *vunten*), *wërden* (Pl. Prät. *wurten*, Part. *worten*).

4. Ablautreihe

Dieser Reihe gehören st. Verben an, bei denen der Präsensvokal /ë/ vor einfachem Nasal bzw. vor oder nach einfachem Liquidlaut steht. Der Wechsel von /ë/ zu /i/ im Präsensstamm beruht auf Alternanz.

/ë/, /i/	–	/a/,	/â/	–	/o/

nëmen/nime   *nam*   *nâmen*   *genomen*

Auch: *bër(e)n* 'tragen', *brëchen, drëschen, lëschen* 'erlöschen', *rëchen, quëln, schrëcken, stëln, trëffen*. Statt der ursprünglichen Form *quëmen* tritt mhd. häufiger *komen, kömen* auf.

5. Ablautreihe

Kennzeichen ist der Präsensvokal /ë/ vor einfachem Konsonanten (außer /l, m, n, r, ch/ bzw. vor Doppelkonsonanten, die erst durch die 2. Lautverschiebung (siehe 2.3.3.1.) entstanden sind. Außerdem gehören drei Verben dazu, die im gesamten Präsens Wurzelvokal /i/ haben (/j/-Präsentien).

/ë/, /i	–	/a/,	/â/	–	/ë/

gëben/gibe   *gap*   *gâben*   *gegëben*

Mit gramm. Wechsel:

wësen/wise   *was*   *wâren*   *gewësen*

Auch: *ëzzen, vrëzzen, geschëhen, jëhen* 'sagen', *knëten, mëzzen, sëhen, trëten, wëben*; mit gramm. Wechsel: *genësen, lësen* (Pl. Prät. *genâren, lâren*, aber auch Ausgleichsformen *genâsen, lâsen*). /j/-Präsentien: *sitzen/sitze – saz – sâzen – gesëzzen, bitten/biten, liggen/ligen*.

6. Ablautreihe

Kennzeichen ist Wurzelvokal /a/ im Präs. und im Part. Prät., außerdem gehören einige /j/-Präsentien mit Wurzelvokal /ẹ/ im gesamten Präsens in diese Reihe. Im Unterschied zu den Reihen 1–5 tritt innerhalb des Präteritums kein Vokalwechsel auf (immer /uo/). 2. und 3. P. Sg. Präs. Ind. haben auf Grund von Umlaut Wurzelvokal /ẹ/, vgl. *du grẹbest, er grẹbet*.

/a/, /a/	–	/uo/,	/uo/	–	/a/

graben/grabe   *gruop*   *gruoben*   *gegraben*

Mit gramm. Wechsel:

slahen/slahe   *sluoc*   *sluogen*   *geslagen*

Auch: *laden, maln* 'mahlen', *nagen, schaffen, tragen, varn, wahsen, waschen, waten*; mit gramm. Wechsel: *gewähenen* 'erwähnen', *twahen* 'waschen'. /j/-Präsentien: *swẹrn – swuor – swuoren – geswarn* (daneben: *gesworn*), *schẹpfen, hẹven/hẹben*.

Bedingt durch die Ableitung mit /j/ haben /j/-Präsentien durchgängig Umlaut /a/ zu /ẹ/ im Präs.

7. Ablautreihe

Die Bildung der Präteritalformen erfolgte ursprünglich durch einfache Reduplikation (Rückdopplung) des wurzelanlautenden Konsonanten + Vokal, z.B. got. *haitan* – Prät. *haíhait* (sprich: *hehait*, oder durch Reduplikation und Ablaut zugleich, z.B. got. *lētan* – Prät. *laílôt* (sprich: *lelôt*). Im Mhd. steht /ie/ in allen Formen des Präteritums. Der Vokal des Präsensstamms ist unterschiedlich, und zwar /a, â, ei, ou, ô, uo/:

/a/, /a/	–	/ie/,	/ie/	–	/a/

vallen/valle   *viel*   *vielen*   *gevallen*

Mit gramm. Wechsel:

vâhen   *vienc*   *viengen*   *gevangen/gevân*

In diese Reihe gehören:
râten – riet – rieten – gerâten; auch: *brâten, lâzen, slâfen*;
heizen – hiez – hiezen – geheizen; auch: *scheiden, sweifen*;
loufen – lief – liefen – geloufen; auch: *houwen*;
stôzen – stiez – stiezen – gestôzen; auch: *bôzen* 'schlagen';
ruofen – rief – riefen – geruofen; auch: *wuofen* 'wehklagen'.

Den Reihen 6 und 7 ist gemeinsam, daß einmal Sg. und Pl. Prät. und zum anderen Präs. und Part. Prät. gleichen Wurzelvokal haben.

Im Gesamtüberblick ergibt sich folgendes Bild:

Reihe	Präs.	Sg. Prät.	Pl. Prät.	Part. Prät.
1a	/î/	/ei/	/i/	/i/
1b	/î/	/ê/	/i/	/i/
2a	/ie//iu/	/ou/	/u/	/o/
2b	/ie//iu/	/ô/	/u/	/o/
3a	/i/	/a/	/u/	/u/
3b	/ë//i/	/a/	/u/	/o/
4	/ë//i/	/a/	/â/	/o/
5	/ë//i/	/a/	/â/	/ë/
6	/a//ë/	/uo/	/uo/	/a/
7	/a,â,ei,ou,ô,uo/	/ie/	/ie/	/a,â,ei,ou,ô,uo/

3.5.1.2. *Schwache Verben*

Schwache Verben sind meist Sekundärbildungen; es sind jüngere Ableitungen, die in germ. Zeit zu st. Verben oder zu Nomina (Substantiven und Adjektiven) gebildet worden sind. Während sie sich im Ahd. ihren alten Bildungssuffixen entsprechend gruppieren lassen (*jan-*, *ôn-*, *ên*-Verben, siehe 2.4.1.2.), ist die Zugehörigkeit zu den ursprünglichen Gruppen im Mhd. nicht mehr aus der Form des Infinitivs ablesbar, vgl. die folgende Übersicht:

	ahd.	mhd.
Klasse 1a	*nęrren, nęrrian*	*nęrn*
Klasse 1b	*brennen*	*brennen*
Klasse 2	*salbôn*	*salben*
Klasse 3	*sagên*	*sagen*

Besondere Merkmale weist im Mhd. lediglich ein Teil der alten *jan-* Bildungen auf. Die lang- und mehrsilbigen *jan*-Verben haben bei umlautfähigem Wurzelvokal Umlaut im Präsens, jedoch nicht im Präteritum. Im Mhd. sind demnach zwei Gruppen von sw. Verben zu unterscheiden:
1. schwache Verben ohne Wechsel des Wurzelvokals mit Erhalt des Themavokals,
2. schwache Verben mit Wechsel des Wurzelvokals ohne Erhalt des Themavokals.

Formenbildung

Präsens
   Die Endungen der Präsensformen stimmen im Ind. und Konj. mit den entsprechenden Formen der st. Verben überein. Das gilt auch für das Part. Präs. und den Inf. Im Unterschied zu den st. Verben gibt es keinen Vokalwechsel innerhalb eines Tempus.
   Der Imp. weist im Sg. gegenüber der st. Bildung zusätzlich ein *e* auf, soweit es im Mhd. nicht apokopiert ist, z. B. *lëbe, sętze*, aber: *hol*).
   Präteritum
   Alle Formen werden mit einem Dentalsuffix gebildet, dessen Entstehung unterschiedlich erklärt wird (vgl. PAUL 1989, 255). Nach Nasal und z. T. nach Liquida steht häufig /d/, z. B. mhd. *diende, wânde* 'wähnte'.
   Ind. und Konj. haben die gleichen Personalendungen:

Prät. Ind./Konj.

Sg.	1. P.	*lëbe-t-e*	Pl.	1. P.	*lëbe-t-en*
	2. P.	*lëbe-t-est*		2. P.	*lëbe-t-et*
	3. P.	*lëbe-t-e*		3. P.	*lëbe-t-en*

Das Part. Prät. sw. Verben endet auf *-et*, sofern nicht Synkopierung in mhd. Zeit erfolgt ist, z. B. *gelëbet*, aber: *geholt*. Die sw. Verben mit Wechsel des Wurzelvokals haben daneben auch eine alte themalose Form (in diesem Falle auch keinen Umlaut!), z. B. *gebrennet*, daneben *gebrant*.

Schwache Verben ohne Wechsel des Wurzelvokals

lëben	*lëbete*	*gelëbet*

In historischer Sicht sind es:
a) kurzsilbige *jan*-Bildungen, z. B. *nęrn – nęrte – genęrt*.
   Die meisten der kurzsilbigen *jan*-Verben haben allerdings Nebenformen mit Doppelkonsonanz, zu denen das Prät. nach Art der sw. Verben mit Wechsel des Wurzel-

vokals gebildet wird, z. B. *zeln/zellen* – *zelte/zalte* – *gezelt/gezalt*; *denen/dennen*,
legen/leggen;

b) *ôn*-Bildungen, z. B. *danken, dienen, lecken, loben,*
machen, salben;

c) *ên*-Bildungen, z. B. *armen, haben, heilen, nazzen, rîfen,*
sagen, volgen, vragen, vûlen, ziln.

Schwache Verben mit Wechsel des Wurzelvokals

      brennen   *brante*   *gebrennet/gebrant*

Die Veränderung des Wurzelvokals bei der Formenbildung sw. Verben ist fast ausschließlich im Zusammenhang mit der Erscheinung des Umlauts (siehe 3.4.2.3.) zu
sehen. Das /j/ bzw. /i/ der *jan*-Verben hat in den Präsensformen bei umlautfähigem
Wurzelvokal in jedem Falle Umlaut bewirkt:

      germ. **sankwian* – ahd. *senken.*

Im Prät. dagegen ist der Umlaut bei den lang- und mehrsilbigen *jan*- Verben nicht
wirksam geworden, da das Thema /i/ bei diesen Verben synkopiert wurde, bevor es
Umlaut bewirken konnte:

germ. **sank-i-da* > germ. **sank-da* > ahd. *sancta* > mhd. *sancte.*

Langsilbige *jan*-Verben bilden demnach die Präsensformen mit Umlaut, die Präteritalformen dagegen ohne Umlaut. Nach J. Grimm werden sie als "Verben mit Rückumlaut" bezeichnet (siehe 2.3.2.3.). Im Part. Prät. steht bei diesen Verben neben der
Form mit ausgefallenem Thema eine Form mit bewahrtem Thema. Als lang- bzw.
mehrsilbige *jan*-Verben gelten vom Standpunkt des Mhd. aus:

a) Verben mit langem umgelauteten Vokal in der Wurzelsilbe, z. B.

      hœren – *hôrte* – *gehœret/gehôrt*; *grüezen, lœsen, rüemen, træsten, füeren, wænen.*

Im Unterschied zu den bisher angeführten Beispielen endet bei den folgenden die Wurzel auf Vokal (Verba pura). Sie bewahren z. T. /j/ im Infinitiv, haben im Mhd. auch
Nebenformen mit /h/ oder /w/-Einschub. Im Prät. stehen umgelautete und nicht umgelautete Formen nebeneinander, z. B.

dræn/dræjen – *drâte/dræte/dræjete* – *gedræt/gedræjet/gedrât; næn* 'nähen', *sæn, blüen, glüen, müen.*

b) Verben mit mehrfacher Konsonanz im Auslaut der Wurzelsilbe nach umgelautetem
Vokal, z. B.

sterken – *starcte* – *gesterket/gestarct*; *hengen, senden, trenken, wenden.*

Mehrfache Konsonanz ist den Verben dieser Gruppe nicht in allen Fällen von vornherein eigen,
z. T. ist Doppelkonsonanz erst durch westgerm. Konsonantengemination vor /j/ entstanden (siehe
2.3.3.4.), z. B. germ. **rakjan* > **rekkian* > ahd. *recken* > mhd. *recken* – *racte/rahte* – *gerek-*
ket/geract/gerabt. Auch: *decken, stecken, wecken*. Gemination konnte dabei nur in den Formen
erfolgen, in denen /j/ erhalten war (Inf., z. T. finite Formen des Präs.).
   Die Geminaten /pp/, /tt/ entwickelten sich durch die zweite Lautverschiebung weiter, deshalb
z. B. germ. **satjan* > ahd. *setzan* > mhd. *setzen* – *sazte* – *gesetzet/gesazt*. Das Prät. weist vielfach
Doppelformen auf, z. B. *sazte/setzete*. Gleiche Unterschiede im Konsonantismus zeigen z. B. *er-*
getzen, hetzen, letzen, schetzen, stepfen, wetzen. Nichtgeminiertes /t/ hat sich zu /s/ (geschrieben
z) entwickelt. Der Lautwert – *sazte* oder *satzte* – ist in diesen Fällen strittig.

c) Mehrsilbige Verben, z. B.

mhd. *antwürten* – *antwurte*; *löugenen* – *lougente.*

d) Verben, die das Prät. von Anfang an athematisch bildeten, z. B.

denken – *dâhte* – *gedâht; dünken/dunken* – *dûhte* – *gedûht; vürhten* – *vorhte* – *gevorht; würken/*
wurken/wirken – *worhte* – *geworht.*

Sonderstellung gegenüber den übrigen sw. Verben mit Wechsel des Wurzelvokals beweist die Bildung des Prät. Konj. mit Umlaut, z. B. *dæhte, diuhte.* Auf die ursprünglich athematische Bildung im Prät. deutet die Veränderung der wurzelauslautenden Konsonanz hin (germ. /g, k/ > /h/ vor unmittelbar folgendem Dental der Präteritalendung, Nasalschwund vor /h/ sowie Ersatzdehnung: germ. **þankda > *þanhta > þâhta*).

3.5.1.3. *Mischung starker und schwacher Konjugation*

Mhd. *bringen,* st. Verb der 3. Ablautreihe, hat neben den sehr selten vorkommenden st. Präteritalformen *branc – brungen* weit häufiger sw. Präteritalformen: 1., 3. P. Sg. Prät. Ind. *brâhte,* 2. P. Sg. *bræhte/brâhtest,* Pl. *brâhten,* Part. Prät. *brâht.*

   Mhd. *beginnen* (st. Verb) bildet das Prät. im Sg. sowohl stark (*began*) als auch schwach (*begunde*). Pl. Prät. wird dagegen nur schwach flektiert (*begunden*), Part. Prät. *begunnen,* md. *begunst, begonst.*

3.5.1.4. *Präterito-Präsentien*

Dieser Gruppe gehören im Mhd. neben den Vollverben *wizzen* 'wissen', *tugen* 'nützen', *gunnen* 'gönnen, erlauben' die meisten der modalen Hilfsverben an (jedoch nicht *wollen*). Es sind Verben, deren Präsensformen den Präteritalformen ablautender Verben entsprechen, vgl.

Prät.-Präs.   st. Verb
Präs.   Prät.

weiz – wizzen   *steic – stigen,*

und deren Präteritalformen wie die bindevokallosen Präteritalformen sw. Verben gebildet werden, vgl.

Prät.-Präs.   sw. Verb
Prät.   Prät.

wiste – wisten   *brante – branten.*

Ursprünglich waren die Prät.-Präs. starke Verben. Ihre Präsensformen sind verlorengegangen, und die alten st. Präteritalformen haben präsentische Bedeutung angenommen. Neue Präteritalformen wurden nach der Art der sw. Präterita gebildet.

Kennzeichen im Mhd. Wechsel des Stammvokals im Präs. Ind. zwischen Sg. und Pl., Endungslosigkeit in der 1. und 3. P. Sg. Präs. Ind., Bildung der 2. P. Sg. Präs. Ind. mit der Endung -*t.*

   Als ursprünglich st. Verben können sie den entsprechenden Ablautreihen zugeordnet werden.

Mhd. *ich weiz* 'ich weiß' (Ablautreihe 1)
Präs. Ind.: 1., 3. P. Sg. *weiz,* 2. P. Sg. *weist,* 1., 3. P. Pl. *wizzen,* 2. P. Pl. *wizzet.*

Der Stamm des Pl. Präs. liegt der Bildung aller übrigen Formen zugrunde:

                                       Präs. Konj. *wizze*
                                       Prät. Ind./Konj. *wisse, wiste*

Pl. Präs. Ind. *wizzen*   Imp. *wizze*
                                       Inf. *wizzen*
                                       Part. Präs. *wizzende*
                                       Part. Prät. *gewist*

Zum Teil stehen neben den angeführten Formen mundartliche Sonderformen, z. B. für Prät. Ind./Konj. auch *wësse, węsse, wëste, wuste, woste;* für das Part. Prät. auch *gewęst, gewust, gewizzen.*

Überblick über die Präterito-Präsentien mit ihren wichtigsten Formen (von mundartlichen Sonderformen wird abgesehen)

Ablaut-reihe	Inf., 1.,3. P. Pl. Präs. Ind.	1.,3. P. Sg. Präs. Ind.	2. P. Sg. Präs. Ind.	1.,3. P. Sg. Prät. Ind.	Part. Prät.
1	*wizzen* 'wissen'	*weiz*	*weist*	*wisse/wiste*	*gewist*
2	*tugen/tügen* 'taugen, nutzen'	*touc*		*tohte*	
3	*gunnen/günnen* 'gönnen'	*gan*	*ganst*	*gunde*	*gegunnen*
3	*kunnen/künnen* 'wissen, verstehen'	*kan*	*kanst*	*kunde*	
3	*durfen/dürfen* 'bedürfen, brauchen'	*darf*	*darft*	*dorfte*	*bedorft*
3	*turren/türren* 'wagen'	*tar*	*tarst*	*torste*	
4	*suln/süln* 'müssen, sollen, werden'	*sal/sol*	*salt/solt*	*solte/solde*	
5	*mugen/mügen, megen/magen* 'können, vermögen'	*mac*	*maht*	*mahte/mohte*	
6	*muozen/müezen* 'müssen, dürfen, können, werden'	*muoz*	*muost*	*muose/muoste*	

Im Inf. und Präs. Pl. kommen bei umlautfähigem Stammvokal Nebenformen mit Umlaut vor. Als Ursachen dafür werden erwogen: Einfluß eines enklitischen Pronomens; Einfluß des Konj. st. Verben; Analogiebildung zu sw. Verben mit Rückumlaut.

Nicht bei jedem Prät.-Präs. sind mhd. alle Formen belegt; besonders häufig fehlt das Part. Prät.; die meisten Prät.-Präs. bilden außerdem keinen Imp.

3.5.1.5. *Athematische Verben*

Kennzeichen ist eine athematische Bildung der Präsensformen. Die Endung tritt unmittelbar an die verbale Wurzel, vgl. Inf. mhd. *tuo-n, gâ-n, sî-n*. Deshalb werden diese Verben auch als Wurzelverben bezeichnet. Auf Grund der ursprünglichen Bildung der 1. P. Sg. Präs. Ind. mit dem idg. Suffix *-mi* findet man auch die Bezeichnung *mi*-Verben. Die mhd. Endung der 1. P. Sg. Präs. Ind. *-n* geht auf diese alte Endung zurück, vgl. mhd. *ich tuon, ich gân, ich stân, ich bin*. Grundsätzlich sind alle Präsensformen dieser Verben einsilbig.

Mhd. *tuon*

			Präs. Ind.	Präs. Konj.	Prät. Ind.	Prät. Konj.
Sg.	1. P.		*tuon*	*tuo*	*tët(e)*	*tæte*
	2. P.		*tuost*	*tuost*	*tæte*	*tætest*
	3. P.		*tuot*	*tuo*	*tët(e)*	*tæte*
Pl.	1. P.		*tuon*	*tuon*	*tâten*	*tæten*
	2. P.		*tuot*	*tuot*	*tâtet*	*tætet*
	3. P.		*tuont*	*tuon*	*tâten*	*tæten*

Imp. Sg. *tuo*; Pl. *tuon, tuot*
Part. Präs. *tuonde*
Part. Prät. *getân*

Mhd. *gân* und *stân*

			Präs. Ind.	Präs. Konj.
Sg.	1. P.		*gân, gên*	*gê, gâ*
	2. P.		*gâst, gêst*	*gêst, gâst*
	3. P.		*gât, gêt*	*gê, gâ*
Pl.	1. P.		*gân, gên*	*gên, gân*
	2. P.		*gât, gêt*	*gêt, gât*
	3. P.		*gânt, gênt*	*gên, gân*

Imp. Sg. *gâ*, *gê*, *ganc*, *gënc*; Pl. *gân*, *gên*, *gât*, *gêt*
Part. Präs. *gânde*, *gênde*
Part. Prät. *(ge)gân*, *(ge)gangen*
Prät. Ind. 1., 3. P. Sg. *gienc*, *gie*, 2. P. Sg. *gienge*, 1., 3. P. Pl. *giengen*, 2. P. Pl *gienget*
Prät. Konj. 1., 3. P. Sg. *gienge*, 2. P. Sg. *giengest* …

Die Präsensformen weisen die Merkmale der Wurzelverben auf (1. P. Sg. Ind. *-n*, einsilbige Präsensformen); die Präteritalformen entsprechen denen der st. Verben in Ablautreihe 7 (*gienc*) bzw. 6 (*stuont*). Zwei verschiedene Verbstämme, Stamm des Wurzelverbs und Stamm des st. Verbs, ergänzen sich bei der Bildung des Formensystems (Suppletivbildung 'Ergänzungsbildung').

Mhd. *sîn*
Dieses Verb bildet seine Flexionsformen aus drei unterschiedlichen Wurzeln. Daraus erklärt sich das Nebeneinander der verschiedenen Wortstämme im Paradigma.

		Präs. Ind.	Präs. Konj.
Sg.	1. P.	*bin*	*sî*, alem. *sî(g)e*
	2. P.	*bist*, md. *bis*	*sîst*, *-est*
	3. P.	*ist*, md. *is*	*sî*, *-e*
Pl.	1. P.	*birn*, *sîn*, md. *sint*	*sîn*, *-en*
	2. Pl.	*birt*, *sît*	*sît*, *-et*
	3. Pl.	*sint*, md. *sîn*	*sîn*, *-en*

Part. Präs. *sînde*
Part. Prät. *gesîn*
Imp. Sg. *wis*, *bis*, Pl. *sîn*, *sît*

Neben den aufgeführten Präsensformen werden mhd. auch die Präsensformen des st. Verbs *wësen* (5. Ablautreihe) in gleicher Bedeutung verwendet: Präs. Ind. *wise* …; Präs. Konj. *wëse* …; Part. Präs. *wësende*. Im Prät. stehen nur die Formen des st. Verbs zur Verfügung, Prät. Ind. *was* – *wâren*, Prät. Konj. *wære*. Das Part. Prät. hat neben der Form von *sîn* auch *gewësen*, md. *gewëst*.

3.5.1.6. *Kontrahierte Verben*

Einige sw. wie auch st. Verben haben z. T. Nebenformen, die vom regelmäßigen Paradigma abweichen. Durch Kontraktion (siehe 3.4.3.3.) in spätahd. und frühmhd. Zeit sind Konsonanten geschwunden, so daß Wurzel und Endungsvokal verschmolzen und einsilbige Formen entstanden sind.

Mhd. *haben – hân*

		Präs. Ind.	Präs. Konj.
Sg.	1. P.	*hân*, *han*	*hâ*
	2. P.	*hâst*, *hast*	*hâst*
	3. P.	*hât*, *hat*	*hâ*
Pl.	1. P.	*hân*, *han*	*hân*
	2. P.	*hât*, *hat*	*hât*
	3. P.	*hânt*, *hant*	*hân*

Ähnlichkeit mit den Wurzelverben begünstigt das Eindringen entsprechender Konjugationsmerkmale, z. B. 1. P. Sg. Präs. Ind. *habe* (sw. Verb) – *hân* (kontrahiertes Verb).

Die kontrahierten Formen werden zumeist als Hilfsverb, die vollen Formen als Vollverb in der Bedeutung 'halten' verwendet. Kontrahierte Formen für Präs. Konj. sind sehr selten.

Prät. Ind. 1., 3. P. Sg. *hâte*, *hate*, *hæte*, *hët(e)*, *hęt(e)*, *hête*, *heite*, *hiete*.
Prät. Konj. 1., 3. P. Sg. *hæte*, *hëte*, *hęte* …
Part. Prät. *gehât*, *gehat*.

Die Vielzahl der Formen im Prät. hat ihre Wurzeln bereits in ahd. Zeit, wo verschiedene Präterita belegt sind.

Mhd. *lâzen – lân*
Präs. Ind. des kontrahierten Verbs stimmt mit den Präsensformen der Wurzelverben überein: 1. P. Sg. *lân* (auch *lâ*), 2. P. Sg. *lâst* ... Für Präs. Konj. kommen nur vereinzelt kontrahierte Formen vor, z. B. 3. P. Sg. *lâ*. Prät. Ind. hat im Sg. *lie* neben der vollen Form *liez*, im Pl. dagegen nur die nichtkontrahierten Formen. Part. Prät. *gelân*.

Die Kontraktion erfolgt in den einzelnen Mundartgebieten unterschiedlich und erfaßt nicht alle Formen eines Verbs gleichmäßig:
/-âhe-/ > /â/ (md. auch /-ahe-/ > /â/): mhd. *vâhen* (st. Verb) 'fangen' – *vân*; *hâhen* (st. Verb) 'hängen' – *hân*; Analogiebildung zu den Wurzelverben ergibt für das Prät. *vie*, *hie* (st. Formen *vienc*, *hienc*), für das Part. Prät. *gevân*, *gehân* (*gevangen*, *gehangen*). Kontraktion im Präs. ebenfalls bei mhd. *smâhen* – *smân*, *smæhen* – *smæn*, *slahen* – *slân*.
/-ige-, -ibe-, -ide-/ > /î/; /-ege-, -ebe-, -ede-/ > /ei/:
2., 3. P. Sg. Präs.: mhd. *ligest* > *lîst*, *liget* > *lît*, *gibest* > *gîst*, *legest* > *leist*; Prät. und Part. Prät. der *jan*-Verben: ahd. *legita* > mhd. *leite*, ahd. *gilegit* > mhd. *geleit*.
/-age-/ > /ei/ (bair.)
mhd. *klaget* > *kleit*, *saget* > *seit*; seltener bei *jagen*, *dagen* 'schweigen', *behagen*.
/-ade-/ > /â/ (alem.)
mhd. *schadet* > *schât*, *schadete* > *schâte*.

3.5.1.7. *Mhd.* wellen *'wollen'*

Im Unterschied zu den Prät.-Präs., bei denen eine Funktionsverschiebung im Bereich der Tempusstämme zu Sonderformen in der Konjugation geführt hat, liegt der besonderen Bildung dieses Verbs eine Funktionsverschiebung im Bereich der Modi zugrunde. Die ursprüngliche Indikativform ist verlorengegangen, die alte Optativform hat indikativische Bedeutung angenommen. Ein neuer Konjunktiv und das sw. Prät. sind jüngere Bildungen.

Präs. Ind. 1., 3. P. Sg. *wil*, 2. P. Sg. *wil*, *wilt*, 1. P. Pl. *wellen*, *weln*, 2. P. Pl. *wellet*, *welt*, 3. P. Pl. *wellent*, *wellen*, *weln*.
Konj. Präs. *welle*.
Prät. Ind. *wolte*, *wolde*; Prät. Konj. *wolte*, *wölte*, *wolde*, *wölde*.
Part. Prät. *gewellet*, *gewellt* (spätmhd.)

3.5.1.8. *Konjugationstypen in synchroner Sicht*

Der Überblick über die mhd. Verbklassen und ihre Flexion in 3.5.1.1. bis 3.5.1.7. ist diachronisch angelegt, d. h., es werden Verbklassen aus ihrer historischen Entwicklung heraus erläutert. Versucht man rein synchron einen Überblick über Formbildungsmerkmale der Verben im Mhd., und zwar hier eingeschränkt auf das "normalisierte Mhd.", zu geben, so kann man auf die Vielzahl der Klassen verzichten und zu einem – zumindest etwas – übersichtlicheren Bild von mhd. Verbflexion gelangen. Entsprechende Überlegungen hat zuerst N. R. WOLF (vgl. 1971) zur Diskussion gestellt, und in PAUL (1989, 277ff.) wird – daran sowie an WEINHOLD/EHRISMANN/MOSER (1986) anknüpfend – ein Vorschlag zur synchronischen Gliederung unterbreitet.
     Dabei wird – wie auch für das Nhd. üblich – von der Opposition Präs. : Prät. ausgegangen. Vor diesem Hintergrund ergeben sich drei Typen von Verben:
"1) solche mit Vokalwechsel im Prät.,
2) solche mit Dentalelement im Prät.,
3) solche, die beides aufweisen." (PAUL 1989, 277.)
Da allerdings darüber hinaus auch Unterschiede in der Formenbildung des Präsens bei einer umfassenden Beschreibung des Systems mhd. Verbformen berücksichtigt werden müssen, ergibt sich die Notwendigkeit, innerhalb dieser drei Hauptklassen zu differenzieren, und zwar:
Zu Typ 1) Der Vokalwechsel im Prät. beruht bei allen diesen Verben auf Ablaut oder Reduplikation (siehe 3.5.1.1., aber auch 3.5.1.5. und 3.5.1.6.), das rechtfertigt ihre Einordnung in eine gemeinsame Gruppe. Nicht zu übersehen sind aber die Unterschiede im

Präsens. Während die Verben der alten Ablautreihen I – VII (siehe 3.5.1.1.) die 1. Sg. Präs. auf -*(e)* und den Inf. auf -*(e)n* bilden, weisen die Verben wie *stân, gân, lân, vân* (auch *sîn*) in der 1. Sg. Präs. und im Inf. immer -*n* auf (siehe 3.5.1.5. und 3.5.1.6.).

In PAUL wird deshalb zwischen "erster starker" und "zweiter starker Konjugation" unterschieden, vgl.
"Gruppe 1a mit 1. Sg. Präs. auf -*e* und Infinitiv auf -*(e)n*
   = Erste starke Konjugation,
  Gruppe 1b mit 1. Sg. Präs. und Inf. auf -*n*
   = Zweite starke Konjugation" (PAUL 1989, 279).
(Hingewiesen wird noch auf die Sonderstellung von *sîn*, da es mehrere Stämme aufweist.)

> Bsp. für 1a: *rîten – rîte* | *reit*;
>   für 1b: *stân – stân* | *stuont*.

Zu Typ 2) Dazu gehören all die Verben, bei denen die Opposition Präs.: Prät. allein durch das Dentalsuffix ausgedrückt wird. Das heißt, es handelt sich um sog. sw. Verben ohne Wechsel des Stammvokals (siehe 3.5.1.2.).

> Bsp. für 2: *loben* | *lobete*;
>   auch: *holn* | *holte* (mit *e*-Synkopierung).

Zu Typ 3) Bei dieser Gruppe wird von "gemischter Konjugation" gesprochen, da die Opposition Präs.: Prät. hier sowohl durch Vokalwechsel (wie Typ 1) als auch durch Dentalsuffix (wie Typ 2) gekennzeichnet ist. Verglichen mit den ersten beiden Typen, weist Typ 3 weniger Verben auf, allerdings ist diese Gruppe in sich stärker differenziert. In PAUL (1989, 278f.) wird unterschieden zwischen:
– erster gemischter Konjugation (Gruppe 3a). Hier beruht der Vokalwechsel auf altem Rückumlaut, d. h., Präsensformen weisen Umlaut des Stammvokals auf, Präteritalformen nicht,

> Bsp. für 3a: *hœren* | *hôrte*.

– zweiter gemischter Konjugation (Gruppe 3b). Hier liegt dem Vokalwechsel Ablaut zugrunde, und zwar handelt es sich um die sog. Präterito-Präsentien (siehe 3.5.1.4.) sowie die Verben *beginnen* und *bringen*,

> Bsp. für 3b: *wizzen, weiz* | *wiste*;
>   *beginnen, beginne* | *begunde*.

Streng genommen wäre auf Grund der Unterschiede in der Präsensbildung auch hier eine weitere Untergliederung erforderlich.
– dritter gemischter Konjugation (Gruppe 3c). Ihr werden drei Verben, und zwar *wellen, tuon* und *hân*, zugerechnet, deren Formenbildung im Präsens aber auch Unterschiede aufweist,

> Bsp. für 3c: *wëllen, wil* | *wolde*;
>   *tuon, tuon* | *tëte*.

Dieser Versuch einer synchronischen Darstellung von Verbklassen kommt – wie sich zeigt – nicht völlig ohne (zumindest erläuternden) Rückgriff auf diachrone Hintergründe aus.

Verbflexive

Läßt man die Veränderungen des Stammvokals außer Betracht und verschafft sich einen Überblick über Konjugationsendungen der mhd. Verben, so ergibt sich ein übersichtliches Bild (vgl. PAUL 1989, 280f.). Hier werden aber im Unterschied zu PAUL nur die Indikativ-, nicht aber die Konjunktivformen berücksichtigt.

Präsens

Zu unterscheiden sind für den Indikativ drei Arten von Präsensflexion:

a) Im Ind. Präs. weisen die Gruppen 1a, 2, 3a gleiche Flexive auf, und zwar:

		1a	2	3a
Ind. Sg. 1.	-(e)	bind-e	lob-e	hær-e
2.	-(e)st	bind-est	lob-est	hær-est
3.	-(e)t	bind-et	lob-et	hær-et
Pl. 1.	-(e)n	bind-en	lob-en	hær-en
2.	-(e)t	bind-et	lob-et	hær-et
3.	-(e)nt	bind-ent	lob-ent	hær-ent

b) Die Verben der Gruppe 3b sowie das Verb *wellen* (3c) haben als Präsensflexive die des st. Prät. (vgl. Gruppe 1a):

		3b	3c
Ind. Sg. 1., 3.	-0	mac	wil
2.	-t(-st)	mah-t	wil-t
Pl. 1., 3.	-(e)n	mug-en	well-en
2.	-(e)t	mug-et	well-et

(2. Sg. Ind. von *wellen* auch *wil(e)*; 3. Pl. auch *wellent*.)

c) Die Verben der Gruppen 1b und 3c haben übereinstimmend folgende Flexive für Präs. Ind.:

		1b	3c
Ind. Sg. 1.	-n	stâ-n	hâ-n
2.	-st	stâ-st	hâs-t
3.	-t	stâ-t	hâ-t
Pl. 1.	-n	stâ-n	hâ-n
2.	-t	stâ-t	hâ-t
3.	-nt	stâ-nt	hâ-nt

Präteritum

Hier besteht im Indikativ weitgehende Übereinstimmung zwischen allen drei Typen, lediglich die 2. Sg. hat, abweichend von allen übrigen Gruppen, für Gruppe 1a das Flexiv -*e* (sonst -*(e)st*) und im Stamm den Vokal der Pluralformen mit Umlaut bei Umlautfähigkeit.

Damit ergibt sich folgender Überblick für Prät. Ind.:

		Typ 1	Typ 2	und Typ 3
Ind. Sg. 1., 3.	-0		-0	
2.	**-(e)(*)**		**–(e)st**	
Pl. 1., 3.	-(e)n		-(e)n	
2.	-(e)t		-(e)t	
Bsp.:				
Ind. Sg. 1., 3.	gap-0	lobete-0	mohte-0	
2.	gæb-e	lobete-st	mohte-st	
Pl. 1., 3.	gâb-en	lobete-n	mohte-n	
2.	gâb-et	lobete-t	mohte-t	

Nicht berücksichtigt sind in diesem vereinfachenden Überblick Neben- und Sonderformen. (* verweist auf Umlaut bei umlautfähigem Stammvokal.)

3.5.1.9. *Zur Verwendung einfacher und zusammengesetzter Verbformen*

Einfache und zusammengesetzte Verbformen im temporalen Bereich

Das Präsens wird wie im Nhd. verwendet:

zur Bezeichnung von Vorgängen mit allgemeiner Gültigkeit: *daz bediutet sich alsus, daz wir in dem tôde **sweben** sô wir aller beste **wænen** leben* (H);

zur Bezeichnung von unmittelbar Gegenwärtigem: *Ahî nu kumet uns diu zît . . . ez **gruonet** wol die linde breit* (MF);

zum Ausdruck von Zukünftigem; in dieser Funktion können die Präsensformen per-
fektiver Verben allein stehen. Dabei handelt es sich um Verben, "die eine zeitliche
Begrenzung des Geschehens, seinen Beginn oder sein Ende angeben" (W. SCHMIDT
1977, 207). Dazu gehören im Mhd. die meisten mit Präfix gebildeten Verben. Perfektivierende Wirkung hat die Vorsilbe ge- bei ursprünglich imperfektiven Verben, z. B.
mhd. *ligen* 'liegen' – *geligen* 'zum Liegen kommen', 'sich legen'. Bei imperfektiven Verben kommen meist kontextuelle Faktoren wie Adverbialbestimmungen oder Kon-
ditionalkonjunktionen hinzu: *sô grôze missewende ein helt nu nimmer mêr* **begât** (NL).

Abweichend vom Nhd. dient das Präs. zur Bezeichnung des Abschlusses in der Zukunft: *her keiser, swenne ir Tiuschen vride* **gemachet** *stæte bî der wide, sô bietent iu die
vremeden zungen êre* (WA). Die finite Verbform des Gliedsatzes, durch *ge-* perfektiviert,
ist in diesem Falle Ausdruck für ein Geschehen, dessen Abschluß in der Zukunft liegt,
und entspricht damit dem lat. Fut. exactum. Die Präsensform des imperfektiven Verbs
im Hauptsatz erhält ihre Zukunftsbedeutung unter Einfluß des Konditionalsatzes.

Die Verwendung von Präsensformen in der Funktion des historischen Präsens ist
noch äußerst selten.

Tritt die Präsensform eines imperfektiven Verbs innerhalb einer Darstellung im Prät.
auf, so hat sie im Mhd. zumeist die Funktion, einen Ruhepunkt in der Erzählung zu
schaffen, vgl. *hin* **rîtet** *Herzeloyde fruht* . . . (Parzival).

Das Präteritum ist die einzige synthetische Tempusform für die Vergangenheit
(formal ein altes Perfekt); es hat im Mhd. einen umfassenderen Funktionsbereich als im
Nhd.

Das Präteritum wird verwendet:
in der Funktion des nhd. Imperfekts (läßt bei imperfektiven Verben meist offen, ob das
Geschehen in der Vergangenheit abgeschlossen ist oder andauert): *Dô die herren* **sâhen**
daz der helt was tôt, si leiten in ûf einen schilt (NL);
als relatives Tempus für nhd. Plusquamperfekt: *ich vant die stüele leider lære stân, dâ
wîsheit, adel und alter vil gewaltic* **sâzen** *ê* (WA). Vorwiegend wird in dieser Funktion
das Präteritum eines perfektiven Verbs verwendet, z. B. *der helt doch nine tranc ê daz der
künic* **getrunke** (NL);
in der Funktion eines nhd. Perfekts, das von einer Präsensform abhängig ist: *Ich ver-
trage als ich* **vertruoc** *und als ich iemer wil vertragen* (WA).

Umschriebene Formen
mhd. *suln, wellen, müezen* + Infinitiv:
Um auszudrücken, daß der Vollzug eines Geschehens noch aussteht, gibt es auch im
Mhd. Möglichkeiten der Umschreibung mit Hilfsverben. Allerdings ist die Umschreibung mit *wërden* noch sehr selten, sie gewinnt erst im Frnhd. ihre besondere Bedeutung.
Im Ahd. und z. T. noch im Mhd. wird *wërden* mit dem Part. Präs. zum Ausdruck einer
ingressiven Handlung verwendet, vgl. *als iz wart tagende* (GO).

Meist hat die Umschreibung modale und temporale Funktion zugleich: *sus scæn ich*
wil belîben *unz an mînen tôt, daz ich von mannes minne* **sol gewinnen** *nimmer nôt* (NL).
mhd. *haben, sîn* + Part. Prät.:
Solche Umschreibungen haben im Nhd. ihren festen Platz im Bereich der Tempora
als Perfekt und Plusquamperfekt, im Mhd. haben sie die gleiche Funktion. An ihrer
Stelle kann aber auch das einfache Prät. stehen. Umschreibung mit *haben* wird verwendet bei allen transitiven Verben: *ir* **habet** *iuwern zorn* **gerochen** (NL), und bei den
intransitiven mit durativer Aktionsart: *Uns* **hât** *der winter* **geschât** *über al* (WA). (Ausnahme ist wie im Nhd. das durative Verb *sein*, mhd. *sîn: Ich bin ze lange arm gewesen*
(WA).)

Umschreibung mit *sîn* erfolgt bei intransitiven Verben, die eine Orts- oder Zustands-
veränderung bezeichnen: **zergangen** *ist der winter lanc* (MF).

Einfache und zusammengesetzte Verbformen im Bereich der Genera verbi

Einfache Formen gibt es nur für das A k t i v : *Die ritter alle* **liefen** (NL). P a s s i v i s c h e
Bedeutung haben zusammengesetzte Formen, die aus dem Part. Prät. und einer finiten

Form von *sîn* oder *wërden* bestehen. Dabei stehen im Mhd. in der Regel: *wërden* + Part.
Prät. für Präs. und Prät. Pass.: *die liute werdents inne, und* **wirt zerfüeret** *dur nît* (MF),
von den **wart** *er* **gekleit** (NL); *sîn* + Part. Prät. für Perf. und Plusqu. Pass. (Passivformen
mit *ist . . . worden, war . . . worden* sind im Mhd. nur ganz vereinzelt belegt.): *uns* **ist** in
alten mæren wunders vil **geseit** (NL). *Dô* **wart gestrûchet** *Hagene von sîner hant zetal*
(NL).

Einfache und zusammengesetzte Verbformen im modalen Bereich
Der Indikativ ist wie im Nhd. als die Normalform, die einen Sachverhalt als gegeben
darstellt, am häufigsten vertreten.
   Der Konjunktiv Präsens, der nach seiner Form einem alten Optativ entspricht,
hat optativische und konjunktivische Funktion. Er steht in Hauptsätzen zum Ausdruck
einer erfüllbaren Bitte, eines Wunsches, z. B. *Herzeliebez vrouwelîn, got* **gebe** *dir hiute*
und iemer guot (WA), oder einer Aufforderung und rückt damit z. T. in die Nähe des
Imperativs: *Der meie* **bringe** *uns al sîn wunder* (WA).
   Möglichkeiten der Umschreibung mit modalen Hilfsverben setzen in frühester mhd.
Zeit ein: *mit laster ir* **gescheiden sult** *von guoten recken* **sîn** (NL), *dâ vor* **müeze** *mich got*
hüeten *alle tage* (MF).
   Der Konjunktiv Präteritum hat hypothetische Funktion und bezeichnet die
Irrealität: *ouwê* **gesæhe** *ich si under kranze!* (WA); **het** *er daz swert enhende, sô* **wær' ez**
Hagenen tôt (NL). Mit Umschreibung: **Möhte** *ich* **verslâfen** *des winters zît!* (WA).
   Besondere Bedeutung kommt dem Konj. in Gliedsätzen zu, er kann dazu dienen, die
Abhängigkeit zu kennzeichnen (siehe 3.6.3.2.).
   Der Imperativ wird zum Ausdruck von Bitte, Befehl, Aufforderung verwendet,
und zwar als einfache und auch als umschriebene Form, 2. P. Sg.: **Scham** *dich, daz dû*
mich an lachest (WA), **lâ** *dîn lachen sîn* (WA), *dû* **solt** *mir* **volgen** (HE); **Scheidet**, vrouwe,
mich von sorgen, **liebet** *mir die zît* (WA).
   Die Form für die 1. P. Pl. steht in der Funktion der Aufforderung oder Mahnung
(Adhortativ): **gên wir** *zuo des meien hôchgezîte* (WA); **wir suln sîn** *gemeit* (WA).

3.5.2. Das Substantiv

Das mhd. Substantiv verfügt über die gleichen grammatischen Kategorien wie das nhd.,
und zwar:

Kasus	– mit Nominativ, Genitiv, Dativ, Akkusativ;
Numerus	– mit Singular und Plural;
Genus	– mit Maskulinum, Femininum, Neutrum.

Verglichen mit älteren Sprachstufen, ist sowohl die Zahl der Kasus als auch der Numeri
bereits reduziert. Von urspr. 8 Kasus im Idg. (Nom., Gen., Dat., Akk., Abl., Instr.,
Lok., Vok.) sind vier erhalten, die die Funktionen der restlichen Kasus mitübernommen
haben, wobei sie durch Präpositionen unterstützt werden. Dieser Kasuszusammenfall
ist schon im Germ. weitgehend vollzogen; insbes. hat der Dat. seinen Funktionsbereich
ausgedehnt, er trägt Funktionen des Abl., Lok. und Instr. mit. Reste eines alten Instr.
finden sich im Mhd. nur noch in einzelnen Formen, z. B. mhd. *mit ihtiu* 'mit irgendei-
nem Ding'.
   Bei den Numeri gab es auf den älteren Sprachstufen einen speziellen Numerus zur
Kennzeichnung der Zweizahl, den Dual. Die Zweizahl wird im Mhd. wie im Nhd.
durch Pluralformen und/oder Numeralia ausgedrückt. Spezielle Dualformen haben sich
bis in die Gegenwart nur bei Pron. in bair. Mundarten gehalten (siehe 3.5.4.1.).
   Jedes Substantiv ist genusbestimmt, in einigen Fällen am Sexus ablesbar, vgl. *man*
Mask., *frouwe* Fem., z. T. erkennbar an Ableitungssuffixen, z. B. als Mask. Ableitungen
auf *–ære, -el, -inc, -tuom*, als Fem. Ableitungen auf *-(e)de, -in/-inne, -schaft, -unge*. Da
das Genus nicht bei allen mhd. Substantiven mit dem Genus im Nhd. übereinstimmt,
sollte man sich im mhd. Wörterbuch orientieren. Abweichend vom Nhd. z. B. mhd. *der*

van – nhd. *die Fahne*; mhd. *der lop* – nhd. *das Lob*; mhd. *daz mære* – nhd. *die Mär*. Je nach dem Genus gehören die Substantive unterschiedlichen Flexionsklassen an.

Flexionsklassen der mhd. Substantive

Der Überblick über die Flexionsklassen der mhd. Substantive fällt unterschiedlich aus, je nachdem ob die Darstellung unter diachronem oder synchronem Aspekt erfolgt. In den einschlägigen Grammatiken und Lehrbüchern – so auch hier – dominiert in traditionell historischer Betrachtung der diachrone Aspekt. Das heißt, das Deklinationssystem der mhd. Substantive wird vor dem Hintergrund des idg. und germ. Deklinationssystems beschrieben. Als wichtigstes Einteilungskriterium dient dabei das stammbildende Suffix oder Thema des Substantivs. Eine Substantivform bestand im Idg. und Germ. aus:

		Wurzel	–	Thema	–	Endung
vgl.	lat.	*host*	–	*i*	–	*s*
	germ.	*gast*	–	*i*	–	*z*

In Abhängigkeit vom Thema werden unterschiedliche Substantivstämme unterschieden, die die einzelnen Deklinationstypen charakterisieren.

Thema konnte ein Vokal sein, und zwar germ. *-a-*, *-ô-*, *-i-*, *-u-*, wobei *-a-* und *-ô-* durch die Halbvokale *j* und *w* erweitert sein konnten.

Thema konnte ein Konsonant bzw. eine Konsonantenverbindung sein, und zwar im Germ. *-n-*, *-r-*, *-nd-* und *-iz-/-az-* (urspr. *-es-/-os-*).

Bei einigen Substantiven trat die Kasusendung unmittelbar an die Wurzel, sie werden als Wurzelnomina bezeichnet.

Traditionell historisch orientierte Darstellungen der mhd. Substantivdeklination gliedern das mhd. Flexionssystem weitgehend nach den germ. Stammausgängen, obwohl die urspr. Lautformen der Stammauslaute aufgrund von Abschwächungsprozessen in den Neben- und Endsilben im Mhd. nicht mehr vorhanden sind und die Stammauslaute mit den Kasussuffixen verschmolzen sind. Aus den Merkmalen der mhd. Formen kann aber teilweise noch auf die Einteilung in die alten Stammklassen geschlossen werden.

Für das Mhd. werden auf dieser Grundlage folgende Deklinationstypen unterschieden: *a-*, *ja-*, *wa-*; *ô-*, *jô-*, *wô-*; *i-*, *u-*Stämme sowie alte *iz-/az-*Stämme, die den Plural mhd. auf *-er* bilden, als Formen starker Deklination; *n-*Stämme als Formen schwacher Deklination sowie einige Sonderformen. Die alten konsonantischen *r-* und *nd-*Stämme wie auch *u-*Stämme haben sich im Mhd. weitgehend den *a-* und *i-*Stämmen angeschlossen; auf einige Besonderheiten wird im folgenden hingewiesen.

Kennzeichen starker Flexion ist bei Mask. und Neutr. *-(e)s* im Gen. Sg.; st. Fem. enden im Gen. Sg. auf *-e*. Sw. Substantive aller drei Genera enden dagegen im Gen. Sg. auf *-en*.

3.5.2.1. *Starke (vokalische) Deklination*

Die Gliederung erfolgt nach den Genera; innerhalb der Genera wird nach Stämmen unterschieden.

3.5.2.1.1. *Maskulina:*

		a-Stämme *daga-* 'Tag'	**ja**-Stämme *herd(j)a-* 'Hirte'	**wa**-Stämme *saiwa-* 'See'	**i**-Stämme *gasti-* 'Gast'
germ.					
Sg.	Nom.	*tac*	*hirte*	*sê*	*gast*
	Gen.	*tages*	*hirtes*	*sêwes*	*gastes*
	Dat.	*tage*	*hirte*	*sêwe*	*gaste*
	Akk.	*tac*	*hirte*	*sê*	*gast*
Pl.	Nom.	*tage*	*hirte*	*sêwe*	*geste*
	Gen.	*tage*	*hirte*	*sêwe*	*geste*
	Dat.	*tagen*	*hirten*	*sêwen*	*gesten*
	Akk.	*tage*	*hirte*	*sêwe*	*geste*

a-Stämme: Mit Ausnahme des im Mhd. in der Regel noch obligatorischen -*e* im Dat. Sg. gleicht die Flexion der nhd.; Pluralformen werden nach den Lautregeln ohne Umlaut des Stammsilbenvokals gebildet, vgl. *tage, arme, vogele*.

Bei den *a*-Stämmen mit umlautfähigem Stammsilbenvokal dringt aber der Umlaut in ausgehender mhd. Zeit analog zu den *i*-Stämmen auch bei *a*-Stämmen im Pl. ein, z.B. *die stabe – die stębe, die halme – die hęlme*. Das steht im Zusammenhang mit der Tendenz zur Numerusdifferenzierung. In solchen Fällen kann nicht mehr zwischen *a*- und *i*-Stämmen geschieden werden. Ungebräuchlich bleibt aber auch im ausgehenden Mhd. Umlaut bei *boume, vademe, wolve, hove, vogele, vrosche*.

Zu den *a*-Stämmen gehören u.a.: *âbent, arm, bart, boc, danc, dęgen, ęngel, ęsel, vadem, gêr, got, hęlm, himel, lîp, stein, trôst, wolf*. Mask. *a*-Stämme sind im Mhd. auch *flôz, schrôt, zine, angel, angest, banc*.

Unbetontes [*e*] kann in Flexionssuffixen oder unbetonten Mittelsilben ausfallen, vgl. *stil- stils, winter – winters, dienest – dienstes, market – marktes* (siehe Synkope und Apokope 3.4.2.5.).

ja-Stämme: Dazu gehören st. Mask., die im Nom. Sg. auf -*e* enden. Die Substantive mit umlautfähigem Stammvokal weisen außerdem Umlaut im Sg. und Pl. auf, bedingt durch das *j* im Thema.

Alte *ja*-Stämme sind u.a.: *ęnde, geselle, hirte, kæse, rücke, weize, wille* sowie die Nomina agentis auf –*ære*, z.B. *lêrære, vischære, schrîbære*.

Der Deklination der *ja*-Stämme folgen auch urspr. kurzsilbige *u*- Stämme, z.B. *fride, sige, site, sune* (das Substantiv *sun* bildet die Pluralformen meist nach dem Muster der *i*-Deklination, d.h. Umlaut im Plural).

wa-Stämme: In den obliquen Kasus ist das *w* des ursprünglichen Themas erhalten, *sêwes*, im Auslaut dagegen wurde *w* vokalisiert zu *o* und ist bereits ahd. nach Langvokal geschwunden, vgl. *sêw > sêo > sê*.

wa-Stämme sind z.B. *bû, klê, lê* 'Hügel', *smęr, snê*.

i-Stämme: Kennzeichen ist mhd. Pluralbildung mit Umlaut des umlautfähigen Stammvokals, vgl. Sg. *gast* – Pl. *gęste* (ahd. *gęsti*). *i*-Stämme, deren Stammvokal nicht umlautfähig ist, z.B. *schrit, brief*, flektieren wie *a*-Stämme und sind von diesen mhd. nicht mehr zu unterscheiden. Andererseits können *a*-Stämme mit umlautfähigem Stammvokal spätmhd. ihre Pluralformen wie alte *i*- Stämme mit Umlaut bilden (siehe oben).

i-Stämme sind z.B. *âl, banc, dôn, fuhs, gruoz, luft, phuol* 'Sumpf', *turn* 'Turm'.

3.5.2.1.2. *Neutra:*

germ.		**a**-Stämme **worda-* 'Wort'	 'Fenster'	**ja**-Stämme **kunja-* 'Geschlecht'	**wa**-Stämme **knewa-* 'Knie'	Plural auf *er* **lambaz-/-iz-* 'Lamm'
Sg.	Nom.	*wort*	*vęnster*	*künne*	*knie*	*lamp*
	Gen.	*wortes*	*vęnsters*	*künnes*	*kniewes*	*lambes*
	Dat.	*worte*	*vęnster*	*künne*	*kniewe*	*lambe*
	Akk.	*wort*	*vęnster*	*künne*	*knie*	*lamp*
Pl.	Nom.	*wort*	*vęnster*	*künne*	knie	*lęmber*
	Gen.	*worte*	*vęnster*	*künne*	*kniewe*	*lęmber(e)*
	Dat.	*worten*	*vęnstern*	*künnen*	*kniewen*	*lęmber(e)n*
	Akk.	*wort*	*vęnster*	*künne*	*knie*	*lęmber*

a-Stämme: Gegenüber den mask. *a*-Stämmen sind hier Nom. und Akk. Pl. endungslos, gleichen also Nom. und Akk. Sg. Bei ein- und zweisilbigen Neutra auf -*r* oder -*l* erfolgt Ausfall bzw. Abfall des unbetonten End-*e*: *spęr – spęrs – spęr* usw. Zweisilbige Neutra, die kurze Stammsilbe aufweisen, können mit oder ohne *e* auftreten, z. B. *lĕger, lĕger(e)s, lĕger(e), lĕger; lĕger, lĕger(e), lĕger(e)n, lĕger.*

Zur *a*-Deklination gehören *ambet, barn* 'Kind', *blat, buoch, kint, kleit, lant, leit, marh* 'Pferd', *nĕst, sahs* 'Messer, Schwert', *sêr* 'Schmerz', *spĕr, vĕnster, vĕrch* 'Leben', *wazzer, wiht* 'Wesen', *wîp* sowie Diminutiva auf *-în*, z. B. *magedîn.* Im Gen. Sg. können *hûs, maz* 'Speise, Mahlzeit' und *kriuz* auch endungslos auftreten.

ja-Stämme: Bei umlautfähigem Stammvokal bewirkt die *j*-Erweiterung des Themas im Sg. und Pl. Umlaut. Der Nom. und Akk. Sg. enden auf *-e.*

ja-Stämme sind: *antlitze, bĕtte, bilde, hirne, kriuze, rîche,* dazu Kollektiva wie *gebeine, gerihte, gesihte, gesteine;* auch Ableitungen auf *–nisse,* z. B. *vinsternisse.*

wa-Stämme: In den Formen mit Kasusendung zeigt sich noch das *-w-* des Stammes, z. B. Gen. Sg. *kniewes,* z. T. ist das *-w-* allerdings bereits ausgefallen, z. B. Gen. Sg. *knies.*

Zur *wa*-Deklination gehören nur wenige st. Neutra, z. B. *blî* 'Blei', *mĕl* 'Mehl', *rê* 'Leichnam', *spriu, strô, tou (touwe), wê.*

Substantive mit Plural auf *-er*: Die Pluralformen werden mit *-er* gebildet, dieses geht auf ein urspr. Stammbildungssuffix idg. *-es/-os* zurück. Während es in den Kasus des Sg. allgemein geschwunden ist, blieb es im Pl. erhalten. Mhd. ist es infolge der Abschwächung des Nebensilbenvokals zu *-er* geworden. *-er* dient mhd. zur Kennzeichnung des Plurals. Umlaut der Pluralformen mit umlautfähigem Stammvokal ist auf das *-i-* des Morphems im Ahd. zurückzuführen. Die Kasusendungen des Sg. entsprechen der *a*-Deklination.

Hierher gehören urspr. nur wenige Wörter, z. B. *ei, huon, kalp, lamp, rint, varh* 'Ferkel'.

Noch im Mhd. breitete sich die Pluralbildung auf *-er* aus und erfaßte im Übergang zum Frnhd. sowohl neutr. als auch mask. Substantive, z. B. *ämter, böumer, geister, schilder, tücher.* Die Ausbreitung dieses Pl. zum Nhd. hin bewirkt, daß eine Reihe von Wörtern zu einer bereits bestehenden Pluralform eine zweite auf *-er* bildet, woraus sich das Nebeneinander von *Schilde – Schilder, Tuche – Tücher* u. a. ergibt. Im Laufe der Zeit ist dann z. T. Bedeutungsdifferenzierung eingetreten.

3.5.2.1.3. *Feminina:*

germ.	ô-Stämme		jô-Stämme	wô-Stämme	i-Stämme
	reine ô-Stämme		**brugjō-*	**klēwō-*	**krafti-*
	*gibō-	**talō-*	'Brücke'	'Klaue'	'Kraft'
	'Gabe'	'Zahl'			
Sg. Nom.	gëbe	zal	brücke	klâwe	kraft
Gen.	gëbe	zal	brücke	klâwe	krefte, kraft
Dat.	gëbe	zal	brücke	klâwe	krefte, kraft
Akk.	gëbe	zal	brücke	klâwe	kraft
Pl. Nom.	gëbe	zal	brücke	klâwe	krefte
Gen.	gëben	zaln	brücken	klâwen	krefte
Dat.	gëben	zaln	brücken	klâwen	kreften
Akk.	gëbe	zal	brücke	klâwe	krefte

Mit der *ô*-Deklination sind u. a. alte *jô*- und *wô*-Stämme zusammengefallen. Der *i*-Deklination haben sich auch die alten *u*- Stämme angeschlossen.

ô-Stämme. Alle Kasus des Sg. sowie Nom. und Akk. Pl. enden auf *-e*; Gen. und Dat. Pl. gehen auf *-en* aus. Ausnahmen bilden die Ein- und Zweisilber, die auf *-l* oder *-r* enden und Synkope bzw. Apokope des unbetonten *e* erfahren (vgl. *zal*). Wörter auf *-en* wie *kęten* bleiben mhd. z. T. unflektiert und haben durchgehend die Endung *-en*.
Im Mhd. bestehen bei diesen Wörtern wie *kęten, vęrsen, büten, küchen* Doppelformen im Nom. Sg. z. B. *kęten – kęte, vęrsen – vęrse* usw. Weitere Doppelformen zeigen movierte Feminina, z. B. *künegîn – küneginne, vürstîn – vürstinne,* sowie einige alte *wô*-Stämme, die das *-we* entweder verloren oder bewahrt haben, sich aber in beiden Fällen nach der *ô*-Deklination richten, z. B. *brâ – brâwe* (dazu Dat. Pl. *brâ(e)n* oder *brâwen, klâ – klâwe* (Dat. Pl. *klâ(e)n – klâwen*).
In einer Reihe von Wörtern wird – abweichend vom Paradigma – der Gen. Pl. auf *-e* gebildet, z. B. *krône, mîle, rotte* 'Schar'.

Zur *ô*-Deklination gehören *ô*-Stämme sowie ursprüngliche *jô*- und *wô*- Stämme.

ô-Stämme sind *âhte* 'Acht, Verfolgung', *âventiure* 'Begebenheit', *bëte* 'Bitte', *buoze, genâde, hëlfe* 'Hilfe', *île* 'Eile', *klage, lêre, miete* 'Lohn', *pflëge, râche, sache, schande, schuole, spîse, sprâche, vrâge.*
Ursprüngliche *jô*-Stämme sind *brücke* (auch schwach dekliniert), *helle* 'Hölle', *minne* 'Zuneigung', *rede, rippe*. Bei diesen Beispielen zeigt sich die Auswirkung des *j* (oder *i*) im Umlaut, z. T. auch in der Doppelkonsonanz. Hierher gehören auch die movierten Feminina auf *-în* und *-inne*, z. B. *vriundîn, vriundinne*, daneben auch *vriundin*.
wô-Stämme haben im allgemeinen Doppelformen. So können in mhd. Texten nebeneinander erscheinen *klâ – klâwe* (Nom. Sg.) und *klân – klâwen* (Gen., Dat. Pl.); *ê – êwe* 'Gesetz, Ehe', *wê – wêwe* 'Weh, Schmerz', *nar – narwe* 'Narbe', *swal – swalwe* 'Schwalbe'. Eine Ausnahme machen *triuwe* 'Treue', *riuwe* 'Reue', *ouwe* 'Aue' und *varwe* 'Farbe'.

î-Stämme. Sie zeigen Umlaut bei umlautfähigem Stammvokal im Pl. und Doppelformen (mit und ohne Umlaut) im Gen. und Dat. Sg. Die umgelautete Form kann z. T. auch in den Nom. Sg. eindringen, so daß es im Mhd. Doppelformen gibt. Später tritt z. T. Bedeutungsdifferenzierung ein, z. B. *bluot – blüete, stat – stęte.*

Zur *i*-Deklination gehören u. a. *anst* 'Liebe, Gunst', *arebeit, art, bluot, brunst, brût* 'junge Frau', *diet* 'Volk', *dult* 'Fest', *geburt, haft* 'Gefangenschaft', *kunst* 'Können', *last, list, maht, nôt, pfliht, sât, schrift, tât, vrist, vurt, wërlt* 'Welt', *zît* sowie die Wörter auf *-heit, -keit, -schaft,* z. B. *vrîheit, mëhtikeit, vriuntschaft;* urspr. Wurzelstämme, die sich der *i*-Deklination angeschlossen haben, z. B. *brust, burc, eich* 'Eiche', *gans, geiz, mûz, nuz, wiht* und der alte *u*- Stamm *hant*. (Die nhd. umlautlosen Formen wie *allerhand* und *vorhanden* weisen noch darauf hin, daß *hant* urspr. nicht nach der *i*-Deklination flektierte.)

3.5.2.2. *Schwache (konsonantische) Deklination*

germ.		Maskulinum *hanan- 'Hahn'	*aran- 'Aar'	Femininum *tungōn 'Zunge'	Neutrum *hërtōn- 'Herz'
Sg.	Nom.	hane	ar	zunge	hërze
	Gen.	hanen	arn	zungen	hërzen
	Dat.	hanen	arn	zungen	hërzen
	Akk.	hanen	arn	zungen	hërze
Pl.	Nom.	hanen	arn	zungen	hërzen
	Gen.	hanen	arn	zungen	hërzen
	Dat.	hanen	arn	zungen	hërzen
	Akk.	hanen	arn	zungen	hërzen

Die schwach deklinierten Substantive aller drei Genera sind urspr. *n*-Stämme, die bereits in vorgerm. Zeit das stammauslautende *-n* des Nom. Sg. verloren haben (lat. Nom. Sg. *homo*, Gen. Sg. *homin-is*, vgl. ahd. *gomo* – Gen. Sg. *gomen*). In den obliquen Kasus folgten auf dieses *-n* noch die entsprechenden Kasusmorpheme, die dann ebenfalls schwanden, das stammbildende *-n-* aber vor dem Abfall bewahrten.

Wie bei den vokalischen Stämmen kommt es zu Synkope und Apokope des unbetonten -e, besonders nach -r- und -l-, z. B. ahd. *bëro* > mhd. *bëre, bër* 'Bär' – Gen. Sg. *bërn*; so auch bei *ar(e)*, *kol(e)* 'Kohle' (mhd. noch Mask.), *an(e)* 'Ahn(e)'. Später setzen sich unter unterschiedlichem landschaftlichen Einfluß die Formen auf -e wieder durch, z. B. *Kohle, Ahne* usw.

Eine Reihe mhd. Wörter endet auf -e, das aber zum Nhd. hin schwindet, z. B. *hane, hęrzoge, schęlme, stërne* usw., andererseits tritt im Nhd. ein -n an das Ende des Nom. Sg., z. B. mhd. *gaige, brunne, knoche*. Im Gegensatz zu dem zuletzt genannten Vorgang werden urspr. st. Mask. auf *-en* zu nhd. sw. Mask. auf -e, z. B. *raben* > *Rabe*.

Schwache Maskulina sind *ar, briutegome, brunne, dûme* 'Daumen', *grîse* 'Greis', *hane, hęrzoge, hake* 'Haken', *junchërre* 'Junker', *kaste* 'Kasten', *pfâwe* 'Pfau', *rache, schęlme* 'Seuche, Aas', *slite* 'Schlitten', *stëcke, stërne, truhsæze, vętere, vürsprëche* 'Fürsprecher', *wase* 'Rasen' u. a.

Zugleich Mask. und Fem. sind u. a. *âmeize, rëbe, rôse, slange, sunne*. Entgegen dem Nhd. sind Mask. *backe, blintslîche, höuschrëcke, karre, schërbe, vane, wade*.

Schwache Feminina sind *asche, bir* 'Birne', *bluome* (auch Mask.), *gîge* 'Geige', *harpfe, hose, katze, kërze, lunge, rôse, sunne* (zugleich auch Mask.), *kël* 'Kehle', *tasche, tûbe* 'Taube', *witewe* 'Witwe'.

Schwache Neutra sind nur vier Wörter: *hërze, ôre, ouge, wange*; *męnsche* kann als Neutr., aber auch als Mask. gebraucht werden.

3.5.2.3. *Besondere Formen der Deklination*

3.5.2.3.1. *Verwandtschaftsbezeichnungen auf -er:* Die Verwandtschaftsbezeichnungen auf -er bildeten urspr. eine einheitliche Flexionsklasse. Sie gehörten zu den konsonantischen Stämmen. Ihre Flexionsendungen sind im Germ. abgefallen, so daß alle Kasus des Sg. auf -er ausgingen. Bereits im Ahd. folgten die Mask. *vater* und *bruoder* z. T. der *a*-Deklination. Im Mhd. kommen Formen mit und ohne Flexionsendungen vor. Für den Pl. gibt es auch umgelautete Formen in Analogie zu den *i*-Stämmen, z. B. *vęter(e)*.

Sg.			Pl.		
	Nom.	*vater*		Nom.	*vater(e), vęter(e)*
	Gen.	*vater(es)*		Gen.	*vater(e), vęter(e)*
	Dat.	*vater(e)*		Dat.	*vater(e)n, vęter(e)n*
	Akk.	*vater*		Akk.	*vater(e), vęter(e)*

swâger schließt sich im Mhd. ebenfalls der *a*-Deklination an und entwickelt zugleich einen Pl. *swæger*.

Die Fem. bleiben im Sg. unverändert; im Pl. werden sie z. T. wie *ô*-Stämme (Dat. Pl. *muoter(e)n*), z. T. wie *i*-Stämme (Dat. Pl. *müeter(e)n*) flektiert.

3.5.2.3.2. *Wurzelnomina:* Es handelt sich um einsilbige Substantive, an deren Wurzel unmittelbar die Flexionsendung trat, ohne dazwischengestelltes Thema.

man. Im Mhd. bleibt *man* entweder in allen Kasus des Sg. und Pl. endungslos, oder es richtet sich nach der *a*-Deklination. Die Pluralformen *Mannen* und *Männer* entstehen erst im Frnhd.

Sg.			Pl.		
	Nom.	*man*		Nom.	*man, manne*
	Gen.	*man, mannes*		Gen.	*man, manne*
	Dat.	*man, manne*		Dat.	*man, mannen*
	Akk.	*man*		Akk.	*man, manne*

genôz. Dieses urspr. Wurzelnomen kann im Sinne von 'gleich' im Dat. Sg. sowie im Nom. und Akk. Pl. endungslos erscheinen; sonst flektiert es nach der *a*-Deklination. Im ausgehenden Mhd. wechselt es zur sw. Flexion über.

naht. Es richtet sich nach der *i*-Deklination, behält aber auch seine umlautlose Form bei, vgl. *ze den wîhen nahten*.

Sg.			Pl.		
	Nom.	*naht*		Nom.	*nahte, nähte*
	Gen.	*nahte, nähte*		Gen.	*nahte, nähte*

| Dat. | *nahte, nähte* | Dat. | *nahten, nähten* |
| Akk. | *naht* | Akk. | *nahte, nähte* |

vuoz. Es flektiert meist nach der *i*-Deklination, als Maßbezeichnung wird es nach Zahlwörtern unflektiert verwendet.

3.5.2.3.3. *Personennamen:* Personennamen können stark oder schwach flektiert werden. Maskulina, die auf Konsonant ausgehen, werden wie *a*-Stämme dekliniert, im Akk. Sg. enden sie allerdings häufig auf *-en*, z. B. *Parzival, Sîfrit*.

Feminina, die auf Konsonant enden, z. B. die Namen auf *-burc, -hilt, -lint*, flektieren ebenfalls stark. Obwohl sie im Nom. Sg. kein *-e* haben, richten sie sich nach der *ô*-Deklination.

Personennamen auf *-e* werden schwach dekliniert, z. B. *Wate* (Mask.), *Hilde*. Gelegentlich treten auch endungslose Formen auf.

Sg.	Nom.	*Sîfrit*	Sg.	Nom.	*Kriemhilt*
	Gen.	*Sîfrides/-en, Sîfrit*		Gen.	*Kriemhilde/-en, Kriemhilt*
	Dat.	*Sîfride/-en, Sîfrit*		Dat.	*Kriemhilde/-en, Kriemhilt*
	Akk.	*Sîfrit, Sîfriden/-e*		Akk.	*Kriemhilt/Kriemhilden*

Pluralformen sind nur bei Stammes- und Geschlechtsbezeichnungen üblich.

Fremde Eigennamen. Sie richten sich ebenfalls – entsprechend ihrem Auslaut – nach der st. oder sw. Deklination; lat. Namen können auch lat. flektiert werden.

3.5.2.4. *Flexionsklassen in synchroner Sicht*

Eine wesentlich vereinfachte Übersicht über die mhd. Substantivdeklination ergibt sich bei konsequent synchroner Betrachtung der Flexion. Die Beschreibung zielt in diesem Falle auf den Zustand des substantivischen Formensystems in mhd. Zeit – welche Lautformen zur Bildung der Flexionsformen genutzt werden und welche Funktionen damit indiziert werden, ohne die Frage nach den älteren Sprachstufen dieses Formensystems und seiner Weiterentwicklung einzubeziehen.

Bei dieser Betrachtung kann für das Mhd. nicht mehr zwischen Thema als Stammauslaut und Endung unterschieden werden. Getrennt wird wie im Nhd. zwischen:

Wortstamm   +   Flexionsendung
vgl. mhd. *gast*   -es   (Gen. Sg.)

Deklinationsklassen ergeben sich einzig und allein aus dem Formenbestand an Flexionsendungen und ihrer spezifischen Verteilung in mhd. Zeit, wobei das klassische Mhd. zugrunde gelegt wird. Eine synchronische Klassifizierung der nhd. Substantivflexion haben STOPP/MOSER (vgl. 1967, 70ff.) vorgelegt, angeregt durch eine analoge Klassifizierung der nhd. Substantivdeklination von BECH (vgl. 1963, 177ff.).

Insgesamt kommt das Deklinationssystem der mhd. Substantive mit vier unterschiedlichen Flexionsendungen aus, die stellungsbedingt jeweils in zwei Varianten realisiert werden können, und zwar:

1)	*-(e)*	als *-e* oder *-0*,	vgl. *dem tage*	–	*dem stil*;
2)	*-(e)s*	als *-es* oder *-s*,	vgl. *des tages*	–	*des stils*;
3)	*-(e)n*	als *-en* oder *-n*,	vgl. *den tagen*	–	*den stiln*;
4)	*-er(*)*	als Flexiv *-er* ohne Umlaut der Stammsilbe, vgl. *diu rinter*,			
		als Flexiv *-er* mit Umlaut der Stammsilbe, vgl. *diu lember*;			

schließlich kann der Umlaut allein Flexionsmittel sein, vgl. *der apfel – die epfel*.

Flexivvarianten können auch beim gleichen Wort nebeneinander stehen, vgl. *des nageles – des nagels*.

Für die Flexivvarianten 1) – 3) formulieren STOPP/MOSER folgende Verteilungsregel:
"1. Die 0–Variante (asyllabische Variante ist obligatorisch: a) wenn der Stamm auf *-e* endet; b) wenn er einsilbig und kurz ist und auf *-l* oder *-r* endet; c) wenn er mehrsilbig und in der Tonsilbe lang ist und auf *-el, -er,–em, -en* endet: vgl. z. B. G. Sg. *hirte- s, stil-s, sper-s, apfel-s, buosem-s, vischer-s*.

2. Beide Varianten sind möglich: a) wenn der Stamm mehrsilbig und in der Tonsilbe kurz ist und auf *-el, -er, -em, -en* endet; b) wenn der Stamm auf Langvokal endet, vgl. z. B. G. Sg. *nagel-(e)s, jeger-(e)s, vadem-(e)s, wagen-(e)s*; G. D. Pl. *brâ-(e)n*.

3. Die *e*-Variante (syllabische Variante) ist obligatorisch in den übrigen Fällen, vgl. z. B. *tag-es, gast-es.*" (STOPP/MOSER 1967, 90.)

Zu beachten sind bei der Deklination auch die Varianten des Stammauslauts, je nachdem ob er im Wortinnern oder im Wortauslaut bei Nullmorphem steht, vgl. *tag-es – tac; schuoh-es – schuoch; ball-es – bal; sêw-es – sê.*

Grundsätzlich kann für das Mhd. zwischen starker und schwacher Deklination der Substantive geschieden werden.

Merkmal schwacher Deklination ist die Flexionsendung *-(e)n* im Gen. Sg. und Nom. Pl.; bei den schwachen Substantiven aller drei Genera enden alle Kasus auf *-(en)* außer Nom. Sg. und beim sw. Neutrum auch Akk. Sg.

Merkmal starker Deklination ist, daß Gen. Sg. und Nom. Pl. nie mit *-(e)n* gebildet sind.

Ausgehend von der Verteilung der Flexionssuffixe lassen sich drei starke und eine schwache Deklinationsklasse unterscheiden. (Vgl. PAUL 1989, 207 ff.)

Übersicht über die Flexionsklassen unter synchronem Aspekt

Starke Deklination
Klasse 1

		st. Neutra	st. Maskulina	st. Feminina
		(*wort, knie, spil, vënster, künne*)	(*tac, dienest, sê, stil, hirte*)	(*zît, tür, krône*)
Sg.	Nom.	-0		-0
	Gen.	-(e)s		-0, -(e)
	Dat.	-(e)		-0, -(e)
	Akk.	-0		-0
Pl.	Nom.	-0		-(e)
	Gen.	-(e)		-(e)
	Dat.	-(e)n		-(e)n
	Akk.	-0		-(e)

Bei Klasse 1 gibt es völlige Übereinstimmung der Singularflexion bei Neutra und Maskulina; im Plural stimmen dagegen Maskulina und Feminina überein.

Nur eine relativ kleine Zahl st. Fem. flektieren nach diesem Muster, z. B. *mîle, rotte.* Im Gen. und Dat. Sg. treten bei den Fem. Doppelformen auf, vgl. Gen., Dat. *zît* oder *zîte.*

Klasse 2

		st. Neutra	st. Maskulina	st. Feminina
		(*lamb, blat, rint, tal*)	(*gast, apfel, zaher*)	(*kraft*)
Sg.	Nom.	-0		-0
	Gen.	-(e)s		-0, -(e)
	Dat.	-(e)		-0, -(e)
	Akk.	-0		-0
Pl.	Nom.	-er (*) -0	-(e) *	
	Gen.	-er (*) -(e)	-(e) *	
	Dat.	-er (*) -(e)n	-(e)n *	
	Akk.	-er (*) -0	-(e) *	

(Die Markierung * verweist hier auf Umlaut bei umlautfähigem Stammvokal.)

Ebenso wie bei Klasse 1 stimmen st. Neutra und st. Maskulina im Sg. überein, im Pl. dagegen st. Mask. und st. Fem.

Die Pluralbildung auf *-er* ist im Mhd. noch auf eine relativ kleine Zahl von st. Neutra beschränkt, u.a. *blat, ei, huon, kalp, tal*, aber noch nicht z.B. *kint, kleit, wort*, hier lauten die Pluralformen entsprechend Klasse 1 *diu kint, diu kleit, diu wort*.

Wie bei den st. Feminina der 1. Klasse sind im Gen., Dat. Sg. bei Fem. Doppelformen möglich, z.B. Gen., Dat. Sg.*kraft* oder *krefte*.

Klasse 3

		st. Feminina
		(gëbe, zal, nâdel, brâ)
Sg.	Nom.	-0
	Gen.	-0
	Dat.	-0
	Akk.	-0
Pl.	Nom.	-0
	Gen.	*-(e)n*
	Dat.	*-(e)n*
	Akk.	-0

Nach diesem Muster flektieren viele st. Fem., z.T. haben sie Doppelformen im Nom. Sg., vgl. *ķeten – ķete*; *küchen – küche*, die Formen mit *-en* im Nom. Sg. bleiben z.T. durch alle Kasus unverändert. Doppelformen treten auch bei movierten Fem. auf, vgl. *künegin – küneginne*.

Schwache Deklination

		sw. Neutra (*hërze, ouge*)		sw. Maskulina (*bote, ar, pfâwe*)	sw. Feminina (*zunge, sunne, videl(e), krâ(e)*)
Sg.	Nom.	-0			-0
	Gen.	*-(e)n*			*-(e)n*
	Dat.	*-(e)n*			*-(e)n*
	Akk.	-0			*-(e)n*
Pl.	Nom.		*-(e)n*		
	Gen.		*-(e)n*		
	Dat.		*-(e)n*		
	Akk.		*-(e)n*		

Am stärksten vertreten sind in der sw. Deklination Mask., am geringsten Neutra, insgesamt nur vier: *hërze, ôre, ouge, wange*; * mensche* wird sowohl als sw. Neutr. als auch als sw. Mask. verwendet. Sw. Mask. haben in einigen Fällen st. flektierte Formen daneben, vgl. Gen. Sg. sw. *buochstaben* – Gen. Sg. st. *buochstabes*. Sw. Mask. gehen beim Übergang zum Nhd. z.T. in die st. oder gemischte Deklination über, das gilt insbes. für Wörter, die keine Lebewesen bezeichnen, mhd. *boge, balke, brunne*, sie enden nhd. auf *-en* im Nom. Sg. *Bogen, Balken, Brunnen*. Schwach geblieben sind Bezeichnungen für Lebewesen, z.B. mhd. *ręcke* – nhd. *Recke*, mhd. *herre* – nhd. *Herr*.

3.5.3. Das Adjektiv

3.5.3.1. *Deklination*

Beim mhd. Adjektiv sind folgende Deklinationsformen zu unterscheiden:
1. s t a r k e Deklination
nominale Formen (z.B. Nom. Sg. Mask. *blint*),
pronominale Formen (z.B. Nom. Sg. Mask. *blinder*);
2. s c h w a c h e Deklination (z.B. Nom. Sg. Mask. *blinde*, Gen. Sg. Mask. *blinden*).

Die nominalen Formen der st. Flexion stimmen ursprünglich und teilweise noch im Mhd. mit der st. Flexion der Substantive überein, und zwar im Mhd. mit den *a-/ô-*Stämmen.

Diese Übereinstimmung liegt vor im Nom. Sg. Mask./Fem./Neutr., im Akk. Sg. Neutr., im Gen. Sg. Mask./Neutr. und im Akk. Sg. Fem. Jedoch entsprechen die Endungen des Gen. Sg. Mask./Neutr. und des Akk. Sg. Fem. auch der pronominalen Flexion. Pronominale und nominale Formen können von ein und demselben Adjektivstamm gebildet werden. Die pronominale Beeinflussung der "ursprünglich substantivisch flektierenden Eigenschafts-Adjektiva" (KIENLE 1969, §190) wird wohl von Pronominaladjektiven ausgegangen sein. So zeigt der Nom. Sg. Mask. die pronominale Endung *-er* (*blinder*), die "wohl nach ursprünglichem **thēr* (. . .) geformt" ist (KIENLE 1969, §191).

Die sw. Adjektivflexion stimmt völlig mit der sw. Flexion der Substantive überein (siehe 3.5.2.2.). Beim mhd. Adjektiv ist die sw. Endung des Akk. Sg. Fem. wie beim sw. Substantiv *-en*, im Nhd. dagegen ist sie *-e*:

mhd. *ich sah die kleinen swalwen* – nhd. *ich sah die kleine Schwalbe*.

Starke Deklination der Adjektive

		Maskulinum	Neutrum	Femininum
Sg.	Nom.	*blinder, blint*	*blindez, blint*	*blindiu,-e, blint*
	Gen.	*blindes*	*blindes*	*blinder(e)*
	Dat.	*blindem(e)*	*blindem(e)*	*blinder(e)*
	Akk.	*blinden*	*blindez, blint*	*blinde*
Pl.	Nom.	*blinde*	*blindiu, (-e)*	*blinde*
	Gen.	*blinder(e)*	*blinder(e)*	*blinder(e)*
	Dat.	*blinden*	*blinden*	*blinden*
	Akk.	*blinde*	*blindiu, (-e)*	*blinde*

Neben *-em(e)* für Dat. Sing. Mask. und Neutr. findet sich in Handschriften z. T. *-en*, womit die Opposition st. und sw. Adjektivflexion für diesen Fall neutralisiert wird (vgl. N. R. WOLF 1991, 108).

1. Die meisten Adjektive sind *a-/ô*-Stämme, so z. B. *alt, geloubec, guot, hôch, rëht, stum, tôt*.
2. Die Adjektive auf *-l/-r* (z. B. *hol*) und auf *-el/-er/-en* (z. B. *michel* 'groß') können Synkope und Apokope des *e* der Nebensilben aufweisen, z. B. Dat. Sg. Mask./Neutr. *hol(e)me, michel(e)m(e)*.
3. Die adjektivischen *ja-/jô*-Stämme werden wie die *a*-Stämme flektiert. Die sog. unflektierte Form der *ja-/jô*-Stämme endet im Mhd. auf *-e* (aus älterem *-i*), z. B. *schœne*.

Ist der Wurzelvokal umlautfähig, so wird er umgelautet (ahd. *s(w)uozi* > mhd. *süeze*).

Im Mhd. zählen zu den *ja-/jô*-Stämmen u. a. noch folgende Adjektive: *bœse, dræte* 'schnell', *grüene, mære* 'berühmt', *milte* 'freigebig', *schiere* 'schnell', *stæte* 'beständig'. Zuweilen gibt es Nebenformen ohne *e* (*hęrte/hart*).
4. Meistens stimmt die adjektivische Flexion der *wa-/wô*-Stämme mit der der *a*-Stämme überein. Jedoch erscheint im Mhd. das *w* des Themas nur noch in den flektierten Formen und in der Steigerung, nicht in den unflektierten Formen (germ.**garwaz/*garwa(n)/*garwō* > ahd. *garo* > mhd. *gar*, aber *garwer*). Es gibt nur noch wenige *wa-/wô*-Stämme, z. B. *blâ – blâwer* 'blau', *grâ – grâwer* 'grau', *zëse – zëswer* 'recht'.
5. An Stelle der Endung *-iu* im Nom., Akk. Pl. Neutr. und im Nom. Sg. Fem. erscheint im Md. *-e* (statt *blindiu* also *blinde*). Im Alem. und im Fränk. ruft das *iu* Umlaut hervor, z. B. *ęlliu/älliu*.

Schwache Deklination der Adjektive

		Maskulinum	Neutrum	Femininum
Sg.	Nom.		*blinde/hol*	
	Gen.		*blinden/holn*	
	Dat.		*blinden/holn*	
	Akk.	*blinden/holn*	*blinde/hol*	*blinden/holn*
Pl.	Nom.		*blinden/holn*	
	Gen.		*blinden/holn*	
	Dat.		*blinden/holn*	
	Akk.		*blinden/holn*	

N. R. WOLF weist anhand seines Untersuchungsmaterials allerdings nach, daß synkopierte Endungen bei einsilbigen Adjektiven mit kurzem Tonvokal, die auf *-l* oder *-r*
enden, nicht allgemeine Regel sind. In den untersuchten Handschriften erscheinen ausnahmslos nichtsynkopierte Endungen, allerdings hat er vorrangig die st. flektierten Adjektive des Syntagmas 'vorangestelltes attributives Adjektiv + Substantiv ohne Artikel-
wort' berücksichtigt. (Vgl. N. R. WOLF 1991, 109.)

3.5.3.2. *Komparation*

1. Im Mhd. wird der Komparativ durch die Endung *-er*, der Superlativ durch die
Endung *-est* gebildet:

> *kreftic – kreftiger – kreftigest* (flektiert *krefticste*).

Da im Ahd. der Komparativ mit *-iro/-ôro* und der Superlativ mit *-isto/-ôsto* gebildet
werden konnte, jedoch nur die Formen mit *i*-Umlaut des Wurzelvokals hervorriefen,
haben nicht alle Komparative und Superlative im Mhd. Umlaut. So stehen z. B. nebeneinander

> *alt – alter/elter, junc – junger(e)/jünger(e) – jung(e)ste/jüng(e)ste, lanc – lan-
> ger/lenger.*

2. Einige Adjektive haben Suppletivsteigerung; Komparativ und Superlativ werden
nicht vom Stamm des Positivs gebildet, sondern von anderen Stämmen:

guot	*bezzer(e)*	*bezzest, beste*
übel	*wirser(e)*	*wirsest, wir(se)ste*
michel 'groß'	*mêre, mêrer(e), mêrre*	*meiste*
lützel 'klein'	*minner(e), minre*	*min(ne)ste, minnest*

3. Bei einigen Steigerungsformen fehlt der Positiv. Er kann aber durch Adverbien oder
Präpositionen ergänzt werden, so z. B.

ê, êr	bei	*êrer(e)*	*êr(e)ste*
in	bei	*inner*	*innerste*
vor	bei	*vorder(e)*	*vorder(e)ste*

Außerdem gehören hierzu: *hinder(e)/hinderste, nider/niderste, ober(e)/ober(e)ste, under(e)/under-
ste, ûzer(e)/ûzer(e)ste.*
   Der Superlativ *lezzeste/leste* gehört zu *laz* 'träge', wobei jedoch die Bedeutungsbeziehung zwischen Positiv und Steigerungsstufe verlorengegangen ist.

3.5.3.3. *Adjektivadverbien*

Bei Adverbien, die aus Adjektiven gebildet werden, tritt ein Morphem *-e* (ahd. *-o*) an
den Stamm des Adjektivs. Der Adjektivstamm stimmt mit der unflektierten Form der
a-/ô-Stämme überein.

Adjektivstamm	ahd. *ubil*	mhd. *übel*	nhd. *übel*
Adverb	*ubilô/ubilo*	*übele*	*übel*

Bei den *ja-/jô*-Stämmen enden im Mhd. sowohl die unflektierte Adjektivform als auch
das Adjektivadverb auf *-e*. Der Stammvokal des Adjektivadverbs wird im Gegensatz
zum unflektierten Adjektiv nicht umgelautet, da beim Adverb im Ahd. anstelle des
Themas *i* das Morphem *-o* auftrat.

Adjektiv	ahd. *skôni*	mhd. *schœne*	nhd. *schön*
Adverb	*skôno*	*schône*	*schon*

Weitere Beispiele für dieses Nebeneinander von Adjektiv und Adjektivadverb sind *herte – harte,
spæte – spâte, süeze – suoze, veste – vaste.*

Schon im Spätmhd. wird die Endung der Adjektivadverbien mehr und mehr aufgegeben und der Umlaut ausgeglichen, so daß im Nhd. Adjektiv und Adjektivadverb nicht mehr formal unterschieden sind, abgesehen von *lang – lange*. Allerdings gibt es Formen, bei denen infolge Bedeutungsdifferenzierung von Adjektiv und Adjektivadverb der Umlaut auch im Nhd. nicht ausgeglichen ist (*fest* und *fast, schön* und *schon*).

Adjektivadverbien können auch mit *-lîche/-lîchen* gebildet werden, vor allem von Adjektiven auf *-ec/-ic* und *-isch*:
ganz – ganzlîche, trûrec – trûreclîche.
Komparation. In der Regel werden die einsilbigen Adjektivadverbien ohne Umlautung des Stammvokals gesteigert: *hôhe – hôher – hôhest*. Einige Sonderfälle der Steigerung des Adjektivadverbs sind *baz* 'besser' – *bęste, ê* 'früher' – *êrst(e), mê/mêr(e)* 'mehr' – *meist(e), min/minner/minre* 'weniger' – *minn(e)ste, sît/sider/sint/sînt* 'später', *wirs* 'schlechter' – *wirs(e)st(e)*.

3.5.3.4. *Zum Gebrauch der Adjektivformen*

Die sw. und st. Formen des Adjektivs werden im Mhd. im allgemeinen in gleicher Weise verwendet wie im Nhd. Jedoch können Abweichungen von der zu erwartenden Form auftreten.

So kann u. a. die st. nominale (sog. unflektierte) Form des Adjektivs neben der st. pronominalen Form im Nom. Sg. Mask./Fem./Neutr. und im Akk. Sg. Neutr. verwendet werden, wenn das Adjektiv attributiv gebraucht wird: *ein guot man; lieht gesteine*. Ist das attributive Adjektiv nachgestellt, so wird meistens die nominale (sog. unflektierte) Form benutzt, z.B. *den dęgen guot* (NL), seltener die pronominale, z.B. *ein wolken sô trüebez* (MF). Das prädikativ gebrauchte Adjektiv kann neben der gebräuchlicheren nominalen auch die pronominale Form aufweisen: *sîn jâmer wart sô vęster* (H). Selten erscheint hier die sw. Form: *er lît ...ze tôde erslagene* (NL). Nach dem bestimmten Artikel kann neben der allgemein gebräuchlichen sw. Adjektivform auch das pronominal flektierte Adjektiv stehen: *ûz dem betouwetem grase* (GO). In der Anrede sind st. und sw. Formen möglich: *zieren helde* (GO); aber auch *guote liute* (H). (Vgl. PAUL 1989, 356ff.)

3.5.4. **Das Pronomen**

Den unterschiedlichen Flexionsweisen entsprechend, trifft man folgende Einteilung:
1. ungeschlechtige Pronomen. Sie sind nicht nach dem Genus differenziert und haben eine eigene Flexion, die sie von allen übrigen Nomina und Pronomen unterscheidet. Dazu gehören die Personalpronomen der 1. und 2. Person und das Reflexivpronomen;
2. geschlechtige Pronomen. Ihre Deklination ist der substantivischen verwandt, unterscheidet sich aber durch vollere Endungen. Die Bezeichnung weist darauf hin, daß sie nach dem Genus differenziert sind. Dazu gehören das Personalpronomen der 3. Person, die einfachen Demonstrativpronomen, die auch als Relativpronomen und bestimmter Artikel verwendet werden, sowie zusammengesetzte Demonstrativpronomen und die Interrogativpronomen;
3. Pronominaladjektive. Es sind ursprünglich Adjektive, deshalb besteht Übereinstimmung mit der Adjektivdeklination. Sie haben für die einzelnen Genera unterschiedliche Endungen und werden meist stark, z.T. aber auch schwach flektiert. Pronominaladjektive sind die Possessivpronomen, die meisten Indefinitpronomen und einige Demonstrativpronomen;
4. Pronominalsubstantive. Als ursprüngliche Substantive flektieren sie nach der st. Substantivdeklination, soweit sie nicht überhaupt nur im Nom. vorkommen. Pronominalsubstantive sind einige Indefinitpronomen.

3.5.4.1. *Personalpronomen*

Ungeschlechtige Pronomen

	1. P. Sg.	2. P. Sg.	1. P. Pl.	2. P. Pl.
Nom.	*ich*	*du, dû*	*wir, wî*	*ir, gî, î*
Gen.	*mîn, mînes, mîner*	*dîn, dînes, dîner*	*unser*	*iuwer*
Dat.	*mir, mî*	*dir, dî*	*uns*	*iu, iuch*
Akk.	*mich*	*dich*	*(unsich), uns*	*iuch, iu*

Nebenformen sind bei den Pronomen im Mhd. sehr zahlreich, z. T. sind sie unter Einfluß des unterschiedlichen Satztones entstanden, z. B. unbetont *ech*, stark betont *îch*; z. T. sind die Unterschiede als landschaftliche Sonderformen zu erklären, z. B. *îch, mîch, dîch* moselfränk., hess. Zur Vielfalt der Formen, wie sie sich in den Urkunden aus mhd. Zeit zeigt, vgl. Sᴘᴀʀᴍᴀɴɴ 1961,1ff.

Folgt das Pronomen der finiten Verbform, so kann es mit der verbalen Endung verschmelzen, z. B. *geloubest du > geloubestu*, der Vokal des Pronomens kann durch Abschwächung zu *e* werden und vor vokalisch anlautendem Wort schwinden, z. B. *geloubeste ëz > geloubest ëz*. Eine solche Enklise findet sich im Mhd. sehr häufig.

Das Pronomen *ir* dient als Anredeform für sozial höherstehende wie für in der Gesellschaft gleichgestellte Personen.

Im Bair. kommen neben den Pluralformen auch die lautgesetzlichen Fortsetzungen germ. Dualformen vor (Nom. *ëz*, Dat./Akk. *ënc*, seit dem 12. Jh. allerdings in pluralischer Bedeutung). Sie sind heute ein Merkmal des Bair. gegenüber anderen Mundarten.

Geschlechtige Pronomen

	3. Pers. Sg.		
	Maskulinum	Neutrum	Femininum
Nom.	*ër, hê, hie, hër*	*ëz*	*siu, sie, sî, si*
Gen.	*ës, sîn*	*ës, sîn*	*ir(e)*
Dat.	*im(e)*	*im(e)*	*ir(e)*
Akk.	*in*	*ëz*	*sie, siu, sî, si*

	3. Pers. Pl.		
Nom.,Akk.	*sie, sî, si*	*siu, sie, sî*	*sie, siu, sî, si*
Gen.		*ir(e)*	
Dat.		*in, inen*	

Der Überblick zeigt, daß die Formen von unterschiedlichen Wurzeln gebildet sind (Suppletivbildung). Gen. und Dat. Pl. haben in allen drei Genera gleiche Formen.

3.5.4.2. *Reflexivpronomen*

		Maskulinum/Neutrum		Femininum		
Sg.	Gen.	*sîn*	*(ir)*	Pl. Gen.	*(ir[e])*	
	Dat.	*(im[e])*	*(ir)*		*(in)*	
	Akk.	*sich*	*sich*		*sich*	

Ein Nom. wird, der Semantik des Reflexivpronomens entsprechend, nicht gebildet. Die Formen des alten Reflexivpronomens sind teilweise verlorengegangen, an ihre Stelle sind Formen des Personalpronomens der 3. P. getreten (im Paradigma in Klammern). *sich* als Reflexivpronomen für den Dat. kommt in mhd. Zeit nur im Mittelfränk. vor. Für die 1. und 2. P. Sg. und Pl. werden die flektierten Formen der ungeschlechtigen Personalpronomina verwendet.

3.5.4.3. *Possessivpronomen*

Sg.	1. P.	*mîn*	Pl.	1. P.	*unser*
	2. P.	*dîn*		2. P.	*iuwer*
	3. P.	*sîn, ir, sîn*		3. P.	*ir*

Die Possessivpronomen sind von den Genitivformen der Personalpronomen (1., 2. P. Sg. und Pl.) und vom Reflexivpronomen (3. P. Sg. Mask. und Neutr.) gebildet. Sie werden wie st. Adjektive dekliniert und haben im Nom. Sg. meist endungslose Formen (Neutr. und Fem. auch im Akk.), z. B. Nom., Akk. Sg. *mîn frouwe*. Schwach flektierte Formen beginnen sich im Mhd. erst herauszubilden, sie kommen vereinzelt nach bestimmtem Artikel vor.

Bei der st. Flexion treten die Endungen im Obd. an einen Stamm *unser-*, vgl. *unser-er*, *unser-iu*, *unser-ez*, im Md. an einen Stamm *uns-*, vgl. *uns-er*, *uns-iu*, *uns-ez* (ebenso *iuwer-*, *iuw-*).

3.5.4.4. *Demonstrativpronomen und bestimmter Artikel*

dër, daz, diu

		Maskulinum	Neutrum	Femininum
Sg.	Nom.	dër, dê	daz	diu, die
	Gen.	dës		dër(e)
	Dat.	dëm(e)		dër(e)
	Akk.	dën	daz	die
Pl.	Nom., Akk.	die	diu	die
	Gen.	dër(e)		
	Dat.	dën		

Die Formen des Demonstrativpronomens werden zugleich in der Funktion des bestimmten Artikels verwendet. Da der Artikel häufig in unbetonter Stellung im Satz vorkommt, treten zahlreiche abgeschwächte Formen auf, z. B. *diu*, *die* > *de*, vor Vokal nur *d*.

dirre, diser

		Maskulinum	Neutrum	Femininum
Sg.	Nom.	dirre, diser	ditze, diz	disiu
	Gen.	dises		dirre, diser
	Dat.	disem(e)		dirre, diser
	Akk.	disen	ditze, diz	dise
Pl.	Nom., Akk.	dise	disiu, dise	dise
	Gen.	dirre, diser		
	Dat.	disen		

Verstärkung des hinweisenden Charakters wurde bereits in germ. Zeit durch Zusammensetzung des einfachen Demonstrativpronomens mit einer verstärkenden Partikel erreicht. Die Zusammensetzung mit den einzelnen Genus- bzw. Kasusformen des Pronomens führte zu unterschiedlichen Formen, z. B. Nom. Sg. Mask. as. *thë-se*, Nom. Sg. Fem. as. *thiu-s*. Der Charakter der Zusammensetzung verblaßte, die Verbindung wurde als neuer Stamm betrachtet. Ausgleichserscheinungen haben schließlich dazu geführt, daß im Mhd. die Kasusendungen an einen neuen Stamm *dis-* treten, der für alle Genera gilt. Allerdings kommen auch Nebenformen mit *-e-* vor, z. B. *dëser*.

Die Formen mit *-rr-* sind durch Angleichung des *s* an folgendes *r* und Synkopierung des Mittelvokals entstanden (as. **thësara* > *thërara* > *thërra*).

jener 'jener' findet sowohl substantivisch als auch adjektivisch Verwendung; seine Deklination entspricht der des st. Adjektivs. Es kommen keine sog. unflektierten Formen vor.

sëlp 'selber, selbst' ist im Gegensatz zum Nhd. mhd. veränderlich. Nach Personalpronomen oder Substantiv kann es stark oder schwach, nach bestimmtem Artikel nur schwach flektiert werden. Nhd. *selber*, *selbst* sind erstarrte Kasusformen (mhd. *sëlber* = Nom. Sg. Mask., stark, *sëlbes* = Gen. Sg. Mask./Neutr., stark).

3.5.4.5. *Relativpronomen*

Die in diese Gruppe gehörigen Wörter hatten nicht von vornherein relativische Funktion. Sie gehen z.T. auf alte Demonstrativpronomen zurück: mhd. *dër, daz, diu* (siehe 3.5.4.4.); z.T. sind es Indefinitpronomen (siehe 3.5.4.7.) mit vorangestelltem und z.T. auch nachgestelltem *sô*, vgl. *sô wër (sô)*, mhd. *swër* 'wer immer', *swaz* 'was immer', *swëder* 'welcher auch von beiden', *swëlch* 'welch auch'. Relativischer Anschluß eines abhängigen Satzes kann im Mhd. außerdem durch Pronominaladverbien *swâ* 'wo auch', *swie* 'wie auch' u.a., durch das Adverb *sô* und durch die Konjunktion *unde* ausgedrückt werden.

3.5.4.6. *Interrogativpronomen*

wër, **waz**

		Maskulinum/Femininum	Neutrum
Sg.	Nom.	*wër*	*waz*
	Gen.	*wës*	*wës*
	Dat.	*wëm(e)*	*wëm*
	Akk.	*wën*	*waz*
	Instr.		*wiu*

Dieses Pronomen wird nur substantivisch verwendet, es hat keine eigene Form für das Fem.

Die alte Form *wës* wird in frnhd. Zeit allmählich durch *wessen* verdrängt, ist aber noch erhalten in *weswegen, weshalb. wiu* steht mhd. nur noch nach Präpositionen.

wëder 'wer von beiden' ist vom gleichen Stamm abgeleitet wie *wër* und flektiert wie ein st. Adjektiv; Nom. Sg. Mask. *wëderer/wëderre*, Fem. *wëderiu*, Neutr. *wëderez*. Es hat daneben für den Nom. Sg. eine sog. unflektierte Form, die in der Konjunktion *weder* fortlebt.

welich, *welch, welich* 'wie beschaffen, welcher' flektiert wie ein st. Adjektiv, im Nom. wird meist die sog. unflektierte Form verwendet.

3.5.4.7. *Indefinitpronomen*

Indefinitpronomen in der Bedeutung 'jeder, alles'
al 'alle' flektiert wie ein st. Adjektiv; vor Artikel oder Pronomen steht meist die sog. unflektierte Form.
gelîch, mit einem Gen. Pl. verbunden, 'jeder', z.B. mhd. *manne gelîch, männeglîch* 'jedermann'.
iegelîch 'jeglich', *iewëder* 'jeder von beiden'.

Indefinitpronomen in der Bedeutung 'irgendein', 'jemand', 'etwas'
wër, ëte(s)wër 'irgendeiner' wird nur substantivisch verwendet, ebenso *ëte(s)waz* 'etwas'. Als Pluralform für *ëteswër* und *ëteswaz* steht meist mhd. *ëtelîch* 'irgendwelche, einige'.
sumelîch 'irgendeiner' folgt der st. Adjektivdeklination.
ein – bei substantivischer Verwendung endet der Nom. Sg. auf *-er, -iu, -ez*, bei adjektivischer Verwendung steht die nominale Form.
(Das Pronomen *ein* wird zugleich als Numerale und als unbestimmter Artikel verwendet.)
ieman 'jemand' und *iht* 'etwas' werden als Pronominalsubstantive stark flektiert (Nom. Sg. *ieman*, Gen. *iemans, iemannes*, Dat. *iemanne, iemen*, Akk. *ieman*).

Indefinitpronomen in der Bedeutung 'keiner', 'niemand', 'nichts'
An der Bildung aller hier aufgeführten Formen ist die Negationspartikel germ. **ni* beteiligt.

nechein 'kein' ist die verneinte Form zu *ein*. Die nhd. Form *kein* ist entstanden durch Veränderungen von *ch* > *k* und Wegfall der Negationspartikel.

nieman, niemen 'niemand' (vgl. *ieman*).

nicht (*nieweht, neweht, niewet, niuwet*) 'nichts' wird nur substantivisch verwendet und stark flektiert. Nhd. steht bei substantivischem Gebrauch die erstarrte Genitivform *nichts*. Der Akk. *nicht* ist bereits seit mhd. Zeit Negationspartikel.

3.5.5. **Das Numerale**

Wir unterscheiden Kardinal- und Ordinalzahlen, daneben noch Zahladverbien und -adjektive.

3.5.5.1. *Kardinalzahlen*

Die Zahlwörter 1 bis 3 haben im Mhd. besondere Formen für alle drei Geschlechter und sind deklinierbar.

Eins wird wie ein Adjektiv flektiert; nach bestimmtem Artikel oder einem entsprechenden Pronomen flektiert es schwach, sonst stark. – Im Nom. aller drei Genera sowie im Akk. Sg. Neutr. (und z. T. auch im Fem.) steht die endungslose Form, wenn das Zahlwort attributiv vor einem Substantiv steht.

Zwei und **drei** weisen im Gen. und Dat. jeweils für alle drei Geschlechter gleiche Formen auf.

	Maskulinum	Femininum	Neutrum
1	*einer, ein*	*einiu, ein*	*einez, ein*
	eines	*einer(e)*	*eines*
	einem(e)	*einer(e)*	*einem(e)*
	einen	*eine*	*einez*
2	*zwêne*	*zwô (zwuo, zwâ)*	*zwei*
		zwei(g)er	
		zwein, zweien	
	zwêne	*zwô (zwuo, zwâ)*	*zwei*
3	*drî, drîe*	*drî, drîe*	*driu*
		drî(g)er	
		drîn, drî(e)n	
	drî, drîee	*drî, drîe*	*driu*

Vier bis **zwölf** bleiben entweder unverändert oder folgen der Flexion der st. Adj. Die Formen des Nom. lauten:

Vier   *vier, viere, vieriu*
Fünf   *finf, fünf, fünfe, fünviu*
Sechs   *sëhs,* (md. *sëss*), *sëhse, sëhsiu*
Sieben   *siben, sibene, sibeniu*
Acht   *aht, ahte, ähte, ähtiu*
Neun   *niun, niune, niuniu*
Zehn   *zëhen* (md. *zên*), *zëhen(e), zëheniu*
Elf   *einlif, (einlef, eilf, elf)*
Zwölf   *zwẹlif, zwẹlf, zwẹlve*

13 bis **19**. Diese Grundzahlwörter bleiben unflektiert; sie heißen:

13   *drîzëhen, driuzëhen*
14   *vierzëhen*
15   *finfzëhen*

19   *niunzëhen*
20ff. Ebenso bleiben die vollen Zehner endungslos. Sie werden gebildet aus Einerzahl +
           Zehnersuffix *-zec, -zic*:
20   *zweinzec (zwênzec)*
30   *drîzec* usw.
           aber: **21** *einez unde zweinzec*, **22** *zwei unde zweinzec* usw.
100   *hundert* (älter: *zëhenzec*) oder *hunt*
200   *zweihundert*
300   *drîhundert*, **325** *drîhundert fünf unde zweinzec*
1000   *tûsent*
2341   *zwei tûsent drîhundert einez unde vierzec* usw.

Alle Zahlwörter bis **20** werden sowohl substantivisch als auch adjektivisch verwendet. Ab **20** sind sie ursprüngliche Substantive, sie werden im Mhd. ebenfalls adjektivisch gebraucht.

3.5.5.2. *Ordinalzahlen*

Die Ordnungszahlwörter werden schwach dekliniert.
1. und **2.** *êrste* und *ander* werden nicht von den Grundzahlen abgeleitet, sondern gehen auf andere Stämme zurück: *êrste, êreste* (< ahd. *êristo*, Superlativ zu *êr* 'früher'); *ander* (**2.**) ist eigentlich Pronominaladjektiv (*anderer, anderiu, anderez*) und kann auch stark dekliniert werden. *zweite* dringt erst im 16. Jh. durch.
3. *dritte* (md. *dirte, dërte*).
4. bis **19.** Diese Ordinalzahlen werden aus der Kardinalzahl und dem Suffix *-te* (ahd. *-to*) gebildet: *vierde, fünfte, sëhste, sibende* . . . *einlifte (eilifte, eilfte), zwęlifte (zwęlfte)*, . . . *niunzëhente*.
20.ff. Sie bestehen aus Kardinalzahl und Superlativsuffix *-este* (ahd. *-ôsto*): **20.** *zweinzegeste*, **30.** *drîzegeste*, **42.** *zwei unde vierzegeste*, **100.** *hundert(e)ste*, **1000.** *tûsent(e)ste*.

3.5.5.3. *Zahladverbien*

1–3mal. *eines* (Gen. Sg.) 'einmal', *zwir(e)* 'zweimal', *drîs* 'dreimal', daneben *drîstunt*. Neben diesen einfachen Bildungen kommen häufiger zusammengesetzte Zahladverbien vor, bestehend ab **4mal** aus Kardinal- oder Ordinalzahl und *-stunt* oder *węrbe* (auch *-warbe* oder *-warp*) oder *-mâl* (erst seit dem 13. Jh.): *vierstunt, vierwęrbe, viermâl, tûsentstunt* usw.; aber *dritte warp* 'zum dritten Male' usw.

3.5.5.4. *Zahladjektive*

Man unterscheidet die e i n f a c h e n Zahladjektive *einic* 'einzig' und *zwisc* 'zwiefach' von den z u s a m m e n g e s e t z t e n Zahladjektiven, die aus der Kardinalzahl und dem Suffix *-valt, -valtic, -vęlt, -vęltic* bzw. *-lîch* oder *-vach* bestehen: *zwîvalt, drîlich, viervach*.
Um genitivische Umschreibungen handelt es sich bei Formen mit *hant, leie* oder *-slaht*: *einerhant, drîer hande, zëhen hande, zwîer leie, drîer leie*; später *maneger-, allerslaht*.

3.6. Zum Satzbau

3.6.1. **Zur Satzglied- bzw. Wortstellung**

Im Mhd. gibt es wie im Nhd. kein starres System der Satzgliedstellung. Für die Anordnung der Satzglieder sind unterschiedliche Gesichtspunkte von Bedeutung. Als wesentlichste kommen in Frage:

a) der Mitteilungswert der einzelnen Satzglieder
Hierfür gilt offensichtlich ähnlich wie für das Nhd. das Prinzip des steigenden Mitteilungswertes, andererseits aber auch die Möglichkeit, das Wichtigste affektbetont an den Anfang zu stellen.

b) die rhythmische Gestaltung
In der gebundenen Rede wird die Satzgliedstellung wesentlich von Rhythmus und Reim mitbestimmt, aber auch sonst beeinflussen rhythmische Gesichtspunkte – Wechsel von stärker und schwächer betonten Gliedern – die Stellung der Satzglieder.

c) der Umfang der Glieder
Auf die Bedeutung dieses Faktors hat BEHAGHEL hingewiesen. Das von ihm formulierte Gesetz der wachsenden Glieder lautet: "Von zwei Gliedern von verschiedenem Umfang steht das umfangreichere nach." (BEHAGHEL 1930, 86.)
  Solche Gesetzmäßigkeiten dürfen jedoch nicht isoliert betrachtet werden, "der Begriff des Umfangreicheren wird sich weithin mit dem des Gewichtigeren decken, aber nachdem die zweckmäßige Stellung zur überlieferten geworden ist, entsteht daraus ein unbewußtes rhythmisches Gefühl, das gebietet, einem kürzeren Glied einen längeren Abklang folgen zu lassen" (BEHAGHEL 1930, 86).
  Nur wenn man diese sowie weitere Aspekte im Zusammenhang berücksichtigt, wird die Anordnung der Satzglieder im Mhd. richtig zu erfassen sein.

3.6.1.1. *Stellung des finiten Verbs*

Die besondere Bedeutung, die dem finiten Verb beim Bau des Satzes im Nhd. zukommt, läßt die Frage nach seinen Stellungsbesonderheiten bzw. -gesetzmäßigkeiten im Mhd. aufwerfen.
  Für das Deutsche in seiner gesamten historischen Entwicklung hält BETTEN fest: "Im Deutschen hat es im Laufe seiner Geschichte, jedoch im wesentlichen auch in allen Perioden nebeneinander, die folgenden vier Satzorganisationsformen gegeben, ausgehend von der Position des finiten Verbs: (Absolute oder gedeckte) Anfangs- oder Spitzenstellung, Zweitstellung (betrachtet als Satzgliedstellung), Dritt- oder Späterstellung (im Hauptsatz) bzw. Nichtend- oder Späterstellung (im Nebensatz) und Endstellung." (BETTEN 1987, 121.) SONDEREGGER konstatiert eine seit ahd. Zeit zunehmende Tendenz "zur Zweitstellung des finiten Verbs im Hauptsatz und Späterstellung (noch nicht Endstellung) im eingeleiteten Gliedsatz" (SONDEREGGER 1979, 282).
Stellung im Aussagehauptsatz: Im Mhd. gelten nach SCHIEB für die Stellung des Finitums im Hauptsatz im wesentlichen die gleichen Grundsätze wie im Nhd.; sie schränkt allerdings ein, daß vor allem in der Dichtersprache die alten freieren Möglichkeiten der Verbstellung unter dem Einfluß von Vers und Reim noch lange erhalten bleiben (vgl. SCHIEB 1970, 380).
  Meist nimmt das finite Verb bereits im Mhd. Zweitstellung ein, z.B. *Sîn name* **was** *erkennelich: er* **hiez** *der herre Heinrich* (H).
  Es können allerdings auch mehrere Satzglieder vor dem finiten Verb stehen, z.B. *den starken gêr er* **leinte** *an der linden ast* (NL); *Gunther sich dô* **neigete** *nider zuo der fluot* (NL).

Endstellung des finiten Verbs im Hauptsatz kommt im Mhd. vor allem noch in der Dichtung vor. Das Nibelungenlied bietet zahlreiche Beispiele dafür: *sô grôze missewende ein helt nu nimmer mêr* **begât** (NL); *Den gêr im gein dem herzen stecken er dô* **lie** (NL). Eine solche Endstellung in den dichterischen Denkmälern wird von vielen Forschern als die ursprüngliche germanische betrachtet. (Vgl. BETTEN 1987, 123.)

Anfangsstellung des finiten Verbs, die im Germ. vermutlich ausgeprägt war und sich auch noch im Ahd. findet, ist im Mhd. äußerst selten geworden. DAL (1966) und LOCKWOOD (1968) sind der Meinung, daß zahlreiche Sätze mit gedeckter Spitzenstellung des Verbs noch auf diesen ursprünglichen Typ hindeuten, z. B. *ez* **hât** *nu allez ende unser sorge unt unser leit* (NL). Allerdings ist kaum eindeutig festzustellen, ob ein solches satzeröffnendes Wort völlig unbetont ist, ob es sich damit um gedeckte Anfangsstellung oder um Mittelstellung des finiten Verbs handelt. Besonders problematisch ist das bei Adverbien des Ortes oder der Zeit, z. B. *Dô* **viel** *in die bluomen der Kriemhilde man* (NL).

Stellung im Fragesatz: Entscheidungs- und Ergänzungsfrage unterscheiden sich in der Stellung des finiten Verbs.

Für die Entscheidungsfrage gilt Spitzenstellung, z. B. **welt** *ir mir loufen mit ze wette zuo dem brunnen* (NL), für die mit einem Fragepronomen oder -adverb eingeleitete Ergänzungsfrage Zweitstellung, z. B. *Waz* **mac** *ich dir sagen mê* (WA).

Stellung im Aufforderungssatz: Im Aufforderungssatz kann das finite Verb wie im Nhd. sowohl Spitzen- als auch Zweitstellung einnehmen, z. B. *Und* **lât** *si des geniezen . . . durch aller fürsten tugende* **wont** *ir mit triuwen bî* (NL).

Spitzenstellung wird bevorzugt beim Gebrauch des Imperativs der 2. Person, z. B. **seht** *wie rôt mir ist der munt* (WA).

Auch im Aufforderungssatz gehen dem finiten Verb jedoch manchmal mehrere Satzglieder voraus, vor allem bei umschriebenen Verbformen, z. B. *mit laster ir gescheiden sult von guoten recken sîn* (NL).

Stellung im Gliedsatz: Im Mhd. sind Gliedsätze mit Endstellung des finiten Verbs in der gebundenen Rede noch selten, z. B. *Dâ der herre Sîfrit ob dem brunnen* **tranc** (NL). Meist handelt es sich um sehr kurze Sätze, z. B. *swaz si weinens* **getuot** (NL). Bei zusammengesetzten Verbformen rückt in solchen Fällen die infinite Form an die letzte Stelle, z. B. *als er het' getrunken* (NL). Dabei kann auch noch nicht eindeutig zwischen Haupt- und Nebensatz differenziert werden.

Viel häufiger sind Gliedsätze mit sog. "Nichtzweitstellung", z. B. *Swie wunt er* **was** *zem tôde* (NL); *daz ich ie* **gewan** *den sun* (NL). BETTEN konstatiert, " . . . die Personalform steht im Nebensatz auf einer späteren als der zweiten Position, wenn man das Einleitewort als Erstposition mitzählt." (BETTEN 1987, 127.)

Wie im Nhd. steht das finite Verb z. T. bei uneingeleiteten Gliedsätzen an zweiter Stelle, z. B. *man giht, er* **sî** *sîn selbes bote* (H).

Im Unterschied zum Nhd. können aber auch eingeleitete Gliedsätze Zweitstellung des finiten Verbs aufweisen, z. B. *daz von der wunden* **spranc** *daz bluot im von dem herzen vastę an die Hagenen wât* (NL).

Spitzenstellung des finiten Verbs gilt wie im Nhd. für einen Teil der uneingeleiteten Gliedsätze, z. B. **het** *ich an iu erkennet den mortlîchen sit* (NL); **Hâstû** *triuwę unde stætekeit* (WA).

In der Prosa herrscht aber nach Auffassung von ADMONI die Endstellung der finiten Verbform im Gliedsatz bereits vor (vgl. 1967, 184): *daz er im sins rehtes helfe* (MR).

3.6.1.2. *Bildung des prädikativen Rahmens*

Der volle prädikative Rahmen (Distanzstellung der Rahmenpartner) wird im Mhd. recht häufig gebraucht, obwohl er noch nicht zur vorherrschenden Regel geworden ist: *der rihter* **sol** *jenen ze aht* **tuon** (MR). Daneben kommen sowohl der verkürzte Rahmen (Nahstellung der Rahmenpartner): *dem* **sol** *der rihter daz* **gebieten** *bi des keisers hulden* (MR), als auch der potentielle Rahmen (Kontaktstellung der Rahmenpartner) vor: *der sun* **sol** **sîn** *verteilet eigens und lehens und varends guotes* (MR).

Große Schwankungen können sich im Gebrauch der drei Rahmenvarianten zwischen einzelnen Texten ergeben, insbesondere zwischen Prosatexten und poetischen Texten. In der Prosa ist die volle Rahmenkonstruktion besonders häufig. Insgesamt verweist BETTEN aber darauf, "daß noch in der althochdeutschen und mittelhochdeutschen Periode vollständige Rahmenbildung (mit absoluter Verbendstellung) insgesamt selten, Distanzstellung der verbalen Teile mit weiteren Satzgliedern hinter den verbalen Teilen jedoch häufiger war." (BETTEN 1987, 129.)

3.6.1.3. *Stellung verschiedener Formen des Attributs*

Stellungsbesonderheiten gegenüber dem Nhd., die besonders im Hinblick auf das Übersetzen aus dem Mhd. zu beachten sind, bestehen u. a. in Folgendem (vgl. dazu OKSAAR 1965): Attributives Adjektiv sowie Possessivpronomen können auch nach dem Beziehungswort stehen, vgl. *die recken vil balt* (NL), *ein gêrstange lanc* (NL), *an dem lîbe mîn* (NL).

Das Genitivattribut kann zwischen bestimmtem Artikel und Substantiv stehen, vgl. *die Sîfrides tugende* (NL), *der Kriemhilde man* (NL). Herkunftsbezeichnungen können dem Beziehungswort vorausgehen, vgl. *von Tronege Hagene* (NL).

3.6.2. Negation

Zur Verneinung dient im Mhd. wie bereits im Germ. und Ahd. die Negationspartikel *ne* (vorangestellt *en*-), die unmittelbar beim Verb steht. Sie findet sich in formelhaften Wendungen, z. B. *nû* en*welle got* (WA), oder auch, wenn ein Gliedsatz sehr eng mit dem Verb des Hauptsatzes verbunden ist, z. B. *ich* en*weiz ob er zouber künne* (WA).

Die Partikel kann mit einem anderen Wort, vor allem mit einem Pronomen, das beim Verb steht, verschmelzen, z. B. *mir***n** *komme mîn holder geselle* (MF).

Allerdings sind Fälle, bei denen *ne* bzw. *en*- allein als Ausdruck der Verneinung dient, im Mhd. selten geworden. Im Gegensatz zum Germ. und Frühahd. bedarf die Partikel im Mhd. meist der Unterstützung und Verstärkung durch ein zweites Negationswort. Dabei handelt es sich um Pronomen und Adverbien, die selbst bereits mit der Negationspartikel verschmolzen sind (*ne + eo > nie*; *ne + eo + man > nieman* u. a.), z. B. *ez* en*wart* **nie** *vrouwen leider an liebem vriunde getân* (NL).

Besonders häufig wird der ursprünglich adverbiale Akk. (*ni eo wiht*) mhd. *niht* zur Verneinung neben *ne* gebraucht, z. B. *des* en*mac diu schœne* **niht** *getuon* (WA). *niht* verdrängt das alte *ne* im ausgehenden Mhd. allmählich und übernimmt allein die Verneinungsfunktion, z. B. *swer mit triuwen der* **niht** *phliget* (MF).

Bei den Konstruktionen mit *ne*, *en + niht* oder einem anderen Negationswort handelt es sich um eine doppelte Verneinung; im Unterschied zum Nhd. heben sich die Verneinungen aber nicht gegenseitig auf, z. B. *daz* **nie kein** *münch ze kôre sô sêre mê geschrei* (WA).

"Daß mehrere Verneinungen sich gegenseitig aufheben, ist erst Errungenschaft der neueren Schriftsprache." (BEHAGHEL 1928, Bd. 2, 80.) BEHAGHEL bringt dies mit der Schulung am Latein in Zusammenhang.

Bei zusammengesetzten Verbformen mit einem Part. Prät. erfolgt die Verneinung der Verbalhandlung häufig durch Verschmelzung des Part. mit dem Präfix *un*-, z. B. *daz ist mir unbenomen* steht gleichwertig neben *daz ist mir niht benomen*.

3.6.3. Verbindung von Sätzen

Wie im Nhd. gibt es die Möglichkeit der parataktischen und hypotaktischen Verbindung von Sätzen. Allerdings sind die Mittel zur Kennzeichnung der Fügungsart – koordinierend oder subordinierend – wie auch zur semantischen Charakterisierung der Beziehung zwischen den Sätzen – temporal, kausal usw. – zum größten Teil noch vielfältiger verwendbar, im Anwendungsbereich noch nicht so stark festgelegt. Das System der Konjunktionen hat noch keine so klaren Konturen wie im Nhd., es ist in Herausbildung begriffen (vgl. Schieb 1970, 385). Im Hinblick auf das Übersetzen empfiehlt es sich daher, der Semantik der Konjunktionen besondere Beachtung zu schenken, nicht einfach von der weitgehend spezialisierten Bedeutung des Nhd. auszugehen, sondern genau zu prüfen, welche der unterschiedlichen Bedeutungen in Frage kommt.

3.6.3.1. *Koordination*

Die inhaltliche Beziehung, die zwischen nebeneinanderstehenden Sätzen besteht, kann ohne spezielle lexische Mittel in asyndetischer Anreihung durch die Semantik der Sätze zum Ausdruck gebracht werden, z. B. *Sîn name was erkennelich: er hiez der herre Heinrich* (H).

Durch die Verwendung von Konjunktionen oder demonstrativen Pronomen und Adverbien wird die Verknüpfung enger, der logische Zusammenhang deutlicher, z. B. *Ich kam gegangen zuo der ouwe*: **dô** *was mîn vriedel kommen ê* (WA).

Zur Verdeutlichung kausaler Zusammenhänge dient mhd. *wande*, nhd. wird statt dessen *denn* verwendet, z. B. *Si klageten mit den gesten,* **want** *in was harte leit* (NL).

Mhd. *wande, want* kann auch subordinierend verwendet werden, es ist dann mit *weil* zu übersetzen.

Vorwiegend koordinierend werden im Mhd. folgende Konjunktionen gebraucht:

– kopulativ: *unde, ouch, beidiu . . . und* 'sowohl . . . als auch' . . .;
– disjunktiv: *oder, alde* 'oder', *niuwan* 'außer', *eintwêder . . . oder, wêder . . . oder* 'entweder . . . oder' . . .;
– adversativ: *aber, doch, iedoch, sunder* 'sondern' . . .;
– kausal: *wande* 'denn' . . .

Enger wird die Verbindung auch dadurch, daß ein Satzglied im zweiten Satz eingespart wird, z. B. *er hiez der herre Heinrich und was von Ouwe geborn* (H).

Koordiniert werden nicht nur Hauptsätze, sondern auch Wortgruppen und Gliedsätze, z. B. *swaz kriuchet unde vliuget und bein zer erde biuget* (WA). *Dô man daz gehôrte . . . unt man in gesarket hête* (NL).

3.6.3.2. *Subordination*

Die Möglichkeiten, syntaktische Abhängigkeit auszudrücken, sind vielfältig.

Unterordnung kann aus der s y n t a k t i s c h e n B e z i e h u n g allein deutlich werden, z. B. *Dô sprach von Tronege Hagene: "ich bring'in in daz lant* (NL); *ich wæne sîn herze im sagte* (NL).

Häufig bezeichnet der K o n j u n k t i v die Abhängigkeit des Gliedsatzes, z. B. *man giht, er* **sî** *sîn selbes bote* (H). Diese Möglichkeit gibt es nicht nur in der vermittelten Rede, z. B. auch *daz er des hete willen, er* **næme** *im sîniu lant* 'daß er das beabsichtigte, ihm seine Länder zu nehmen' (NL).

Steht bei der Verbform im Konjunktiv die Partikel *ne, en*, so wird in der Regel eine Einschränkung bezeichnet, z. B. *diu drî enhabent geleites niht, diu zwei* **enwerden** *ê gesunt* (WA). Man übersetzt diese Fügung am besten mit 'wenn nicht' oder 'es sei denn daß', also ' . . . wenn nicht die beiden vorher wieder hergestellt werden'.

Der Konjunktiv findet sich auch in nichteingeleiteten Konditional- und Konzessivsätzen, z. B. *het ich an iu erkennet* (NL); *Es sî ein sî, es sî ein er* (WA).

Im Mhd. gibt es bereits R e l a t i v p r o n o m e n zur Einleitung von Gliedsätzen, z. B. *wir vinden ir vil wênic,* **die** *türren uns bestân* (NL); *Die sind dâ von bescholten,* **swaz** *ir wirt geborn* (NL).

Relativsätze können auch mit *unde* eingeleitet werden, z. B. *ergetzet si der leide* **und** *ir ir habet getân* (NL).

Besondere Bedeutung für die Kennzeichnung der Abhängigkeit und der semantischen Kategorie kommt den subordinierenden Konjunktionen zu, die allerdings – wie oben ausgeführt – noch nicht so eindeutig festgelegt sind wie im Nhd. Auch die Grenzen zwischen den Wortarten Konjunktion und Adverb sind vielfach noch nicht klar zu bestimmen. Als subordinierende Konjunktionen fungieren vor allem ursprüngliche Adverbien, z. B. *Dâ der herre Sîfrit ob dem brunnen tranc* (NL).

Einen breiten Anwendungsbereich hat das ursprüngliche Demonstrativpronomen *daz*. Durch Verbindung mit Adverbien ergeben sich zusätzliche Möglichkeiten zur Einleitung von Gliedsätzen, z. B.

Objektsatz: *daz bediutet sich alsus,* **daz** *wir in dem tôde sweben* (H);
Modalsatz: *Ein ritter sô gelêret was* **daz** *er an den buochen las* (H);
Finalsatz: *Ich en hân niht rosses* **daz** *ich dar gerîte* (WA);
Temporalsatz: *der helt doch nine tranc* **ê daz** *der künic getrunke* (NL).

Subordinierende Konjunktionen sind u. a.:

- temporal: *als, biz, dô* 'sobald als', *danne, ê daz* 'bevor',
sît, unz daz 'bis', *die wîle daz* 'während' . . .;
- kausal: *wande, wân, sît, umbe daz* 'weil' . . .;
- konditional: *ob, sô* 'wenn' . . .;
- konsekutiv: *daz, durch daz, umbe daz* 'so daß' . . .;
- final: *daz, durch daz, umbe daz* 'damit' . . .;
- konzessiv: *swie, ob* . . .

(Der Überblick beschränkt sich auf wenige ausgewählte Beispiele und macht nicht die Polyfunktionalität der einzelnen Konjunktionen sichtbar.)

Die angeführten Beispiele wie überhaupt die Schriftform der textkritischen Ausgaben lasssen syntaktische Strukturen der Fügung von Sätzen deutlich hervortreten. In den mhd. Handschriften gibt es jedoch "keine den heutigen Verhältnissen vergleichbare Interpunktionsregelung. Zwar können Initialen den Beginn eines Abschnitts oder eine inhaltliche Markierung hervorheben, und Reimpunkte kennzeichnen in der Regel das Ende eines Verses. Aber es ist oft nicht möglich, aus diesen Zeichen allein einen Satzbegriff zu entwickeln . . ." (GROSSE 1985, 1153.) Demzufolge ist oft nicht zu entscheiden, ob es sich um einfache oder um zusammengesetzte Sätze handelt.

4. Frühneuhochdeutsch

4.1. Einleitung

4.1.1. Zeitliche Einordnung

Die Probleme der Periodisierung der deutschen Sprachgeschichte (s. Kap. 0.4.) betreffen das Frnhd. in besonderem Maße; denn bei diesem Abschnitt der Entwicklung der dt. Sprache geht es nicht nur um die adäquate zeitliche Abgrenzung, sondern auch um die Frage, ob das Frnhd. eine eigene Periode ist oder ob dieser Zeitraum teils dem Mhd. (bzw. dem spätmittelalterlichen Deutsch), teils dem Nhd. (dem Deutsch der Neuzeit) zuzuordnen ist.

Der vorliegende Abriß der frnhd. Grammatik bezieht sich entsprechend der Ansicht der meisten Sprachhistoriker auf die Zeit von 1350 bis 1650. Zur Kennzeichnung größerer Entwicklungslinien wird gelegentlich auch über diesen Zeitraum hinausgegangen. Das Sprachsystem dieser drei Jahrhunderte hebt sich in mehrfacher Hinsicht deutlich sowohl von der Sprache um 1200 als auch von der um 1800 ab – besonders, wenn wir von den Texten des 16. Jh. ausgehen –, so daß das Ansetzen einer eigenständigen Periode zwischen dem Mhd. und dem Nhd. gerechtfertigt ist. Das ist ein heute weitgehend anerkannter Standpunkt. Als einer der ersten hat SCHIROKAUER (1957) für die Eigenständigkeit des Frnhd. plädiert. Nach EGGERS 1986, Bd.2, 62, ist das Schaffen der neuen Schriftsprache d i e Leistung der frnhd. Zeit. (Vgl. ferner u.a. ERBEN 1970; SPRACHGESCHICHTE 1984/85, Kapitel XIII; MOSKALSKAJA 1985; WOLFF 1994, 103ff.; Frühneuhochdeutsche Grammatik 1993, 5.) Von der Entwicklung des Omd. aus kommt auch SONDEREGGER (1979, 170f.) zu dieser Entscheidung; allerdings tritt er insgesamt für eine nach Sprachlandschaften differenzierte Abgrenzung der Periode ein.

Als Kriterien für diese Einschnitte werden – neben anderen – meist folgende genannt: In der Mitte des 14. Jh. zeigen sich deutlich Ansätze zu überlandschaftlichen Kanzlei- und Verkehrssprachen, am frühesten in der Prager Kanzlei Karls IV. Außerdem bilden sich in dieser Zeit im Bereich der Gebrauchsprosa neue Textsorten (Vertextungsstrategien) mit speziellen Normen heraus, vgl. z. B. die Flugschriften und Sendbriefe jener Zeit. Und in der Mitte des 17. Jh. hat sich das Md., bes. das Omd., weitgehend auch in den nd. Städten durchgesetzt. (Vgl. die Übersicht bei GABRIELSSON 1983, 149; vgl. ferner SANDERS 1982, 153ff.; Gernentz 1980, 50ff.) Außerdem sind spürbare Fortschritte des Ausgleichs zwischen dem Omd., dem Wmd. und dem Oobd. zu erkennen. Bedeutsam ist ferner die Tatsache, daß sich im 17. Jh. mehr und mehr das Bewußtsein von einer einheitlichen dt. Sprache durchsetzt, was sich auch in einem neuen Normenverständnis äußert. Diese Einsichten fördern das Bemühen, den neuen Sprachzustand allgemeingültig zu normieren. Erinnert sei vor allem an die Werke von OPITZ und SCHOTTELIUS. SCHOTTELIUS' Werke "Teutsche Sprachkunst" (1641) und "Teutsche HauptSprache" (1663) werden mitunter als Markierung für das Ende der Periode gewertet. Geht man von der Vereinheitlichung der wichtigsten Schriftdialekte aus, ist der Abschluß der Periode wohl erst um 1700 anzusetzen. (Vgl. PENZL 1984, 12f.) Wendet man diesen Gesichtspunkt konsequent an, dann ist der Abschluß der frnhd. Periode erst um oder gar nach 1750 erreicht; denn die einheitliche dt. Schriftsprache hat sich im Obd. erst im 18. Jh. durchgesetzt. (Vgl. WIESINGER 1990, 411; PENZL 1988, 1ff.; REIFFENSTEIN 1988, 27ff.) Die Bemühungen um eine Normierung der einheitlichen dt. Schriftsprache werden im 18. Jh. fortgesetzt und am Ende dieses Jahrhunderts relativ abgeschlossen; davon zeugen die Arbeiten von GOTTSCHED, ADELUNG und WIELAND.

Von den außersprachlichen Faktoren sind u. a. folgende Phänomene zu nennen: In der Mitte des 14. Jh. festigten sich die deutschen Territorialstaaten, die für die Ausbildung von Sprachgrenzen Bedeutung erlangen. In der Mitte des 17. Jh. geht der 30jährige Krieg zu Ende; der Westfälische Friede sanktioniert das Ausscheiden der Niederlande aus dem deutschen Reich, wodurch die lange vorher einsetzende Sonderentwicklung des Ndl. endgültig besiegelt wird.

Als lautlich-phonologische Kriterien werden oft die nhd. Diphthongierung für den Beginn und der Ausgleich des Stammvokals im Prät. der st. Verben für das Ende der Periode hervorgehoben. Diese Kriterien treffen aber nur bedingt zu und reichen auch nicht aus, um diese Sprachgeschichtsperiode abzugrenzen. (Zur Problematik der Kriterien siehe 0.4. und die dort genannte Literatur, besonders HARTWEG/WEGERA 1989, 18ff.)

Wir können die frnhd. Periode in drei Abschnitte untergliedern:
1. die Zeit von 1350 bis etwa 1500, das ältere Frnhd.;
2. das 16. Jh. als mittleren Abschnitt, als den "engsten Kernbereich" des Frnhd. (SONDEREGGER 1979, 170), in den also auch das Wirken LUTHERS gehört;
3. die Zeit bis etwa 1650, das jüngere Frnhd. Mitunter faßt man den 2. und 3. Abschnitt zusammen und unterscheidet dann also nur zwischen älterem und jüngerem Frnhd. In diesem Fall wird der allgemein anerkannte Einschnitt um 1500 noch stärker betont.

4.1.2. Räumliche Gliederung

Die frnhd. Grammatik erfaßt die Sprache des obd. und des md. Raumes. Die Entwicklung des Nd. wird nur in wenigen Fällen einbezogen. Zu beachten ist dabei, daß die zeitliche Gliederung der nd. Sprachgeschichte nicht mit der hd. Sprachgeschichte übereinstimmt (siehe 0.4.).

Die räumliche Gliederung des hd. Raumes in frnhd. Zeit entspricht im wesentlichen der in mhd. Zeit (siehe 3.1., vgl. PIIRAINEN 1985, 1368ff.). Wir unterscheiden folgende Hauptgebiete:

das Oberdeutsche
1. das Alemannische (einschließlich des Schwäbischen)
2. das Bairisch-Österreichische
3. das Ostfränkische

das Mitteldeutsche
1. das Westmitteldeutsche
   a) das Rheinfränkische
   b) das Mittelfränkische (das Moselfränkische und das Ripuarische)
2. das Ostmitteldeutsche
   a) das Böhmische (das Deutsche in Böhmen)
   b) das Thüringische
   c) das Obersächsische (Meißnische)
   d) das Lausitzisch-Schlesische
   e) das Hochpreußische

Faßt man die Mundarten zu größeren Sprach-(Schreib-)landschaften zusammen, werden oft vier Räume unterschieden: Wobd., Oobd., Wmd., Omd. Daneben gibt es auch eine Fünfteilung; dann erhält das Ostfränk. als Nobd. eine Sonderstellung; doch ist die Abgrenzung dieses Gebietes vom Nordbair. aufgrund zahlreicher Gemeinsamkeiten schwierig. Jedoch nehmen das Ostfränk. und das Dt. in Böhmen (einschließlich der Prager Kanzleisprache) eine Mittelstellung zwischen dem Obd. und dem Md. ein. Manchmal unterscheidet man noch das Südrheinfränk. als eine Art Übergangszone, die zwischen dem Ostfränk./Rheinfränk. im Norden und dem Alem. im Süden liegt. (Vgl. u. a. HARTWEG/WEGERA 1989, 24ff.)

Die Zuordnung eines Textes zu einem Sprachraum ist für das Frnhd. oft noch schwieriger als für das Mhd.; denn die sprachlichen Eigenarten der Schreiber stimmen häufig nicht oder nur zum Teil mit den Merkmalen des jeweiligen Sprachgebietes überein. Das gilt auch für die sich nach 1450 entwickelnden Druckersprachen. (Vgl. HUGO MOSER 1965, Karte 6.) Die wichtigsten Zentren dieser Druckersprachen sind:

im Bayrisch-Österreichischen: Ingolstadt, Wien;
im Schwäbischen: Augsburg, Ulm, Tübingen;
im Alemannischen: Basel, Straßburg, Zürich;
im Ostfränkischen: Nürnberg, Bamberg, Würzburg;
im Westmitteldeutschen: Frankfurt, Worms, Köln;
im Ostmitteldeutschen: Wittenberg, Erfurt, Leipzig

4.2. Schreibung

4.2.1. **Allgemeines**

Zur Schrift frnhd. Texte: Die frnhd. Texte sind uns sowohl als Handschriften wie auch – nach 1450 – als Drucke überliefert. Drucke, die in der Zeit bis 1500 entstanden sind, werden als Inkunabeln oder als Wiegendrucke bezeichnet.

Bis ins 16. Jh. wurden die meisten Texte mit Hilfe der sogen. gotischen Schrift aufgezeichnet. Dieser Schrifttyp hat sich im 12. Jh. aus der karolingischen Minuskel entwikkelt. Er war im Hoch- und Spätmittelalter in Form verschiedener Varianten weit verbreitet und bildete daher auch meist die Vorlage für die Druckbuchstaben. (Siehe Abb. 12 und 13.) In gotischer Textura ist z. B. die 42zeilige Bibel GUTENBERGS (1455) gedruckt.

Neben die verschiedenen Formen der gotischen Buchschrift traten im 16. Jh. zwei neue Schrifttypen: die Fraktur und die Antiqua. Die Frakturschrift ist aus einer Variante der gotischen Schrift, der sogen. Bastarda bzw. ihrer Sonderform, der Schwabacher, hervorgegangen. Mitunter wird auch noch der Einfluß einer neuen Renaissanceschrift angenommen. Sie bildet auch die Grundlage für die deutsche Schreibschrift. Die Antiqua, eine aus Italien kommende, von den Humanisten geprägte Schrift, lehnte sich bewußt an ältere (antike) Formen an. Sie hat sich in frnhd. und nhd. Zeit mehr und mehr als die Druckschrift durchgesetzt, allerdings ebenfalls in verschiedenen Varianten. Von ihr ist auch die lateinische Schreibschrift abgeleitet worden.

Fraktur und Antiqua sind also in frnhd. Zeit sowohl die beiden wichtigsten Druckschriften als auch die Grundlage neuer Schreibschriften.

Für die Bestimmung von Texten, deren zeitliche und räumliche Herkunft unbekannt ist, bilden Kenntnisse der Paläographie, das heißt genaue Kenntnisse der gebräuchlichen Schriftformen jener Zeit, eine wichtige Rolle. (Vgl. KÖNIG 1989, 29ff.; PHILIPP 1980, 19ff.; HAARMANN 1990.)

Zur Schreibung: Der Phonembestand des Frnhd. stimmt, abgesehen von den Diphthongen, im wesentlichen mit dem des (normalisierten) Mhd. überein. Größere Unterschiede gibt es jedoch in der Distribution der Phoneme. Noch stärker ins Auge fallen – auch schon bei einem flüchtigen Vergleich beider Sprachzustände – die Besonderheiten in der Schreibung frnhd. Texte. Sie zeigen sich u. a. in Unregelmäßigkeiten bei der Bezeichnung langer und kurzer Vokale sowie in der unmotivierten Häufung von Buchstaben, insbesondere von Konsonanten. Diese Eigenarten sind mitunter diktiert von der Freude am Ausmalen, von der Absicht, Wörter zu längen und Zeilen zu füllen. Besonders für das ältere Frnhd. ist das Fehlen einheitlicher Schreibnormen charakteristisch.

V. MOSER (1929, Bd. 1.1., §§ 1 und 28f.) meint sogar, daß bis in das 16 Jh. hinein die Orthographie in zunehmendem Maße verwahrlost sei. Förderin, wenn nicht gar Ur-

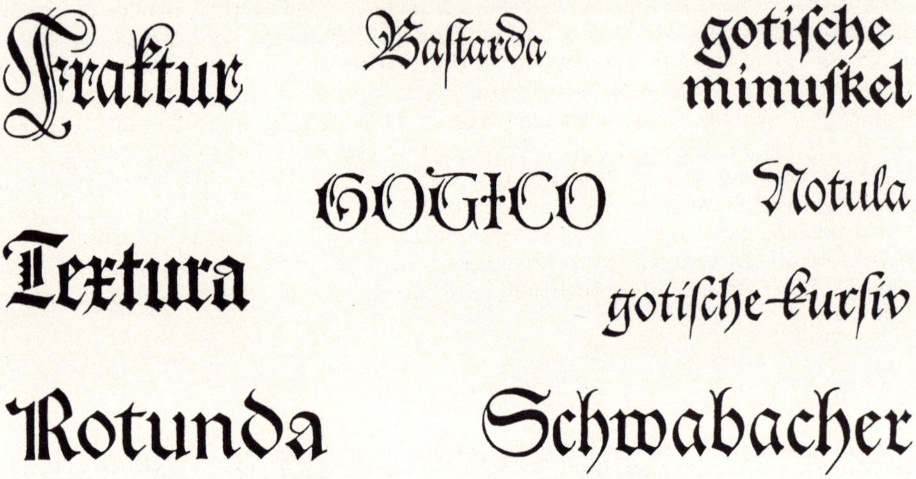

Fraktur   Bastarda   gotische minuskel

GOTICO   Notula

Textura   gotische kursiv

Rotunda   Schwabacher

Varianten gotischer Schreibstile (nach H. Haarmann 1990)

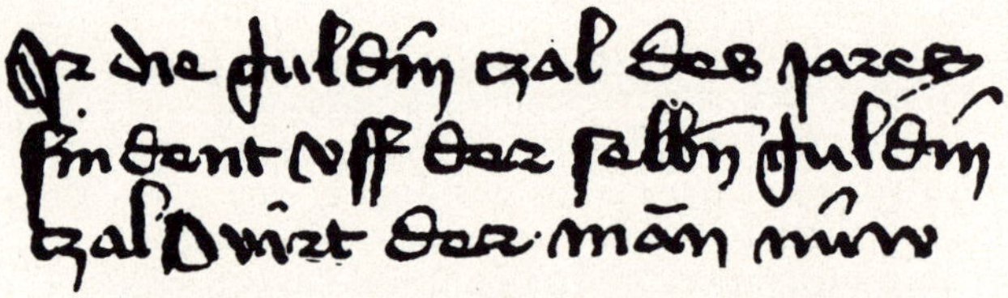

9. München Cgm. 6351.   Oberrheinische Bastarda 1456

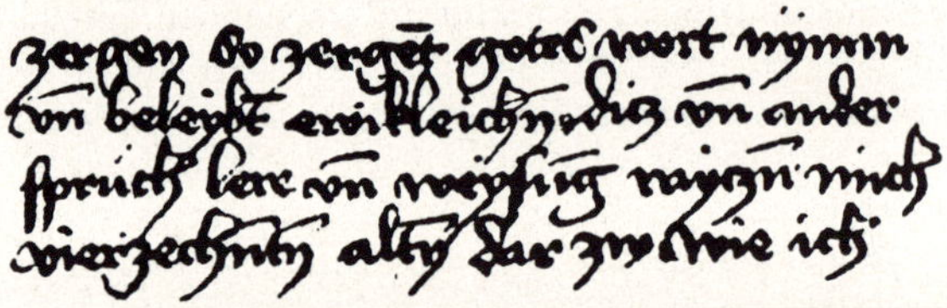

11. München Cgm. 294.   Bayerische Bastarda 1466

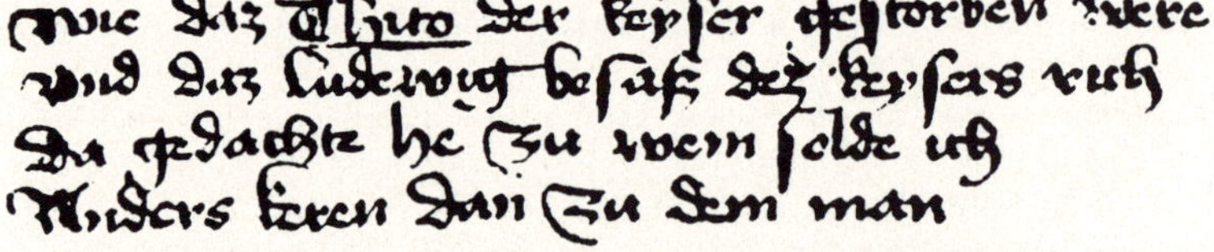

12. Frankfurt a. M. Ms. Germ. 4⁰ 12.   Fränkische Bastarda 1471

Abb. 13: Varianten der Bastarda-Schrift

heberin der Tendenz zur Häufung und Verdoppelung von Konsonantenzeichen sei vor allem die kaiserliche Kanzlei gewesen. Doch darf man diese Erscheinung nicht einseitig betrachten. FLEISCHER (1965) weist mit Recht darauf hin, daß auch im Frnhd. die Zahl der Varianten begrenzt gewesen sei, da sonst die Verständigung gefährdet gewesen wäre. Denn eine gewisse Systemhaftigkeit ist Voraussetzung für das Funktionieren der Sprache. Auch V. MOSER betont nicht nur die "Sinnlosigkeit" dieser Schreibweise, sondern zeigt, daß manche Konsonantenhäufung durchaus ihre Funktion besaß. Hinzu kommt, daß z.B. bestimmte Varianten innerhalb einer Druckersprache nur unter bestimmten Bedingungen, also relativ selten, gebraucht worden sind und daß im Laufe der Periode die Zahl der Graphemvarianten eingeschränkt worden ist. (Vgl. dazu KETT-MANN 1987, 21ff.) Wahrscheinlich ist es zweckmäßig, auch bei der Schreibung im Frnhd. zwischen Usus und Norm zu unterscheiden.

Daher läßt sich trotz aller Besonderheiten der Schreibung in frnhd. Zeit aus den Texten – zumindest für das jüngere Frnhd. – ein weitgegend einheitliches Grapheminventar abstrahieren; vgl. die Darstellung bei N. R. WOLF (1985, 1306ff.), wo auch auf einige wichtige Varianten (Allographe) hingewiesen wird. In der Übersicht zu den Vokalgraphemen fehlen zwar die Umlautgrapheme ⟨ö⟩ und ⟨ü⟩, doch werden sie in die folgenden verbalen Erläuterungen einbezogen.

Zur Vielfalt der Schreibvarianten der Vokale und Konsonanten vgl. Frnhd. Grammatik 1993, Kap. II.

4.2.2. Vokalzeichen

Umlaute: Zur Kennzeichnung der Umlaute werden insbesondere darüber gesetzte Vokale, vor allem ⟨e⟩ oder andere diakritische Zeichen, häufig Punkte, verwendet. Relativ konsequent geschieht dies von Anfang an nur bei den Umlauten von /a, aː, ao/; allerdings gibt es auch hier keine einheitlichen Grapheme. Für den Umlaut von /a/ werden außer ⟨e⟩ besonders ⟨å⟩ und ⟨ä⟩ benutzt. Bei allen anderen Vokalen ist die Umlautkennzeichnung nur im Obd. die Regel. Im Md., besonders im Omd., unterbleibt in vielen Fällen die Kennzeichnung des Umlauts. Hier dringt sie erst im 15. und 16. Jh. durch. Bei anlautendem /u/ und /uo/ fehlt sie meist noch am Ende des Frnhd. Sonst wird im 17. Jh. der Umlaut in der Regel durch ein ⟨e⟩ über dem betreffenden Vokal markiert. (Vgl. HARTWEG/WEGERA 1989, 97f.)

⟨y⟩ wird in frnhd. Zeit verstärkt aus dem Gr.-Lat. in die dt. Sprache übernommen; z. T. ist es durch Ligatur (Buchstabenverbindung) aus ⟨ij⟩ entstanden. Es steht für ⟨i⟩ und ⟨j⟩: *kynd, yetz*. Seit dem 16. Jh. geht sein Gebrauch zurück, es kommt aber selbst im 18. Jh. noch vor, z. B. *einerley, meynt* (GOTTSCHED). In Eigennamen begegnet uns diese Schreibweise noch heute, z. B. *Mayer*. Selten ist ⟨y⟩ Ersatz für ⟨ie⟩, z. B. *history*.

Diphthonge: ⟨ai, ay⟩ ist zunächst vornehmlich bair. und schwäb. Zeichen für mhd. ⟨ei⟩ im Gegensatz zu dem aus mhd. /iː/ entstandenen jüngeren Diphthong, der meist mit ⟨ei⟩ wiedergegeben wird. (Siehe den Text von WYLE im Abschnitt 4.2.10.) Später finden wir auch im Obd. ⟨ei⟩ für mhd. ⟨ei⟩, z. B. *ein, zeigt* (S).

⟨au, aw, ow⟩ und ⟨eu, ew, äu⟩, die Zeichen für die beiden anderen steigenden Diphthonge, zeigen keine klaren landschaftlichen Unterschiede. Mitunter deutet eine verschiedene Schreibweise wie bei ⟨ai, ei⟩ auf die unterschiedliche Herkunft der Diphthonge hin. (Siehe 4.3.1.1. und 4.3.1.2.) Am Ende der frnhd. Periode steht ⟨äu⟩ fast immer für den Umlaut aus mhd. /ao/. (Zur Fülle der Varianten für die Schreibung des Diphthongs aus mhd. /üː/ und /öu/ vgl. die Übersicht bei HARTWEG/WEGERA 1989, 99.)
⟨ie, ů (uo), ue, üe⟩ sind im Obd. (im Ostfränk. nur im westl. Teil) Diphthongzeichen für mhd. /ie, uo, üe/ im Gegensatz zu den Graphemen ⟨i, u, ü⟩, die mhd. /i, iː, u, uː, ü, üː/ entsprechen.

4.2.3. Bezeichnung der Länge

Auch hier gibt es im Frnhd. keine Einheitlichkeit. Mitunter wird sogar das gleiche Wort im selben Text verschieden geschrieben. Erst in der 2. Hälfte des 16. Jh. beginnen bestimmte Schreibungen fest zu werden, ohne daß sich klar abgrenzbare Regeln durchsetzen. Hierin liegt eine der Ursachen für die Schwierigkeiten der heutigen Orthographie.

Die Verdoppelung von Vokalen ist seit dem 14. Jh. zu beobachten. Im 15. Jh. nimmt sie stärker zu, besonders im Obd. Im Omd. finden wir Doppelvokale in größerer Anzahl erst in späterer Zeit. Am häufigsten kommt ⟨ee⟩ vor, besonders für mhd. /e:/. Auch ⟨aa⟩ wird des öfteren verwendet, vor allem im Alem. Selten kommen ⟨ii⟩ und ⟨oo⟩ vor, ganz vereinzelt tritt ⟨uu⟩ auf.

⟨e⟩ verliert durch die frnhd. Monophthongierung im Diphthong /ie/ seinen Lautwert (siehe 4.3.1.2.). Dadurch kann es zum Längezeichen werden. Eine gewisse Regelmäßigkeit in seiner Anwendung wird erst im späteren Frnhd. erreicht. Im Obd. ist dieses Längezeichen zunächst unbekannt, da hier die Monophthongierung in den Mundarten meist nicht eingetreten ist. Stärker setzt es sich in diesem Raum erst im 17. Jh. durch. In manchen obd. Drucken tritt es selbst in dieser Zeit noch nicht auf.

Im Md., besonders im Wmd., werden ⟨e⟩ und ⟨i (y)⟩ auch zur Kennzeichnung der anderen langen Vokale benutzt: *jaer, jair, broid, broeder*. Einige Familiennamen haben diese Schreibweise noch heute, z. B. *Voigt*. Diese Längenbezeichnung gibt es auch in nd. Mundarten, vgl. den Ortsnamen *Soest*, im Mnd. auch *Soist* geschrieben.

⟨h⟩ konnte zum Längenzeichen werden, weil es im In- und Auslaut in vielen Fällen verstummt ist (siehe 4.3.2.3.). Durch Analogie ist es von den historisch berechtigten Fällen (z. B. mhd. *sehen*) auf andere Formen übertragen worden, vgl. mhd. *ēre*, nhd. *Ehre*. Auch dieses Zeichen wird im Md. früher und häufiger benutzt als im Obd. Nach Franke (1913, Bd.1, §20) kommt ⟨h⟩ als Dehnungszeichen im Md. vereinzelt schon im 12. Jh. vor; doch setzt es sich erst in der 2. Hälfte des 16. Jh. und in der 1. Hälfte des 17. Jh. durch. Im Obd. ist es bis zur Mitte des 16. Jh. wenig bekannt, erreicht aber bis zum Ende des 17. Jh. etwa die gleiche Verwendungsbreite wie im Omd. Die Schreibung schwankt jedoch oft, und die Längenbezeichnung unterbleibt häufiger als in der Gegenwart, auch bei Wörtern, die schon mhd. einen langen Vokal bzw. einen Diphthong haben, z. B. *jar, hun* (L). (Siehe auch Abschnitt 4.2.5.)

4.2.4. Bezeichnung der Kürze

Im allgemeinen wird angenommen, daß bis ins Mhd. Doppelkonsonanz nur dort stand, wo sie wirklich gesprochen wurde. Nach Szulc (1987, 121) ist die Opposition Simplex : Geminata im Mhd. zum Teil noch erhalten, vor allem bei /tt/, /nn/ und /lll/; doch über die Aussprache der Doppelkonsonanten "läßt sich für die historischen Sprachstufen nichts Sicheres aussagen" (Paul 1989, 129). Beim Übergang zum Frnhd. geht diese Opposition, soweit sie noch existierte, verloren, d. h., die Aussprache wird vereinfacht, indem nur noch ein Konsonant gesprochen wird. In der Schreibung bleibt jedoch die doppelte Konsonanz erhalten. Daher sieht es in der Schrift jetzt so aus, als ob die Kürze eines Vokals durch Doppelkonsonanz gekennzeichnet würde. Aus diesem Grunde setzt man im Frnhd. oft auch dort die doppelte Konsonanz ein, wo sie nie gesprochen worden ist: mhd. *site* > frnhd. *sitte*, mhd. *kan* > frnhd. *kann*. Besonders im älteren Frnhd. tritt jedoch Doppelkonsonanz auch in anderen Fällen auf. (Siehe 4.2.5.)

Die Übertragung der Doppelkonsonanz in den Auslaut zeigt das Bestreben, die Schreibung der Stammformen einheitlich zu gestalten; jedoch steht im Frnhd. im Gegensatz zum Nhd. des öfteren auch nach kurzem Vokal nur ein Konsonant: *from, komen, sol, man* 'Mann'.

4.2.5. Konsonantenzeichen

Häufung verschiedenartiger Konsonanten

Die Affrikata /ts/ erscheint in sehr verschiedenen Schreibungen: u. a. ⟨tz, zc, tcz, zzc, czc, czz⟩. Diese Graphemvarianten kommen sowohl im In- und Auslaut als auch – allerdings seltener – im Anlaut vor; z. B. *viertzig, hercz, besiczen, zcu*. Im allgemeinen überwiegen jedoch die Zeichen ⟨z⟩ und ⟨tz⟩.

Konsonanten wird oft ein ⟨h⟩ angehängt. Anfänge dieser Schreibweise gibt es schon im Mhd. Sie erreicht im 15./16. Jh. ihren Höhepunkt (vgl. *thadeln, vorrhad* (L)) und hat sich in Resten bis in den Anfang des 20. Jh. erhalten: *Theil, thun.* Heute kennzeichnet es meist die Schreibung von Fremdwörtern, vgl. *Theater, Theorie,* doch kommt es auch noch in dt. Wörtern vor, vgl. *Thale, Thing, Thor, Thüringen.* Ob ⟨h⟩ vor dem Vokal als Zeichen der Länge fungiert, ist umstritten. H. BACH (1974, 377) meint, es handele sich meist um Einfluß der gr.-lat. Orthographie oder um historische Schreibweise. Häufiger steht ⟨h⟩ als Längezeichen hinter dem Vokal: *taht, tohr.*

Seit der 2. Hälfte des 15. Jh. wird für ⟨d⟩ oder ⟨t⟩ des öfteren ⟨dt⟩ geschrieben, z. B. *kundte, todt.* Diese Fälle sind von den historisch entstandenen Verbindungen zu unterscheiden: *er redet > er redt; geredet > geredt.*

Für ⟨g⟩ steht oft ⟨gk⟩. Da diese Verbindung vor allem im Auslaut auftritt, kennzeichnet sie wahrscheinlich die Auslautverhärtung: *bergk, gangk.* ⟨gk⟩ kommt auch für ⟨k⟩ vor. Man nimmt an, daß die Einfügung des ⟨g⟩ nach Nasalen den gutturalen Nasal andeuten soll: *angker, Frangkfurt, zangken.*

Verdoppelung von Konsonanten

Alle Konsonanten werden im Frnhd. häufig verdoppelt. Das gilt sogar für Affrikaten; so steht z. B. für /pf/ auch ⟨pff, ppff, ppf⟩, z. B. *pffenning* (ZA). Besonders oft tritt die Verdoppelung im Inlaut nach kurzem Vokal auf (in Anlehnung an die eigentliche Gemination – siehe 4.2.4.). Daraus entwickelt sich der Grundsatz, kurze Stammsilbenvokale durch Verdoppelung des folgenden Konsonanten zu kennzeichnen: *ann, sack, vadder, vnndt.*

In den Fällen, in denen später eine Dehnung des ursprünglich kurzen Vokals eingetreten ist (siehe 4.3.1.3.), wird die Verdoppelung wieder rückgängig gemacht: *fedder/ feder, gebben/geben.* Ebenso geschieht dies im Auslaut und vor mehrfacher Konsonanz. Weitaus seltener ist die Verdoppelung im In- und Auslaut nach langem Vokal, nach Diphthong sowie nach einem Konsonanten: *eynn, Gauckelspiel, gütter, der ratt, wortte, zukunfft.* Mitunter kommt Doppelkonsonanz sogar nach unbetontem Vokal vor, z. B. *gebenn, siebenn, teuffell.*

Neben ⟨ſſ (ss)⟩ steht oft auch ⟨ſs⟩, z. B. *saſs, groſs.* Für diese Schreibung setzt sich später ⟨ſz, ß⟩ durch: *beſzer, füße, heißen.*

4.2.6. Zeichen mit vokalischem und konsonantischem Wert

⟨i, j, y⟩: ⟨i⟩ und ⟨j⟩ treten etwa ab 1400 je nach ihrer Stellung als Vokal oder Konsonant auf: ⟨j⟩ steht im Anlaut für den Vokal und für den Konsonanten: *jrdisch, jar;* doch gibt es Ausnahmen: *iunger.* Im Inlaut steht in der Regel für beide Laute ⟨i⟩: *himel, nâien.* Im Auslaut tritt ⟨j⟩ als Vokal selten auf.

Erst im 17. Jh. beginnt man in md. Drucken zwischen dem Vokal ⟨i⟩ und dem Konsonanten ⟨j⟩ zu unterscheiden.

⟨y⟩ wird auch als Vokal und als Konsonant verwendet, jedoch nicht so häufig wie ⟨i⟩ und ⟨j⟩: *ym, yamer.*

⟨u, v, w⟩: Auch bei diesen drei Graphemen macht sich schon früh (seit dem 15. Jh.) eine Tendenz zur Trennung nach der Stellung im Wort bemerkbar: ⟨v⟩ steht als Vokal und als Konsonant vorwiegend im Anlaut, z. B. *vns, vater;* ⟨u⟩ steht im Inlaut, vgl. *darumb, freuel.* Eine Trennung zwischen dem Zeichen für den Vokal und dem für den Konsonanten setzt sich hier erst spät durch. Die heutige Unterscheidung gilt etwa seit 1650. Sie wird u. a. von SCHOTTELIUS gefordert.

⟨w⟩ wird als Zeichen für einen Vokal seltener verwendet: *schw* 'Schuh', *zwcht* 'Zucht'. Häufiger tritt ⟨w⟩ nur als zweiter Bestandteil von Diphthongen auf: ⟨aw, ew, ow⟩, und zwar besonders im Auslaut sowie dort, wo im Mhd. ⟨w⟩ Element des Stammes ist, z. B. *bawen, newe.*

Am Ende der frnhd. Periode werden die Vokal- und die Konsonantengrapheme fast immer streng getrennt. Eine Ausnahme hat sich bis in die Gegenwart gehalten, nämlich ⟨u⟩ für /v/ in der Graphemkombination ⟨qu⟩, vgl. z. B. *Qual*.

4.2.7. Abkürzungszeichen

Im älteren Frnhd. werden z. T. die gleichen Abkürzungszeichen wie im Mhd. verwendet. Folgende Zeichen treten relativ häufig auf:

(1) ¯ oder ˜ über einem Vokal steht für folgendes ⟨m⟩ oder ⟨n⟩: *hīel, segē, niemãdt*; in Handschriften erscheint dafür oft ein ⌃ über dem Vokal. Steht ein solches Zeichen über ⟨m⟩ oder ⟨n⟩, so bezeichnet es meist die Verdoppelung des Konsonanten: *kom̃en, den̄*. Diese Schreibweise hat sich teilweise bis in die Gegenwart erhalten. Seltener ersetzt es einen anderen folgenden Konsonanten oder ein vorangehendes ⟨e⟩ in Nebensilben, z. B. *vñ* 'und', *gebñ*.

(2) ' über oder nach einem Vokal vertritt, vor allem im älteren Frnhd., ein ⟨r⟩, z. B. *já, wase'*, über einem oder nach einem Konsonanten den Lautkomplex *-er*, z. B. *w'den, vns', v'altet, od'*. Das Zeichen hat in den Handschriften eine unterschiedliche Form; oft wird es mit dem vorhergehenden Buchstaben verbunden. Die gleiche Funktion erfüllt mitunter der Zirkumflex, z. B. *dˆ*.

(3) ɣ steht manchmal für den Lautkomplex *der*.

(4) In kurzen Wörtern der Buchstabenfolge Konsonant, Vokal, Konsonant fällt der Vokal oft aus, vgl. *dz* 'das', *wz* 'was'. Darüber hinaus kennt insbesondere die Schreiberpraxis weitere Abkürzungszeichen, vor allem Ligaturen; vgl. z. B. für die kursächsische Kanzleisprache der Lutherzeit KETTMANN (1969, 15f.), ferner den Anfang der "Beichte des Cunrad Merbot von Weida" (nach METTKE 1958, 20):

> "Ich sundig' mensche Ich bekeñe gote
> vñd syn' libē mut' ma' iaz vñd allē got*P*
> heiligē vñd ůch p'st° in got*P* stat. aller mý
> n' sundȳ."[49]

Manchmal werden Buchstaben auch als Ziffern verwendet; dieser Gebrauch ist aber nur bedingt zu den Abkürzungserscheinungen zu zählen. In diesen Fällen entspricht ein ⟨i⟩ oder ⟨j⟩ der 1, ein ⟨v⟩ der 5, ein ⟨x⟩ der 10. Diese Schreibweise hat LUTHER teilweise bei der Niederschrift seiner Fabeln benutzt, z. B. *iiii* (= 4), *vj* (= 6).

4.2.8. Zusammenschreibung und Trennung der Wörter

Auf diesem Gebiet sind – besonders im älteren Frnhd. – noch keine festen Regeln zu erkennen. Wortgruppen, die auf dem Wege zum Kompositum sind, werden häufig noch getrennt geschrieben: *sunnen schyn, Vatter Land, zu friden, da mit, ein ander, haupt Artickel*.

Noch bei SCHOTTELIUS (1663) stehen folgende Varianten nebeneinander: *das alt Såchsische, Mit = uhrsache, Consistorial-Raht, Hochteutsch*. In seinem Werk "HaubtSprache" (1663, 195) heißt es jedoch: Wörter und Silben, "welche wesentlich zusammen gehören / sollen billig unzerteihlt ... und unzertrennet geschrieben werden..." (Siehe auch 1.6.5.4.)

Andererseits werden auch selbständige Wörter zusammengeschrieben: *herwirt* 'Herr Wirt', *diehherberg, zemercken* 'zu merken'.

---

[49] *P* steht hier für *–es, –is*; ° für *–er*.

Die Trennung der Wörter am Zeilenende ist bis ins 2. Viertel des 16. Jh. nicht an die Silbengrenze gebunden, sondern kann nach jedem Buchstaben erfolgen: *Artick-el, Empörung-en, gesch-opf*. Meist werden keine Trennungsstriche gesetzt. Seit dem 16. Jh. setzt sich immer stärker die Trennung nach Sprechsilben durch.

4.2.9. Großschreibung

Die großen Anfangsbuchstaben (Majuskeln) sind ursprünglich ähnlich wie die Satzzeichen Hilfen für das Lesen. Am Beginn eines Textes (Textteiles) kommen sie mitunter schon in ahd. und in mhd. Zeit vor, und zwar meist als Schmuckinitialen. Seit dem 13. Jh. verwendet man die Großbuchstaben schon häufiger am Anfang eines Absatzes und einer Strophe. Zur Kennzeichnung des Satzbeginns kommt die Majuskel erst seit dem 16. Jh. ziemlich regelmäßig vor. Auch im Innern eines Satzes wird sie im älteren Frnhd. schon benutzt. In allen diesen Fällen hat der Großbuchstabe die Funktion, einen Sprecheinsatz zu kennzeichnen, also Lesehilfe zu sein.

Seit spätmhd. Zeit wird eine zweite, eine semantische Funktion des Großbuchstabens erkennbar: die Hervorhebung eines Wortes innerhalb eines Textes. Obwohl dieser Gebrauch nicht auf eine Wortart beschränkt ist (vgl. *Jüdisch, Keiserlich, Ewer, Ihr*), trifft er aber doch auf die Substantive in besonderem Maße zu. Am schnellsten setzt sich die Großschreibung bei den Eigennamen durch. Vereinzelt findet man sie schon in mhd. Zeit. Bei den übrigen Substantiven breitet sich die Großschreibung erst in der 2. Hälfte des 16. Jh. stärker aus, doch kann man noch lange eine schwankende Schreibweise feststellen. Im "Buch von der Deutschen Poeterey" (1624) schreibt Opitz noch des öfteren die Substantive klein, vgl. *eigenschafft, gebrauch, jahr* (neben *Jhar*), *preiß*. Doch im allgemeinen gilt im 17. Jh. die Großschreibung der Substantive nahezu als Regel.

Trotz allen Schwankens lassen sich also mehrere Gesichtspunkte feststellen, nach denen man in frnhd. Zeit zur Großschreibung übergeht: Früh und oft wird der Großbuchstabe am Beginn eines Absatzes und am Satzanfang verwendet. Im letzteren Fall hat die Majuskel auch die Funktion eines Satzzeichens. Darüber hinaus werden Eigennamen und andere Substantive groß geschrieben. Zunächst sind es nur solche Substantive, die den Eigennamen nahestehen, z.B. Titel (*Bapst, Keiser, Churfürst*), weitere Personenbezeichnungen und Kollektivbegriffe (*Apostel, Mensch, Münch, Welt*); ferner werden Wörter, die etwas Verehrungswürdiges bezeichnen – vor allem aus dem religiösen Bereich – (*Christ, Geist, Evangelium, Sacrament*), früh mit großem Anfangsbuchstaben geschrieben. Bei den nomina sacra verwendet man des öfteren mehrere Majuskeln, vgl. *GOTT, HErr*.

Auch in der Gegenwart hat der Großbuchstabe mitunter eine ähnliche Funktion zu erfüllen. Nicht selten werden heute Großbuchstaben verwendet, um ein Wort oder ein Wortteil hervorzuheben, vgl.: *UNOrdnung, PorNO, HERRschaftssystem*. Hierhin gehört auch das sogen. Frauen-I (Groß-I) im Wortinnern, das die Gleichberechtigung von Frau und Mann zum Ausdruck bringen soll, z.B. *LehrerIn, BürgerInnen*.

In den Schriften Luthers setzen sich die Prinzipien der Großschreibung relativ schnell durch. Im "Sendbrief vom Dolmetschen" (1530) sind außer den Satzanfängen und den Eigennamen fast nur die Wörter groß geschrieben, die hervorgehoben werden sollen (*Christus, Deutsch, Esel* – siehe die Textprobe im nächsten Abschnitt). Nach Franke, Bd.1, 1913, sind in etwa zehn Jahren wesentliche Fortschritte erzielt worden. Waren es 1532 außer den Eigennamen nur solche Substantive, die einen hohen Rang bezeichnen (*König, Fürst*), so werden 1540 etwa 80% auch der Substantive, die nicht Eigennamen sind, groß geschrieben.

In der Wittenberger Ausgabe der "Christlichen Geseng" von 1542 sind fast alle Substantive groß geschrieben. Andererseits zeigt sich hier und auch noch in der Bibel von 1545 die Wirkung des Prinzips, nur betonte Substantive mit großem Anfangsbuchstaben zu schreiben, worin die Funktion der Lesehilfe nachwirkt: "Dein auge sol sein nicht schonen, Seel vmb seel, Auge vmb auge, Zan vmb zan, Hand vmb hand, Fus vmb fus." (Nach Franke, a.a.O., §32.)

Seit der Mitte des 16. Jh. fordern einige Grammatiker die Großschreibung der Substantive, doch dauert es noch lange, bevor sich eine einheitliche Regelung durchsetzt. Erst durch GOTTSCHED wird die Großschreibung aller Substantive endgültig sanktioniert.

HOTZENKÖCHERLE (1962, 323) sieht die Durchsetzung der Großschreibung im Zusammenhang mit der "zentralen Stellung des Substanzbegriffes in der Worthierarchie der damaligen Philosophie", wie das auch in GOTTSCHEDS "Deutscher Sprachkunst" (1740) zum Ausdruck komme.

4.2.10. Interpunktion

Im Mhd. gibt es noch keine geregelte Interpunktion. Als Satzzeichen kommen vor allem der Punkt und (seltener) die Virgel vor. Beide dienen der Kennzeichnung von Sprechpausen. Diese Funktion erfüllen sie auch noch im älteren Frnhd. Etwa seit der 1. Hälfte des 16. Jh. beginnt sich die syntaktische Interpunktion durchzusetzen, die mit einer Erweiterung und Differenzierung der Satzzeichen verbunden ist. Das Nebeneinander des älteren und des jüngeren Prinzips der Interpunktion ist noch bei LUTHER festzustellen, wie selbst der folgende kleine Textausschnitt zeigt:

"denn man mus nicht die buchſtaben jnn der Lateiniſchen ſprachen fragen / wie man ſol Deudſch reden / wie dieſe Eſel thun / ſondern man mus die mutter jhm hauſe / die kinder auff der gaſſen / den gemeinen man auff dem marckt drůmb fragen / vnd den ſelbigen auff das maul ſehen / wie ſie reden / vnd darnach dolmetſchen / ſo verſtehen ſie es denn / vnd mercken / das man Deudſch mit jhn redet." (Sendbrief vom Dolmetschen. 1530. Wittenberger Druck.)

Im älteren Frnhd. kommt die Virgel noch selten vor, bald aber setzt sie sich rasch durch; in frnhd. Zeit ist sie das wichtigste Interpunktionszeichen. Seit dem 16. Jh. wird sie allmählich durch das Komma verdrängt. Dieses ist als Reduktion der Virgel aufzufassen. Einerseits wird das Komma z. T. schon früh verwendet, in manchen Texten früher als die Virgel, andererseits finden wir die Virgel sogar noch im 17. Jh., z. B. bei OPITZ und bei SCHOTTELIUS.

Der Punkt, im Mhd. das wichtigste Zeichen, fehlt im älteren Frnhd. des öfteren. Er wird zunächst sehr unregelmäßig gesetzt, z. B. zwischen Haupt- und Nebensatz. Erst im Laufe der frnhd. Zeit setzt sich eine gewisse Regelmäßigkeit durch.

Fragezeichen und Ausrufezeichen werden erst seit dem 16., z. T. sogar erst seit dem 17. Jh. häufiger gebraucht. Das Fragezeichen steht oft auch nach der indirekten Rede.

Anführungszeichen, wohl zuerst in Wittenberger Drucken von H. LUFFT verwendet, werden nur selten benutzt. Das macht mitunter das Erfassen der wörtlichen Rede schwer.

Der Doppelpunkt, der schon im 15. Jh. gebraucht wird, erfüllt meist eine ähnliche Funktion wie der Punkt. Er kennzeichnet also auch einen Satzeinschnitt, wird aber auch schon wie im Nhd. verwendet, nämlich vor Aufzählungen und vor der direkten Rede.

Etwa die gleiche Aufgabe wie der Doppelpunkt erfüllt das Semikolon. Es tritt aber weitaus seltener auf. Erst im 17. Jh. wird es häufiger gebraucht.

Obwohl sich also eine geregelte Interpunktion sehr langsam durchsetzt, gibt es bereits im 15. Jh. Bemühungen, den einzelnen Satzzeichen eine bestimmte Funktion zuzuordnen. So schreibt N. v. WYLE 1478 in seinen "Translationen" u. a.:

"danne das klain erst strichlin [das Komma – H. L.], betüt ain schlechte sundrung ains wortes oder ainer oratz von der andern åne volkomenhait ainches gantzen sines. Aber die virgel ... gibt zemercken ainen vnderschaide zwüschen den geschriften vor vnd nåch gende, also doch, daz die vorder geschrift dennocht ouch nit ainchen volkomen sine håt / danne daz zů des volkommenhait etwas mer hernåch folgen můs. Aber der punckt ... gibt zeerkennen daz daselbs ain volkomner sine beschlossen wirt. So betütet diser punckt also gesetz ? daz die geschrift dar vor stende In fråg wyse zemercken ist. Wo aber ain geschrift mit zwyen krummen strichlin ingezogen wirt als hie (Jhesus cristus) so wirt die gehaissen parentesis nåch dem latine . . . vnd ist ain zaichen daz das so her nåch folget dienet vnd gelesen werden mag vf das, so vor der ingezogen schrifte geschriben steet / glycher wyse, als ob dieseb ingezogen schrifte nienert alda geschriben stünd . . ." (S. 15.)[50]

Diese Darlegungen sind insofern besonders aufschlußreich, als bei WYLE die Satz-zeichen in der Regel noch nicht die Aufgabe haben, syntaktische Einheiten zu kenn-zeichnen; auch die Sprechpausen sind nur z. T. markiert. Das hängt wohl damit zusam-men, daß er kein Theoretiker der Interpunktion ist, sondern versucht, "das in der lat. Tradition gegebene Lehrgut für den deutschsprachigen Buchdruck nutzbar zu machen und ins Deutsche zu übertragen" ('Das Bůch der tugenden' 1961, LXVIII, Anm. 2; vgl. die Ausführungen von BERG in dem Abschnitt "Zur Interpunktion des Textes", S. LXVIII ff.).

4.3. Lautlehre

4.3.1. Vokalismus

4.3.1.1. *Frühneuhochdeutsche Diphthongierung*

Die mhd. Monophthonge /i:, u:, ü:/ werden zu den nhd. Diphthongen /ae, ao, oi/:

mhd. *zît* > nhd. *Zeit*; mhd. *mûs* > nhd. *Maus*; mhd. *niun* > nhd. *neun*.
Merkworte: mhd. *mîn niuwez hûs* > nhd. *mein neues Haus*.

Die neuen Diphthonge sind ein wichtiges Kennzeichen des nhd. Vokalismus. Im md. Raum geht in mhd. *Zeit* /ü:/ vor /w/ in /u:/ über, das später zu /ao/ diphthongiert wird. Daher stehen in frnhd. *Zeit* oft ⟨eu⟩- und ⟨au⟩-Formen nebeneinander, z. B. *grawlich/ grewlich*; *trau/treu*; vgl. die nhd. Varianten bei Eigennamen: *Naumann/Neumann, Naum- burg/Neuenburg.*
Die Diphthongierung beginnt im 12. Jh. im Österreichischen und wird sich in der gesprochenen Sprache schon in mhd. Zeit in ganz Bayern durchgesetzt haben. Sie ist bereits bei dem Kärntner HEINRICH V. D. TÜRLIN (um 1210) nachweisbar. Bayrische Dichter reimen bereits im 13. Jh. *zît – geleit*. Vom Südosten des dt. Sprachgebietes dringt die Diphthongierung in weite Teile des obd. und des md. Sprachraumes vor, wobei sie sich schneller nach Norden und Nordosten als nach Westen und Nordwesten ausbreitet. Da die geschriebene Sprache in der Regel das Eindringen der Diphthonge erst später widerspiegelt, lassen sich nur schwer genaue Angaben über die Verbreitung machen.
Im Omd. finden wir vor 1400 in der Schrift nur wenige Diphthonge, doch gibt es auch hier größere Unterschiede. Im md.- nd. Übergangsgebiet erscheinen sie noch gar nicht (SB), in BM nur selten. Nur 8mal ist hier *î* > *ei* diphthongiert. Die Diphthon-gierung *û* > *au* ist überhaupt nicht, die von *iu* > *eu* nur einmal belegt: *newn*. Auch die von FEUDEL untersuchten Handschriften des 14. Jh. (BE) zeigen meist noch Mo-nophthonge, selten den Diphthong. Dagegen weisen die Urkunden der Vögte von Wei-da, Gera und Plauen, obwohl sie etwa aus der gleichen Zeit stammen, schon des öfteren Diphthonge auf. Hier ist deutlich die Ausbreitung der Diphthongierung von Süden nach Norden bzw. Nordosten nachweisbar. Das wird noch deutlicher, wenn wir die Prager Kanzleisprache des 14. Jh. zum Vergleich heranziehen (UK, KW). Hier sind am Ende des 14. Jh. die Diphthonge schon in der Überzahl, die Monophthonge treten seltener auf:

---

[50] Die Virgel besteht im Original aus einem Punkt mit einem darüber gesetzten Haken.

zeiten, veint,; seltener *ziten, vintschaft; pawen, haws*; seltener *gebuwet, sume; newen, Dewtscher*; seltener *frunde, Dutschen.*

Das Meißnische besitzt die neuen Diphthonge wahrscheinlich schon seit dem älteren Frnhd. Auffallend ist jedoch, daß sie in der Meißner Kanzlei später auftauchen als in den Thüringer Kanzleien. (Vgl. LINDGREN 1961, u.a. Übersicht, S.43; FRINGS 1956, 1957, K.36; GROSSE 1955, §96; zu den rezenten Mundarten WIESINGER 1983b, 1076ff.) LUTHER benutzt durchweg schon die neuen Diphthonge, z.B. *beyssen, meyn, aus, haus, meuse, leute.* Das gleiche gilt für die kurfürstliche Kanzlei jener Zeit.

Die nhd. Diphthongierung ist vom Nd. und von drei Gebieten des hd. Raumes nicht mitgemacht worden: dem Alem., Teilen des Thür. und Hess. sowie vom Rip. Seit dem 16./17. Jh. gibt es in diesen Gebieten lediglich die sog. Hiatusdiphthongierung (Hiatus: Zusammenstoßen zweier Vokale in aufeinanderfolgenden Silben) und die Auslautdiphthongierung: *schrîen > schreien, bî > bei.*

Allerdings dringt mit der immer stärkeren Entwicklung und Festigung der Schriftsprache im 16./17. Jh. die Diphthongierung auch in die geschriebene Sprache jener Gebiete ein.

Im Laufe der nhd. Periode hat sich die Diphthongierung mit der Zurückdrängung des Nd. weitere Räume erobert. Das gilt z.B. für ein großes Gebiet nördlich von Halle und Leipzig sowie für große Teile Thüringens. (Vgl. BISCHOFF 1957, bes. 40f.; KETTMANN 1969, §§8, 10, 11.)

Die ursprünglichen Grapheme für die neuen Diphthonge sind ⟨*ei, ou, öu*⟩, die aber oft bald durch ⟨*ai/ay, au, eu/äu*⟩ ersetzt werden.

Die neuen Diphthonge fallen in der Schriftsprache mit den alten Diphthongen (mhd. /*ei, ou, öu*/) zu jeweils einem Phonem zusammen, da diese sich zu weiten Diphthongen öffnen (ein Prozeß, der auch als Senkung aufgefaßt wird). (Siehe die Übersicht 4.3.1.12.) Für die Mundarten gilt dies in der Regel nicht, wie z.B. die Veränderungen von mhd. /*ei, ou, öu*/ im Md. beweisen. (Siehe 4.3.1.8.) Wie schwierig der Stand der Entwicklung zu beurteilen ist, zeigt sich u.a. daran, daß das Nebeneinander graphischer Doppelformen im selben Schriftstück mitunter als eine besondere Zierde galt: "... *zu allen* **zei***ten merer des richs*" (KW).

Entstehung und Ausbreitung der frnhd. Diphthongierung sind noch immer nicht ausreichend geklärt. Mitunter werden Zusammenhänge zwischen Diphthongierung und Monophthongierung gesehen, doch tragen entsprechende Erklärungsversuche noch weitgehend hypothetischen Charakter. So sehen ERBEN (1970, 406) und TROST (1981, 222f.) die Diphthongierung – zumindest im Md. – als eine Art Reaktion auf die Monophthongierung. Das setzt voraus, daß die Diphthongierung im Md. früher eingesetzt hat, als bisher angenommen worden ist. Gegen diese These sprechen aber vor allem die unterschiedlichen Ausgangspunkte beider Veränderungen. Nach PENZL (1984, 52) besteht vielleicht ein Zusammenhang zwischen der Dehnung kurzer Vokale im Bair. und der Entstehung der Diphthongierung. WIESINGER (1983b, 1080) u.a. nehmen eine polygenetische Entwicklung der Diphthongierung an. (Zu weiteren Einzelheiten vgl. PAUL 1989, 71f., und die dort angeführte Literatur. Siehe auch 1.3.4.2.2.)

4.3.1.2. *Frühneuhochdeutsche Monophthongierung*

Die mhd. Diphthonge /*ie, uo, üe*/ werden im Nhd. zu den langen Vokalen /*i:, u:, ü:*/ monophthongiert. Zum Teil bleibt die alte Schreibweise erhalten: ⟨*ie, ŭ*⟩. Der Rest des *o* erscheint bis ins 20. Jh. als Bogen über dem *u* (*ŭ*). Da das *e* durch die Monophthongierung seine Funktion verliert, kann es zum Längezeichen werden, z.T. auch dort, wo es etymologisch nicht berechtigt ist. (Siehe 4.2.3.) Die neuen Monophthonge werden zu einem kennzeichnenden Merkmal des nhd. Phoneminventars.

mhd. *lieb* > frnhd. *līb, lieb*; mhd. *huon* > frnhd. *hū(h)n*; mhd. *süeze* > nhd. *süß.* –
Merkworte: mhd. *lieben guoten brüeder* > nhd. *liebe gute Brüder.*

Der Lautwandel beginnt schon in mhd. Zeit (etwa ab 1100) im Md.; daher wird er auch md. Monophthongierung genannt. Über den genauen Ausgangspunkt gehen die Meinungen auseinander. (Vgl. PAUL 1989, 72.) Auf jeden Fall kennt das Omd. sehr früh die neuen Monophthonge. Das läßt sich bereits in Schriften des 14. Jh. nachweisen:

dy, flysen; mut 'Mut', *zcu; gutlich* 'gütlich', *huner* 'Hühner' (BM, BE).

Auch in der Prager Kanzlei des 14 Jh. (UK, KW) erscheinen schon sehr oft die Monophthonge. Allerdings schwanken die Quellen allgemein zwischen der historischen Schreibweise (⟨ie, ye⟩) und der phonetischen (⟨i, y⟩). Selbst in Urkunden Südböhmens aus dem 14. Jh. finden sich schon relativ viele Formen mit Monophthongen: *brif, liben; tvn, bruder.* Insgesamt überwiegen hier jedoch die Diphthonge (BOKOVÁ 1981, 183f.). In späteren Quellen des Omd., z. B. bei LUTHER oder gar bei OPITZ, werden meist schon die Monophthonge verwendet. In ihren Schriften kennzeichnet das *e* des öfteren bereits die Länge des /i:/. Doch läßt die Schreibung vielfach keinen eindeutigen Schluß zu. In der KK steht vorwiegend ⟨ie⟩, seltener ⟨i⟩ bzw. ⟨y⟩. (Vgl. KETTMANN 1969, 114.) Außer großen Teilen des Md. hat auch der östliche Teil des Ostfränk. diese Entwicklung sehr früh mitgemacht. Im größten Teil des Obd. aber sind die Diphthonge erhalten geblieben, oft allerdings nicht in gleicher Qualität; meist ist der zweite Bestandteil verändert (abgeschwächt) worden. Der diphthongische Charakter wird durch unterschiedliche Digraphien wiedergegeben. Dieser lautliche Zustand gilt für die Mundarten dieses Gebietes auch heute noch. Mitunter finden wir in frnhd. Drucken aus dem Obd. auch Monophthonge, doch täuscht dies manchmal über den diphthongischen Charakter der Phoneme hinweg. Beispiele aus dem Obd.:

gût, thûn; dyenest, nyemant; gûter, gûtlich.

Allerdings gibt es – wie in der Schriftsprache – die Monophthonge unter bestimmten Bedingungen auch im Obd. So ist /ie/ durch Zusammenziehung und Verkürzung oder Abschwächung zu /i/ geworden in *immer, nimmer.* Auch in Präteritalformen findet sich mehrfach /i/, z. B. *fing, ging, hing.* Schließlich ist unter dem Einfluß der geschriebenen Sprache des md. Gebietes der Monophthong mitunter auch in andere Wörter eingedrungen, besonders im jüngeren Frnhd.:

fichte, liht, fligen, ligen, verliren, zihen.

Der größte Teil des Nd. sowie Teile des Md. (das Rip., das Osthess. und Westthür.) haben anstelle der mhd. Diphthonge die Längen *ē, ō* und *ȫ*. Die Vokale des Nd. repräsentieren noch den germ. Vokalismus; ob das auch für die angeführten Räume des Md. gilt, ist umstritten. (Zum Grundsätzlichen und zu Einzelheiten vgl. WIESINGER 1983b, 1076ff. Siehe auch 1.3.4.2.1.)

4.3.1.3. *Dehnung kurzer Vokale*

Kurze Vokale in offener Silbe werden gedehnt:

mhd. *lĕben* > frnhd. *lēben;* mhd. *wonen* > frnhd. *wō(h)nen;* mhd. *lĕwe* > nhd. *Löwe;* mhd. *vride* > frnhd. *frīd* (L 1522/1524), *friede* (L 1533), *Friede* (L 1546).

Auch Vokale in geschlossenen Silben werden häufig gedehnt, und zwar unter folgenden Bedingungen:

1. in Analogie zu flektierten Formen mit kurzen Vokalen in offener Silbe:

nhd. *sunes* > frnhd. *sūnes;* daher mhd. *sun* > frnhd. *sūn, sō(h)n;*

2. vor bestimmten Konsonanten (vor allem *r, l, m, n*) und Konsonantenverbindungen (vor allem *r* plus Konsonant):

mhd. *hĕr* > frnhd. *hēr,* nhd. *Heer;* mhd. *dĕm* > frnhd. *dēm;* mhd. *wol* > frnhd. *wōl;* mhd. *art* > frnhd. *ārt;* vor *r* plus Konsonant bleibt jedoch oft der kurze Vokal erhalten: vgl. nhd. *bergen, fertig, Garben, Herz;*

mitunter kann auch eine zweisilbige Nebenform mit offener Tonsilbe Ausgangspunkt der Dehnung gewesen sein:

mhd. *vil(e)* > frnhd. *vīl, viel;*

3. bei unterschiedlichem Stammvokal in Formen des gleichen Wortes (Ausgleich durch Systemzwang):

mhd. *sprach, sprâchen* > frnhd. *spräch, sprächen.*

In manchen Fällen ist die Dehnung nicht eingetreten, besonders vor *t, m* und den Endungen *-er, -el, -en.* Meist sind dann, vor allem seit dem 16./17. Jh., die Konsonanten verdoppelt worden, d. h., die Silbengrenze wurde in den Konsonanten hineinverlegt:

mhd. *himel* > frnhd. *himel,* nhd. *Himmel;* mhd. *wëter* > frnhd. *weter,* nhd. *Wetter.*

Dadurch stehen sich manchmal bei gleichem Ausgangsvokal im Nhd. Länge und Kürze gegenüber:

mhd. *beliben, geriten* > nhd. *geblieben, geritten.*

Regelmäßig unterbleibt die Dehnung vor ⟨*sch*⟩ und ⟨*ch*⟩ (germ. *k*). In beiden Fällen handelt es sich um ursprüngliche Doppelkonsonanz, d. h., hier liegt eigentlich keine offene Tonsilbe vor:

ahd. *fiskâri* – frnhd. *fischer;* ahd. *brëchan* – frnhd. *brechen.*

Die Dehnung beginnt in frmhd. Zeit – im Niederfränk. wohl schon in ahd. Zeit – im Nordwesten des dt. Sprachgebietes. Genaue Angaben sind schwierig, weil die Schreibung nicht sofort die Änderungen in der Aussprache widerspiegelt. Außerdem werden Länge und Kürze sehr unregelmäßig bezeichnet. Gedehnte Vokale treten schon bei Heinrich von Veldeke (12. Jh.) auf. Im Md. läßt sich die Dehnung für das 13. Jh., im Obd. für das 14. Jh. nachweisen. Hier dringt die Entwicklung nicht vollständig durch. Teile des Alem. haben die Kürze des Vokals z. T. bis in die Gegenwart erhalten. Im Obd., besonders im Hochalem., sind aber die Verhältnisse recht kompliziert; hier gibt es auch eine Dehnung von Vokalen in geschlossener Silbe vor einfacher und doppelter Konsonanz:

mhd. *kopf* > frnhd. (alem.) *kōpf;* mhd. *an* > frnhd. (obd.) *ān.*

Diese Erscheinung finden wir auch in einigen omd. Mundarten.- Bei der Erläuterung eines Textes muß also dessen zeitliche und räumliche Einordnung beachtet werden. Von der Schreibung aus ist die Vokalquantität schwierig zu beurteilen. Frühe Texte aus dem obd. Raum enthalten oft noch kurze offene Vokale (z. B. die Fabeln von Steinhöwel). Luther dagegen hat schon die gedehnten Vokale, auch wenn die Längenbezeichnungen, z. B. in *nehmen* und *fahren,* nur gelegentlich verwendet werden. Ferner ist zu bedenken, daß die Dehnung in vielen Wörtern bis heute nicht markiert wird, z. B. in *geben, gewesen, zogen.*

Die Ursachen für die Dehnung wie auch für die Kürzung (siehe den nächsten Abschnitt) werden oft im Zusammenwirken verschiedener Faktoren gesehen. "Die Kürzung von Vokallängen und die Dehnung von Vokalkürzen ... resultieren aus dem Bestreben, im Zusammenspiel von Vokalquantität, Akzent, Konsonantenquantität bzw. -intensität und Silbenanzahl der Wörter einen Ausgleich der Silbenquantitäten (Silbengewichte auf Grund der Silbenstrukturen) und der Wortquantitäten (Wortgewichte auf Grund der Silbenanzahl) herzustellen ..." (Wiesinger 1983a, 1090; vgl. auch Paul 1989, 74ff.)

4.3.1.4. *Kürzung langer Vokale*

Lange Vokale vor mehrfacher Konsonanz werden in frnhd. Zeit gekürzt. Dieser Wandel tritt seltener als die Dehnung ein. Er erscheint vor allem vor ⟨*ht (cht), ft*⟩ sowie vor *r* plus Konsonant:

mhd. *dâhte* > frnhd. *dachte*; mhd. *klâfter* > frnhd. *klafter*; mhd. *lêrche* > frnhd. *lerche*.

Vor ⟨st⟩ unterbleibt die Kürzung oft, jedoch nicht konsequent; vgl. mhd. *biest, ôster, trôst*, aber mhd. *ôsten, rôst*.

Die Kürzung erfaßt teilweise auch die Monophthonge, die erst durch die frnhd. Monophthongierung entstanden sind:

mhd. *lieht* > frnhd. *licht*; mhd. *stuont* > frnhd. *stund*; mhd. *nüehtern* > frnhd. *nüchtern*.

Die Kürzung tritt auch dann ein, wenn die mehrfache Konsonanz durch Komposition entstanden ist. Die Veränderung des zweiten Stammvokals bei ehemaligen Komposita ist das Ergebnis der Abschwächung infolge des germ. Anfangsakzents:

mhd. *brâmber* > frnhd. *brambör, bramber*; mhd. *hôchzît* > frnhd. *hochzeit*; mhd. *hôchvart* > frnhd. *hoffart*; mhd. *alwære* > frnhd. *alber(n)*; mhd. *gruon mât* > frnhd. *grumat*, nhd. *Grummet*; mhd. *hêrlîche* (Adv.) > frnhd. *herrlich*; mhd. *vierteil* > frnhd. *virtel*.

In vielen Fällen wird auch vor einfacher Konsonanz gekürzt, besonders vor ⟨t⟩ und ⟨m⟩ sowie vor den Endungen *-er, -el, -en*. Diese Kürzung gilt vor allem für das md. Gebiet:

mhd. *muoter* > frnhd. *muter, mutter*; mhd. *iemer* > frnhd. *imer*; mhd. *rüezel* > frnhd. *rüssel*; mhd. *wâfen* > frnhd. *waffe(n)*.

Selten tritt die Kürzung vor anderen Konsonanten ein, z. B. mhd. *slôz* > frnhd. *schloß*.

Die Kürzung beginnt in der zweiten Hälfte des 12. Jh. Ihre Entwicklung verläuft in den einzelnen Mundarträumen recht kompliziert. Im allgemeinen zeigt sich der Wandel am konsequentesten im Md. und im Ostfränk. Daher wird mitunter ein Zusammenhang mit der frnhd. Monophthongierung angenommen. (Siehe 4.3.1.2.; vgl. ferner Wiesinger 1983a, 1088ff.; Paul 1989, 77f.)

Bei der Textanalyse ist zu beachten, daß die Schreibung in frnhd. Zeit meist nicht zwischen langen und kurzen Vokalen unterscheidet. In BM steht z. B. ⟨a⟩ für mhd. ⟨â⟩, unabhängig davon, ob der Laut gekürzt worden ist oder nicht, z. B. *missetat, vollbracht, getan, iar, waren*. Ähnlich ist die Situation bei den anderen Vokalen.

4.3.1.5. *Rundung und Entrundung*

Entrundung

Die mit Lippenrundung gesprochenen Vokale und Diphthonge /ö, ö:, ü, ü:, oi, üe/ werden in vielen Gebieten entrundet und fallen daher mit den Phonemen /e, e:, i, i:, ae/ zusammen; vgl. mhd. *eröugnen*, nhd. *ereignen*. Dieser Prozeß beginnt schon in mhd. Zeit, in der Mitte des 12. Jh., und erfaßt den größten Teil des hd. Raumes. Ausnahmen bilden das Hochalem., Ostfränk. und das Rip. Am frühesten zeigt sich diese Entwicklung im Bair., im Omd. dagegen erst im 16./17. Jh. Vorher ist hier die Entrundung zumindest selten; z. B. *sintlichn̄* (BM). Luther unterscheidet im allgemeinen klar zwischen gerundeten und entrundeten Lauten, doch kommen bei einigen Wörtern Doppelformen vor: *abtrinnig, getzichte* 'Gezücht', *zichtigen*. Bei einzelnen Wörtern hält er am älteren, gerundeten Laut fest, z. B. *küssen* 'Kissen', *zcerknursßen* 'zerknirschen'. Als Folge der Entrundung zeigt sich in vielen Texten des 15./16. Jh. eine zunehmende Vermischung der entsprechenden Zeichen. Sie beweist den Zusammenfall der gerundeten mit den entrundeten Lauten: *breitigam, minster* 'Münster', *werter* 'Wörter'.

In der Schrift kommt jedoch diese Veränderung mitunter nicht zum Ausdruck. Im Omd. wird dies auch deshalb nicht immer sichtbar, weil die Umlaute oft nicht bezeichnet werden, z. B. *huner* statt *hüner*. Das sagt aber nichts über die Situation in den Mundarten aus. Wie stark in diesem Raum die Entrundung gewirkt hat, zeigen die Schriften von M. Opitz. Bei ihm ist z. B. mhd. ⟨üe⟩ und ⟨ü⟩ in vielen Fällen zu ⟨i⟩ geworden. Das beweisen Reime wie *entzückt – geblickt, Bild – füllt*. Auch ⟨eu⟩ ist häufig entrundet, vgl. Reime wie *Frewden – weiden*. (Zur Situation in den rezenten Mundarten vgl. WIESINGER 1983d, 1101ff.) In die Schriftsprache sind relativ wenige Wörter mit entrundetem Vokal eingegangen, u. a. *Pilz* (mhd. *bülez*), *Kissen* (mhd. *küssen*), *spreizen* (mhd. *spriuzen*), *spritzen* (mhd. *sprützen*).

Rundung

Die Rundung von ursprünglich nichtgerundeten Vokalen besitzt eine geringere Bedeutung, da sie vorwiegend obd. Mundarten erfaßt. Als Ursache für die Labialisierung nimmt man meist den Einfluß benachbarter Laute an.

Mhd. *e > ö* nach *w*, vor Labialen, *sch* und *l*:

> *zwölf, wöllen, höben, tröschen* 'dreschen'.

Erste Rundungen dieser Art lassen sich schon im Alem. des 13. Jh. nachweisen. In diesem Raum zeigt sich auch eine gewisse Einheitlichkeit. Sonst gibt es meist größere Unterschiede und häufiges Schwanken.

In die Schriftsprache aufgenommen wurden u. a. *Hölle, Löffel, Löwe, löschen, schöpfen, schwören, zwölf*, die z. B. sämtlich in dieser Form bei OPITZ vorkommen. LUTHER hat die Rundung nur in *zwolf, fromede, ergötzen*, doch überwiegen auch hier die Formen mit ⟨e⟩. Sonst bewahrt LUTHER wie das omd. Schrifttum das ⟨e⟩: *gewelbe, hel, leschen, Scheppe* 'Schöffe', selbst bei der Entlehnung *Schepps* 'Hammel'. LUTHER steht also hier ganz auf omd. Grundlage.

Mhd. *i > ü* nach *w*, vor *sch* und Nasalverbindung, besonders vor Doppelnasal:

> *zwüschen, schwümmen, wüschen, fünden.*

Auch dieser Wandel zeigt sich am stärksten im Alem. Daher kommt es in Schriften aus diesem Raum mitunter zu hyperkorrekten Formen; vgl. u. a. *müschen, schwöster, wüssen*. In den übrigen Gebieten sind Formen mit gerundeten Lauten bedeutend seltener festzustellen. GROSSE (1964) führt nur wenige Beispiele an, u. a. *fünf, nummer* 'nimmer', *sülbe*, von denen nur das erste Beispiel konsequent die Rundung zeigt. LUTHER verwendet bei einigen Wörtern entrundete Formen, wo sich in der Schriftsprache die Rundung durchgesetzt hat, z. B. *wirde* 'Würde', *liegen* 'lügen'. Bei dem Substantiv *Hilfe* und einigen Weiterbildungen, z. B. *Gehilfe*, kommen Formen mit ⟨ü⟩ bis ins 20. Jh. vor, vgl. die Beispiele in der 8. Auflage des "Dudens" von 1911.

4.3.1.6. *Senkung von mhd. u, ü und i*

Mhd. /u/ und /ü/ werden im Md. oft zu /o/ und /ö/ gesenkt. Besonders häufig setzt sich dieser Wandel vor Nasalen und Nasalverbindungen durch:

mhd. *sun* > frnhd. *son* (md.); mhd. *künec* > frnhd. *könig, konig* (md.); mhd. *sunst* > frnhd. *sonst* (md.); mhd. *sumer* > frnhd. *somer* (md.).

Aber auch in anderer Nachbarschaft ist diese Entwicklung festzustellen, vor allem vor *r* plus Konsonant:

mhd. *mügen* > frnhd. *mögen*; mhd. *burse* > frnhd. *borse* (md.); mhd. *durst* > frnhd. *dorst* (md.); mhd. *wurst* > frnhd. *worst* (md.).

Die Entwicklung von /u/ > /o/ ist im Md. schon in mhd. Zeit in vollem Gange. Sie verläuft zwar in den einzelnen Mundarten unterschiedlich (zur heutigen Situation vgl. WIESINGER 1983c), ist aber für den ganzen md. Raum typisch. Von hier aus sind viele Formen in die Schriftsprache eingedrungen, vor allem, wenn der Vokal vor ⟨m⟩ und ⟨n⟩ steht.

LUTHERS Schriften zeigen in vielen Fällen den Übergang von /u, ü/ > /o, ö/. Oft stehen beide Formen nebeneinander. Später jedoch verwendet er /o/ und /ö/ häufiger. Im Laufe der Zeit dringen diese beiden Vokale u. a. in folgenden Wörtern vor:

Antwort, besonders, gesponnen, gewonnen, Gönner, gönnen, kommen, König, Nonne, Sohn, Sommer, sondern, sonst, Wonne.

In einigen dieser Wörter treten die Formen mit /u, ü/ gar nicht auf. Andererseits gibt es bei ihm auch noch 1545 alte Formen, z.B. *frum, gülden, kundte, künnen, mügen, münch*. Dies zeigt, daß der Prozeß selbst im Md. in der Mitte des 16. Jh. noch nicht abgeschlossen ist. Im Obd. sind mhd. /u/ und /ü/ erhalten geblieben. Ausnahmen gibt es aber auch hier, besonders vor Nasalen.

Mhd. /i/ wird nur selten zu /e/ gesenkt, vgl. mhd. *biben*, nhd. *beben*. Andere Formen wie *hemel, vrede, seben* bleiben auf die md. Mundarten beschränkt.

Zur Senkung von mhd. /ei/ und /ou/ zu /ae/ und /ao/, die im Obd. – außer dem Alem. – zu beobachten ist, vgl. Abschnitt 4.3.1.8. und Hartweg/Wegera 1989, 106.

4.3.1.7. *Entwicklung der mhd. e-Laute*

Im Mhd. gibt es fünf verschiedene [*e*]-Laute, die mindestens drei Phoneme repräsentieren. Allerdings gilt dies nicht für alle Mundarten jener Zeit. Im Frnhd. werden diese Unterschiede z. T. beseitigt: Die kurzen Vokale werden offen und die langen meist geschlossen gesprochen. Dadurch fallen mhd. [ë, ẹ, ä] im Nhd. zusammen; vgl. nhd. *helfen, Eltern, Gäste, mächtig*. Ferner wird das durch ⟨*ä*⟩ wiedergegebene Phonem /ä:/ offen gesprochen. Allerdings ist der phonetische Unterschied zwischen /e:/ und /ä:/ gering; vgl. nhd. *Ehre* und *Ähre, sehen* und *säen*.

Im Frnhd. ist der Stand der Gegenwart noch nicht erreicht. Die genaue Feststellung der Entwicklung wird dadurch erschwert, daß im Frnhd. für die Wiedergabe der verschiedenen *e*-Allophone nur zwei Zeichen (⟨*e*⟩ und ⟨*ä*⟩ bzw. ⟨*å*⟩) oder gar nur ein Zeichen (⟨*e*⟩) benutzt wird. Das gilt besonders für das ältere Frnhd. So steht z. B. in omd. Quellen (BM, BE, UW) das Graphem ⟨*e*⟩ durchweg für alle mhd. [*e*]-Laute; vgl. u. a. *recht, mensche, were, erste*. Ähnlich ist es auch noch bei Luther:

mhd. *ë*: *bret, recht, wer*; mhd. *ẹ*: *lemblin, rede*; mhd. *ä*: *engsten* 'sich ängstigen'; mhd. *æ*: *were, klerlich, nemlich*; mhd. *ê*: *mehr, stehen*.

Nur ganz selten wird bei ihm der Umlaut von /a/ und /â/ durch das Graphem ⟨*å*⟩ bezeichnet: *fålschlich*.

Aus der einheitlichen orthographischen Wiedergabe darf man aber bei keiner Quelle ohne weiteres auf einen lautlichen bzw. phonematischen Zusammenfall schließen.

Die Länge von mhd. *ê* wird im Frnhd. oft durch Doppelvokal oder *h* gekennzeichnet. ⟨*ä, (å)*⟩ ist in der Regel Zeichen für die offenste Lautqualität des [*e*]. Daher steht z. B. im Obd. dieses Zeichen häufig für den Sekundärumlaut.

Daneben tritt im Laufe der frnhd. Periode die morphematische Schreibweise von [*ä*] auf. Dadurch wird nun auch der Primärumlaut mit ⟨*ä*⟩ bezeichnet. Am frühesten und konsequentesten ist dies beim Plural der Substantive erfolgt; vgl.: mhd. *krefte*, nhd. *Kräfte*, mhd. *geste*, nhd. *Gäste*. Im Omd. beginnt diese Veränderung der Schreibung erst im 16. Jh., setzt sich dann aber rasch durch.

Im einzelnen gibt es jedoch auch hier starke Unterschiede. Allgemein hat sich die morphematische Schreibung dort nicht durchgesetzt, wo der etymologische Zusammenhang mit dem /a/ nicht mehr deutlich war; vgl. nhd. *behende, Eltern, fertig, fest*. Zum Teil ist dadurch auch die unterschiedliche Schreibung des Inf. schwacher Verben mit Umlaut zu erklären: *legen, senken, setzen*, aber *fällen, tränken*. Geblieben ist das ⟨*e*⟩ auch bei den schwachen Verben, die heute noch "Rückumlaut" aufweisen, z. B. *kennen, nennen, rennen*. (Vgl. Hartweg/Wegera 1989, 106ff.)

Das Problem der morphematischen Schreibung (Stammschreibung) spielt auch bei der 1994/1995 beschlossenen Reform der Orthographie eine Rolle; siehe Abschnitt 1.8.4.

4.3.1.8. *Entwicklung von mhd. ei, ou, öu*

Mhd. /ei/ und /ou/ sind vom 11./12. Jh. ab teilweise im Obd. wieder zu /ae/ und /ao/ gesenkt worden, also in der Zeit, in der die Entwicklung der frnh. Diphthongierung beginnt. Zum Teil werden die alten Diphthonge (mhd. /ei, ou/) und die neuen Diphthonge (<mhd. /i:, u:/) in der Schreibung unterschieden. Diese Unterscheidung geschieht aber nicht konsequent; im Gegenteil, sie gerät stärker ins Schwanken. Bei Luther sind jeweils beide Laute in der Schrift zusammengefallen, wenn auch nicht ganz

konsequent. So schreibt er z.B. ⟨ai, ay⟩ nie für mhd. /i:/, wohl aber mitunter für mhd. /ei/. Für das Bair. ist die ⟨ai⟩-Schreibung für mhd. /ei/ jedoch typisch.

Ähnlich ist das bei ⟨au/ou⟩, nur setzt sich hier das ⟨au⟩ allgemein in der Schrift durch, während bei ⟨ai/ei⟩ meist die mhd. Schreibung ⟨ei⟩ beibehalten wird. /öu/ als Umlaut von mhd. /ou/ wird in frnhd. Zeit durch ⟨eu/äu⟩ verdrängt. Von diesen beiden Graphemen setzt sich ⟨äu⟩ allmählich durch.

In den Mundarten haben diese drei Diphthonge oft besondere Entwicklungen durchgemacht. (Zur Lage in den heutigen Mundarten vgl. u.a. FRINGS 1956, Bd.3, 65f. u. Karte 30; SCHIRMUNSKI 1962, 233ff.; WIESINGER 1983e.)

Von Bedeutung sind die Veränderungen im Md. und Ostfränk. Hier haben ⟨ai/ei, au/ou, öu/äu⟩ wie im Nd. eine Monophthongierung erfahren, gewissermaßen die Fortsetzung der ahd. Monophthongierung (siehe 2.3.2.4.). Besonders früh, meist schon in mhd. Zeit, läßt sich dieser Wandel im Omd. und im Mittelfränk. feststellen. In der geschriebenen Sprache spiegelt sich das aber nur relativ selten wider. In Quellen des md. Ostens aus dem 14.Jh. wird mhd. /ei/ mit ⟨ei, ey⟩, nie aber mit ⟨ai, ay⟩ wiedergegeben, z.B. *fleisch, eyn, steyn*; doch kommen auch Monophthonge vor, z.B. *enyr* 'einer', *enig* 'einig', *helikeit, vlēsch*. Ähnlich ist es bei mhd. /ou/. Meist steht noch ⟨ou⟩, selten ⟨au⟩, z.B. *boum, ouch, ouge, auch, frauwin*. Auch hier kommt der Monophthong vor, z.B. *bom, globin, trom, zoberer* (BE). UW hat nur wenige Monophthonge, z.B. *och, bede*. Ähnlich ist es in der Prager Kanzleisprache des 14.Jh. (UK, KW). Zahlreicher treten die Monophthonge im nd.-md. Übergangsgebiet auf, allerdings überwiegen bei den entsprechenden Wörtern auch hier die Diphthonge (SB). Bei LUTHER kommen die Monophthonge selten vor. Seine Lautung entspricht in diesem Fall im wesentlichen dem mhd. Stand. Die omd. Mundarten seiner Zeit weisen dagegen zweifellos schon in starkem Maße die Monophthonge auf. Nur in wenigen Fällen gingen Formen mit Monophthong in die Schriftsprache ein, z.B. *wenig, Lehm*. (*Lehm* wird vereinzelt bis ins 19.Jh. mit ⟨ei⟩ geschrieben).

Mhd. /öu/, der Umlaut von /ou/, wird mitunter monophthongiert und mit ⟨ē, ā̈⟩ oder ⟨ā⟩ wiedergeben, aber auch dieser Wandel ist in der Schrift nur selten zu erfassen.

Mhd. ⟨öu⟩, das aus ahd. ⟨ew⟩, germ. ⟨awi⟩, entstanden ist, zeigt schon seit ahd. Besonderheiten in der Schreibung. Das hat folgende Ursache: Nachfolgendes ⟨i⟩ lautete das ⟨a⟩ um, z.B. ahd. *frewida* 'Freude', *gęwi* 'Gau', *hęwi* 'Heu'. Bei folgendem ⟨j⟩ wurde das ⟨w⟩ verdoppelt, und durch Vokalisation des ersten ⟨w⟩ wurde der Diphthong ⟨au⟩ entwickelt. Dieser wurde nicht umgelautet. Da meist im gleichen Wort bald ⟨i⟩, bald ⟨j⟩ auftrat, haben viele Wörter beide Lautformen entwickelt, z.B. ahd. *frewen* neben *frouwen, strewen* neben *strouwen*. In frnhd. Zeit war wohl dieses [eu] (aus ⟨ew⟩) von [öu] (Umlaut von /ou/) getrennt, doch sind in den meisten Gebieten beide Laute zusammengefallen. In der Schreibung gibt es oft noch Unterschiede. Einige Wörter behalten z.B. noch sehr lange das w, z.B. *drewen, frewen, frewde, hew, strewen*. In den frnhd. Texten ist die Schreibweise recht schwankend, z.B. *vreude, vrouwet* (3.P.Sg.Prät.), *gevreuwit* (Part. Prät.), *vroude, vrôwit uch, ich frôwe mich* (BE). (Siehe auch 4.3.1.9.)

4.3.1.9. *Weiterentwicklung des Umlauts*

Sehen wir zunächst von Einzelheiten ab, so ist die Entwicklung des Umlauts im Frnhd. vor allem durch zwei Tendenzen charakterisiert (vgl. SONDEREGGER 1979, 269ff., BESCH 1980, 592):

1. Der Umlaut wird mehr und mehr gekennzeichnet, so daß die Phonemopposition auch ihren graphischen Ausdruck findet; vgl. /u/ und /ü/ in *mutter – mütter*. Die Opposition /a/ : /e/ wird meist durch die Grapheme ⟨a⟩ und ⟨ä⟩ markiert. Diese morphematische Schreibweise macht den etymologischen Zusammenhang deutlich.
2. Der Umlaut erhält stärker als im Mhd. eine grammatische Funktion, vor allem bei der Pluralbildung der Substantive (der Differenzierung der Numeri) und der Komparation der Adjektive. Dies geschieht häufig auch dort, wo der Umlaut nicht lautgesetzlich bedingt ist; vgl. mhd. *nagele*, nhd. *Nägel*. In diesen Fällen spricht man vom Analogieumlaut.

Im einzelnen gibt es bedeutende Unterschiede zwischen den Dialektgebie-
ten, die im 16. und 17. Jh. durch gegenseitige Beeinflussung z. T. ausgeglichen werden.
Da jedoch der Umlaut nicht immer bezeichnet wird, ist die Entwicklung schwer zu
bestimmen. Selbst diakritischen Zeichen (z. B. ỏ) kommt mitunter kein eindeutiger
Lautwert zu. So zeigt sich z. B. in BM folgender Stand:

Umlaut von *o*:	*gotlicher, hobischeyt, lỏbelichn̄*
ô:	*boze, horen̄, ṣchone*
u:	*wỏrfiln, erczỏrnt, sundig*
iu/û:	*fůchtygkeyt, uch*
uo:	*gutlich, berumit* 'berühmt', *huner* 'Hühner'
ou:	*fraůde, frawit*

Ob das Akzentzeichen in Verbindung mit einem waagrechten Strich über einem Vokal
nur die Länge oder auch den Umlaut bezeichnen soll, ist ungewiß. Ähnlich sieht es in
anderen md. Quellen jener Zeit aus. Im allgemeinen wird in den obd. und den wmd.
Quellen der Umlaut früher bezeichnet als in omd. Texten. LUTHER kennzeichnet in
seinen frühen Schriften den Umlaut meist noch nicht, mit Ausnahme des Umlauts von
/a/ und /a:/. Mitunter tilgen sogar die Drucker vereinzelte Umlautbezeichnungen LU-
THERS. Etwa von 1524 an nehmen die Umlautbezeichnungen zu. In der Bibel von 1546
überwiegen sie dann eindeutig, doch sind nichtbezeichnete Umlaute nicht selten. Regelmäßig unterbleibt die Kennzeichnung, wenn im Anlaut ⟨v⟩ für ⟨u⟩ steht, z. B. *vbel*,
vber.
    Bei der Flexion der Substantive tritt der Umlaut zunächst nur im Plural der *i*-
und *es-/os*-Stämme auf (siehe 4.4.2.). Später ist er auf viele andere Substantive übertragen worden. Zum Teil schwankt der Sprachgebrauch bis in die Gegenwart, z. B.
Bogen/Bögen, Wagen/Wägen.
    Die Ausbreitung des *er*-Plurals ist bei unlautfähigem Stammvokal durchweg mit Um-
laut verbunden, vgl. nhd. *Dörfer, Länder, Wälder.* Im Frnhd. ist der Umlaut mitunter
nicht bezeichnet: *huner* (BM). Größeres Schwanken läßt sich innerhalb der Wortbildung beobachten. Bei den Nomina agentis auf *-er* (mhd. *-ære*, ahd. *-âri*) steht im Mhd.
häufig noch kein Umlaut. Er fehlt auch zunächst in frnhd. Zeit im obd. Raum, besonders im Bair.: *gartner, kramer, rauber, traumer.* Im 17. Jh., mitunter schon früher, finden
wir daneben auch die Formen mit Umlaut: *gärtner, krämer, räuber, träumer.* Im Md. ist
der Umlaut schon im älteren Frnhd. vertreten. In vielen Wörtern hat er sich aber in der
Schriftsprache nicht durchgesetzt: *-halter, Hauer, Klausner, Maurer, Zauberer.*
    In all diesen Fällen gibt es im Frnhd. auch Formen mit Umlaut. Die Ursachen für die
unterschiedlichen Schreibungen lassen sich nicht genau angeben. Das Schwanken kann
man auch an den verschiedenen Formen der Eigennamen nachweisen: *Förster/Forster,
Bürger/Burger.* Auch die Substantive auf *-nis* (*-nus, -nüs*) haben im Frnhd. häufig konkurrierende Formen: *behaltnuß/behältnuß.* In einigen Fällen setzte sich in der Schriftsprache die umlautlose Form durch, z. B. *Bewandtnis, Verdammnis.* Ähnlich ist die
Situation bei den Adjektiven auf *-ig* und *-lich*.

Umlauthemmungen treten besonders im Obd. auf; sie entsprechen im großen und ganzen denen in
mhd. Zeit. Der Umlaut von *u* unterbleibt vor *r* plus Konsonant, teilweise auch vor *tz, pf, ck* sowie
gg und *kk*:
schuldig, kurtzlich, hupffen, rucken, drucken, bruck (vgl. *Innsbruck*).
drucken bzw. *trucken* hat im Frnhd. die Bedeutung von 'drucken' und 'drücken'. Die lautliche
Unterscheidung existiert erst seit dem 18. Jh.
    Der Umlaut von mhd. /u:, uo, ou/ wird allgemein vor *w*, im Obd. auch vor den übrigen Labialen
(besonders *m*) und Velaren verhindert:
frau (< frouwe), glauben, haupt, traumen.
    Umlaut haben meist, auch gerade im Obd., *frewen, gew* 'Gau' (siehe *Allgäu*), *strewen* u. a., weil
hier *aw* und nicht *auw* zugrunde liegt; *a* vor *w* wurde umgelautet, *a* vor *uw* nicht.
    Das Md. kennt kaum Umlauthemmungen; vgl. *heupt, seumen, treumen.* Auch LUTHER schreibt
erleuben, gleuben, heupt, keufen. Später hat er mitunter die obd. Formen übernommen.

In einigen Fällen existiert im Frnhd. auch ein Umlaut, der nicht durch *i* oder *j* bewirkt ist, sondern z. B. durch *ei*: *erbeit, erbeiten* (im Omd. z. B. bei LUTHER) oder durch *sch*: *äsche, fläsche, näschen*. Diese Formen kommen vor allem im Schwäb. und im Wmd. vor. (Zu weiteren Einzelheiten vgl. V. MOSER 1929, 87ff.)

4.3.1.10. *Ausgleichserscheinungen*

Der Ausgleich des Vokalwechsels aufgrund von Ablaut, Alternanz (Brechung) und Umlaut spielt im Frnhd. eine große Rolle. Am wichtigsten ist der Ausgleich inner halb der Flexion.

Beim Substantiv werden vielfach die Varianten mit Umlaut im Sg. aufgegeben, während sie sich im Pl. durchsetzen. (Siehe 4.4.2.)

Beim starken Verb werden die Unterschiede im Ablaut zwischen Sg. und Pl. des Prät. ausgeglichen (siehe 4.4.1.1.). Ferner setzt sich bei den Verben mit dem Stammvokal /a/ in der 2. und 3. P. Sg. Präs. Ind. die morphematische Schreibung mit ⟨ä⟩ durch., vgl. mhd. *du verest*, frnhd. *du fä(h)rst*.

Die durch die Alternanz entstandenen Vokale der 1. P. Sg. Präs. Ind. der Reihen 2, 3b, 4 und 5 werden konsequent, die der 2. und 3. P. Sg. Präs. Ind. der Reihe 2 werden weitgehend dem Vokal des Inf. bzw. des Pl. Präs. angeglichen; vgl. mhd. *ich nime* > nhd. *ich nehme*, mhd. *du biutest* > nhd. *du bietest*. Dieser Ausgleich beginnt im md. Gebiet in mhd. Zeit. Im Obd. treten alte Formen noch im 16. Jh. auf, z. B. *ich gilt, ich stirb*. Die Entwicklung geht langsam und ungleichmäßig vor sich. Bei LUTHER (*zeucht, fleucht*) und selbst bei SCHILLER (*gebeut*) ist der Ausgleich noch nicht immer eingetreten; vgl. noch heute die Wendung *was da fleucht und kreucht*.

Ausgleichserscheinungen treten auch beim schwachen Verb auf. Der sogen. Rückumlaut (siehe 2.3.2.3.) wird bei den meisten Verben beseitigt. In der Regel gleichen sich die nichtumgelauteten Formen des Prät. und des Part. Prät. dem Infinitiv an:

mhd. hæren, hôrte, gehôrt > frnhd. hören, hörte, gehört.

Selten geschieht der Ausgleich nach der umlautlosen Form, z. B. bei mhd. *lenden*.

Auch innerhalb des Paradigmas der unregelmäßigen Verben tritt des öfteren Vokalausgleich ein. Im Frnhd. sind allerdings meist noch Doppelformen vorhanden. Die Änderungen bewirken eine Vereinfachung der Verbalflexion, kommt doch dadurch das mit der Entstehung der sw. Verben im Germ. wirksam gewordene Prinzip, den Wurzelvokal in der Flexion unverändert zu lassen, erneut zur Geltung.

Die genannten Erscheinungen brauchten Jahrhunderte, bevor sie sich endgültig durchsetzten. In manchen Fällen sind die ersten Anzeichen der Veränderung schon im Mhd. greifbar, doch ist die Entwicklung am Ende der frnhd. Epoche noch nicht abgeschlossen. Die räumliche und zeitliche Ausbreitung ist schwer zu bestimmen. Es ist nicht so, daß eine Landschaft, daß ein bestimmter Schriftsteller oder eine bestimmte Druckerei grundsätzlich die Ausgleichsvorgänge fördert oder hemmt. Vielmehr stellen wir in der Regel ein Nebeneinander verschiedener Formen fest.

Ältere Werke zeigen meist auch ältere Formen, z. B. Verbformen mit Rückumlaut: *derkant, gehôrt, bedackit* (BM). Aber auch LUTHER benutzt noch alte Formen, z. B. bei der Konjugation der st. Verben: *er schrey, steig, treib, ward* (Sg. Prät.), *funden, sungen* (Pl. Prät.). Auch der Ausgleich im Präs. der st. Verben der 2. Reihe ist bei ihm noch nicht immer eingetreten: *fleuget, verleuret*. Prät.-Präsentien zeigen bei LUTHER z. T. noch alte Formen, z. B. *kundte*. Dabei darf aber nicht übersehen werden, daß auch er schon Ausgleichsformen benutzt, z. B. *sie zogen*. Selbst bei einem Schriftsteller herrscht also im Frnhd. keine Einheitlichkeit.

Außerhalb der Flexion spielt der Ausgleich des Vokalwechsels keine große Rolle.

Im Frnhd. gibt es viele Dubletten, deren verschiedene Formen auf Ablaut oder Brechung beruhen. Diese sind verhältnismäßig rasch, oft schon im älteren Frnhd., beseitigt worden: *verdrusz – verdriesz*; *und – ind* (rip.); *kirse – kerse*; *hilffe – helffe*.

Wichtiger sind die Unterschiede innerhalb von Wortgruppen, die oft mit Wortbildungsprozessen zusammenhängen. Sie halten sich länger; z. T. bleiben die verschiedenen Stammsilbenvokale bis in die Gegenwart erhalten:

erde – irdisch, irden – erden; *gold – gulden, gülden/golden* (erst seit dem 17. Jh.).

4.3.1.11. *Vokalismus der Nebensilben*

Seit der Festlegung des im Idg. freien Akzents auf die Stammsilbe haben die schwach betonten und die unbetonten Silben sehr starke Veränderungen erfahren. Diese lautlichen Wandlungen sind oft Ausgangspunkt morphologischer Veränderungen gewesen.

Vokale in schwach betonten Silben
Hier handelt es sich vor allem um Vokale in Wortbildungsmorphemen, und zwar in Suffixen. Sie besitzen zum großen Teil einen Nebenton. Dieser bewirkte, daß ihre Vokale nicht oder nur in geringem Maße reduziert wurden.

Beispiele:
>   mhd. *-heit: menscheyt, vnkū̌scheyt, tragheyt, warheyt,*
>   auch schon als *-keit: ytelkeýt*
>   mhd. *-lîch/-lich: gutlich, teglich*

Das Morphem *-lîch* besitzt schon im klass. Mhd. Nebenformen mit kurzem Vokal, besonders im Md. Im Obd. überwiegen die Formen mit langem Vokal bis ins Frnhd. hinein, wenn auch die Länge nicht immer bezeichnet wird. Daher tritt hier mitunter auch die diphthongierte Form *-leich* auf.

>   mhd. *-schaft: fruntschaft, herschafften*
>   mhd. *-ung(e): hoffenūge, weiſſagung*
>   mhd. *-ec, -ig/-ic: heylige, schuldig, wirdiklichen*
>   mhd. *-isch: yrdisch, kindisch, hobischeyt, auszlendisch*

Vokale in unbetonten Silben

Mittel- und Endsilben (Endungen). In den unbetonten Silben erscheint – wie schon in mhd. Zeit – in der Regel ⟨e⟩. Doch sind mancherlei Besonderheiten zu beachten. Einige Gebiete des Obd., bes. das Alem., haben bis in die Neuzeit volle Vokale in unbetonten Silben. Im Md. ist das ⟨e⟩ in unbetonten Silben oft zu ⟨i (y)⟩ gehoben; vgl. *gesangis, habin, undir* (R); *gedankin, sebin* 'sieben', *wortin* (BM); *grozir, mutir, tagis* (BE). Oft stehen ⟨e⟩ und ⟨i⟩ in regellosem Wechsel in den gleichen Wörtern nebeneinander. Möglicherweise ist das ⟨i⟩ in diesen Stellungen nur als Schreibmode zu betrachten. In anderen Quellen, vor allem der späteren Zeit, herrscht das ⟨e⟩ meist ausnahmslos vor, so z. B. auch bei Luther. Nur in der Flexion halten sich Varianten mit ⟨i, o, a, u⟩ besonders im Obd. bis ins 16./17. Jh.

Vokale in Präfixen. Obwohl es sich hier meist um ehemals selbständige Wörter handelt, sind die Vokale in diesen Morphemen schon im Mhd. aufgrund ihrer Unbetontheit meist zu ⟨e⟩ abgeschwächt worden. Dieser Laut herrscht auch im Frnhd. vor, z. B. *begert, erboten, entphangen, gefolgit.* Ausnahmen sind relativ selten, z. B. *czustoret, irsten* 'erstehen', *intphangen, inczǔndit* (Part.). Nur mhd. *vor(e)–, vur-, ver-, ur-, miß-* und die Negationspartikel *un-, en-* enthalten oft ⟨o⟩ bzw. ⟨u⟩: *vorsmet* 'verschmäht', *georteylt, vnkū̌scheyt.*

Synkope und Apokope. Die Unterschiede gegenüber dem Mhd. sind gering. Auch im Frnhd. ist das Obd. im Abstoßen und Ausstoßen des unbetonten ⟨e⟩ konsequenter als das Md. Im Laufe der Entwicklung findet ein Ausgleich statt, meist zugunsten des Md. Jedoch setzen sich die Formen mit nichtapokopiertem ⟨e⟩ im Obd. erst im 17./18. Jh. durch. Im Frnhd. stehen häufig im gleichen Wort Formen mit erhaltenem und mit aus-(ab-)gestoßenem ⟨e⟩ nebeneinander. Das gilt auch für ⟨e⟩ nach ⟨l⟩ und ⟨r⟩.
    Die S y n k o p e tritt im Innern des Wortes zwischen hochtoniger und tieftoniger Silbe sowie in der Kompositionsfuge auf: *houbet/houpt, maget/magt, betehǔs/bethǔze; nackit/nakt; wittewe/witven* (BE). Relativ oft ist sie bei den Endungen der Konjugation zu beobachten: *sagete/sagte, sprichest/ sprichst.* Geht die Wurzel auf Dental oder eine bestimmte Konsonantenverbindung aus, so bleibt

der Bindevokal erhalten *(regnete, widmete)*, oder er wird später wieder eingesetzt *(redte, geredt)*. Sonst aber setzt sich die Synkope im Laufe der frnhd. Zeit immer stärker durch. Ebenso ist es bei der Deklination, z.B. *Bergwerks, Getichts* (OP).

Eine besondere Rolle spielt die sog. E k t h l i p s i s, die Ausstoßung des *e* zwischen gleichen und ähnlichen Lauten: *durste* 'dürstete', *gekleit* 'gekleidet', *geschat* 'geschadet'. Meist gibt es daneben auch die Form mit erhaltenem *e*. Diese Synkopierung ist nur selten in die Schriftsprache eingedrungen, bzw. sie ist hier wieder rückgängig gemacht worden, um die grammatischen Formen deutlich zu markieren (siehe oben).

In den Präfixen *ge-* und *be-* hat vor allem das Obd. häufig synkopiert. Die Wörter, die auch im Md. Synkope zeigen, sind z.T. in die Schriftsprache eingedrungen: *glauben, Glaube, gleich, Glück, Gnade, bleiben.*

Die A p o k o p e spielt besonders in der Flexion eine wichtige Rolle, und zwar sowohl bei der Deklination der Substantive – vgl. z.B. *tag/tage* (Dat. Sg.); *mensch/mensche, herz/herze* (Nom. Sg.) – als auch bei der Konjugation der Verben, vgl. z.B. *hab, sag* (1. P. Sg. Präs. Ind.), *wer* (3. P. Sg. Prät. Konj.). Beim Substantiv ist sie oft Ausgangspunkt für Veränderungen in der Deklination gewesen, z.B. bei der *ja*-Deklination (siehe 4.4.2.). (Zu weiteren Einzelheiten vgl. PAUL 1989, 80ff.; HARTWEG/WEGERA 1989, 108ff.)

4.3.1.12. *Übersicht über die vokalischen Phoneme*

Da es für die frnhd. Zeit kein allgemeingültiges Phonemsystem gibt (vgl. Frnhd. Grammatik 1993, 36f.) und ein Gesamtüberblick über das Phoneminventar der wichtigsten Sprachlandschaften nicht gegeben werden kann, abstrahiert die folgende Übersicht zunächst von allen zeitlichen, räumlichen und soziologisch bedingten Unterschieden, die auch am Ende dieser Periode noch vorhanden sind. Sie spiegelt die Ergebnisse aller wichtigen lautlichen Wandlungen in frnhd. Zeit wider und entspricht daher dem vokalischen Phonembestand der nhd. Schriftsprache.

Kurze Vokale

		vorn	neutral	hinten	Beispiele
hoch		/i/ /ü/		/u/	/i/ /rint/
					/ü/ /fülə/
					/u/ /runt/
mittel		/e/ /ö/	[ə][1]	/o/	/e/ /heft/
					/ö/ /hölə/
					/o/ /fol/
tief			/a/		/a/ /man/

Lange Vokale

		vorn	neutral	hinten	Beispiele
hoch		/i:/ /ü:/		/u:/	/i:/ /fi:l/
					/ü:/ /fü:r/
					/u:/ /bru:t/
mittel		/e:/ /ö:/		/o:/	/e:/ /e:rə/
		/ä:/[2]			/ö:/ /ö:l/
					/o:/ /bro:t/
					/ä:/ /ä:rə/
tief			/a:/		/a:/ /ka:n/

Diphthonge[3]

		vorn	neutral	hinten	Beispiele
mittel				/oi/	/oi/ /hoi/
tief			/ae/ /ao/		/ae/ /haes/
					/ao/ /haos/

Anmerkungen:

1 Das unbetonte [ə] wird meist als positionsbedingtes Allophon des /e/ angesehen.
2 /ä:/ besitzt im Nhd. die Tendenz, mit dem Phonem /e:/ zusammenzufallen.
3 Die Einordnung der Diphthonge erfolgt nach ihrem ersten Bestandteil.

Aus dieser Übersicht lassen sich auf der Grundlage ausreichender Texte die den einzelnen Sprachlandschaften eigenen (spezifischen) Phonemsysteme ableiten. So stehen z. B. in bestimmten Sprachräumen selbst noch im jüngeren Frnhd. neben den Phonemen /i:, u:, ü:/ die Allophone [ie, uo, üe], neben den Phonemen /ae, ao, oi/ die Allophone [i:, u:, ü:]. Dies ist – wenn auch nicht immer – aus der Schreibung erkennbar; vgl. z. B. ⟨zů, thů, dyenest, mů́ßt, brů́derlich⟩ (ZA), ⟨Ißleben, Vlenspiegel, koflüt⟩ (Eulenspiegel). Mitunter sind die angeführten Allophone auch noch die dominierenden Varianten, also als Phoneme anzusetzen, und die sich daraus entwickelnden Laute als Allophone zu interpretieren.

Daß in frnhd. Zeit ein allgemeingültiger Stand kaum zu erfassen ist, erkennen wir daran, daß selbst bei einer Beschränkung auf einen kürzeren Zeitabschnitt – z. B die Mitte des 16. Jh. – noch zahlreiche Varianten nebeneinanderstehen. Dies sei am Beispiel der langen Vokale des Mhd. demonstriert:

Mhd.	Bair.	Alem./Schwäb.	Ostfränk.	Wmd.	Omd.
î	/ae/	/i:/	/ae/	/i:, ae/	/i:, ae/
û	/ao/	/u:, ao/	/ao/	/u:, ao/	/u:, ao/
iu	/oi/	/ü:, oi/	/oi/	/ü:, oi/	/ü:, oi/
ê	/e:/	/e:/	/e:/	/e:/	/e:/
ô	/o:/	/o:/	/o:/	/o:/	/o:/
œ	/ö:, e:/	/ö:, e:/	/ö:, e:/	/ö:, e:/	/ö:,e:/
â	/a:, o:/	/a:/	/a:/	/a:/	/a:, o:/
æ	/ä:, a:/	/ä:/	/ä:/	/ä:/	/ä:/

Wie kompliziert der Stand der Entwicklung zu einer bestimmten Zeit in einem bestimmten Raum ist, zeigt PENZL (1984, 58f., 166ff.). Er erläutert das frnhd. Vokalsystem am Beispiel eines Textes von HEINRICH VON WITTWEILER. Die Handschrift ist um 1400 entstanden und zeigt trotz der alem. Herkunft des Verfassers vorwiegend bair. Züge. Die kurzen [e]-Laute sind noch nicht zu einem Phonem zusammengefallen, die Monophthongierung ist noch nicht durchgeführt, wohl aber die Diphthongierung, doch unterscheiden sich die neuen Diphthonge noch von den alten (was allerdings nicht exakt nachzuweisen ist). Das ergibt 23 Phoneme (einschließlich des unbetonten /e/). Bei Texten aus einem anderen Raum und/oder einer anderen Zeit, die auch die langen Vokale /i:, u:, ü:/ besitzen, käme man sogar auf 26 Phoneme. In das System der nhd. Schriftsprache sind aber deutlich weniger Phoneme eingegangen. (Vgl. PHILIPP 1980, 40ff.; PENZL 1984, 58f.; N. R. WOLF 1985, 1309ff.)

Ein Vergleich mit den vokalischen Phonemen des Mhd. (siehe 3.4.1.1.) zeigt, daß in bezug auf die Art und die Zahl der Phoneme zwischen beiden Sprachzuständen eine recht große Übereinstimmung herrscht. Lediglich im Bereich der Diphthonge sowie der /e/-Phoneme – sofern man hier im Mhd. fünf Phoneme ansetzt – gibt es deutliche Unterschiede, wodurch das nhd. Phoneminventar gegenüber dem mhd. vereinfacht wird. Den 23 Phonemen im Mhd. stehen nur noch 18 Phoneme am Ende der frnhd. Periode gegenüber. Betrachtet man jedoch die Distribution der Phoneme in vergleichbaren Lexemen, so zeigen sich größere Differenzen zwischen beiden Sprachzuständen. (Vgl. Tafel 6.) Aus einem solchen Vergleich lassen sich auch, wie die folgende schematische Übersicht zeigt, die wichtigsten Arten des Laut- und Phonemwandels vom Mhd. zum Frnhd. ablesen. (Vgl. ausführlicher HERRLITZ 1970, Kap. 2; PHILIPP 1980, 36ff.; SZULC 1987, 123ff.; HARTWEG/WEGERA 1989, 101ff.)

Übersicht über die wichtigsten vokalischen Veränderungen vom Mhd. zum Frnhd.

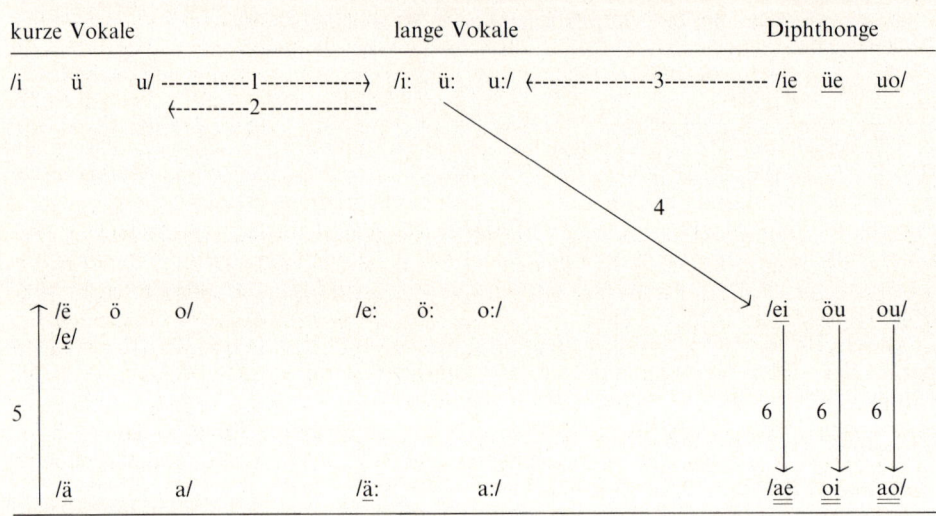

Die Zahlen bedeuten:
1: Dehnung (partielle Phonemverschiebung)
2: Kürzung (partielle Phonemverschiebung)
3: Monophthongierung (Phonemverschmelzung)
4: Diphthongierung (Phonemverschmelzung)
5: Phonemverschmelzung der drei kurzen /e/-Phoneme
6: (partielle) Senkung; in Landschaften, in denen die Diphthonge zeitweise phonologische Oppositionen bildeten, Phonemverschmelzung

___ Nur mhd. Phoneme   ═══ Nur nhd. Phoneme

4.3.2. Konsonantismus

4.3.2.1. *Explosivlaute und Affrikaten*

Die Explosivlaute bieten in frnhd. Zeit ein buntes Bild. Ursache dafür sind vor allem folgende Erscheinungen:

1. Der unterschiedliche Anteil der einzelnen Landschaften an der ahd. Lautverschiebung.
2. Die binnen(hoch)deutsche Konsonantenschwächung; darunter versteht man eine Schwächung (Lenisierung) der stl. Verschlußlaute *p, t, k* sowie der germ. Reibelaute *f, þ, s* und *h*. Sie erfaßt die hd. Mundarten mit Ausnahme des Hochalem., Südbair., des westl. Moselfränk., des Rip., des Nordthür. und des Schles.; Unterschiede gibt es jedoch sowohl bei den einzelnen Lauten als auch in zeitlicher Hinsicht. Im Obd. beginnt die Schwächung der Verschlußlaute schon im Spätahd., im Omd. erst im 15. Jh. Diese Lenisierung hängt wahrscheinlich mit ähnlichen Prozessen im Nd. zusammen, so daß der Ausdruck "binnenhochdeutsch" fehl am Platze ist.
3. Die Aufgabe des Stimmtons bei *b, d, g*. Dieser Prozeß, der mitunter ebenfalls als Lenisierung bezeichnet wird, läßt *b, d, g,* soweit sie überhaupt erhalten bleiben, in vielen hd. Gebieten zu stl. Lenes werden. Ob dieser Prozeß mit der Schwächung von *p, t, k* zusammenhängt, ist nicht restlos geklärt. Wichtig ist aber für viele Räume des Frnhd. (wie der nhd. Mundarten), daß die stl. Tenues *p, t, k* mit den sth. Lenes *b, d, g* zu den stl. Medien *b̦, d̦, g̦* zusammenfallen, das heißt, aus den sechs Phonemen des Mhd. entstehen in verschiedenen Räumen drei neue Phoneme; vgl. noch heute z.B. obersächs. *b̦elǝ* 'Pelle' und 'Bälle'. In der Schriftsprache bleibt jedoch die Opposition zwischen den Tenues und den Lenes erhalten.

4. Der Übergang von Verschlußlauten zu Reibelauten.

5. Die Unterschiede zwischen gesprochener und geschriebener Sprache. Da die Schrift oft nicht oder nur teilweise den Stand der Entwicklung widerspiegelt, ist der Lautwert der einzelnen Zeichen nicht immer genau zu bestimmen. Diese Situation macht es notwendig, die folgenden Ausführungen zu den einzelnen Explosivlauten und Affrikaten stets im Zusammenhang zu sehen. (Vgl. V. Moser, Bd. I, 3.; 1951, 103ff.; Braune 1987, §102a, 102b; Mettke 1989, §62; Paul 1989, 121f., 132ff.; Szulc 1987, 158f.; Hartweg/ Wegera 1989, 111; Simmler 1983, 1121ff.)

Mhd. b

Germ. /b/ ist im Obd. durch die 2. Lautverschiebung zu /p/ geworden. Dieses ⟨p⟩ gibt es im Anlaut auch noch in frnhd. Zeit im Bair.: *pauren, pald, peide*. In den übrigen obd. Gebieten ist das ⟨p⟩ meist auf wenige Wörter beschränkt, z. B. alem. *Payern, plitz*. Auch im Md., das generell den Wandel von /b/ zu /p/ nicht mitgemacht hat, erscheint unter obd. Einfluß des öfteren ⟨p⟩: *dem pusche, puttyr* (BE), *pauer, pusch, putter* sind im Omd. weit verbreitet. Häufig tritt ⟨p⟩ im Silbenanlaut auf: *gepaut, entpot* (3. P. Sg. Prät.). Auch Luther verwendet in frühen Schriften das ⟨p⟩: *peycht* (1520), *gepar, geperen, gepott* (1522), *emperen* (1529) 'entbehren', aber *gebar, geboren, Gebot* (1545). Verhältnismäßig stark ist ⟨p⟩ in den dt. Mundarten Böhmens vertreten, jedoch selten in der Prager Kanzleisprache.

In die Schriftsprache werden – vor allem über omd. Texte – u. a. folgende Wörter mit ⟨p⟩ übernommen: *pochen, Polster, Posaune, prangen, Prügel, purzeln, putzen*. Zum Teil sind schon im Mhd. Nebenformen mit ⟨p⟩ vorhanden.

Im Inlaut kommt fast nie ⟨p⟩ für ⟨b⟩ vor. Oft geht aber der Verschlußlaut in einen Reibelaut über, der häufig durch ⟨w⟩ wiedergegeben wird: bair. *lewen*, omd. *strewin*.

Die zwischenvokalische Geminata ⟨bb⟩ erscheint des öfteren als ⟨pp⟩: *crippe, rappe* 'Rabe', dann auch 'schwarzes Pferd', *rippe, üppig*. Doppelformen führen zur Bedeutungsdifferenzierung bei *rappe/rabe, knappe/knabe*.

Mhd. d

Im Frnhd. wird /d/ vor ⟨r⟩ zu /t/, vor allem im Obd. Später, im 16./17. Jh., dringt dieser Wandel, der der Lenisierung entgegenwirkt, auch in verschiedene Gebiete des Md. ein. Dadurch wird manche Form schriftsprachlich: mhd. *drabant, draben, dröschen, drucken* > frnhd. *trabant, traben, treschen, trucken*.

Vor Vokalen spielt der Wandel zu ⟨t⟩ eine geringere Rolle. In einigen Wörtern wird jedoch ⟨t⟩ häufig gebraucht, z. B. *tacht/tocht, tausent, teutsch, tölpel, tosen, tuncken, Thöring (L)/Thüringen*. Meist bleiben die Formen mit ⟨d⟩ im Frnhd. daneben erhalten. Im Obd. ist dieser Wandel früher und häufiger als im Md. zu beobachten. *teutsch* ist besonders typisch für das Obd. Das anlautende ⟨t⟩ ist hier unter dem Einfluß der lat. Bildungen *theodiscus, teudiscus* bzw. des lat. *teutonicus* 'deutsch' angenommen worden und hat sich bis in die nhd. Zeit gehalten; es kommt z. B. noch bei E. M. Arndt vor. Erst mit der genaueren Kenntnis der Etymologie des Wortes setzt sich im 19 Jh. endgültig die Form mit ⟨d⟩ im Anlaut durch. (Siehe 1.2.4.5.) Bei *Thüringen* ist das ⟨t⟩ im Anlaut sicher durch Einfluß der lat. Form zur Norm der Schriftsprache geworden.

Dieser Wandel von /d/ zu /t/ ist kaum als späte Wirkung der 2. Lautverschiebung zu erklären. (Vgl. Tschirch, Bd. 2, 1989, 18.)

Mhd. g

Das durch die 2. Lautverschiebung im Obd. entstandene /k/ kommt im Anlaut nur noch ganz selten vor. In weiten Teilen des Md. und im Nürnbergischen geht das ⟨g⟩ in einen meist sth. Reibelaut über, bzw. es bleibt ein aus dem Germ. stammender Spirant erhalten, z. B. *jah, jut* (md.), *jach, jar* (Nürnberg). Einige Formen sind in die Schriftsprache übernommen worden: *jäh, jählings*. In der Umgangssprache ist *jeck* weit verbreitet. Schon Schottelius verzeichnet hier Doppelformen: *gach/jach, jahe, gekh/jekh*.

Im Inlaut verläuft die Entwicklung ähnlich. Das Obd. bewahrt meist den Verschlußlaut, allerdings als Lenis, das Md. und Teile des nördl. Obd. haben durchweg sth.

oder stl. Reibelaut; letzterer gilt vor allem im Omd. Die Schrift spiegelt diese Entwicklung nur selten wider. Mitunter wird der stl. Reibelaut mit ⟨gh⟩ wiedergegeben, z. B. *jaghen, volghen*, manchmal auch mit ⟨ch⟩, z. B. *sachen, nachvolchen*. Durchgesetzt hat sich dieser Wandel in *mancher* und *mancherlei* (mhd. *manec, manegerleie*).

Die Geminata bleibt im Obd. meist erhalten: *bruggen, egge, mugg(en), ruggen*. Im Md. steht dagegen stets ⟨k, ck, kk⟩, z. B. *brücke, ecke, mückelmucke, rucke(n)*.

Im Auslaut hat das Obd. meist ⟨g⟩. Doch gibt es auch Belege für den Übergang zum Reibelaut. Das gilt besonders für das ⟨g⟩ im Suffix *-ig*. Auch im Md. gibt es den Reibelaut, allerdings wird er in der Schrift selten bezeichnet: *adelich, vnzelich*. Nur im Mittelfränk., wo der frnhd. Reibelaut den westgerm. Reibelaut fortsetzt, wird meist ⟨ch⟩ geschrieben: *dach* 'Tag', *gesacht, klachte*.

Zur Assimilation von ⟨b⟩ zu ⟨p⟩ siehe Abschnitt 4.3.2.6., zur Auslautverhärtung Abschnitt 4.3.2.7.

Mhd. p und pf

Im Anlaut setzt sich /pf/, die in der 2. Lautverschiebung entstandene Affrikata, auch in der Schrift immer mehr durch, doch finden sich noch während der gesamten frnhd. Periode Formen mit unverschobenem ⟨p⟩: *paffe, plastern, pul*. Das gilt besonders für das Wmd., das die 2. Lautverschiebung in dieser Position nicht mitgemacht hat, sowie für das nördl. Thüringen und nördl. Obersachsen, die ursprünglich zum nd. Gebiet gehörten.

Unter nd./md. Einfluß dringen einige Wörter mit anlautendem ⟨p⟩ in die Schriftsprache ein: frnhd. *pellen, plunder, plündern, pocke, pökeln*. Das trifft auch auf einige jüngere Fremdwörter zu, z. B. frnhd. *Palast, belz/pelz, Preyß*. Im Omd. spricht man statt der Affrikata /pf/ meist den Reibelaut [f], wahrscheinlich schon seit der Siedlerzeit. Als Weiterentwicklung der 2. Lautverschiebung ist dieser Wandel wohl kaum zu bewerten. FRINGS (1956, Bd. 3, 31) sieht das [f] als "Ergebnis kolonialer Mischung" von /pf/ und /p/. (Vgl. dazu auch V. MOSER 1951, 132f.; HARTWEG/WEGERA 1989, 112.) In der geschriebenen Sprache steht jedoch oft ⟨pf⟩ bzw. ⟨ph⟩, z. B. in BE.

Im In- und Auslaut nach ⟨m⟩ sowie in der Gemination ist die Verschiebung zur Affrikata im Md. zum großen Teil unterblieben. Auch in der Schrift stehen mitunter unverschobene Formen, z. B. *appele*; doch setzt sich ⟨pf⟩ immer stärker durch. Eine Reihe von Wörtern ist mit unverschobenen Formen schriftsprachlich geworden: *klappern, Knüppel, Lippe, Stempel* (frnhd. oft *knüpfel, stempfel*). Andere Formen bleiben auf Mundart und Umgangssprache beschränkt: *appel, schimpen, strump, stumpen*.

Im Mittelfränk. ist auch die Verschiebung nach ⟨r⟩ und ⟨l⟩ unterblieben. Im Laufe des Frnhd. dringt jedoch die Affrikata auch hier in die geschriebene Sprache ein. Unverschobene Formen werden ganz selten in die Schriftsprache aufgenommen, z. B. *Krampe, Krempe, stolpern*.

Mhd. t

Im Anlaut hat das Wmd. den Wandel von germ. /d/ zu ahd. /t/ nicht mitgemacht. In frnhd. Zeit dringt das gemeindeutsche /t/ allmählich über die geschriebene Sprache auch in die Mundarten dieses Raumes ein. Viele Wörter sind jedoch mit anlautendem ⟨d⟩ in die Schriftsprache eingegangen. Oft schwankt in diesen Fällen schon im Mhd. die Schreibweise, z. B. frnhd. *dalhe* 'Dohle', *dotter, tom/dum, tuften, dunkel*. In anderen Wörtern dürfte der nd. Einfluß den Ausschlag für die Schreibung mit ⟨d⟩ gegeben haben: frnhd. *dam, Dene* 'Däne'. Hinzu kommen einige Lehnwörter, bei denen das nhd. ⟨d⟩ der ursprünglichen Form entspricht: frnhd. *dichten, doppeln, dutzent*.

Im Inlaut gibt es auch noch im Frnhd. die Erweichung nach Liquiden und Nasalen: *gehalden, sulde, virde* (BM), *alde, halden, vnder* (UK), *hinder, under, vierde* (L). Daneben stehen jedoch häufig Formen mit ⟨t⟩. Diese Erweichung wird gestützt durch die Konsonantenschwächung, die auch bei ⟨t⟩ eintritt. Ferner ist zu bedenken, daß germ. /d/ nach ⟨l⟩ und ⟨n⟩ im Md. meist nicht verschoben worden ist.

Eine andere Entwicklung ist zu einem Merkmal der Schriftsprache geworden.:

mhd. *tw* (ahd. *dw*) > frnhd. *zw* (besonders im Obd.) oder *kw* (besonders im Md.), z. B. mhd. *twalm* > frnhd. *qualm*, mhd. *twarc* > frnhd. *quark*, mhd. *twër* > frnhd. *kwer*, mhd. *twërch* > frnhd. *zwerch*. Diese Entwicklung beginnt im Obd. schon spätmhd., im Md. erst im 14. Jh. Der Übergang zu *zw/kw* wird in der Schrift nicht immer bezeichnet: *betwingen, twalmig, twenglich* (Joh. v. Saaz).

Eine weitere Besonderheit stellt die E p i t h e s e des ⟨t⟩ dar. Man spricht hier auch vom unhistorischen ⟨t⟩. Es tritt an das Ende eines Wortes, besonders nach unbetonter Silbe. Die Entwicklung beginnt schon in mhd. Zeit (vgl. PAUL 1989, 161):

mhd. *mâne* > frnhd. *mond*, mhd. *ieman* > frnhd. *iemant*, mhd. *nirgen* > frnhd. *nirgent(s)*, mhd. *vollen* > frnhd. *vollent(s)*.

Im Frnhd. stehen oft beide Formen nebeneinander, z. B. *huf* und *huft* 'Hüfte'. Bei manchen Wörtern überwiegt sogar noch die Form ohne ⟨t⟩, z. B. *akse* 'Axt', *obes* 'Obst'. Die Epithese ist auch im mittelbaren Auslaut, beim ersten Teil von Komposita festzustellen: mhd. *anderhalben* > frnhd. *anderthalben*, mhd. *allen halben* > frnhd. *allenthalben*.

Ebenso erscheint ⟨t⟩ als Gleitlaut in Ableitungen zwischen auslautendem ⟨n⟩ und anlautendem ⟨l⟩ des Suffixes, z. B. *eigentlich, ordentlich, namentlich*.

Mhd. k und kch

Die Affrikata /kch/ tritt immer mehr zurück; sie existiert lediglich noch im Hochalem. und in Teilen des Südbair. In der Schrift wird sie nur noch selten gekennzeichnet. Am Ende des Frnhd. steht durchweg das Graphem ⟨k⟩ oder – in seltenen Fällen – ⟨ch, kch, kh⟩. Der Lautwert dieser Zeichen ist nicht immer eindeutig zu bestimmen; ⟨kh⟩ kann z. B. auch für das aspirierte /k/ stehen. In den übrigen obd. Gebieten wird die Affrikata wieder zum Verschlußlaut.

Infolge der Konsonantenschwächung von ⟨k⟩ und ⟨g⟩ wechseln mitunter in der Schreibung diese beiden Buchstaben, vor allem im In- und Auslaut. Relativ häufig ist dies in md. Texten der Fall. Schon seit dem 14. Jh. gibt es Formen wie *grantz, kranger, volg*. Vom 16. Jh. an tritt die ⟨g⟩-Schreibung wieder zurück. In verschiedenen Mundarten und landschaftlichen Umgangssprachen ist die Schwächung noch heute erhalten. In die Schriftsprache Eingang gefunden haben die Schreibungen *Sarg* und *Werg* (frnhd. *sarc, werc*).

4.3.2.2. *Entwicklung der s-Laute*

Sehen wir von dem palatalen Z i s c h l a u t ab, der mit ⟨sch, sk, sc⟩ geschrieben wird, so gibt es im Mhd. zwei [*s*-]Laute: (1) ⟨s⟩ bezeichnet den alten idg. Reibelaut; er besaß im Mhd. einen palatalen Charakter, stand also dem heutigen ⟨sch⟩ nahe; je nach der Position wurde es wohl sth. oder stl. gesprochen. In den Grammatiken und edierten Texten wird es mitunter auch mit *ṡ* (stl.) bzw. *ż* (sth.) markiert. (Manchmal steht der Punkt auch unter dem Zeichen.) (2) ⟨z⟩ bezeichnet den stl. Reibelaut, entstanden aus germ. /t/, der oft auch durch ⟨zz⟩ wiedergegeben wird. Da diese beiden Laute in Schreibung und Aussprache deutlich geschieden sind, werden sie von den Dichtern der mhd. Klassik nicht miteinander gereimt.

Seit dem Ende des 13. Jh. verändert mhd. ⟨s⟩ in mehrfacher Hinsicht seinen Lautwert. Dort, wo es seinen palatalen Charakter aufgibt und zum reinen dentalen stl. /s/ wird, fällt es mit mhd. ⟨z⟩ zusammen; vgl. mhd. *daz, ez, grôz, muoz, ûz*; mhd. *gras, ist, uns*; frnhd. *daz/dz, es, gross/groß, mus, auß; gras, ist, vns*. In der Schreibung findet dieser Wandel zunächst keinen deutlichen Niederschlag. In verschiedenen Landschaften bleibt die Unterscheidung noch lange erhalten, nicht aber in der Schriftsprache, wo die Opposition /s/:/z/ ([ż]) in diesen Fällen aufgehoben wird. (Zur komplizierten Entwicklung der *s*-Laute vgl. V. MOSER 1951, Bd. 1.3., 204ff.; KIENLE 1969, 99ff.; PHILIPP 1980, 48f.; HARTWEG/WEGERA 1989, 112f.; PAUL 1989, 162ff.; Frnhd. Grammatik 1993, 110ff.)

Im A n l a u t v o r V o k a l e n sowie im I n l a u t z w i s c h e n sth. L a u t e n setzt sich allmählich der sth. *s*-Laut (/z/) durch. Er entspricht in der Regel mhd. ⟨s⟩: *sagen, leise, lesen, Amsel, Linse.* Dieser Laut wird meist mit den Graphemen ⟨s⟩ oder ⟨ʃ⟩ wieder-gegeben. Vereinzelt ist auch mhd. ⟨z⟩ zu einem sth. Laut geworden, nach Vokalen (*Ameise, verweisen*) und nach ⟨m, n⟩ (*emsig, Binse*).

Im I n l a u t nach kurzem Vokal und neben Konsonanten – vor allem in der Verbin-dung ⟨st, sp⟩ – sowie im A u s l a u t entwickelt sich ein stl. *s*-Laut. Er entspricht mhd. ⟨s, ss, z, zz⟩; vgl. mhd. *gras, küssen, leisten, wespe, daz, wizzen.* Geschrieben wird er als ⟨z, zz⟩, später vor allem als ⟨ʃ, ʃʃ, ʃs, ß, ʃz⟩, z. B. *heizzt, sachʃzen, wachʃʃzen, wachßen.* Durch Vereinfachung steht im 16./17. Jh. oft nur ʃ (*weiʃt*) oder ß (*roß*).

Im A n l a u t vor Konsonanten verstärkt ⟨s⟩ seinen palatalen Charakter, es wird zum palato-alveolaren ʃ (⟨sch⟩). Diese Entwicklung, im Alem. schon im 13. Jh. einsetzend, gilt für das gesamte hd. Gebiet. Dadurch verstärkt sich die Opposition zu dem stl. /s/, das aus germ. /t/ entstanden ist, vgl.:

mhd. *swërt* > frnhd. *schwert,* mhd. *snê* > frnhd. *schnee,* mhd. *smërze* > frnhd. *schmerz,* mhd. *slâf* > frnhd. *schlaf,* mhd. *sprëchen* > frnhd. *sprechen* (/ʃpreχən/, mhd. *stein* > frnhd. *stein* (/ʃtaen/).

Die Schrift spiegelt diese Veränderung zunächst nicht wider: *snelle, swerlich,* (Joh. v. Saaz). Erst seit etwa 1500 setzt sich die Schreibung mit ⟨sch⟩ stärker durch. Nur vor ⟨t⟩ und ⟨p⟩ bleibt die Schreibweise erhalten. Gelegentliche Schreibungen wie *schprechen* werden wieder rückgängig gemacht. Der Übergang von inlautendem ⟨s⟩ zu ⟨sch⟩ bleibt auf einige Mundarten beschränkt. Im In- und Auslaut wird ⟨s⟩ oft nach ⟨r⟩ zu ⟨sch⟩. Auch dieser Wandel breitet sich im 14./15. Jh. fast über das gesamte hd. Gebiet aus, setzt sich aber in der Schreibung zunächst nicht durch, vgl. frnhd. *bars, hirs.* Erst im jüngeren Frnhd. kommen ⟨sch⟩-Schreibungen häufiger vor: *bursche, herrschen, kirsche.* In den Mundarten ist diese Veränderung oft konsequenter erfolgt. So erscheint im Omd. in der Regel ⟨s⟩ nach ⟨r⟩ als /sch/, vor allem in der Verbindung *-rst: dorscht, worscht.*

Grundsätzlich wandelt sich also mhd. ⟨s⟩: im Anlaut zu /sch/ oder zu sth. /z/, im In- und Auslaut zu sth. oder stl. Reibelaut, nach ⟨r⟩ oft zu ⟨sch⟩. Mhd. ⟨z⟩ wird selten zum sth. Reibelaut, meist bleibt es stl.; mhd. ⟨ss⟩ und ⟨zz⟩ ergeben immer stl. Reibelaut.

Die Schreibung der stl. Fortes im Inlaut nach kurzem Vokal mit ⟨ss⟩ und nach langem Vokal mit ⟨ß⟩ wird erst im 18. Jh. endgültig durch GOTTSCHED durchgesetzt, vgl. *Masse, Maße.*

Sehen wir von einigen Besonderheiten der Aussprache und der Schreibung ab, so ergibt ein Vergleich der Phoneme und Grapheme zwischen dem Mhd. und dem Nhd folgendes Bild (vgl. STOPP 1976, 35 f.):

mhd.		nhd.	
Phoneme	Grapheme	Phoneme	Grapheme
/z/	⟨s⟩	/z/	⟨s⟩
/s/	⟨s, ss, z, zz⟩	/s/	⟨s, ss, ß⟩
/ʃ/	⟨sch, sk/sc⟩	/ʃ/	⟨sch, s⟩

Die Übersicht vereinfacht bewußt den Sachverhalt; so wird die umstrittene These aus-geklammert, ob die Doppelkonsonanten eigene Phoneme bildeten. Sie macht jedoch in Verbindung mit den vorangehenden Erläuterungen deutlich, daß die Veränderungen vom Mhd. zum Nhd. nicht die Art und die Zahl der Phoneme betreffen, sondern ihren Lautwert, ihre graphische Wiedergabe sowie insbesondere ihre Distribution und damit ihre Frequenz. Im Frnhd. sind zu allen Zeiten und in allen Landschaften diese Wand-lungen noch im Gange, auch in der graphischen Wiedergabe. Da im Nhd. die Phoneme /s/ und /z/ nur selten eine distinktive Opposition bilden (vgl. /raezən/:/raesən/, werden sie mitunter als Allophone aufgefaßt. (Vgl. SZULC 1987, 129 ff.) In verschiedenen md. Mundarten ist die Opposition zwischen dem sth. und dem stl. Reibelaut aufgegeben worden.

4.3.2.3. *Entwicklung von mhd. h*

Germ. /h/ ist im Mhd. z w i s c h e n V o k a l e n nur noch Hauchlaut. Im Frnhd. tritt in dieser Stellung – meist im Silbenanlaut – fast immer Schwund ein. Die Schreibung jedoch bewahrt das ⟨h⟩, z. B. mhd. *sehen* > frnhd. *sehen* (/ze:ən/), mhd. *nâhe* > frnhd. *nahe* (/na:ə/). ⟨h⟩ hat hier die Funktion eines "Hiattrenners". Einige Wörter sind nach dem Verstummen des ⟨h⟩ kontrahiert worden, z. B. nhd. *Gemahl, Stahl, zehn, Zähre*. Erhalten bleibt in dieser Position der Hauchlaut in der Schriftsprache nur bei wenigen Wörtern, vgl. z. B. *Ahorn*. Generell ist dies der Fall im A n l a u t von Wörtern: *Hand, Hof, Hund*.

Im A u s l a u t, wo sich der spirantische Lautwert im Mhd. erhalten hat, tritt aufgrund des Systemzwanges ebenfalls Schwund ein, z. B. mhd. *schuoch* > frnhd. *schu* (nach dem Gen. Sg. oder dem Pl.), mhd. *sach* > frnhd. *sah* (nach dem Pl.). Das gilt auch für ⟨h⟩ im gedeckten Auslaut, z. B. mhd. *sëhen, siht* > frnhd. *sehen, sieht*. Jedoch wird besonders im älteren Frnhd. noch mehrfach ⟨ch⟩ verwendet, vor allem vor ⟨t⟩, z. B. *verzeuch* (Joh. v. Saaz), *beschicht* (Steinhöwel), *vich, einsechen* (ZA).

Bei LUTHER ist das ⟨h⟩ in der Regel schon verstummt; doch deutet die Schreibung mit ⟨ch⟩ (*geschechen, zeucht*) ein Schwanken an. Im gedeckten Auslaut kennt er wohl noch den Reibelaut. Dafür zeugen Reime wie *verschmecht – Geschlecht*.

Das verstummte ⟨h⟩ wird nun als Längezeichen betrachtet. Man verwendet es auch bald in Wörtern, in die es etymologisch nicht gehört, z. B. mhd. *varn* > frnhd. *fahren*. In einigen Wörtern dient ⟨h⟩ zur Kennzeichnung der Zweisilbigkeit und damit gleichzeitig wieder als Hiattrenner, vgl. mhd. *ê* > frnhd. *ehe*, mhd. *gên* > frnhd. *gehen*. Des öfteren geschieht dies bei Wörtern, bei denen inlautend ein ⟨j⟩ oder ⟨w⟩ geschwunden ist; vgl. mhd. *kraejen*, nhd. *krähen*, mhd. *müejen*, nhd. *mühen*, mhd. *ruowe*, nhd. *Ruhe*.

Auch in anderen Positionen ändert sich der Lautwert des ⟨h⟩: Nach hellen Vokalen entwickelt sich der velare Reibelaut zum palatalen (mhd. *rëcht, niht*). Dieser Wandel beginnt im Md. bereits in mhd. Zeit.

Vor ⟨s⟩ geht der Reibelaut in den Verschlußlaut ⟨k(g)⟩ über: frnhd. *fuchs* (/fuks/), *sechs* (/zeks/). Im Frnhd. finden wir oft phonetische Schreibweise: ⟨fuks, ogs, wagsen⟩. Besonders im Bair. wird dafür auch das fremde Graphem ⟨x⟩ eingesetzt, z. B. ⟨dax, fux⟩. Dieser Lautwandel, der vom Südosten ausgeht, erfaßt den größten Teil des hd. Raumes. Im 9. Jh. war vom Norden der Wandel von [hs] zu [ss] ausgegangen und bis ins Obd. vorgedrungen, später aber wieder zurückgedrängt worden. Heute kennzeichnet ⟨ss⟩ für schriftsprachlich ⟨chs⟩ vor allem das Nd. (Vgl. FRINGS 1957, Karte 38.) Teile des Alem. und des Ostfränk. haben Sonderentwicklungen.

Schließlich wird westgerm. ⟨ch⟩, das in den Silbenanlaut getreten ist, in wenigen Wörtern zum Verschlußlaut oder gar zur Affrikata. Der Wandel vollzieht sich meist schon im Mhd., z. B. mhd. *dech-, dekein* > frnhd. *kein*, mhd. *nechein, nichein* > frnhd. *kein*, mhd. *varch* 'Schwein', 'Ferkel', dazu *vẹrhelîn* > frnhd. *ferkel*.

4.3.2.4. *Entwicklung von mhd. w und j*

⟨w⟩ und ⟨j⟩ fungieren bis ins Mhd. als Halbvokale. Zu Beginn des Frnhd. ist ⟨w⟩ (/v/) meist schon labiodentaler Reibelaut, der nun in Opposition zum stl. Reibelaut /f/ steht. Im A n l a u t bleibt /v/ in der Regel während der frnhd. Epoche erhalten. Im In- und A u s l a u t sind dagegen häufig Änderungen eingetreten. Im Inlaut wird /v/ nach /a:/ > [u] vokalisiert; diese Entwicklung wird dann in den Auslaut übertragen:

> mhd. *brâwe* > frnhd. *braue*, mhd. *klâwe* > frnhd. *klaue*.

In der Schrift treten auch weiterhin ⟨aw⟩ oder ⟨auw⟩ und ⟨ab⟩ auf. Nach anderen langen Vokalen fällt ⟨w⟩ im Inlaut in der Regel aus:

> mhd. *bûwen* > frnhd. *bauen*, mhd. *niuwez* > frnhd. *neues*.

Schreibungen mit ⟨w⟩ kommen aber noch öfter vor, besonders im älteren Frnhd. In der Schriftsprache erhalten bleibt inlautendes ⟨w⟩ nur in *ewig* und *Löwe*.

Im Inlaut vor Konsonanten und im sekundären Auslaut geht /v/ seit dem Spätmhd. zum Verschlußlaut /b/ über, ebenso im Inlaut nach Liquiden. Im Niederalem. bleibt die Schreibung mit ⟨w⟩ bis ins 16., im Hochalem. bis ins 17. Jh. erhalten; vgl.:

mhd. *blaw(e)z* > frnhd. *blabs*, mhd. *witiw(e)* > frnhd. *wit(t)ib*. mhd. *swalwe* > frnhd. *schwalb(e)*, mhd. *varwe* > frnhd. *farb(e)*.

Nach ⟨l⟩ und ⟨r⟩ ist das ⟨b⟩ in die Schriftsprache eingegangen; in anderen Fällen ist dies nur selten geschehen, z. B. bei *hieb* (Prät.). Vereinzelt erscheint ⟨b⟩ auch im Inlaut zwischen Vokalen: frnhd. *abenteur, eibe*. Formen wie nhd. *fahl(es)* und *Mehl(es)* sind durch Ausgleich im Paradigma entstanden, vgl. schon mhd. *mel* (No.) *melwes* (Gen.).

Mhd. ⟨j⟩, ursprünglich ebenfalls Halbvokal, ist wohl schon mhd. zum sth. palatalen Reibelaut geworden. Es steht seitdem mit dem stl. Reibelaut /x/ und dem Allophon [χ] in Opposition. In frnhd. Zeit bleibt es im A n l a u t fast unverändert erhalten. Der Wechsel von ⟨j⟩ und ⟨g⟩ in der Schrift ist durch den Reibelautcharakter des ⟨g⟩ in verschiedenen Mundarten bedingt; mitunter wechseln beide Schreibweisen, vgl. z. B. *jar* und *gar*, *ghanz* und *janz*. (Siehe auch Abschnitt 4.3.2.1.)
I n l a u t e n d zwischen Vokalen fällt ⟨j⟩ in der Regel aus und wird oft durch ⟨h⟩ ersetzt (siehe oben):

mhd. *næjen* > frnhd. *nähen*, mhd. *blüejen* > frnhd. *blühen*.

In dieser Position kommt es nur noch bei Wörtern nd. Herkunft vor, vgl. *Boje, Koje*.

Vor Konsonanten ist der Wandel zu ⟨g⟩ oder ⟨ch⟩ weit verbreitet: *brůgt* 'brüht', *negt* 'näht'. Besonders nach ⟨r⟩ setzt er sich zum Teil in der Schriftsprache durch:

mhd. *verje* > frnhd. *ferge*, mhd. *scherje* > frnhd. *scherge*, mhd. *metzjer* > frnhd. *metzger*, mhd. *lilje* > frnhd. *lilge*.

4.3.2.5. *Entwicklung der Nasale und Liquide*

Die Sonore haben sich seit idg. Zeit am wenigsten verändert. Das gilt auch für die Entwicklung vom Mhd. zum Frnhd. Die geringen Wandlungen haben, abgesehen von einigen Erscheinungen der Assimilation, kaum Niederschlag in der Schreibung gefunden.

/n/ wird wohl schon mhd. vor den gutturalen Explosivlauten /p, k/ zum velaren Nasal, gilt aber zunächst als Allophon zu /n/. In frnhd. Zeit wird dieser Laut zum Phonem, indem der folgende Verschlußlaut assimiliert wird; ⟨ng⟩ steht nun also für ein Phonem (ŋ). (Vgl. SZULC 1987, 161; zu weiteren Assimilationen von /n, m/ siehe 4.3.2.6.)

Zum alveolaren /r/ des Mhd., dem Zungenspitzen-r, kommt in frnhd. Zeit ein fakultatives Allophon hinzu, das uvulare *r*. Die Aussprache ist zunächst landschaftlich bedingt; in nhd. Zeit dringt das [R] allmählich weiter vor. (Siehe auch die Übersicht über die konsonantischen Phoneme.)

4.3.2.6. *Assimilation und Dissimilation*

Beim Übergang vom Mhd. zum Frnhd. und besonders in frnhd. Zeit selbst tritt häufig A s s i m i l a t i o n von Konsonanten auf. Viele von ihnen sind in die Schriftsprache eingegangen.

⟨mb⟩ > ⟨mm⟩: mhd. *kumber* > frnhd. *kummer*, mhd. *lember* > frnhd. *lemmer*, mhd. *zimber* > frnhd. *zimmer*. Im älteren Frnhd. geschieht diese Assimilation vor allem im Inlaut, später dringen die assimilierten Formen durch Systemzwang auch in den Auslaut (*lamp* > *lamm*). Der Wandel beginnt schon in mhd. Zeit, besonders im md. Raum. Bei LUTHER stehen oft noch beide Formen nebeneinander (*lemblin* und *lemlin*). Zum Teil erscheint ⟨b, p⟩ sogar in Wörtern, in die es etymologisch nicht gehört. Aber gerade das zeugt für das Verstummen des ⟨b⟩. Die Schreibung ⟨mb, *mp*⟩ ist also mitunter schon als historische Schreibweise aufzufassen. Sie kommt aber noch im 17. Jh. vor, z. B. *Ampt, allesampt, kömpt, nimpt* (OP). Sie kann allerdings auch eine mundartlich bedingte Aussprache widerspiegeln.

Mitunter gleicht sich ⟨*b*⟩ nach Synkope eines ⟨*e*⟩ dem folgenden stl. /t/ bzw. /s/ an: mhd. *houbit* > frnhd. *haupt, heupt*, mhd. *obez* frnhd. *ops*, mhd. *hübesch* > frnhd. *hüpsch*. Diese Entwicklung gilt besonders für das Obd. Im Bereich der Flexionsendungen kommt sie fast nur im Alem. vor, vgl.: mhd. *gibet* > alem. *gipt*.

Weitere Assimilationen betreffen ⟨*m*⟩ und ⟨*n*⟩.

⟨*m*⟩ > ⟨*n*⟩, besonders vor ⟨*f*⟩: Diese Veränderung beginnt schon im Mhd., doch stehen im Frnhd. noch häufig ältere und jüngere Formen nebeneinander: *fumff* und *fünff*, *vernumfft* und *vernunfft*. ⟨*n*⟩ > ⟨*m*⟩, vor allem vor Labialen: Auch hier gibt es im Frnhd. oft Doppelformen: *anboß* und *amboß*, *enber* und *empor*, *enpfinden* und *empfinden*. Diese Assimilation führt auch zu Unsicherheiten in der Schreibung von Namen. So schreibt Luther *Wittenberg* bald mit ⟨*m*⟩, bald mit ⟨*n*⟩.

Oft erfolgt eine Angleichung ähnlicher Laute, wenn sie durch Wortbildungsvorgänge aneinanderstoßen: mhd. *grüen mât* frnhd. *grumat* 'Grummet, 2. Grasschnitt', mhd. *nôtdurft* > frnhd. *notturft*, mhd. *inbîz*, frnhd. *imbis, immis*, nhd. *Imbiß*.

Die Dissimilation kommt nicht so oft wie die Assimilation vor:

mhd. *dörpære, dörper* > frnhd. *törpel, dörpel*, mhd. *murmeln* > frnhd. *murbeln*, mhd. *bibel* > frnhd. *fibel*, mhd. *samenen*, nhd. *sammeln*. (Vgl. u. .a. Kienzle 1969, § 139f.).

4.3.2.7. *Ausgleichserscheinungen*

Von besonderer Bedeutung sind die Ausgleichserscheinungen innerhalb der Konjugation. Seit frnhd. Zeit wird der gramm. Wechsel nicht mehr als Mittel zur Unterscheidung verschiedener Verbformen empfunden und daher weitgehend beseitigt. Schon im Mhd. sind die Unterschiede z. T. eingeebnet worden. Doch gibt es im Frnhd. noch häufig alte Formen; oft stehen diese neben neuen, mitunter sogar beim gleichen Schreiber. Das Obd. bewahrt im allgemeinen länger als das Md. den mhd. Stand. Beispiele für den Stand der Entwicklung, die nur bedingt zu verallgemeinern sind:

	Inf./Präs.	Sg. Prät.	Pl. Prät.	Part. Prät.
5. Klasse mhd.	wësen	was	wâren	gewësen
frnhd.(K)		was	waren	
frnhd.(UK)		waz	waren	gewesen
frnhd.(L)		war	waren	gewest
6. Klasse mhd.	slahen	sluoc	sluogen	geslagen
frnhd.(K)	slehst		sluegen	geslagen
frnhd.(UK)	slahen/slagen			geslagen
frnhd.(L)	schlahen/schlagen			

Der Ausgleich erfolgt sowohl nach dem Präs. und Sg. Prät. als auch nach dem Pl. Prät. und Part. Prät. Nur in wenigen Verben bleibt ein Unterschied zwischen Präs. und Prät. erhalten, z. B. *schneiden – schnitten*; *ziehen – zogen*. Innerhalb des Prät. gibt es heute den gramm. Wechsel gar nicht mehr.

Die Auslautverhärtung wird meist schon im älteren Frnhd. nicht mehr gekennzeichnet. Auch darin zeigt sich das Bestreben, das gleiche Morphem einheitlich zu schreiben.

Obd. Texte zeigen die Auslautverhärtung allerdings noch recht oft. Omd. Schriften des 14. Jh. (z. B. BE) haben noch häufig die Verhärtung des Dentals ⟨*kint, bant*⟩), schwanken aber bei der Wiedergabe des Gutturals (⟨*berk, tag, weg, wec*⟩), während beim Labial schon das ⟨*b*⟩ überwiegt ⟨*wip, wib, lob, gab*⟩).

4.3.2.8. *Konsonantische Phoneme*

Am Ende des Frnhd. gibt es folgende Konsonantenphoneme:

Artikulationsart	Artikulationsstelle					
	labial	dental	palatal	velar	uvular	glottal
Explosive						
Fortes	/p/	/t/		/k/		
Lenes (z.T. sth.)[1]	/b/	/d/		/g/		
Frikative						
Fortes	/f/	/s/ /ʃ/	[χ]	/x/		
Lenes (sth.)	/v/	/z/	/j/			
Affrikaten[2]	/pf/	/ts/		/kx/		
Nasale	/m/	/n/		/ŋ/		
Liquide		/r/ /l/			[R]	
Hauchlaut						/h/[3]

Anmerkungen:
1 Siehe die folgenden Erläuterungen zu den Explosiven sowie Abschnitt 4.3.2.1.
2 Affrikaten können auch als Phonemverbindung (biphonematisch) aufgefaßt werden.
3 Artikulationsstelle und Artikulationsart des /h/ werden unterschiedlich charakterisiert. Die Zuordnung zu den Frikativen (vgl. PHILIPP 1980, 44; HARTWEG/WEGERA 1989, 110) ist jedoch unangemessen.

Diese Übersicht abstrahiert wie der Überblick über die vokalischen Phoneme von den meisten landschaftlichen und zeitlichen Besonderheiten. Daher entspricht der Phonembestand weitgehend dem der nhd. Schriftsprache.

Auf einige Unterschiede gegenüber dem Phoneminventar des Nhd. sowie gegenüber den Systemen einzelner Landschaften sei kurz hingewiesen. Die Differenzierung zwischen den Allophonen [χ] und [x] gilt auch im 17. Jh. noch nicht für alle Sprachräume; vgl. die Aussprache dieses Lautes in der alem. Mundart der Gegenwart. Wie weit sich dieser Prozeß am Ende des Frnhd. durchgesetzt hat, ist nicht genau zu beurteilen.

Das Phonem /r/ ist je nach seiner Stellung auch schon im Frnhd. verschieden realisiert worden, jedoch ist der Stand der Gegenwart noch nicht erreicht, wo vier Allophone unterschieden werden: das Zungenspitzen-r, das Zäpfchen-r, das Reibe-r und das vokalisierte r. (Vgl. MEINHOLD/STOCK 1982, 131f.)

Erhebliche territoriale Unterschiede zeigen sich bei den Explosivlauten. Das hat zwei Ursachen. Einmal spiegeln die schriftsprachlichen Varianten des Frnhd. oft noch Unterschiede in der Durchführung der 2. Lautverschiebung wider. Allerdings ist manche dieser Besonderheiten wie die Affrikata /kx/ am Ende des Frnhd. nur noch bedingt zum Phoneminventar dieser Zeit zu rechnen; sie kommt auch im Obd. nur noch selten vor. Die Schreibung läßt allerdings mitunter kein eindeutiges Urteil zu. Zum anderen sind infolge der binnendeutschen Konsonantenschwächung und des Stimmtonverlustes von /b, d, g/ in verschiedenen hd. Mundarten die Oppositionen /p/:/b/, /t/:/d/, /k/:/g/ aufgehoben worden. (Vgl. Abschnitt 4.3.2.1.)

Ein Vergleich mit dem Phonembestand des Ahd. (siehe 2.3.1.2.) und des Mhd. (siehe 3.4.1.2.) zeigt keine wesentlichen Unterschiede. Das ist dadurch bedingt, daß sich das hd. Konsonantensystem vor allem durch die 2. Lautverschiebung herausgebildet und seitdem keine einschneidenden Wandlungen erfahren hat und daß die zahlreichen Besonderheiten einzelner Sprachlandschaften keinen Eingang in das System der Schriftsprache gefunden haben. (Vgl. Tafel 2.) Die für die nhd. Schriftsprache relevanten Veränderungen während der frnhd. Periode betreffen durchweg nur Phoneme in bestimmten Positionen, und zwar ihre Distribution, ihren Lautwert sowie – damit zusammenhängend – die Zahl der Allophone. Dies gilt besonders für die Frikative, ferner für das /r/ und für das /h/. (Siehe die entsprechenden Abschnitte.)

Abschließend sei an Hand des Titels der "Teutschen HaubtSprache" von SCHOTTE-LIUS (siehe auch Abb. 9) und einiger Zeilen aus der "Zueignung" dieses Werkes ein Einblick in den Stand der Entwicklung von Schreibung und Lautung am Ende der frnhd. Periode gegeben. Selbst dieser kurze Text demonstriert sowohl den Prozeß der Vereinheitlichung in beiden Bereichen wie auch noch zahlreiche Besonderheiten jener Zeit gegenüber dem Nhd.:

Ausführliche Arbeit Von der Teutschen HaubtSprache / Worin enthalten Gemelter dieser HaubtSprache Uhrankunft / Uhralterthum / Reinlichkeit / Eigenschaft / Verskunst Teutsch und guten theils Lateinisch vȯllig mit eingebracht / wie nicht weniger die Verdoppelung / Ableitung / die Einleitung / Nahmwȯrter / Authores vom Teutschen Wesen und Teutscher Sprache / von der verteutschung / Item die Stammwȯrter der Teutschen Sprache samt der Erklȧrung und dergleichen viel merkwȕrdige Sachen. Abgetheilet In Fȕnf Bȕcher. Ausgefertigt Von Justo-Georgio Schottelio D. Braunschweig 1663

"Nach langer Zeit hat sich diese alte Teutsche Sprache gesonderet in zwo Haubtmundarten oder Dialectos præcipuas, in das altFrȧnkische und in das alt Sȧchsische; das alt Sȧchsische oder Nider Teutsche hat hinwieder unterschiedliche Mundarten / wie auch das alt Frȧnkische / Das Frȧnkische hat mit der Zeit und sonderlich in denen nach Caroli M. erfolgeten Jahrhunderten oder Seculis sich sonderlich beginnen hervorzuthun / und zwar jmmer mehr und mehr nach der Mundart und eigenschaft / so man genennet Hochteutsch /"

4.4. Formenlehre

4.4.1. Das Verb

Die Einteilung der frnhd. Verben stimmt mit der Einteilung der mhd. Verben überein (siehe 3.5.1.). Der Bestand des frnhd. Verbs an synthetisch und analytisch gebildeten Formen entspricht dem Nhd. Daneben gibt es noch eine Reihe von Umschreibungen mit verschiedenen Funktionen, die auf das Frnhd. beschränkt bleiben.

4.4.1.1. *Starke Verben*

4.4.1.1.1. *Konjugation:*

		Präsens	Indikativ	Konjunktiv	Imperativ
Sg.	1. P.		*sing(e)*	*sing(e)*	
	2. P.		*sing(e)st,–ist, singes*	*sing(e)st,–ist*	*sing(e)*
	3. P.		*sing(e)t,–it*	*sing(e)*	
Pl.	1. P.		*singen,–in,–ent*	*singen,–in*	
	2. P.		*sing(e)t,–it,–ent,–en*	*sing(e)t,–it*	*sing(e)t, -it*
	3. P.		*singen,–in,–int,–ent*	*singen,–in*	

Part. Präs. *singend(e), singind(e), singen, -und, -(en)ing*
Inf. *singe(n), -in*

		Präteritum	Indikativ	Konjunktiv
Sg.	1. P.		*sang(e)*	*süng(e)*
	2. P.		*sang(e)st,–ist, sungest*	*süngest,–ist*
	3. P.		*sang(e)*	*süng(e)*
Pl.	1. P.		*sungen,–in*	*süngen,–in*
	2. P.		*sung(e)t,–it*	*süng(e)t,–it*
	3. P.		*sungen,–in*	*süngen,–in*

Part. Prät.   *(ge)sungen, -in, gsungen*

Apokopierte und synkopierte Formen stehen häufig neben vollen Formen: *ich singelich sing, er hilfet/er hilft*. Im Konj. Prät. überwiegen die Formen mit erhaltenem *e*. Endungen mit *i* anstelle des unbetonten *e* erscheinen im Omd. des 16. Jh. nicht mehr häufig (siehe 4.3.1.11.). – PENZL (1984, 110) führt das Paradigma von *brechen* nach Schottelius (1663) an.

Flexion und Funktionen des Präsens

Präsens Indikativ

1. P. Sg. Präs. Ind.: Besonders im Omd., aber auch im Obd., ist der Stammvokal der 1. P. Sg. Präs. Ind. der Ablautreihen 3 b, 4 und 5 häufig dem Pl. angeglichen, z. B. *gebe, nemm/nemme* (F), *sehe*. Das Obd. bewahrt daneben bis ins 17. Jh. die alte durch Alternanz veränderte Form (siehe 3.4.2.2.), meist noch mit Apokope des *e*, z. B. *befihle, gib* (AS), *ich nimm* (F). Aus der schwachen Konjugation ist die Endung *-en* (siehe 4.4.1.2.) auch in die starke eingedrungen: *befilchen ich* (DS), zumeist im Wmd. und Westalem.; in Köln erscheint sie bis 1550.
2. P. Sg. Präs. Ind.: Auch die Stammvokale der 2., 3. P. Sg. zeigen in der 3. (b), 4. und 5. Ablautreihe gelegentlich den Pluralvokal *e: gebist, sprechit* (BE). Formen mit *-s* weist das Md. noch im 15. Jh. auf: *dů snides* (SB), *du sprichis* (BE).
3. P. Sg. Präs. Ind.: In der UW treten zuweilen die Formen *–ít* und *-ut* auf.

Pl. Präs. Ind.: Im Hochalem., Els. und Schwäb. ist häufig ein Einheitsplural auf *-ent* oder *-en* zu finden, d. h., die Endungen *-ent* oder *-en* treten in der 1., 2. und 3. P. Pl. Präs. Ind. auf. Im Mnd. sind die Pluralendungen der 1., 2. und 3. P. ebenfalls vereinheitlicht, und zwar zu *-et* oder *-en: gevet* oder *geven* (LASCH 1914, §416; vgl. zu den Maa. der Gegenwart KÖNIG 1989, 158 [Karte]).

1. P. Pl. Präs. Ind.: Die Endung *-ent* der 3. P. Pl. Präs. Ind. ist im Alem. auch in die 1. P. Pl. Präs. Ind. eingedrungen: *wir helfent*, im Els. dagegen die 1. P. Pl. Präs. Ind. auch in die 2. und 3. P. Pl. Jedoch ist diese Regelung nicht konsequent durchgeführt. Vor Pronomen schwindet *-(e)n* vielfach: *spreche wir* (SB), *geb wir* (Eger).
2. P. Pl. Präs. Ind.: Neben der regelmäßigen Endung *-et* findet sich besonders im Südrheinfränk. und Alem. die Pluralendung der 3. P. Pl. *-ent* oder der 1. P. Pl. *-en: ir eßent* (G), *ir werden* (HG). In omd. Texten tritt diese Endung selten auf.
3. P. Pl. Präs. Ind.: Die Endung *-en* der 1. P. Pl. Präs. Ind. beginnt schon im Md. im 12. Jh. in die 3. P. Pl. Präs. Ind. überzutreten, ohne allerdings die Endung *-ent* gänzlich zu verdrängen. Im 14. Jh. ist *-ent* im Rückgang begriffen. Bei Luther finden sich bis 1523 noch Formen mit *-ent*. In obd. und wmd. Drucken ist *-ent* häufiger vertreten als im Omd. Einen letzten Rest stellt nhd. *sind* dar.

Die Funktionen des Präs. entsprechen im wesentlichen dem Mhd.

Präsens Konjunktiv

Der Stammvokal des Konj. Präs. stimmt mit dem des Inf. bzw. des Pl. Präs. Ind. überein: Inf. *nemen* – 3. P. Sg. Präs. Konj. *neme*.

Die Endung *-e* der 1., 3. P. Sg. Präs. Konj. wird nicht so häufig beseitigt wie im Ind. – Vom 14. Jh. an erscheint zuweilen die Endung *-ent* der 3. P. Pl. Präs. Ind. – vor allem im Alem. – im gesamten Pl. Präs. Konj. Die Endung *-en* tritt im Wmd. und auch im Alem. in der 2. P. Pl. Präs. Konj. auf.

Konj. Präs. wie auch Konj. Prät. haben oft keine eindeutig temporale Funktion, sie dienen vorrangig nur der modalen Differenzierung und stimmen darin im allgemeinen mit den entsprechenden nhd. Formen überein.

Imperativ

In Analogie zu sw. Verben wird ein *-e* beim Imp. Sg. angefügt: *sihe* neben *sich*. Im Obd. ist diese Analogie nicht so häufig wie im Md. Außerdem wird vielfach die durch Alternanz bedingte Veränderung – das *i* der Wurzel – in den Ablautreihen 3 b, 4 und 5 in Analogie zum Pl. Präs. beseitigt: statt *gib, hilf, nimm, schilt* – *gebe, schelte* oder sogar *geb, helf, nem, schelt*. In der 2. Ablautreihe tritt noch im Frnhd. der aus mhd. *iu* entstandene Diphthong *eu* auf: *fleuch, zeuch*. Im Nhd. erscheint im Imp. Sg. das *ie* des Pl. Präs.: *flieh, zieh*.

Besonders im Alem. wird die 2. P. Pl. Imp. zuweilen mit der Endung *-en* oder *-ent* gebildet: *fliehēd* (ZB), *sehen* (Eulenspiegel).

Nicht nur der Imp. dient der "Bezeichnung eines Geschehens (Seins), dessen Realisierung der Sprecher wünscht" (ERBEN 1954, 60), sondern diese Funktion haben auch Umschreibungen mit *sollen* und *lassen*, ferner die Verwendung der 1. P. Pl. Präs., z. B. *sehen wir zu* (L), des Konj. Präs. in seiner Heischefunktion, z. B. *Got helff vns* (L), und einige andere Möglichkeiten.

Infinitiv

Neben der gebräuchlichen Endung *-en* des Inf. finden sich die Endungen *-in, -un* und *-ene*. Formen ohne *-n* im Inf., z.B. *spreche, werde* (BE), mit zusätzlicher Apokope des *-e: mach* (Erfurt), erscheinen im 14. Jh. besonders häufig im Thür., wo sie noch heute in der Mundart fortleben. Seit dem 15. Jh. werden diese Formen in der geschriebenen Sprache seltener.

In Verbindung mit Modalverben wird der Inf. des Vollverbs mit *ge-* gebildet: *geschicken möchtent* (KW), *sullen geantwurthen* (Mähren).

Der Gen. des Inf. endet auf *-s: sýnis swerns* (BE); der Dat. des Inf.[51] hat neben der alten Endung *-enne, -ine*, z.B. *ze helffenne* (TS), die Endung *-ende, -inde*, z.B. *mit jaginde, zu weynende* (BE), die "wohl auf einer Vermischung mit dem Part. Präs. beruht" (FEUDEL 1961, §71). Zu *-enne* und *-ende* tritt schon im 14. Jh. die einfache Infinitivendung *-en*, die sich in der Entwicklung zum Nhd. durchsetzt: *czu sprechen* (BE).

Im 16. Jh. wird noch der Inf. ohne *zu* gebraucht: *es deuchte gut, . . . Menner erwehlen* (L); *so du anfohest gott dienen* (G). Es überwiegt jedoch schon der Inf. mit *zu*, z.B. *uns gebürt zu reden* (L).

Partizip Präsens

Die Form *-unde* anstelle von *-ende* findet sich bis ins 17. Jh. zumeist in bair. und alem. Texten: *varunde* (BT); sonst ist sie selten. Der besonders md. Verlust des *-d* der Partizipialendung, "der mit der Vermischung zwischen Gerundium und Partizip zusammenhängt" (FEUDEL 1961, §72), ist schon im 14. Jh. da, z.B. *sprechene*. Eine thür.-obersächs. Endung *-(en)ing* für das Part. Präs. begegnet u.a. im BE: *stinckeninge, syngenc*.

"Zweifellos aus einer Verwendung des Infinitivs hervorgegangen ist das sogenannte G e r u n d i v des Deutschen" (BEHAGHEL Bd. 2, §770), das, unter lateinischem Einfluß entstanden, im 17. Jh. noch selten ist und im 18. Jh. in der Schriftsprache erscheint (DAL 1966, §86): *der von gott zu bescherender mast* 'Eichelmast, die von Gott (noch) zu bescheren ist' (Weistümer 1603).

Flexion und Funktionen des Präteritums

Präteritum Indikativ

1., 3. P. Sg. Prät. Ind.: Zur Vereinheitlichung der Präteritalendungen der st. und sw. Verben wird das *-e* der Endung der 1., 3. P. Sg. Prät. Ind. der sw. Verben auch auf die 1., 3. P. Sg. Prät. Ind. der st. Verben übertragen. Die Formen mit *-e* können auch als Analogie zu entsprechenden Formen des Konj. Prät. aufgefaßt werden (SUCHSLAND 1968, 198). Diese Übertragung beginnt schon im Spätmhd., wird im 15./16. Jh., besonders im Md., verstärkt fortgesetzt, z.B. *sahe* (L), *sy warde* (TH), und erlischt erst im 18./19. Jh. Die nhd. Form *ich/er wurde* ist ein letzter Rest.

2. P. Sg. Prät. Ind.: Noch im 14./15. Jh. erscheint die mhd. Form der 2. P. Sg. Prät. Ind. *du hülfe* mit Umlaut des Pluralvokals und Endung *-e: du wurde, würde* (KW), auch mit Apokope des *-e: du wurd* (W). Jedoch setzt schon im Mhd. die Beseitigung dieser Anomalie im Verhältnis zu anderen 2. Personen aus Systematisierungs- und Vereinfachungsgründen ein, und es tritt die Endung *-es/-est* auch in der 2. P. Sg. Prät. Ind. auf. Im 13./14. Jh. verstärkt sich diese Tendenz, zunächst unter Bewahrung des Umlauts: *du gebist, gebis* (BE).[52] Die Bildungsweise *-est/-es* und Stammvokal ohne Umlaut, z.B. *du warist* (BE), setzt sich im 16. Jh. endgültig durch, wobei das *-e-* der Endung meist synkopiert wird. Im Obd. des 14. Jh. dringt eine Endung *-t* in die 2. P. Sg. Prät. Ind. ein, z.B. *du versprächt* (C), schwindet jedoch im Bair. vor 1500 wieder.

Wie im Mhd., so wird auch häufig noch im Frnhd. die 2. P. Sg. Prät. Ind. mit dem Stammvokal des Pl. Prät. Ind. gebildet, allerdings ohne Umlaut: 2. P. Sg. Prät. Ind. *sungest*, 1. P. Pl. Prät. Ind. *sungen*: Pl. Prät. Ind.: Besonders im 14./15. Jh. treten im gesamten Pl. Prät. Ind. präsentische Endungen auf, z.B. *frassent* (W), im Alem. noch im 16. Jh.: *die lieffend* (ZB).

Das Prät. bezeichnet wie im Mhd. das vom Standpunkt des Sprechers aus vergangene Geschehen. Eine klare Abgrenzung von den Funktionen des Plusqu. gibt es noch nicht, so daß das Prät. auch den Abschluß in der Vergangenheit ausdrücken kann: *Nachdem sich die Wolcke auffhub . . . , so zogen die kinder* (L).

Präteritum Konjunktiv

Der Konj. Prät. wird häufig mit dem Stammvokal des Pl. Prät. Ind. gebildet. Ist dieser Stammvokal umlautfähig, so wird er umgelautet: Prät. Ind. *schwamm/schwummen* – Prät. Konj. *schwümme* (SL). Da aber im Frnhd. der Ausgleich der Stammvokale im Ind. Prät. noch nicht abgeschlossen ist und verschiedene Stammvokale im Pl. Prät. Ind. ein und desselben st. Verbs auftreten

---

[51] Gen. oder Dat. des Inf. – d. i. Gen. oder Dat. des Gerundiums; das Gerundium ist ein flektierter Inf.

[52] Im Mnd. wird die 2. P. Sg. Prät. Ind. mit umgelautetem Pluralvokal und Endung *-est* gebildet (*du gêvest – ik gaf*) und entspricht damit dem frnhd. Ausgleichungsprozeß.

können, erscheinen auch im Konj. Prät. verschiedene Stammvokale nebeneinander: *hőlfe, hűlfe* (Stieler), *verlör, verlür* (L). Das Auftreten unterschiedlicher Vokale im Konj. Prät. ist teilweise noch im Nhd. möglich: *hälfe, hülfe*, hier allerdings, weil die Form *hülfe* deutlicher vom Konj. Präs. *helfe* unterschieden ist als *hälfe*. Der Umlaut des Stammvokals ist nicht immer bezeichnet; bei Luther fehlt er bis 1526 meistens: *hulff*.

Bei der 1., 3. P. Sg. Prät. Konj. wird im Obd. oft die Endung -*e* apokopiert: *fånd, fűnd, hűlff* (F); jedoch findet sich diese Erscheinung auch im Md. Zuweilen sind Präsensendungen aus Systemzwang in den Konj. Prät. eingedrungen. Im Hochalem. erscheinen noch im 17. Jh. konjunktivische *ind*-Endungen gegenüber indikativischen *end*-Formen, z. B. *Wőlte Gott jr hieltind . . . zů gůtem; doch jr haltend mirs zů gůtē* (ZB).

Die modalen Funktionen des Konj. Prät. – Potentialis und Irrealis – gleichen im wesentlichen den nhd. Im Mhd. kann der Konj. im Gliedsatz auch rein formal gebraucht werden; es herrscht also die Consecutio temporum[53]. Im 15. Jh. geht diese Zeitenfolge deutlich zurück; doch noch im 17. Jh. sind mitunter Tempus und Modus der indirekten Rede von der Form des redeeinführenden Verbs abhängig.

Die Umschreibung mit *würde* ersetzt den Konj. Prät., der bei den sw. Verben nicht vom Ind. zu unterscheiden ist. Die Umschreibung mit *würde* ist im Mhd. noch selten, sie steht im 14./15. Jh. neben solchen mit *wollte* und *sollte*, z. B. *ob jm die sunne auff die glatzen scheinen würde* (E). Im 16. Jh. setzt sich *würde* durch und wird wohl erst im 17. Jh. fester Bestandteil des Verbalsystems. Die Bedeutung dieser Umschreibung steht der des Konj. Prät. nahe.

Partizip Präteritum

Wie im Mhd., so wird auch im Frnhd. das Part. Prät. solcher Verben, deren Bedeutung eindeutig perfektiv ist, sehr oft ohne das Präfix *ge*- gebildet. Obwohl Luther nach 1524 häufiger als vorher das Part. Prät. mit *ge*- verwendet, werden die Part. *bracht, funden, gangen, geben, komen, troffen, worden* auch nach 1524 ohne *ge*- gebraucht. Entgegen dem Mhd. können im Frnhd. aber auch Verben, die keine perfektive Bedeutung haben, das Part. Prät. ohne *ge*- bilden: *aufczogen, holffen* (Eger), *bliben* (Erfurt). Noch im 17. Jh. erscheinen – besonders im Obd. – nichtpräfigierte Formen des Part. Prät.

4.4.1.1.2. *Ablautreihen:* Im Ahd. und Mhd. dienen die ablautenden Stammvokale (siehe 2.3.2.1.) zusammen mit anderen Mitteln nicht nur zur Bezeichnung der Tempora, sondern zum Teil auch der Numeri. In der frnhd. Epoche wird der Funktionsbereich des Ablauts bei den st. Verben auf die Tempora beschränkt:

mhd. *hëlfen*	*hilfe*	*half*	*hulfen*	*geholfen*
nhd. *helfen*	*helfe*	*half*	*halfen*	*geholfen*

Die Numerusunterschiede in den Stammvokalen des Präs. der Ablautreihen 3 b, 4 und 5 werden zum Teil zum Pl. Präs. ausgeglichen:

1. P. Sg. Präs. Ind.	mhd. *hilfe*	nhd. *helfe*
2. P. Sg. Präs. Ind.	*hilfest*	*hilfst*
3. P. Sg. Präs. Ind.	*hilfet*	*hilft*
3. P. Pl. Präs. Ind.	*hëlfent*	*helfen*

in der Ablautreihe 2 im Frnhd. teilweise, im Nhd. sogar ganz beseitigt:

	mhd.	frnhd.	nhd.
1. P. Sg. Präs. Ind.	*vliuhe*	*fliehe*(md.)/*fleüche*(obd.)	*fliehe*
2. P. Sg. Präs. Ind.	*vliuhest*	*fleuchst*	*fliehst*
3. P. Sg. Präs. Ind.	*vliuhet*	*fleucht*	*flieht*
3. P. Pl. Präs. Ind.	*vliehent*	*fliehen*	*fliehen*

Der Ausgleich in der 1. P. Sg. Präs. Ind. der Reihen 3 b, 4 und 5 im Nhd. und teilweise im Frnhd. (siehe 4.3.1.10.) sowie der Reihe 2 im Frnhd. ist wohl damit zu erklären, daß in der 6. und 7. Reihe Vokalwechsel, und zwar Umlaut, schon immer in der 2., 3. P. Sg. Präs. Ind., z. B. mhd. *du grębest, er grębet*, eingetreten ist, nicht aber in der 1. P. Sg. Präs. Ind., z. B. mhd. *ich grabe*. Es handelt sich also um eine Ausgleichs-

---

[53] Einem präteritalen Hauptsatz folgt ein Gliedsatz mit dem Konj. Prät., einem präsentischen Hauptsatz ein Gliedsatz mit dem Konj. Präs.

bewegung innerhalb der 1., 2. und 3. P. Sg. Präs. Ind. der meisten Ablautreihen (vgl. H. BACH 1934, 88).

Der Präteritalausgleich setzt im 14. Jh. ein und nimmt "in der 2. hälfte des 16. Jh. immer mehr zu; gegen das ende des jahrhunderts und in der 1. hälfte des 17. Jh. neigen sich die verhältnisse entschieden dem neuen ausgleich zu, ohne dass dieser jedoch durchaus zum abschluss käme" (V. MOSER 1909, 53). Im Schwäb. sind bereits um 1525 jene Ablautverhältnisse hergestellt, die auch in der deutschen Gegenwartssprache herrschen. (Vgl. STRÖMBERG 1907, 140.)

Das Schwanken endet zum Teil erst im 18. Jh.: *sprang, sprung* (Pyra). Für die frnhd. Ablautverhältnisse ist das Nebeneinander verschiedener Vokale in ein und derselben Ablautstufe charakteristisch. So können z. B. in ein und demselben Werk folgende Formen nebeneinander stehen: *schmalz, schmolzest, schmulzest* (SL). Das führte zu großer Vielfalt innerhalb einzelner Ablautreihen. Die Bewegungen im Präs. und im Prät. sind nach KOENRAADS (1953, 70f.) zumeist auf Systematisierungs- und Vereinfachungsbestrebungen zurückzuführen. Frnhd. Lautentwicklung, Analogie, Deutlichkeitsbedürfnis, Homonymenflucht und phonetische Sonderentwicklungen – oft aus den Mundarten übernommen – spielen dabei eine Rolle. Als Ergebnis dieser unterschiedlichen Wirkungskräfte spalten sich die 7 mhd. Ablautreihen mit ihren Untergruppen auf; einzelne Wissenschaftler kommen auf 29 oder 30 nhd. Reihen, ja sogar auf 41 Reihen (KERN/ ZUTT 1977, 19).[54]

So entstehen aus der mhd. Reihe 3 b drei nhd. Reihen:

1.	*helfen*	*half*	*geholfen*
2.	*melken*	*molk*	*gemolken*
3.	*schallen*	*scholl*	*geschollen*

"Die Absicht (bewusst oder unbewusst) war also sprachliche Vereinfachung, das Resultat jedoch Komplikation." (KOENRAAD 1953, 72.)

1. Ablautreihe

mhd.	Reihe 1 a:	*rîten*	*rîte*	*reit*	*riten*	*geriten*
	Reihe 1 b:	*dîhen*	*dîhe*	*dêch*	*digen*	*gedigen*
frnhd.[55]		/ae/	/ae/	/i/	/i/	/i/
		/iː/	/iː/	/iː/	/iː/	/iː/
				/ae/	/ae/	/ae/
				/uː/	/uː/	
				/eː/	/eː/	/uː/
		reiten	*reite*	*ritt*	*ritten*	*geritten*
		blieben	*blibe*	*blieb*	*blieben*	*(ge)blieben*
				bleib	*bleiben*	*bleiben*
				schru	*schrůwen*	
				lech	*lehen*	*geluhen*

Präs. und Sg. Prät. der 1. Reihe sind sich im Frnhd. infolge Diphthongierung des *î* im Präs. zunächst gleich: Präs. *ich reite*, Prät. *ich reit*. In frühen Texten kommen im Präs. auch noch nichtdiphthongierte Formen vor: *b(e)liben* (KW), *gryfen* (BM). Kurzes *i* bzw. gedehntes *i* dringen aus Verdeutlichungsgründen im Omd. des 16. Jh. aus dem Pl. Prät. in den Sg. Prät. ein; Luther gebraucht jedoch meistens die alte *ei*-Form: *er bleib* statt *er blieb*.

Selten erscheint das *ei* des Sg. Prät. im Pl. Prät. und Part. Prät.: *bleiben* (Alberus), *geschreiben* (L). Das *ê* im Sg. Prät. der mhd. Reihe 1 b ist im 16. Jh. selten: *lech* (TS); äußerst selten wird dieses lange *ê* im Pl. Prät. verwendet: *lehen* (Augsburg). Im Pl. Prät. und im Part. Prät. ist Senkung des *i* zu *e* möglich: *reten, gereten* (Erfurt).

---

[54] Man kann auch die nhd. st. Verben mit einem vereinfachten Verfahren in drei Gruppen einteilen. Vgl. W. SCHMIDT 1977, 206.

[55] Da im Frnhd. die Grapheme den Charakter der Phoneme nicht immer klar erkennen lassen, werden bei den frnhd. Ablautreihen sowohl die Phoneme als auch deren schriftliche Realisierung in Form von Beispielen aufgeführt. Vgl. BOCK/LANGNER 1984, 287ff.

2. Ablautreihe

mhd.					
	Reihe 2 a:	*biegen*	*biuge*	*bouc*	*bugen*	*gebogen*
	Reihe 2 b:	*bieten*	*biute*	*bôt*	*buten*	*geboten*
frnhd.		/i:/	/i:/	/o:/	/o:/	/o:/
				/u:/	/u:/	/u:/
		/oi/	/oi/	/o/	/o/	/o/
			/ü:/	/u/	/u/	/u/
		/ao/	/ao/			
				/ou/	/ou/	
		bieten	*biete*	*bot*	*boten*	*geboten*
				but	*buten*	*gebuten*
		zeühen	*geusse*	*goss*	*gossen*	*gegossen*
			guzet[56]	*guss*	*gussen*	*gegussen*
		sauffen	*sauffe*			
				flouch	*flouhen*	

Schon früh ist im Md. in der 1. P. Sg. Präs. Ind. zum Pl. Präs. bzw. zum Inf. ausgeglichen worden: mhd. *gebiute* – frnhd. *gebite* (R). Das Obd. dagegen bewahrt den Diphthong *eu* (mhd. *iu*) in der 1. P. Sg. Präs. Ind.: *fleüche* (SW), *geusse* (OE), *neuß* (S); erst in der zweiten Hälfte des 16. Jh. treten hier vereinzelt *ie*-Formen in der 1. P. Sg. Präs. Ind. auf (NORDSTRÖM 1911, 103). In der 2., 3. P. Sg. Präs. Ind. und im Imp. Sg. hält sich der Diphthong *eu* im Omd. bis weit ins 17. Jh. hinein, z. B. *fleugest, fleuget* (L), weicht aber dann allmählich dem *ie* des Pl. Präs. bzw. des Inf., z. B. *fliehest, fliehet* (SL). Doch begegnet die *eu*-Form noch im 18./19. Jh.: *Was da kreucht und fleugt* (Schiller).

Schon innerhalb des Frnhd. breitet sich zuweilen das *ie* – besonders im Obd. – im gesamten Sg. Präs. Ind. aus: *er . . . schiesst, ziecht* (F).

Besonders in frühen Texten bewahrt das Frnhd. die nichtdiphthongierten Präsensvokale: *sy fliuhe* (C), *fluet her, guzet* (BE). Im Obd. kann sich *eu* auch im gesamten Präs. ausbreiten: Inf. *zeühen*, 3. P. Pl. Präs. Ind. *zeühen*.

Die mhd. Präteritalvokale *ô, u* sowie der Stammvokal des Part. Prät. *o* können in allen Stammformen des frnhd. Prät. und im Part. Prät. auftreten: *er erpot* (K), *er but* (S), *klob* (TH), *kor, kos* (UK), *koren* (R), *er schub* (S), *die schuben* (A), *vorgossen, vorgussen* (BM), *zoch* (R), *zog* (L), *er zug* (S). Der mhd. Diphthong *ou* im Prät. hält sich vereinzelt bis ins 16. Jh.: *boug* (Albertus), in Analogie dazu Sg. Prät. *flouch* (SW) und Pl. Prät. *flouhen* (SW). Gelegentlich tritt im Prät. *a* auf: *genaß* (LO).

3. Ablautreihe

mhd.					
	Reihe 3 a:	*binden*	*binde*	*bant*	*bunden*	*gebunden*
frnhd.		/i/	/i/	/a/	/a/	
		/u/			/u/	/u/
		/o/			/o/	/o/
		binden	*binde*	*band*	*banden*	
		bund			*bunden*	*gebunden*
		schwom			*schwommen*	*geschwommen*

Im 16./17. Jh. ist der Ausgleich im Prät. noch nicht beendet: *schwam* (F), *schwom* (S), *schwum* (F), *schwammen* (A), *schwommen* (D), *schwummen* (DS), *zwunge* (FL). Vor Doppelnasalen tritt im Pl. Prät. und Part. Prät. häufig *o* statt *u* auf: *wir gewonnen, gewonnen* (L).

mhd.					
	Reihe 3 b:	*hëlfen*	*hilfe*	*half*	*hulfen*	*geholfen*
frnhd.		/e/	/e/	/a/	/a/	/a/
			/i/	/o/	/o/	/o/
				/u/	/u/	/u/
		helfen	*helfe*	*half*	*halfen*	*warden*
			hilfe	*holf*	*holfen*	*geholfen*
				hulf	*hulfen*	*gehulfen*

---

[56] *u* sprich *ü*.

Der Pluralvokal *e* des Präs. der Reihen 3 b, 4 und 5 ist in der 1. P. Sg. Präs. Ind. schon im BE festzustellen: *ich werde* für mhd. *ich wirde* (siehe oben). Seit dem 14. Jh. tritt im Omd. der Pluralvokal *e* gelegentlich auch in der 3. P. Sg. Präs. Ind. auf; statt *sie wird* oder *wirdet* kommt auch *(sie) werdt* vor. Im Bair. findet sich gelegentlich das Part. Prät. *warden*.

Im Prät. herrschen ähnliche Verhältnisse wie in der Reihe 3 a: *er halff* (A), *er hulff* (S), *wir halffen* (AG), *sie holffen* (L), *die hulffen* (G), *gewŭrfen* (SB). Durch Senkung des *u* zu *o* vor *r* + Konsonant sowie vor *l* + Konsonant (siehe 4.3.1.6.) treten Formen mit *o* auch im Pl. Prät. auf, z. B. *storben* (L).

Am längsten währt das Schwanken im Prät. von *werden*; noch Adelung konjugiert: *"Ich ward, (wurde.) (Du wardst,) wurdest. Er ward, (wurde.)"* (ADELUNG 1795, §479).

4. Ablautreihe

mhd.	*nëmen*	*nime*	*nam*	*nâmen*	*genomen*
frnhd.	/e:/	/e:/ /i:/	/a:/	/a:/	*genomen*
			/o/	/o/	/o/
			/u/	/u/	/u/
	/e/	/e/ /i/	/o:/	/u:/ /o:/	/o:/
	nemen	*neme, nime*	*nam*	*namen*	
			nom	*nomen*	*genommen*
			num	*numen*	*genumen*
	sprechen	*spreche, spriche*	*schor*	*stolen, stulen*	*gestolen*

Der Langvokal *â* verdrängt im Sg. Prät. den Kurzvokal *a*. Die Ursachen dafür dürften in der lautgesetzlichen Dehnung *(na-me)* und in der Analogie zum Pl. Prät. zu suchen sein. Im Pl. Prät. und im Sg. Prät. kommen Formen mit dem Stammvokal des Part. Prät. vor: *sie sprochen, die stolen* (L).[57]

Große Vielfalt zeigen die frnhd. Formen von *kommen: kommen/kummen – kam/quam/kom/kum – kamen/quamen – komen/kumen*. In der 2., 3. P. Sg. Präs. Ind. tritt zuweilen Umlaut auf: *kompt/kumpt – kömpt/kümpt*, Adelung verwendet auch noch *kömmst/kömmt*.

Senkung von *i* zu *e* liegt vor bei *brechit* statt *brichit*.

5. Ablautreihe

mhd.	*gëben*	*gibe*	*gap*	*gâben*	*gegëben*
frnhd.	/e:/	/e:/ /i:/	/a:/	/a:/	/e:/
	/e/	/e/ /i/			/e/
	geben	*gebe, gibe*	*gab*	*gaben*	*(ge)geben*
	essen	*esse, isse*	*ass*	*assen*	*gessen*

Im gesamten Prät. setzt sich der lange Pluralvokal /a:/ durch.

Einige Verben nähern sich anderen Ablautreihen: *pflegen* mit dem Part. Prät. *gepflogen* der 4. Reihe, *wegen* mit dem Prät. *wug, wugen* und Part. Prät. *erwagen* (F) der 6. Reihe bzw. mit dem Inf. *wiegen*, dem Prät. *wog, wogen* und dem Part. Prät. *gewogen* der 2. Reihe. Bei *wegen/wiegen* breitet sich entgegen sonstiger Tendenz das *i* der 1., 2. und 3. P. Sg. Präs. Ind. als Wurzelsilbenvokal über das gesamte Präs. aus: *wir wigen, sie wigen*. Senkung von *i* zu *e* liegt vor bei *gebit* (Erfurt) statt *gibit*.

Das Part. Prät. von *essen* kann *gessen, geessen* oder mit Übercharakterisierung *gegessen* lauten.

Zur 5. Ablautreihe gehören noch drei sog. *j*-Präsentien, und zwar *bitten, ligen, sitzen* (siehe 2.4.1.1.). Der gramm. Wechsel in *was – waren*, der bei Luther anfangs noch vorhanden ist, wird aufgegeben: *war – waren*. Ähnliche Ausgleichstendenzen beim gramm. Wechsel sind bei Verben anderer Klassen festzustellen (siehe 4.3.2.6.).

---

[57] Im Frnhd. ist nicht immer klar zu erkennen, ob im Prät. der 4. und 5. Ablautreihe Lang- oder Kurzvokale auftreten.

6. Ablautreihe

mhd.	*graben*	*grabe*	*gruop*	*gruoben*	*gegraben*
frnhd.	/a:/	/a:/	/u:/	/u:/	/a:/
	/a/	/a/			/a/
	graben	*grabe*	*grub*	*gruben*	*gegraben*
	backen	*backe*			*gebacken*

Im Obd. wird der Stammvokal der 2., 3. P. Sg. Präs. Ind. häufig nicht umgelautet; sonst fehlt der Umlaut seltener: *du fahrst/fehrst, er fahrt/fehrt* (F), *durchgrabet* (B), *grebet* (SB).

laden kann gelegentlich ein Prät. nach der 7. Ablautreihe bilden: *er lied* statt *er lud.*

Die *j*-Präsentien der Reihe 6 (siehe 2.4.1.1.) bilden ein abweichendes Prät. und Part. Prät., zum Teil sogar mit sw. Nebenformen:

heben	*hob/hub*	*gehaben/gehebit/gehoben*
schaffen	*gescof/schuf*	*geschaffen/geschaff(e)t*
		gescheffen/gescheffet
schweren	*schwor/schwur*	*geschworen/gesweret*

Das Prät. von *stehen*, das nach der 6. Reihe flektiert, hat Normalformen der 6. Reihe, z. B. *stund – stunden*, Analogformen zur Reihe 3 a, z. B. *stand – stunden*, und Formen mit Ausgleich zum analogen Sg. Prät., z. B. *stand – standen*.

7. Reihe (ehemals reduplizierende Verben)

mhd.	*fallen*[58]	*falle*	*fiel*	*fielen*	*gefallen*
frnhd.	/a/ /a:/	/a/ /a:/	/i:/	/i:/	/a/ /a:/
	/ao/ /ae/	/ao/ /ae/	/i/	/i/	/ao/ /ae/
	/o:/ /u:/	/o:/ /u:/	/u:/	/u:/	/o:/ /u:/
	fallen	*falle*	*fiel*	*fielen*	*gefallen*
			fing	*fingen*	
			ful	*fulen*	

Bei den ehemals reduplizierenden Verben (siehe 3.5.1.1.) können 6 verschiedene Laute den Stammvokal des Präs. und des Part. Prät. bilden: *fallen, heissen, lauffen, ruffen, schlafen, stossen.* In der 2., 3. P. Sg. Präs. Ind. treten neben umgelauteten Formen, z. B. *fellet, lesset, rüffest* (L), (besonders im Obd.) auch umlautlose auf, z. B. *fallt* (F), *haltet* (G), *laßt* (F), *ruffet* (F). Im Prät. tritt schon früh außer *ie* ein kurzes *i* auf, z. B. *wir empfingen* (K), *sy viengen* (K). (Siehe auch 4.3.1.2.)

Im Els. geht das Prät. der Reihe 7 zuweilen in die Reihe 6 über: *ful* (F), *fuele* (OE), *fung* (F). Vermischung mit der Reihe 1 zeigt sich bei *scheiden*: Sg. Prät. *scheid* neben *schied* und Part. Prät. *geschiden* neben *gescheiden*. Von *lauffen* wird bis ins 18. Jh. in Analogie zu *saufen* (2. Reihe) ein Prät. *loff/loffen* und ein Part. Prät. *geloffen* gebildet, analog zur Reihe 1 im 16. Jh. zuweilen auch *liff, liffen* und *geliffen*.

Gramm. Wechsel erscheint noch bei *fangen*, z. B. *emphahen, emphehet* zu *emphi(e)ng* (KW), *gefangen* (L).

4.4.1.1.3. *Übergang starker Verben zur schwachen Flexion:* Neben der fortschreitenden Differenzierung der Ablautreihen ist der zunehmende Übergang st. Verben in die sw. Flexion festzustellen. Dieser Übergang ist auch am Ende des Frnhd. noch nicht abgeschlossen, vgl. Pl. Prät. *hinketen* (L)/*huncken* (S), Part. Prät. *gehinkt/gehuncken* (OE). Der Prozeß läßt sich zum Nhd. in drei Richtungen verfolgen:

1. Mhd. st. Verben, die im Nhd. zum großen Teil schwach flektieren, aber im Frnhd. st. und sw. Formen besitzen, sind u. a. *bannen, bauen, bellen, dingen, hauen, hinken, rächen, salzen, schneien, winken.*
2. Mhd. st. Verben, die auch im Nhd. stark flektieren, haben zuweilen im Frnhd. st. und sw. Formen: *biegen, dreschen, heben, quellen, rufen, scheinen, schmelzen, sehen, sinken* u. a., z. B. *ruffeten* (L), *gerufft* (Prag) neben *rief*.

---

[58] Andere mhd. Vokale der Reihe 7 siehe 3.5.1.1.

3. Mhd. st. Verben, die frnhd. stark oder schwach flektieren, weisen im Nhd. bedeutungsdifferenzierende st. und sw. Formen auf: *bewegen (bewegte/bewog), pflegen (pfleg-
te/pflog)*.

Bei einigen Verben gibt es schon im Mhd. st. und sw. Formen: *beginnen* (mhd. Prät.
began/begonde – frnhd. Prät. *began/begonst/begunte), dingen, kriegen* u. a.
   Ursachen für den Übertritt st. Verben in die sw. Flexion können sein:
1. nicht mit den Ablautreihen übereinstimmende Form;
2. Einwirkung durch Substantive der gleichen Wortfamilie, so daß das Verb als sw.
   Denominativ angesehen werden kann;
3. Deutlichkeitsbedürfnis und Homonymenflucht.
(Zu Flexionsschwankungen von Verben vgl. THEOBALD 1992.)

4.4.1.2. *Schwache Verben*

Durch Ausgleichsprozesse verschiedener Art, die sowohl den Wortstamm als auch die
Endungen betreffen, entwickelt sich die schwache Konjugation zur Hauptflexion der
Verben.
   Grammatiken des Nhd. bezeichnen sie daher mitunter als die regelmäßigen Verben.
(Vgl. HELBIG/BUSCHA 1988, 35.) Schon SCHOTTELIUS weist auf das wesentliche Merkmal
ihrer Formenbildung hin, wenn er sie "gleichfließende Zeitwŏrter" nennt. (Vgl. PHILIPP
1980, 55ff.; HARTWEG/WEGERA 1989, 124f.)

4.4.1.2.1. *Konjugation der schwachen Verben:*

		Präsens	Indikativ	Konjunktiv	Imperativ
Sg.	1. P.	*sag(e), -en*	*sag(e)*	
	2. P.	*sag(e)st, -ist, -is*	*sag(e)st, -ist sag(e)*	*sag(e)*
	3. P.	*sag(e)t, -it*	*sag(e)*	
Pl.	1. P.	*sagen, -in, -.ent*	*sagen, -in*	
	2. P.	*sag(e)t, -it, -ent*	*sag(e)t, -it*	*sag(e)t,–it*
	3. P.	*sagen,–in,–ent,–int*	*sagen, -in*	
Part. Präs.		*sagend(e), sagen, -und, -(en)ing*		
Inf.		*sage(n), -in*		

		Präteritum	Indikativ	Konjunktiv
Sg.	1. P.	*sag(e)t(e)*	*sag(e)t(e)*
	2. P.	*sag(e)t(e)st, -tist*	*sag(e)t(e)st, -tist*
	3. P.	*sag(e)t(e)*	*sag(e)t(e)*
Pl.	1. P.	*sag(e)ten, -tin*	*sag(e)ten, -tin*
	2. P.	*sag(e)t(e)t, -tit*	*sag(e)t(e)t, -tit*
	3. P.	*sag(e)ten, -tin*	*sag(e)ten, -tin*
Part. Prät.		*(ge)sag(e)t, -it, -ut, gsagt*	

(Vgl. das Paradigma von *hören*, das PENZL (1984, 110) nach SCHOTTELIUS anführt.)

Flexion des Präsens

Für die Endungen des sw. Verbs im Präs. Ind. und Präs. Konj. gilt das zur Präsensflexion des st.
Verbs Gesagte.
   Die 1. P. Sg. Präs. geht im Wmd. und im Alem. zuweilen auf *-en*, z. B. *ich gesegnen* (B) aus, das
auf ahd. *-êm/-ôm*, z. B. *habêm, salbôm*, zurückzuführen ist.
   Die Endung *-e* der 2. P. Sg. Imp. wird im Obd. oft apokopiert, während im Md. das *-e* häufiger
bewahrt wird: *hŏr* (SL).

Flexion des Präteritums

Apokope und Synkope des unbetonten Endsilben-*e* sind nicht einheitlich geregelt (siehe
4.3.1.11.). Der Endvokalschwund führt zuweilen dazu, daß der formale Unterschied
zwischen Präs. und Prät. beseitigt wird; dabei ist es durchaus üblich, Formen mit Synkope bzw. Apokope und solche ohne Synkope und Apokope zu gebrauchen: 3. P. Sg.
Prät. *lebte* neben *lebete, lebet* neben *lebt*.

Neben der gebräuchlichen Endung -etel-eten treten auch Formen mit Einschub eines -n auf. Im Omd. ist wohl mit Analogie zu Verben auf -enen oder mit Verbalflexion des Inf. zu rechnen: *sy fregenten, sy lobenten, (her) nehente* (BE) (FEUDEL 1961, §69).

Sofern nicht Verben mit "Rückumlaut" (siehe 2.3.2.3.) vorliegen, fehlt im Frnhd. der formale Unterschied zwischen Ind. Prät. und Konj. Prät.: Ind./Konj. Prät. *sag(e)te*. Die Verben mit "Rückumlaut" können besonders im Md. im Konj. Prät. Umlaut des Stammvokals haben:

Ind. Prät. *dachte, dauchte, kante, satzte*; Konj. Prät. *dechte, deuchte, kente, setzte*
Einige sw. Verben der Gruppe 1 bilden im Md. in mhd. Zeit analog zur Gruppe 2 der sw. Verben den Konj. Prät. mit Umlaut. Als Rest erscheint bei Luther der Konj. Prät. von *machen: er mechte, man mecht*.

Besonders im Obd., aber auch in anderen Dialekten, weisen die Part. Prät. von sw. Verben mit Dentalstämmen oft Synkope des *e*-Themas auf: *eingebildt, geantwort* (AS), *gemelt* statt *eingebildet, geantwortet, gemeldet*. Diese Erscheinung reicht bis ins 18. Jh., z. B. *gestift* (Herder).

4.4.1.2.2. *Gruppen der schwachen Verben:* Die beiden Gruppen der mhd. sw. Verben (siehe 3.5.1.2.) sind im Nhd. weitgehend in einer Gruppe zusammengefallen. Da sich aber dieser Zusammenfall im Frnhd. erst allmählich vollzieht, sind die sw. Verben in der frnhd. Epoche noch in zwei Gruppen einzuteilen.
Um den Vokal des Präs. mit dem des Prät. zu vereinheitlichen, d. h. also aus Systematisierungsgründen, dringt bereits vor 1300 im Md. der umgelautete Vokal des Präs. partiell ins Prät. der Verben mit sog. Rückumlaut ein. Seit dem 14. Jh. nimmt der Ausgleich bei den rückumlautenden Verben vor allem im Els., Bair. und Nürnbergischen mehr und mehr zu: z. B. *brennen – brennte* statt *brannte*. Seit der 2. Hälfte des 15. Jh. dringen diese obd. umgelauteten Präteritalformen auch ins Md. ein.

Allerdings wird im Md. der Rückumlaut bei den Verben *brennen, kennen, nennen, rennen, senden, wenden* nie ganz verdrängt; sie entziehen sich im 18. Jh. endgültig dem Ausgleich und bewahren auch in der Schriftsprache das rückumlautende Prät.: z. B. *brennen – brannte*. Die Beseitigung des Rückumlautes bei der Masse der mhd. rückumlautenden Verben verdankt unsere Schriftsprache also obd. Einfluß. Im 17. Jh. hat sich das umgelautete Prät. im wesentlichen durchgesetzt. Bereits SCHOTTELIUS betrachtete die durch Beseitigung des Rückumlautes gebildete Form des sw. Prät. als "die richtigste und gebräuchlichste" (SCHOTTELIUS 1663, 575; vgl. auch STÅRCK 1912, 3, 312, 314).

Verben ohne Wechsel des Stammvokals (Gruppe 1)

	Inf.	Prät. Ind.	Prät. Konj.	Part. Prät.
mhd.	*machen*	*mach(e)te*	*mach(e)te*	*gemach(e)t*
frnhd.	*machen*	*mach(e)t(e)*	*mach(e)t(e)* *mechte*	*gemach(e)t*

Verben mit Wechsel des Stammvokals (Gruppe 2)

mhd.	*brennen*	*brante*	*brante, brente*	*gebrant,* *gebrennet*
frnhd.	*brennen*	*brannte* *brenn(e)te*	*brenn(e)te*	*gebrann(e)t,* *gebrenn(e)t*

Die Zahl der Verben mit "Rückumlaut" im Prät. ist im Frnhd. größer als im Nhd.: *bedackit* (BM), *blanden* (SB), *dakkte* (SL), *furchtelforchte* (L), *gehor(e)t* (L), *satzen* (SB), *stackte* (OP). Neben den Formen mit "Rückumlaut" existieren gleichberechtigt solche mit Umlaut, der aus dem Präs. ins Prät. eingedrungen ist: *dekketeldakkte* (SL), *merckteImarckte* (L), *rennetelrante* (SL), *schmekketelschmakkte* (SL). Im Part. Prät. gab es schon immer Doppelformen (siehe 3.5.1.2.): *gestelletlgestallt* (SL), jetzt aber auch mit Thema-*e* bei der Form mit "Rückumlaut": *geseczetlgesaczet* (KW). Die Formen mit Umlaut im Prät. weisen sehr häufig Themavokal auf, aber nicht immer: *erkenneten*, aber: *merckte* (L). Selten dringt der Rückumlaut ins Präs. ein. *lenden > landen* analog dem Prät. *landte*; meist geschieht dies nur vorübergehend, vgl. z. B. *horen, horet* (L 1530 – Hs.), *hǒren, hǒret* (L 1532 – Druck).

In Analogie zu rückumlautenden sw. Verben treten im Frnhd. bis ins 17. Jh. einige Formen des Prät. und Part. Prät. mit "Rückumlaut" auf, denen dieser ursprünglich nicht zukam. Diese Bildung ist charakteristisch für das Md.:

keren – k**a**rte/ink**e**rtin – gek**a**rt/gek**e**rit (BE),
leren- l**a**rte//erte – gel**a**rt/gel**e**ret (BE).

Zur frnhd. Gruppe 2 der sw. Verben rechnen auch solche, deren Prät. schon urgerm. ohne Themavokal gebildet wurde.

denken	*dachte*	*dechte*	*gedacht, gedenkt*
dünken	*dauchte, deuchte*	*deuchte*	*gedaucht, gedeucht*
deuchten	*dunkte, dünkte*		*gedunkt, gedünkt*
wirken	*wirkte, worchte,*		*gewirkt, geworcht*
	wurckte		

Mischung st. und sw. Flexion liegt bei *bringen* vor:

bringen, brengen   brachte, brachten   brechte   (ge)bracht

4.4.1.2.3. *Übergang schwacher Verben zur starken Flexion:* Nur selten – und dann auf Grund lautlicher Übereinstimmung mit den st. Verben – treten mhd. sw. Verben in die frnhd. st. Flexion über, z. B. *laden – lud, geladen* (SL), *preisen – pries* (SL); jedoch nicht alle halten sich als st. Verben, z. B. *beschenken – beschunken* (SL), *jagen – jug* (SL), *wünschen – gewunschen* (AS), *laden* hat schon im Mhd. neben den sw. auch st. Formen. (Vgl. THEOBALD 1992.)

4.4.1.3. *Präterito-Präsentien*

Die Zahl der Prät.-Präs. (siehe 3.5.1.4.) nimmt im Frnhd. ab: *türren* geht unter, *gunnen* und *taugen* wechseln in die sw. Flexion über.
Die Endung *-st* der 2. P. Sg. Präs. Ind. der st. und sw. Verben tritt endgültig an die Stelle der alten Endung *-t* der Prät.- Präs.: statt *solt* (L) nun *sollest* (SL), *sollst*.
Noch im Mhd. haben die Prät.-Präs. selten ein Part. Prät.; im Frnhd. tritt es häufiger auf, und zwar mit und ohne Präfix *ge-: gewust* (SL), *wist* (L). Neben dieser sw. Bildung gibt es ein st. Part. Prät.: *gegunnen* (TS) (FRANKE, Bd. 2, § 146).
Die analytischen Zeitformen in Verbindung mit Prät.-Präs. können aus temporalem Hilfsverb + Part. Prät. der Prät.-Präs. + Inf. des Vollverbs gebildet werden: *wenn hat einer **gedorfft** klagen* (HU). Seit dem 13. Jh. wird auch wie im Nhd. der Inf. der Prät.- Präs. benutzt: *drumb haben sie **mussen** fallen* (L), also temporales Hilfsverb + Inf. des Prät.-Präs. + Inf. des Vollverbs. "Aus dem Nebeneinander des Inf. und des Part. Prät. bei den Hilfszeitwörtern ergeben sich dann zwei Mischungen: einerseits Infin. mit *ge-* ..., andererseits Partizipia ohne *ge-*" (BEHAGHEL, Bd. 2, 370): *niemant hat es **gedorffen** sagen* (HU); *nu hat der Romisch geytz nit **mocht** der zeit erwarten* (L).

Paradigmata (nach Ablautreihenfolge geordnet)

Inf./Pl. Präs. Ind.	Sg. Präs. Ind.	Prät. Ind.	Prät. Konj.	Part. Prät.
1. *wissen*	*weiß, weißt*	*wesse/weste, wisse/wiste, woste, wuste*	*weste, wiste, wüste*	*(ge)wist, gewost, gewust*
2. *taugen, tugen, tügen*	*taug, tauget*	*taugte, tochte, tuchte, tüchte*	*töchte, tüchte,*	*(ge)tocht, (ge)tugt*
3. *gonnen, gönnen, gunnen, günnen*	*gan, gönnt*	*gonnet, gönnete, gunnte, günnete*	*gönte*	*(ge)gonnet, (ge)gun(s)t, gegún(s)t*

3. *können,*	*kan*	*konde, konte,*	*könde,*	*gekont,*
kunnen,		*kunde, kunte*	*künde*	*(ge)kônt,*
künnen[59]				*(ge)kund*
3. *darfen*	*darf*	*dorfte, durfte*	*dörfte,*	*(ge)dorft,*
dörfen			*dürfte*	*(ge)durft,*
dürfen				*(ge)dürft*
3. *törren,*	*tar,*	*torste, thurste*	*törste,*	*getörren,*
türren	*tahrt*		*thürste*	*(ge)tuhrst*
4. *sollen,*	*sal/schal*	*solde/scholde,*	*solde,*	*(ge)solt*
sull(e)n	*sol/schol*	*sulde*	*sölde*	
5. *mogen,*	*mag*	*mochte, môchte,*	*möchte,*	*(ge)mocht,*
mögen		*muchte, mûchte*	*müchte*	*(ge)mûcht*
mugen,				
mügen				
6. *müssen*	*muß*	*moste, must(e)*	*müste*	*(ge)must,*
				(ge)müst

Zu 1.
Das Prät. *wesse/wisse* existiert noch im Obd. des 14. Jh.; bis ins 17. Jh. erscheinen hier *weste/wiste.*
Im Omd. gilt vom 14. Jh. an vor allem *wuste* neben seltenerem *woste.*
Zu 2.
SCHOTTELIUS verwendet das Präs. *ich tauge, du taugest, er tauget.*
Zu 3.
Der Sg. Präs. Ind. *gan, ganst, gan* (nhd. *gönnen*) ist im 17. Jh. nicht mehr lebendig; schon im 15. Jh. beginnen sich im gesamten Präs. *o/ö* bzw. *u/ü* durchzusetzen. Das Part. Prät. hat neben den sw. Formen mit und ohne Umlaut die st. Form *gegunnen.*
   Der Pl. Präs. Ind. von *dürfen* 'nötig haben' kann bis ins 17. Jh. ohne Umlaut gebildet werden: *sie dorffen* (L).
   Das Verb *türren* 'wagen' geht im 17. Jh. unter.
Zu 4.
Die Präsensform *sol* tritt seit der Mitte des 14. Jh. im Omd. zurück und macht der Form *sal* Platz; erst im 15. Jh. erscheint *sol* wieder. *sol* herrscht von Anfang an im Obd. vor und ist schließlich im 17. Jh. die im wesentlichen allgemeingebräuchliche Form. Formen mit *sch/sc* sind im Bair., Thür. und Schles. – besonders im 14. Jh. – geläufig: *schal, schullen, scholde.* Das Obd. weist ein Präs. mit Umlaut auf: *er sôl* (AG), zuweilen auch das Md.
Zu 5.
Noch im 17. Jh. drückt *mögen* neben der Möglichkeit das Vermögen, Macht-Haben aus.

4.4.1.4. *Athematische Verben*

Die athematischen Verben (siehe 3.5.1.5.) – oft auch unter den Termini Wurzelverben bzw. *mi*-Verben zusammengefaßt – verlieren während des Frnhd. vollständig oder teilweise ihre ursprüngliche Einsilbigkeit und werden zweisilbig: statt mhd. *gên* nhd. *gehen* in Analogie zu *sehen.*
   Am Ende des Frnhd. wird die 1. P. Sg. Präs. Ind. nur noch in der Form *bin* mit der alten Endung *-n* (aus *-mi*) der athematischen Verben gebildet; bei den Verben *gehen, stehen* und *tun* erscheint dieses *-n* im Nhd. nicht mehr.

Inf.	1. P. Sg. Präs. Ind.	Prät. Ind.	Part. Prät.
1. *sin, sein,*	*bin*	*war/was – waren,*	*gesin, gesein,*
wesen, si		*woren/wasen*	*gewesen,*
			gewest
2. *tuen, tun*	*tue, tun*	*tat(e)/tet(e) –*	*(ge)than*
		thaten/theten/tauten	

---

[59] Zu den Stammvokalen *o/ö* – *u/ü* siehe 4.3.1.6.

3. *gahen/gan*	*gahe/gan,*	*gie/ gieng –*	*gegan,*
		giengen	
gehen/gen	*gehe/gen, ge*	*ging – gingen,*	*(ge)gangen,*
		gung – gungen	*gegen*
4. *stahen/stan,*	*sta/stahe/stan,*	*stand/stund –*	*gestan,*
stehen/sten	*ste/stehe*	*standen/stunden*	*gestanden*

Zu 1.

		Präs. Ind.			Präs. Konj.
Sg.	1. P.	*bin, ben, seyn*	Sg.	1. P.	*sey, seye*
	2. P.	*bis, bist*		2. P.	*seiest, seyst, sist*
	3. P.	*is, ist*		3. P.	*sey, seye, si, sye*
Pl.	1. P.	*sein, seint, sin, sint, sind*	Pl.	1. P.	*seien, seygind, seyn*
	2. P.	*seint, seit, sint, sit*		2. P.	*seied, seyd, seygind*
	3. P.	*sein, seint, sin, sint, sind*		3. P.	*seint, seyen, seyn, sygind*

2. P. Sg. Imp.	*biß, sey, wis, wes(e)*
Part. Präs.	*seynd, wesende*

Bis ins 17. Jh. stehen in der 1., 3. P. Pl. Präs. Ind. *sein*, das eigentlich eine konjunktivische Form ist, und *sint*, ursprünglich nur 3. P. Pl. Präs. Ind., nebeneinander: *sie sind* oder *seyn* (SL). Bei *seind*, z. B. bei OP, handelt es sich um eine Mischform. Der Imp. *bis* schwindet im 17. Jh. in der Schriftsprache, nicht aber in omd. Mundarten; *sei* kommt im 15. Jh. auf. Das sw. Part. Prät. *gewest*, im 13. Jh. im Md. entstanden, wird im 17. Jh. in der Schriftsprache ungebräuchlich, in verschiedenen Maa. hat es sich bis in die Gegenwart gehalten. (Zu den Formen von *sein* bei Grammatikern des Frnhd. vgl. PENZL 1984, 114f.)

Zu 2.
Neben der *n*-losen Form der 1. P. Sg. Präs. Ind. erscheint noch im 16. Jh. das alte -*n*, das aus der Endung -*mi* entstanden ist: *tu, tun ich* (BE). Der Ausgleich der Stammvokale *a* und *e/ä* im Prät. setzt im 14. Jh. ein; im 17. Jh. herrschen die *a*-Formen vor; *e/ä* erscheint vereinzelt noch im 18. Jh. (ALM 1936, 439ff.): *tat/tät – taten/täten* (FL). Das Part. *geton* weist ins Obd.

Zu 3.
Die Formen mit dem Stammvokal *a* sind alem. und nd., die Formen mit *e* bair. und md. (FRINGS 1957, Karte 36). Die *a*-Variante tritt noch im 17. Jh. in der Schriftsprache auf, heute nur in den Mundarten. Präsensformen mit dem Stamm *gang* sind im Alem. geläufig. Luther verwendet noch einen Imp. *ganck*.

Zu 4.
stan/sten nimmt dieselbe Entwicklung wie *gan/gen*.

Ein Präsensstamm *stand* wird im Alem. des 16. Jh. benutzt; bei Luther kommt zuweilen der Imp. *stand* vor. Zum Prät. *stund – stunden* tritt im 17. Jh. *stand*; jedoch ist noch im 18. Jh. *stund* nicht völlig zurückgedrängt (siehe 4.4.1.1.2., 6. Ablautreihe).

4.4.1.5. *wollen/wellen*

Neben den *o*-Formen dieses Verbs (siehe 2.4.1.5.) tritt *wellen* bis ins 16. Jh. auf: *wollen/ wellen* (KW), z. T. mit Umlaut des *o*, vgl. *wir wöllen* (AS). In der 2. P. Sg. Präs. Ind. wird die Endung -*t*, z. B. *wilt* (SL), im 17. Jh. zugunsten des schon spätmhd. vorkommenden -*st*, z. B. *wilst* (SL), aufgegeben. Formen auf -*nt* (*wellent*) werden im Alem. oft kontrahiert (*went*). Das gilt auch für die Prät.-Präs.

Inf.	1. P. Sg. Präs. Ind.	Prät. Ind.	Prät. Konj.	Part. Prät.
wellen/wöllen	*wil, wel*	*wolde, wulde,*	*welde, wolde,*	*(ge)wolt,*
wollen/wullen		*wolt(e)*	*wölde*	*gewölt*

4.4.1.6. *Kontrahierte Verben (han, lan)*

Inf.	1. P. Sg. Präs. Ind.	Prät. Ind.	Prät. Konj.	Part. Prät.
haben, han, hon	*habe, han*	*hatt(e), hett(e)*	*hette, hiete*	*gehaben, gehabet, gehan, gehat*

Kontrahiertes *han* schwindet im 16./17. Jh.; die Formen *hast/hat* verdrängen im 15. Jh. die unkontrahierten. Die Formen *hatte/hette* stehen noch im 17. Jh. als Prät. Ind. nebeneinander. Das Part. Prät. *gehat* ist md., *gehaben* und *gehan* sind alem.

Kontrahierte Formen von *lassen*, z. B. *lan*, gehen im 17. Jh. unter. *lon* ist alem.: *. . . er . . . het dienen lon* (F).

4.4.1.7. *Zusammengesetzte Zeitformen*

Perfekt

er hat gesessen – er ist gesessen

Das Perf. wird mit dem Präs. von *haben/sein* + Part. Prät. des Vollverbs gebildet. Das Md. schwankt im Gebrauch von *sein* oder *haben*. So bevorzugt Luther bei Verben räumlicher Ruhe nach obd. Art *sein: bin gesessen, gestanden sey*. Wittenberger Einfluß sieht FRANKE (Bd. 3, §115) in einigen Umschreibungen mit *haben: gewandelt haben, hett . . . gewest* (L).

"Zur Erzielung besonderer Deutlichkeit" (BEHAGHEL, Bd. 2, 271) werden beim Perf. und Plusqu. Doppelumschreibungen durch die Part. Prät. *gehabt* und *gewesen* benutzt: "Es wird zuweilen das Hůlfwort bey seinem Haubtworte doppelter Weise gebrauchet als: Ich habe geschrieben gehabt: ich hette gelesen gehabt: nach dem er gestorben gewesen war" (SCHOTTELIUS 1663, 556). Diese Formen haben sich im Nhd. stark ausgebreitet und kommen auch in schriftsprachlichen Texten vor.

Die frnhd. Funktionen des Perf. stimmen im wesentlichen mit den nhd. überein. Vielfach kann das frnhd. Prät. durch das "erzählende Perfekt" ersetzt werden. Dieser Ersatz des Prät. durch das Perf. erfolgte vor allem im Obd. und hat seinen Höhepunkt im 16. Jh. und in der 1. Hälfte des 17. Jh.

Plusquamperfekt

er hatte/hette gesessen – er war gesessen

Das Prät. von *haben/sein* + Part. Prät. des Vollverbs bilden das Plusqua.

Das Plusqua. drückt den Abschluß in der Vergangenheit aus, kann aber auch das Prät. vertreten.

Das Präfix *ge-* dient bis ins 16. Jh. hinein der Perfektivierung; zusammen mit der Präteritalform kann es die gleiche Funktion wie das Plusqua. haben: *Vnd als wir einander gesegneten, tratten wir ins schiff* (L).

Futur I

er soll/will/wird sitzen

Die Umschreibung mit *werden* + Inf., zuerst den Anfang eines Vorgangs, dann Zukünftiges bezeichnend, entsteht im Mhd., breitet sich im 15. Jh. aus und setzt sich als Norm endgültig in der Mitte des 16. Jh. durch. Die Umschreibungen mit *wollen* oder *sollen* + Inf. reichen bis ins 16. Jh.: *das Königreich wil noch sein werden* (L), *darumb ich hoffe, ir miteinander ein frölich Leben füren sült* (SW), weichen aber dann der Umschreibung mit *werden*.

Futur II

er wird gesessen haben/wird gerannt sein

Das Fut. II, das vom Mhd. an aus *werden* + Part. Prät. + Inf. *haben/sein* gebildet wird, drückt u. a. wie im Nhd. die Wahrscheinlichkeit eines Geschehens aus. Es ist frnhd. nicht sehr häufig, wird aber von 1500 bis 1700 als Teil des Verbalsystems ausgebaut.

4.4.1.8. *Bildungsweise des Passivs*

Das Pass. wird mit *werden* oder teilweise mit *sein* + Part. Prät. gebildet:

Präs./Prät.	*er wird/ward geschlagen*
Perf./Plusqua.	*er ist/was geschlagen ((ge)worden)*
Fut. I	*er wird geschlagen werden*

Seit dem 13. Jh., besonders vom 15. Jh. an, wird das Perf./Plusqua. Pass. mit dem Part. Prät. *worden* gebildet: *er ist funden worden* (L). Doch noch im 16. Jh. kann *worden* fehlen: *er ist widder funden* (L). Im 16. Jh. erscheint vereinzelt *geworden: Er sey citiert geworden* (SN).

Ein Fut. II Pass. läßt sich im Frnhd. noch nicht nachweisen. SCHOTTELIUS verzeichnet nur Fut. I Pass.; die beiden *würde*-Umschreibungen im Pass. hingegen hat er aufgeführt, und zwar

Konditional I Pass.: *Ich wůrde gehǒret werden.*
Konditional II Pass.: *Ich wůrde gehǒret worden seyn.*

4.4.1.9. *Umschreibungen zum Ausdruck der Aktionsarten*

1. *werden* + Part. Präs.: Die Umschreibung drückt das Eintreten eines Geschehens aus und erscheint noch im 16. Jh.: *(in welichen landen die Juden siczen)* oder *... siczend oder wonend werden* (KW), *da ward das gantze Heer laufend* (L).
2. *werden* + Inf.: Auch diese analytische Form kann den Beginn eines Geschehens ausdrücken; sie wird noch im 16. Jh. benutzt: *Er ward zittern* (L), und zwar im Präs. und Prät.
3. *sein* + Part. Präs.: Als sprachliches Mittel zur Bezeichnung der durativen Aktionsart dient die Gruppe *sein* + Part. Präs.: *die uns yeczund anligend sein* (KW). Die schon ahd. Bildung ist im 18. Jh. auf einige besondere Fälle beschränkt, *ich bin sehr erwartend* (Schiller), und fehlt der Gegenwartssprache (PAUL, Bd. 4, § 320).
4. *sein* + Inf.: Diese Konstruktion hat wie *sein* + Part. Präs. die Funktion, die Dauer einer Handlung zu bezeichnen; sie wird vom 14. bis zum 16. Jh. häufig gebraucht, z. B. *wer aber mislich wandeln ist* (BR), ja reicht bis ins Nhd.: *Was sind sie mir anmuthen* (Gottschedin).

4.4.1.10. *Zusammenfassende Darstellung der Neuerungen*

1. Während des Frnhd. zeigt sich eine fortschreitende Vereinheitlichung der Personalendungen in allen Tempora und Modi. So setzt sich die Endung *-st* der 2. P. Sg. Präs. Ind. auch in der 2. P. Sg. Prät. Ind. durch:

mhd. Präs. *du hilfe*[st] nhd. *du hilf*[st]

mhd. Prät. *du hülfe* nhd. *du half*[st]

Die Endung *-ent* der 3. P. Pl. Präs. Ind. macht der Endung *-en* der 1. P. Pl. Präs. Ind. Platz, die mit der 3. P. Pl. des Präs. Konj., des Prät. Ind. und des Prät. Konj. übereinstimmt:

mhd. *wir hëlf*[en] nhd. *wir helf*[en]

mhd. *sie hëlfent* nhd. *sie helf*[en]

2. Im Frnhd. erfolgt eine stärkere Profilierung der Tempora der st. Verben bei vollständigem oder teilweisem Ausgleich der Numerusunterschiede:

mhd. *hëlfen hilfe half hulfen geholfen*

nhd. *helfen helfe half halfen geholfen*

Im Präs. Ind. tritt der Stammvokal des Pl. a) im gesamten Sg. (2. Ablautreihe) oder b) in der 1. P. Sg. (Reihe 3 b, 4, 5) auf:

a) mhd. *ich biuge – du biugest – er biuget – wir biegen*

nhd. *ich biege – du biegst – er biegt – wir biegen*

b) mhd. *ich hilfe – wir hëlfen*, nhd. *ich helfe – wir helfen*

Selten erscheint der Stammvokal des Sg. im Pl. Präs.:

mhd. *ich wige – wir wëgen*, nhd. *ich wiege – wir wiegen*

Im Prät. setzt sich entweder der Pluralvokal auch im Sg. durch:

mhd. *ich reit – wir riten*, nhd. *ich ritt – wir ritten*

oder der Singularvokal im Pl.:

mhd. *ich half – wir hulfen*, nhd. *ich half – wir halfen*

3. Die meisten mhd. Verben mit "Rückumlaut" geben diesen im Nhd. auf, abgesehen von 6 Verben (z. B. *senden*).

   Sehr oft breitet sich der umgelautete Präsensvokal aus:

   mhd. *hœren – hôrte – gehôrt*, nhd. *hören – hörte – gehört*

   So wird die sw. Verbflexion stärker vereinheitlicht.

4. Der Themavokal der sw. Verben wird im Nhd. meist synkopiert:

   mhd. *sa|get|e – gesa|get|*, nhd. *sa|gt|e – gesa|gt|*

5. Eine Reihe st. Verben tritt in die sw. Flexion über, so

   mhd. *rëchen – riche – rach – râchen – gerochen*

   nhd. *rächen – räch|te| – geräch|t|*

   Seltener ist der Übergang sw. Verben zu den st. Verben:

   mhd. *prîsen – prîs |ete| – geprîs|et|*

   nhd. *preisen – pries – gepriesen* (analog der st. Reihe 1), im Frnhd. st. und sw. flektiert.

6. Die Flexion der Prät.-Präs. gleicht sich der schwachen an, entweder durch gänzlichen Übergang von den Prät.-Präs. zu den sw. Verben (mhd. *tugen, gunnen* – nhd. *taugen, gönnen*) oder durch Ausgleich der Flexionsendungen (2. P. Sg. Präs. Ind. *-st* statt *-t*; Entwicklung eines sw. Part. Prät.).

7. Die athematischen Verben nähern sich der thematischen Flexion:
   mhd. *ich gân/gên* – nhd. *ich gehe*

(Vgl. Penzl 1984, 107ff.; Hartweg/Wegera 1989, 123ff.)

4.4.2. Das Substantiv

Bei der Deklination führen mehrere ineinandergreifende Entwicklungsprozesse zu einem Strukturwandel, der die Einteilung der Deklination nach vokalischen und konsonantischen Stämmen kaum noch als gerechtfertigt erscheinen läßt. Schon im Mittelhochdeutschen sind eine diachrone und eine synchrone Betrachtungsweise angebracht (siehe 3.5.2.). Aber auch hier wird die diachrone im Mittelpunkt stehen, da das Frnhd. als wichtige Entwicklungsperiode anzusehen ist, deren Vielfalt und ständige Bewegung von den Sprachträgern erlebt, zum Teil sogar gesteuert wurde.

Zwei Grundtendenzen zeichnen sich ab: Einmal tritt die Kasuskennzeichnung noch weiter zurück als im Ahd. und im Mhd., zum anderen zeigt sich eine schärfere Profilierung der Numeruskategorie.

Die erste Tendenz (Rückgang der Kasuskennzeichnung) ist hauptsächlich durch die Festlegung des Akzents auf die erste Wortsilbe im Germ. (siehe 1.1.2.2.2.) bedingt. Dadurch werden Flexionsmorpheme (=Flexive) abgeschwächt (Dat. Pl. ahd. *gëbôm* > mhd. *gëben*), reduziert (die Mehrsilbigkeit von Flexiven entfällt: Gen. Pl. ahd. *gëbôno* > mhd. *gëben*) oder fallen durch Synkope oder Apokope weg (mhd. *lambes* > nhd. *Lamms*, mhd. *bilde* > nhd. *Bild*). Statt 16 Flexiven im Mhd. (*tac-ø, tag-e, stil-s, tag-es, lëmb-er, lëmb-ern, nadel-n, künegin-ne, künegin-nen, man-nes, tag-en, lëmb-ere, lëmb-eren, sê-we, sê-wes, sê-wen*), von denen 7 mit Umlaut des Wurzelvokals auftreten können, existieren im Nhd. nur noch 9 (*Tag-0, Tag-e, Tag-en, Krater-n, Geist-er, Geist-ern, Tag-s, Dienst-es, Herz-ens*), von denen 6 mit Umlaut des Wurzelvokals kombiniert sind. Auch das Zahlenverhältnis der Flexive untereinander wandelt sich: Während z. B. *-e, -es* seltener werden, breitet sich das ø-Morphem aus. Der Dat. Sg. wird meist endungslos: mhd. *tage* > nhd. *Tag*, und auch im Nom. Akk. Sg. setzt es sich durch: mhd. *bilde* > nhd. *Bild*.

Diese Prozesse haben eine wachsende Mehrdeutigkeit der Flexive zur Folge: *-e* kann schon im Mhd. bei st. und sw. Substantiven in verschiedenen Kasus und Numeri stehen. Das im Frnhd. häufiger verwendete ø-Morphem steht im gesamten Sg. st. Substantive außer dem Gen. Sg. der Maskulina und Neutra.

Die Eindeutigkeit in der Kommunikation, die durch diese Prozesse gefährdet ist, wird durch einen tiefgreifenden Umbau des Deklinationssystems wiederhergestellt: Substantive treten immer häufiger von einer Klasse in eine andere über. Diese Entwicklung begann schon lange vor der frnhd. Zeit, setzt sich aber jetzt verstärkt fort.

Viele sw. Substantive verlieren im Nom. Sg. das Morphem *-e* und gleichen daher den st. Substantiven. Das ist ein Grund dafür, daß viele von ihnen in die st. Deklination übergehen:

mhd. *dër hẹrzoge, dës hẹrzogen* – nhd. *der Herzog, des Herzogs*;
mhd. *daz ôre, dës ôren* – nhd *das Ohr, des Ohres*.

Durch Übergang in die gemischte Deklination entsteht das Flexiv *-ens*.
mhd. *daz hërze, dës hërzen* – nhd. *das Herz, des Herzens*.

Die entgegengesetzte Entwicklung – von der st. zur sw. Flexion – tritt bei einigen Maskulina auf, die im Nom. Sg. ihr auslautendes *-n* abstoßen: mhd. *heiden, kristen, raben* – nhd. *Heide, Christ* (frnhd. *Christe*), *Rabe*. Diese Substantive gleichen sich den Bezeichnungen für Lebewesen an, die von Haus aus schwach flektiert werden: mhd. *hërre* (Gen. Dat. Akk. Sg. und Nom. Gen. Dat. Akk. Pl. *hërren*).

Auch die meisten mhd. *ja*-Stämme verlieren das auslautende *-e*:
mhd. *dër vischære* – nhd. *der Fischer*, mhd. *daz kriuze* – nhd. *das Kreuz*.

Diese Substantive wechseln in die *a*-Deklination über. Auch die mask. mhd. *ja*-Stämme, bei denen das *-e* erhalten bleibt (mhd. *dër hirte* – nhd. *der Hirte*) oder bei denen ein *-n* angefügt wird (mhd. *dër rücke* – nhd. *der Rücken*), verändern oft ihre Deklination (siehe 4.4.2.1.1.).

Bei mehreren Substantiven setzt sich e i n Genus durch, und zwar vorwiegend nach dem md. Gebrauch:
mhd. *dër/diu luft* – nhd. *die Luft*; mhd. *diu/daz zît* – nhd. *die Zeit*.

Bei den Feminina fallen die *ô*- und die *n*-Deklination zusammen, indem sich bei der *ô*-Deklination das *-n* des Gen. Dat. Pl. auf den Nom. Akk. Pl. ausbreitet und die *n*-Deklination das *-n* im Gen. Dat. Akk. Sg. verliert (siehe 4.4.2.1.3. und 4.4.2.2.2.). So kommt ein Einheitssingular bzw. ein Einheitsplural zustande. Von dieser Entwicklung sind auch die fem. *i*-Stämme erfaßt. Auch hier setzt sich der Einheitssingular durch. Das beginnt schon in mhd. Zeit:
mhd. *kraft, krẹfte, krẹfte, kraft* neben seltenerem *kraft, kraft, kraft, kraft* – nhd. *Kraft, Kraft, Kraft, Kraft*.

Reste der umgelauteten Gen.-Sg.-Formen finden sich noch in nhd. *Bräutigam* und *Gänsebraten*.

Der Plural nimmt ebenfalls das Morphem *-n* an, sofern das lexikalische Morphem nicht umlautfähig ist:
Pl. (Nom. Gen. Akk.) mhd. *geschichte* – nhd. *Geschichten*; aber mhd. *krẹfte* – nhd. *Kräfte*.

Dem fortschreitenden Kasusschwund wirkt die z w e i t e G r u n d t e n d e n z entgegen: d e r A u s b a u d e r N u m e r u s o p p o s i t i o n . Im Mhd. ist oft der Numerus am Substantiv selbst nicht erkennbar: Nom. Sg. – Nom. Pl. *wort – wort, bẹtte – bẹtte, hirte – hirte*. In der Entwicklung zum Nhd. wird die Numerusunterscheidung zunehmend durch Morpheme kenntlich gemacht. Die Zahl der Pluralflexive steigt deshalb von 4 auf 5: Zu den mhd. Pluralkennzeichen tritt im Frnhd. *s* hinzu: nhd. *Schal – Schal-s*. Dieses Morphem, durch nd./ndl., auch frz. und engl. Einfluß ins Hochdeutsche gelangt, ist im Frnhd. noch sehr selten, z.B. *mädigens* 'Mädchen' (Olearius).

Der Umlaut gewinnt an Bedeutung, vor allem breitet sich das Morphem *-er* aus, weil es keine Kasusbedeutung hat. Bei umlautfähigem Vokal tritt *-er* zusammen mit dem Umlaut auf. Dagegen wird das polyseme ø-Morphem als Pluralsuffix weitgehend reduziert:

mhd. *daz klôster – diu klôster*, nhd. *das Kloster – die Klöster*;
mhd. *daz lant – diu lant*, nhd. *das Land – die Länder*.

Die Morpheme *-e* und *-(e)n*, z. T. auch mit dem Umlaut gekoppelt, nehmen aber nicht ganz so stark zu:
mhd. *daz dinc – diu dinc*, nhd. *das Ding – die Dinge*; mhd. *diu arebeit – die arebeite*, nhd. *die Arbeit – die Arbeiten*.
-en dient aber auch bei den fem. ô-Stämmen nicht mehr der Kasus-, sondern ausschließlich der Numeruskennzeichnung:

	mhd.	nhd.
Nom. Gen. Dat. Akk. Sg.	*gëbe*	*Gabe*
Nom. Gen. Dat. Akk. Pl.	*gëbe, gëben,* *gëben, gëbe*	*Gaben*

-(e)n als Pluralmorphem wird zunehmend bei Substantiven verwendet, die im Nom. Sg. auf *-e* enden:

mhd.		nhd.	
Sg.	Pl.	Sg.	Pl.
hirte	*hirte*	*Hirte*	*Hirten*
bote	*boten*	*Bote*	*Boten*
zunge	*zungen*	*Zunge*	*Zungen*

Dagegen folgen Substantive, die ihr *-e* im Nom. Sg. verloren haben, oft solchen, die schon immer auf Konsonant endeten: mhd. *hane – hanen*, nhd. *Hahn – Hähne* (entsprechend *gast – gęste*). Das Flexiv *-e* kann sogar schwinden, dann übernimmt der Umlaut die Funktion der Pluralbezeichnung: mhd. *vogel – vogele*, nhd. *Vogel – Vögel*. Der *e*-Schwund ist im Pl. aber – im Gegensatz zum Sg. – selten.

Während sich im Sg. ein schärferer Gegensatz zwischen der Deklination des Maskulinums und Neutrums einerseits und des Femininums andererseits herausbildet, werden die Genusunterschiede im Pl. geringer: *-er*, ein ursprünglich seltenes Pluralmorphem des Neutrums, breitet sich auch auf das Maskulinum aus (mhd. *geist-e* – nhd. *Geist-er*). Das Flexiv *-e*, noch im Mhd. auf Mask. und Fem. beschränkt, ergreift nun auch das Neutrum (mhd. *wort* – nhd. *Wort-e*). Das Flexiv *-(e)n* dient der Pluralkennzeichnung bei Maskulina und Feminina, die im Mhd. noch stark waren (mhd. *gedanc – gedank-e*, *nâdel – nâdel*, nhd. *Gedanke – Gedank-en*, *Nadel – Nadel-n*).

Diese Entwicklungen verlaufen in regionaler und sozialer Hinsicht differenziert: Im Obd. wirkt die Apokope besonders stark, daher drohen hier die Numerusunterschiede unterzugehen. Um sie zu bewahren, setzen sich der Analogieumlaut und das Flexiv *-er* häufig durch: *Täg, Ärm, Hähn, Höbel; Kinder, Wörter, Better, Hemder*. Im Md. blieb das *-e* besser erhalten, daher ist der Analogieumlaut seltener, und *-er* ist erst seit dem 16./17. Jh. stärker produktiv. Im mittelrheinischen und ndfränk. Gebiet ist die Entwicklung zum *n*-Plural und überhaupt zur schwachen Flexion ausgeprägt. Das nhd. Flexionssystem faßt die einzellandschaftlichen Entwicklungen zusammen, von denen die omd. und die ostobd. an der Spitze stehen. Landschaftliche Unterschiede sind ein Grund für heutige Morphem-Dubletten, bei denen die semantische Differenzierung erst später einsetzte: *Bande – Bänder, Lande – Länder, Worte – Wörter*.

Auch in den Kommunikationsbereichen lassen sich Unterschiede feststellen: Die Urkundenprosa nähert sich eher dem nhd. Flexionssystem als die Reimdichtung. Trotzdem darf das Frühneuhochdeutsche nicht nur als Übergangsperiode betrachtet werden. Folgende Pluralparadigmen treffen beispielsweise für Texte des 16. Jh. zu, sind aber weder für das Mhd. noch für das Nhd. typisch: *Tag, Gäst* (Nom. Gen. Akk. Pl.), *Tagen, Gästen* (Gen. Pl.); *Dingen, Werken* (Nom.-Akk. Pl.).

All diese morphologischen Prozesse gehen einher mit syntaktischen Entwicklungen: Die Kasusbeziehungen werden zunehmend durch vorangestellte Begleiter (Artikel, Pronomen, Präpositionen) gekennzeichnet: Nom. Dat. Akk. Sg. mhd. *(dër) tac – (dëme) tage – (dën) tac,* nhd. *der Tag – dem Tag – den Tag.* Auch der Artikel ist vom Kasusausgleich betroffen: mhd. Nom. Sg. *diu vrouwe,* Akk. Sg. *die vrouwen* – nhd. Nom. Akk. Sg. *die Frau.* Deshalb dienen auch Präpositionen der Kasusbezeichnung: mhd. *da mite ich solte mîner sühte genesen* – Luther: *ob ich von dieser kranckheit genesen werde.*

(Vgl. Grammatik des Frühneuhochdeutschen III, 1988, 55ff., 69ff., 210ff.; HARTWEG/WEGERA 1989, 116ff.; PENZL. 1984, 97ff.; STOPP 1974, 324ff.; SUCHSLAND 1969, 97ff.; PAUL 1989, 186ff., §174f.; HOTZENKÖCHERLE 1962, 324ff.; BESCH 1980, 593ff.; ERBEN 1970, 421ff.; KERN/ZUTT 1977, 68ff.; BESCH 1967, 243ff., 287ff.; KOENRAADS 1953, 59ff.; WORONOW 1966, 395ff.; SKÁLA 1972, 283ff.; POVEJŠIL 1980, 82ff.)

4.4.2.1. *Starke Deklination*

4.4.2.1.1. *Maskulina:* **Die mhd. a-Deklination**
Mhd. a-Stämme. Das Paradigma dieser Substantive hat sich seit dem Mhd. kaum verändert.

Sg.			Pl.		
	Nom.	*tag*		Nom.	*tage*
					tag
	Gen.	*tages*		Gen.	*tage*
		tagis			*tag*
		tags			*tagen*
	Dat.	*tage*		Dat.	*tagen*
		tag			*tagin*
	Akk.	*tag*		Akk.	*tage*
					tag

Die *e*-Apokope im Dat. Sg. bewirkt eine weitere Einebnung der Kasusunterschiede. Sie tritt besonders im Obd. auf. Schon in der zweiten Hälfte des 14. Jh. überwiegen hier im Dat. Sg. die Formen ohne *e (rat, tag)* gegenüber denen mit *e (libe, brieue).*

Im Wmd., vor allem aber im Omd., herrscht der Dat. Sg. auf *e* länger vor: *tage, geiste, libe.* Im 16. Jh. nehmen auch hier die apokopierten Formen zu. Bei Luther stehen die Formen ohne *e* etwas häufiger als die mit *e.* Der Prozeß setzt sich bis in die Gegenwart fort.

Die *e*-Apokope wirkt sich auch im Nom., Gen. und Akk. Pl. aus. Hier zeigen sich die gleichen Unterschiede zwischen dem Obd. und Md. wie im Sg. Im Obd. überwiegen im Nom., Akk. Pl. *ärtzt, dienst, tag* gegenüber *dienste, wege.* Im Omd. existieren fast ausschließlich *e*-Formen, während bei Luther die apokopierten Formen überwiegen.

Die deutlichere Kennzeichnung des Plurals wird u. a. sichtbar in der Übernahme des Umlauts aus den mask. *i*-Stämmen. Im BE und in der UW finden sich z. B. folgende Formen: *epfile, epphil* (Akk. Pl.), *erczte* (Nom. Pl.), *erczten* (Dat. Pl.), *welden* (Dat. Pl.).

Auch Dürer wird den Umlaut gesprochen haben. Er bezeichnete ihn aber kaum.

Luther verwendet u. a. folgende Pluralformen: *Ertzte, Treume, Frösche.* Mitunter stehen bei ihm umgelautete Formen neben nichtumgelauteten: *boden/böden, korbe/körbe, stuele/stüele, vogel/vögel.*

Der ursprünglich nur im Neutrum auftretende *er*-Plural setzt sich erst allmählich seit dem 14. Jh. durch. Im 15. Jh. ist er noch sehr selten. Im 16. Jh. ist er besonders im Obd. nachweisbar, auch wenn Schriftsteller wie Dürer und Zwingli ihn noch nicht kennen. H. Sachs verwendet *gött,* dagegen *bösewichter.* Luther gebraucht *Götter/den Götten, Geister/Geiste, Örter/Orte, Menner,* aber nur *Welde, Leibe, Würme.*

Zu Beginn des 17. Jh. haben sich die Pluralformen *Wälder, Leiber* durchgesetzt; andere Substantive schwanken auch noch im jüngeren Frnhd. So tritt noch während des ganzen 17. Jh. der Plural *wirm, würm* neben der Form *Würmer* auf.

Eine dritte auffallende Erscheinung ist das Schwanken zwischen starker und schwacher Deklination. Das gilt z. B. für die Substantive *Baum, Gedanke* und *Sinn.* Letzteres wird oft im Sg. als *a*-Stamm, im Plural als *n*-Stamm flektiert.

Das Genitiv-*s* fehlt bisweilen: *des geyst* (Müntzer).

Mhd. ja-Stämme. Die Flexion dieser Substantive fällt allmählich mit der der mhd. *a*-Stämme zusammen (siehe 3.5.2.1.1.). Bereits in der KW ist folgendes Paradigma belegt:

Sg.	Nom.	*burger, bůrger*	Pl.	*burger(e), bůrger*
	Gen.	*burger(e)s*		*burger(e)*
	Dat.	*burger(e)*		*burger(e)n*
	Akk.	*burger, bůrger*		*burger(e)*

Ebenfalls im Obd. gehören die Nomina agentis auf *–ære* schon in der zweiten Hälfte des 14. Jh. zur *a*-Deklination. Jedoch ist hier noch – hauptsächlich in der Kanzleisprache – im 17./18. Jh. die Endung *-ere* möglich: *trompetere, fragere*.

Auch im Omd. finden sich häufig apokopierte Formen, die sich deshalb nicht mehr von der *a*-Deklination unterscheiden: *richter, sunder, troster* neben seltenerem *richtere, sundere, trostere*. Bei Luther kommen Pluralformen auf *e* nur in einigen Fällen vor: *ketzere, meistere, sundere*; sonst steht regelmäßig *Ketzer, Meister, Sünder*.

Einzelne Substantive dieser Klasse treten in die sw. Flexion über, z. B. *hirte*. Schon im 14. Jh. sind die sw. Formen belegt: *hirten* (Dat., Akk. Sg.), *hirtin, hirten* (Nom., Akk. Pl.).

Die alten *u*-Stämme *fride* und *sun* sowie das Lehnwort *käse* bewahren die Merkmale der *ja*-Stämme am längsten. Im Alem. ist bei *lantfrid* und *kås* die starke Flexion die Regel. *fride* geht allmählich in die gemischte Deklination über. Im Omd. herrscht im 15. Jh. noch im wesentlichen die starke Flexion, aber Luther benutzt im Gen., Dat. und Akk. bereits Formen der gemischten Deklination (Nom. und Akk. Sg. lauten bei ihm sonst *Friede, Fried*). Bei Zwingli ist dagegen die gemischte Flexion regelmäßig: *fryden, frydens, fryden* neben seltenen Nom. Gen. Sg.-Formen *fryde, fryds*.

Das auslautende *e* im Nom. Sg. des Wortes *Sohn* tritt im 16. Jh., auch bei Luther, nur noch vereinzelt auf.

Mhd. wa-Stämme. Der bereits im Mhd. einsetzende *w*-Ausfall im Gen. Dat. Sg. setzt sich fort. Meist sind *schate, schaten, schates* belegt. Formen wie *schatwe* (Nom. Sg.) und *schatewin* (Gen., Dat. Sg.) sind Ausnahmen.

Die mhd. i-Deklination. Diese Flexion hat sich beim Übergang vom Mhd. zum Nhd. kaum gewandelt. Allerdings kommen zeitweilig apokopierte und synkopierte Formen vor. Im Nom., Akk. Sg. tritt vorübergehend ein *e* auf.

Sg.	Nom.	*rat, rate*	Pl.	*rete, räth*
	Gen.	*rates, rats*		*rete, ret*
	Dat.	*rate, rat*		*reten*
	Akk.	*rat, rate*		*rete, räth*

Schwanken zwischen st. und sw. Deklination zeigt sich hauptsächlich bei dem Substantiv *Fuchs*.

Genuswechsel zum Femininum tritt ein bei *angel, angst, art, bank, pracht, gewalt, last, list, luft, lust, trene, pîne (Pein), furt, locke, wâc (Woge), taufe* u. a., im Md. eher als im Obd. Luther verwendet meist die fem. Formen: *die gewalt* neben frühem *der gewalt*. Zum Neutrum wechseln *lob, segel, zeug, gemach, floß*.

4.4.2.1.2. Neutra:

Die mhd. a-Deklination
Mhd. a-Stämme und ja-Stämme. Um die Unterschiede in der Flexion der mhd. *a*-Stämme in den einzelnen Schreib- und Verkehrssprachen zu zeigen, enthält das folgende Paradigma hierzu Belege aus verschiedenen Sprachräumen.

a-Stämme

		KW	St. Gallen	R	L
Sg.	Nom.	*lant*	*gelt, gelte*	*kint*	*Jar*
	Gen.	*landes*	*geltz, geltes*	*kindis*	*Jares, Jars*
	Dat.	*lande, land*	*iar, iare*	*kinde*	*Jare, Jar*
	Akk.	*lant*	*gelt, gelte*	*kint*	*Jar, Jare*
Pl.	Nom.	*land, lande*	*kint, kinder*	*kint, kinder*	*Jar, Jare*
	Gen.	*lande, land*	*kint, kinden, kinder*	*kindir*	*Jare, Jar*
	Dat.	*landen*	*kindern, kinden*	*kindin, kindirn*	*Jaren, Jarn*
	Akk.	*land, lande*	*kint, kinder*	*kint kindir*	*Jar, Jare*

ja-Stämme

Sg.	Nom.	*riche, rich*	Pl.	Nom.	*riche, rich*
	Gen.	*riches, reichs*		Gen.	*riche*
	Dat.	*riche, reich*		Dat.	*reichen*
	Akk.	*riche, reich*		Akk.	*reiche*

Durch die *e*-Apokope im Nom., Akk. und Dat. Sg. wird einmal wie bei den st. Maskulina der Unterschied zwischen dem Nom. und Dat. Sg. der *a*-Stämme aufgehoben, zum anderen das Nebeneinanderbestehen von *a*- und *ja*-Stämmen beseitigt. Dieser Prozeß geht im Obd. seit dem 13. Jh. vor sich, also wieder früher als im Md.

Im Omd. des 14./15. Jh. dagegen gleichen die neutr. *a*-Stämme noch dem mhd. Schema, und auch der *e*-Abfall im Nom., Akk. Sg. der neutr. *ja*-Stämme ist auf bestimmte Wörter beschränkt, z. B. *rich, antlitz*. Bei Luther ist das *e* im Dat. Sg. der neutr. *a*-Stämme meist erhalten, allerdings kaum in einsilbigen Wörtern wie *blut, tuch, Schiff, volck*.

Auch im Dat. Sg. der neutr. *ja*-Stämme fehlt das *e* häufiger, z. B. *end* neben *ende*. Im Nom., Akk. Sg. dagegen erscheint größtenteils noch das auslautende *e*, z. B. *bette, mere*. Die Entwicklung ist noch im 17. Jh. im Fluß. So lauten bei Opitz der Nom., Akk. Sg. sowohl *Glücke* als auch *Glück*, bei Zesen stehen im Akk. Sg. *Gehöre* und *Gehör* nebeneinander. Die heutigen Formen setzen sich im wesentlichen erst mit Lessing durch.

Die *e*-Apokope ist auch im Nom., Akk. Pl. der neutr. *ja*-Stämme möglich, besonders im Obd. Auch bei Luther fehlt im Nom., Akk. Pl. häufig das *e*: *Gesetz* tritt öfter auf als *Gesetze*. Die *e*-Formen setzen sich im Obd. durch schriftsprachlichen Einfluß endgültig im 18. Jh. durch.

Die Synkope begegnet ebenfalls im Obd. häufiger als im Md. Besonders die einsilbigen Wörter auf *l* und *r* stoßen dort das *e* aus. Im Omd. herrschen dagegen die vollen Nebensilben vor, wobei vor allem im Thür. oft *e > i* gehoben wird.

Die Tendenz zur deutlicheren Kennzeichnung des Plurals zeigt sich auch bei den Substantiven dieser Klasse. Der Umlaut im Pl. tritt – wahrscheinlich unter Einfluß der mask. *i*-Stämme – häufiger als im Nhd. auf. Da besonders in omd. Texten der Umlaut nur selten bezeichnet wird, ist seine zeitliche Ausbreitung schwierig zu bestimmen. Im 15./16. Jh. sind u.a. folgende Formen belegt: *die thör* (bair.), *spitälen* (alem.), *bende* (omd.). Luther verwendet im Dat. Pl. *empten* neben *ampten*. Der Pl. *ampte, empte* existiert neben *empter*.

Die Ausbreitung des neutralen *er*-Plurals geht seit ahd. Zeit vor sich. Im 16. Jh. setzt er sich besonders im Obd. durch. In der UK ist er bei *dorf, haus/hus, kint, kleid* anzutreffen, dagegen nicht bei *lant* und *gut*; in der KW ist u.a. *gut* zum *er*-Plural übergegangen. Dürer verwendet die *er*-Formen noch selten: *dy kind, bilden, in diesen püchen*; dagegen *der pücher halben*. Auch im Omd. des 14./15. Jh. ist der *er*-Plural nicht häufig: *bucher* (Nom. Pl.), *hornir* (Akk. Pl.) neben *hornin* (Dat. Pl.), *kinder, kindir* (Nom. Pl.) neben *kint* (Nom. Pl.). Luther verwendet den *er*-Plural u.a. bei *bucher, Grabtücher, gutter* 'Güter', *volcker/völcker* neben den ursprünglichen Formen *ding, dorf, kind, kleyd, land, lied*.

Bei den Neutra auf *-tum* setzt sich der *er*-Plural erst später durch. Bis ins 16. Jh. lautet der Dat. Pl. *fürstentum(en)*, seit dem 17. Jh. meist *fürstenthümern*.

Der *e*-Plural der neutr. *a*-Stämme, der im Md. z. T. schon im 12. Jh. erscheint, hat sich zu Beginn des 17. Jh. durchgesetzt. Luther schreibt noch im Nom., Akk. Pl. *brot, ding, jar*. Später treten endungslose Formen nur noch in Verbindung mit bestimmten oder unbestimmten Zahlwörtern auf.

Zur sw. Deklination im Plural gehen u. a. die *ja*-Stämme mhd. *bẹtte, ẹnde, hẹmde, kleinæte* über. Im Obd. des 15. bis 17. Jh. lautet der Nom. Pl. *bett, bette* neben *betten; ende, end* (im Gen. Pl. *enden*); *hemmedter, hemmendter; kleinode, kleinoder*; im Omd. *bette; ende, end; hemde, Hemden*. Luther verwendet ausschließlich den *n*-Plural *betten*, dagegen finden sich bei ihm *ende, end, hemde*.

Ein Schwanken im Genus zeigen die Substantive auf *-nis*. Sie sind im Mhd. neutr. (*ja*-Stamm) oder fem. (*ô*-Stamm). Die heutige Verwendung setzt sich erst im Nhd. durch. So erscheinen im Bair. des 15. bis 17. Jh. u. a. *bildniss/bildnuss, erkantnuss, geheimnuss* als Fem. und Neutr.; im Alem. der gleichen Zeit sind z. B. *bildnuss* und *gedechtnüss/gedachtnus* Fem.; *gefencknüss/gefäncknuss* ist als Fem. und als Neutr. belegt. Im Omd. erscheint bei Rothe *gefengknisse* als Fem. und Neutr.; bei Opitz ist *kümmernuss* Fem. Bei Zesen treten *bekäntnüs, begräbnüs, gedächtniss* als Fem. auf; *gefängnüs* und *verhängnüs* als Neutr. und Fem.

Mhd. wa-Stämme. Das *w* der obliquen Kasus ist im allgemeinen verlorengegangen. Im BE bilden nur *heu* und *tou* die obliquen Kasus mit den *w*-Formen, z. B. *heuwis, touwes* (Gen. Sg.). Mhd. *strô* erscheint in den alten Formen noch selten, u. a. bei Steinhöwel, z. B. *strow* (Akk. Sg.). Mhd. *knie* hat besonders im Alem. das inlautende *w* bewahrt. Am längsten hält sich das *w* in mhd. *mël*, wo es, da *l* vorausgeht, zu *b* wird. Deshalb gilt für das ältere Frnhd. das Paradigma: *mel – melb(e)s – melb(e) – mel*. Im Md. setzen sich die *w*- bzw. *b*-losen Formen unter Einfluß des Nom., Akk. Sg. schon zeitig durch. Bei Rothe tritt schon der Dat. Sg. *mele* auf. Das Obd. bewahrt dagegen die mhd. Formen länger. In Steinhöwels Äsop (1470) und in der 4. Nürnberger Chronik (1450) heißt der Gen. Sg. *melbs*. Der Münchener Schaidenreisser (1537) kennt wohl als letzter die Form *melb*, verwendet sie aber neben *mel*.

4.4.2.1.3. *Feminina*:

Die mhd. ô-Deklination

Diese Flexion, die schon in mhd. Zeit nicht einheitlich ist, bietet ein buntes Bild.

Sg.			Pl.		
	Nom.	*sache, sach*		Nom.	*sache, sach, sachen*
	Gen.	*sache, sach, sachen*		Gen.	*sache, sach, sachen*
	Dat.	*sache, sach, sachen*		Dat.	*sachen*
	Akk.	*sache, sach, sachen*		Akk.	*sache, sach, sachen*

Die wesentlichste Veränderung beim Übergang zum Nhd. ist die Durchsetzung des Plurals auf *-en*. Dadurch haben diese Substantive im Mhd. nur eine Form für alle Kasus des Pl. Doch setzt sich die neue Pluralflexion nur allmählich durch. Im Thür. ist sie verschiedentlich belegt: *eren* (Nom. Pl.), *gabin* (Akk. Pl.). Bei Luther kann zwar schon der *n*-Plural existieren, doch bedeutet das kein Abheben vom Sg., weil auch hier sw. Formen möglich sind: *erndten, gnaden, schulen*. Der Gen. Pl. ohne *n*, der schon im Mhd. existierte, ist noch im Frnhd. belegt, u. a. bei Luther: *stimme, sunde*.

Die *e*-Apokope ist in allen Kasus außer dem Dat. Pl. möglich. Bei Dürer finden wir sie im Sg. regelmäßig, im Pl. ist sie oft nachweisbar. In der UK stehen in allen vier Kasus des Sg. die apokopierten Formen fast gleichberechtigt neben den *e*-Formen. Im Omd. ist die Apokope weitaus seltener. Im BE steht in allen vier Kasus des Singulars regelmäßig das *e*, nur in adverbialen Wendungen treten apokopierte Formen auf: *an der selben stunt, uf eine stunt*. In der UW ist ebenfalls die Apokope im Sg. selten; im Nom. Sg. tritt sie nur in den Wörtern auf *-unge* und *-nisse* auf.

Bei Luther sind die apokopierten Formen im Sg. und auch im Pl. anfangs häufiger, weil er stärker vom nördlichen Omd. als vom Südmeißnischen beeinflußt ist. Dann dringen die *e*-Formen vor, nur die Abstrakta auf *-unge* verlieren mehr und mehr das auslautende *e*. Im Nom. Sg. stehen mit *e* u.a. *dancksagunge, dienerynne, ehe, eselinne, unehre, warnunge*; ohne *e*: *bitt, ehr, frag, kron, red, sach*. Erst ohne, später mit *e* erscheinen die Substantive *erndt – erndte, stym – stymme, stund – stunde, unterweisung – unterweisunge*.

In der gesamten frnhd. Zeit ist das Schwanken zwischen starker und schwacher Deklination stärker geworden: *in der kuchen* neben *khuche* (Akk. Sg.) (Prag, 16. Jh.), s. auch 4.4.2.2.2. Erst im 18. Jh. schwand das *-n* im Sg., so daß die Numerusopposition erst spät deutlich wurde.

Die mhd. i-Deklination

Sg.			Pl.		
	Nom.	*krafft*		Nom.	*krefft, kreffte, krefften*
	Gen.	*krafft*		Gen.	*krefft, kreffte, krefften*
	Dat.	*krafft, kraffte*		Dat.	*krefften*
	Akk.	*krafft, kraffte*		Akk.	*krefft, kreffte, krefften*

Während der frnhd. Epoche ist der Kasusausgleich im Sg. in vollem Gange, wenn auch nicht immer eindeutig verfolgbar. Er wird durch die Beseitigung des Umlauts und durch *e*-Apokope im Gen. und Dat. Sg. bewirkt. Im Obd. ist dieser Ausgleich bis ins 16. Jh. weitgehend erfolgt.

In der UK und im Omd. ist der Gen. Sg. ebenfalls meist endungslos und nicht mehr umgelautet. Im Dat. Sg. halten sich die alten Formen länger. Bei mhd. *wërlt* werden die nichtapokopierten Formen am längsten bewahrt. Im BE sind die Formen *der craft* (Gen. Sg.), *der stat* (Dat. Sg.) die Regel, vereinzelt stehen daneben Formen wie *heiligkeite* (Gen. Sg.), *uncrefte* (Dat. Sg.). Der Gen., Dat. Sg. *werlde* ist noch regelmäßig, *werlt* ist selten.

Bei Luther ist der Umlaut im Gen., Dat. Sg. völlig geschwunden, oder er tritt im gesamten Sg. auf, z.B. in *Stett*. Formen mit *e* begegnen nur vereinzelt: *bedeutnisse*.

Die Numerusdifferenzierung geschieht wie bei den *ô*-Stämmen in einigen Fällen durch die Einführung des sw. Plurals, meist aber dadurch, daß die umgelauteten Formen im Gegensatz zum Gen., Dat. Sg. stehenbleiben. Weil der Umlaut unregelmäßig bezeichnet wird, ist diese Differenzierung schwer verfolgbar. Im Berner Schrifttum ist nur das Wort *stett* dafür belegt. Auch bei Luther ist der Umlaut im Pl. noch nicht restlos durchgedrungen.

Die sw. Pluralflexion ist ebenfalls selten. Konsequent setzt sie sich bei den Substantiven mit den Suffixen *-heit* und *-schaft* durch.

Der alte *u*-Stamm *hand* wird im Frnhd. im Pl. oft nach der *i*- Deklination flektiert. In der UK heißt der Dat. Pl. *henden*, in der KW hin und wieder *handen*. In der St. Gallener Urkundensprache des 14. Jh. sind die Formen *inhende* 'zu Hand', *mit vfgehabener hande, mit min selbs hande* belegt. Im BE kommen nicht selten im Pl. die nichtumgelauteten Formen vor: *manchir hande, von mynes vatir handen, mit handen, zuhanden*. Der Nom. Pl. *hande* steht neben dem Akk. Pl. *hende*. Bei Luther gibt es nur noch die umgelauteten Formen *hende, hend*.

4.4.2.2. *Schwache Deklination*

4.4.2.2.1. *Maskulina:*

Sg.			Pl.		
	Nom.	*Herre, Herr*		Nom.	*Herren, Herrn*
	Gen.	*Herren, Herrn*		Gen.	*herren, her(r)n*
	Dat.	*Herren, Herrn*		Dat.	*herren, hern*
	Akk.	*Herren, Herrn*		Akk.	*herren*

Deklinationsschwankung. Durch die *e*-Apokope im Nom. Sg. unterscheiden sich die schwachen Mask. nicht mehr von den starken (s. auch 4.4.2.1.1.). Dadurch wird der Übertritt in die st. Deklination begünstigt. Die Apokope ist im Obd. meist durchgeführt, tritt aber in omd. Texten erst ab 16. Jh. etwas häufiger auf. Luther verwendet häufig beide Formen: *Fürst* und *Fürste, hane* und *han, Herre* und *Herr, mensche* und *mensch.*

Eine Erscheinung beim Überwechseln zur st. Deklination zeigt sich in der Übernahme des Suffixes -*s* und im Aufkommen des Flexivs -*ens* im Gen. Sg. Die Mask., die zur st. Flexion überwechseln, lassen sich in folgende Gruppen gliedern:

1. die Singulariatantum, z. B. mhd. *aberёlle* > nhd. *April* (bei Ayrer steht noch der Gen. Sg. *aprilen*, bei Agricola und Mathesius aber der Dat. Sg. *april*); *Groll* (bei Geiler noch schwach); mhd. *lenze* > *Lenz* (selbst bei Wieland existiert noch der Dat. Sg. *Lenzen*); mhd. *meie* > nhd. *Mai* (sw. Formen sind bis ins 18. Jh. erhalten); mhd. *merze* > nhd. *März* (Dat. Sg. *Märzen* noch bei Wieland und Grillparzer belegt, st. Formen bestehen schon bei Opitz);

2. Mask. auf -*ere.* -*er*, z. B. mhd. *adelar, adler* > nhd. *Adler* (stark bereits bei Folz), *Geier* (stark bei Waldis), mhd. *junchêrre* > nhd. *Junker* (stark bei Pauli), mhd. *schiver, schivere* > nhd. *Schiefer* (schwach noch vereinzelt bei Mathesius);

3. Mask., die allmählich im Frnhd. das auslautende *n* im Nom. Sg. annehmen, z. B. mhd. *balke, boge, brunne, hâke*. Der Prozeß ist bis heute noch nicht abgeschlossen, vgl. *Glaube* und *Glauben, Wille* und *Willen. Buchstabe* und *Name* haben als einzige das *n* noch nicht angenommen. In den Casus obliqui unterscheiden sie sich nicht von den anderen schwachen Mask.;

4. Mask., die im Pl. den Umlaut annehmen, z. B. mhd. *han, hane* > nhd. *Hahn* (stark bei Pauli); mhd. *herzoge* > nhd. *Herzog* (stark schon in Urkunden von 1410); mhd. *kûze, kûz* > nhd. *Kauz* (schwach teilweise noch bei Goethe); mhd. *swan, swane* > nhd. *Schwan* (bei Boner schon stark, aber die sw. Formen halten sich bis ins 17. Jh.); mhd. *storch, storche* > nhd. *Storch* (stark seit dem 16. Jh.);

5. die Substantive mhd. *licham, lichame* > nhd. *Leichnam* und mhd. *stёrne* > nhd. *Stern*.

Einige Substantive werden zeitweise von der *a*-Deklination beeinflußt, z. B. mhd. *vürste* > nhd. *Fürst*, mhd. *grâve* > nhd. *Graf* und mhd. *hёrre* > nhd. *Herr*. Umgekehrt findet sich -*ens* im Gen. Sg. im Frnhd. (bis ins 18. Jh.) bei Substantiven, die das heute nicht mehr haben: *Lȯwens, mynschens*.

4.4.2.2.2. *Feminina:* Das folgende Paradigma zeigt, daß diese Substantive während des Frnhd. mit den *ô*-Stämmen zusammenfallen. Doch geht die Entwicklung langsam vor sich.

Sg.	Nom.	*kirche, kirch, kirchen*	Pl.	Nom.	*kirchen*
	Gen.	*kirchen, kirche, kirch*		Gen.	*kirchen*
	Dat.	*kirchen, kirche, kirch*		Dat.	*kirchen*
	Akk.	*kirchen, kirche, kirch*		Akk.	*kirchen*

Im Obd. herrschen noch im 16. Jh. die sw. Singularformen vor (*der seiten, kyrchen, frawen*), erst im 17. Jh. setzen sich allmählich im Akk. Sg., dann im Gen., Dat. Sg. die Formen ohne *n* durch; noch 1775 heißt es aber: *der thüren, die wochen*, dagegen *die kirche* (Akk. Sg.). In der UW enden Gen., Dat., Akk. Sg. auf -*en* oder -*in*, dagegen wird im Omd. hin und wieder im Akk. Sg., seltener im Dat. Sg., das *n* abgeworfen, z. B. Akk. Sg. *czunge, erde, husvrowe, kirche*. Luther gebraucht beide Singularformen nebeneinander, bei Müntzer herrscht noch schwache Flexion; sw. Formen gibt es noch bei den Fem., die im Mhd. stark und schwach flektiert werden: *erden, gruben, straßen*. Bisweilen erscheint *n* auch im Nom. Sg.: *erden, hütten, zungen*.

4.4.2.2.3. *Neutra:* Die Flexion der vier mhd. sw. Neutra *hёrze, ouge, ôre* und *wange* entwickelt sich so unterschiedlich, daß kein Paradigma für alle gegeben werden kann. Die folgende Übersicht soll die Entwicklung von mhd. *hёrze* charakterisieren.

Sg.	Nom.	*Hertz, Hertze*	Pl.	Nom.	*Hertzen, herze, herz*
	Gen.	*Hertzen, Hertzens, Hertzes*		Gen.	*Hertzen*
	Dat.	*herczen, Hertz*		Dat.	*Hertzen*
	Akk.	*herze, Hertz*		Akk.	*hertzen, hertz, hercze*

Die *e*-Apokope im Nom., Akk. Sg. setzt sich endgültig erst im 18. Jh. durch. Bei Opitz, Zesen und Weise stehen noch *hertze, herze* und *hertz, herz* nebeneinander. Das Flexiv *-ens* im Gen. Sg. tritt schon bei Sachs auf. Er verwendet daneben die alte Genitivform *herzen*. Opitz kennt nur den Gen. Sg. *herzens*. Die sw. Form *herzen* tritt danach nur noch vereinzelt auf, z. B. bei Weise. Starke Formen kommen wie im Mhd. auch im Nom., Akk. Pl. vor, z. B. im BE; im Dat. Sg. sind sie ganz selten.

Die *e*-Apokope bei mhd. *ôre* im Nom., Akk. Sg. setzt sich schon frühzeitig durch. Der Nom. Sg. *Ohre* kommt noch bei Michel v. Beheim, sehr selten bei Luther, Julius v. Braunschweig und bei Zesen vor. Die starken Singularformen begegnen ebenfalls schon im 15. Jh., sie stehen in dieser Zeit noch neben den schwachen. Der Dat. Sg. *oren* erscheint u. a. noch im Decameron (1460) und bei Folz; Luther kennt im Sg. nur st. Formen.

Mhd. *wange* ist noch im BE, bei Michel v. Beheim und Rothe Neutr., bei Luther schon Fem. Der Übertritt zum Fem. beginnt allmählich im 13. Jh.

Beispiele für die noch schwache Flexion einiger Substantive bringt das dritte Kapitel aus dem "Ackermann aus Böhmen" des Johannes von Saaz (um 1400), dessen älteste (erhalten gebliebene) Handschrift (1449) meist mitteldeutsche, aber auch einige oberdeutsche Merkmale enthält:

Der Ackerman

Ich bins genant ein ackerman, von vogelwat ist mein pflug, vnd wone in Behemer lande. Gehessig, widerwertig vnd widerstrebend sol ich euch immer wesen: wann ir habt mir den zwelften buchstaben, meiner freuden hort, aus dem alphabet gar freissamlichen enzucket; ir habt meiner wunnen lichte sumerblumen mir aus meines herzen anger jemerlich ausgereutet; ir habt mir meiner selden haft, mein auserwelte turteltauben arglistiglichen entfremdet: ir habt vnwiderbringlichen raub an mir getan! . . .

4.4.2.3. *Reste anderer Klassen*

4.4.2.3.1. *Verwandtschaftsbezeichnungen auf -er:*

Sg.	Nom.	*Bruder*
	Gen.	*bruder, Bruders, brudern*
	Dat.	*bruder, brudere, brudern*
	Akk.	*bruder, brudern*
Pl.	Nom.	*bruder, brudere, brüder, brüdere*
	Gen.	*brudere, bruder*
	Dat.	*bruderen, brudern, brüdern*
	Akk.	*brudere, bruder, Brüder, Brüdere*

Der unflektierte Sg. schwindet mehr und mehr. Dürer hat die Genitivformen *vaters* und *bruders*. In manchen Texten stehen noch unflektierte Formen neben flektierten, z. B. bei Michel v. Beheim *vater – vateres* (Gen. Sg.). Im Omd. des 14./15. Jh. überwiegen die unflektierten Formen; Folz, Eyb (15. Jh.) und Pauli (16. Jh.) deklinieren *vater* und *bruder* nach der *i*-Deklination.

Im Mhd. entwickelt sich im Sg. die sw. Flexion zuerst im Akk., später im Gen. und Dat. Sie ist im Frnhd. keine Seltenheit. Schwache Singularformen von *vater* sind u. a. bei Füeterer im 15. Jh., aber auch bei Opitz, Fleming, Gryphius, Dach, Hofmannswaldau im 17. Jh. belegt. Mathesius, Julius v. Braunschweig, Opitz, Fleming, Gryphius, Günter u. a. verwenden auch sw. Singularformen von *bruder*. Vereinzelt begegnet die Pl.-Form *vaters*, u. a. bei Müntzer.

4.4.2.3.2. *Partizipialstämme auf -nt:* Schon im Ahd. stirbt diese Deklinationsklasse weitgehend aus. Folglich herrschen im Frnhd. die flektierten Formen vor. Im Omd. des 14./15. Jh. und im Deutsch Böhmens gehören *vint (veint)* und *frunt (freunt)* meist schon zur *a*-Deklination, nur bei *frunt* überwiegen im Nom., Akk. Pl. die endungslosen Formen, da bei diesem Wort die Entwicklung langsamer vor sich geht. Luther verwendet bei beiden Wörtern die endungslosen Formen: Dat. Sg., Nom., Gen., Akk. Pl. *feynd*, Gen. Pl. *freund*.

4.4.2.3.3. *Mann und Nacht:* Mhd. *man* kann in allen Kasus endungslos sein; daneben gibt es Formen der *a*-Deklination. Im Frnhd. setzen sich die flektierten Formen immer mehr durch, außerdem breitet sich der *-er*-Plural aus.

In der KW existieren neben den endungslosen Formen *man* im Nom., Dat., Akk. Sg. Analogiebildungen zur *a*- und zur *n*-Deklination: Dat., Akk. Sg. und Nom., Akk. Pl. können *manne* lauten, außerdem besteht der Nom. Pl. *mannen*. Bei Dürer gleicht die Flexion dem Mhd., der Gen. Sg. lautet *mans*, der Dat. Pl. *manen*. Zwingli flektiert *man* im Sg. stark, verwendet im Akk. Pl. die Formen *man, mannen, menner*. Im Omd. des 14./15. Jh. sind die flektierten Formen bis auf den Nom., Akk. Pl. regelmäßig. Die alte Form *man* besteht, besonders nach Zahlenangaben, weiter (siehe Wendungen wie *zehn Mann*). Der *er*-Plural ist schon im Speyrer Urkundenbuch 1340 belegt: *sine kint und tochtermenre*. Luther flektiert *man, mans, man/Manne, man; menner, menner, mennern, menner*. Bei mhd. *naht* tritt die konsonantische Flexion im Mhd. nur noch in Resten auf. Infolgedessen begegnet sie auch im Frnhd. nur selten. Im Omd. des 14./15. Jh. ist der Sg. meist endungslos, auch der Pl. lautet meist *nacht: dri nacht, virczig nacht*. Dativformen wie *virzehen nachten* sind noch selten.

4.4.2.4. *Deklination der Fremdwörter und der fremden Eigennamen*

Die Fremdwörter und die fremden Eigennamen werden im Frnhd. noch oft wie in der Herkunftssprache dekliniert. Der Übergang zur deutschen Deklination geht nur zögernd vor sich. In der Egerer Kanzleisprache und auch bei Luther werden die Fremdwörter meist wie in der betreffenden Fremdsprache dekliniert: *des cantoris, herrn syndico* (Eger). Luther gebraucht den Nom. Sg. und zuweilen auch den Gen. Sg. der Fremdwörter endungslos, z.B. *des newen testament; Psalm* dekliniert er stark, *Apostel* stark und schwach. Auch die fremden Eigennamen haben bei ihm meist lat. oder griech. Endungen; allerdings verwendet er in den obliquen Kasus oft die Nominativendungen: *Christus, Moses, Paulus* (Gen. Sg.), *Johannes* (Akk. Sg.). Manchmal werden auch von ihm Fremdwörter wie dt. Wörter dekliniert: *evangelions* (Gen. Sg.), *evangelien* (Nom., Gen., Dat., Akk. Pl.) neben *evangeliis* (Dat. Pl.).

Zusammenfassung der wichtigsten Entwicklungen.[60] Zum synchronen Aspekt
Das Deklinationssystem der Substantive ist schon in ahd. und mhd. Zeit im Umbau begriffen. Im Frnhd. geht dieser Umbruch weiter. Lautgesetzliche Veränderungen, Wirkungen der Analogie und des Ausgleichs sowie die Tendenz zur schärferen Numerusunterscheidung führen mehr und mehr zu einem neuen, dem nhd. Deklinationssystem. An seiner Gestaltung haben auch Regelungen der Grammatiker mitgewirkt.

Drei Klassen der starken Deklination wie im Mhd. (siehe 3.5.2.4.) sind im Frnhd. nicht mehr unterscheidbar, da die Mask. und Neutr. zur Pluralbildung mit Suffix übergehen und die Feminina der Klasse 1 schon oft den Einheitsplural auf *-(e)n* anwenden.

In der Gegenwart wird oft nur der Sg. für die Einteilung in Deklinationstypen berücksichtigt. Danach unterscheiden wir drei Haupttypen: die starke Flexion (bei den Mask. und Neutr.: *Tag, Kind*), die schwache Flexion (bei den Mask.: *Bote*) und die unveränderliche Flexion (bei den Fem.: *Frau, Gabe*).

Bei der Pluralbildung unterscheiden wir folgende Typen:

Kennzeichen des Nom. Pl.	Maskulina	Neutra	Feminina
1. *-e*	*Tage*	*Dinge*	
2. *-e* mit Umlaut	*Höfe*		*Kräfte*
3. *-er*	*Leiber*	*Kinder*	
4. *-er* mit Umlaut	*Wälder*	*Lämmer*	
5. *-n*	*Boten*	*Augen*	*Gaben, Zeilen*

---

[60] Vgl. auch die Tafel 4 (im Anhang) zur Substantivdeklination.

6. -en	*Menschen*	*Betten*	*Frauen*
7. -n mit Umlaut	*Schäden*		
8. Umlaut	*Nägel*		*Mütter*
9. -s	*Vatis*	*Hotels*	*Muttis*
10. ohne Kennzeichen	*Reiter*	*Fenster*	

Am Ende der frnhd. Epoche ist dieses nhd. Deklinationssystem im wesentlichen zwar schon vorhanden, aber es ist noch nicht kodifiziert wie in unserer Zeit. Das gilt sogar noch bis weit ins 18. Jh. hinein. Erst um 1800 hat sich in der Substantivflexion die schriftsprachliche Norm gefestigt. Varianten treten zwar noch auf, z. B. bei Goethe (*seiner Frauen*, Gen. Sg.), sie spielen aber nur noch eine untergeordnete Rolle. Das gilt auch für den gegenwärtigen Sprachzustand.

4.4.2.5. *Zum Ersatz des Genitivs durch präpositionale Fügungen oder durch andere Kasus*

Die Tendenz, reine Kasus – vor allem den Genitiv – durch präpositionale Fügungen oder andere Kasus zu ersetzen, geht auf Grund der Abschwächung der Endsilben schon in ahd. Zeit vor sich, verstärkt sich im Frnhd. jedoch infolge der Veränderungen im Deklinationssystem während der mhd. und frnhd. Zeit. Der Zusammenfall von Genitiv-, Nominativ- und Akkusativformen hat das Aufkommen der präpositionalen Umschreibung zur Folge. In erstarrten Formen ist mancher Genitiv erhalten geblieben, z. B. *desgleichen, teils.*

Ein solcher Synkretismus vollzieht sich bei substantivierten Infinitiven, z. B. *nach manigfaltigen Fürbringen, Clagens, Anruffens* (Reichstagsabschiede 1466), bei alleinstehenden Substantiven, z. B. Genitivform in nominativischer oder akkusativischer Bedeutung ab 16. Jh., vgl. *das Zeugs, kein leids* (L), ferner bei Substantiven oder substantivierten Adjektiven mit Pronomen, z. B. *er hat seinesgleichen hinder sich gelassen* (L), und bei Pronomen, z. B. *es was niemans uf dem plan* (Apollonius 1496).

Der possessive Genitiv, z. B. *Frankono lant* 'das Land der Franken', *Swabe reht* (O), tritt u. a. bei ahd. *eigan* 'eigen', mhd., frnhd. *eigen* auf: *thes thiu scaf eiganiu ni sint* (T), *so würdest du des tiuvels gar und gar eigen* (Berthold). Noch im 16. Jh. ist dieser Genitiv nach *eigen sein* und *eigen werden* belegt: *derselbige mensch ist des todes eigen; die werden Christi eygen.*

Ahd. *filu*, mhd. *vil*, frnhd. *vil, viel* verlangt ursprünglich den partitiven Genitiv; *sinero degano filu* (HL) 'viele von seinen Kämpfern', *wunders vil* (NL); *ßouiel iamers* (L), *mit vil heyratgutes* (E). Jedoch kann im Mhd. schon ein anderer Kasus stehen: *zuo vil liuten* (WA); im Frnhd. wird das Substantiv, da *viel* jetzt dekliniert werden kann, mehr und mehr in den entsprechenden Kasus gesetzt: *mit vielen worten* (F). Auch bei *was* als Interrogativ-, Relativ- oder Indefinitpronomen steht im Mhd. und im Frnhd. der partitive Genitiv: *waz wunders in dêr wërlte vert* (mhd.); *ist dir was vnfals zu gestanden* (S).

Drückt *was* jedoch ein qualitatives Verhältnis aus, wird ein anderer Kasus verwendet: *waz wünne mac sich da genôzen zuo* (WA); *Was Uebel und Gewalt uns auch wird angethan* (OP).

Die präpositionale Umschreibung mit *von* ist schon im Tatian belegt: *So uuer so izzit fon thesemo brote.* Bei Luther steht: *Wer von diesem Brot essen wird;* diese Form geht aber auf die lat. Vorlage zurück. Ohne lat. Vorbild findet sie sich im Annolied: *dâ dir restit ein sulich menige van senti Mauriziin herige* 'wo eine solch(e) (große) Menge von Gefolge des Heiligen Moritz weilt'. In der Sächsischen Weltchronik (um 1248) stehen fast unmittelbar nebeneinander: *de grotere des huses* und *de grotere van deme hus.* Bei Meister Eckehart, A. v. Eyb und N. v. Wyle kommt die Umschreibung nicht vor, bei Luther, Fischart und Grimmelshausen ist sie selten. Bei Gryphius ist sie belegt: *eine offerte von seiner kron.*

Die Verwendung von *des* und *wes* als demonstratives Pronominaladverb (vgl. mhd. *des lâzet ir uns bîten* 'darauf laßt ihr uns warten') ist noch im Frnhd. gebräuchlich: *des musz ich in den schuldthurm* (S).

Der Genitivus objectivus, der im Mhd. gebräuchlich ist, kommt im Frnhd. noch vor: *Ich kenne euch, daß ihr nicht Gottes liebe in euch habt, in der hoffnung des ewigen lebens* (L).

Der ursprünglich übliche Genitiv bei Maßbezeichnungen, z.B. *dër was wol rosseloufes wît* (H), schwindet seit dem 15. Jh. mehr und mehr. So stehen bei Martin Luther nebeneinander der Genitiv (*einer quehrhand hoch*) und der Akkusativ des Maßes (*zwo ellen hoch*). Bei Grimmelshausen existiert noch der Genitiv: *einer Erbsen groß*.

Die folgende Übersicht soll den Wandel in der Rektion bei Verben, Adjektiven und Präpositionen in Umrissen zeigen.[61]

Genitiv	Andere reine Kasus oder präp. Kasus
L: *der gewalt brauchen*	G: *das sie ire zungen nit mögen brauchen*
NL: *diu küneginne eins suns was genësen*	L: *ob ich von dieser kranckheit genesen werde*
SB: *und genist si dar nach des kindes*	
Dekameron: *alle dise wort Toffano seiner eynfeltigen fursachunge nicht bekeren mochten.*	L: *er hatte grosze gnade das volk zu bekeren*
H: *ir spottent mîn âne nôt.*	L: *ey spotten sie mych denn alle.*
L: *der fasten spotten*	
Heliand: *fargâtun godes rikiês* 'sie vergaßen Gottes Reich'	L: *ich wil deinen befehl nimer mehr vergessen.*
H: *und vil gar vergâzen durch dës kindes minne dër zungen und dër sinne.*	
L: *der armen kloster nit vorgeß.*	
L: *das nicht mein feind rhüme, er sei mein mechtig worden.*	L: *mechtig . . . in falschen wundertzeichen*
T: *uuirdig ist thie vvurhto sines muoses* 'der Arbeiter ist seines Lohnes wert'	L: *wie solt sie davon zů etwas wirdig sein?*
K. v. Würzburg: *der ich nie leider wirdic wart.*	
L: *des tods wirdig.*	

Die Veränderung in der Rektion vollzieht sich u.a. außerdem bei folgenden Verben: *abkommen* (Gen. bis ins 18. Jh., Rollwagenbüchlein einmal refl. Akk.), *abstehen* (bei Luther schon mit *von* gebräuchlich), *ächten* (Gen. nur noch in Predigtliteratur des 13./14. Jh.), *bedürfen* (mhd. fast ausnahmslos Gen., Akk. jedoch schon bei Berthold), *begehren* (mhd. regelmäßig Gen., aber seit 13. Jh. Akk. vertreten), *beginnen* (Gen. bis ins 15. Jh.), *darben* (Gen. nur noch im SB), *entbehren* (Akk. schon bei Berthold), *fehlen, verfehlen* (frnhd. noch Gen.), *forschen* (Gen. nur noch im SB), *mangeln, meiden* (Gen. in Resten noch bei Luther), *missen, vermissen* (letztmalig Gen. bei Mystikern, die aber auch schon den Akk. verwenden), *schonen* (seit dem 15. Jh. mit Akk.), *verleugnen* (Akk. im Mhd. selten, verdrängt jedoch seit dem 16. Jh. den Gen.), *weigern* (Gen. nur noch im SB), *wünschen* (Gen. schwindet im 13./14. Jh.).

Folgende Adjektive werden u.a. von dieser Entwicklung betroffen: *bereit* (Präp. bei Luther), *besessen* (Präp. bei Luther), *empfänglich* (Gen. noch bei Schiller), *erfahren, frei* (Präp. schon im Mhd.), *fähig* (Inf. mit *zu* bei Lessing), *geizig* (Gen. noch bei Goethe, Präp. bei Lessing), *geübt, gewahr* (Akk. verdrängt Gen. bis ins 18. Jh.), *gewaltig* (Präp. schon bei N), *gewohnt, habhaft* (Präp. bei J. Böhme), *hungrig* (Präp. bei J. Pauli), *ledig* (Präp. bei Luther), *los* (Präp. schon bei Luther), *müde* (Präp. bei Luther), *rein* (Präp. schon im Mhd.), *satt* (Gen. bei Schiller, Akk. bei Lessing), *überdrüssig* (Inf. bei Eberlin v. Günzburg belegt, Akk. seit 18. Jh.), *überzeugt.* (Vgl. BEHAGHEL I, 1923, 479ff., 485,

---

[61] Die hier aufgeführten Beispiele stellen nicht den jeweils ersten Beleg für die betreffende Verwendung des Wortes dar.

552, 559f.; Erben 1954, 33, 41, 68, 79, 93, 101; Franke III, 1922, 97ff., 140, 181; Paul III, 1919, 286f., 298ff.; Paul 1989, 301, §219; Rausch 1897, 25ff., 50ff., 59ff.; Wunderlich/Reis II, 1925, 111ff., 142, 166ff.; Fischer 1987, 276f., 279f., 284ff.; Fischer 1991, 288, 292 u. ö.)

4.4.3. Das Adjektiv

Auch im Bereich des Adjektivs treten in frnhd. Zeit zahlreiche Veränderungen ein. Sie betreffen vor allem die Deklination, zeigen sich aber auch im Bereich der Wortbildung und Wortbedeutung.

Die mhd. *jaljô-* und *walwô*-Stämme gehen – auf Grund der Apokope oder des Anhängens von Suffixen – allmählich in die *alô*-Stämme ein, so daß es keine Flexionsklassen mehr gibt. Von etwa 125 mhd. *jaljô*-Stämmen existieren im Nhd. noch 45 im gleichen oder ähnlichen Lautkomplex weiter, wobei lediglich der normale Lautwandel (Diphthongierung, Apokope usw.) auftritt, z. B. *milte > mild, rîche > reich*, andere sind untergegangen, z. B. *mære*.

Im Bereich der Wortbildung treten einige Suffixe seit frnhd. Zeit besonders häufig auf, z. B. *-bar* (mhd. *brûche* – nhd. *brauchbar*), *-haft* (mhd. *lüge* – nhd. *lügenhaft*), *-ig* (mhd. *einöuge* – nhd. *einäugig*), *-lich* (mhd. *smæhe* – nhd. *schmählich*), *-sam* (mhd. *gebouge* – nhd. *biegsam*). Einige Adjektive werden durch das Part. Präs. ersetzt (mhd. *widerstrebe* – nhd. *widerstrebend*). Diese Veränderungen haben auch Auswirkungen auf die Zugehörigkeit der Adjektive zu verschiedenen Deklinationsklassen.

Dabei übernehmen die Suffixe mehr und mehr die Funktion der Bedeutungsdifferenzierung. So soll z. B. größere Eindeutigkeit durch Verschiebung innerhalb des Adjektivtyps auf *-bar* erreicht werden. Im Mhd. hat *-bar* sehr unterschiedliche Bedeutungen: *klagebære* 'Klage von sich gebend, beklagenswert'; *gruozbære* 'einen Gruß bringend, zu grüßen verpflichtet'; *eselbære* 'sich wie ein Esel benehmend'. Im Mhd. festigt und erweitert sich vor allem die passivisch-potentielle Bedeutung. Daher wird *-bar*, wenn es eine andere Bedeutung hat, durch andere Suffixe ersetzt: mhd. *giftbære* – nhd. *giftig*, mhd. *schadebære* – nhd. *schädlich*, mhd. *wahtbære* – nhd. *wachsam*. Das Suffix *-bar* tritt deshalb auch für andere Suffixe ein, wenn Passivisch-Potentielles bezeichnet werden soll:
mhd. *brûche* – nhd. *brauchbar*, mhd. *spaltec* – nhd. *spaltbar*, mhd. *erkennelîch* – nhd. *erkennbar*, mhd. *zalehaft* – nhd. *zählbar*, mhd. *unteilsam* – nhd. *unteilbar* (vgl. Hotzenköcherle 1962, 324ff.).

4.4.3.1. *Deklination*

Es werden starke, schwache und flexionslose Formen verwendet. Nach einem Wort mit starker Flexionsendung kann auch die st. Form stehen: *der genantir lerer* (R), *ze ainer gantzzer warheit* (St. Gallen), *der vordampter, hochmutiger, schalckhafftiger heide* (L). Auch die schwache Flexion ist nach st. flektiertem Wort (bestimmter Artikel, unbestimmter Artikel im Gen., Dat. Sg.) gebräuchlich: *der Judischen Brief* (Prag), *eynes edeln fursten* (Erfurt). Nach *ein* (Nom. Sg.) können noch im 15. Jh. starke und schwache Formen verwendet werden, die starken im Omd. und Ostobd. – die also den nhd. Stand eher erreicht haben –, die schwachen im Wmd. und Westobd. Die flexionslose Form ist, vor allem im Nom. Sg. – besonders im Neutrum –, auch im attributiven Gebrauch möglich: *neüw rathsbuch* (St. Gallen), *ein gut werck*, Akk. Sg. *groß krieg und hadder* (L), Nom. Pl. *di swanger frauwen* (vgl. Hartweg/Wegera 1989, 130ff.; Penzl 1984, 100f.; Philipp 1980, 83ff.; Besch 1967, 291; Grammatik des Frühneuhochdeutschen VI, 1991, 54ff.)

4.4.3.1.1. *Starke Deklination:*

		Maskulinum	Neutrum	Femininum
Sg.	Nom.	*gut, guter*	*gut, gutes, guts*	*gut, gute*
	Gen.	*gutes, guts, guten*		*guter*
	Dat.	*gutem, guteme*		*guter, gutere*
	Akk.	*guten*	*gut, gutes, guts*	*gut, gute, guten*
Pl.	Nom.		*gute, gut, gůti*	
	Gen.		*guter*	
	Dat.		*guten*	
	Akk.		*gute, gut, gůti*	

Die *e*-Apokope setzt sich hauptsächlich in der Grundform der *jaljô*-Adejektive infolge Angleichs an die *aljô*-Stämme durch. Bei Dürer ist sie vollständig durchgeführt, bei Luther verschwindet sie allmählich.

Im Nom., Akk. Pl. und Nom. Sg. Fem. ist die Apokope seltener. Im Omd. tritt sie gelegentlich auf, im Obd. ist sie seit dem 16. Jh. die Regel. (1595 *genugsam bürgen*, um 1600 *durch erliche fridliebendt personen*). Bei Luther überwiegen die vollen Formen.

Im Nom. Sg. Fem., besonders im Nom., Akk. Pl. Neutr. setzt sich die Apokope kaum durch. Das liegt daran, daß die Endung *-iu*, die ursprünglich für diese Kasus galt, später als andere Endungen abgeschwächt wurde. Im Md. hat sich die volle Endung im Dat. Sg. Mask. und Neutr., die schon beim Übergang vom Ahd. zum Mhd. zu *-em* verkürzt wurde, größtenteils erhalten: *grozime, edeleme* (BE), erscheint aber nicht mehr bei Luther (*eygenem*). Dafür wird *e* häufig synkopiert: *schome, rechtme* (BE), *silberm* (L).

e in Nebensilben erscheint in omd. Denkmälern zu *i* gehoben. Das gilt nicht nur für die st. Deklination (siehe 4.3.1.11.).

4.4.3.1.2. *Schwache Deklination:*

		Maskulinum	Neutrum	Femininum
Sg.	Nom.	*gute, gut*	*gute, gut*	*gute, gut*
	Gen.	*guten*	*guten*	*guten*
	Dat.	*guten*	*guten*	*guten*
	Akk.	*guten*	*gute, gut*	*gute, guten, gut*

Der Pl. lautet in allen Kasus meist *guten*, im Nom. Akk. Pl. sind die Formen *gut, gute* möglich.

Die Flexion gleicht – wie im Mhd. – der sw. Deklination des Substantivs bis auf den Akk. Sg. Fem., dessen Endung *-en* bis ins 16. Jh. noch vorkommt. In der UW sind die *en*-Formen noch die häufigeren (*di vorgenanten stat*), im Omd. überwiegen schon die *e*-Formen (*di gute stat* neben *dy ewigen pine*), in Bern sind die *en*-Formen zu Beginn des 16. Jh. fast völlig verdrängt. Luther verwendet bis gegen 1540 die mhd. Form noch häufiger (*die heyligen schrift*), Opitz gebraucht sie im Buch von der deutschen Poeterey nicht mehr.

Endungslose Formen im Nom., Akk. Sg. Fem./Neutr. und im Nom. Sg. Mask. treten im Obd. im wesentlichen bis zur 2. Hälfte des 17. Jh. auf (*die alt buß* neben *die alte buß*, *das nützlich und erspriesliche seidengewerb, der allmechtig Gott* neben *der allmechtige Gott*). Diese endungslosen Formen sind auch in anderen Kasus belegt, z. B. zeigen sie sich im BE im Nom. Sg. aller Geschlechter, beim Neutr. auch im Akk. (*eyn gerecht richter, eyn war licht, eyn groz schar*), bei Luther im Nom., Akk. Sg. Neutr. (*kein lebendig Auge*) und im Nom. Sg. Mask. (*ein gros man*).

Die Numerusdifferenzierung tritt also – im Gegensatz zur Substantivflexion – wenig in Erscheinung.

4.4.3.2. *Komparation*

Der Komparativ endet auf *-er, -ir* (nach *r* treten häufig Synkope und Apokope auf, so daß die Formen dem Positiv gleichen: *dester sicher*), der Superlativ auf *-est, -ist. -st*, im Alem. besonders im gehobenen Stil auf *-ost* (*gnädigost*). Bei einigen – meist einsilbigen – Adjektiven ist Umlaut möglich.

Folgende Suppletivbildungen sind noch gebräuchlich:

gut	*besser, bas*	*best, beste*
gross, michel	*mer, merer*	*meist*
lützel	*minner*	*minnest*

4.4.3.3. *Adjektivadverbien*

Die Bildung geschieht zunächst – wie im Mhd. – durch Anhängen eines *-e*: *weyte, lange* (KW), das häufig im Obd., ab 14. Jh. auch im Md. apokopiert wird, z. B. *starck* (Dürer), *snelle – snel* (BE).

Adverbien auf *-lich, -liche, -lichen* treten noch häufig, aber seltener als im Mhd. auf: *gemeinlichen* (KW), *snelliche* (BE), *vngeuherlich* (Eger). Oft ist *-lich* mit einem anderen Suffix verbunden: *williglich, gehorsamlich*. *-liche* geht auf Grund der Apokope im 13./14. Jh. zurück, von den anderen beiden Varianten verdrängt *-lich* im 15./16. Jh. den Konkurrenten *-lichen*. Spätere *-lichen*-Bildungen sind meist bewußt eingesetzte Archaismen wie *herzlichen* bei Goethe. Im beginnenden 19. Jh. geht auch *-lich* als Suffix, das ausschließlich das Adverb bezeichnet, unter (noch bei Uhland belegt: *sänftlich*). Die Endung *-en*, besonders in den östlichen Mundarten gebräuchlich (*daselbsten*, Eger), tritt mit der Ausbreitung der Apokope zurück. Schon im 13. Jh. steht die Nominalform des Adjektivs in adverbialer Funktion, und in der zweiten Hälfte des Frnhd. sind keine besonderen Adverbformen belegt.

fast und *schon* fungieren bis ins frühe 16. Jh. als Adverbien zu den Adjektiven *fest* und *schön*, treten aber ab späterem 16. Jh. nur noch in neuer Bedeutung, die sich seit dem 12./13. Jh. anbahnt, auf.

Auch bei Adverbien, die im Alem. vom Komparativ gebildet werden, unterbleibt meist der Umlaut (*hoher*). Hier finden sich sogar Reste der ahd. Komparativbildung auf *-ôr*, bei denen jedoch *r* apokopiert wurde (*füro*, spr. *füro* 'fernerhin').

Das Adverb zu *gut* lautet noch *wol*, bis dieses im 16. Jh. mehr und mehr die Funktion eines Modalwortes übernimmt. Der Komparativ von *gut* heißt *baz, bas*, der im 15./16. Jh. durch *besser* ersetzt wird.

dicke 'oft' ist im 15./16. Jh. noch häufig belegt, geht im 17. Jh. stark zurück. Noch im 18. Jh. tritt es vereinzelt auf: *oft und dicke* (Wieland). (Vgl. PAUL V, 1920, 105f.; PARASCHKEWOFF 1967; PENZL 1984, 101, 121.)

Besonderheiten der frnhd. Adjektivflexion und der Bildung von Adjektivadverbien illustriert das zweite Kapitel aus dem "Ackermann aus Böhmen" des Johannes von Saaz:

Der Tot

Horet, horet, horet newe wunder! Grausam vnd vngehorte teidinge fechten vns an. Von wem die kumen, das ist vns zumale fremde. Doch drowens, fluchens, zetergeschreies, hendewindens vnd allerlei angeratung sein wir allen enden vnz her wol genesen. Dannoch, sun, wer du bist, melde dich vnd lautmere, was dir leides von vns widerfaren sei, darvmb du vns so vnzimlich handelst, des wir vormals vngewonet sein, allein wir doch manigen kunstenreichen, edeln, schonen, mechtigen vnd heftigen leuten sere vber den rein haben gegraset, davon witwen vnd weisen, landen vnd leuten leides genugelich ist geschehen. Du tust den geleich, als dir ernst sei vnd dich not swerlich betwinge. Dein klage ist one done vnd reime; davon wir prufen, du wellest durch donens vnd reimens willen deinem sinn nicht entweichen. Bistu aber tobend, wutend, twalmig oder anderswo one sinne, so verzeuch vnd enthalt vnd bis nicht zu snelle so swerlich zu fluchen den worten, das du nicht bekummert werdest mit afterrewe. Wene nicht, das du vnser herliche vnd gewaltige macht immer mugest geswechen. Dannoch nenne dich vnd versweig nicht, welcherlei sachen dir sei von vns so twenglicher gewalt begegnet. Rechtfertig wellen wir werden, rechtfertig ist vnser geferte. Wir wissen nicht, wes du vns so frevelich zeihest.

4.4.4. **Das Pronomen**

Wie im Mhd. werden drei Flexionsklassen unterschieden:
1. die von der substantivischen und der adjektivischen Deklination völlig abweichenden ungeschlechtigen Pronomen;
2. die geschlechtigen Pronomen, deren Flexion mit der substantivischen zwar verwandt ist, sich aber durch eine meist volle Endung unterscheidet;
3. die ursprünglichen Adjektive und Substantive, die ihre Flexion der pronominalen angenähert haben, die Pronominaladjektive und -substantive.

4.4.4.1. *Personalpronomen*

4.4.4.1.1. *Ungeschlechtige Pronomen:*

		1. Person	2. Person
Sg.	Nom.	*ich*	*du*
	Gen.	*mein, meiner, meinen*	*dein, deiner, deinen*
	Dat.	*mir, mi*	*dir, di*
	Akk.	*mich*	*dich*
Pl.	Nom.	*wir, wi*	*ir*
	Gen.	*uns, unser, unsrer, unserer*	*ewer, ewerer*
	Dat.	*uns*	*eu. euch*
	Akk.	*uns*	*euch, eu*

Der Gen. Sg. lautet bei Luther meist *mein, dein (erbarm dich mein)*, selten *deiner (erbarme sich deiner)*. *mîner*, zuerst im Md. belegt, tritt ab 14./15. Jh. öfter auf, auch wenn während des Frnhd. die Kurzformen *mein, dein* die häufigeren sind. Schottelius läßt *meiner, deiner – sein, mein* gelten. Die Formen *meiner, deiner* sind sicher nach dem Muster *unser, ewer* gebildet.
r-lose Formen *mi, di, wi* gibt es vereinzelt, u.a. im Westthüringischen.
  Der Formenausgleich Dat.-Akk. in der 1. P. Pl. vollzieht sich im Frmhd., in der 2. P. Pl. in der 2. Hälfte des 13. Jh.
  Im Bair. werden bis heute Dualformen gebraucht. Sie gelten dann durchgängig für die 2. P. Pl.: Nom. *ez* und Dat., Akk. *enk* (mit Possessivpronomen *enker*). Von Dürer werden sie nicht verwendet.

4.4.4.1.2. *Geschlechtige Pronomen:*

		Mask.	Neutr.	Fem.
Sg.	Nom.	*er, he, her*	*es, iz*	*sie, sü*
	Gen.	*sein, seiner, seinen*	*es. sein, seiner, seinen*	*ir, irer, iren, ire, irs, iro*
	Dat.	*ime, im*	*ime, im*	*ir, ire, iro, iren*
	Akk.	*in, ine, inen*	*es, iz*	*sie, sü*
Pl.	Nom.		*sie, sü*	
	Gen.		*ir, irer, iren, ire, iro*	
	Dat.		*in, inen*	
	Akk.		*sie, sü*	

er ist ursprünglich obd., *he* nd. und md., die Kreuzungsform *her* md. Der Formenausgleich mhd. *siu* (Nom. Sg. Fem.; Nom., Akk. Pl. Neutr.) und *sie* (Akk. Sg. Fem.; Nom., Akk. Pl. Mask. und Fem.) beginnt bereits während des Ahd., setzt sich im Mhd. fort und ist im Frnhd. abgeschlossen.
  Im Omd. stehen *sin* und *siner*, auch *ir* und *irir (irer, irre)* nebeneinander.
  Die Dativformen *ihme* (< mhd. *im(e)*) und als Analogiebildung der Akk. Sg. *ihne* breiten sich im 16. Jh. aus; noch bei J. Rist stehen *ihme* und *ihm*. In obd. Urkunden sind diese Formen bis gegen 1800 belegt. Im Md. lautet der Dat. Sg. häufig *ome, eme*, der Akk. Sg. *on, en*. Im Obd. tritt die Apokope öfter als im Md. ein.

Der Dat. Pl. *inen* für *in* tritt im 12. Jh. vereinzelt auf, breitet sich seit dem 13. Jh. vom Alem. her aus. Er setzt sich im Omd. seit Ende des 15. Jh. durch. Luther und Müntzer verwenden noch beide Formen, später überwiegt bei Luther *inen*.

sin verdrängt *es* im Gen. Sg. Mask. eher als im Gen. Sg. Neutr. Doch geschieht beides während des Mhd. Bis ins 16. und 17. Jh. findet sich neben der neueren Form *sin* das alte Wort *es* im Gen. Sg. Neutr., während der Gen. Sg. Mask. einheitlich *sin, siner, seiner* lautet: *laß dichs jamern* (L). Nom., Akk. Sg. Fem. und Nom., Akk. Pl. *su, sù* (spr. *sü*) tritt hauptsächlich in alem. Werken, gelegentlich im Omd. auf.

4.4.4.2. *Reflexivpronomen*

		Mask. Neutr.	Fem.	Pl.
Sg.	Gen.	*sein, seiner,* *seinen, seines*	*ir, ihrer,* *ihres*	*ir, ihrer, ihres*
	Dat.	*ime, im; sich*	*ir; sich*	*in, ihnen; sich*
	Akk.	*sich*	*sich*	*sich*

Der Dat. des Reflexivpronomens fehlt meist, er wird dann durch den Dat. des Personalpronomens ersetzt: *Niemandt will hoffart gegen ym ertzeyget haben; (sie) Nemen yhn die freiheit.* Erst im 16. Jh. dringt *sich* – wie früher im Nd. – vom Akk. in den Dat. ein: Vereinzelt steht bei Luther: *zu sich, mit sich.* Der Dat. des Personalpronomens wird aber bis ins 18. Jh. noch oft verwendet: *das Interim hat den Schalk hinter ihm* (Goethe).

4.4.4.3. *Possessivpronomen*

Die Flexion entspricht der st. Adjektivdeklination. Im Nom. Sg. Fem. setzt sich schon im älteren Frnhd. das Endungs-*e* durch.

		Mask.	Neutr.	Fem.
Sg.	Nom.	*mein, meiner*	*mein, meines*	*mein, meine*
	Gen.	*meines, meins*	*meines, meins*	*meiner, meinr*
	Dat.	*meime, mein, meinem*	*meime, mein, meinem*	*meiner*
	Akk.	*meinen, mein*	*mein*	*meine, mein*
Pl.	Nom.	*meine, mein (minü)*		
	Gen.	*meiner, meinen (minr, mirn)*		
	Dat.	*meinen, mein*		
	Akk.	*meine, mein (minü)*		

Neben dem adjektivischen ist auch substantivischer Gebrauch möglich: *das er zů dem sinne lŏffen müssti* 'daß er zu dem Seinigen laufen mußte' (St. Gallener Urkundensprache des 14. Jh.).

Im Unterschied zu *uwer, ewr*, die nur in den vollen Formen vorkommen, existieren von *unser* im Nd., im Md. und in der KW die Kurzformen *unse* (Nom. Sg. und Nom. Pl. Mask.), *unsem, unsen, unseme, unsme, unsim* (Dat. Sg.), *unsis* (Gen. Sg.), *unse, unsen, unsin* (Akk. Sg.).

Im Vogtländ., Mainfränk., Erzgebirg. und Nordböhm. gibt es die wohl mundartliche Form *unnser* (< *unsre* < *unre*) und die sicherlich daraus entstandene urkundensprachliche Form *under*.

Für die 3. P. Sg. Fem. und die 3. P. Pl., für deren Possessivum im Ahd. und Mhd. die Genitivform des Personalpronomens benutzt wurde (ahd. *ira, iro* > mhd. *ir*), bildet sich verstärkt seit dem 14. Jh. das adjektivisch deklinierte Possessivpronomen heraus. In der KW, in der St. Gallener und Berner Kanzleisprache tritt häufig die Form *ir* auf, die jedoch auch durch Synkope entstanden sein kann: *mit ir iǎrlichen zinsen* (St. Gallen), neben der nur im Alem. noch vorkommenden Form *mit allen iro gůtern*, daneben *mit allen irn gůtern.* Luther verwendet diese Kurzform selten: *yhr mund* (Akk. Sg.) neben *yhren vordienten lohn.* Er sagt sogar: *jrer Schutz* (Nom. Sg.).

Im Alem. enden Nom., Akk. Pl. häufig auf *i* bzw. *ù* (spr. *ü*).

Häufig treten Synkope und Apokope auf: Gen. Pl. *sinr nachkommen* (St. Gallen), Nom., Akk. Pl. *unßer oren* (L).

4.4.4.4. *Demonstrativpronomen, bestimmter Artikel und Relativpronomen*

		Maskulinum	Neutrum	Femininum
Sg.	Nom.	*der, de, di, die*	*daz, das*	*di, die, diu, dew*
	Gen.		*des, dez, desse,*	*der, deren, derer,*
			desses, dessen	*dero, dere*
	Dat.		*deme, dem*	*der, deren, derer,*
				dero, dere
	Akk.	*den, denen*	*daz, das*	*di, die, deu*
Pl.	Nom.		*di, die, diu, dew*	
	Gen.		*der, derer, dere, dero, deren*	
	Dat.		*den, dien, dene, denon, denen*	
	Akk.		*di, die, dy, diu, dew*	

Der Ausgleich Nom., Akk. Sg. Fem. *diu – die* war im 13. Jh. bereits in allen Mundarten bis auf das Bair. und Alem. vor sich gegangen, die Angleichung von Nom., Akk. Pl. Mask., Fem. und Nom., Akk. Pl. Neutr. hatte sich im Alem., Ostfränk. und Md. vollzogen.

Erweiterungen treten seit der zweiten Hälfte des 15. Jh., hauptsächlich aber im 17. Jh., im Akk. Sg. Mask. und im Gen. Dat. Pl. auf: *dz ich allein denen angreyffe* (L); *aller dero die; derer schulden; deren; von denon die; denen armen* (St. Gallen); *dere Seelen; in denen Bucher* (L). Wahrscheinlich handelt es sich um Analogiebildungen: *denen* wurde zu der im 12. Jh. aufgekommenen Form *inen* gebildet; nach diesem Muster sind vielleicht *des* zu *dessen* und *der* zu *deren* erweitert. Es wird allerdings auch Einfluß der funktionsverwandten Fügung *des-/derselben* oder von negierten Wendungen (mhd. *dës enwas niht, dër enwas niht*) vermutet, *derer* ist wohl eine Analogie zu *aller*. Ein Streben nach Verdeutlichung der Kasusbezeichnungen wird als Ursache angenommen.

dessen (hauptsächlich im substantivischen Gebrauch) kommt im 16. Jh. auf.

Die nichtapokopierte Form *deme* hält sich bis zum Ende des 18. Jh.

Eine gewisse Sonderstellung innerhalb der Demonstrativpronomen nimmt *selb* ein. Es wird adverbial und adjektivisch gebraucht. Starke und schwache Adjektivdeklination sind möglich. Die mhd. sw. ursprüngliche Nominativform *selb* ist bei Luther noch erhalten: *seines selb seele*. Die Formen *selber* (Nom. Sg. Mask. und Gen. Dat. Sg. Fem. und Gen. Pl.) und *selbis, selbs* (Gen. Sg. Mask./Neutr.) existieren schon im Omd. u. a. in der UW (*da ez selber an trit*), im BE (Akk. Sg. *unz selbis*; Dat. Sg. *ime selbir*) und bei Luther (*der teuffel selbs; von jm selber*).

Das Relativpronomen kann fehlen. Bei Luther steht: *den ersten fisch du fehist* 'den ersten Fisch, den du fängst'. Ebenso steht bei ihm noch selten das Relativpronomen *wer, was* anstelle des älteren *der, das*: *alles was der keuschheit furderlich ist*. Bezeichnender für ihn ist der Satz: *erkennet heute, das ewr Kinder nicht wissen*. Als Relativpronomen können auch *der, da, welcher, so* sowie (selten) *und* stehen. (Siehe auch 4.5.3.2.)

Das zusammengesetzte Demonstrativpronomen

		Mask.	Neutr.	Fem.
Sg.	Nom.	*dirre, dir, dise,*	*diz, dis, dit,*	*dis, dise, disü*
		diser	*dises*	
	Gen.	*dises, dis, ditz*		*dirre, dir, diser*
	Dat.	*disem, diseme, disme*		*dirre, dir, diser*
	Akk.	*disen*	*diz, dis, dit,*	*dirre, dise, diß,*
			dises	*disü*
Pl.	Nom.		*dise, dis*	
	Gen.		*dirre, dir; dise, diser*	
	Dat.		*disen*	
	Akk.		*dise, dis, disü*	

Nom. Sg. Mask. und Gen., Dat. Sg. Fem. lauteten im Mhd. *dirre* und *diser; dirre* und *diz* gingen zu Beginn des 16. Jh. unter.

Im Omd. herrschen die Nebenformen *desir, desis, desim, desin* sowie gerundete Formen *dus, dut* usw.

4.4.4.5. *Interrogativpronomen*

Nom.		*wer, we, wi*	*waz, was*
Gen.		*wes, wessen*	
Dat.		*weme, wem*	
Akk.		*wen*	*waz, was*

Neben *wer, was* tritt im 14. Jh. noch die Zusammensetzung *swer, swaz* auf, für St. Gallen (*swer* 'wer immer' *das mort tût*) und für die UW sind sie angegeben.

Die Form *wessen* ist seit dem 16. Jh. belegt.

welch, welich und *solch, solich* (< *we-lich, so-lich*) werden seltener verwendet. Sie werden adjektivisch gebraucht.

4.4.4.6. *Indefinitpronomen*

ein (ain), kein (kain), al, ander werden substantivisch und adjektivisch gebraucht. *ein (ain)* und *kein (kain)* werden nach der st. Adjektivflexion, *ander* und *ein* auch nach der sw. Adjektivflexion dekliniert.

ieman (iemant, iemand, ymand), nieman (niemant, niemand, nymand) und *nicht* werden als Pronominalsubstantive bezeichnet.

ein (eyn, ain) kann Zahlwort, Indefinitpron. und unbestimmter Artikel sein. Als sw. dekliniertes Adjektiv hat es die Bedeutung 'allein'. In St. Gallen gelten noch die Formen Nom. Sg. Fem. *aini*, Nom. Sg. Neutr. *ainez* im substantivischen Gebrauch, in adjektivischer Verwendung steht *ain (ain man, ain frowe)*. Auch im Omd. stehen Nom. Sg. Mask. *keiner – kein*, Akk. Sg. Neutr. *keins, keinz* im substantivischen Gebrauch.

kein (dhein, ichein, idechein, ikein) hat die Bedeutung 'irgendwer, irgendein' meist aufgegeben. Doppelte Verneinung tritt noch häufig auf: *Es sol och nieman kain vnsûber lied singen* (St. Gallen); *Hier halff kein Adel nicht* (OP), r-Abfall und Synkope kommen vor beim Nom. Sg. Mask. *aine*, beim Gen. Sg. Mask./Neutr. *ains* (St. Gallen), beim Dat. Sg. Mask./Neutr. *eym* (L). *al* tritt häufig endungslos in den Formen *al* und *alle* (besonders im Md.) auf im Gen. Pl. *alle irre vordern* (UW), im Akk. Sg. *alle dinge* (L), *alle dem volke* 'dem ganzen Volk' (BE). In der Flexion überwiegen die st. Formen.

Die Flexion von *iemant* und *niemant* (Nom.) lautet im BE: *nymandis, nymans* (Gen. Sg.); *imande, ymande, iemanne; nimande, nymande* (Dat. Sg.); *imande, ymandis, nymant, nimande, nymande, nymandis, niemannin* (Akk. Sg.). Bei Luther lauten Gen., Dat. Sg. *jemands, jemand* (selten *jemande*).

Mhd. *niht* wurde durch das bereits im 13. Jh. vorhandene *nihtes* (Gen. Sg.) im 14. Jh. verdrängt. Luther verwendet *nicht* und *nichts*; ersteres kann bei ihm auch 'nichts' bedeuten: *pfertt vnd wagen geben nicht auff den furman*. Meist stehen bei ihm die unflektierten Formen: *mit nicht, zunicht*. Daneben werden seltener flektierte Formen verwendet: *mit nichte, mit nichten*. Der Akk. wird meist adverbial gebraucht: *nicht*.

Mhd. *iht* 'irgend etwas' steht bei Luther noch neben häufigerem *etwas*: *vormag nit auß nicht machen icht* 'vermag nicht, aus nichts irgend etwas zu machen'.

Zusammensetzungen mit *ete-/etes-*: Verwendet werden *etwaz (etteswaz, ettzewaz, etwaß, etwas); etiswanne, ettiswenne, etwenne* 'zuweilen, manchmal'; *etliche; itlich, ittslich* (Dürer).

Zusammensetzungen mit *sum-* tauchen nur noch ganz selten auf: *sumeliche* 'einige' (BE).

Zusammensetzungen mit *ie-* erhalten eine ähnliche Bedeutung wie diejenigen mit *ete-* und werden zum Teil durch sie verdrängt: *iclich, iczlich, idoch (iedoch), idermann (iderman)*.

4.4.5. **Das Numerale**

4.4.5.1. *Kardinalzahlen*

ein kann auch unbestimmter Artikel sein. *vir (vier, vyer), fünf (funf, fumf), sechs (sehs),
siben (sieben, sibun, seben, sebin), acht (echt), newn (nun, nün), zehen (zcen, czen, zehn),
eilf (eylff, einlef, ainlof, elf), zwelf (czwelf)* stehen unflektiert oder werden in substantivischem Gebrauch adjektivisch dekliniert: *die neune, der Zwelffen einer* (L).

Im 15. Jh. überwiegt *zwene* in md. Texten, *zwen* in obd. Bei Luther steht meist *zwen*,
selten *zwene*. Im 16./17. Jh. herrscht *zwen* vor. Im Fem. existieren – besonders im Md. –
die Gen.-, Dat.-Formen *zwoer, zwoen*. Flexionslosigkeit ist im Md. seit dem 13./14. Jh.
festzustellen und herrscht im 16. Jh. bereits vor. Im Obd. und Wmd. setzt sie sich seit
dem 16. Jh. durch: *vor zwo Stunden* (Faustbuch).

Die Genusunterschiede bei *zwei* schwinden seit dem Mhd., im Frnhd. ist der Ausgleichsprozeß im Md. seit dem 14./15. Jh. festzustellen, im Obd. erst seit dem 17. Jh. Das
neutrale *zwei* setzt sich im Mask. und Fem. durch. Andererseits fordert Gottsched noch
die Unterscheidung zwischen *zween, zwo, zwei*.

Beim Zahlwort *drei* sind Geschlechtsunterschiede im Frnhd. nur noch selten.

	Mask.	Neutr.	Fem.
Nom.	zwene, zwen	zwei	zwo, zwei
Gen.	zweier, zweien, zwoier		zwoer
Dat.	zwein, zweien, zwen, zwenen		zwoen
Akk.	zwene, zwen	zwei, zweien	zwo, zwei
Nom.	dri, drie, drei	dri, drei	dri, drei
Gen.		drier, dreier	
Dat.		drin, dren, dreien	
Akk.	dri, drie, drei	dri, drei	dri, drei

4.4.5.2. *Ordinalzahlen*

Bis auf Ausnahmen steht nach st. flektiertem Wort die sw. Form: *dem dritten gebote*
(BM). Die st. flektierte Form ist selten: *in dem vierzehenhundertestem vnd dem achten-
dem iare* (Konstanzer Urkunde von 1408).

Die Ordinalzahlen für *eins* und *zwei* lauten *erst* und *ander*, später *zweiter*:
Fridrich der erst, und der ander (L), seit dem 14. Jh. allmählich, seit dem 16. Jh. etwas
stärker *zweiter: unde quam daz zweite grosz sterben* (Hs aus dem 16. Jh.), für *drei* bis
neunzehn werden sie durch Anhängen von *-te, -de* gebildet (*der dritte, vyrde, eilfte*), ab
zwanzig als Superlativ (*zwenzigeste, nunczigste*), dabei ist besonders im Alem., vereinzelt
in der KW das *o* der Mittelsilbe erhalten:
nùnzigosten (spr. nünzigosten) (Alem.), *zweinzigoste* (KW). Bei Luther finden sich noch
das hunderte teyl, der hundirst, Im sechshundertsten und einem jar.

(Vgl. Grammatik des Frühneuhochdeutschen VII 1988, 29 u. ö.)

4.5. Zum Satzbau

Die syntaktischen Erscheinungen des 14./15. Jh. stehen einerseits noch in engem Zusammenhang mit dem Mhd., bereiten aber andererseits – besonders gegen Ende des
15. Jh. – die Entwicklung im 16. Jh. vor. Im 16. Jh. wird die Richtung der weiteren
Entwicklung bestimmt (Vgl. ADMONI 1963, §22).

Seit dem 14./15. Jh. nimmt die hypotaktische Ordnung, d. h. Unterordnung von
Gliedsätzen, zu (ARNDT 1962, 155). Es erscheinen vielgliedrige zusammengesetzte Sätze,
die sich über ganze Seiten erstrecken können. Dabei sind die Abhängigkeitsverhältnisse

nicht immer durchsichtig. So treten im 16. Jh. vielfach "Abweichungen von dem klaren, exakten Bezug irgendwelcher Folgeglieder auf ihren Oberbegriff" (GUMBEL 1930, 136) auf. Im 17. Jh. erscheint als typische Form des Prosasatzes "die größere, logisch ordnende, hypotaktische Periode, in der namentlich die Rolle der Konjunktionen bezeichnend ist" (LANGEN I, 1978, 984). Zwar wird dieser periodische Bau schon in der vorhergehenden Zeit ausgebildet, jedoch erst im 17. Jh. voll ausgebaut.

4.5.1. **Wort und Wortgruppe als Satzglieder**

Jeder Satz enthält "einen Sinn- und Tonakzent..., der ... auf die Bezeichnung eines für die betreffende Situation primär wichtigen Sachverhaltes" (ERBEN 1954, 16) gesetzt wird. So stehen am Anfang und am Ende des Satzes "die hauptsächlich betonten, in der Mitte die weniger betonten Wörter" (FRANKE III, 1922, 6). Diese für Luther getroffene Feststellung gilt allgemein.

4.5.1.1. *Besonderheiten der Satzgliedstellung*

Attributive Adjektive und Possessivpronomen können im Frnhd. dem Beziehungsglied nachgestellt werden: *die Pfeil der Sonnen **heiß*** (Spee); *den vater **almechtigen*** (L); *sůn **meiner*** (G). Daneben ist auch Voranstellung gebräuchlich: *nach **hohem vnserm** vertrauwen* (HG); wie das Beispiel bei HG zeigt, kann das Adj. außerdem vor das Poss.-Pron. treten.

Genitivattribute können vom Beziehungsglied getrennt werden: *Als aber Petrus an **die thür** klopffet **des thors*** (L). Bis ins Frnhd. – und teilweise später – bestand Abneigung "gegen die Zusammenstellung der zusammengehörigen Gruppenglieder..." (NAUMANN 1915, 11). Nach BEHAGHEL stehen die nichtpartitiven Gen. zunächst vor dem Beziehungsglied, wandern dann aber allmählich hinter dieses regierende Satzglied (BEHAGHEL IV, 1932, 181). Das Genitivattribut, das Personen bezeichnet und unmittelbar beim regierenden Subst. steht, kann vor- oder nachgestellt werden (L: **gottis** *wort, das wort* **gottis**). Genitivische Nichtpersonenbezeichnungen werden sehr oft nachgestellt. Zuweilen findet sich ein Gen., der zwischen einem zum regierenden Subst. gehörenden Pron. und diesem Subst. steht: *Ich hätte über dieser **deß Oliviers** Erzehlung gern gelacht* (Simplizissimus). Bei Zesen ist in der Stellung des Genitivattributs "Abstufung von dem jetzt noch Möglichen bis in den mittelhochdeutschen Stand hinein..." (SÄTTERSTRAND 1923, 209) festzustellen: *di algemeinen **der Deutschen Fölker** namen*. Diese Stellung des Gen. zwischen Subst. und vorangestelltem Adj. ist auch für das Frnhd. bezeugt. (Vgl. MOSER 1909, §210; PHILIPP 1980, 116f.; ADMONI 1990, 145ff., 187ff.).

4.5.1.2. *Koordinierung von Satzgliedern*

Im Frnhd. kann häufig asyndetische – d.h. unverbundene – Koordinierung von Satzgliedern auftreten: *Er **nam** urloup von im, **dankt** im des guten mals* (Wickram), zuweilen sogar mit einem für alle koordinierten Satzglieder geltenden Bestimmungsglied, das vor dem ersten koordinierten Satzglied steht: **kein** *schu, kleider, hauß, essen, trincken* (L). Erst seit dem Frnhd. wird wie im Nhd. bei mehreren koordinierten Prädikaten nur das letzte durch *und* an das vorhergehende angeschlossen; noch bei Luther können alle Glieder durch *und* verbunden werden: **rief** *Paulus die Jünger zu sich* **und segnete** *sie* **und ging** *aus* (L).

Koordinierte Satzglieder können getrennt werden: *... die **die weyssagen** haben gerett zesein kůnftig **vnd moyses*** (MB). Das ist auch bei Adj. möglich.

4.5.1.3. *Auslassungen*

Nach 1450 erscheint der Artikel oft nur bei dem erstem Glied einer Koordination, allen weiteren Gliedern fehlt er: **die** *dienst und jungfrowen* (W); **der** *ruten vnd straffe Gottis* (L); im 19. Jh. tritt der Artikel bei den weiteren Gliedern einer Koordination unter bestimmten Bedingungen wieder auf. Auch sonst kann der Artikel fehlen: *sagen zu vater* (L).

Pron. können in frnhd. Texten ausgelassen werden: *es jammerte Jhesum vnd recket* (L): *sah . . . die da sehr weinten* (L).

Die Hilfsverben *haben* und *sein* können im Gliedsatz ausgespart werden: *den ich auffgericht* (L). Das trifft besonders zu, wenn zwei oder mehrere gleiche finite Verbformen erscheinen müßten: *Weil nuhn di . . . nicht* **gewust haben**, *und . . . nicht . . .* **nach gedacht** (Z). Besonders diese Art der Auslassung beim koordinierten Part. Prät. tritt schon von alters her auf: vielfach erscheint sogar Auslassung, wenn Hilfsverben unterschiedlicher Art zu erwarten wären: *daß der . . .* **erstochchen håtte**, *und selbsten . . .* **entleibet worden** (Z). Bei Koordinierung ist Aussparung des finiten Verbs auch im Hauptsatz möglich: *Hymel vnd erden* **werden vergehen** *aber meyn wort nit* **vergehen** (L). Im 17./18. Jh. fehlen die finiten Formen der Hilfsverben besonders häufig: Auch noch im 19. Jh. kann auf das finite Verb verzichtet werden. Während der gelegentliche Verzicht auf das finite Hilfsverb in der deutschen Gegenwartssprache eine stilistische Markierung bewirkt, muß das im Frnhd. nicht der Fall sein.

4.5.1.4. *Verneinung*

Die Verneinung durch *-ne/en-* (siehe 3.6.2.) geht im 15. Jh. stark zurück: *Ir ensolt* (Pontus u. Sidonia, 15. Jh.). Um 1500 überwiegt bereits die Verneinung mit *nicht*; um 1700 ist sie die allein gültige Verneinung. Sofern die proklitische Negationspartikel *en* im Frnhd. noch vorkommt, wird sie meist mit der jüngeren Negation *nicht* verbunden: *des enhat er nit gethan* (Mainz). – Im Frnhd. bedeutet doppelte Verneinung meist noch nicht Bejahung: *als were nie nichts dagewesen* (L). Erst im 18. Jh. heben sich mehrere Verneinungen gegenseitig auf. – Das Adv. *nichts* (Gen. von *nicht*) und *nicht* können synonym verwendet werden: *als gehorten sie* **nichts** *zur kirchen; hatten* **nicht** *zu essen* (L). Der abhängige Gen bei *nichts* reicht bis ins 16. Jh., bei *nicht* bis ins Nhd. hinein: **nichts** *glücks; Ich kenne des Menschen* **nicht** (L). – Im 16. Jh. rückt *nicht* im Gliedsatz an die zweite Stelle. – In frnhd. Zeit überwiegt im Omd. die Form *nicht*, im Obd. und Wmd. dagegen *nit*. (Vgl. PENSEL 1981, 297ff.)

4.5.1.5. *Gliedsatzartige Wortgruppen*

Partizipialkonstruktionen. In Anlehnung an das lat. participium coniunctum[62] werden Partizipialkonstruktionen gebildet: *czwene gancze monden noch enander volgende* (KW). Vielfach kann zwischen Part. der Wortgruppe und Verb des Hauptsatzes die Konjunktion *und* gesetzt werden: *des der herre noch größer wunder* **empfachende, vnd** *sinem diener* **hiesz zellen** (W). Wohl nach lat. oder frz. Vorbild wird auch das Part. Prät. in der Partizipialkonstruktion verwendet: *. . . inn schrecken, sorg verwickelt gantz* (S).

um zu + Infinitiv. Die Konstruktion *um zu* + Inf., z. B. *Esopus gieng umb ze suchen* (SW), hat die mit einfachem *zu* zurückgedrängt und steht für einen Finalsatz. Diese Wortgruppenbildung ist aus einer Gliederungsverschiebung hervorgegangen: "Die Grundlage sind Fügungen, in denen der Infinitiv mit *zu* als Ergänzung eines Substantivs steht, das von *um* mit finaler Bedeutung regiert wird" (DAL 1966, 111), z. B. *bit got* **umb** vernunft dir **zu verleihen** (Ackermann). Dann wird der Akk., der ursprünglich von der Präp.*um* abhängig ist, als Akkusativobjekt aufgefaßt, das vom Inf. abhängt, z. B. **um** *Vernunft* **zu verleihen**. Die Fügung *um zu* + Inf. erscheint schon im 15. Jh., ist jedoch

---

[62] Das participium coniunctum ist eine mit dem Prädikat verbundene Wortgruppe: Formal ist es einem Beziehungswort angeglichen und besteht aus einem Part. und weiteren Satzgliedern.

noch bei Luther sehr selten; *ohne zu* + Inf. tritt seit dem 18. Jh. auf, z. B. *ohne ... viel ähnliches zu haben* (Lessing), und *(an)statt zu* + Inf. seit dem 17. Jh., z. B. *... an statt erfreuliche antwort zu erlangen* (Hoffmannswaldau).

A. c. I. Der Akk. mit dem Inf., der schon im Ahd., seltener im Mhd. auftritt, wird vom 14. bis zum 17. Jh. gern benutzt, und zwar besonders unter lat. Einfluß in der Übersetzungsliteratur. Im 18. Jh. tritt er bis auf Reste zurück. Diese Konstruktion ist insgesamt vom Verb des regierenden Satzes abhängig und bei trans. und intr. Verben gebräuchlich: *er bezeügt den iuden **ihesum zesein cristus*** (MB) '... daß Jesus Christus ist'; *ich red on spott **mich gewesen sein in groszer not*** (TH) '... daß ich in großer Not gewesen bin'. Auch Inf. mit *zu* ist in dieser Konstruktion möglich: *dasz man **die Poeten eine ... zusammenkunft ... mit den Göttern zu haben** geargwohnet* (OP).

Absoluter Akk./Nom. Im 15. Jh. wird in Nachahmung des lat. Satzbaus ein absoluter Akk. oder Nom.[63] gebildet: **Gute Worte im Munde,** *und* **den Huth in der Hand,** *das kostet kein Geld, ...* (Schupp 1657), vielfach in Abhängigkeit von Part.: **diß gesagt,** *ließ die ... Königin ... schiessen* (Ziegler). Daneben gibt es im 15. Jh. absolute Dat. und Gen. Für das 16./17. Jh. wird auch frz. Vorbild für die Bildung des absoluten Akk. oder Nom. angenommen. Im 18. Jh. tritt diese Konstruktion häufiger als vorher auf.

4.5.2. **Zum Aussagehauptsatz**

4.5.2.1. *Stellung des finiten Verbs*

Das finite Verb steht schon zu Beginn der frnhd. Epoche meist an zweiter Stelle im Aussagehauptsatz, d. h. als zweites Satzglied: *Hie **drehet** sich der heylige Romische stuel ...* (L). Das finite Verb kann an d i e d r i t t e S t e l l e , ja sogar noch weiter nach hinten im Satz versetzt werden: *das freuwelin | von rehten freuden |* **ward** *also fro; Also | nun | die hůner | hie vnd dort |* **kipten** *vnd* **schluckten** *die bissen brots* (Eulenspiegel).

Im ausgehenden 15. Jh. und im 16. Jh. ist E n d s t e l l u n g des finiten Verbs im Aussagehauptsatz zu beobachten; die Häufigkeit dieser Erscheinung ist wohl Ergebnis lat. Einwirkung: *Ein schuster, ein schmid, ein bawr, ein yglicher seyns handtwercks, ampt vnnd werck hat* (L). Der Typ selbst ist schon im Ahd. und im Mhd. vorhanden. In Anlehnung an den volkstümlichen Ton erscheint diese Stellung wieder im 18. Jh. Bei Koordinierung von Hauptsatzverben tritt das letzte Verb häufig ans Ende, so daß eine gliedsatzähnliche Konstruktion entsteht: *Szo seer **erbeite** ich ... und wider mein bosse natur* **fechte** (L).

S p i t z e n s t e l l u n g des Verbs im Aussagehauptsatz, die im späten Ahd. untergegangen ist, tritt in der zweiten Hälfte des 15. Jh. und im 16. Jh. wieder auf: **Folget** *nach der mißprauch fressens vnd sauffens, dauon* (L). Dieser Typ soll wohl den Zusammenhang zum vorhergehenden Satz verdeutlichen und mit Hilfe der Spitzenstellung auf eine gewisse Abhängigkeit von diesem Satz weisen.

4.5.2.2. *Rahmentendenzen*

Im Frnhd. überwiegt im Hauptsatz bereits der volle prädikative Rahmen, d. h. die Distanzstellung der Rahmenpartner finite Verbform – infinite Verbform: *Szo* **sol** *man den deutschen den beuttel* **reumen** (L). Daneben ist im Frnhd. K o n t a k t s t e l l u n g von finiter und infiniter Verbform sogar bei reich gegliedertem Nachfeld möglich: *Es* **werden kummen** *in meynem namen falsche Christenn vnd falsche propheten* (L); häufig ist N a h stellung von finiter und infiniter Verbform, d. h. Einschub und Nachtrag von Satzgliedern: *yhr* **habt** *euch* **genommen** *die gewalt zuleren* (L). Die festgewordene S c h l u ß -

---

[63] Unter absolutem Akk. oder Nom. verstehen wir eine Konstruktion, bei der das Substantiv im Akk. oder Nom. mit einem weiteren Satzglied außerhalb des übergeordneten Satzes steht; diese Wortgruppe ist also syntaktisch unabhängig.

stellung der infiniten Verbform im Nhd. wird u. a. durch die Kanzleisprache beeinflußt worden sein. Das 17. Jh. ist die "Epoche der höchsten Entfaltung der Rahmenkonstruktion" (ADMONI 1967, 187). Von der Mitte des 17. Jh. an wird dieser volle
Rahmen, d. h. also Distanzstellung der Rahmenpartner, zum formalen Merkmal der
Struktureinheit des Aussagehauptsatzes (ADMONI 1963, §27). Bis zum 17. Jh. konnten
prinzipiell alle Satzglieder nachgestellt werden, auch die notwendigen, die in der deutschen Gegenwartssprache kaum ausgerahmt werden: z. B. das Subjekt in *dem König* **hat**
im Regiment **nachgefolgt** *sein Son* (A). Es dominieren aber jene Ausrahmungen, die auch
in der deutschen Gegenwartssprache gebräuchlich sind. Siehe auch 1.6.4. (Vgl. u. a.
BETTEN 1987, 127ff.)

4.5.3. **Zum Gliedsatz**[64]

4.5.3.1. *Stellung des finiten Verbs*

Die Stellung des finiten Verbs am G l i e d s a t z e n d e ist schon im älteren Frnhd. eine
Möglichkeit der Gliedsatzkonstruktion: *da sie aber ihn* **sahe**, *erschrak sie* (L); daneben
wird häufig das finite Verb v o r   d i e   i n f i n i t e n   F o r m e n gestellt: *die von den winden*
werden vmbgetragen (MB). Vorangestelltes finites und nachgestelltes infinites Verb können auch durch ein Satzglied oder mehrere Satzglieder getrennt werden: *so bald er* **wahr**
nahch hause **kommen** (Z). Nachstellung von Satzgliedern hinter das infinite Verb ist
nicht ungewöhnlich: *wen man* **hat** *auff sie* **drungen** *mit weltlicher gewalt* (L). "So dauert
es lange, ehe die Bewegung (Entwicklung der Endstellung im Gliedsatz – d. Verf.),
deren Anfänge wir im 14. Jahrhundert bei den frühen Humanisten im Osten beobachten
können, den Sieg erringt" (MAURER 1926, 180). Kanzleisprache und Lat. haben einen
gewissen Anteil an der Formung dieses Typs, der aber auch deutscher Tradition entspricht.
    Bei K o o r d i n i e r u n g zweier oder mehrerer Gliedsätze bzw. verschiedener Verben
eines Gliedsatzes hat häufig nur der erste Glied- bzw. Teilgliedsatz Endstellung des
finiten Verbs; die übrigen Glied- bzw. Teilgliedsätze zeigen Hauptsatzstruktur: *Gleich
als ein Mensch, der vber Land* **zoch** *vnd* **lies** *sein Haus, vnd* **gab** *seinen Knechten macht* ...
(L). Das Verbalpräfix kann auch vom Vollverb getrennt werden: *der das fiech* **an** *hat*
gefangen (Ofener Stadtrecht, vgl. BASSOLA 1985, 190).
    Die E n d s t e l l u n g des finiten Verbs im Gliedsatz, die "ein verdienst der theoreti-
schen grammatik und der schuldisciplin ..., wie sie im 17–19 jh. betrieben wurde"
(BIENER 1922, 174), zu sein scheint, ist im großen und ganzen im 17. Jh. entschieden und
ist zum Strukturmerkmal des Gliedsatzes geworden. (Vgl. BETTEN 1987, 73f.; EBERT
1981.)

4.5.3.2. *Subordinierende Konjunktionen*

Die Weiterentwicklung der Konjunktionen im Frnhd., besonders im 16./17. Jh., führte
dazu, daß die gramm. Bedeutung der Nebensätze innerhalb der Satzgefüge, der Inhalt
der Nebensätze, klarer zum Ausdruck gebracht werden konnte. Genauer als im Mhd.
können nun die subordinierenden Konjunktionen die modalen, kausalen, finalen, kon-
zessiven u. a. Beziehungen zwischen Haupt- und Nebensatz im Satzgefüge verdeutlichen.
    als verdrängt *danne/denne* nach Komparativen.
    Die Konjunktion *daß* wird im 16. Jh. durch unterschiedliche Schreibung vom Demonstr.-
Pron./Relativpron. *das* unterschieden und leitet vor allem Subjekt- und Objektsätze ein, *dieweil*
bezeichnet die Gleichzeitigkeit; *weil*, das *dieweil* zurückdrängt, hat seit dem 15. Jh. schon außer der
temporalen auch kausale Bedeutung und steht neben seltenerem *sintemalen* ('weil').

---

[64] Nicht immer lassen sich Haupt- und Gliedsatz formal deutlich unterscheiden.

ob ('wenn') als im Frnhd. häufigste Konditionalkonjunktion erscheint noch im 16. Jh.: *Vnd ob jemand sündiget/So haben wir einen Fursprecher* (L). *ob* wird auch als Konzessivkonjunktion gebraucht: *Ob* ('wenn auch') *die christenlich kirch erkleret, ßo were es dennoch besser* (L). Andere subordinierende Konjunktionen sind: *als* in temporaler und *als/also* – *als/also* in komparativischer Bedeutung: *hab also* ('so') *vil kleider/also* ('wie') *dir not sind* (G); *auf daß* 'damit'; temporales *bis* löst älteres obd. *untz* ab: *da/do* 'als', im Frnhd. auch schon kausal 'weil'; final *da(r)mit; derhalben* ist subordinierende und koordinierende Konjunktion mit kausaler Bedeutung; *echt(er)* 'wenn nur'; *ehe denn* 'eher als'; *im Falle daß, falls* entsteht im Frnhd.; *indem; indes(sen); nachdem; ohne daß; sam* 'als ob'; *sider, sint, sintdem* 'seitdem'; *seit, seint, sint* 'weil': *Seid aber das nitt gesein moch* (G) 'weil aber das nicht sein kann' (*seit, seint, sint* werden von *weil/da* verdrängt); *so* 'als, da, sobald, wenn, wenn auch'; *so doch* 'obgleich'; *während* entsteht im Frnhd.; *wann* und *wenn* stehen zuweilen ungeregelt mit der konditionalen Bedeutung 'wenn' nebeneinander; *wo* bedeutet gelegentlich 'wenn': *wo er dises erlanget/solt er ledig sein* (S. Franck). *so* und zuweilen auch *und* können die Relativpron. *der, die, das* vertreten: *gut Getrenck ist bitter denen so es trincken* (L); *mit allem dem flis und sy möcht erzögen* (St. Gallen 1464). (Vgl. DAL 1966, 138ff.; PHILIPP 1980, 142ff.)

4.5.4. Satzgefüge

Die Satzgefüge ähneln z. T. den nhd. Strukturen. Es gibt Gefüge, besonders gegen Ende des 16. Jh., in denen der Nebensatz wichtiger als der Hauptsatz sein kann. Zuweilen sind auch "Obersatz und Untersatz . . . nicht mehr klar zu trennen, oft ist überhaupt kein Obersatz mehr vorhanden" (GUMBEL 1930, 75): *Dieses ist die erste Anzeigung . . . der liebe des Frewlins O. und . . . welcher anfang, wo er den Leser klein und . . . bedünkken möcht, soll er doch daneben ir junges Alter bedenken, als die in dieser Kunst . . . noch nicht geübt . . . waren* (Amadis). Im Frnhd. sind Satzgefüge möglich, denen der Hauptsatz fehlt, so daß nur Nebensätze auftreten: *Were eyn man erfordert für gericht vnd lest ym gepiten der richter / das er kumen solle sich berichten mit dem cleger* (Leutenberg 1496).

Ein Nebensatz niederen Grades kann vor einem Nebensatz höheren Grades stehen: *ich habe keinen Menschen* (Hauptsatz), *wenn das Wasser sich bewegt* (Nebensatz zweiten Grades), *der mich in den Teich lasse* (Nebensatz ersten Grades) (L). – Im 15./16. Jh. wird der Nebensatz häufig vor den Hauptsatz gesetzt.

Ein einfaches Satzglied kann einem Nebensatz beigeordnet werden, so daß vom Hauptsatz ein Nebensatz und ein verselbständigtes Satzglied abhängig sind: *sagten jnen, was dem Besessenen widerfaren war, vnd von den Sewen* (L).

Bis ins 17. Jh. wird das finite Verb des Hauptsatzes eines mit *je* – *je* 'je – desto' gebildeten Satzgefüges in Analogie zum Nebensatz ans Satzende gestellt: *Je mehr jr wird* (Nebensatz), *je mehr sie wider mich **sündigen*** (Hauptsatz) (L); nhd. dagegen: 'desto mehr **versündigen** sie sich an mir'.

4.5.5. Satzverbindung

Auch im 16. Jh. wird die Möglichkeit parataktischen Satzbaus genutzt: *Ich bin ein Leßmeister gewesen in einer stat, da waren zween brüder, vnd het jeglicher ein Frau, die hetten zwo Metzen überkomen . . .* (Pauli). So stellt Luther noch Hauptsätze in einer Satzverbindung unverbunden nebeneinander, jedoch setzt er auch Konjunktionen zu ihrer Verbindung ein, vor allem in seinen späteren Werken.

Bis ins 18. Jh. wird in der Sprache der schönen Literatur häufig der zweite Satz einer Satzverbindung mit dem finiten Verb begonnen, d. h. mit sog. Inversion nach *und*: *der strick ist zerbretten **und sint** wir erlöset* (W). Diese Erscheinung wird u. a. damit erklärt, daß *und* auch adverbial gebraucht worden sei und als erstes Satzglied dem finiten Verb habe vorausgehen können.

Als k o o r d i n i e r e n d e K o n j u n k t i o n e n treten im Frnhd. *denn, ohne* und *wenn* in der Bedeutung 'nur, es sei denn' auf: *dazu hab ichs nicht gehöret, denn heute* (L); *ich hab es nie gehört on heütt*

(B); *der mir kan niemandt helfen . . . wenn du* (S).

nun und *nur* erscheinen in der Bedeutung 'es sei denn': *Ir sehet nit min antlútz nůn ir fúret her mit úch úwern minsten brůder* (B); *Ich lasse dich nit nur du gesegnest mich* (B).

wan als koordinierende und subordinierende Konjunktion hat noch im 15. Jh. kausale Bedeutung 'denn, weil, aber': *bleib da, wann es ist spat* (S); *wan* kann bis ins 16. Jh. die Ausnahme bezeichnen und wird dann durch *ausgenommen* ersetzt. Andere frnhd. koordinierende Konjunktionen sind *aber; also* 'so, ebenso'; *anders(t)* 'andernfalls, sonst'; *beide – und/beides – und (auch)* 'sowohl – als auch'; *derhalben; deswegen; dester* als Teil einer zweigliedrigen Konjunktion ('je – desto') ist kaum entwickelt; *deswegen; entweder – oder; etwen – etwen* 'teils – teils'; *hergegen* 'hingegen'; *me(h)r* 'vielmehr'; *mer – nicht* 'sondern vielmehr' geht unter; *nicht allein – auch/nicht allein – sunder (auch)* 'nicht nur – sondern auch'; *sonst(en)/sunst(en)* 'so', 'andernfalls', 'zu anderer Zeit'; *sowohl – als (auch)* sind zunächst Vergleichspartikeln: *und; weder – noch; weder – weder* 'weder – noch'. (Vgl. ERBEN 1954, 103ff.; PHILIPP 1980, 131ff.; RIECK 1977, 47ff.)

Literaturverzeichnis

Folgende Abkürzungen werden verwendet:

Adelung	Sprache und Kulturentwicklung im Blickfeld der deutschen Spätaufklärung. Der Beitrag Johann Christoph Adelungs. Hg. v. W. BAHNER. Berlin 1984
Althochdeutsch	Althochdeutsch. 2 Bände. In Verb. mit H. KOLB/K. MATZEL/K. STACKMANN hg. von R. BERGMANN/H. TIEFENBACH/L. VOETZ. Heidelberg 1987.
BES	Beiträge zur Erforschung der deutschen Sprache. Leipzig
Beiträge	Beiträge zur Geschichte der deutschen Sprache und Literatur. H = Halle, T = Tübingen
DaF	Deutsch als Fremdsprache
Dialektologie	Dialektologie. Ein Handbuch zur deutschen und allgemeinen Dialektforschung. Hg. v. W. BESCH, U. KWOOP, W. PUTSCHKE, H. E. WIESAND. 2 Halbbände. Berlin/New York 1982/1983
Dt. Sprachgesch.	Deutsche Sprachgeschichte 1990. Grundlagen, Methoden, Perspektiven. Festschrift für J. Erben. Hg. v. W. BESCH. Bern/Frankfurt (Main)/New York, Paris.
DUDEN-WB	Das große Wörterbuch der deutschen Sprache, Bd. 1–6. Mannheim/Wien/Zürich 1976–1981
DUDEN-WB	DUDEN. Deutsches Universalwörterbuch. 2. Aufl. Mannheim/Wien/Zürich 1989
DWB	GRIMM, J./W. GRIMM: Deutsches Wörterbuch, Bd. 1–16. Leipzig 1854–1971. Neubearbeitung Bd. 1ff. Leipzig 1965ff.
EWBD	Etymologisches Wörterbuch des Deutschen. Erarbeitet von einem Autorenkollektiv unter Leitung von W. PFEIFER. 3 Bände. Berlin 1989
Grundriß	Kurzer Grundriß der germanischen Philologie bis 1500. Bd. 1: Sprachgeschichte. Hg. von L. E. SCHMITT. Berlin 1970
GSR	Gesellschafts- und sprachwissenschaftliche Reihe
HWDG	Handwörterbuch der deutschen Gegenwartssprache. 2 Bände. Von einem Autorenkollektiv unter der Leitung von G. KEMPCKE. Berlin 1984
LGL	Lexikon der Germanistischen Linguistik. Hg. von H. P. ALTHAUS/H. HENNE/H. E. WIEGAND. 2. Aufl. Tübingen 1980
LiLi	Zeitschrift für Literaturwissenschaft und Linguistik
LS/ZISW/A	Linguistische Studien des Zentralinstituts für Sprachwissenschaft der Akademie der Wissenschaften der DDR, Reihe A
Muttersprache	Muttersprache. Zeitschrift zur Pflege und Erforschung der deutschen Sprache
Nd. Jb.	Jahrbuch des Vereins für niederdeutsche Sprachforschung
SB AdW	Sitzungsberichte der Akademie der Wissenschaften der DDR
Sprachgeschichte	Sprachgeschichte. Ein Handbuch zur Geschichte der deutschen Sprache und ihrer Erforschung. Hg. v. W. BESCH, O. REICHMANN, ST. SONDEREGGER. 2 Halbbände. Berlin/New York 1984/85
Stud. Frnhd.	Studien zum Frühneuhochdeutschen 1988. Emil Skála zum 60. Geburtstag. Hg. v. P. WIESINGER. Göppingen.
WDG	Wörterbuch der deutschen Gegenwartssprache. Hg. v. R. KLAPPENBACH u. W. STEINITZ. Bd. 1–6. Berlin 1954–1977
WW	Wirkendes Wort
WZ	Wissenschaftliche Zeitschrift Jena: der Friedrich-Schiller-Universität Jena Potsdam: der Pädagogischen Hochschule Potsdam Zwickau: der Pädagogischen Hochschule Zwickau
ZfAA	Zeitschrift für Anglistik und Amerikanistik
ZfdA	Zeitschrift für deutsches Altertum und deutsche Literatur
ZfdMaa	Zeitschrift für deutsche Mundarten
ZfdPh	Zeitschrift für deutsche Philologie
ZfDuL	Zeitschrift für Dialektologie und Linguistik
ZfG	Zeitschrift für Germanistik
ZfMaf	Zeitschrift für Mundartforschung
ZGL	Zeitschrift für Germanistische Linguistik
ZPSK	Zeitschrift für Phonetik, Sprachwissenschaft und Kommunikationsforschung

ABRAHAM, W. 1988: Terminologie zur neueren Linguistik. 2. Aufl. Tübingen.

ADELBERG, E. 1978: 'ARBEITER' – Bezeichnungen für den Angehörigen der Arbeiterklasse. In: Zum Einfluß von Marx und Engels auf die deutsche Literatursprache. Studien zum Wortschatz der Arbeiterklasse im 19. Jahrhundert. Autorenkollektiv unter der Leitung von J. SCHILDT. Berlin, S. 113ff.

ADELBERG, E. 1981: Die Entwicklung einiger Kernwörter der marxistischen Terminologie. In: Auswirkungen der industriellen Revolution auf die deutsche Sprachentwicklung im 19. Jahrhundert. Von einem Autorenkollektiv unter Leitung von J. SCHILDT. Berlin, S. 193ff.

ADELUNG, J.C. 1783: Magazin für die deutsche Sprache. Leipzig.

ADELUNG, J.C. 1795: Deutsche Sprachlehre für Schulen. 3. Aufl. Berlin.

ADMONI, V.G. 1963: Istoričeskij sintaksis nemeckogo jazyka. Moskva.

ADMONI, V.G. 1966: Razvitie struktury predloženija v period formirovanija nemeckogo jazyka. Leningrad.

ADMONI, W.G. 1967: Der Umfang und die Gestaltungsmittel des Satzes in der deutschen Literatursprache bis zum Ende des 18. Jahrhunderts. In: Beiträge H 89, S. 144ff.

ADMONI, W.G. 1972: Die Entwicklung des Ganzsatzes und seines Wortbestandes in der deutschen Literatursprache bis zum Beginn des 19. Jahrhunderts. In: Studien zur Geschichte der deutschen Sprache. Berlin, S. 243ff.

ADMONI, W.G. 1973: Die Entwicklungstendenzen des deutschen Satzbaus von heute. München.

ADMONI, W.G. 1980: Zur Ausbildung der Norm der deutschen Literatursprache im Bereich des neuhochdeutschen Satzgefüges (1470–1730). Ein Beitrag zur Geschichte des Gestaltungssystems der deutschen Sprache. Berlin.

ADMONI, W. 1985: Syntax des Neuhochdeutschen seit dem 17. Jahrhundert. In: Sprachgeschichte 1985, S. 1538ff.

ADMONI, W. 1987: Die Entwicklung des Satzbaus der deutschen Schriftsprache im 19. und 20. Jahrhundert. Berlin.

ADMONI, W. 1990: Historische Syntax des Deutschen. Tübingen.

AHLSSON, L.E. 1965: Zur Substantivflexion im Thüringischen des 14. und 15. Jahrhunderts. Uppsala.

AHLZWEIG, C. 1994: Muttersprache – Vaterland. Die deutsche Nation und ihre Sprache. Opladen.

AHRENDS, M. 1989: Allseitig gefestigt. Stichwörter zum Sprachgebrauch der DDR. Überarbeitete Aufl. München.

AHRENDS, M. 1990: Kleine DDR-Sprachschule I. In: Die Zeit, 23. 2. 1990.

ALBERTS, W. 1977: Einfache Verbformen und verbale Gefüge in zwei Augsburger Chroniken des 15. Jahrhunderts. Ein Beitrag zur frühneuhochdeutschen Morphosyntax. Göttingen.

Allgemeine Sprachwissenschaft 1973: Bd. 1: Existenzformen, Funktionen und Geschichte der Sprache. Von einem Autorenkollektiv unter der Leitung von B. A. SERÉBRENNIKOW. Berlin. (2. Aufl. 1975)

ALM, E. 1936: Der Ausgleich des Ablauts im starken Präteritum der ostmitteldeutschen Schriftdialekte. Diss. Uppsala.

ALTHAUS, H.P. 1980: Orthographie/Orthophonie. In: LGL, S. 787ff.

Althochdeutsches Wörterbuch 1952ff. Hg. von E. KARG-GASTERSTÄDT/T. FRINGS/R. GROSSE. Berlin.

ALTMANN, U. 1981: Leserkreise zur Inkunabelzeit. In: Buch und Text im 15. Jahrhundert. Book and Text in the Fifteenth Century. Hg. von L. HELLINGA/H. HÄRTEL. Hamburg, S. 203ff.

AMIROVA, T., A./B. A. OL'CHOVIKOV/J. V. ROŽDESTVENSKIJ 1980: Abriß der Geschichte der Linguistik. Ins Dt. übers. von B. MEIER, hg. von G. F. MEIER. Leipzig.

AMMON, U. 1991: Die internationale Stellung der deutschen Sprache. Berlin/New York.

ANDERSSON, S.-G. 1983: Deutsche Standardsprache – drei oder vier Varianten? In: Muttersprache 93, S. 259ff.

Ansätze zu einer pragmatischen Sprachgeschichte 1980. Hg. von H. SITTA. Tübingen.

ANTONSEN, E.H. 1969: Zum Umlaut im Deutschen. In: Beiträge T 86, S. 177ff.

ARENS, H. 1955/1969: Sprachwissenschaft. Der Gang ihrer Entwicklung von der Antike bis zur Gegenwart. Freiburg/München. Taschenbuchausgabe in 2 Bden. Frankfurt (Main).

ARNDT, E. 1962: Luthers deutsches Sprachschaffen. Ein Kapitel aus der Vorgeschichte der deutschen Nationalsprache und ihrer Ausdrucksformen. Berlin.

ARNDT, E.: 1983: Sprache und Sprachverständnis bei Luther. In: ZPSK 36, S. 251ff.

ARNDT, E. 1984: Luthers Bibelübersetzung – eine revolutionäre Tat. In: Luthers Sprachschaffen. Gesellschaftliche Grundlagen – Geschichtliche Wirkungen. Bd. 1. Hg. von J. SCHILDT. Berlin (LS/ZISW 119/I), S. 59ff.

ARNDT, E. 1986: Deutsche Verslehre. Ein Abriß. 10. Aufl. Berlin.

ARNDT, E./G. BRANDT 1983: Luther und die deutsche Sprache. Wie redet der Deudsche man jnn solchem fall. Leipzig.

Aspekte des Sprachwandels 1991: Aspekte des Sprachwandels in der deutschen Literatursprache 1570–1730. Hg. von J. SCHILDT. Berlin.

BABENKO, S. 1988: Entwicklungstendenzen im Bereich des Satzgefüges in der deutschen Sprache des 16. und 17. Jahrhunderts. In: BES 8, S. 95ff.

BACH, A. 1965/1970: Geschichte der deutschen Sprache. 8./9. Aufl. Heidelberg.

BACH, H. 1934: Laut- und Formenlehre der Sprache Luthers. Kopenhagen.

BACH, H. 1974: Handbuch der Luthersprache. Laut- und Formenlehre in Luthers Wittenberger Drucken bis 1545. Bd. 1. Kopenhagen.

BAESECKE, G. 1918: Einführung in das Althochdeutsche. München.

BASSOLA, P. 1985: Wortstellung im Ofner Stadtrecht. Ein Beitrag zur frühneuhochdeutschen Rechtssprache in Ungarn. Berlin.

BAUER, G. 1988: Sprache und Sprachlosigkeit im Dritten Reich. Köln.

BAUER, L./MATIS H. 1988: Geburt der Neuzeit. München.

BECH, G. 1963: Zur Morphologie der deutschen Substantive. In: Lingua 12, S. 177ff.

BECKER, H. 1969: Sächsische Mundartenkunde. Neubearb. von G. BERGMANN. Halle (Saale).

BECKERS, H. 1980: Westmitteldeutsch. In: LGL, S. 468ff.

BEHAGHEL, O. 1923–1932: Deutsche Syntax. 4 Bde. Heidelberg.

BEHAGHEL, O. 1928: Geschichte der deutschen Sprache. 5. Aufl. Berlin, Leipzig.

BEHAGHEL, O. 1930: Von deutscher Wortstellung. In: Zeitschrift für Deutschkunde 44, S. 81ff.

BEHN, F.: Römertum und Völkerwanderung. O. O. o. J.

BELLMANN, G. 1971: Slavoteutonica. Lexikalische Untersuchungen zum slawisch-deutschen Sprachkontakt im Ostmitteldeutschen. Berlin.

BELLMANN, J. D. 1975: Kanzelsprache und Sprachgemeinde. Dokumente zur plattdeutschen Verkündigung. Bremen.

BENTZINGER, R. 1973: Studien zur Erfurter Literatursprache des 15. Jahrhunderts an Hand der Erfurter Historienbibel vom Jahre 1428. Berlin.

BENTZINGER, R. 1990: Die mittelhocheutsche "Dichtersprache" im sprachgeschichtlichen Kontext. In: Der Helden Minne, Triuwe und Ere. Literaturgeschichte der mittelhochdeutschen Blütezeit. Von einem Autorenkollektiv unter Leitung von R. BRÄUER. Berlin, S. 57ff.

BENTZINGER, R. 1991: Zur Verwendung von Adjektivsuffixen in der deutschen Literatursprache (1570–1730). In: Aspekte des Sprachwandels in der deutschen Literatursprache 1570–1730. Hg. von J. SCHILDT. Berlin, S. 119ff.

BENTZINGER, R./G. KETTMANN 1983: Zu Luthers Stellung im Sprachschaffen seiner Zeit. In: ZPSK 36, S. 265ff.

BERGMANN, G. 1964: Mundarten und Mundartforschung. Leipzig.

BERGMANN, R. 1982: Zum Anteil der Grammatiker an der Normierung der neuhochdeutschen Schriftsprache. In: Sprachwissenschaft 7, S. 268ff.

BERGMANN, R. 1983: Der rechte Teutsche Cicero oder Varro. Luther als Vorbild in den Grammatiken des 16. bis 18. Jahrhunderts. In: Sprachwissenschaft 8, S. 265ff.

BERNING, C. 1964: Vom "Abstammungsnachweis" zum "Zuchtwart". Vokabular des Nationalsozialismus. Berlin.

BERNS, J. J. 1976: Justus Georg Schottelius 1612–1676. Ein Teutscher Gelehrter am Wolfenbütteler Hof. Wolfenbüttel.

Berthold von Regensburg 1965. Vollständige Ausgabe seiner Predigten. Hg. von F. PFEIFFER. Bd. 1. Mit einem Vorwort von K. RUH. Berlin.

BESCH, W. 1961: Schriftzeichen und Laut. Möglichkeiten der Lautwertbestimmung der deutschen Handschriften des späten Mittelalters. In: ZfdPh 80, S. 287ff.

BESCH, W. 1967: Sprachlandschaften und Sprachausgleich im 15. Jahrhundert. München.

BESCH, W. 1972: Bemerkungen zur schreibsoziologischen Schichtung im Spätmittelalter. In: Die Stadt in der europäischen Geschichte. Fs. E. Ennen. Bonn, S. 459ff.

BESCH, W. 1980: Frühneuhochdeutsch. In: LGL, S. 588ff.

BESCH, W. 1987: Die Entstehung der deutschen Schriftsprache. Bisherige Erklärungsmodelle, neuester Forschungsstand. Opladen.

BESCH, W. 1988: Standardisierungsprobleme im deutschen Sprachraum. In: sociolinguistica. Internationales Jahrbuch für europäische Soziolinguistik. Hg. von U. AMMON/K. J. MATTHEIER/P. H. NELDE. Bd. 2: Standardisierungsentwicklungen in europäischen Nationalsprachen. Tübingen.

BETHEN, T. 1921: Formenlehre der Sprache Zwinglis. Greifswald.

BETTEN, A. 1987: Grundzüge der Prosasyntax. Stilprägende Entwicklungen vom Althochdeutschen zum Neuhochdeutschen. Tübingen.

BETZ, W. 1949: Deutsch und Lateinisch. Die Lehnbildungen der althochdeutschen Benediktinerregel. Bonn.

BETZ, W. 1974: Lehnwörter und Lehnprägungen im Vor- und Frühdeutschen. In: Deutsche Wortgeschichte. Hg. v. F. MAURER/H. RUPP. Bd. 1. 3. Aufl. Berlin/New York, S. 135ff.

BEYER, K. 1982: Jugendsprache und Sprachnorm. Plädoyer für eine linguistisch begründete Sprachkritik. In: ZGL 10, S. 139ff.

BICHEL, U. 1973: Problem und Begriff der Umgangssprache in der germanistischen Forschung. Tübingen.

BICHEL, U. 1985: Die Überlagerung des Niederdeutschen durch das Hochdeutsche. In: Sprachgeschichte 1985, S. 1865ff.

BIENER, C. 1922: Wie ist die neuhochdeutsche regel über die stellung des verbums entstanden? In: ZfdA 59, S. 165ff.

BIENER, C. 1925: Von der sog. Auslassung der Kopula in eingeleiteten Nebensätzen. In: Die neueren Sprachen 33, S. 291ff.

BIENER, C. 1959: Veränderungen am deutschen Satzbau im humanistischen Zeitalter. In: ZfdPh 78, S. 72ff.

BINDEWALD, H. 1985: Die Sprache der Reichskanzlei zur Zeit König Wenzels. Ein Beitrag zur Geschichte des Frühneuhochdeutschen. Nachdruck der 1. Ausg. 1928. Hildesheim, Zürich.

BIRKHAN, H. 1979: Das "Zipfsche Gesetz", das schwache Präteritum und die germanische Lautverschiebung. Wien.

BIRNBAUM, S. A. 1986: Die jiddische Sprache. Ein kurzer Überblick und Texte aus 8 Jahrhunderten. 2. Aufl. Hamburg.

BISCHOFF, K. 1957: Zur Geschichte des Niederdeutschen südlich der ik/ich-Linie. Berlin.

BISCHOFF, K. 1962: Über die Grundlagen der niederdeutschen Schriftsprache. In: Nd. Jb. 85, S. 9ff.

BISCHOFF, K. 1967: Sprache und Geschichte an der mittleren Elbe und der unteren Saale. Köln/Graz.

BLACKALL, E. A. 1966: Die Entwicklung des Deutschen zur Literatursprache 1700–1775. Mit einem Bericht über neue Forschungsergebnisse 1955–1964. Von D. KIMPEL. Stuttgart.

BLUM S. 1969: Die Anfänge der deutschen Sprache. In: Kleine Enzyklopädie. Die deutsche Sprache. Hg. v. E. AGRICOLA/W. FLEISCHER/H. PROTZE. Bd. 1. Leipzig, S. 104ff.

BOCK, R. 1975: Zum Gebrauch der gliedsatzähnlichen Konstruktion "Ersparung der temporalen Hilfsverben *haben* und *sein*" in den Flugschriften der Epoche der frühbürgerlichen Revolution. In: ZPSK 28, S. 560ff.

BOCK, R. 1979: Zur Geschichte der deutschen Sprache in der Sowjetunion. In: WZ Potsdam 23, H. 2, S. 235ff.

BOCK, R./LANGNER, H. 1984: Zur Darstellung der Ablautreihen im Frühneuhochdeutschen unter besonderer Berücksichtigung phonologischer Aspekte. In: WZ Potsdam 28, S. 287ff.

BOCK, R./K.-P. MÖLLER 1991: Die DDR-Soldatensprache. Ein Beitrag zum Wesen der Soldatensprache. In: Untersuchungen zur Geschichte der deutschen Sprache seit dem Ende des 18. Jahrhunderts. Arbeitsstandpunkte und Beiträge. Hg. von H. LANGNER/E. BERNER unter Mitw. von R. BOCK. In: Potsdamer Forschungen der Brandenburgischen Landeshochschule. Reihe A, H. 108. Potsdam, S. 139ff.

BÖDEKER, H. E./HERRMANN, U. 1987: Über den Prozeß der Aufklärung in Deutschland im 18. Jahrhundert: Personen, Institutionen und Medien. In: Über den Prozeß der Aufklärung in Deutschland im 18. Jahrhundert: Personen, Institutionen und Medien. Göttingen, S. 9ff.

BODMER, F. 1955: Die Sprachen der Welt. Geschichte – Grammatik – Wortschatz in vergleichender Darstellung. Köln/Berlin.

BOESCH, B. 1968: Die deutsche Urkundensprache. Probleme ihrer Erforschung im deutschen Südwesten. In: Rheinische Vierteljahrsblätter 32, S. 1ff.

BOKOVÁ, H. 1981: Zur Sprache der deutschen Urkunden der südböhmischen Adelsfamilie von Rosenberg (1300–1411). In: BES 1, S. 177ff.

BOOR, H. DE 1960: Die deutsche Literatur von Karl dem Großen bis zum Beginn der höfischen Dichtung. 770–1170. 4. Aufl. München.

BOOR, H. DE 1978: Mittelhochdeutsche Grammatik. 8. Aufl. Von H. DE BOOR/R. WISNIEWSKI. Berlin/New York.

BOSL, K. 1963: Geschichte des Mittelalters. 3. Aufl. München.

BRACHER, D. 1978: Schlüsselwörter in der Geschichte. Mit einer Betrachtung zum Totalitarismusproblem. Düsseldorf.

BRACHIN, P. 1987: Die niederländische Sprache. Eine Übersicht. Hamburg.

BRANDT, A. v. 1963: Werkzeug des Historikers. 3. Aufl. Stuttgart.

BRANDT, G. 1988: Volksmassen – sprachliche Kommunikation – Sprachentwicklung unter den Bedingungen der frühbürgerlichen Revolution (1517–1526). Berlin.

BRANDT, W. 1985: Hörfunk und Fernsehen in ihrer Bedeutung für die jüngste Geschichte des Deutschen. In: Sprachgeschichte 1985, S. 1669ff.

BRAUN, P. 1987: Tendenzen in der deutschen Gegenwartssprache. Sprachvarietäten. 2. Aufl. Stuttgart/Berlin/Köln/Mainz (3. Aufl. 1993)

BRAUNE, W. 1942/1994: Althochdeutsches Lesebuch. 10. Aufl. bearb. von K. HELM. Halle (Saale). 14. bis 17. Aufl. Bearb. von E. A. EBBINGHAUS. Tübingen.

BRAUNE, W. 1966: Gotische Grammatik. 17. Aufl. von E. A. EBBINGHAUS. Tübingen.

BRAUNE, W. 1987: Althochdeutsche Grammatik. 14. Aufl. v. H. EGGERS. Tübingen.

BRINKMANN, H. 1965: Sprachwandel und Sprachbewegungen in ahd. Zeit. In: H. B.: Studien zur Geschichte der deutschen Sprache und Literatur. Bd. 1. Düsseldorf, S. 9ff.

'Das bůch der tugenden' 1984: Ein Compendium des 14. Jahrhunderts. Bd. 1: Einleitung. Mittelhochdeutscher Text. Hg. von K. BERG/M. KASPER. Tübingen.

BUCK, C. D. 1949: A Dictionary of Selected Synonyms in the Principal Indo-European Languages. Chicago.

BÜHLER, K. 1934: Sprachtheorie. Die Darstellungsfunktion der Sprache. Jena.

BUMKE, J. 1986: Höfische Kultur. Literatur und Gesellschaft im hohen Mittelalter. München.

BUMKE, J. 1990: Geschichte der deutschen Literatur im hohen Mittelalter. München.

BÜRGISSER, M. 1988: Die Anfänge des frühneuhochdeutschen Schreibdialekts in Altbayern – dargestellt am Beispiel der ältesten deutschen Urkunden aus den bayerischen Herzogskanzleien. Stuttgart.

CARSTENSEN, B. 1990: Englische Einflüsse auf die deutsche Sprache nach 1945. In: Studium Generale an der Universität Würzburg im Wintersemester 1989/90. Würzburg.

CHERUBIM, D. 1979: Zum Problem der Ursachen des Sprachwandels. In: ZfDuL 46, S. 320ff.

CHERUBIM, D. 1983a: Sprachentwicklung und Sprachkritik im 19. Jahrhundert. Beiträge zur Konstitution einer pragmatischen Sprachgeschichte. In: Sprache und Literatur im historischen Prozeß. Vorträge des Deutschen Germanistentages in Aachen 1982. Bd. 2: Sprache. Hg. von T. CRAMER. Tübingen, S. 170ff.

CHERUBIM, D. 1983b: Zur bürgerlichen Sprache des 19. Jahrhunderts. Historisch-pragmatische Skizze. In: WW 33, S. 398ff.

CHERUBIM, D. 1984: Sprachgeschichte im Zeichen der linguistischen Pragmatik. In: Sprachgeschichte 1984, S. 802ff.

CHERUBIM, D./OBJARTEL, G./SCHIKORSKY, I. 1987: Geprägte Form, die lebend sich entwickelt. Beobachtungen zu institutionsbezogenen Texten des 19. Jahrhunderts. In: WW 37, S. 144ff.

Clavis Mediaevalis 1966. Hg. von R. KLAUSER/O. MEYER. Wiesbaden.

COETSEM, F. VAN 1970: Zur Entwicklung der germanischen Grundsprache. In: Grundriß, S. 1ff.

CONSTANTIN, T. 1988: Plaste und Elaste – ein deutsch-deutsches Wörterbuch. 4. Aufl. Berlin.

CORDES, G. 1973: Altniederdeutsches Elementarbuch. Mit einem Kapitel "Syntax" v. F. HOLTHAUSEN. Heidelberg.

CORSTEN, S. 1983: Der frühe Buchdruck und die Stadt. In: Studien zum städtischen Bildungswesen des späten Mittelalters und der frühen Neuzeit. Hg. von B. MOELLER/H. PATZE/K. STACKMANN. Göttingen, S. 9ff.

COSERIU, E. 1974: Synchronie, Diachronie und Geschichte. Das Problem des Sprachwandels. München.

COSERIU, E. 1975: Sprachtheorie und allgemeine Sprachwissenschaft. 5 Studien. München.

COSERIU, E. 1988: Einführung in die Allgemeine Sprachwissenschaft. Tübingen.

CRYSTAL, D. 1993: Die Cambridge Enzyklopädie der Sprache. Frankfurt/New York.

CURSCHMANN, M. 1987: 'Nibelungenlied' und 'Klage'. In: Die deutsche Literatur des Mittelalters. Verfasserlexikon. Bd. 6. 2. Aufl. Berlin/New York, Sp. 926ff.

DAL, I. 1966: Kurze deutsche Syntax. Auf historischer Grundlage. 3. Aufl. Tübingen.

DAL, I. 1971: Untersuchungen zur germanischen und deutschen Sprachgeschichte. Oslo/Bergen/Tromsö.

DEMETER, K. 1916: Studien zur Kurmainzer Kanzleisprache (1400–1500). Ein Beitrag zur Geschichte der neuhochdeutschen Schriftsprache. Darmstadt.

Denkmäler deutscher Poesie und Prosa aus dem 8. bis 12. Jahrhundert 1892. Hg. von K. MÜLLENHOFF/W. SCHERER. 3. Ausg. von E. STEINMEYER. Berlin.

Deutsch der Schweizer 1986: Das Deutsch der Schweizer. Zur Sprach- und Literatursituation der Schweiz. Hg. von H. LÖFFLER. Aarau/Frankfurt (Main)/Salzburg.

Deutsche Gegenwartsprache 1990. Tendenzen und Perspektiven. Hg. von G. STICKEL. Institut für deutsche Sprache. Jb. 1989. Berlin/New York.

Deutsche Lehnwortbildung 1987. Beiträge zur Erforschung der Wortbildung mit entlehnten WB-Einheiten im Deutschen. Von G. HOPPE/A. KIRKNESS/E. LINK/I. NORTMEYER/W. RETTICH/ G. D. SCHMIDT. Tübingen.

Deutsche Orthographie 1987: Von einem Autorenkollektiv unter Leitung von D. NERIUS. 2. Aufl. 1989. Leipzig.

DINZELBACHER, P. 1987: Volkskultur und Hochkultur im Spätmittelalter. In: Volkskultur des europäischen Spätmittelalters. Hg. von P. DINZELBACHER/H.-D. MÜCK. Stuttgart, S. 1ff.

DITTMAR, N./SCHLOBINSKI, P. 1988: Gibt es die Berliner Schnauze? In: Wandlungen einer Stadtsprache. Berlinisch in Vergangenheit und Gegenwart. Hg. von N. DITTMAR/P. SCHLOBINSKI. Berlin, S. 103ff.

DOMAŠNEV, A. I. 1983: Sovremennyj nemeckij jazyk v ego nacional'nych variantax. Leningrad.

DOMASCHNEW, A. I. 1991: Ade, DDR-Deutsch! Zum Abschluß einer sprachlichen Entwicklung. In: Muttersprache 101, S. 1ff.

DÖRING, B. 1984: Johann Christoph Adelung zum Verhältnis von Geschichte der Gesellschaft und Sprachgeschichte. In: Adelung, S. 205ff.

DROSDOWSKI, G./HENNE, H. 1980: Tendenzen der deutschen Gegenwartssprache. In: LGL, S. 619ff.

DRUX, R. 1984: Latein/Deutsch. In: Sprachgeschichte 1984, S. 854ff.

DÜCKERT, J. 1981: Naturwissenschaftliche und technische Fachlexik. In: Auswirkungen der industriellen Revolution auf die deutsche Sprachentwicklung im 19. Jahrhundert. Von einem Autorenkollektiv unter Leitung v. J. SCHILDT. Berlin, S. 102ff.

DUDEN, K. 1911: Orthographisches Wörterbuch der deutschen Sprache. 8. Aufl. Leipzig und Wien.

EBERT, R. P. 1978/1986: Historische Syntax des Deutschen. Stuttgart. Bd. 2 Bern, Frankfurt (Main).

EBERT, R.P. 1981: Social and Stylistic Variation in the Order of Auxiliary and Nonfinite Verbs in Dependent Clauses in Early New High German. In: Beiträge T 103, S. 204ff.

EGGERS, H. 1962: Zur Syntax der deutschen Sprache der Gegenwart. In: Studium Generale 15, S. 49ff.

EGGERS, H. 1973: Deutsche Sprache im 20. Jahrhundert. München.

EGGERS, H. 1963–1977/1986: Deutsche Sprachgeschichte. 4 Bde. Reinbek bei Hamburg. 2. Aufl. in 2 Bden. 1986.

EGGERS, H. 1984: Deutsche Sprache und Gesellschaft in historischer Sicht. In: Sprachgeschichte 1984, S. 38ff.

EICHHOFF, J. 1977/1978/1993: Wortatlas der deutschen Umgangssprache. 3 Bde. Bonn/München.

EICHHOFF, J. 1988: Die Wertung landschaftlicher Bezeichnungsvarianten in der deutschen Standardsprache. In: Deutscher Wortschatz. Lexikologische Studien. L. E. Schmitt zum 80. Geburtstag. Hg. von H. H. MUNSKE/P. v. POLENZ/O. REICHMANN/R. HILDEBRANDT. Berlin/New York, S. 511ff.

EIS, G. 1958: Historische Laut- und Formenlehre des Mittelhochdeutschen. Halle (Saale).

ELST, G. v. D. 1984: Zur Entwicklung des deutschen Kasussystems. Ein Beispiel für Sprachökonomie. In: ZGL 12, S. 313ff.

ELST, G. v. D. 1987: Aspekte zur Entstehung der neuhochdeutschen Schriftsprache. Erlangen.

ENDERMANN, H. 1980: Die Sprache Thomas Müntzers in ihren Lauten und Formen. Diss. B. Jena.

ENDRES, R. 1983: Das Schulwesen in Franken im ausgehenden Mittelalter. In: Studien zum städtischen Bildungswesen des späten Mittelalters und der frühen Neuzeit. Hg. von B. MOELLER/H. PATZE/K. STACKMANN. Göttingen, S. 173ff.

ENGELS, F. 1952/1973: Zur Geschichte und Sprache der deutschen Frühzeit. Berlin.

ENGELSING, R. 1973: Analphabetentum und Lektüre. Zur Sozialgeschichte des Lesens in Deutschland zwischen feudaler und industrieller Gesellschaft. Stuttgart.

Entwicklungstendenzen in der deutschen Gegenwartssprache 1988. Hg. von K.-E. SOMMERFELDT. Leipzig.

ERBEN, J. 1950: Syntaktische Untersuchungen zu einer Grundlegung der Geschichte der indefiniten Pronomina im Deutschen. In: Beiträge H 72, S. 193ff.

ERBEN, J. 1954: Grundzüge einer Syntax der Sprache Luthers. Berlin.

ERBEN, J. 1970: Frühneuhochdeutsch. In: Grundriß, S. 386ff.

ERBEN, J. 1974: Luther und die neuhochdeutsche Schriftsprache. In: Deutsche Wortgeschichte. Bd. 1. 3. Aufl. von F. MAURER/H. RUPP. Berlin/New York, S. 509ff.

ERBEN, J. 1983: Einführung in die deutsche Wortbildungslehre. 2. Aufl. Berlin.

ERBEN, J. 1985: Luthers Bibelübersetzung. In: Martin Luther im Spiegel heutiger Wissenschaft. Hg. von K. SCHÄFERDIEK. Bonn, S. 33ff.

ERNI, C. 1949: Der Übergang des Schrifttums der Stadt Bern zur neuhochdeutschen Schriftsprache. Diss. Thusis.

ESSEN, O. v. 1979: Allgemeine und angewandte Phonetik. 5. Aufl. Berlin.

Ethnogenese europäischer Völker 1986: Hg. von W. BERNHARD u. a. KANDLER-PALSSON. Stuttgart/New York.

Etymologisches Wörterbuch des Deutschen 1989. Erarbeitet von einem Autorenkollektiv unter der Leitung von W. PFEIFER. 3 Bde. Berlin. 2. Aufl. in 2 Bden. 1993.

FALK, H./TORP, A. 1979: Wortschatz der germanischen Spracheinheit. 5. Aufl. Göttingen.

Familiennamenbuch 1989. Hg. von H. NAUMANN. 2. Aufl. Leipzig.

FEUDEL, G. 1961: Das Evangelistar der Berliner Handschrift Ms. germ. 4° 533. 2 Tle. Berlin.

FISCHER, A. 1987: Das Genitivobjekt und damit konkurrierende Objekte nach Verben in Leipziger Frühdrucken. In: Zum Sprachwandel in der deutschen Literatursprache des 16. Jahrhunderts. Studien – Analysen – Probleme. Autorenkollektiv unter Leitung von J. SCHILDT. Berlin, S. 267ff.

FISCHER, A. 1991: Varianten im Objektbereich genitivfähiger Verben in der deutschen Literatursprache (1570–1730). In: Aspekte des Sprachwandels in der deutschen Literatursprache 1570–1730. Hg. von J. SCHILDT. Berlin, S. 273ff.

FISCHER, R. [u. a.] 1963: Namen deutscher Städte. Berlin.

FLECKENSTEIN, J. 1976: Rittertum und höfische Kultur. In: Jahrbuch der Max-Planck-Gesellschaft, S. 40ff.

FLEISCHER, W. 1965: Zum Verhältnis von Phonem und Graphem bei der Herausbildung der neuhochdeutschen Schriftsprache. In: WZ Jena, S. 461ff.

FLEISCHER, W. 1966: Strukturelle Untersuchungen zur Geschichte des Neuhochdeutschen. Berlin.

FLEISCHER, W. 1976: Wortbildung der deutschen Gegenwartssprache. 4. Aufl. Leipzig.

FLEISCHER, W. 1978: Zu Herders Auffassungen über Sprachgebrauch und Stil. In: Johann Gottfried Herder (Zum 175. Todestag am 18. Dez. 1978). SB AdW 8 G. Berlin, S. 83ff.

FLEISCHER, W. 1981: Sprachverwendung im Klasseninteresse. In: Auswirkungen der industriellen Revolution auf die deutsche Sprachentwicklung im 19. Jahrhundert. Von einem Autorenkollektiv unter Leitung von J. SCHILDT. Berlin, S. 255ff.

FLEISCHER, W. 1988: Charakteristika frühneuhochdeutscher Wortbildung. In: Stud. Frnhd., S. 185ff.

FLEMMING, W./STADLER, U. 1974: Vom Barock bis zur Gegenwart. In: Deutsche Wortgeschichte. Hg. von F. MAURER/H. RUPP. Bd. 2. 3. Aufl. Berlin / New York, S. 3ff.

FOERSTE, W. 1957: Geschichte der niederdeutschen Mundarten. In: Deutsche Philologie im Aufriß. Bd. 1. Hg. von W. STAMMLER. 2. Aufl. Berlin, Sp. 1729ff.

FOURQUET, J. 1963: Einige unklare Punkte der deutschen Lautgeschichte in phonologischer Sicht. In: Die Wissenschaft von deutscher Sprache und Dichtung. Methoden, Probleme, Aufgaben. Fs. F. MAURER. Stuttgart, S. 84ff.

FOURQUET, J. 1967: Umbau der Lehrbücher der historischen Lautlehre im Sinne der Phonologie. In: Phonologie der Gegenwart. Vorträge und Diskussionen anläßlich der Internationalen Phonologie-Tagung in Wien 30. VIII.–3. IX. 1966. Graz/Wien/Köln, S. 211ff.

FOURQUET, J. 1974: Genetische Betrachtungen über den deutschen Satzbau. In: Studien zur deutschen Literatur und Sprache des Mittelalters. Fs. HUGO MOSER. Berlin, S. 314ff.

FRANCK, J. 1971a: Altfränkische Grammatik. 2. Aufl. Göttingen.

FRANCK, J. 1971b: Mittelniederländische Grammatik. Arnheim (Nachdruck der 2. Aufl. 1910).

FRANKE, C. 1913–1922: Grundzüge der Schriftsprache Luthers. 3 Bde. 2. Aufl. Halle (Saale).

FRATZKE, U. 1978: "Klassenkampf" – Entwicklung und Gebrauch eines marxistischen Terminus. In: Zum Einfluß von Marx und Engels auf die deutsche Literatursprache. Studien zum Wortschatz der Arbeiterklasse im 19. Jahrhundert. Autorenkollektiv unter der Leitung von J. SCHILDT. Berlin, S. 57ff.

Freidank 1872: Fridankes Bescheidenheit. Hg. von H. E. BEZZENBERGER. Halle (Saale).

FREIN-PLISCHKE, M. L. 1987: Wortschatz Bundesrepublik – DDR. Semantische Untersuchungen anhand von Personalkollektiva. Düsseldorf.

FREYTAG, H. 1974: Frühmittelhochdeutsch (1065–1170). In: Deutsche Wortgeschichte. Hg. von F. MAURER/H. RUPP. Bd. 1. 3. Aufl. Berlin/New York, S. 165ff.

FRICKE, K. D. 1978: "Dem Volk aufs Maul schauen". Bemerkungen zu Luthers Verdeutschungsgrundsätzen. In: Eine Bibel – viele Übersetzungen. Not oder Notwendigkeit? Hg. von S. MEURER. Stuttgart, S. 98ff.

FRINGS, T. 1956: Sprache und Geschichte III. Mit Beiträgen von K. GLEISSNER/ R. GROSSE/ H. PROTZE. Halle (Saale).

FRINGS, T. 1957: Grundlegung einer Geschichte der deutschen Sprache. 3. Aufl. Halle (Saale).

FROMM, H. 1957/58: Die ältesten germanischen Lehnwörter im Finnischen. In: ZfdA 88, S. 81ff., 211ff., 299ff.

Der Fruchtbringenden Gesellschaft Vorhaben, Namen, Gemälde und Wörter. Faksimile des ersten Bandes des im Historischen Museum Köthen aufbewahrten Gesellschaftsbuches Fürst Ludwigs I. von Anhalt-Köthen. 1985. Hg. von K. CONERMANN. Weinheim/Deerfield Beach (Fl.).

Frühneuhochdeutsch 1987: Zum Stand der sprachwissenschaftlichen Forschung. Besorgt von W. BESCH/K.-P. WEGERA. Berlin. In: ZfdPh 106, Sonderheft.

Frühneuhochdeutsche Grammatik 1993. Von R. P. EBERT, H.-J. SOLMS, O. REICHMANN, K.-P. WEGERA. Tübingen.

Frühneuhochdeutsches Lesebuch 1988. Hg. von O. REICHMANN/K.-P. WEGERA. Tübingen.

Frühneuhochdeutsches Wörterbuch 1989ff. Hg. von R. A. ANDERSON/U. GÖBEL/O. REICHMANN. Bd. 1ff. Berlin/New York.

FUHRMANN, H. 1978: Deutsche Geschichte im hohen Mittelalter von der Mitte des 11. bis zum Ende des 12. Jahrhunderts. Göttingen.

FUNDINGER, K. 1899: Die Darstellung der Sprache des Erasmus Alberus. Diss. Heidelberg.

GABRIELSSON, A. 1983: Die Verdrängung der mittelniederdeutschen durch die neuhochdeutsche Schriftsprache. In: Handbuch der niederdeutschen Sprach- und Literaturwissenschaft. Hg. von G. CORDES/D. MÖHN. Berlin, S. 119ff.

GÄRTNER, K. 1981: Asyndetische Relativsätze in der Geschichte des Deutschen. In: ZGL 9, S. 152ff.

GEORGIEV, V. I. 1966: Introduzione alla storia delle lingue indoeuropee. Rom.

GERDES, U./SPELLERBERG G. 1972: Althochdeutsch – Mittelhochdeutsch. Frankfurt (Main).

Germanenprobleme aus heutiger Sicht 1986. Hg. von H. BECK. Berlin/New York.

Germanische Rest- und Trümmersprachen 1989. Hg. von H. BECK. Berlin/New York.

GERNENTZ, H. J. 1980: Niederdeutsch – gestern und heute. Beiträge zur Sprachsituation in den Nordbezirken der Deutschen Demokratischen Republik in Geschichte und Gegenwart. Rostock.

GERNENTZ, H. J. 1980a: Zum hochdeutsch-niederdeutschen Austauschprozeß bei der Ausbildung der deutschen Literatursprache. In: ZPSK 33, S. 318ff.

GERNENTZ, H. J. 1987: Die Entwicklung des Mittelniederdeutschen durch den Einfluß des Hochdeutschen in der Zeit der Reformation, unter besonderer Berücksichtigung des Rostocker Raumes. In: Sprachkontakt in der Hanse. Aspekte des Sprachausgleichs im Ostsee- und Nordseeraum. Akten des 7. Internationalen Symposions über Sprachkontakt in Europa. Lübeck 1986. Tübingen, S. 51ff.

Geschichtliche Grundbegriffe 1972ff.: Geschichtliche Grundbegriffe. Historisches Lexikon der politisch-sozialen Sprache in Deutschland. Hg. von O. BRUNNER/W. CONZE/R. KOSELLECK. Bd. 1–5. Stuttgart.

GESSINGER, J. 1980: Sprache und Bürgertum. Zur Sozialgeschichte sprachlicher Verkehrsformen im Deutschland des 18. Jahrhunderts. Stuttgart.

GIESECKE, M. 1980: 'Volkssprache' und 'Verschriftlichung des Lebens' im Spätmittelalter – am Beispiel der gedruckten Fachprosa in Deutschland. In: H. U. GUMBRECHT (Hg.): Literatur in der Gesellschaft des Spätmittelalters. Heidelberg, S. 39ff.

GIESECKE, M. 1991: Der Buchdruck in der frühen Neuzeit. Eine historische Fallstudie über die Durchsetzung neuer Informations- und Kommunikationstechnologien. Frankfurt (Main).

GLEISSNER, K. 1935: Urkunde und Mundart auf Grund der Urkundensprache der Vögte von Weida, Gera und Plauen. Halle (Saale).

GLOGGENGIESSER, G. 1949: Der Teuerdank. Diss. München.

GLÜCK, H., SAUER, W. W. 1990: Gegenwartsdeutsch. Stuttgart.

Goethe-Wörterbuch 1978ff. Hg. von der Akademie der Wissenschaften der DDR, der Akademie der Wissenschaften in Göttingen und der Heidelberger Akademie der Wissenschaften. Bd. 1ff. Stuttgart/Berlin/Köln/Mainz.

GOOSSENS, J. 1974: Historische Phonologie des Niederländischen. Tübingen.

GOOSSENS, J. 1977: Deutsche Dialektologie. Berlin/New York.

GOOSSENS, J. 1978: Das Westmitteldeutsche und die zweite Lautverschiebung. In: ZfDuL 45, S. 281ff.

GOTTFRIED VON STRASSBURG 1978: Tristan. Hg. von R. BECHSTEIN/P. GANZ. Wiesbaden.

GRÄF, H. 1905: Die Entwicklung des deutschen Artikels vom Althochdeutschen zum Mittelhochdeutschen. Diss. Gießen.

Grammatik des Frühneuhochdeutschen 1970ff. Beiträge zur Laut- und Formenlehre. Bd. 1ff. Hg. von H. MOSER/H. STOPP/W. BESCH. Heidelberg.

GRASS, K. M. 1974: Emanzipation. In: Geschichtliche Grundbegriffe. Historisches Lexikon zur politisch-sozialen Sprache in Deutschland. Hg. von O. BRUNNER, W. CONZE, R. KOSELLECK. Bd. 2, S. 153ff.

GRIMM, J. 1870–1898: Deutsche Grammatik. 4 Tle. 2. Ausg. Berlin.

GRIMM, W. 1988: Über deutsche Runen. Mit einer Einführung von W. MORGENROTH/A. SPREU. Wien/Köln/Graz.

Das Grimmsche Wörterbuch 1987. Untersuchungen zur lexikographischen Methodologie. Hg. von J. DÜCKERT. Leipzig.

GROSSE, R. 1955: Die Meißnische Sprachlandschaft. Halle (Saale).

GROSSE, R. 1961: Mundarten und Schriftsprache im obersächsischen Raum. In: Sächsische Heimatblätter, S. 162ff.

GROSSE, R. 1964: Die mitteldeutsch-niederdeutschen Handschriften des Schwabenspiegels in seiner Kurzform. Berlin.

GROSSE, R. 1978: Zur Stellung Herders in der Geschichte der deutschen Sprache. In: Johann Gottfried Herder (Zum 175. Todestag am 18. Dez. 1978). Berlin, S. 75ff.

GROSSE, R. 1983: Luthers Bedeutung für die Herausbildung einer nationalen deutschen Literatursprache. In: Martin Luther. Kolloquium anläßlich der 500. Wiederkehr seines Geburtstages (10. November 1983). Berlin, S. 42ff.

GROSSE, R. 1988: Zur Wechselflexion im Singular Präsens der starken Verben – Lautwandel oder Analogie? In: Stud. Frnhd., S. 161ff.

GROSSE, R./NEUBERT, A. 1982: Soziolinguistische Aspekte der Theorie des Sprachwandels. Berlin.

GROSSE, S. 1985: Syntax des Mittelhochdeutschen. In: Sprachgeschichte 1985, S. 1186ff.

GRUBMÜLLER, K. 1984: Gegebenheiten deutschsprachiger Textüberlieferung bis zum Ausgang des Mittelalters. In: Sprachgeschichte 1984, S. 214ff.

GUCHMANN, M. M. 1964 und 1969: Der Weg zur deutschen Nationalsprache. 2 Tle. Berlin.

GUCHMANN, M. M./SEMENJUK, N. N. 1983: Geschichte der deutschen Literatursprache vom 9. bis 15. Jahrhundert. (In russ. Sprache). Moskva.

GUCHMANN, M. M./SEMENJUK, N. N./BABENKO, N. S. 1984: Geschichte der deutschen Literatursprache vom 16. bis 18. Jahrhundert. (In russ. Sprache). Moskva.

GUMBEL, H. 1930: Deutsche Sonderrenaissance in deutscher Prosa. Frankfurt (Main). (Nachdruck Hildesheim 1965.)

GÜRTLER, H. 1912/1913: Zur Geschichte der deutschen er-Plurale, besonders im Frühneuhochdeutschen. In: Beiträge H 37, S. 492ff.; 38, 67ff.

HAARMANN, H. 1990: Universalgeschichte der Schrift. Frankfurt (Main).

HAGE, E./R. SCHMITT 1988: Deutschunterricht und Computer. Bamberg.

VON HAHN, W. 1983: Fachkommunikation. Entwicklung – Linguistische Konzepte – Betriebliche Beispiele. Berlin/New York.

HAMMARSTRÖM, E. 1923: Zur Stellung des Verbums in der deutschen Sprache. Lund.

HANKAMER, P. 1965: Die Sprache. Ihr Begriff und ihre Deutung im sechzehnten und siebzehnten Jahrhundert. Hildesheim.

HANNIG, J. 1990: Mittelalter. In: Das Fischer-Lexikon Geschichte. Hg. von R. v. DÜLMEN. Frankfurt (Main), S. 346ff.

HARTIG, J. 1985: Soziokulturelle Voraussetzungen und Sprachraum des Altniederdeutschen (Altsächsischen). In: Sprachgeschichte 1985, S. 1069ff.

HARTMANN VON AUE 1953: Der arme Heinrich. Hg. von H. PAUL. 10. Aufl. von L. WOLFF. Halle (Saale).

HARTMANN VON AUE 1968: Iwein. Hg. von G. F. BENECKE/K. LACHMANN/L. WOLFF. 7. Ausg. Berlin.

HARTMANN VON AUE 1973: Der arme Heinrich. Fassung der Handschrift Bb. Abbildungen aus dem Kaloczaer Kodex. Hg. von C. SOMMER. Göppingen.

HARTMANN VON AUE 1984: Gregorius. Hg. von H. PAUL. 13. Aufl. von B. WACHINGER. Tübingen.

HARTMANN, E. 1922: Beiträge zur Sprache Albrecht Dürers. Diss. Halle (Saale).

HARTUNG, W. 1990: Einheitlichkeit und Differenziertheit der deutschen Sprache. In: ZfG 11, S. 385ff.

HARTWEG, F. 1982: Die Sprache der Erfurter Nachdrucke der Zwölf Artikel der Bauern (1525). In: BES 2, S. 231ff.

HARTWEG, F. 1985: Die Rolle des Buchdrucks für die frühneuhochdeutsche Sprachgeschichte. In: Sprachgeschichte 1985, S. 1415ff.

HARTWEG, F./K.-P. WEGERA 1989: Frühneuhochdeutsch. Eine Einführung in die deutsche Sprache des Spätmittelalters und der frühen Neuzeit. Tübingen.

HAUDRY, J. 1979: L'indo-europén. Paris.

HECHT, W. 1967: Nachwort zu SCHOTTELIUS 1963. Tübingen.

HEHN, V. 1887: Kulturpflanzen und Haustiere. Historisch-linguistische Skizzen. 5. Aufl. Berlin.

HEINEMANN, M. 1990: Kleines Wörterbuch der Jugendsprache. Leipzig.

HEINEMANN, W. 1967–70: Zur Ständedidaxe in der deutschen Literatur des 13.–15. Jahrhunderts. In: Beiträge H 88, S. 1–90; 89, S. 290–403; 92, 388–437.

HEINRICH VON VELDEKE 1852. Hg. von L. ETTMÜLLER. Leipzig.

HEINRICHS, H. M. 1961: 'Wye grois dan dn andait eff andacht is . . .' Überlegungen zur Frage der sprachlichen Grundschicht im Mittelalter. In: ZfMaf 28, S. 97ff.

HELBIG, G. 1986: Geschichte der neueren Sprachwissenschaft. Unter dem besonderen Aspekt der Grammatik-Theorie. Leipzig.

HELBIG/BUSCHA, J. 1984: Deutsche Grammatik. Ein Handbuch für den Ausländerunterricht. 8. Aufl. Leipzig.

HELLER, K. 1994: Rechtschreibreform. In: Sprachreport. Hg. vom Institut für deutsche Sprache. Mannheim.

HELLMANN, M. W. 1980: Deutsche Sprache in der Bundesrepublik Deutschland und der Deutschen Demokratischen Republik. In: LGL, S. 519ff.

HELM, K. 1980: Abriß der mittelhochdeutschen Grammatik. 5. Aufl. bearb. von E. A. EBBINGHAUS. Tübingen.

HEMPEL, H. 1962: Gotisches Elementarbuch. 3. Aufl. Berlin.

HENNE, H. 1966: Hochsprache und Mundart im schlesischen Barock. Studien zum literarischen Wortschatz in der ersten Hälfte des 17. Jahrhunderts. Köln/Graz.

HENNE, H. 1975: Deutsche Wörterbücher des 17. und 18. Jahrhunderts. Einführung und

Bibliographie. Hg. v. H. HENNE. Hildesheim, New York.

HENNE, H. 1984: Johann Christoph Adelung – Leitbild und Stein des Anstoßes. Zur Konstitutionsproblematik gegenwartsbezogener Sprachforschung. In: Adelung, S. 98ff.

HENZEN, W. 1954: Schriftsprache und Mundarten. Ein Überblick über ihr Verhältnis und ihre Zwischenstufen im Deutschen. 2. Aufl. Bern.

HENZEN, W. 1965: Deutsche Wortbildung. 3. Aufl. Tübingen.

HERMANN-WINTER, R. 1990: Deutsche Demokratische Republik. In: Deutsche Gegenwartssprache. Tendenzen und Perspektiven. Hg. von G. STICKEL. Berlin, New York, S. 184ff.

HERRLITZ, W. 1970: Historische Phonologie des Deutschen. Tl. 1: Vokalismus. Tübingen.

HESS-LÜTTICH, E. W. B. 1987: Angewandte Sprachsoziologie. Eine Einführung in linguistische, soziologische und pädagogische Ansätze. Stuttgart.

HETTRICH, H. 1985: Indo-European Kinship Terminology in Linguistic and Anthropology. In: Anthropological Linguistics Vol. 27, S. 453ff.

HEUSLER, A. 1921: Altisländisches Elementarbuch. 2. Aufl. Heidelberg.

HEUSLER, A. 1956: Deutsche Versgeschichte. 3 Bde. 2. Aufl. Berlin (1. Aufl. 1925–29. Berlin/Leipzig).

HIERSCHE, R. 1986ff.: Deutsches etymologisches Wörterbuch. Heidelberg.

HILDEBRANDT, R. 1984: Der Beitrag der Sprachgeographie zur Sprachgeschichtsforschung. In: Sprachgeschichte 1984, S. 347ff.

HIRT, H. 1894: Die Verwandtschaftsverhältnisse der Indogermanen. In: Idg. Forschungen 4, S. 36ff.

HIRT, H. 1925: Geschichte der deutschen Sprache. 2. Aufl. München.

HÖCHLI, S. 1981: Zur Geschichte der Interpunktion im Deutschen. Eine kritische Darstellung der Lehrschriften von der zweiten Hälfte des 15. Jahrhunderts bis zum Ende des 18. Jahrhunderts. Berlin/New York.

HOFFMANN, F. 1979: Sprachen in Luxemburg. Wiesbaden.

HÖFLER, O. 1956: Die hochdeutsche Lautverschiebung und ihre Gegenstücke bei den Goten, Vandalen, Langobarden und Burgundern. In: Anzeiger der Phil.-Hist. Klasse der Österreichischen Akademie der Wissenschaften 24, S. 294ff.

HÖFLER, O. 1957: Die zweite Lautverschiebung bei Ost- und Westgermanen. In: Beiträge T 79, S. 161ff.

HOLTHAUSEN, F. 1921: Altsächsisches Elementarbuch. 2. Aufl. Heidelberg.

HOLZBERG, N. 1984: Griechisch/Deutsch. In: Sprachgeschichte 1984, S. 861ff.

HOTZENKÖCHERLE, R. 1962: Entwicklungsgeschichtliche Grundzüge des Neuhochdeutschen. In: WW 12, S. 321ff.

HUFELAND, K. 1985: Rhetorik und Stil des Mittelhochdeutschen. In: Sprachgeschichte 1985, S. 1191ff.

HÜPPER, D. 1987: Apud Thiuduscos. Zu frühen Selbstzeugnissen einer Sprachgemeinschaft. In: Althochdeutsch Bd. 2, S. 1059ff.

HUTTERER, C. J. 1969: Die Sprache der germanischen Stämme. In: Kleine Enzyklopädie. Die deutsche Sprache. Hg. von E. AGRICOLA/W. FLEISCHER/H. PROTZE. Bd. 1. Leipzig, S. 75ff.

HUTTERER, C. J. 1975/1987/1990: Die germanischen Sprachen. Ihre Geschichte in Grundzügen. 2., dt. Aufl. Budapest. 3. Aufl. Wiesbaden.

ISING, E. 1956: Die Begriffe "Umlaut" und "Ablaut" in der Terminologie der frühen deutschsprachigen Grammatik. In: R. HIERSCHE/E. ISING/G. GINSCHEL: Aus der Arbeit an einem historischen Wörterbuch der sprachwissenschaftlichen Terminologie. Berlin, S. 21ff.

ISING, E. 1959: Wolfgang Ratkes Schriften zur deutschen Grammatik (1612–1630). Berlin.

JÄGER, G. 1969: Die indoeuropäischen Sprachen. In: Kleine Enzyklopädie. Die deutsche Sprache. Hg. von E. AGRICOLA/W. FLEISCHER/H. PROTZE. Bd. 1. Leipzig, S. 61ff.

JÄGER, L. 1984: Das Verhältnis von Synchronie und Diachronie in der Sprachgeschichtsforschung. In: Sprachgeschichte 1984, S. 711ff.

JELLINEK, M. H. 1913 und 1914: Geschichte der neuhochdeutschen Grammatik von den Anfängen bis auf Adelung. 2 Bde. Heidelberg.

JOSTEN, D. 1976: Sprachvorbild und Sprachnorm im Urteil des 16. und 17. Jahrhunderts. Sprachlandschaftliche Prioritäten, Sprachautoritäten, sprachimmanente Argumentation. Bonn/Frankfurt (Main).

KÄMPF, G. 1966: Die Sprache der 'Unterweisung zur Vollkommenheit'. Ein Beitrag zur Sprachgeschichte der thüringischen literarischen Texte des 13. und 14. Jahrhunderts. Diss. Jena.

KARG, K. 1884: Die Sprache H. Steinhöwels. Beitrag zur Laut- und Flexionslehre des Mittelhochdeutschen im 15. Jahrhundert. Heidelberg.

KARSTIEN, C. 1939: Historische deutsche Grammatik. Bd. 1. Heidelberg.

KARTSCHOKE D. 1990: Geschichte der deutschen Literatur im frühen Mittelalter. München.

KÄSTNER H./SCHÜTZ, E./SCHWITALLA, J. 1985: Die Textsorten des Frühneuhochdeutschen. In: Sprachgeschichte 1985, S. 1355ff.

KEHREIN, J. 1854–1856: Grammatik der deutschen Sprache des fünfzehnten bis siebzehnten Jahrhunderts. Leipzig.

KEIENBURG, M. 1934: Studien zur Wortstellung bei Predigern des 13. und 14. Jahrhunderts sowie bei Johannes von Saaz. Diss. Köln.

Keller, R. 1990: Sprachwandel. Von der unsichtbaren Hand in der Sprache. Tübingen.

KELLER, R. E. 1978: The German language. London/Boston.

KERN, P. C./ZUTT. H. 1977: Geschichte des deutschen Flexionssystems. Tübingen.

KETTMANN, G. 1969: Die kursächsische Kanzleisprache zwischen 1486 und 1546. Studien zum Aufbau und zur Entwicklung. 2. Aufl. Berlin.

KETTMANN, G. 1980a: Zur Entwicklung der deutschen Umgangssprache in der zweiten Hälfte des 19. Jahrhunderts. In: ZPSK 33, S. 426ff.

KETTMANN, G. 1980b: Sprachverwendung und industrielle Revolution. Studien zu den Bedingungen umgangssprachlicher Entwicklung und zur Rolle der Umgangssprache in der zweiten Hälfte des 19. Jahrhunderts. In: LS/ZISW/A 66/I. Berlin, S. 1ff.

KETTMANN, G. 1981: Die Existenzformen der deutschen Sprache im 19. Jahrhundert – ihre Entwicklung und ihr Verhältnis zueinander unter den Bedingungen der industriellen Revolution. In: Auswirkungen der industriellen Revolution auf die deutsche Sprachentwicklung im 19. Jahrhundert. Von einem Autorenkollektiv unter der Leitung von J. SCHILDT. Berlin, S. 35ff.

KETTMANN, G. 1987: Zum Graphemgebrauch in der Wittenberger Druckersprache. Variantenbestand und Variantenanwendung. In: Sprachwandel in der deutschen Literatursprache des 16. Jahrhunderts. Hg. von J. SCHILDT. Berlin, S. 21ff.

KIENLE, R. v. 1969: Historische Laut- und Formenlehre des Deutschen. 2. Aufl. Tübingen.

KIEPE, H. 1983: Die älteste deutsche Fibel. Leseunterricht und deutsche Grammatik von 1486. In: Studien zum städtischen Bildungswesen des späten Mittelalters und der frühen Neuzeit. Hg. von B. MOELLER/H. PATZE/K. STACKMANN. Göttingen, S. 453ff.

KINDER, H./HILGEMANN, W. 1964: dtv-Atlas zur Weltgeschichte. 2 Bde. München.

KINNE, M./SCHWITALLA, J. 1994: Sprache im Nationalsozialismus. Heidelberg.

KIRCHERT, K. 1984: Grundsätzliches zur Bibelverdeutschung im Mittelalter. In: ZfdA 113, S. 61ff.

KIRCHHOFF, H. G. 1957: Zur deutschsprachigen Urkunde des 13. Jahrhunderts. In: Archiv für Diplomatik 3, S. 286ff.

KIRKNESS, A. 1984: Das Phänomen des Purismus in der Geschichte des Deutschen. In: Sprachgeschichte 1984, S. 290ff.

KLEIN, T. 1985: Heinrich von Veldeke und die mitteldeutschen Literatursprachen. In: T. KLEIN/C. MINIS: Zwei Studien zu Veldeke und zum Straßburger Alexander. Amsterdam, S. 1ff.

Kleinere deutsche Gedichte des 11. und 12. Jahrhunderts 1970. Nach der Ausgabe von A. WAAG hg. von H. J. GERNENTZ. Leipzig.

KLEMPERER, V. 1980: LTI. Notizbuch eines Philologen. 6. Aufl. Leipzig.

KLÖTZER, W. 1983: Schwerpunkte kulturellen Lebens in der mittelalterlichen Stadt, mit besonderer Berücksichtigung von Frankfurt am Main. In: Stadt und Kultur. Hg. von H. E. SPECKER. Sigmaringen, S. 29ff.

KLUGE, F. 1918: Von Luther bis Lessing. 5. Aufl. Leipzig. 4. Aufl. Straßburg 1904.

KLUGE, F. 1925: Deutsche Sprachgeschichte. 2. Aufl. Leipzig.

KLUGE, F. 1989: Etymologisches Wörterbuch der deutschen Sprache. 22. Aufl. v. E. SEEBOLD. Berlin/New York.

KNOBLOCH, J. 1961ff.: Sprachwissenschaftliches Wörterbuch. Lfg. 1ff. Heidelberg.

KNOOP, U. 1987: Beschreibungsprinzipien der neueren Sprachgeschichte. Eine kritische Sichtung der sprachwissenschaftlichen, soziologischen, sozialhistorischen und geschichtswissenschaftlichen Begrifflichkeit. In: Germanistische Linguistik 91/92, S. 11ff.

KOENRAADS, W. H. A. 1953: Studien über sprachökonomische Entwicklungen im Deutschen. Amsterdam.

Kommunikationstheoretische Grundlagen des Sprachwandels 1980. Hg. von H. LÜDTKE. Berlin/New York.

KÖNIG, W. 1989: dtv-Atlas zur deutschen Sprache. 7. Aufl. München.

KORLÉN, G. 1983: Deutsch in der Deutschen Demokratischen Republik. Bemerkungen zum DDR-Wortschatz. In: Tendenzen, Formen und Strukturen der deutschen Standardsprache nach 1945. Vier Beiträge zum Deutsch in Österreich, der Schweiz, der Bundesrepublik Deutschland und der Deutschen Demokratischen Republik von I. REIFFENSTEIN/H. RUPP/P. v. POLENZ/G. KORLÉN. Marburg, S. 61ff.

KRAHE, H. 1954: Sprache und Vorzeit. Heidelberg.

KRAHE, H. 1985: Indogermanische Sprachwissenschaft. 6. Aufl. Berlin.

KRAHE, H./MEID, W. 1969: Germanische Sprachwissenschaft. 3 Bde. 7. Aufl. Berlin.

KRANZMAYER, E. 1956: Historische Lautgeographie des gesamtbairischen Dialektraumes. Wien.

KRAUSE, W. 1966: Die Runeninschriften im ältesten Futhark. Göttingen.

KRAUSE, W. 1968: Handbuch des Gotischen. 3. Aufl. München.

KRIEGESMANN, A. 1990: Die Entstehung der neuhochdeutschen Schriftsprache im Widerstreit der Theorien. Frankfurt (Main)/Bern/New York/Paris.

KROESCHELL, K. 1972: Deutsche Rechtsgeschichte. Bd. 1. Reinbek.

KRÜGER, B. [u. a.] 1978: Die Germanen. Bd. 1. 2. Aufl. Berlin.

KUFNER, H. L. 1957: History of the Middle Bavarian vocalism. In: Language 33, S. 519ff.

KUFNER, H. L. 1972: The grouping and separation of the Germanic languages. In: Toward a Grammar of Proto-Germanic, S. 71ff.

KUHN, H. 1980: Entwürfe zu einer Literatursystematik des Spätmittelalters. Tübingen.

KURKA, E. 1978: 'Ausbeutung' – Bezeichnungen für den sozialökonomischen Sachverhalt. In: Zum Einfluß von Marx und Engels auf die deutsche Literatursprache. Studien zum Wortschatz der Arbeiterklasse im 19. Jahrhundert. Autorenkollektiv unter der Leitung von J. SCHILDT. Berlin, S. 19ff.

KURKA, E. 1980: Die deutsche Aussprachenorm im 19. Jahrhundert – Entwicklungstendenzen und Probleme ihrer Kodifizierung vor 1898. In: LS/ZISW/A 66/II. Berlin, S. 1ff.

LACHMANN, K. 1820: Auswahl aus den hochdeutschen Dichtern des 13. Jahrhunderts. Berlin.

LACHMANN, K. 1876: Kleinere Schriften zur deutschen Philologie. Hg. von MÜLLENHOFF u. VAHLEN. Berlin.

LANGEN, A. 1957/1978: Deutsche Sprachgeschichte vom Barock bis zur Gegenwart. In: Deutsche Philologie im Aufriß. Bd. 1. 2. Aufl. Berlin (unveränderter Nachdruck), Sp. 931ff.

LANGEN, A 1974: Der Wortschatz des 18. Jahrhunderts. In: Deutsche Wortgeschichte. Hg. von F. MAURER/H. RUPP. Bd. 2. 3. Aufl. Berlin/New York.

LANGNER, H. 1980: Entwicklungstendenzen in der deutschen Sprache der Gegenwart. Überblick über wichtige Erscheinungen und Probleme. In: WZ Potsdam 24, S. 673ff.

LANGNER, H. 1982: Zu einigen Grundpositionen, Problemen und Aufgaben der Periodisierung der deutschen Sprachgeschichte. In: Zur Periodisierung der deutschen Sprachgeschichte. Prinzipien – Probleme – Aufgaben. Hg. von J. SCHILDT. LS/ZISW/A 88. Berlin, S. 83ff.

LANGNER, H. 1984: Zum Einfluß der Umgangssprache auf die Literatursprache der Gegenwart. In: ZPSK 37, S. 191ff.

LANGNER, H. 1985: Zur Tendenz der Differenzierung in der deutschen Sprache der Gegenwart. In: WZ Zwickau 21, H. 1, S. 60ff.

LANGNER, H. 1986: Zum Einfluß des Angloamerikanischen auf die deutsche Sprache in der DDR. In: ZfG 7, S. 402ff.

LANGNER, H. 1988: Allgemeine Fragen des Sprachwandels. In: Entwicklungstendenzen in der deutschen Gegenwartssprache. Hg. von K.-E. SOMMERFELDT. Leipzig, S. 13ff.

LANGNER, H. 1990a: Zur Tendenz der Internationalisierung in der deutschen Gegenwartssprache – Erscheinungen und Probleme. In: Proceedings of the Fourteenth International Congress of Linguists. Hg. von W. BAHNER/J. SCHILDT/D. VIEHWEGER. Bd. 2. Berlin, S. 1403ff..

LANGNER, H. 1990b: Zur Umgangssprache in der Gegenwart. In: Deutschunterricht 43, S. 376ff.

LANGNER, H. 1991: Sprachkultur und Entwicklungstendenzen. In: Sprachwissenschaft und Sprachkultur. Tagungsband der Konferenz in Neubrandenburg am 10. u. 11. Mai 1990. Hg. von K.-E. SOMMERFELDT. Frankfurt (Main)/Bern/New York/Paris, S. 39ff.

LANGNER, H./BOCK, R./BERNER E. 1987: Zur Entwicklung des deutschen Wortschatzes. Unter besonderer Berücksichtigung der Verwandtschaft zwischen den europäischen Sprachen. In: Deutschunterricht 40, S. 369ff.

LASCH, A. 1910: Geschichte der Schriftsprache in Berlin bis zur Mitte des 16. Jahrhunderts. Dortmund.

LASCH, A. 1914/1974: Mittelniederdeutsche Grammatik. Halle (Saale). 2. Aufl. Tübingen.

LAUFFER, H. 1976: Der Lehnwortschatz der althochdeutschen und altsächsischen Prudentiusglossen. München.

LEHNERT, M. 1990: Anglo-Amerikanisches im Sprachgebrauch der DDR. Berlin.

LENK, W. 1989: Die nationale Komponente in der deutschen Literaturentwicklung der frühen Neuzeit. In: Nation und Literatur im Europa der Frühen Neuzeit. Hg. von K. GARBER. Tübingen.

LERCHNER, G. 1971: Zur II. Lautverschiebung im Rheinisch-Westmitteldeutschen. Halle (Saale).

LERCHNER, G. 1980: Zu Lessings Stellung in der sprachgeschichtlichen Entwicklung des 18. Jahrhunderts. In: ZPSK 33, S. 345ff.

LERCHNER, G. 1983: Sprachentwicklung in der Urgesellschaft. In: Kleine Enzyklopädie. Deutsche Sprache. Hg. von W. FLEISCHER/ W. HARTUNG/J. SCHILDT. Leipzig. S. 526ff.

LERCHNER, G. 1984: " ... daß es die guten Schriftsteller sind, welche die wahre Schriftsprache eines Volkes bilden". Zur sprachgeschichtlichen Bedeutsamkeit der Auseinandersetzung zwischen Wieland und Adelung. In: Adelung, S. 109ff.

LERCHNER, G. 1990: Trivialliterarischer Diskurs und Entwicklung des deutschen Standards im 18. Jahrhundert. In: Soziolinguistische Aspekte der Sprachgeschichte. Dem Wirken Rudolf Großes gewidmet. SB AdW. 9 G. Berlin, S. 32ff.

LESER, H. 1925: Das pädagogische Problem in der Geistesgeschichte der Neuzeit. Bd. l: Renaissance und Aufklärung im Problem der Bildung. München/Berlin.

LEUSCHNER, J. 1975: Deutschland im späten Mittelalter. Göttingen.

LEXER, M. 1872–1878/1979: Mittelhochdeutsches Handwörterbuch. 3 Bde. Leipzig (Neudruck Stuttgart).

LEXER, M. 1983: Matthias Lexers Mittelhochdeutsches Taschenwörterbuch. 37. Aufl. Unter Mithilfe von D. HANNOVER/R. LEPPIN neubearb. von U. PRETZEL. Neudruck. Stuttgart.

LEXER, M. 1992: Mittelhochdeutsches Taschenwörterbuch in der Ausgabe letzter Hand. 2. Nachdr. der 3. Aufl. von 1885. Mit einem Vorwort von E. KOLLER/W. WEGSTEIN/N. R. WOLF. Stuttgart.

LINDGREN, K. B. 1953: Die Apokope des mhd. e in seinen verschiedenen Funktionen. Helsinki.

LINDGREN, K. B. 1957: Über den oberdeutschen Präteritumsschwund. Helsinki.

LINDGREN, K. B. 1961: Die Ausbreitung der nhd. Diphthongierung bis 1500. Helsinki.

LINDGREN, K. B. 1968: Nochmals neuhochdeutsche Diphthongierung. Eine Präzisierung. In: ZfMaf 35, S. 284ff.

LINDGREN, K. B. 1969: Diachronische Betrachtungen zur deutschen Satzstruktur. In: Sprache – Gegenwart und Geschichte. Probleme der Synchronie und Diachronie. Düsseldorf, S. 147ff.

LOCKWOOD, W. B. 1968: Historical German Syntax. Oxford.

LOCKWOOD, W. B. 1979: Überblick über die indogermanischen Sprachen. Tübingen.

LOEWENICH, W. v. 1982: Martin Luther. Der Mann und das Werk. München.

LÖFFLER, H. 1985: Germanistische Soziolinguistik. Berlin. 2. Aufl. 1994.

LÖFFLER, H. 1990: Süddeutschland. In: Deutsche Gegenwartsprache. Tendenzen und Perspektiven. Hg. von G. STICKEL. Berlin/New York, S. 208ff.

LÖWE, H. 1973: Deutschland im fränkischen Reich. München.

LÜDTKE, H. 1968: Ausbreitung der neuhochdeutschen Diphthongierung? In: ZfMaf 35, S. 97ff.

Luthers Sprachschaffen – Gesellschaftliche Grundlagen, geschichtliche Wirkungen 1984. Hg. von J. SCHILDT. Berlin (LS/ZISW 119/I–III).

LUTZ, H. D. 1975: Zur Formelhaftigkeit der Adjektiv-Substantiv-Verbindung im Mittelhochdeutschen. München.

LUTZEIER, P. R. 1985: Linguistische Semantik. Stuttgart.

MACDONALD STEARNS JR. 1989: Das Krimgotische. In: Germanische Rest- und Trümmersprachen, S. 175ff.

MACKENSEN, L. 1971: Die deutsche Sprache in unserer Zeit. Zur Sprachgeschichte des 20. Jahrhunderts. 2. Aufl. Heidelberg.

MANGOLD, M. 1985: Entstehung und Problematik der deutschen Hochlautung. In: Sprachgeschichte 1985, S. 1495ff.

MARKEY, T. L. 1976: Germanic Dialect Grouping and the Position of Ingvæonic. Innsbruck.

MASAŘIK, Z. 1966: Die mittelalterliche deutsche Kanzleisprache Süd- und Mittelmährens. Brno.

MASAŘIK, Z. 1985: Die frühneuhochdeutsche Geschäftssprache in Mähren. Brno.

Materialien zur historischen entwicklung der gross- und kleinschreibungsregeln 1980. Hg. von W. MENTRUP. Tübingen.

MATTAUSCH, J. 1982: Die Sprachwelt Goethes – Repräsentanz und Schöpfertum. Beobachtungen an einem Autorenwörterbuch. In: BES 2, S. 218ff.

MATTHEIER, K. J. 1981: Wege und Umwege zur neuhochdeutschen Schriftsprache. In: ZGL 9, S. 274ff.

MATTHEIER, K. J. 1984a: Allgemeine Aspekte einer Theorie des Sprachwandels. In: Sprachgeschichte 1984, S. 720ff.

MATTHEIER, K. J. 1984b: Sprachwandel und Sprachvariation. In: Sprachgeschichte 1984, S. 768ff.

MATTHEIER, K. J. 1986: "Lauter Borke um den Kopp". Überlegungen zur Sprache der Arbeiter im 19. Jahrhundert. In: Rheinische Vierteljahrsblätter 50, S. 221ff.

MATTHEIER, K. J. 1988: Nationalsprachentwicklung, Sprachstandardisierung und Historische Soziolinguistik. In: sociolinguistica. Internationales Jahrbuch für Europäische Soziolinguistik. Hg. von U. AMMON/K. J. MATTHEIER/P. H. NELDE. Bd. 2: Standardisierungsentwicklungen in europäischen Nationalsprachen: Romania, Germania. Tübingen, S. 1ff.

MATTHEIER, K. J. 1988a: Das Verhältnis von sozialem und sprachlichem Wandel. In: Soziolinguistik. Ein internationales Handbuch zur Wissenschaft von Sprache und Gesellschaft. Hg. von U. AMMON/N. DITTMAR/K. J. MATTHEIER. 2. Halbbd. Berlin/New York, S. 1430ff.

MATTHEIER, K. J. 1989: Die soziokommunikative Situation der Arbeiter im 19. Jahrhundert. In: Voraussetzungen und Grundlagen der Gegenwartssprache. Sprach- und sozialgeschichtliche Untersuchungen zum 19. Jahrhundert. Hg. von D. CHERUBIM/K. J. MATTHEIER. Berlin/New York, S. 93ff.

MAURER, F. 1926: Untersuchungen über die deutsche Verbstellung in ihrer geschichtlichen Entwicklung. Heidelberg.

MAURER, F. 1952: Nordgermanen und Alemannen. 3. Aufl. Bern/München.

MAUSSER, O. 1933: Mittelhochdeutsche Grammatik auf vergleichender Grundlage. München.

MAZAL, O. 1975: Buchkunst der Gotik. Graz.

MEID, W. 1987: Germanische oder indogermanische Lautverschiebung? In: Althochdeutsch. Bd. 1, S. 3ff.

MEIER, G. F./MEIER, B. 1979: Sprache, Sprachentstehung, Sprachen. Berlin.

MEILLET, A. 1918: Convergence de développements linguistiques (1918). In: A. M.: Linguistique historique et linguistique générale. Bd. 1. Paris 1921 (Nachdruck 1948). S. 63ff.

MEINHOLD, G./E. STOCK 1982: Phonologie der deutschen Gegenwartssprache. 2. Aufl. Leipzig.

MEISEN, K. 1968: Altdeutsche Grammatik. 2 Bde. 2. Aufl. Stuttgart.

MENTRUP, W. 1990: Bemühungen um eine Neuregelung der deutschen Rechtschreibung. In: Deutsche Gegenwartssprache. Tendenzen und Perspektiven. Hg. von G. STICKEL. Berlin/New York, S. 337ff.

METTKE, H. 1970: Altdeutsche Texte. Leipzig.

METTKE, H. 1983: Ausbildung der feudalen Gesellschaftsordnung (5. Jh. bis zur Mitte des 11. Jh.). Das frühmittelalterliche Deutsch. In: Kleine Enzyklopädie. Deutsche Sprache. Hg. von W. FLEISCHER u. a. Leipzig, S. 563ff.

METTKE, H. 1989: Mittelhochdeutsche Grammatik. 6. Aufl. Leipzig. 7. Aufl. Tübingen 1993.

MEYER, E. 1948: Die Indogermanenfrage. Marburg.

MICHELS, V. 1979: Mittelhochdeutsche Grammatik. 5. Aufl. Heidelberg.

Des Minnesangs Frühling 1950. Nach K. LACHMANN/M. HAUPT/F. VOGT neu bearb. von C. v. KRAUS. 30. Aufl. Leipzig.

MÖHN, D. 1985: Sondersprachen in historischer Entwicklung. In: Sprachgeschichte 1985, S. 2009ff.

MOLLAY, K. 1974: Einführung in die deutsche Sprachgeschichte. Budapest.

MOLZ, H. 1902/1906: Die Substantivflexion seit mittelhochdeutscher Zeit. In: Beiträge H 27, S. 209ff. und 31, S. 277ff.

MOSER, HANS 1978: Zur Kanzlei Kaiser Maximilians I. Graphematik eines Schreibusus. In: Beiträge H 99, Halle, S. 32ff.

MOSER, HANS 1982: Rez. von W. SCHENKER: Die Sprache Huldrych Zwinglis im Kontrast zur Sprache Luthers. Berlin/New York 1977. In: ZfDuL 49, S. 397ff.

MOSER, HANS 1985: Die Kanzleisprachen. In: Sprachgeschichte 1985, S. 1398ff.

MOSER, HUGO 1952: Schichten und Perioden des Mittelhochdeutschen. In: WW 2, S. 321ff.

MOSER, HUGO 1965/1969: Deutsche Sprachgeschichte. 5./6. Aufl. Tübingen.

MOSER, HUGO 1966: Deutsche Sprachgeschichte der älteren Zeit. In: Deutsche Philologie im Aufriß. Bd. 1. Hg. v. W. STAMMLER. Nachdruck der 2. Aufl. Berlin, Sp. 621ff.

MOSER, HUGO 1972: Annalen der deutschen Sprache. 4. Aufl. Stuttgart.

MOSER, HUGO 1974: Neuere und neueste Zeit. In: Deutsche Wortgeschichte. Hg. von F. MAURER/H. RUPP. Bd. 2. 3. Aufl. Berlin/New York, S. 529ff.

MOSER, HUGO 1976: Zum Problem der Ökonomie der Sprachentwicklung im Alt- und Mittelhochdeutschen. In: WW 26, S. 278ff.

MOSER, HUGO 1985: Die Entwicklung der deutschen Sprache seit 1945. In: Sprachgeschichte 1985, S. 1678ff.

MOSER, V. 1909: Historisch-grammatische Einführung in die frühneuhochdeutschen Schriftdialekte. Halle (Saale).

MOSER, V. 1929/1951: Frühneuhochdeutsche Grammatik. Bd. 1/1 und 1/3/2. Heidelberg.

MOSKALSKAJA, O. I. 1965/1985: Deutsche Sprachgeschichte. Moskva/Leningrad. 2. Aufl. Moskau 1985.

MOULTON, W. G. 1961: Zur Geschichte des deutschen Vokalsystems. In: Beiträge T 83, S. 1ff. Wiederabgedruckt in: Vorschläge für eine strukturale Grammatik des Deutschen. Hg. v. H. STEGER. Darmstadt 1970, S. 480ff.

MÜLLER, G./T. FRINGS 1959: Die Entstehung der deutschen daß-Sätze. Berlin.

MÜLLER, J. 1882: Quellenschriften und Geschichte des deutschsprachlichen Unterrichtes bis zur Mitte des 16. Jahrhunderts. Gotha (Nachdruck mit einer Einführung von M. RÖSSING-HAGER. Darmstadt 1969).

MÜLLER, J. 1885 und 1886: Vor- und frühreformatorische Schulordnungen und Schulverträge in deutscher und niederländischer Sprache. Tl. 1 und Tl. 2. Zschopau.

MÜLLER-THURAU, C.-P. 1985: Lexikon der Jugendsprache. Düsseldorf/Wien.

MUNSKE, H. H. 1983: Umgangssprache als Sprachenkontakterscheinung. In: Dialektologie. 2. Halbbd. S. 1002ff.

MUSSELECK, K.-H. 1981: Untersuchungen zur Sprache katholischer Bibelübersetzungen der Reformationszeit. Heidelberg.

NAIL, N. 1985: Zeitungssprache und Massenpresse in der jüngeren Geschichte des

Deutschen. In: Sprachgeschichte 1985, S. 1663ff.

NAUMANN, H. 1915: Kurze historische Syntax der deutschen Sprache. Straßburg.

NAUMANN, H./BETZ, W. 1962: Althochdeutsches Elementarbuch. 3. Aufl. Berlin.

NEIDHART 1968: Die Lieder Neidharts. Hg. von E. WIESSNER. 3. Aufl. von H. FISCHER. Tübingen.

NELLMANN, E. 1985: Pfaffe Konrad. In: Die deutsche Literatur des Mittelalters. Verfasserlexikon. Bd. 5. 2. Aufl. Berlin/New York, Sp. 115ff.

NELZ, D. 1980: Zum Einfluß des "Allgemeinen Deutschen Sprachvereins" auf die lexikalische Norm der Literatursprache im 19. Jahrhundert. In: LS/ZISW/A 66/II. Berlin, S. 68ff.

NERIUS, D. 1967: Untersuchungen zur Herausbildung einer nationalen Norm der deutschen Literatursprache im 18. Jahrhundert. Halle (Saale).

NERIUS, D. 1990: Stand der Rechtschreibreform. In: Deutschunterricht 43, S. 273ff.

NEUMANN, F. 1980: Freidank. In: Die deutsche Literatur des Mittelalters. Verfasserlexikon. Bd. 2. 2. Aufl. Berlin/New York, Sp. 897.

NEUMANN, W. 1989: Gegenstandsreflexion und gesellschaftliche Wirklichkeit in der deutschen Sprachwissenschaft gegen Ende des 19. Jahrhunderts. In: Voraussetzungen und Grundlagen der Gegenwartssprache. Sprach- und sozialgeschichtliche Untersuchungen zum 19. Jahrhundert. Hg. von D. CHERUBIM/K. J. MATTHEIER. Berlin/New York, S. 159ff.

Das 19. Jahrhundert. Sprachgeschichtliche Wurzeln des heutigen Deutsch 1991. Hg. von R. WIMMER. Berlin/New York (Jahrbuch des Instituts für deutsche Sprache 1990).

NEWALD, R. 1942: Das erste Auftreten der deutschen Urkunde in der Schweiz. In: Zeitschrift für Schweizerische Geschichte 22, S. 489ff.

Nibelungenlied 1949/1961. Nach der Ausgabe von K. BARTSCH hg. von H. DE BOOR. 10. Aufl. Leipzig (16. Aufl. Wiesbaden).

Niederdeutsch und Zweisprachigkeit 1988. Befunde, Vergleiche, Ausblicke. Leer.

Die niederdeutschen Bibelfrühdrucke 1976. Hg. von G. ISING. Bd. 6. Berlin.

OCHS, H. 1922: Studien zur Grammatik Fischarts. Diss. Marburg.

ÖHMANN, E. 1954: Die ältesten germanischen Wörter im Finnischen. In: Nachrichten der Akad. d. Wiss. in Göttingen. Phil.-Hist. Kl. 1954,2.

ÖHMANN, E. 1974: Der romanische Einfluß auf das Deutsche bis zum Ausgang des Mittelalters. In: Deutsche Wortgeschichte. Hg. von F. MAURER/H. RUPP. Bd. 1. 3. Aufl. Berlin/New York, S. 323ff.

OKSAAR, E. 1965: Mittelhochdeutsch. Stockholm/Göteborg/Uppsala.

OKSAAR, E. 1977: Zum Prozeß des Sprachwandels: Dimensionen sozialer linguistischer Variation. In: Sprachwandel und Sprachgeschichtsschreibung. Düsseldorf, S. 98ff.

OKSAAR, E. 1984: Terminologie und Gegenstand der Sprachkontaktforschung. In: Sprachgeschichte 1984, S. 845ff.

OPITZ, M. 1949: Buch von der deutschen Poeterei. Abdruck der ersten Ausgabe (1624). 4. Aufl. 5. Druck. Halle (Saale).

OSCHLIES, W. 1989: Würgende und wirkende Wörter – Deutschsprechen in der DDR. Berlin.

OSCHLIES, W. 1990: "Vierzig zu Null im Klassenkampf?" Sprachliche Bilanz von 4 Jahrzehnten DDR. Melle.

OSCHLIES, W. 1991: Wer "re-ideologisiert" denn da so massiv? In: Muttersprache 101, S. 66ff.

OSMAN, N. 1988: Kleines Lexikon untergegangener Wörter. Wortuntergang seit dem Ende des 18. Jahrhunderts. 5. Aufl. München.

Das österreichische Deutsch 1988. Hg. von P. WIESINGER. Wien/Köln/Graz.

Oswald von Wolkenstein 1987: Die Lieder Oswalds von Wolkenstein. Hg. von K. K. KLEIN 3. Aufl. von H. MOSER/N. R. WOLF/ N. WOLF. Tübingen.

OTTO, E. 1970: Die Sprache der Zeitzer Kanzleien im 16. Jahrhundert. Untersuchungen zum Vokalismus und Konsonantismus. Berlin.

OTTO, K.-H. 1978: Deutschland in der Epoche der Urgesellschaft. 3. Aufl. Berlin.

OUBOUZAR, E. 1974: Über die Ausbildung der zusammengesetzten Verbformen im Deutschen. In: Beiträge H 95, S. 5ff.

PAINTER, S. D. 1988: Die Aussprache des Frühneuhochdeutschen nach Lesemeistern des 16. Jahrhunderts. Frankfurt (Main)/Bern.

PALANDER, H. 1902: Der französische Einfluß auf die deutsche Sprache im 12. Jahrhundert. In: Mémoires de la Société NéoPhilologique de Helsingfors 3, S. 75ff.

PARASCHKEWOFF, B. 1967: Entwicklung der Adjektivadverbien im Ostmitteldeutschen vom Beginn der Überlieferung bis Luther. Diss. Leipzig.

PAUL, H. 1916–1920: Deutsche Grammatik. 5 Bde. Halle (Saale).

PAUL, H. 1968: Prinzipien der Sprachgeschichte. 8. Aufl. (1. Aufl. 1880) Tübingen.

PAUL, H. 1976/1992: Deutsches Wörterbuch. 7. Aufl. von W. BETZ. 9. Aufl. von H. HENNE/ G. OBJARTEL, unter Mitarb. von H. KÄMPER-JENSEN. Tübingen.

PAUL, H. 1989: Mittelhochdeutsche Grammatik. 23. Aufl. von P. WIEHL/S. GROSSE. Tübingen.

PENSEL, F. 1981: Die Satznegation. In: Zur Ausbildung der Norm der deutschen Literatursprache auf der syntaktischen Ebene (1470–1730). Der Einfachsatz. Hg. von G. KETTMANN/J. SCHILDT. Berlin, S. 285ff.

PENZL, H. 1969: Geschichtliche deutsche Lautlehre. München.

PENZL, H. 1971: Lautsystem und Lautwandel in den althochdeutschen Dialekten. München.

PENZL, H. 1972: Methoden der germanischen Linguistik. Tübingen.

PENZL, H. 1974: Zur Entstehung der frühneuhochdeutschen Diphthongierung. In: Studien zur deutschen Literatur und Sprache des Mittelalters. Fs. HUGO MOSER. Berlin, S. 345ff.

PENZL, H. 1975: Vom Urgermanischen zum Neuhochdeutschen. Eine historische Phonologie. Berlin.

PENZL, H. 1982: Zur Methodik der historischen Phonologie: Schreibung – Lautung und die Erforschung des Althochdeutschen. In: Beiträge T 104, S. 169ff.

PENZL, H. 1984: Frühneuhochdeutsch. Bern/Frankfurt (Main)/Nancy/New York.

PENZL, H. 1984a: Sprachgeschichte in der Sicht strukturalistischer Schulen. In: Sprachgeschichte 1984, S. 373ff.

PENZL, H. 1986: Althochdeutsch. Bern/Frankfurt (Main)/New York.

PENZL, H. 1988: Zum Stand der Forschung im Frühneuhochdeutschen. In: Studien zum Frühneuhochdeutschen 1988, S. 1ff.

PENZL, H. 1989: Mittelhochdeutsch. Eine Einführung in die Dialekte. Bern/Frankfurt (Main)/New York/Paris.

PENZL, H. 1989a: Die Gallehusinschrift: Trümmer der nordisch-westgermanischen Ursprache. In: Germanische Rest- und Trümmersprachen, S. 87ff.

PENZL, H./REIS, M./VOYLES, J. B. 1974: Probleme der historischen Phonologie. Wiesbaden.

PETERS, R. 1985: Soziokulturelle Voraussetzungen und Sprachraum des Mittelniederdeutschen. In: Sprachgeschichte 1985, S. 1211ff.

PETERS, U. 1983: Literatur in der Stadt. Studien zu den sozialen Voraussetzungen und kulturellen Organisationsformen städtischer Literatur im 13. und 14. Jahrhundert. Tübingen.

Pfaffe Konrad 1964: Das Alexanderlied des Pfaffen Lamprecht. Das Rolandslied des Pfaffen Konrad. Hg. von F. MAURER. Darmstadt (Neudruck der Ausgabe Leipzig 1940).

Pfaffe Lamprecht 1964: Das Alexanderlied des Pfaffen Lamprecht. Das Rolandslied des Pfaffen Konrad. Hg. von F. MAURER. Darmstadt (Neudruck der Ausgabe Leipzig 1940).

PFEFFER, E. 1972: Die Sprache des Erfurter "Buches der Willkür" nach den Handschriften des 14. Jahrhunderts (Laute, Formen und einige Fragen der Syntax). In: Beiträge H 93, S. 102ff.

PFEIFER, W. 1989/1993: siehe Etymologisches Wörterbuch.

PHILIPP, G. 1980: Einführung ins Frühneuhochdeutsche. Sprachgeschichte – Grammatik – Texte. Heidelberg.

PIETSCH, P. 1902/08: Leibniz und die deutsche Sprache. In: Wissenschaftliche Beihefte zur Zeitschrift des Allgemeinen Deutschen Sprachvereins. Vierte Reihe. Heft 29 und 30. Berlin, S. 265ff., S. 313ff.

PIIRAINEN, I. T. 1980: Frühneuhochdeutsche Bibliographie. Literatur zur Sprache des 14.–17. Jahrhunderts. Tübingen.

PIIRAINEN, I. T. 1985: Die Diagliederung des Frühneuhochdeutschen. In: Sprachgeschichte 1985, S. 1368ff.

PIRENNE, H. 1971: Sozial- und Wirtschaftsgeschichte Europas im Mittelalter. 2. Aufl. München.

POLENZ, P. v. 1978: Geschichte der deutschen Sprache. 9. Aufl. Berlin/New York.

POLENZ, P. v. 1983: Deutsch in der Bundesrepublik Deutschland. In: Tendenzen, Formen und Strukturen der deutschen Standardsprache nach 1945. Vier Beiträge zum Deutsch in Österreich, der Schweiz, der Bundesrepublik Deutschland und der Deutschen Demokratischen Republik von I. REIFFENSTEIN/H. RUPP/P. v. POLENZ/G. KORLÉN. Marburg, S. 41ff.

POLENZ, P. v. 1986: Altes und Neues zum Streit über das Meißnische Deutsch. In: Kontroversen, alte und neue. Akten des VII. Internationalen Germanisten-Kongresses. Göttingen 1985. Bd. 4. Hg. v. P. v. POLENZ/J. ERBEN/J. GOOSSENS. Tübingen.

POLENZ, P. v. 1988: Argumentationswörter. Sprachgeschichtliche Stichproben bei Müntzer und Forster, Thomasius und Wolf. In: Deutscher Wortschatz. Lexikologische Studien. L. E. Schmitt zum 80. Geburtstag. Hg. v. H. H. MUNSKE/P. v. POLENZ/O. REICHMANN/R. HILDEBRANDT. Berlin/New York, S. 81ff.

POLENZ, P. v. 1989a: Das 19. Jahrhundert als sprachgeschichtliches Periodisierungsproblem. In: Voraussetzungen und Grundlagen der Gegenwartssprache. Sprach- und sozialgeschichtliche Untersuchungen zum 19. Jahrhundert. Hg. von D. CHERUBIM/K. J. MATTHEIER. Berlin/New York, S. 11ff.

POLENZ, P. v. 1989b: Die Schreib- und Leseexpansion um 1400 als Einleitung der frühneuhochdeutschen Epoche. In: Soziokulturelle Kontexte der Sprach- und Literaturentwicklung. Festschrift für R. Große zum 65. Geburtstag. Hg. von S. HEIMANN/G. LERCHNER/U. MÜLLER/I. REIFFENSTEIN/U. STÖRMER. Stuttgart, S. 67ff.

POLENZ, P. v. 1991/1994: Deutsche Sprachgeschichte vom Spätmittelalter bis zur Gegenwart. Bd. I: Einführung, Grundbegriffe, Deutsch in der frühbürgerlichen Zeit. Bd. II: 17. und 18. Jahrhundert. Berlin/New York.

Politisch-sozialer Wortschatz im 19. Jahrhundert 1986. Studien zu seiner Herausbildung und Verwendung. Von einem Autorenkollektiv unter Leitung von B. RINDERMANN/J. SCHILDT. Berlin. (LS/ZISW/A 150/I-II)

POLOMÉ, E. C. 1972: Germanic and the other Indo-European languages. In: Toward a Grammar of Proto-Germanic, S. 43ff.

PORZIG, W. 1954: Die Gliederung des indogermanischen Sprachgebiets. Heidelberg.

PORZIG, W. 1971: Das Wunder der Sprache. 5. Aufl. München.

POVEJŠIL, J. 1980: Das Prager Deutsch des 17. und 18. Jahrhunderts. Ein Beitrag zur Geschichte der deutschen Schriftsprache. Praha.

PRASCHEK. H. 1969: Die Bedeutung der deutschen Dichtung des 17. bis 19. Jh. für die Weiterentwicklung der deutschen Sprache. In: Kleine Enzyklopädie. Die deutsche Sprache. Hg. von E. AGRICOLA u. a. Bd. 1. Leipzig, S. 250ff.

PROWATKE, C. 1988: Teutscher sprach art vnd eygenschaft. Zum Anteil der Grammatiker des 16. Jahrhunderts an der Herausbildung nationaler Normen in der deutschen Literatursprache. In: BES 8, S. 173ff.

PUSCH, L. F. 1984: Das Deutsche als Männersprache. Aufsätze und Glossen zur feministischen Linguistik. Frankfurt (Main).

PUSCH, L. F. 1990: Alle Menschen werden Schwestern. Feministische Sprachkritik. Frankfurt (Main).

PUTSCHKE, W. 1984: Die Arbeiten der Junggrammatiker und ihr Beitrag zur Sprachgeschichtsforschung. In: Sprachgeschichte 1984, S. 331ff.

RAAD, A. A. VAN/VOORWINDEN, N. TH. H. 1973: Die historische Entwicklung des Deutschen. 1. Einführung und Phonologie. Culemborg/Köln.

RADER, F. 1988: Afrikaans. 8. Aufl. München.

RAMAT, P. 1981: Einführung in das Germanische. Tübingen.

RATH, N. 1985: Geschriebene und gesprochene Form der heutigen Standardsprache. In: Sprachgeschichte. 1985, S. 1651ff.

RAUCH, I. 1967: The Old High German diphthongization. The Hague/Paris.

RAUSCH, G. 1897: Zur Geschichte des deutschen Genetivs seit der mittelhochdeutschen Zeit. Diss. Darmstadt.

Das Reich und die Deutschen. (Bis Bd. 6 u. d. T.: Die Deutschen und ihre Nation). Deutsche Geschichte in zehn Bänden im Wolf Jobst Siedler Verlag GmbH. Berlin.

REICH, G. 1972: Muttersprachlicher Grammatikunterricht von der Antike bis um 1600. Weinheim.

REIFFENSTEIN, I. 1969: Endungszusammenfall in diachroner und synchroner Sicht. In: Sprache. Gegenwart und Geschichte. Probleme der Synchronie und Diachronie. Düsseldorf, S. 171ff.

REIFFENSTEIN, I. 1971: Diutisce. Ein Salzburger Frühbeleg des Wortes "deutsch". In: Peripherie und Zentrum. Fs. A. Schmitt. Salzburg/Stuttgart/Zürich, S. 249ff.

REIFFENSTEIN, I. 1975: Hochsprachliche Norm und Sprachnorm. In: Sprache und Gesellschaft. Graz, S. 126ff.

REIFFENSTEIN, I. 1983: Deutsch in Österreich. In: Tendenzen, Formen und Strukturen der deutschen Standardsprache nach 1945. Vier Beiträge zum Deutsch in Österreich, der Schweiz, der Bundesrepublik Deutschland und der Deutschen Demokratischen Republik von I. REIFFENSTEIN/H. RUPP/P. v. POLENZ/G. KORLÉN. Marburg, S. 15ff.

REIFFENSTEIN, I. 1985: Bezeichnungen der deutschen Gesamtsprache. In: Sprachgeschichte 1985, S. 1717ff.

REIFFENSTEIN, I. 1987: Stammesbildung und Sprachgeschichte. Das Beispiel der bairischen Ethnogenese. In: Althochdeutsch Bd. 2, S. 1333ff.

REIFFENSTEIN, I. 1988: Der "Parnassus Boicus" und das Hochdeutsche. Zum Ausklang des Frühneuhochdeutschen im 18. Jahrhundert. In: Stud. Frnhd., S. 27ff.

REIFFENSTEIN, I. 1989: Gottsched und die Bayern. Der Parnassus Boicus, die Bayerische Akademie der Wissenschaften und die Pflege der deutschen Sprache im 18. Jahrhundert. In: Soziokulturelle Kontexte der Sprach- und Literaturentwicklung. Festschrift für Rudolf Große zum 65. Geburtstag. Hg. von S. HEIMANN/G. LERCHNER/U. MÜLLER/I. REIFFENSTEIN/U. STÖRMER. Stuttgart, S. 177ff.

REIFFENSTEIN, I. 1990: Interne und externe Sprachgeschichte. In: Dt. Sprachgesch., S. 21ff.

REINITZER, H. 1987: Oberdeutsche Bibeldrucke (vollständige Bibeldrucke). In: Die deutsche Literatur des Mittelalters. Verfasserlexikon. Bd. 6. 2. Aufl. Berlin/New York, Sp. 1276ff.

Die religiösen Dichtungen des 11. und 12. Jahrhunderts 1964, 1965, 1970. Hg. von F. MAURER. 3 Bde. Tübingen.

RICKEN, U. 1984: Linguistik und Anthropologie bei Adelung. In: Adelung, S. 124ff.

RIECK, S. 1977: Untersuchungen zu Bestand und Varianz der Konjunktionen im Frühneuhochdeutschen unter Berücksichtigung der Systementwicklung zur heutigen Norm. Heidelberg.

RIEHME, J. 1975: Fehleranalyse und Orthographiereform. In: LS/ZISW/A, H. 24, Berlin, S. 88ff.

RONNEBERGER-SIBOLD, E. 1988: Historische Phonologie und Morphologie des Deutschen. Eine kommentierte Bibliographie zur strukturellen Forschung. Tübingen.

ROSENFELD, H. 1987: Die Völkernamen *Baiern* und *Böhmen*, die althochdeutsche Lautverschiebung und W. Mayerthalers These 'Baiern = Salzburger Rätoromanen' – Völkernamen, Völkerwanderung, Stammesgenese und die Namen *Baiern, Bayern, Bajuwaren.* In: Althochdeutsch Bd. 2, S. 1305ff.

ROSENQVIST, A. 1932: Der französische Einfluß auf die mittelhochdeutsche Sprache in der 1. Hälfte des 14. Jahrhunderts. Helsinki.

ROSENQVIST, A. 1943: Der französische Einfluß auf die mittelhochdeutsche Sprache in der 2. Hälfte des 14. Jahrhunderts. Helsinki.

RÖSSING-HAGER, M. 1972: Syntax und Textkomposition in Luthers Briefprosa. 2 Bde. Köln/Wien.

RÖSSING-HAGER, M. 1984: Konzeption und Ausführung der ersten deutschen Grammatik. Valentin Ickelsamer: 'Ein Teütsche Grammatica'. In: Literatur und Laienbildung im Spätmittelalter und in der Reformationszeit. Symposion Wolfenbüttel 1981. Stuttgart, S. 534ff.

RUH, K. 1985: Überlieferungsgeschichte mittelalterlicher Texte als methodischer Ansatz zu einer erweiterten Konzeption von Literaturgeschichte. In: Überlieferungsgeschichtliche Prosaforschung. Hg. von K. RUH. Tübingen, S. 262ff.

RUPP, H. 1956: Zum 'Passiv' im Althochdeutschen. In: Beiträge H 78, S. 265ff.

RUPP, H. 1983: Deutsch in der Schweiz. In: Tendenzen, Formen und Strukturen der deutschen Standardsprache nach 1945. Vier Beiträge zum Deutsch in Österreich, der Schweiz, der Bundesrepublik Deutschland und der Deutschen Demokratischen Republik von I. REIFFENSTEIN/H. RUPP/P. v. POLENZ/G. KORLÉN. Marburg, S. 29ff.

Der Sachsenspiegel als Buch 1991. Hg. von R. SCHMIDT-WIEGAND, D. HÜPPER. Frankfurt (Main), Bern, New York, Paris.

SAGER, E. 1949: Die Aufnahme der neuhochdeutschen Schriftsprache in der Kanzlei St. Gallen. Diss. Zürich.

Salier 1992: Das Reich der Salier 1024–1125. Katalog zur Ausstellung des Landes Rheinland-Pfalz. Sigmaringen.

SALTVEIT, L. 1962: Studien zum deutschen Futur. Bergen/Oslo.

SANDERS, D. 1982: Wörterbuch der deutschen Sprache. Nachdruck der Ausg. Leipzig 1876. Tokyo.

SANDERS, W. 1973: Altsächsische Sprache. In: Niederdeutsch. Sprache und Literatur. Hg. v. J. GOOSSENS. Bd. 1. Neumünster, S. 28ff.

SANDERS, W. 1982: Sachsensprache, Hansesprache, Plattdeutsch. Sprachgeschichtliche Grundzüge des Niederdeutschen. Göttingen.

SAPIR, E. 1961: Die Sprache. München.

SARAN F./NAGEL B. 1975: Das Übersetzen aus dem Mittelhochdeutschen. 6. Aufl. Tübingen.

SÄTTERSTRAND, B. 1923: Die Sprache Zesens in der "Adriatischen Rosenmund". Greifswald.

DE SAUSSURE, F. 1967: Grundfragen der Allgemeinen Sprachwissenschaft. 2. Aufl. Hg. von P. v. POLENZ. Berlin.

SCHANK, G. 1984: Ansätze zu einer Theorie des Sprachwandels auf der Grundlage von Textsorten. In: Sprachgeschichte 1984, S. 761ff.

SCHATZ, J. 1907: Altbairische Grammatik. Göttingen.

SCHATZ, J. 1927: Althochdeutsche Grammatik. Göttingen.

SCHAU, A. 1985: Von AWACS bis Zwangsanleihe. ABC aktueller Schlagwörter. Göttingen.

SCHERER, W. 1878: Zur Geschichte der deutschen Sprache. 2. Aufl. Berlin.

SCHIEB, G. 1969: Die deutsche Sprache im hohen Mittelalter. In: Kleine Enzyklopädie. Die deutsche Sprache. Hg. v. E. AGRICOLA/ W. FLEISCHER/H. PROTZE. Bd. 1. Leipzig, S. 147ff.

SCHIEB G. 1970: Mittelhochdeutsch. In: Grundriß, S. 347ff.

SCHIEB, G. 1972: Probleme der Erscheinungsformen des älteren Deutsch in feudaler Zeit. In: Studien zur Geschichte der deutschen Sprache. Berlin, S. 9ff.

SCHIEB, G. 1980: Versuch einer Charakteristik der grundlegenden Kommunikationsbeziehungen um 1200. (Gedanken zu einigen Voraussetzungen einer Geschichte der deutschen Nationalitätssprache). In: ZPSK 33, S. 379ff.

SCHIEB, G. 1980a: Zu Stand und Wirkungsbereich der kodifizierten, grammatischen Norm Ende des 19. Jahrhunderts. In: LS/ZISW/A, 66/I. Berlin, S. 177ff.

SCHIEB, G. 1981: Der Verbkomplex aus verbalen Bestandteilen. In: Zur Ausbildung der Norm der deutschen Literatursprache auf der syntaktischen Ebene (1470–1730). Der Einfachsatz. Hg. von G. KETTMANN/J. SCHILDT. Berlin, S. 39ff.

SCHILDT, J. 1981/1984: Abriß der Geschichte der deutschen Sprache. 2. Aufl. Berlin (3. Aufl. 1984).

SCHILDT, J. 1981: Zur Ausbildung des Satzrahmens. In: Zur Ausbildung der Norm der deutschen Literatursprache auf der syntaktischen Ebene (1470–1730). Der Einfachsatz. Hg. von G. KETTMANN/J. SCHILDT. Berlin, S. 235ff.

SCHILDT, J. 1981a: Einleitung. In: Die Auswirkungen der industriellen Revolution auf die deutsche Sprachentwicklung im 19. Jahrhundert. Von einem Autorenkollektiv unter Leitung von J. SCHILDT. Berlin, S. 1ff.

SCHILDT, J. 1983: Sprachentwicklung im Kapitalismus (Ende des 18. Jh. bis zur Mitte des 20. Jh.) – Das neuzeitliche Deutsch. In: Kleine Enzyklopädie. Deutsche Sprache. Hg. von W. FLEISCHER/W. HARTUNG/J. SCHILDT/ P. SUCHSLAND. Leipzig, S. 670ff.

SCHILDT, J. 1989: Sprache und Sozialgeschichte. Aspekte ihrer Wechselwirkung im 19. Jahrhundert. In: Voraussetzungen und Grundlagen der Gegenwartsprache. Sprach- und sozialgeschichtliche Untersuchungen zum 19. Jahrhundert. Hg. von D. CHERUBIM/K. J. MATTHEIER. Berlin/New York, S. 31ff.

SCHILDT, J. 1990: Zur Rolle von Texten/Textsorten bei der Periodisierung der deutschen Sprachgeschichte. In: Deutsche Sprachgeschichte, S. 415ff.

SCHIRMER, A. 1969: Deutsche Wortkunde. 6. Aufl. Bearb. von W. MITZKA. Berlin.

SCHIRMUNSKI, V. M. 1962: Deutsche Mundartkunde. Vergleichende Laut- und Formenlehre der deutschen Mundarten. Berlin.

SCHIROKAUER, A. 1957: Frühneuhochdeutsch. In: Deutsche Philologie im Aufriß. Bd. 1. Hg. von W. STAMMLER. 2. Aufl. Berlin, Sp. 85ff.

SCHIROKAUER, A. 1987: Studien zur frühneuhochdeutschen Lexikologie und zur Lexikographie des 16. Jahrhunderts. Zum Teil aus dem Nachlaß hg. v. K.-P. WEGERA. Heidelberg.

SCHLÄPFER, R. 1990: Deutsche Schweiz. In: Deutsche Gegenwartsprache. Tendenzen und Perspektiven. Hg. von G. STICKEL. Berlin/New York, S. 192ff.

SCHLEICHER, A. 1873: Die Darwinsche Theorie und die Sprachwissenschaft. Weimar.

SCHLIEBEN-LANGE, B 1983: Schriftlichkeit und Mündlichkeit in der französischen Revolution. In: J. u. K. ASSMANN/C. HARDMEIER: Schrift und Gedächtnis. Archäologie der literarischen Kommunikation I. München, S. 191ff.

SCHLIEBEN-LANGE, B. 1988: Die Folgen der Schriftlichkeit. In: Wir sprechen anders. Warum Computer nicht sprechen können. Hg. von H.-M. GAUGER/H. HECKMANN. Frankfurt (Main), S. 13ff.

SCHLOSSER, H. D. 1990: Die deutsche Sprache in der DDR zwischen Stalinismus und Demokratie. Historische, politische und kommunikative Bedingungen. Köln.

SCHMID, W. P. 1983: Das sprachgeschichtliche Problem Alteuropa. In: Sprachwissenschaft 8, S. 101ff.

SCHMIDT, H. 1984: Einige Grundbegriffe von Johann Christoph Adelungs Sprachkonzept. In: Adelung, S. 135ff.

SCHMIDT, J. 1872: Die Verwandtschaftsverhältnisse der indogermanischen Sprachen. Weimar.

SCHMIDT, W. 1977: Grundfragen der deutschen Grammatik. Eine Einführung in die funktionale Sprachlehre. 5. Aufl. Berlin.

SCHMIDT, W. 1980: Zum Problem der Sprachnorm. In: ZPSK 33, S. 119ff.

SCHMIDT, W. 1985: Deutsche Sprachkunde. 10 . Aufl. Berlin.

SCHMIDT-REGENER, I. 1989: Normbewußtsein im 18./19. Jahrhundert. Zeitgenössische Sprachwissenschaftler über die Herausbildung und Funktion einer national verbindlichen Sprachnorm des Deutschen. In: BES 9, S. 164ff.

SCHMIDT-WILPERT, G. 1980: Zur Substantivflexion, Grammatik und Sprachnorm um 1750. In: ZfdPh 99, S. 410ff.

SCHMIDT-WILPERT, G. 1985: Die Bedeutung der älteren deutschen Grammatiker für das Neuhochdeutsche. In: Sprachgeschichte 1985, S. 1556ff.

SCHMITT, L. E. 1936: Die deutsche Urkundensprache in der Kanzlei Kaiser Karls IV. (1346–1378). Halle (Saale).

SCHOTTELIUS, J. G. 1641: Teutsche Sprachkunst. Braunschweig.

SCHOTTELIUS, J. G. 1963: Ausführliche Arbeit Von der Teutschen HaubtSprache 1663. Neudruck Tübingen.

SCHULZE, U. 1975: Lateinisch-deutsche Parallelurkunden des 13. Jahrhunderts. München.

SCHÜTZEICHEL, R. 1976: Die Grundlagen des westlichen Mitteldeutschen. 2. Aufl. Tübingen.

SCHÜTZEICHEL, R. 1989: Althochdeutsches Wörterbuch. 4. Aufl. Tübingen.

SCHWARZ, E. 1951a: Deutsche und germanische Philologie. Heidelberg.

SCHWARZ, E. 1951b: Goten, Nordgermanen, Angelsachsen. Bern/München.

SCHWEIKLE, G. 1986: Germanisch-deutsche Sprachgeschichte im Überblick. Stuttgart. (2. Aufl. 1987. 3. Aufl. 1990)

SCHWENCKE, O. 1987: Niederdeutsche Bibeldrucke (vollständige Bibeln). In: Die deutsche Literatur des Mittelalters. Verfasserlexikon. Bd. 6. 2. Aufl. Berlin/New York, Sp. 977ff.

SCHWITALLA, J. 1983: Deutsche Flugschriften 1460–1525. Textsortengeschichtliche Studien. Tübingen.

SEEBOLD, E. 1981: Etymologie. Eine Einführung am Beispiel der deutschen Sprache. München.

SEIBICKE, W. 1985: Fachsprachen in historischer Entwicklung. In: Sprachgeschichte 1985, S. 1998ff.

SEIBICKE, W. 1985a: Die Lexik des Neuhochdeutschen seit dem 17. Jahrhundert. In: Sprachgeschichte 1985, S. 1510ff.

SEIDEL, E./I. SEIDEL-SLOTTY 1961: Sprachwandel im Dritten Reich. Halle (Saale).

SEMENJUK, N. N. 1972: Zustand und Evolution der grammatischen Normen des Deutschen in der 1. Hälfte des 18. Jh. am Sprachstoff der periodischen Schriften. In: Studien zur Geschichte der deutschen Sprache. Berlin, S. 79ff.

SEMENJUK, N. N. 1985: Soziokulturelle Voraussetzungen des Neuhochdeutschen. In: Sprachgeschichte 1985, S. 1448ff.

SIEBS, TH. 1969: Deutsche Aussprache/Bühnenaussprache. 19. Aufl. Hg. von H. DE BOOR/H. MOSER/C. WINKLER. Berlin.

SIMMLER, F. 1976: Synchrone und diachrone Studien zum deutschen Konsonantensystem. Amsterdam.

SIMMLER, F. 1983: Konsonantenschwächung in den deutschen Dialekten. In: Dialektologie 1983, S. 2121ff.

SIMMLER, F. 1985: Phonetik und Phonologie, Graphetik und Graphemik des Mittelhochdeutschen. In: Sprachgeschichte 1985, S. 1129ff.

SIMON, B. 1980: Untersuchungen zur Herausbildung des Fachwortschatzes der Baumwollspinnerei im 19. Jahrhundert. In: LS/ZISW/A 66/III. Berlin, S. 201ff.

SIMON, B. 1988: Jiddische Sprachgeschichte. Versuch einer neuen Grundlegung. Leipzig.

SIMONOW, W. 1979: Fremdsprachige Lexik und die Entwicklung der deutschen Literatursprache im 17. Jahrhundert. In: Beiträge H 100, S. 245ff.

SIMONS, G. 1968: Barbarian Europe. New York.

SKÁLA, E. 1965: Schriftsprache und Mundart im "Ackermann aus Böhmen". Berlin.

SKÁLA, E. 1966: Das Prager Deutsch. In: Zeitschrift für deutsche Sprache 22, S. 84ff.

SKÁLA, E. 1967: Die Entwicklung der Kanzleisprache in Eger 1310–1660. Berlin.

SKÁLA, E. 1972: Zum Prager Deutsch des 16. Jahrhunderts. In: Beiträge T 95 (Sonderband), S. 283ff.

SKÁLA, E. 1980: Thesen zur Entstehung der neuhochdeutschen Schriftsprache. In: Akten des VI. Internationalen Germanisten-Kongresses. Bd. 2. Frankfurt (Main), S. 441ff.

SKÁLA, E. 1985: Urkundensprache, Geschäfts- und Verkehrssprachen im Spätmittelalter. In: Sprachgeschichte 1985, S. 1773ff.

DE SMET, G. 1984: Die Bezeichnungen der deutschen Sprache in den Wörterbüchern und Wörterverzeichnissen zwischen 1467 und 1560. In: Naamkunde 16, AFL. 1–4, S. 82ff.

DE SMET, G. 1990: Theodor Frings und die Literatur an Maas und Rhein im 12.–13. Jahrhundert. In: Sprache in der sozialen und kulturellen Entwicklung. Beiträge zu Ehren von Theodor Frings. Hg. von R. GROSSE. Berlin, S. 375ff.

SOCIN, A. 1888: Schriftsprache und Dialecte im Deutschen nach Zeugnissen alter und neuer Zeit. Heilbronn.

SODMANN, T. 1973: Der Untergang des Mittelniederdeutschen als Schriftsprache. In: Niederdeutsch. Sprache und Literatur Bd. 1. Hg. von J. GOOSSENS. Neumünster, S. 166ff.

SODMANN, T. 1985: Der Rückgang des Mittelniederdeutschen als Schreib- und Druckersprache. In: Sprachgeschichte 1985, S. 1298ff.

SOMMERFELDT, K.-E. 1988: Entwicklungstendenzen im Satzbau. In: Entwicklungstendenzen in der deutschen Gegenwartssprache. Hg. von K.-E. SOMMERFELDT. Leipzig, S. 216ff.

SONDEREGGER, S. 1961: Das Althochdeutsche der Vorakte der älteren St. Galler Urkunden. In: ZfMaf 28, S. 251ff.

SONDEREGGER, S. 1970a: Althochdeutsch in St. Gallen. St. Gallen/Sigmaringen.

SONDEREGGER, S. 1970b: Althochdeutsche Sprache. In: Grundriß, S. 288ff.

SONDEREGGER, S. 1974: Althochdeutsche Sprache und Literatur. Berlin/New York. 2. Aufl. 1987.

SONDEREGGER, S. 1978: Tendenzen zu einem überregional geschriebenen Althochdeutsch. In: Aspekte der Nationenbildung im Mittelalter. Hg. v. H. BEUMANN/W. SCHRÖDER. Sigmaringen, S. 229ff.

SONDEREGGER, S. 1979: Grundzüge deutscher Sprachgeschichte. Diachronie des Sprachsystems. Bd. 1: Einführung, Genealogie, Konstanten. Berlin/New York.

SONDEREGGER, S. 1980: Althochdeutsch. In: LGL, S. 569ff.

SONDEREGGER, S. 1984: Geschichte deutschsprachiger Bibelübersetzungen in Grundzügen. In: Sprachgeschichte 1984, S. 129ff.

SONDEREGGER, S. 1984a: Sprachgeschichtsforschung in der ersten Hälfte des 19. Jahrhunderts. In: Sprachgeschichte 1984, S. 300ff.

Soziolinguistik 1987/1988. Ein internationales Handbuch zur Wissenschaft von Sprache und Gesellschaft. Hg. von U. AMMON/N. DITTMAR/K. J. MATTHEIER. 2 Halbbde. Berlin/New York.

SPANGENBERG, K. 1963: Tendenzen volkssprachlicher Entwicklung in Thüringen. In: ROSENBERG, H./K. SPANGENBERG: Sprachsoziologische Studien in Thüringen. Berlin, S. 53ff.

SPARMANN, H. 1961: Die Pronomina in der mittelhochdeutschen Urkundensprache. In: Beiträge H 83, S. 1ff.

SPARMANN, H. 1970ff.: Neues im deutschen Wortschatz unserer Gegenwart. In: Sprachpflege 19 (1970), H. 10, S. 109ff.; 24 (1975), H. 12, S. 245ff.; 28 (1979), H. 5, S. 103ff.

Sprache im Faschismus 1989. Hg. von K. EHLICH. Frankfurt (Main).

Sprache in der sozialen und kulturellen Entwicklung 1990. Beiträge eines Kolloquiums zu Ehren von T. Frings (1886–1968). Hg. von R. GROSSE. Berlin.

Spracherwerb – Sprachkontakt – Sprachkonflikt 1984. Hg. von E. OKSAAR. Berlin/New York.

Sprachkontakt in der Hanse 1986. Aspekte des Sprachausgleichs im Ostsee- und Nordseeraum. Akten des 7. Symposiums über Sprachkontakt in Europa. Hg. von P. S. URELAND. Tübingen.

Sprachliche Kommunikation und Gesellschaft 1976: Von einem Autorenkollektiv unter der Leitung von W. HARTUNG. 2. Aufl. Berlin.

Sprachlicher Substandard I 1986. Hg. von G. HOLTUS/E. RADTKE. Tübingen.

Sprachlicher Substandard III 1989. Standard, Substandard und Varietätenlinguistik. Hg. von G. HOLTUS/E. RADTKE. Tübingen.

Sprachvariation und Sprachwandel 1980. Probleme der Inter- und Intralinguistik. Akten des 3. Symposiums über Sprachkontakt in Europa, Mannheim 1979. Hg. von P. S. URELAND. Tübingen

Sprachwissenschaftliche Untersuchungen zu einer Reform der deutschen Orthographie 1981. 2 Bde. LS/ZISW/A 83/I-II. Berlin.

STACKMANN, K. 1984: Probleme germanistischer Lutherforschung. In: Archiv für Reformationsgeschichte 75, S. 7ff.

STÅRCK, J. 1912: Studien zur Geschichte des Rückumlauts. Ein Beitrag zur historischen Formenlehre. Diss. Uppsala.

STEDJE, A. 1989: Deutsche Sprache gestern und heute. Einführung in die Sprachgeschichte und Sprachkunde. München. 2. Aufl. 1991.

STEER, G. 1981: Hugo Ripelin von Straßburg. Tübingen.

STEER, G. 1983: Intentionen der Bibelübersetzung im deutschen Spätmittelalter, bei Martin Luther und den Katholiken des 16. Jahrhunderts. Ein Exposé. In: Text + Kritik. Sonderband Martin Luther. München, S. 59ff.

STEGER, H. 1980: Soziolinguistik. In: LGL, S. 347ff.

STEGER, H. 1984: Sprachgeschichte als Geschichte der Textsorten/Texttypen und ihrer kommunikativen Bezugsbereiche. In: Sprachgeschichte 1984, S. 186ff.

STELLMACHER, D. 1990: Der Norden der Bundesrepublik Deutschland. In: Deutsche Gegenwartssprache. Tendenzen und Perspektiven. Hg. von G. STICKEL. Berlin/New York, S. 198ff.

STERNBERGER, D./G. STORZ/W. E. SÜSKIND 1986: Aus dem Wörterbuch des Unmenschen. 4. Aufl. Frankfurt (Main)/Berlin.

STIELER, K. 1691: Kurze Lehrschrift Von der Hochteutschen Sprachkunst. Nürnberg.

STOPP, H. 1974: Veränderungen im System der Substantivflexion vom Althochdeutschen bis zum Neuhochdeutschen. In: Studien zur deutschen Literatur und Sprache des Mittelalters. Fs. HUGO MOSER. Berlin, S. 324ff.

STOPP, H. 1976: Schreibsprachwandel. Zur großräumigen Untersuchung frühneuhochdeutscher Schriftlichkeit. München.

STOPP, H./MOSER, H. 1967: Flexionsklassen der mittelhochdeutschen Substantive in synchronischer Sicht. In: ZfdPh 86, S. 70ff.

STÖRIG, H. J. 1987: Abenteuer Sprache. Ein Streifzug durch die Sprachen der Erde. Berlin/München.

STÖTZEL, G./WENGLER, M. 1993. Kontroverse Begriffe. Eine Geschichte des öffentlichen Sprachgebrauchs in der Bundesrepublik Deutschland von 1945 bis 1989. Berlin/New York.

STRASSER, I. 1984: Diutisk, deutsch. Neue Überlegungen zur Entstehung der Sprachbezeichnung. Wien.

STRASSNER, E. 1987: Ideologie – Sprache – Politik. Grundfragen ihres Zusammenhanges. Tübingen.

STRAUSS, G./HASS, U./HARRAS., G. 1989: Brisante Wörter von Agitation bis Zeitgeist. Ein Lexikon zum öffentlichen Sprachgebrauch. Berlin/New York.

STREITBERG, W. 1920: Gotisches Elementarbuch. 5. und 6. Aufl. Heidelberg.

STRÖMBERG, E. 1907: Die Ausgleichung des Ablauts im starken Präteritum mit besonderer Rücksicht auf oberdeutsche Sprachdenkmäler des 15. bis 16. Jahrhunderts. Göteborg.

STROH, F. 1974: Indogermanische Ursprünge [und] Germanisches Altertum. In: Deutsche Wortgeschichte. 3. Aufl. Hg. von F. MAURER/H. RUPP. Bd. 1. Berlin/New York. S. 3 ff. [und] 35ff.

Studien zu soziolinguistischen Problemen des Sprachwandels 1987. Dargestellt an ausgewählten sprachlichen Erscheinungen in Leipziger Frühdrucken. Hg. von J. SCHILDT. LS/ZISW/A 159. Berlin.

Studien zur deutschen Sprachgeschichte des 19. Jahrhunderts 1980. Naturwissenschaftliche und technische Fachlexik. Sammelband. LS/ZISW/A 66/III. Berlin.

STULZ, E. 1902: Die Deklination des Zahlworts 'zwei' vom XV. bis XVII. Jahrhundert. In: Zeitschrift für deutsche Wortforschung 2, S. 85ff.

SUCHSLAND, P. 1968: Die Sprache der Jenaer Ratsurkunden. Entwicklung von Lauten und Formen von 1317 bis 1525. Berlin.

SUCHSLAND, P. 1969: Zum Strukturwandel im morphologischen Teilsystem der deutschen Nominalflexion. In WZ Jena 18, S. 97ff.

SUCHSLAND, P. 1985: Der mittelalterliche Stadtrat von Jena und seine deutschen Urkunden. In: WZ Jena 34, S. 559ff.

SZEMEREMYI, O. 1980: Einführung in die vergleichende Sprachwissenschaft. 2. Aufl. Darmstadt.

SZULC, A. 1969: Abriß der diachronischen deutschen Grammatik. Teil I: Das Lautsystem. Warszawa/Halle (Saale).

SZULC, A. 1987: Historische Phonologie des Deutschen. Tübingen.

Tatian 1966. Hg. von E. SIEVERS. 2. Ausg. Nachdruck. Paderborn.

TECHTMEIER, B. 1987: Bedeutung zwischen Wort und Text – Die Sprache des Faschismus im Spiegel von Victor Klemperers "LTI". In: Bedeutungen und Ideen in Sprachen und Texten. Werner Bahner gewidmet. Hg. von W. NEUMANN/B. TECHTMEIER. Berlin, S. 315ff.

TELLING, R. 1987: Französisch im deutschen Wortschatz. Lehn- und Fremdwörter aus acht Jahrhunderten. Berlin (2. Aufl. 1988).

Tendenzen der deutschen Gegenwartssprache 1994: Hg. von H. J. HERINGER, G. SAMSON, M. KAUFMANN, W. BADER. Tübingen.

TERVOOREN, H. 1979: Minimalmetrik zur Arbeit mit mittelhochdeutschen Texten. 3., ergänzte und verbesserte Aufl. Göppingen.

THEOBALD, E. 1992: Sprachwandel bei deutschen Verben. Flexionsschwankungen starker und schwacher Verben. Tübingen.

Theoretische Probleme der deutschen Orthographie 1980. Hg. von D. NERIUS/J. SCHARNHORST. Berlin.

Theoretische Probleme der Sprachwissenschaft 1976. 2 Teilbde. Von einem Autorenkollektiv unter der Leitung von W. NEUMANN. Berlin.

THIEME, P. 1954: Die Heimat der indogermanischen Gemeinsprache. Wiesbaden.

Thomas Müntzers deutsches Sprachschaffen 1990. Referate der internationalen sprachwissenschaftlichen Konferenz. Berlin, 23.–24. Oktober 1989. Hg. v. R. PEILICKE/J. SCHILDT. Berlin (LS/ZISW 207).

Thomasin von Zirclaria 1965: Der Wälsche Gast. Hg. von H. RÜCKERT. Mit einer Einleitung und einem Register von FRIEDRICH NEUMANN. Berlin.

Thüringischer Dialektatlas 1961ff. Hg. von H. HUCKE/K. SPANGENBERG. Berlin.

TISCHLER, J. 1973: Glottochronologie und Lexikostatistik. Innsbruck.

Toward a Grammar of Proto-Germanic 1972. Hg. von F. VAN COETSEM/H. L. KUFNER. Tübingen.

TRITHEMIUS, J. 1970: De laude scriptorum. Hg. von K. ARNOLD. Würzburg.

TRÖMEL-PLÖTZ, S. 1989: Frauensprache, Sprache der Veränderung. Frankfurt (Main).

TROST, P. 1981: Neuhochdeutsche Monophthongierung und Diphthongierung. In: ZfDuL 48, S. 222ff.

TRUBETZKOY, N.S. 1939: Gedanken über das Indogermanenproblem. In: Acta linguistica 1, S. 81ff.

TSCHIRCH, F. 1969: 1200 Jahre deutsche Sprache in synoptischen Bibeltexten. Ein Lese- und Arbeitsbuch. 2. Aufl. Berlin.

TSCHIRCH, F. 1983/1989: Geschichte der deutschen Sprache. 2 Bde. 3. Aufl. von W. BESCH. Berlin.

UNGER, CH. 1980: Untersuchungen zur Herausbildung und Entwicklung des elektrotechnischen Fachwortschatzes des 19. Jahrhundert. In: LS/ZISW/A 66/III. Berlin, S. 130ff.

Urheimat 1968: Die Urheimat der Indogermanen. Hg. von A. SCHERER. Darmstadt.

VANDEPUTTE, O./DE VIN, D. 1981: Niederländisch. Die Sprache von zwanzig Millionen Niederländern und Flamen. Lauwe (Belgien).

VEITH, W.H. 1985: Die Bestrebungen der Orthographiereform im 18., 19. und 20. Jahrhundert. In: Sprachgeschichte 1985, S. 1482ff.

VENNEMANN, T. 1974: Zur Theorie der Wortstellungsveränderung. In: Zur Theorie der Sprachveränderung. Hg. von G. DINSER. Kronberg (Ts.), S. 265ff.

VENNEMANN, T. 1984: Hochgermanisch und Niedergermanisch. Die Verzweigungstheorie der germanisch-deutschen Lautverschiebungen. In: Beiträge T 106, S. 1ff.

VENNEMANN, T. 1987: Betrachtung zum Alter der Hochgermanischen Lautverschiebung. In: Althochdeutsch Bd. 1, S. 29ff.

VIERECK, W. 1984: Britisches Englisch und amerikanisches Englisch. In: Sprachgeschichte 1984, S. 938ff.

Voraussetzungen und Grundlagen des Gegenwartsdeutsch. Sprach- und sozialgeschichtliche Untersuchungen zum 19. Jahrhundert 1989. Hg. von D. CHERUBIM und K. J. MATTHEIER. Berlin/New York.

WAGNER, K. 1974: Das 19. Jahrhundert. In: Deutsche Wortgeschichte. Hg. v. F. MAURER/H. RUPP. Bd. 2. 3. Aufl. Berlin/New York, S. 498ff.

WAHLE, E. 1973: Ur- und Frühgeschichte im mitteleuropäischen Raum. München.

WALTHER VON DER VOGELWEIDE 1950. Die Gedichte WALTHERS VON DER VOGELWEIDE. Hg. von H. PAUL. 7. Aufl. von A. LEITZMANN. Halle (Saale).

WANDRUSZKA, M. 1990: Die europäische Sprachengemeinschaft. Deutsch – Französisch – Englisch – Italienisch – Spanisch im Vergleich. Tübingen.

WARTBURG, W. V. 1951: Die Entstehung der romanischen Völker. 2. Aufl. Halle (Saale).

WEGSTEIN, W. 1985: Die sprachgeographische Gliederung des Deutschen in historischer Sicht. In: Sprachgeschichte 1985, S. 1751ff.

WEHRLI, M. 1980: Geschichte der deutschen Literatur vom frühen Mittelalter bis zum Ende des 16. Jahrhunderts. Stuttgart.

WEINHOLD, K. 1863: Alemannische Grammatik. Berlin.

WEINHOLD, K. 1867: Bairische Grammatik. Berlin.

WEINHOLD, K. 1967: Mittelhochdeutsche Grammatik. 2. Ausg. Paderborn.

WEINHOLD, K. 1968: Kleine mittelhochdeutsche Grammatik. Fortgef. von G. EHRISMANN. Neu bearb. von HUGO MOSER. 15. Aufl. Wien/Stuttgart.

WEINRICH, H. 1988: Die Accademia della Crusca als Lehrmeisterin der Sprachkultur in Deutschland. In: H. W.: Wege der Sprachkultur. München, S. 85ff.

WEISGERBER, L. 1948: Die Entdeckung der Muttersprache im europäischen Denken. Lüneburg.

WEISSBERG, J. 1988: Jiddisch. Eine Einführung. Bern/Frankfurt (Main)/New York/Paris.

WEISWEILER J./ BETZ. W. 1974: Deutsche Frühzeit. In: Deutsche Wortgeschichte. Hg. v. F. MAURER/H. RUPP. Bd. 1. 3. Aufl. Berlin/New York, S. 55ff.

WEITHASE, I. 1961: Zur Geschichte der gesprochenen deutschen Sprache. Tübingen.

WELLS, C. J. 1990: Deutsch: eine Sprachschichte bis 1945. Aus dem Englischen von R. WELLS. Tübingen.

WERNER, O. 1965: Vom Formalismus zum Strukturalismus in der historischen Morphologie. In: ZfdPh 84, S. 100ff. Wiederabgedruckt in: Vorschläge für eine strukturale Grammatik des Deutschen. Hg. v. H. STEGER. Darmstadt 1970, S. 349ff. (zit.).

WERNER, O. 1969: Das deutsche Pluralsystem. Strukturelle Diachronie. In: Sprache – Gegenwart und Geschichte. Düsseldorf, S. 92ff.

WERNHER DER GARTENAERE 1965/1968: Meier Helmbrecht. Hg. von F. PANZER 7. Aufl. von K. RUH. Tübingen (8. Aufl. 1968).

Wer spricht das wahre Deutsch? Erkundungen zur Sprache im vereinigten Deutschland 1993. Hg. von R. REIHER und R. LÄZER.

WIESINGER, P. 1970: Phonetisch-phonologische Untersuchungen zur Vokalentwicklung in den deutschen Dialekten. Bd. 1. Die Langvokale im Hochdeutschen. Berlin.

WIESINGER, P. 1983a: Dehnung und Kürzung in den deutschen Dialekten. In: Dialektologie 1983, S. 1088ff.

WIESINGER, P. 1983b: Diphthongierung und Monophthongierung in den deutschen Dialekten. In: Dialektologie 1983, S. 1076ff.

WIESINGER, P. 1983c: Hebung und Senkung in den deutschen Dialekten. In: Dialektologie 1983, S. 1106ff.

WIESINGER, P. 1983d: Rundung und Entrundung, Palatalisierung und Entpalatalisierung, Velarisierung und Entvelarisierung in den deutschen Dialekten. In: Dialektologie 1983, S. 1101ff.

WIESINGER P. 1983e: Phonologische Vokalsysteme deutscher Dialekte. Ein synchronischer und diachronischer Überblick. In: Dialektologie 1983, S. 1042ff.

WIESINGER, P. 1985: Die Entwicklung des Verhältnisses von Mundart und Standardsprache in Österreich. In: Sprachgeschichte 1985, S. 1939ff.

WIESINGER, P. 1990: Österreich. In: Deutsche Gegenwartssprache. Tendenzen und Perspektiven. Hg. von G. STICKEL. Berlin/New York, S. 218ff.

WIESINGER, P. 1990a: Zur Periodisierung der deutschen Sprachgeschichte aus regionaler Sicht. In: Dt. Sprachgesch., S. 403ff.

WIESSNER, E./BURGER, H. 1974: Die höfische Blütezeit. In: Deutsche Wortgeschichte. Hg. v. F. MAURER/H. RUPP. Bd. 1. 3. Aufl. Berlin/New York, S. 189ff.

WILMANNS, W. 1897–1909: Deutsche Grammatik. 3 Bde. Straßburg.

WIMMER, R. 1985: Die Textsorten des Neuhochdeutschen seit dem 17. Jahrhundert. In: Sprachgeschichte 1985, S. 1623ff.

WOLF, D. 1985: Lexikologie des Frühneuhochdeutschen. In: Sprachgeschichte 1985, S. 1323ff.

WOLF, H. 1980: Martin Luther. Eine Einführung in germanistische Luther-Studien. Stuttgart (auch: Berlin 1983).

WOLF, H. 1984: Die Periodisierung der deutschen Sprachgeschichte. In: Sprachgeschichte 1984, S. 815ff.

WOLF, N. R. 1971: Zur mittelhochdeutschen Verbflexion in synchronischer Sicht. In: The German Quarterly 44, S. 153ff.

WOLF, N. R. 1975: Regionale und überregionale Norm im späten Mittelalter. Graphematische und lexikalische Untersuchungen zu deutschen und niederländischen Schriftdialekten. Innsbruck.

WOLF, N.R. 1978: Satzkonnektoren im Neuhochdeutschen und Mittelhochdeutschen.
Prolegomena zu einer kontrastiven Textsyntax. In: Sprachwissenschaft 3, S. 16ff.

WOLF, N.R. 1981a: Althochdeutsch – Mittelhochdeutsch. Heidelberg.

WOLF N.R. 1981b: Das 14. Jahrhundert in der
deutschen Sprachgeschichte. In: Zur deutschen Literatur und Sprache des 14. Jahrhunderts. Hg. v. W. HAUG/T. R. JACKSON/J.
JANOTA. Heidelberg, S. 368ff.

WOLF, N.R. 1983: Durchführung und Verbreitung der zweiten Lautverschiebung in den
deutschen Dialekten. In: Dialektologie,
S. 1116ff.

WOLF, N.R. 1985: Phonetik und Phonologie,
Graphetik und Graphemik des Frühneu-
hochdeutschen. In: Sprachgeschichte 1985,
S. 1305ff.

WOLF, N.R. 1987: Probleme wissenslitera-
rischer Kommunikation. In: Wissensorga-
nisierende und wissensvermittelnde Literatur im Mittelalter. Perspektiven ihrer Erforschung. Hg. von N. R. WOLF. Wiesbaden,
S. 208ff.

WOLF, N.R. 1989: Zur Periodisierung der deutschen Sprachgeschichte. Eine Notiz. In: Soziokulturelle Kontexte der Sprach- und Literaturentwicklung. Festschrift für R. Große
zum 65. Geburtstag. Hg. von S. HEIMANN/G.
LERCHNER/U. MÜLLER/I. REIFFENSTEIN/U.
STÖRMER. Stuttgart, S. 121ff.

WOLF, N.R. 1989a: Mittelhochdeutsch aus
Handschriften. Hinweise zum Problem der
historischen Grammatik und der Überlieferungsgeschichte. In: Überlieferungsgeschichtliche Editionen und Studien zur deutschen Literatur des Mittelalters. Kurt Ruh
zum 75. Geburtstag. Tübingen, S. 100ff.

WOLF, N.R. 1991: Mittelhochdeutsch aus
Handschriften II: Zur Adjektivflexion. In:
ZfdPh 110, Sonderheft: Mittelhochdeutsche
Grammatik als Aufgabe, S. 93ff.

WOLFF, G. 1986: Deutsche Sprachgeschichte.
Ein Studienbuch. Frankfurt (Main). 2. Aufl.
Tübingen 1990. 3. Aufl. 1994.

WOLFF, PH. 1971: Sprachen, die wir sprechen.
Ihre Entwicklung aus dem Lateinischen und
Germanischen von 100–1500 n. Chr. Mün-
chen.

WOLFRAM VON ESCHENBACH 1926. Hg. von K.
LACHMANN. 6. Ausgabe. Berlin/Leipzig.

WORONOW, A. 1962: Die Pluralbildung der
Substantive in der deutschen Sprache des
XIV. bis XVI. Jahrhunderts, dargestellt
nach den Chroniken von Nürnberg und
Augsburg. In: Beiträge H 84, S. 173ff.

WORONOW, A. 1966: Zur Geschichte der Plu-

ralsuffixe der Substantive in der deutschen
Sprache (dargestellt nach den Chroniken der
deutschen Städte des 14.–16. Jahrhunderts).
In: Beiträge H 88, S. 395ff.

Wörterbuch der deutschen Aussprache 1982.
Hg. von dem Kollektiv H. KRECH u.a. 4.
Aufl. Berlin.

Wortschatz der deutschen Sprache in der DDR
1988. Fragen seines Aufbaus und seiner Verwendungsweise. Von einem Autorenkollektiv unter Leitung von W. FLEISCHER. 2. Aufl.
Leipzig.

WÜLFING, W. 1982: Schlagworte des Jungen
Deutschland. Mit einer Einführung in die
Schlagwortforschung. Berlin.

WUNDERLICH, H./REIS, H. 1924/1925: Der deutsche Satzbau. 2 Bde. Berlin.

WURZEL, W.U. 1981: Phonologie. In: Grundzüge einer deutschen Grammatik. Von K. E.
HEIDOLPH u.a. Berlin, S. 898ff.

WURZEL, W.U. 1988: Zur Erklärbarkeit
sprachlichen Wandels. In: ZPSK 41,
S. 488ff.

WUSTMANN, G. 1891: Allerhand Sprachdumm-
heiten. Kleine deutsche Grammatik des
Zweifelhaften, des Falschen und des Häßli-
chen. Leipzig.

WYLE, N. v. 1478/1967: Translationen. Hg. von
A. v. KELLER. Hildesheim (Nachdruck der
Ausgabe 1861).

ZEMANN, H. 1966: Kaspar Stieler: Versuch einer Monographie. Wien.

ŽEPIĆ, S. 1980: Historische Grammatik des
Deutschen. Zagreb.

ZIMMER, S. 1990: Ursprache, Urvolk und Indogermanisierung. Zur Methode der Indogermanischen Altertumskunde. Innsbruck.

Zum Sprachwandel in der deutschen Literatur-
sprache des 16. Jahrhunderts 1987. Studien –
Analysen – Probleme. Hg. von J. SCHILDT.
Berlin.

Zur Ausbildung der Norm der deutschen Literatursprache auf der lexikalischen Ebene
1989. (1470–1730). Untersucht an ausgewählten Konkurrentengruppen mit Anteilen
slawischer Herkunft. Unter Leitung von K.
MÜLLER. 2. Aufl. Berlin.

Zur Entstehung der neuhochdeutschen Schriftsprache. Eine Dokumentation von For-
schungsthesen 1986. Hg. von K.-P. WEGERA.
Tübingen.

Zur Periodisierung der deutschen Sprachgeschichte 1982: Prinzipien – Probleme – Aufgaben. Hg. von J. SCHILDT. LS/ZISW/A 88.
Berlin.

ZWIERZINA, K. 1900/1901: Mittelhochdeutsche
Studien. In: ZfdA 44, S. 1ff., 249ff., 345ff.;
45, S. 19ff., 253ff., 317ff.

Register

Da das Register nur eine Auswahl darstellt, ist mitunter ein Sachverhalt dem übergeordneten Begriff zugeordnet worden, also dort nachzusehen, z. B. *Partizip* bei *Verb, infinitive Formen*.

Abenteuer 88f.
Abkürzungszeichen 284
Ablativ 41, 49, 204
Ablaut 42f., 177ff., 192, 194, 207, 232f., 242ff., 251f.
– qualitativer 177ff., 232
– quantitativer 177ff., 232
Ablautreihe 50, 178, 182, 194ff., 197f., 202, 243ff., 312ff.
Ableitung 75ff., 132f., 167, 206
Abschwächung, s. Nebensilbenabschwächung
Abstufung 42f., 177
Abtönung 42f., 177
Abvers 229
A.c.I. 347
ADELUNG, JOHANN CHRISTOPH 119, 133, 144, 277
Adjektiv 75f., 188, 209ff., 215, 220, 263ff., 337ff.
– attributives 79f., 209
– Deklination 50, 59, 209f., 263ff., 337ff.
– – schwache 210f., 264f., 338
– – starke 209, 264, 338
– Komparation 210, 265, 339
– Rektion 336f.
Adjektivabstrakta 208
Adjektivadverb 210f., 265f., 339
Adstrat 37
Adverb 188, 211, 220, 265, 339
Adverbialbestimmung 214f., 219f.
Adverbialsatz 79f., 217, 275f.
Affrikaten 175, 177, 185f., 225, 300ff.
Afghanisch 33
Afrikaans 34
AICHINGER, KARL FRIEDRICH 119, 125
Akkusativ, absoluter 347
Akut 174, 226
Aktionsart 42, 323
Akzent 43, 48f., 177, 184, 324
– dynamischer 226, 232
– freier 48f.
– musikalischer 232
Alamannen, s. Alemannen
Alanen 55
Albanisch 33
ALBERTUS, LAURENTIUS 110
ALBERUS, ERASMUS 109
ALBRECHT VON HALBERSTADT 89
Alemannen 57, 63, 66f., 171
Alemannisch 66, 68, 71, 73, 173, 175ff., 180, 183, 185ff., 193, 199f., 203, 205, 207, 222, 278, 329f. (u.ö.)
Alliteration 49
Allophon 176, 177, 180, 229, 231, 299
Alphabetschrift 55, 171, 173
Altenglisch 56, 73
Alternanz 179f., 192, 233f., 243, 244
Alteuropäisch 36, 52

Altfranzösisch 63, 81
Althochdeutsch 27ff., 57, 63ff., 69ff., 81, 171ff., 180
Altniederfränkisch 34
Altnordisch 55, 180
Altpreußisch 34
Altsächsisch 31, 35, 56, 69, 71, 73f., 173, 182, 183, 186f., 204, 206, 211
Analogiebildung 125, 190
Analogieumlaut, s. Umlaut
Andalusien 55
Anfangsbetonung 49, 237, 324, s. auch Akzent
ANHALT-KÖTHEN, LUDWIG VON, s. LUDWIG VON A.-K.
Angeln 56
Angelsächsisch 56, 173, 206
Anglizismen 160f., s. auch Entlehnung
Anlautgesetz 191
ANNOLIED 81f.
ANTESBERG, JOHANN BALTHASAR VON 125
Anvers 229
Aorist 42, 50, 191
Apokope 125, 237, 264, 297f., 317f., 324, 326f., 328ff., 331ff., 337, 338, 341, 340, 342
Apposition 79f., 216, 220
Armenisch 33
ARMER HARTMANN 83
Artikel 73, 93, 212, 214, 268f., 337, 342, 346
– bestimmter 209, 212, 268, 342
– unbestimmter 74, 213, 269, 343
Asen 44
Assimilation 179, 180, 184, 190, 240, 306f.
ATTILA 55
Attribuierung 220, 345
Attribut 128, 209, 215, 274, 345
Attributsatz 217
Aufforderungssatz 218, 273
Aufklärung 120f., 130
Auftakt 227
Ausgleicherscheinungen 296, 307, 312ff., 318, s. auch Konsonantismus
Ausklammerung 127, 166, 273, 347f.
Auslautverhärtung 225, 239, 307
Ausrahmung, s. Ausklammerung
Ausrufesatz 218
Aussage(haupt)satz 218, 219, 272, 347f.
Aussprache, einheitliche, s. Orthoepie
Awesta 33

Baiern 57, 64, 66, 171, 175
Bairisch 66, 67, 69, 71, 73, 173, 175f., 177, 180, 185, 186ff., 193, 199, 200, 204ff., 207, 222, 278
Baltisch 34
baneken 88
Bataver 56
Bauernkrieg 103
Bedeutungswandel 51, 77f., 158, s. auch Entlehnung und Wortschatz

Belgien 56
Belutschisch 33
Bengali 33
BERTHOLD VON REGENSBURG 85, 93
Betonung (der Wörter) 226, s. auch Akzent
Bezeichnungswandel 77f.
Bibel 105ff.
Bibelübersetzung 54, 60, 76, 105ff.
Bildung
– athematische 192, 242, s. auch Wurzelnomina, Wurzelverben
– thematische 192, 242
Bilinguismus 37
Binnengermanisch 56
blîde 88
BÖDICKER, JOHANN 117
BODMER, JOHANN JACOB 119
Böhmen 57
BONIFATIUS 173
BOPP, FRANZ 136
BREITINGERF, JOHANN JACOB 119
Bretagne 34
Bretonisch 34
Bronzezeit 38, 43
BRUGMANN, KARL FRIEDRICH CHRISTIAN 137
Brukterer 56
Buchdruck 99, 102ff., s. auch Druckersprachen
Buchen-Argument 39
Bugenhagen-Bibel 108
Bulgarisch 34
Buren 34
Burgunder 55, 63

CAMPE, JOHANN HEINRICH 140
Chatten 57
CHILDERICH 62
CHLODWIG 62f., 66
Christianisierung, s. Missionierung
CLAJUS, JOHANNES 110
Codex argenteus 54
Consecutio temporum 312
Crômagnon-Mensch 38

Dänisch 34
DASYPODIUS, PETRUS 108
Dehnstufe 42, 178, 196, s. auch Ablaut
Dehnung 236, 289f.
Deklination 125f., 204ff., 256ff., 263f., 324ff.
– schwache (konsonantische) 41f., 204, 207f., 209f., 259, 331ff.
– starke (vokalische) 41, 204ff., 209, 256ff., 327ff.
Demokratisierung 135, 140f.
Demonstrativpronomen 212, 268, 342
Dentalsuffix 50, 198f., 246
deutsch 80f., 301
Deutschland 82
Dialekt, s. Mundarten
Dialekt, sozialer, s. Soziolekt
Dialektgeographie 137f., 148
Dichtersprache, höfische (mhd.) 87ff., 221
Dietrich von Bern 55
Differenzierung 18ff., 147f., 153f., 157ff., 168
– territoriale (Genus der Substantive) 126
Diglossie 37
Diphthong 69, 174, 176, 224
Diphthongierung
– ahd. 61, 69, 73, 183
– frnhd. 94f., 236, 287f.

Dissimilation 240, 307
DORNBLÜTH, AUGUSTIN 119
dörper 88
Druckersprachen 103f., 279, s. auch Buchdruck
Dual 41, 42, 49, 74, 191, 204, 255, 340
DUDEN, KONRAD 145f.
DÜRER, ALBRECHT 129

e-Apokope, s. Apokope
e-Laute 174, 224, 293
Edda 55
Eigennamen 76, 82, 173, 174, 180, 205, 206, 261
Eindeutschung 116, 140f., s. auch Entlehnung
EINHART 68
Einheitsplural 59, 310, 325
Einheitssingular 325
Einheitssprache 113
Ekthlipsis 228, 298
Elbgermanen Karte 3, 57
Elbgermanisch 58, 171
Elbslawisch 34
Elision 228
Elsässisch 149 (Karte 8), 182, 310
EMSER, HIERONYMUS 104, 108
Endreim 66, 219, 226
Endung 192f., 204, 256
ENGELS, FRIEDRICH 134, 137, 141f.
England 56
Englisch 34
Enklise 193, 267
Entfaltungstheorie 38
Entlehnung 44, 51f., 59ff., 64, 115ff., 128f., 130, 160f., 168
Entrundung 291f.
Entwicklungstendenzen 138ff., 155, 163ff., 168f., 324ff.
Epithese 303
-eríe 88
Ersatzdehnung 59, 183, 239
Erstbetonung, s. Anfangsbetonung
es 91, 93, s. auch Subjekt, pronominales
Etzel 55
Existenzformen 16, 124, 125, 155ff., s. auch Varietät
Explosivlaute 175, 177, 185ff., 225, 300ff.
Ezzolied 83

Fachsprache 20, 115, 117, 121, 129, 130, 138f., 168
Fachwortschatz 129, 138ff., s. auch Fachsprache
falsch 88
Färöisch 34, Karte 9
Faschismus (Sprache des) 142ff.
fein 88
Feminina, movierte 206, s. auch Substantiv
Finnisch 44, 61
Finno-Ugrisch 32, 39
FLEMING, PAUL 118
Flexion 41f., 125f., 192, s. auch Deklination und Konjugation
Flexionsmorpheme 214, 324f., s. auch Flexive
Flexive 324f., 326, 332, s. auch Substantiv, Deklination
Flöte 88
Flugblatt 102
Flugschrift 102
Flußnamen 51f.
Formenlehre, s. Morphologie
Fragesatz 79, 218, 273, s. auch Satzbau
– indirekter 79

Franken 57, 62, 171
Fränkisch 56, 59, 61, 66, 69, 71, 73, 81, 180, 184, 186f.,
  199, 202, 203, 207, 222, 278 u.ö.
Frankreich 56, 61, 63
Französisch 33, 88, 115, 128
FREIDANK 85
FREISINGER DENKMÄLER 34
Fremdwort 115f., 128ff., 138ff., 174, s. auch Fach-
  wortschatz
Friesen 56
Friesisch 34
Frikative 175, 177, 186, 188, 232, 308
FRINGS, THEODOR 96f., 138
Frühalthochdeutsch 189
Frühmittelhochdeutsch 28, 221
Frühneuhochdeutsch 28f., 31, 186, 277ff.
Fugenlaut 74
Furlan 33f.
Futhark 45

Gälisch 34
GELLERT, CHRISTIAN FÜRCHTEGOTT 118
Gemeingermanisch 44f., 52, 190, 200
Geminata, s. Gemination
Gemination 58, 177, 185ff., 189ff., 196, 200, 205f.,
  207, 238, 247, 282, 283
Genus 41, 125f., 127, 325, 326, 328, 330, 333, 344
Germanen 44, 57, s. auch Germanisch
Germanisch 34f., 43ff., 62, 74, 179f., 188, 199f. u.ö.
– Herausbildung 19
Gerundium 242, 311
Gerundiv 311
Geschäftssprache 99ff.
Gliederung (der sprachlichen Entwicklung)
– räumliche 173, 221f., 278
– zeitliche, s. Periodisierung
Gliedsatz 79, 216f., 273, 348f., s. auch Satzbau
Gliedteilsatz 79, s. auch Satzbau
Glossen 171f.
Glottochronologie 38
GOETHE, JOHANN WOLFGANG VON 120, 124, 132, 133,
  146, 147
Goldhorn von Gallehus 45
Göteborg 54
Goten 54f., 62, s. auch Gotisch
Gotisch 34, 54, 61, 178, 179, 189, 199, 204
Gotisch-Hochdeutsch 59
Gotland 54
Gotonordisch 58
GOTTFRIED VON STRASSBURG 88, 89, 221
GOTTSCHED, JOHANN CHRISTIAN 113f., 118, 119, 122,
  144, 277, 286
Grammatik(en) 109ff., 150f., 163ff.
Grammatischer Wechsel 47f., 73, 188f., 194ff., 238,
  244ff., 307, 315
Graphem 222ff., 281ff., s. auch Schreibung
Gravis 226
Griechisch 33, 60f.
GIMM, JACOB 45, 136f., 145, 177, 181, 200
GRIMM, WILHELM 136f.
Großschreibung 285f.
Gruppensprachen 20f., 139
GUEINTZ, CHRISTIAN 110, 113, 116
GUTENBERG, JOHANNES 102, 279

Halbvokal 175, 177, 190, 205, 225, 305f.
Hallstatt-Kultur 51
HARSDÖRFFER, GEORG PHILIPP 113, 116

HARTMANN VON AUE 87, 90, 221, 223
Hauchlaut 175, 177, 188, 225, 232, 305, 308
Hauptsatz 127, 216f., 272ff., 347ff., s. auch Satzbau
Hauptton 226, s. auch Akzent
Hebung 179f., 233f., s. auch Alternanz
– im Md. 297
HEINRICH VON MELK 83
HEINRICH VON VELDEKE 34, 85, 88, 89, 290
HEINRICH VON WITTWEILER 299
Heldensage 52
Heliand 66, 68, 81, 173
Helm von Negau 45
HERDER, JOHANN GOTTFRIED 120, 123f.
HERMANN VON THÜRINGEN 85
Herminonen 57
Hermunduren 57
Hessen 57, 171, 222
Hethiter 39
Hethitisch 32, Karte 1
Hiatus 188, 288, 305
HILDEBRANDLIED 65f., 69, 74, 79f., 174, 188, 204,
  215ff., 219
Hindi 33
Hochdeutsch 71, 173, 185, 221, 278
Hochgermanen 57
Hochstufe 42, s. auch Ablaut
HRABANUS MAURUS 172
Holland 56
HUMBOLDT, WILHELM VON 22, 136
Hunnen 55
Hypotaxe 127, 214, 216f., 274ff., 344f., s. auch Satz-
  bau

ICKELSAMER, VALENTIN 109f., 144
-ieren 88, 133
ik/ich-Linie 71, Karte 8
Illyrisch 33
Indefinitpronomen 74, 76, 269f., 343, s. auch Prono-
  men
Indisch 33
Indoeuropäisch 32, s. auch Indogermanisch
Indogermanen
– Kultur 40f.
– Religion 41
Indogermanisch 19, 32ff.
– Lexik 35
– Morphologie 35f.
Indoiranisch 36
Indokeltisch 32
Infinitivgruppe 214f., 346f.
Ingwäonen 56
Instrumental 41, 49, 74, 204f., 212, s. auch Kasus
Integration 18ff., 147ff., 160, 168
Interlinearversion 219
Internationalisierung 168
Interpunktion (im Frnhd.) 286f.
Interrogativpronomen 212, 269, 343
Inversion 219, 349
Iranisch 33
Irisch 34
Irminonen 56, 57
Isländisch 34
Isoglossen 37, 52, 58f.
Istwäonen 56, 57
Istwäonisch 59
Italienisch 33
Italisch 33
i-Umlaut, s. Umlaut

j-Präsentien 189, 196, 245, 315f.
JAHN, FRIEDRICH LUDWIG 140f.
Jamnaja-Kultur 39
jan-Verben 189f., 199f., 246f., 318, s. auch Konjugation
Jastorf-Kultur 44
Jugendsprache 161, 169
Junggrammatiker 136f.
Jiddisch 35, 90
Jungsteinzeit 38
Jüten 56

Kadenz 228f.
– klingende 229
– stumpfe 228
– volle 228
Kanzleisprache 99ff.
Kardinalzahlen 213f., 270f., 344, s. auch Numerale
KARL DER GROSSE 56ff., 63, 68, 81, 82, 96
KARL DER KAHLE 81
Karolinger 57, 62f., 68f.
Kastilianisch 33
Kasus 125f., 204ff., 255ff., 324ff., 340ff.
Kasusausgleich/-zusammenfall 204, 255, 331
Kasuskennzeichnung 324ff., s. auch Kasus
Kasussystem 41, s. auch Kasus
Katalanisch 33
Kaukasisch-Semitisch 39
Kausalsatz 79f., s. auch Satzbau
Keltisch 34, 51f.
Kentumsprachen 36
Kimbern 44
Kirchenlatein 64
Klammer, verbale 219, 273f., 347f., s. auch Rahmen
– nominale 166
klar 88
KLEMPERER, VICTOR 142, 144
KLOPSTOCK, FRIEDRICH GOTTLIEB 121f.
Kodifizierung 117ff., s. auch Norm
Koiné 33
Kommunikationsgemeinschaft 16f., 19
Kommunikationsgruppe 99
Komparation 210, 211, 265, 339
Komposition 74, 131f., 166
Kompositum 74, 131f.
– nominales 184
Konditionalsatz 79, s. auch Adverbialsatz
Konjugation 126f., 191ff., 241ff., 309ff., s. auch Verb
Konjugationstypen (synchrone) 251ff.
Konjunktion 79, 127, 215f., 216f., 348f.
– Koordination 215f., 275, 349f.
– koordinierende 275, 350
– Subordination 216f. 275f., 348f.
– subordinierende 275f., 348f.
Konsonantengemination, s. Gemination
Konsonantenschwächung, binnen(hoch)deutsche 300, 308
Konsonantenschwund 183, 238f., s. auch Nasalschwund
Konsonantenverdopplung, s. Gemination
Konsonantismus 175f., 185ff., 225, 238ff., 300ff.
Kontraktion 238f.
Konzessivsatz 217, s. auch Adverbialsatz
Koordination 275, s. auch Satzbau
Kopulaverben 79f.
Kreolsprache 34, 38
Krimgoten 55
Kroatisch 34

Kurdisch 33
Kurgan-Kultur 39
Kürzung 236, 290f.
Kymrisch 34

La-Tène-Kultur 44, 51
Lachs-Argument 39
Ladinisch 34
Laie 83f.
Lampe 88
landsmål 34
Längezeichen 174, 224, 281f., s. auch Schreibung
Langobarden 57, 63, 66
Langobardisch 61, 67, 71, 173
langue d'oc 61
langue d'oïl 61
Langvokal 174, 224,
Lanze 88
Laryngal 43
Latein(isch) 33, 44, 59, 63, 68, 76ff., 99f., 115, 121, 128, 214f.
Lautstand 45, 58f., 174f., 223ff., 281f.
Lautverschiebung
– ahd. (zweite) 61, 67, 69ff., 171, 173, 175, 177, 185ff., 188, 190, 200, 245, 300ff.
– germ. (erste) 45ff., 69, 188f.
Lautwandel, s. auch Alternanz, Umlaut
– kombinatorischer 179ff., 233ff.
– im Frnhd. 300
Lehnbeziehung, s. Entlehnung
Lehnbildung 64, s. auch Entlehnung
Lehnsuffix 76, 88, s. auch Entlehnung
Lehnübersetzung 60, 77, s. auch Entlehnung
Lehnwort 44f., 51f., 59, 60, 63, 64, 67, 76, 78f., 116f., s. auch Entlehnung
-lei 88
LEIBNIZ, GOTTFRIED WILHELM 117, 122
Lenisierung, s. Konsonantenschwächung
LESSING, GOTTHOLD EPHRAIM 120, 122f.
Lettisch 34
Letzeburgisch 35
Lexik 44f., 50ff., 59f., 138f. 150, 152, 153, 167ff., s. auch Entlehnung und Lehnwort
-lich 76, 297
Ligatur 281
Liquide 175, 177f., 195f., 225, 306
Litauisch 34
Literatursprache 101f.
Lokalsatz 79, s. auch Adverbialsatz
Lokativ 41, 49, 204, s. auch Kasus
Lombardei 57
LORSCHER BEICHTE 217f.
LUDWIG DER DEUTSCHE 68, 81, 171, 173
LUDWIG VON ANHALT-KÖTHEN 113
LUFFT, HANS 106, 286
LUTHER, MARTIN 91, 100, 104ff., 108, 109, 123, 216, 285, 286
Luwier 39
Lydisch 32

MAALER, JOSUA 108
Makedonisch 32, 34
maken/machen-Linie 71
Markomannen 57
Marschall 63, 77, 84
MARX, KARL 134, 141f.
MATTHIAS VON BEHEIM 91, 93f.
Medienverschiebung 186f., s. auch Lautverschiebung

Medium 42, 49f., 191
Megalithgräber-Kultur 43
Meißnisch 118, 278
Mentel(in)-Bibel 105
Merowinger 57, 62f., 66
mhd. *h* im Frnhd. 305f., s. auch Hauchlaut
mhd. *j* im Frnhd. 305f.
mhd. *w* im Frnhd. 305f.
mi-Verb 202f., 249f., 320f., s. auch Verb, athemati-
    sches
Ministerialen 87
Minnesang 221
Minuskel, karolingische 173, 223, 279
Missionierung 64, 78f., 173
Mitteldeutsch 71, 173, 182, 221f., 278, 294
Mittelfränkisch 69, 71, 173, 182, 186f., 189, 278, 294,
    Karte 8
Mittelhochdeutsch 27ff., 181, 221ff.
– klassisches 221
Mittellatein 67, s. auch Latein
Mittelniederdeutsch 31, 35, 101, 108, 221
Mittelniederländisch 101
Modalsatz 79, 217, s. auch Adverbialsatz
Mongolisch 32
Monophthong 179f., 294, s. auch Monophthongie-
    rung und Diphthongierung
Monophthongierung
– ahd. 73, 182, 294
– frnhd. 93f., 236, 282, 288f., 291
More 49, 227
Morphologie 41f., 49f., 58f., 125, 164ff., 191ff., 241ff.,
    309ff.
MOSCHEROSCH, JOHANN MICHAEL 113
Moselfränkisch 71, 173, 182, 187, 278, Karte 8
Mundarten 69ff., 130f., 147f., 155f., 173, 221f., 278,
    Karte 8
Mundartforschung 137f.
Muttersprache 109
Mykenisch 33
Mythos 43

Nasale 175, 177, 225, 232, 306
Nasalschwund 59, 183, 239, s. auch Konsonan-
    tenschwund
Naturwissenschaften (Einfluß der) 138f.
Neandertaler 38
Nebenhebung 227f.
Nebensatz 80, 127, 216f., 275f., 348f., s. auch Satzbau
Nebensilben 49, 92f. 183f., 236f., 297f.
Nebensilbenabschwächung, s. Nebensilben und Vo-
    kalismus
Nebenton 226
Negation 274, 343, 346
Negationspartikel 274
NEIDHART 85, 88
Nepali 33
Neubildungen 51, s. auch Wortbildung
Neuhochdeutsch 27f. 125ff.
NIBELUNGENLIED 55, 84, 88, 174, 221
Nibelungenstrophe 229
Niederdeutsch 31, 71, 108f., 173, 177, 182, 185, 188,
    289, Karte 8
Niederfränkisch 71, 173, 183, 188, 290
Niedergermanen 57
Niederlande 110f.
Niederländisch 34, 71, 88, 101
NICLAS VON WYLE, s. WYLE
NIKOLAUS VON LYRA 105

Nomina actionis 206
Nomina agentis 24, 76, 205, 207, 295, 328
Nominalflexion 125f., s. auch Deklination
Nominalisierung 166
Nominativ, absoluter 347
Nordgermanen 55
Nordgermanisch 58, 73, 179
Nordseegermanen 56
Nordseegermanisch 58
Norm 109ff., 115, 117ff., 125f.
Normandie 55
Normannen 55
Normierung 115f., s. auch Norm
Normierungsprozesse 125f., s. auch Norm
Norwegisch 34
NOTKER III. (von St. Gallen) LABEO 75, 77, 81, 82,
    174, 175, 176, 191, 194
Nullstufe 178, s. auch Ablaut
Numerale 74, 213f., 270ff., 344
Numerus 41, 191, 255, 325f.
Numerusdifferenzierung 126, 235, 325f., 327, 329, 331,
    338
Numeruskennzeichnung 325f., s. auch Numerus(dif-
    ferenzierung)

Oberdeutsch 58, 69, 71, 173, 181, 221f., 278, Karte 8
Oberfränkisch 173, 188
Oberhessisch 182
Oberpfälzisch 182
Obersächsisch 71, 182, 222, 278, Karte 8
Objekt 214, 218f., s. auch Satzbau
Objektsatz 79, 217, s. auch Satzbau
Oder-Weichsel-Germanen 54
OPITZ, MARTIN 111, 113, 116, 118, 277, 285
Optativ 42, 191, 203, 251
Ordinalzahlen 213f., 271, s. auch Numerale
ors 88
Orthoepie 146f., 161ff.
Orthographie 144ff., 151, 161f., s. auch Schreibung
Ortsnamen 51, 61, 67, 205
Ossetisch 33
Ostfränkisch 69, 71, 173, 176, 182, 186f., 198, 203,
    222, 278, 294, Karte 8
Ostgermanen 52ff.
Ostgermanisch 58
Ostgoten 55
Ostkolonisation 96f., Karte 7
Ostmitteldeutsch 96f., 222, 278, Karte 8
Ostseegermanen 55
OSWALD VON WOLKENSTEIN 85
OTFRID VON WEISSENBURG 66, 68, 74, 75, 81, 175, 187,
    204, 215
Ottonen 63, 82f.

Paläontologie, linguistische 40
Palatalisierung 180, s. auch Umlaut
Panzer 88
Parataxe 128, 215f., 274f., 349f., s. auch Satzbau
Parlament 88, 130
PARNASSUS BOICUS 118
Partizipialgruppe/-konstruktion 79f. 214, 220, 346, s.
    auch Satzbau
Passiv, s. Verb, Genus
Paternoster 55, 56, 176, 214
PAUL, HERMANN 137
Pelasgisch 32
Periode 127f., 344f., s. auch Satzbau
Periodisierung 27ff., 171, 221, 277f.
– Kriterien 27ff.

Persisch 33
Personalpronomen 211, 214, 267, 340f.
Personenbezeichnung 76, s. auch Verwandtschaftsbe-
    zeichnungen
Personennamen 50, 61, 67, 261, s. auch Eigennamen
PFAFFE KONRAD 84
PFAFFE LAMPRECHT 83f.
Pfälzisch 182, Karte 8
Phoneme 176f., 185, 229ff., 298f., 308
– konsonantische 177, 231f., 308
– vokalische 176, 230f., 298f.
Phonem-Graphem-Beziehung 173
Phonemspaltung 230
Phonemverschmelzung/-zusammenfall 230, 300
Phonemwandel im Frnhd. 300, 308
Phrygisch 32
Pidgin 34
Pietismus 123, 129f., 133
Pithecanthropus 38
Plattdeutsch 35, s. auch Niederdeutsch
Pluralbildung/-kennzeichnung 205, 325ff., 329, 330,
    334f.
Polabisch 34
Polnisch 34
Portugiesisch 34
POSEIDONIOS 44
Possessivpronomen 211f., 267f., 341
Prädikat 80, 209, 214f., 218f., 347, s. auch Satzbau
Präfigierung/Präfixbildung 74f., 133, s. auch Wortbil-
    dung
Präfix 194, s. auch Präfigierung
– ge- 322
Präposition 212, 220
Präteritalausgleich 313ff.
Präterito-Präsentien 58, 202, 242, 248f., 252, 319ff.
Präteritum 50, 189, 194, 199, 243, 311f., s. auch Tem-
    pus
Preis 88
Primärumlaut 73, 92, 174, 180f., 192, 234f., 293, s.
    auch Umlaut
Pronomen 74, 80, 181, 186, 209, 211ff., 220, 266ff.,
    340ff., 346
– geschlechtiges 267
– satzverknüpfendes 214
– ungeschlechtiges 267
Pronominaladverb 335, s. auch Adverb
Prosa 101
– frnhd. 99
– mhd. 90
Provenzalisch 33
prüfen 88
Purismus 135, 140f.

Quaden 55, 57

Rahmen 79f., 166, 273f., 347f., s. auch Satzbau
RATKE, WOLFGANG 110f., 117, 146
RAUMER, RUDOLF 145
Rätoromanisch 33
Rechtssprache 99f.
Rede, indirekte 216
Reduktionsstufe 178, s. auch Ablaut
Reduplikation 42, 58, 178, 192, 197, 203, 242, 245, 316
Reflexivpronomen 211, 267, 341
Reformation 103, 104ff.
Reibelaute 47f., 71, s. auch Frikative
Reim 88
Reim 226f., s. auch Endreim und Stabreim

Relativpronomen 74, 127, 212, 216, 269, 275, 342
Relativsatz 80, 216f., 275f., s. auch Satzbau
Religion 44
Reliktwörter 61
Rheinfränkisch 69, 71, 73, 81, 173, 175, 182, 186, 187,
    222, 278, Karte 8
Rhotazismus 48, 49, 58
riksmål 34
Ripuarisch 71, 173, 182, 187, 222, 278, Karte 8
Ritter 85, 87
Roma 33
Romanisch 33, 61, 82
Rotwelsch 21
Rückentlehnung 61, s. auch Entlehnung
Rückumlaut 181f., 200, 235, 247, 252, 293, 296, 318f.,
    324, s. auch Umlaut
Rumänisch 33
Rundung 292
Runen 45
Runen 45, 66f., 171
Russisch 34, 160

s-Laute im Frnhd. 303f.
s-Stämme (es-/os-Stämme) 42, 205, 258, 295
SAAZ, JOHANNES VON 333, 339
SACHS, HANS 44, 108
Sachsen 56, 62f., 81, 171
Sächsisch 66f., 81, s. auch Altsächsisch
Salier 62, 83
Sanskrit 33
Sardisch 33
Satemsprachen 36
Satz, s. auch Satzbau
– einfacher 214f., 347f.
– (mehrfach) zusammengesetzter 217f., 274ff., 344f.,
    349f.
– negativer 218
– positiver 218
– verkürzter 79f., 215, 346f.
Satzarten 79f.
Satzbau 79, 127f., 214ff., 272ff., 344ff.
– Auslassung 346
– Gliedsatz 340f.
– Hauptsatz 347f.
– Koordination 275, 349f.
– Partizipialkonstruktion/-gruppe 79f., 220, 346
– Satzgefüge 79, 275f., 349
– Satzglieder 218f., 345f.
– – Kordination/Koordinierung 345f.
– Satzgliedstellung 127, 214, 218f., 272ff., 345, 347,
    348
– Satzrahmen 127, 166, 219, 373f., 347f.
– Satztypen 218
– Satzverbindung 79, 215f., 274ff., 349f.
– Subordination 216f., 275f., 348f.
– Verneinung 274, 346, s. auch Negation
Satzzeichen, s. Interpunktion
DE SAUSSURE, FERDINAND 25, 138
Scheinsubjekt 93
SCHERER, WILHELM 27, 137
SCHILLER, FRIEDRICH 120, 124f.
SCHLEGEL, AUGUST 136
SCHLEICHER, AUGUST 136
Schlesisch 71, 182, 222, 278, Karte 8
Schnurkeramik-Kultur 39, 43
SCHOPENHAUER, ARTHUR 135
SCHOTTELIUS, JUSTUS GEORG 110f., 113, 116, 117, 118,
    122, 144, 277, 284, 309

Schreibkonventionen 96, s. auch Schreibung
Schreibsprache, s. auch Kanzleisprache
– mnd. 101
– osthd. 101
Schreibung 151, 173ff., 187, 191, 221ff., 279ff., s. auch
Orthographie
– Konsonanten 175, 225, 282f.
– morphematische 293, 296
– Trennung 284f.
– Vokale 174, 223ff., 281f.
– Zusammenschreibung 284
Schrift 279, s. auch Schreibung
Schriftgemeinschaft 99
Schriftsprache 64, 69, 116, 117ff., 120f., 125f., 128ff.,
171f., 277
Schriftverkehr 95f., 99ff.
Schule 95f., 99
Schwaben 57, 81
Schwachton 226, s. auch Akzent
Schweden 55
Schwedisch 34
Schwundstufe 42, 178f., 184, s. auch Ablaut
Schwyzerdütsch 35
Sekundärumlaut 73, 92, 176, 181, 235f., s. auch Um-
laut und Primärumlaut
Sekundärvokale 184, 192, s. auch Sproßvokale
Senkung 179f., 233f., 288, 292f., 293f.
Serbisch 34
SIEBS, THEODOR 147
Singulariatantum 332
Sinhalisch 33
Sino-Tibetisch 32
Sinti 33
Slawisch 34
Slowakisch 34
Slowenisch 34
Sonorisierung 45, 47f.
Sorbisch 34
Soziolekt 16, 20f., 169
Spannstellung 80, 219, s. auch Satzbau
Spätalthochdeutsch 28, 176, 181, 186, 197
Spätmittelhochdeutsch 28, 177, 221
Spiranten 225, s. auch Frikative und Reibelaute
Sprachausgleich 99, 101, 103f.
Sprachbau
– agglutinierend 32
– analytisch 50, 74, 164f., 191, 240, 322f., 335f.
– flektierend 32
– isolierend 32
– synthetisch 49f., 241f.
Sprache, Funktionen
– gesellschaftliche Funktion 15ff.
– kognitve Funktion 15ff.
– kommunikative 15ff.
Sprache und Bewußtsein 15
Sprachgebrauch 119, 120, 126
Sprachgemeinschaft 99, s. auch Kommunikationsge-
meinschaft
Sprachgeschichtsschreibung 22ff., 135ff.
– Aufgaben 22ff.
– Gegenstand 22ff.
– Methoden 25f.
– – Diachronie 25f.
– – Synchronie 25f.
Sprachgesellschaft 113, 115f., 129
Sprachnorm 118ff., 125ff., 161ff., s. auch Norm
Sprachphilosophie 136
Sprachvarianten 20f., s. auch Varietät
– nationale 21, 154

Sprachverein, Allgemeiner Deutscher 141
Sprachverwandtschaft 35f.
Sprachwandel 17f., 22ff., 323f.
– Arten 17f.
– Dimensionen 17f.
– Phasen 17
– Ursachen (Triebkräfte) 22ff.
– Wesen 24f.
Sprachwissenschaft
– historisch-vergleichende 135f., 145
– junggrammatische 136f.
– vergleichende 35f., 145
Sproßvokale 178, 184, s. auch Sekundärvokale
Stabreim 49, 56, 64, 66, 215, 226
Stadt, mittelalterliche 95f.
Stammbaumtheorie 36f.
Stammbetonung 237, s. auch Akzent und Anfangs-
betonung
Stammbildung (Verb und Substantiv) 41f., 126f., 204,
242, 256
Stammessprache 52, 63, 66, 171
Standardsprache 118, 120, 121, 125, 133, 151f., 156f.
STEPHAN, HEINRICH VON 141
Stiefel 88
STIELER, KASPAR 113, 115, 118, 121
Stoffadjektiv 75, s. auch Adjektiv
stoltheit 88
STRASSBURGER EIDE 63, 81, 216, 217
Streitaxtleute 39, 43
Strukturalismus 138
Sturm und Drang 122, 124, 130
Stützvokale, s. Sproßvokale
Subjekt 214f., 218, 219
– pronominales 74, 80, 93
Subjektsatz 217, s. auch Satzbau
Subordination 216f., 275f., 348f., s. auch Satzbau
Substantiv 41f., 74f., 77ff., 204ff., 213, 214, 220,
255ff., 324ff.
– Deklination 74, 204ff., 256ff., 327ff.
– – präpositionale Fügung 335f.
– – schwache (konsonantische) 207f., 259f., 331ff.
– – starke (vokalische) 204ff., 256ff., 327ff.
– – synchroner Aspekt 261ff., 334f.
– Einheitsplural 325
– Einheitssingular 325
– fremde Eigennamen 261, 334
– Fremdwörter 334
– Genus 255f., 328f., 333
– Kasus, s. Deklination
– Partizipialstämme 208, 333
– Personennamen 261
– Synkretismus (Kasuszusammenfall) 49, 204, 255,
327, 335f.
– Verwandtschaftsbezeichnungen 208, 260, 333
– Wurzelnomina 208f., 260f., 334
Substantivgruppe 79, 128
Substrat 37, 43, 51
Substrattheorie 37f.
Süd(rhein)fränkisch 71, 173, 187, 222, 278, Karte 8
Südgermanen 56
Südhessisch 182
Sueben 45, s. auch Schwaben und Sweben
Suffigierung 74ff., 132
Suffixe 75f., 132, 189, 211, 339
Suffixablaut 232, s. auch Ablaut
Superstrat 37, 61
Suppletivbildung 203, 210, 250, 267, 320f., 339
Suppletivsteigerung 210, 265, s. auch Suppletivbildung

Sweben 55, 57, s. auch Sueben
Synkope 184, 200, 237f., 264, 297f., 310, 317f., 324,
    329, 338, 339, 341, 343
Synkretismus 49, 165, 204, 255, 335, s. auch Kasus
    und Substantiv, Deklination
Syntax 127f., 165f., 214ff., 272ff., 344ff., s. auch Satz-
    bau

Tabu-Vermeidung 51
TACITUS 44, 55, 56, 62
Tadschikisch 33
tanzen 88
TATIAN 74f., 91, 93, 172f., 189, 198, 214ff.
Teller 88
Temporalsatz 79, s. auch Adverbialsatz
Tempus 80, 127, 191ff., 242, 310ff., s. auch Verb,
    Tempus
Tenuesverschiebung 185, s. auch Lautverschiebung,
    ahd.
Terminologie, philosophische, 64, 77, s. auch Fach-
    sprache
Terminologisierung 138f.
Territorialdialekte(-mundarten) 63, s. auch Mundar-
    ten
Teutonen 44, 82
Textsorten 121, 128
Thema(laut) 192, 199, 200f., 204ff., 208, 246, 256, 320
THEODERICH 55, 57
THOMASIN VON ZIRCLARIA 87f.
THOMASIUS, CHRISTIAN 118, 121, 122
Thrakisch 32
Thüringen 57, 301
Thüringer 63, 81, 171
Thüringisch 71, 173, 182, 222, 278, Karte 8
Tiefstufe 178, s. auch Ablaut
Tocharisch 32
Tonerhöhung 43, s. auch Akzent
TRITHEMIUS, JOHANNES 103
Truchseß 84
Tschechisch 34
Tungerer 56
Turksprachen 32
Turnier 88

Übertragung (Lehnübersetzung) 77, 130, 159, 170, s.
    auch Entlehnung
Ukrainisch 34
Umgangssprache 148ff., 156f., 165
Umlaut 73, 92f., 176, 180ff., 197, 199, 200, 205, 206,
    207, 211, 234f., 245, 265, 281, 294f., 296, 325f.,
    327, 329, 331, 332, 339
Umlauthemmung/-hinderung 181, 235, 295
Ural-Altaisch 39
Uralisch 32
Urdû 33
Urgermanisch 44f.
Urheimat 39
Urkunde 99
Urkundensprache 99f.
Ursprache 38

Variabilität 125
Variante, soziale, s. Soziolekt
Varianten, nationale 21, 153ff.
Varietäten 16f., 21, 90, 131, 147ff., 155ff., s. auch
    Existenzformen
Vaterunser 56, 175f., s. auch Paternoster
Veda 33

Venetisch 33f.
Verb 42, 75, 191ff., 241ff., 309ff.
– athematisches 192, 202f., 242, 249, 320f.
– Formen
– – analytische 50, 74, 79, 191, 242, 254f., 322f.
– – finite 191ff., 199ff., 202ff., 243ff., 310ff.
– – infinite 191ff., 242, 309, 311f., 317
– – synthetische 49f., 241f., 254f.
– Genus 42, 192, 241, 254f., 323
– kontrahiertes 242, 250f., 322
– Modus 191, 241, 255, 310ff.
– Numerus 241, 312
– Rektion 336
– schwaches 50, 58, 92f., 181, 182, 198ff., 201, 203,
    242, 246ff., 317ff.
– – Einteilung 198f., 246, 318
– schwache zu starker Flexion 319
– starkes 50, 182, 192ff., 242ff., 309ff.
– starke zu schwacher Flexion 316f.
– Tempus 42, 49, 191f., 199ff., 241, 253f., 310ff.
Verba pura 247
Verbalabstraktum 179
Verbalflexion, s. Verb
Verbalnomina 191, s. auch Verb, Formen, infinite
Verbflexive 252f., s. auch Flexive
Vergleichende Sprachwissenschaft, s. Sprachwissen-
    schaft
Vergleichssatz 79, s. auch Satzbau
Vernersches Gesetz 47f., 189, s. auch Grammatischer
    Wechsel
Verschleierungsstil 143f.
Verschlußlaute 46, 69, 71, 191, s. auch Explosivlaute
Versmaß 227f.
Verwandtschaftsbezeichnungen 76, 208, 260, 333
Verwandtschaftsterminologie 41
Virgel, s. Interpunktion
Vokalausfall 190
Vokaldehnung 183, 239, s. auch Dehnung
Vokalharmonie, s. Alternanz
Vokalismus 48, 73, 174, 176ff., 232ff., 287ff.
– der Nebensilben 171, 176, 183ff., 236ff., 297f.
Vokalschwächung 183, s. auch Vokalismus der Ne-
    bensilben
Vokativ 41, 49, 204, 255
Völkerwanderung 52, 57, 62, 66
Vollstufe 42, 178f., 196, s. auch Ablaut
VULGATA 90f., 105

WALTHARIUS 54
WALTHER VON DER VOGELWEIDE 221, 226f.
Wandalen 55
Wanen 43
Waräger 55
Weißrussisch 34
wellen/wollen 203f., 251, 321
Wellentheorie 37
welsch 34, 52, 81
Wenden 33
WERNHER DER GARTENÆRE 87, 88
Weser-Rhein-Germanen 56f., 62, 66
Weser-Rhein-Germanisch 58f., 171
Westfränkisch 57
Westgermanen 56
Westgermanisch 58, 179, 180, 190f., 193
Westgoten 54
Wettiner 96
WIELAND, CHRISTOPH MARTIN 120, 123, 277
Wiener Handschrift (Cod. Vind. 2721) 83

Wikinger 55
Wochentagsnamen 60
WOLFF, CHRISTIAN 118, 121, 129
WOLFRAM VON ESCHENBACH 87, 221
WORMSER MAXSER 90
Wortakzent, wandernder 43, s. auch Akzent
Wortbedeutung 77f., s. auch Bedeutungswandel
Wortbildung 51, 58, 64, 74, 129f., 131ff., 152, 157ff.,
    166f., 178, 189
Wortbestand, Ausbau 74ff., 128ff., 157ff., s. auch Ent-
    lehnung, Wortbildung und Wortschatz
Wörter, heidnische 78
Wortgruppen 219f., s. auch Satzbau
Wortgut, s. auch Entlehnung
– engl. 159f., 168, 170
– frz. 115f., 128, 130
– lat. 69ff., 77ff., 128, 168
– russ. 159
Wortschatz 50f., 59ff., 63, 64, 74ff., 128ff., 157ff., s.
    auch Entlehnung
WULFILA 54, 60

WUNDT, WILHELM 136
WÜRDE-Umschreibung 312, 323
Wurzel 192, 204, 208, 213, 242, 256
Wurzelablaut 232, s. auch Ablaut
Wurzelnomina 42, 204, 208, 260f., 334
Wurzelperiode 41
Wurzelverben 202f., 242, 249f., 320f., s. auch Verb,
    athematisches
WUSTMANN, GUSTAV 135
WYLE, NICLAS VON 101, 286f.

Zahladjektive 271
Zahladverbien 271
Zahlwort, s. Numerale
Zeitung 120
Zeitungsdeutsch 135
ZESEN, PHILIPP VON 111, 113, 116
Zigeuner 33
Zirkumflex 174, 224
zuht 87f.

Germanistische Standardwerke

Mittelhochdeutsches Taschenwörterbuch

Von Matthias **Lexer**

Mit den Nachträgen von Ulrich **Pretzel**

38. unveränderte Auflage 1992.
VIII, 506 Seiten. Format 14×21 cm.
Geb. DM 38,—
ISBN 3-7776-0493-3

Bereits länger als ein Jahrhundert, seit seinem ersten Erscheinen im Jahre 1879, stellt der „Kleine Lexer" ein wichtiges Hilfsmittel für das Studium der mittelhochdeutschen Sprache dar. Mit den 1973 aufgenommenen Nachträgen, die Ulrich Pretzel unter Mithilfe von Dorothea Hannover und Rena Leppin neubearbeitet und aus den Quellen ergänzt hatte, wurde das Werk um etwa ein Drittel erweitert.

Mittelhochdeutsches Taschenwörterbuch in der Ausgabe letzter Hand

Von Matthias **Lexer**

Nachdruck der 3. Auflage 1885 mit einem Vorwort von Prof. Dr. Erwin **Koller**, Dr. Werner **Wegstein** und Prof. Dr. Norbert Richard **Wolf**

Mit einem biographischen Abriß von Prof. Dr. Horst **Brunner**.
2. Nachdruck 1992. XVIII, 413 Seiten, mit Frontispiz. Format 12×17 cm. Kart.
DM 29,80. ISBN 3-7776-0494-1

> Ebenfalls lieferbar: Gebundene Ausgabe
> Mit Lexers Rektoratsrede von 1890.
> 1989. XVIII, 446 Seiten, mit Frontispiz. Ln.
> Fadenheftung. DM 58,—. ISBN 3-7776-0470-4

 S. Hirzel Verlag, Postfach 10 22 37, 7000 Stuttgart 10